LINQING
YEARBOOK

运河名城

临清年鉴 2017

临 清 市 人 民 政 府 主办
临清市地方史志编纂委员会办公室 编

方志出版社
Publishing House of Local Records

图书在版编目（CIP）数据

临清年鉴. 2017 / 临清市地方史志编纂委员会办公室编. --北京：方志出版社，2018.1
ISBN 978-7-5144-2944-2

Ⅰ. ①临… Ⅱ. ①临… Ⅲ. ①临清—2017—年鉴
Ⅳ. ①Z525.24

中国版本图书馆CIP数据核字（2018）第014834号

临清年鉴（2017）

编　　者： 临清市地方史志编纂委员会办公室
责任编辑： 王　品

出 版 人： 冀祥德
出 版 者： 方志出版社
地址　北京市朝阳区潘家园东里9号（国家方志馆4层）
邮编　100021
网址　http://www.fzph.org
发　　行： 方志出版社图书经销中心
电话（010）67110500
经　　销： 各地新华书店
印　　刷： 济南黄氏印务有限公司

开　　本： 889×1194　1/16
印　　张： 34.5
字　　数： 845千字
版　　次： 2018年1月第1版　2018年1月第1次印刷
印　　数： 0001～700册

ISBN 978-7-5144-2944-2　**定　价：** 368.00元

· 版权所有　翻印必究 ·

临清名片

- 首批 2016—2020 年度全国科普示范县
- 中国棉纺织名城
- 中国蜡染名城
- 山东省双拥模范城
- 山东省节能环保产业示范县

数字临清

- 总面积：950.7801 平方千米
- 年末常住人口：821153 人
- 生产总值：389.68 亿元

  第一产业：26.06 亿元

  第二产业：223.25 亿元

  第三产业：140.37 亿元
- 公共财政预算总收入：258106 万元
- 一般公共预算收入：191167 万元
- 一般公共预算支出：334993 万元
- 进出口总值：284117 万元

  出口总值：246624 万元

  进口总值：37493 万元
- 金融机构各项存款余额：3063947 万元
- 金融机构各项贷款：1978659 万元
- 城镇居民人均可支配收入：22284 元
- 农村居民人均可支配收入：11210 元

临清市地方史志编纂委员会

（2017年）

名誉主任：何宪卓

主　　任：祁学兰

第一副主任：周志雯

副 主 任：李怀国　谷传利　张容元　田长志

吕召猛　窦云飞　方玉群

委　　员：王　峰　赵子辉　张　帆　王兴刚

宋子亮　张新杰　李传兴　胡志勇

李子健　尹建军　温之勇　刘玉杰

王建民　朱荣光　朱　峰　于红丽

《临清年鉴（2017）》编审人员

主　　审：周志雯

主　　编：方玉群

副 主 编：张　英　李星火

编　　辑：宁柳云　常鑫磊

摄　　影：丰光辉　王孟波　王燕公　曲曾超　刘　娟　刘　琳

刘　锐　闫先泰　孙　鹏　李以峰　何新华　沈天松

张计生　张春燕　金庆友　周长青　赵代举　徐延林

徐振华　殷慧勇　管泰峰

编辑说明

一、以邓小平理论、“三个代表”、科学发展观重要思想为指导，深入贯彻落实习近平总书记系列讲话精神。以服务临清改革开放、经济建设和构建和谐社会为宗旨，围绕市委、市政府中心工作，全面、准确、客观、系统地记述2016年度各单位、各部门、各领域的基本情况和各项事业发展现状，充分反映全市社会主义现代化建设的基本面貌及发展进程，为促进临清经济社会持续健康发展提供参考依据和资讯。

二、《临清年鉴（2017）》全面、系统、翔实地记述临清市政治、经济、文化、社会等方面发展变化的基本情况，旨在为各行各业提供咨询服务，为各级领导提供科学决策依据，为各界人士了解、研究临清提供窗口和媒介，同时也为续修地方志储备资料。

三、《临清年鉴（2017）》记述时限原则上为2016年1月1日至2016年12月31日，为保证资料的连续性和完整性，部分条目适当下延。

四、《临清年鉴（2017）》采用分类编辑法。主要内容划分为栏目、分目、条目3个层次。栏目下设分目，分目之下列若干条目。书中附设照片和表格。

五、书中所列组织机构概况及领导成员名单依据各单位所报材料编排。

六、《临清年鉴（2017）》编纂过程中实行目标责任制，组稿、编辑、校对均由征稿人员按分工独立完成，合稿校对由指定人员完成，主编审核把关。

七、《临清年鉴（2017）》的基础资料由市直各部门、各镇（街道）及驻临单位提供，为示负责，供稿人署名于各相关条目后。

八、《临清年鉴（2017）》的编辑出版得到临清市市委、市人民政府和全市各单位、社会各界的大力支持与帮助，在此向为该书编辑出版付出辛勤劳动，给予大力支持的单位和个人表示衷心感谢。由于编辑人员经验、水平所限，加之时紧任重，难免存在疏漏不当之处，敬请广大读者批评指正，以进一步改进我们的编辑工作。

5月5日—6日，山东省委副书记、省长郭树清（前排右二）到临清调研

5月10日，山东省副省长赵润田（前排右四）考察小型农田水利重点县项目（戴湾项目区）

5 月 31 日，全国政协副主席马飚（前排右一）率全国政协调研组到临清就“加强农作物秸秆综合利用”进行专题调研

6 月 15 日，聊城市委书记、市人大常委会主任徐景颜（前排右三）到临清调研

5月3日，聊城市委副书记、市长宋军继（右三）到临清就小城镇建设、现代农业、教育均衡化、棚户区改造等工作进行实地调研

7月14日，聊城市委常委、副市长张旋宇（右二）到临清调研经济运行情况

7月23日，聊城市副市长郭建民（右二）到临清检查漳卫河防汛工作

4月1日，聊城市委常委、副市长耿涛（左二）一行就烟店镇行政管理体制改革试点工作进行专题调研

1 月 5 日，聊城市委常委、宣传部长赵庆忠（前排右三）带领市直有关部门到临清督导检查路域环境提升工程

12 月 23 日，市委书记何宪卓（右二）深入唐园镇、烟店镇、潘庄镇就轴承产业发展情况进行实地调研

12 月 28 日，市委副书记、代市长祁学兰（左三）调研城建重点项目

12 月 27 日，农村淘宝服务中心运营启动

5月6日，2016临清·中国轴承产业高层论坛暨轴承、零配件及专用装备展览会在市国际会展中心隆重开幕

3月17日，山东新华书店集团有限公司临清分公司特邀儿童文学作家晓玲叮当走进逸夫小学和实验小学，进行演讲与签售活动

南部新区

钞关

灯火辉煌迎新春

中华海棠园

从左至右依次为：常鑫磊　尚　晓　宁柳云　张　英　方玉群　周志雯　李怀国　权　磊　曾昭文　曹善辉　张　伟

临清市地方史志编纂委员会办公室工作人员　左起：常鑫磊　张　英　方玉群　李星火　宁柳云

目　录

特　载

专　记

大事记

临清概况

中国共产党临清市委员会

临清市人民代表大会

临清市人民政府

中国人民政治协商会议临清市委员会

中国共产党临清市纪律检查委员会

社会团体

军 事

法 治

经济管理

农业

工 业

交通邮电

建设环保

财税金融保险

商业贸易

科技教育

卫生计划生育体育

文化旅游

社会生活

镇（街道）园区概况

人　物

Contents

Important Note

Special Record

Chronicle of Events

Overview of Linqing City

Linqing City Committee of the Communist Party of China

People's Congress of Linqing City

People's Government of Linqing City

Chinese People's Political Consultative Conference Linqing City Committee

Linqing Commission for Discipline Inspection of the Communist Party of China Social's Organizations

Military

Rule of Law

Economic Management

Agriculture

Industry

Transport, Post and Telecommunications

Construction and Environmental Protection

Finance, Taxation and Insurance

Commerce and Trade

Science and Technology Education

Health and Family Planning Sports

Culture Tourism

Social Life

Town (Street) Park Overview

Figures

临清年鉴 2017

LINQINGYERABOOK

特　载

政府工作报告

——2016年2月26日在临清市第十七届人民代表大会第五次会议上

临清市市长　李新阁

各位代表：

现在，我代表市人民政府向大会报告工作，请予审议，并请各位政协委员和其他列席的同志提出意见。

一、“十二五”时期工作回顾

“十二五”时期，是临清经济社会发展迈向更高水平，人民群众得到更多实惠的五年。五年来，市政府在市委的坚强领导下，团结带领全市人民，统筹做好稳增长、促改革、调结构、惠民生各项工作，胜利完成了“十二五”规划确定的主要目标任务。

——综合实力显著增强。2015年，全市生产总值完成369.8亿元，是2010年的1.7倍，人均突破7000美元；一般公共预算收入17.6亿元，固定资产投资269亿元，社会消费品零售总额149.1亿元，分别是2010年的2.5倍、2.3倍、1.9倍；各项存款余额270亿元，贷款余额169.1亿元，分别是2010年的2倍、1.5倍。会通河临清段、运河钞关被列入世界遗产名录。我市先后荣获全国科技进步先进县、全国义务教育发展基本均衡县、全国法制宣传教育先进县、山东省新型工业化示范基地等荣誉称号。

——产业结构更加优化。三产比调整为6.6∶58.7∶34.7。规模以上工业企业470家，较2010年增加145家，主营业务收入1345.8亿元，利税129.4亿元，分别是2010年的1.9倍、1.7倍。粮食总产82.9万吨，实现“十三连增”，被评为全省粮食生产先进县。规模以上服务业企业138家，较2010年增加53家，服务业增加值占比较2010年提高6.1个百分点。

——创业创新成绩斐然。市场主体3.8万家，其中私营企业5455家，分别较2010年增加2.6万家、3898家。获授权专利787项，其中国家发明专利79项。实施省级科技创新项目72个。高新技术产业产值占比32%。

——发展方式明显转变。淘汰落后设备5905台（套），取缔土小企业180余家。重点用能企业实现节能量20.8万吨标煤。新增省级循环经济、清洁生产、资源综合利用及节能环保示范企业41家。全面完成了上级下达的节能减排约束性指标。

——城乡面貌日新月异。主城区建设、小城镇提升、新型农村社区、城乡环卫一体化等工作均取得历史性突破。城镇化率达到54.5%，较2010年提高9.4个百分点。城市建成区面积36平方千米，常住人口31万。在建新型农村社区94.5万平方米。

——人民生活更加幸福。新增就业8.1万人，城镇登记失业率控制在3%以内。城镇和农村居民人均可支配收入分别为20710元、10370元，是2010年的1.8倍、1.9倍。企业离退休人员养老待遇月人均达到2283元，实现“十一连增”，是2010年的1.7倍；城镇居民基础养老金由年人均660元增至1020元。文化、教育、卫生等公共服务水平全面提升。民生支出占财政支出的比重达到70%以上。

五年来，我们坚持狠抓优质高效投入，发展后劲更加强劲。重点项目建设成效显著。建设重点项目443个，其中111个列入聊城市重点，2个列入省重点。中色奥博特铜合金材料及压延铜箔、三和纺织高档色织面料及气流纺、德能金玉米30万吨糖及糖醇、华兴纺织50万锭紧密纺等338个项目竣工投产。招商引资取得丰硕成果。开展了对接央企和知名民企、全国工商联直属行业商会、特色产业招商等主题招商活动。引进了大唐集团、新兴际华、吉峰农机、顾家集团等一批央企和知名民企来我市投资兴业。签约合同项目609个，实际到位资金465.5亿元。要素保障进一步增强。挖潜土地4217亩，争取指标1513亩，置换指标537亩，保障了用地需求。设立了国内首支区域市场普惠种子基金，盛祥担保增资到1亿元，创新了股权、仓储、知识产权质押贷款等产品；区域股权挂牌企业达到20家，稳居全省前列；大宇纺织“新三板”挂牌上市成功获批。

五年来，我们坚持加快转调创，发展质量效益大幅提升。工业加快转型升级。完成技改投入338.1亿元，新装备、新技术、新工艺广泛应用，轴承、纺织等传统产业加速向中高端迈进。以高精度压延铜箔、高端数控加工中心、大型智能农业机械等产品为代表的新材料、高端装备制造等战略性新兴产业茁壮成长。7个项目列入省两化深度融合重点规划。一批骨干企业做大做强，走在全省乃至全国同行业前列。编制实施了纺织、轴承产业发展规划，举办了两届轴承产业高层论坛及展会。经济开发区在全省综合排名上升到59位。农业现代化进程扎实推进。投入14亿元实施了小农水重点县、中型灌区等现代水利工程及涉水涉地资金整合项目。标准化生产基地达到40.7万亩，聊城市级以上农业产业化龙头企业60家。甲鱼、湖羊单体养殖规模均居全国首位。承办了全国现代畜牧业建设工作会议临清现场观摩活动和第十二届中国羊业发展大会。“三品一标”认证90个，农产品区域公用品牌6个。农民专业合作社1323家，专业大户532家，家庭农场45家。发放惠农补贴约5.8亿元。培训农民10万人次。精准识别贫困人口6.4万。现代服务业繁荣发展。以铁临、青港国际、新通达等物流园区为载体的现代物流产业集群正加速形成。烟店镇被授予“中国轴承贸易之都”荣誉称号。顾家商业中心、豪翰商贸城等大型商业综合体建成投用。编制了《乡村旅游发展总体规划》，三和民族文化园、中华海棠园等项目建设进展顺利。5个单位被评为聊城市文化产业示范基地。华美健康产业园、市医院医护型养老保健服务中心即将投用。建设了电子商务产业园和轴承电子商务服务基地，京东商城等知名电商入驻我市。引进了沪农商村镇银行、恒丰银行，设立了小额贷款公司等普惠金融组织8家。创新能力大幅提升。现有国家级技术创新示范企业1家、省高新技术企业1家、省“一企一技术”创新企业11家；省级以上企业技术中心、研究中心、工业设计中心21家，其中国家级2家；院士工作站2个、省级重点实验室1个。8项关键技术项目被列入国家火炬和星火计划，2个项目获中国机械工业科学技术奖。现有中国名牌1个、山东名牌14个，中国驰名商标1个、山东省著名商标14个，聊城市长质量奖4个。参与了14项国家标准、行业标准的制订和修订。

五年来，我们坚持深入推进改革开放，发展活力竞相迸发。重点领域改革全面推进。食药监管、卫生计生、市场监管机构改革顺利完成，经济开发区与新华办事处实现“区镇合一”，烟店镇行政管理体制改革试点工作扎实推进。预决算公开、“营改增”改革全面深化。在全省率先实行商事登记制度改革，落实了“先照后证”、注册资本认缴制和“三证合一”登记制度。基层医疗卫生机构全部实行了基本药物零差率销售，公立医院综合改革稳步推进。新农合与城镇居民医疗保险完成整合。农信社改制为农商行。农村土地确权登记颁证工作经验在全省推广。土地流转面积达25万亩，占耕地总面积的27.5%。在聊城率先开展了农村土地承包经营权抵押贷款和农村集体产权制度改革试点，建立了农村综合产权交易平台。对外开放不断扩大。成功创建轴承、纺织两大省级外贸出口基地，设立了外贸综合服务中心，自营进出口权企业达到163家，越来越多的中小企业通过参加国际知名展会走向世界。2015年实现进出口3.9亿美元，其中出口3.4亿美元。引进了一大批世界一流的技术装备。三和纺织等企业在境外注册了公司和商标品牌。与匈牙利、哈萨克斯坦的部分城市达成友好城市意向，对外交往渠道进一步拓展。

五年来，我们坚持加快新型城镇化建设，人居环境不断改善。规划引领作用日益凸显。完成了《城市总体规划》新一轮修编和城镇化发展规划、村镇体系规划、开发区总体规划及一批城中村、棚户区改造规划。16个镇办均编制了总体规划，8个镇办编制了小城镇提升工程规划。基础设施建设不断加强。高邢高速建成通车，德商高速即将竣工，完成了6条省道的升级改造；投入22亿元，新建改造城区道路17条、60余千米，打通了曙光路南段、站前路、育新路、清泉街等11条城区道路，完善了经济开发区“五纵四横”的路网体系，建设改造农村道路近550千米，城乡群众出行更加方便。城区新铺设雨污分流管网94.8千米。实施了碧水污水处理厂改造和4万吨扩建工程，建设了卫运河、裕民渠人工湿地及城镇污水处理设施。实施了13条道路绿化改造以及大众公园、火车站广场、元明运河整治绿化工程，新增绿化面积130万平方米。新安装路灯2100盏。城乡建设实现突破性进展。在老城区，实施了沙窝屯等26个城中村及棚户区征迁改造，60%以上回迁群众告别了低矮潮湿的旧平房，搬进了温暖舒适的新楼房。在南部新城区，高标准完善了道路、电力等基础设施和教育、医疗等公共服务设施以及商业设施，实施了济津河生态公园建设，新区功能日益完备。在镇村，3个镇顺利通过聊城市第一批小城镇提升工程验收，第二批5个镇全面启动，3480户农村危房改造完成。环境管理水平明显提升。持续开展城乡环境综合整治、生态文明乡村行动和路域环境提升工程。通过了省级卫生城市复审。交通安全管理样板市创建工作扎实推进。城乡环卫一体化实现了全覆盖，大辛庄办事处“乡村连片治理”试点项目惠及9个村1万余人，镇容村貌焕然一新。

五年来，我们坚持保障和改善民生，人民享受的福祉更多。社会保障体系进一步完善。基本建立起覆盖城乡各类群体的社保体系，不断加大扩面征缴和向上争取调剂金力度，保障了各项社会保险费用足额支付。城市低保月人均380元，农村低保年人均2600元，分别是2010年的1.6倍、2.2倍。发放各类社会救助资金2.8亿元。义务兵家庭优待金达到11093元，较2010年翻了一番。每千名老人拥有养老床位30张。建设公租房4854套、经适房564套、限价商品房3450套，极大地改善了困难群众的居住条件。社会事业全面发展。本科录取率稳居聊城市首位。新建改扩建中小学、幼儿园87处，建设面积21万平方米，招考教师586人，办学条件明显改善。中洲运河历史文化街区被公布为全省第一批历史文化街区。对钞关、会通闸、清真东寺等进行了修缮。文化馆、图书馆分别被评为国家一级馆、二级馆。举办了中国京剧票友艺术节、消夏文化艺术节等活动。每年送戏、送电影下乡5000余场。农村体育健身场地覆盖率达到70%。落实“先诊疗后付费”等惠民措施，市医院和中医院取消药品加成，12项基本公共卫生服务项目全部实施。投资3.7亿元建设了城南水库及净水厂、农村饮水安全工程。残疾人生产生活水平得到明显改善。双拥创城实现“两连冠”，圆满完成征兵任务。民族宗教、民兵预备役、妇女儿童、防震减灾、广电、史志、档案、人防、消防、老龄、气象等各项工作也都取得了新进步。社会治理全面加强。圆满完成“六五”普法任务，在全省率先实施了人民调解“网格化”管理模式，司法局荣记司法部集体一等功。安全生产监管持续加强，食品药品监管体制不断完善。在全省首创信访标准化建设模式，应急处置能力实现提升，平安临清建设深入推进，社会大局保持和谐稳定。

五年来，我们坚持改进工作作风，政府自身

建设卓有成效。政府职能加快转变。承接行政审批38项、取消167项，全部取消了非行政许可，211项审批服务项目进驻政务服务中心。深入推进政务公开，消除“僵尸”网站，在各镇办和77个部门探索推行电子政务。办理人大代表建议、政协委员提案1018件，满意度98%。市长公开电话办结率100%。法治政府建设全面加强。编制并推行了行政审批事项目录清单、行政权力清单和政府部门责任清单；健全并实施了政府法律顾问、规范性文件“三统一”、重大行政处罚案件备案、相对集中行政复议和行政机关负责人出庭应诉等制度。工作作风不断改进。扎实开展了党的群众路线教育实践活动、“三严三实”专题教育，以及惠民强基促和谐等活动，广大党员干部党性得到锤炼，作风明显改进。不断加大党风廉政建设和反腐败力度，打造了风清气正的政务环境。

各位代表，在严峻复杂的经济形势下，我们取得这些成绩非常不易，这是市委正确领导的结果，是市人大、市政协和社会各界监督支持的结果，是全市广大干部群众和企业家团结拼搏的结果。在此，谨代表市人民政府，向全市人民和各界人士，向驻临部队、武警官兵、公安干警和各驻临单位，向所有关心和支持临清发展的朋友们，表示衷心的感谢和崇高的敬意！

五年来的实践使我们深切体会到，做好政府工作，必须坚持与时俱进，创新发展，坚决贯彻落实上级决策部署，主动适应、积极引领新常态，不断创新发展理念和工作机制，实现工作指导重大转变；必须坚持狠抓项目，增强动力，毫不动摇地将项目建设作为稳增长、促转型、惠民生的“牛鼻子”，全力推动创业创新、引资引智，以优质高效投入推动经济社会持续健康发展；必须坚持作风引领，团结实干，领导干部以身作则、率先垂范，带领广大干部职工和企业家，攻坚克难，争先进位，不断开创工作新局面；必须坚持执政为民，改善民生，恪尽为民之责，多兴利民之举，持续实施惠民工程，以实际行动凝聚民心民力。

各位代表，我们清醒地认识到，实现全面建成小康社会目标仍然需要付出艰苦努力。我市经济总量小、人均占有水平低的情况还没有发生根本性转变；企业整体创新能力不强，大多处于产业价值链的中低端；部分行业生产经营困难，财政增速放缓；生态环境特别是大气污染问题仍然十分突出；城乡建设管理水平还有待进一步提升，部分回迁楼建设缓慢；一些群众生活还很困难，脱贫攻坚任务艰巨；发展环境还不够宽松，少数干部不严不实问题仍然存在。对这些问题，我们将认真对待，并努力加以解决。

二、“十三五”经济社会发展的主要目标和重点任务

“十三五”时期，是全面建成小康社会的决胜期，也是全面深化改革、实现科学发展的攻坚期。根据中央、省、聊城市部署要求和市委十二届九次全会关于制定“十三五”规划的建议，我们编制了《临清市国民经济和社会发展第十三个五年规划纲要（草案）》，已印发大会，请一并予以审议。

“十三五”时期，我们将全面贯彻党的十八大和十八届三中、四中、五中全会精神，以习近平总书记系列重要讲话精神为指导，认真贯彻落实聊城和临清市委十二届九次全会部署要求，协调推进“四个全面”战略布局，牢牢把握发展第一要务，以创新、协调、绿色、开放、共享发展理念为引领，以打造经济文化强市为目标，以提高发展质量和效益为中心，以共享发展、改善民生为出发点和落脚点，大力实施创新驱动战略、质量强市战略和融合发展战略，统筹推进经济建设、政治建设、文化建设、社会建设和生态文明建设，确保与全省同步全面建成小康社会。

主要发展目标是：经济实力明显提升。全市生产总值年均增长8.5%，人均突破1万美元，一般公共预算收入年均增长8%左右，固定资产投

资年均增长13%左右，社会消费品零售总额年均增长10%左右。产业结构不断优化。科技创新、两化融合、质量品牌、产业集群和园区建设取得新突破，产业发展迈向中高端水平，形成竞争力强的现代产业新体系。城乡发展更加协调。中心城区品质不断提升，小城镇和新农村建设成效明显，基础设施更加完善，公共服务供给水平显著提高，基本建成城乡一体、功能完善的现代城镇体系，城镇化率达到60%以上。生态环境优美宜居。基本完成生态市建设任务，完成上级下达的“十三五”总量减排任务，林木绿化率达到35%，城市人均公共绿地面积达到18平方米，展现绿色、生态、秀美的临清新形象。人民生活更加殷实。就业更加充分，城镇登记失业率控制在4%以内。城镇和农村居民人均可支配收入年均分别增长8%和9%以上。各项社会事业全面发展，基本公共服务均等化水平和基本民生保障标准稳步提高，坚决打赢脱贫攻坚战，改革发展成果更多、更公平地惠及全市人民。

围绕以上发展目标，我们将认真践行五大发展理念，创造性地做好各项工作。

坚持创新发展理念，增强科学发展新动力。把创新摆在发展全局的核心位置，推动制造向创造转变、速度向质量转变、产业向品牌转变。实施创新驱动战略，培育发展科技型中小企业，加强产学研合作和科技研发平台、创新服务平台、创新型人才队伍建设。到2020年，规模以上企业研发投入大幅提高，科技创新能力明显提升，高新技术产业产值占比达到35%以上，发明专利申请量年均增长10%。实施质量强市战略，强化技术标准建设、优质品牌创建和质量检测监管，提高核心竞争力。实施大项目带动战略，以大项目、好项目强化创新支撑。全面深化改革，进一步完善推动创新发展的体制机制。

坚持协调发展理念，构筑均衡融合新格局。推进产业协调发展。坚持高端高质高效的发展方向，加快改造提升传统优势产业，积极培育战略性新兴产业，打造更具核心竞争力的产业集群；加快转变农业发展方式，培育种养加生态农业新模式，加快形成现代农业生产经营组织体系；积极发展现代物流、电子商务、健康养老、文化旅游等现代服务业，全力打造特色鲜明的先进制造业基地、生态高效的精致农业基地、辐射周边的现代服务业基地和全国知名的运河文化名城。推进城乡协调发展。坚持工业反哺农业、城市支持农村，推进以人为核心的新型城镇化，促进农业转移人口落户城镇，推动城镇基本公共服务常住人口全覆盖，构建以中心城区为龙头、小城镇为主体、美丽乡村为基础的城乡发展新格局。推进物质文明和精神文明协调发展。加强社会主义核心价值体系建设，提高公民文明素质和社会文明程度；健全覆盖城乡的公共文化服务体系，培育壮大文化产业基地；保护挖掘底蕴深厚的运河文化，打响运河文化品牌。

坚持绿色发展理念，展现生态临清新形象。坚持节约资源和保护环境的基本国策，切实改善环境质量。加强大气污染防治，强化重点行业和企业排放监管，加强机动车尾气、城市扬尘污染防治，禁止焚烧秸秆，遏制雾霾等恶劣天气频发态势。改善水环境质量，集中治理工业水污染，扩大污水处理能力，保障城乡饮用水安全，城市污水集中处理率达到95%以上。加强土壤环境保护，实施农业“两减三保”面源污染控制行动计划。加强固体废物管理，工业固体废物综合利用率达到90%。坚持最严格的节约用地制度和水资源管理制度。推进生产生活绿色化，大力发展循环经济，加强水系生态建设，积极开展植树造林和多层次的生态创建活动，努力建设天蓝水清地绿的生态临清。

坚持开放发展理念，塑造外向发展新优势。坚持引进来和走出去并重、引资和引技引智并举，推进高水平双向开放。扎实开展精准招商，着力引进国内外500强和行业50强企业及高层次创业创新人才；利用好中原经济区、省会城市群经济圈和山东西部经济隆起带政策叠加优势，积极对接京津冀协同发展区。借力“一带一路”国家战略，积极开展境外招商，力争实际利用外资年均增长 10%。重点培育和扩大具有比较优势的产品出口，积极发展跨境电商，鼓励企业引进先进技术装备和稀缺原材料，力争进出口总额年均增长 6% 左右。支持有条件的企业到境外上市，加快国际化进程。

坚持共享发展理念，开创文明和谐新局面。实施精准脱贫，到 2018 年现行标准下贫困人口全部实现脱贫。提升就业数量和质量，支持创业带动高质量就业，持续增加城乡居民收入。依法推进社会保障体系建设。实施“全面改薄”工程，着力解决城镇中小学大班额问题，主要劳动年龄人口平均受教育年限达到 10.5 年。着力建设健康临清，维护公立医疗卫生机构的公益性质，加快形成多元办医格局；强化城乡公共体育健身设施建设，深入实施全民健身工程。落实计生惠民政策，提高出生人口素质。推进法治临清、诚信临清、平安临清建设，完善基层民主和群众自治制度，使人民群众生活得更快乐、更幸福、更有尊严。

各位代表，实现“十三五”规划目标，使命光荣，任务艰巨。我们一定要苦干实干，把“十三五”规划的宏伟蓝图变为美好现实！

三、2016 年经济社会发展的目标任务

2016 年是“十三五”的开局之年，我们将认真贯彻落实上级决策部署，按照“作风引领、团结实干、争先进位、科学发展”的总要求，加快结构性改革和体制机制创新，积极落实好“三去一降一补”五大重点任务，努力实现经济社会发展新突破。主要预期目标是：全市生产总值增长 8.5%，一般公共预算收入增长 8.6%，固定资产投资增长 13%，社会消费品零售总额增长 10%，进出口总额增长 6%，城镇和农村居民人均可支配收入分别增长 8% 和 10%，全面完成上级下达的各类约束性指标。工作中，着力抓好以下七个方面。

（一）着力增强发展新动力，在建设富强临清上实现新突破。持之以恒地抓好优质高效投入，不断增强发展后劲和综合实力。

狠抓项目建设。初步筛选了三和纺织工业园、大唐临清 2×350MW 热电联产、齐鲁三农装备城等一批投资过 5000 万元的市级重点项目，其中 15 个项目申报列入聊城市重点，新兴重工新能源工业园申报列入省重点。我们将继续实施领导帮包、季度观摩、年终考核等管理机制，确保项目建设顺利推进。强化要素保障。落实金融工作日制度，推进金政企对接，扩大抵质押物范围，争取贷款余额新增 20 亿元；引导企业走向资本市场，全市直接融资新增 4 亿元。积极争取土地指标，清理、盘活闲置及低效利用土地，严格执行投资强度、容积率等标准，引导建设多层标准化厂房。扎实推进增减挂和窑厂复垦工作，确保备案项目通过省级验收。

狠抓项目引进。摒弃“挖到篮子里就是菜”的思路，以延伸产业链条、提升产业层次为目标，以完善政策、优化服务、营造环境为保障，以镇办、主要经济部门和企业为主体，瞄准重点区域，创新工作方式，实现精准招商。坚持招大引强和招新引优并举，引进一批高端轴承、织布服装、大型主机等产业链延伸项目和战略性新兴产业项目。完善落实招商引资领导带头、目标责任、联席会议、绿色通道等制度，重点加快新兴重工新能源工业园等项目建设进度，力争早日投产达效。

狠抓项目争取。抢抓国家扩大有效投资的政策机遇，准确把握国家产业政策和投资方向，研究谋划一批打基础、利长远、增后劲的重大项目，扎实做好前期准备工作，最大限度争取支持。特别是争取京九高铁等重大项目取得扎实进展。

（二）着力打造产业新优势，在建设转型临清上实现新突破。扎实推进供给侧结构性改革，推动三次产业实现优质高效发展。

推动工业向中高端迈进。确保规模以上工业增加值增长10%以上。持续抓好产业的高效化、高端化发展。围绕产业链延伸、提质，引导装备制造、纺织及服装等传统优势产业加快技术改造步伐。促进化工产业转型升级。办好2016临清•中国轴承产业高层论坛及展会。培育发展高端装备制造、新材料、新能源、节能环保等战略性新兴产业，努力打造新的经济增长极。持续抓好企业的规模化、智能化发展。大力实施百家骨干企业培植工程，扶持其做大做强、做精做优。同时，筛选培植一批智能工业示范企业，引导其采用“互联网+”、物联网、高端数控加工中心等新技术、新装备。推广轴承产销一体化服务平台，推动纺织行业两化深度融合。认真落实星期六企业工作日制度，加强经济运行分析监测，保持工业企稳向好势头。扎实推进规模以上企业规范化公司制改制工作，加快建立现代企业制度。持续抓好园区的集聚化、特色化发展。积极推进经济开发区合村并居，完善基础设施，提升综合承载力。落实园区发展规划，有序推进工业企业退城入园和大项目入园，打造布局更加合理、特色更加鲜明、核心竞争力更强的产业聚集区。

推动现代农业加快发展。坚持走产出高效、产品安全、资源节约、环境友好的农业现代化发展道路。夯实现代农业发展基础。全年粮食总产稳定在83万吨以上，建成粮食高产创建示范方15万亩、高标准农田12万亩，强化农业科技支撑，鼓励粮食生产适度规模经营，培育新型职业农民。实施涉水涉地资金整合项目，加强农村水利基础设施建设和管护，提高农田旱涝保收能力。积极推进张官屯水库、运泽水库建设。提升农业产业化水平。发展壮大蔬菜、林果、畜牧、水产等特色产业，发挥丁马生物、润林牧业、乳泰养殖等龙头企业的带动作用，推动粮经饲统筹、农林牧渔结合、种养加一体、一二三产业融合发展。加快丁马甲鱼省级农业科技园区、乳泰牧业高端奶制品深加工等项目建设。新增聊城市级以上龙头企业6家。积极培育家庭农场等新型农业经营主体，规范农民专业合作社建设。完善农产品质量安全体系。推进瓜菜菌标准化基地建设，并向无公害、绿色、有机方向发展，新增“三品一标”认证15个。强化农产品生产环境和农业投入品源头监管，完善农产品质量安全可追溯体系，加大抽样检测和执法力度，加快健全从农田到餐桌的农产品质量和食品安全监管体系，创建成为山东省农产品质量安全市。

推动服务业向高端高质发展。全面提高服务业供给质量，力争增加值占比提高2个百分点左右。拓展生产性服务业。加快推进铁临等物流园和哈鲁仓储物流中心项目建设，增强辐射带动能力。引导工业企业继续实施主辅分离。规范民间融资机构、小额贷款公司等金融组织健康发展，延伸保险业服务领域。引进2—3家金融机构。认真落实电子商务发展规划，进一步做大电商产业园规模，鼓励企业与电商平台开展合作，推动京东农村服务站点全覆盖。提升生活性服务业。引导商业集聚区差异化发展，规划改造一批专业市场，鼓励骨干流通企业开展兼并联合，创新商业模式，构建城乡一体的现代流通体系。适应消费结构升级，培育新的增长点。抢抓运河保护开发机遇，打响世界文化遗产城市品牌。推进中华海棠园、汇川休闲垂钓基地等乡村旅游项目建设，打造旅游休闲养生度假基地。以华美健康产业园、市医院医护型养老保健服务中心为龙头，建设医养结合养老基地。推进省信息消费试点县建设。

（三）着力培育发展新引擎，在建设活力临清上实现新突破。积极推进改革创新和质量建设，进一步增强发展活力。

全面深化各项改革。深化行政体制改革，坚持“放、管、服”并重，转变政府职能，释放市场活力。深化财税管理体制改革，推进政府采购、公务用车、“营改增”等改革。深化投融资体制改革，大力推行政府和社会资本合作模式，深入开展土地承包经营权、股权抵押贷款等创新业务。深化农业农村改革，推进土地承包经营权流转，在林园居和牛张寨村开展农村集体产权制度改革试点，规范农村产权交易平台和市场体系建设，进一步激发农村发展活力。深化户籍等制度改革，促进农业转移人口市民化。扎实推进其他领域的改革。

全面开展创业创新。营造大众创业、万众创新的浓厚氛围。鼓励企业二次创业，引导致富能人、在外成功人士、返乡务工人员、高校毕业生、下岗职工等重点群体创业。扩大小额担保贷款扶持范围。鼓励发展“众创、众包、众扶”新模式，引导建设“众创空间”。推进烟店轴承创业园创建为省级创业示范园区。坚持面向市场、宜工则工、宜农则农，努力打造“一村一品”特色产业。强化企业创新主体地位，加大研发投入，提高创新能力。筛选50家科技型企业，进行重点扶持。支持企业与高校、科研院所组建产业技术创新联盟，加大研发和成果转化力度。争取洛阳轴研科技在我市设立山东分院，新增聊城市级以上科技研发平台6家。大力发展高新技术产业，产值占比提高1.5个百分点。健全人才培养引进机制，加强企业家队伍建设。

全面推进质量强市。继续实施质量强市战略，提升质量标准，打造全过程、全方位的质量管理体系。抓好宇捷轴承质量检测等第三方平台建设。引导企业积极参与标准制定，掌握更多的行业话语权。鼓励企业开展境内外商标注册和品牌创建，提升自身形象。健全质量投诉处理机制，畅通消费维权渠道。

（四）着力打造发展新环境，在建设美丽临清上实现新突破。坚持以人为本、产城融合，打造宜居宜业美丽新临清。城镇化率提高1.5个百分点。

强化规划引领。抓好绿地水系、综合交通、历史文化名城保护等专项规划及小城镇提升工程规划编制，完成城区燃气专项规划和镇总规修编工作。加强规划执行跟踪管理和执法监察，通过规划的管控和引领，塑造特色更加鲜明的城镇形象。

建设美丽城市。按照“提升老城功能、完善新城设施、打造古城新貌”的思路，加快城区建设步伐。加强道路绿化景观建设，不断增加市民休闲活动空间，新增绿化面积20万平方米以上。抓好老旧路灯节能改造和新建道路亮化工程。实施永青路两侧、三里堡等区域征迁工作，加快回迁安置房建设，确保拆迁群众早日迁入新居。通过政府购买、政策引导等措施，加大去库存力度，推动房地产市场健康发展。有序推进古城保护开发，传承历史文化，塑造城市特色。加快实施第二批小城镇提升工程，其他镇办同步实施，年底全部完成，小城镇面貌实现明显改观，设施功能全面提升。加快推动德商高速建成通车，推进聊临路挖补罩面和省道315、聊夏路升级工作；继续建设改造农村道路，让群众出行更快捷。加强农村照明、饮用水、文化、体育等公共设施建设，促进城乡基本公共服务均等化。新增造林面积2万亩。完成农村新居建设3500户。

提升管理水平。强化城乡环境综合整治，加大环境卫生、农贸市场、占道经营整治力度。深化交通安全样板市创建，健全多部门联合执法长效机制，大力整治三轮车非法营运、超限超载、车辆乱停等群众反映强烈的问题。完善物业管理机制，提高服务水平。大力推进农村改厕工程。全面提升城乡环卫一体化水平，加强路域环境综合整治，进一步提高群众满意度。

（五）着力拓展发展新空间，在建设开放临清上实现新突破。提高对外开放水平，加快形成深度融合的互利合作格局。

积极发展对外贸易。全面落实促进外贸稳定增长和转型升级政策，加强外贸综合服务中心建设，引导更多外贸企业在本地出口。支持企业参加广交会、汉诺威工业展等重要展会，开拓国际市场。抓好三和纺织等重点企业出口，巩固和扩大国际市场份额。优化出口结构，支持自有品牌、自主知识产权和高新技术产品出口。积极申请设立海关监管场站，争取国际贸易便利化政策。鼓励企业扩大先进技术设备、关键零部件和原材料进口。

加强对外交流合作。积极参与"一带一路"建设，重点选择与我市经济互补性强、产业关联度高的城市，开展多领域多层次的交流合作。大力宣传推介临清，吸引外商来临投资兴业。争取引进1个过千万美元的外资项目。推进"海外临清"建设，支持有条件的企业走出去，提高国际化经营水平，促进哈萨克斯坦物流专列项目尽快落地。

（六）着力优化生态新格局，在建设绿色临清上实现新突破。坚持生态立市，加快建设资源节约型、环境友好型社会。

推进生产生活绿色化。实行能耗和水资源消耗、建设用地等总量和强度"双控"，建立绿色低碳循环发展产业体系。推广高效节能、节水、减排技术和产品。力争淘汰落后设备1200台（套），关闭土小企业5家以上。积极落实山东省"工业绿动力"计划，抓好重点企业节能管理，实施工业锅炉技术改造、低温余热余压利用、能量系统优化等重点工程。培育一批省级循环经济、清洁生产及资源综合利用、节能环保示范企业，积极推进德运环保垃圾焚烧发电等项目建设。倡导绿色文明的生活和消费方式。推进建筑、交通等重点领域节能，推行合同能源管理。

健全环境保护治理体系。狠抓水污染防治，加快实施排污许可证制度，实现总量控制下的工业污染源全面达标排放；巩固海河流域水污染防治核查迎检成果，加快推进胡姚河人工湿地建设，抓好污水处理厂污泥处置工程运行。强力推行治霾措施，加强工业废气、燃煤锅炉、秸秆焚烧、机动车尾气、建筑施工和道路扬尘治理，确保环境空气质量改善10%以上。加强农业面源污染防治，实施土壤污染修复工程，严禁使用剧毒农药，加强生物制剂管理，科学规划养殖小区，完善无害化处理设施。狠抓环境监察执法，严厉打击未批先建、无证排污、偷排偷放等违法行为。

（七）着力创造幸福新生活，在建设和谐临清上实现新突破。坚持共享发展理念，努力让人民群众有更多的获得感、幸福感。

打好精准脱贫攻坚战。加强基层党组织建设，动员全社会力量，确保90%的贫困村摘帽。稳妥推进种植、养殖等产业扶贫项目。运用财税、金融等政策，引导企业、新型农业经营主体吸纳贫困人员就业。对贫困村优先安排道路、水利、医疗卫生等工程建设，改善生产生活条件。注重扶贫先扶智，加大贫困家庭学生教育资助力度。对丧失劳动能力的贫困人口实施政策性兜底脱贫。

完善就业和社保体系。实施更加积极的就业政策，着力解决就业难和招工难并存的结构性矛盾，统筹解决好高校毕业生、农村转移劳动力、退役军人等重点人群就业问题，全年新增城镇就业1.5万人。严格执行《社会保险法》，推行五险"一票征缴"，大力整治选择性参保等违法行为。逐步将机关事业单位纳入职工生育保险范围。加强社保基金监督管理。加大劳动保障监察执法力度。规范低保动态管理。完善落实各项抚恤补助政策，扎实做好新一届双拥模范城创建工作。

全面发展社会事业。努力办好人民满意的教育。全面提高教学质量。继续实施第二期学前教育三年行动计划。改善薄弱学校基本办学条件，逐步解决城镇中小学大班额问题。推动普通高中教学改革。推进工业学校创建省规范化中等职业学校工作。加强平安和谐校园建设。大力发展文体事业。加强精神文明建设，用社会主义核心价值观凝聚力量。倡导全民阅读，建设书香临清。抓好传统文化的发掘、保护和利用。完成钞关布展和我市第一次全国可移动文物普查。建成历史文化展厅，对100个文化大院实施升级改造。继续办好消夏文化艺术节等文化活动。完善城乡体育设施，扎实开展全民健身运动。推进健康临清建设。促进公共卫生服务均等化，深化县级公立医院改革，加强传染病防治和重大疫情防控。落实好全面两孩政策，综合治理出生人口性别比，完善人口服务管理机制，提高出生人口素质。继续做好民兵预备役、民族宗教、妇女儿童、防震减灾、慈善、残疾人、广电、老龄、史志、档案、气象、消防等工作。

加强和创新社会治理。推进社会治理精细化，构建全民共建共享的社会治理格局。启动“七五”普法工作，推动形成自觉学法、守法、用法的社会环境。以“网格化”为抓手，健全动态化矛盾排查调处机制；创新特殊人群管控，加强社区矫正；健全覆盖城乡的法律服务体系。依法规范信访工作，加强食品药品安全监管，严格落实安全生产责任制，深入开展平安临清建设，强化社会治安综合治理，维护全市大局和谐稳定。

四、凝聚全面建成小康社会的强大合力

各位代表，全心全意为人民服务是我们党的根本宗旨，我们必须坚持以人民为中心的发展思想，做到发展为了人民、发展依靠人民、发展成果由人民共享，必须坚持人民主体地位，充分调动人民群众的积极性、主动性、创造性。

动员社会各方力量。巩固和发展最广泛的爱国统一战线，全面落实党的知识分子、民族、宗教、侨务等政策。认真听取民主党派、工商联、无党派人士的意见建议。发挥好工会、共青团等群团组织的作用。高度重视和做好新经济组织、新社会组织工作。鼓励社会各界群众以昂扬的精神状态在各自岗位上建功立业。全市上下形成万众一心谋发展、群策群力干事业的生动局面。

持续改进政府作风。巩固党的群众路线教育实践活动、“三严三实”专题教育成效，进一步增强规矩意识、责任意识和服务意识。驰而不息纠治“四风”，着力克服庸懒散现象，认真解决不愿为、不会为、不敢为问题。完善考核评价体系，强化考核结果运用，激励广大干部职工用心谋事、用力干事。

不断加强能力建设。积极适应新常态，学习新知识，在实践中增长才干，增强专业思维、专业素养，提高领导经济工作的能力。坚持引进来和走出去相结合，加大培训力度，完善知识结构，提高履职尽责、解决实际问题的能力。改进调查研究，提高做好群众工作的能力。

全面推进依法行政。健全政府重大行政决策公众参与、专家论证、风险评估、合法性审查、集体讨论决定的工作机制，完善政府法律顾问等制度，深入开展规范性文件“三统一”工作，认真做好行政复议和应诉工作。自觉接受人大、政协、民主党派和全社会监督。进一步加强行政执法监督，规范行政执法行为。

大力提升服务效能。完善工作落实机制，创新督查方式，坚决消除“中梗阻”，确保各项决策部署落地见效。认真落实群众工作日制度，帮助解决实际问题。打造“智慧政府”，加快推进“互联网+政务服务”，开辟网上市长公开电话通道，规范政府网站群建设，让政府服务更高效，让群众办事更方便。

深入推进廉政建设。深化政务公开，让权力在阳光下运行。认真落实财政预算制度，严格公务消费和公务接待管理，压缩“三公”经费支出，厉行勤俭节约，反对铺张浪费。加强廉政风险防控，规范公共资源交易监督管理，强化经济责任审计，从源头上预防和惩治腐败。严肃查处各类违纪违法案件，营造良好的政治生态。

各位代表，保障改善民生是政府一切工作的出发点和落脚点。今年，在市财政面临较大增收压力的情况下，我们将一如既往地加大民生投入，重点实施十项惠民实事：一是投资4800万元新建校舍15处，面积4万平方米；二是新增公租房330套，实施棚户区改造1084户，农村危房改造不低于600户；三是对永青路、曙光路、新华路、兴临路、站前路的部分路段进行升级改造，打通启秀路中段，进一步解决群众出行难问题；四是实施东环路、船厂街、兴临路、启秀路等道路高标准亮化工程，新安装路灯660盏；实施龙山公园升级改造和南部新区体育文化公园建设；五是建设110千伏新华输变电和35千伏垃

圾电厂送出线路工程，完成经济开发区220千伏线路改建和35千伏石槽Ⅱ回线路建设，改造城乡中低压配网187千米；六是优化城乡公交线路，新增节能型公交车30部；七是建设金融便利店70余家，为城乡居民提供更加便捷的金融服务；八是进一步提高城乡低保和农村五保救助标准；九是为农村60周岁以上的老年人免费健康体检，为符合政策的农村育龄群众实施免费孕前优生健康检查；十是落实各类惠农补贴，开展村级公益事业一事一议奖补项目。

各位代表，梦想点燃激情，使命催人奋进。让我们紧密团结在以习近平同志为总书记的党中央周围，在中共临清市委的坚强领导下，进一步振奋精神、凝心聚力，干在实处、走在前列，坚决实现“十三五”良好开局，为全面建成小康社会、创造临清人民更加美好的幸福生活而努力奋斗！

《政府工作报告》词语注释

1. 金融

①区域市场普惠种子基金：市政府与齐鲁股权交易中心、挂牌企业共同出资设立的股权回购基金，作为股权质押贷款的信用保证。

②“新三板”：全国中小企业股份转让系统，是继上海证券交易所、深圳证券交易所后，经国务院批准设立的第三个全国性证券交易场所。

③金融便利店：自助特色服务终端。

④普惠金融组织：为有金融服务需求的社会各阶层和群体提供适当、有效金融服务的机构。

2. 创业创新

①国家级技术创新示范企业1家：中色奥博特。

②省高新技术企业1家：润源实业。

③国家级企业技术中心2家：中冶纸业银河、中色奥博特。

④省级重点实验室1个：中色奥博特山东省铜合金新材料重点实验室。

⑤院士工作站2家：绿泽园林科技院士工作站、中色奥博特院士工作站。

⑥中国机械工业科学技术奖2项：凯美瑞轴承EAE4加强型双列球面滚子轴承和矿山振动机械用调心球面滚子轴承。

⑦聊城市长质量奖4个：中色奥博特、三和纺织、润源实业、中色奥博特董事长刘占海。

⑧众创：通过市场化机制、专业化服务和资本化途径构建的低成本、便利化、全要素、开放式的新型创业服务平台的统称；众包：一个公司或机构把过去由员工执行的工作任务，以自由自愿的形式外包给非特定的大众网络的做法模式；众扶：政府和公益机构支持、企业帮扶援助、个人互助互扶共助创业者成长。

⑨洛阳轴研科技：系原洛阳轴承研究所改制组建的股份制企业，已与我市达成合作意向。

3. 商标品牌

①中国名牌1个：中色奥博特高精度内螺纹铜管。

②中国驰名商标1个：哈临轴承的“HLB”商标。

③农产品公用品牌6个：临清桑葚、丁马甲鱼（同为国家地理标志证明商标和国家地理标志保护产品）、大尾寒羊、临清大蒜、临清狮猫。

④“三品一标”：无公害产品、绿色食品、有机食品、农产品地理标志。

4. 改革开放

①“三证合一”：工商营业执照、组织机构代码证、税务登记证合并核发一个营业执照的登记制度。

②“三去一降一补”：去产能、去库存、去杠杆、降成本、补短板。

③“一带一路”：丝绸之路经济带和21世纪海上丝绸之路。

5. 城乡建设

①小城镇提升工程：是聊城市委、市政府安排部署的一项重点工作，2015年我市唐园镇、康庄镇、烟店镇顺利通过第一批验收。

②道路建设：清泉街指清泉花园小区北侧新修道路；船厂街指豪翰商贸城南侧新修道路；兴临路指位于经济开发区的原工业路；启秀路指位

于盛世嘉苑小区东侧的原经一路；东环路指原东三环路。

③运泽水库：胡家湾水库。

6. 绿色发展

①农业“两减三保”：减少农药、化肥施用量，保产量、保质量、保环境。

②“工业绿动力”计划：运用财政政策措施进一步推动经济转方式调结构稳增长，促进节能减排和经济转型升级。

7. 政务公开①“僵尸”网站：一些内容长期不更新或不维护的网站。

②“互联网+政府服务”：政府利用互联网技术和工具，整合线上线下，以政府服务网站、政务微博、微信、政务App等平台建设为载体，为群众提供“一站式、全天候、零距离”的政府网上服务。

临清年鉴2017

LINQINGYERABOOK

专　记

“两学一做”学习教育

4月27日，临清市召开“两学一做”学习教育工作座谈会。市委常委及其他现职市级干部，各镇（街道）党委书记、副书记、组织委员、党建办主任，市直各部门单位主要负责同志、分管负责同志，全市“两学一做”学习教育协调小组成员、派驻镇（街道）市直部门单位督导组全体成员共350余人出席会议。市委书记、市人大常委会主任王建鹏同志作重要讲话，指出开展“两学一做”学习教育的重大意义，点出党员、党员领导干部和基层党组织中存在的问题，提出开展“两学一做”的标准要求和方法措施，强调要学在深处、做在实处、融入经常。会上，新华路街道党委、青年路街道党委、财政局、人社局党组主要负责同志作了典型发言。会后，立即召开“两学一做”学习教育工作培训会，市委副书记祁学兰同志对各镇（街道）党委副书记、组织委员、党建办主任，市直各部门单位分管负责同志，全市“两学一做”学习教育协调小组成员、派驻镇（街道）市直部门单位督导组全体成员等骨干力量进行专题培训，进一步掌握开展“两学一做”学习教育的基本方法和措施要求，有效确保“两学一做”学习教育顺利启动、扎实推进。二是各级层层发动。各基层党委主动牵头，强化“走在前、向我看”的担当，把学习教育摆上重要议事日程，认真部署，全面落实。各党支部及时跟进，迅速动员。截至4月29日，全市16个镇（街道）和95个市直部门已全部启动，截至4月30日，村、社区等各领域基层党组织全部启动“两学一做”学习教育。

分类指导，确保全覆盖。根据不同领域、不同层次党员的特点，分类制定农村、社区、“两新”组织和机关、企事业单位学习教育的工作方案，做到分类指导。

采取灵活多样的学习方式。注重因地制宜、精准施策，体现差别、突出特色，做到“一把钥匙开一把锁”。对农村、社区党员，开设“党员夜校”组织集中学习，同时根据党员对象的年龄、职业、学历层次和工作岗位性质的情况，分类进行培训，实行送课上门、巡回宣讲、观摩学习等，增强学习的针对性与实效性；依托远程教育站点，利用“网上课堂”、电教片，发挥远程教育信息量大、生动直观、方便快捷等优势，实现党员与现代信息技术的零距离接触。在农村重点落实党员设岗定责和承诺践诺制度，广泛实施“红色先锋”示范行动，在社区开展城镇社区党员志愿服务示范行动，推动建设文明和谐社区。对“两新”组织党员，采取“业余、小型、多样、随时”等灵活多样的方式，推行“融合式学习法”，利用班前班后，实行基地式、命题式、交流式、网络式、观摩式学习，并适当增加生产技术和企业管理等方面的内容，让党员随时随地接受教育。落实党员示范岗、党员责任区制度，广泛开展岗位提能、技能比武、业务竞赛、诚信建设等活动，重点开展“与党同心、与员工贴心、与组织连心，推动非公经济和社会组织健康发展”活动，增强学习教育的针对性和实效性。对机关事业单位的在职党员，在强化集中学习的基础上，注重党员的自主学习，加大对党员自主学习的约束力度，对学习内容和学习进度做出刚性规定，做好学习笔记，要求党员按质按量完成学习任务。开展“普通党员讲党课”活动和“立足岗位当先锋”评选活动，以党员个体讲授为主要形式，课后由党支部或党小组进行点评，实现以讲促学、以评促学，做到人人参与，相互提高，同时提高党员参与学习和讨论积极性；鼓励引导党员爱岗敬业、创先争优，组织“立足岗位当先锋”评选表彰，营造比学赶超、争先奋进推进事业发展的局面。对外出流动党员，实行“五定”：定联系人。每名支部成员联系一名流动党员，落实专门人员进行检查督导，并建立联系档案；定联系方式。对流出地较近的，强调定期返回参加集中学习，平时进行电话联系，对长时间不回家的，定期邮寄学习资料，要求他们寄回读书笔记和心得体会；定汇报时间。流动党员要向党组织每周电话汇报一次，每月书信、邮件汇报一次，每季度见面一次；定指导方法。通过外寄学习资料、电话指导等方式，切实抓好学习指导；定考评办法。对外出党员的学习情况，每月考评一次，将考评情况反馈本人。发挥好我市三个在外流动党支部作用，扩大党员参加学习教育覆盖面，提高学习教育的质量。对全市476名流动党员全部落实参加学习教育的党支部，并根据“五定”的要求加强联络指导。对离退休党员，发挥好离退休干部党支部的作用，确保积极有效参与。对体弱多病行动不便的党员，实行“四上门”：上门宣传动员、上门送学习资料、上门辅导、上门征求意见，确保不让一名党员掉队，保证党员参与的全覆盖。

认真制定学习研讨计划。坚持“严”字当头，严格把关，确保专题教育起好步、开好局。全市以党支部为单位，制定详细的学习研讨计划，细化到周，明确学习内容、参会人员，并报市“两学一做”学习教育协调小组备案。市委不定期开展抽查。

以上率下，示范带动。市委常委会坚持高标准、严要求，深入开展集中学习研讨，建立每周半天的学习制度，原汁原味学习必读书目。市委常委会组织集中学习《党章》《中国共产党廉洁自律准则》和《中国共产党纪律处分条例》和临清市《实施方案》。在全市形成上级为下级作表率、班长为成员作表率，上行下效、上率下行的良好局面。全市所有基层党组织坚持原汁原味、原原本本，采取轮流领读、发言讨论的方式，每周至少集中学习1次。同时，督促各单位、各支部将“两学一做”学习教育笔记本发放到每一名党员手中，要求做好集中学习和自学笔记，撰写学习心得体会，并安排专人进行不定期抽查。各级党员领导干部结合自己的学习理解，紧扣主题讲专题党课，市级党员领导干部普遍制定讲党课工作计划，在所在支部开展讲党课活动，5月底全部讲授完毕。

配发学习资料。市委组织部列支党费50万元，集中购买3.4万套《中国共产党党章》《中国共产党廉洁自律准则》《中国共产党纪律处分条例》《习近平系列重要讲话（2016年版）》等学习资料，实现全市所有党员人手一套，为学习教育开局起步奠定良好基础。各级各部门各单位也通过印制口袋书、明白纸、网上下载资料等方式，发放到党员手中，保证党员随时可学习、随处受教育。

开展“七个一”活动，创新学习教育载体。关注一个微信公众号。开通“临清两学一做”微信公众号，组织全市党员关注。定期发布上级精神、基层动态，学习微党课，通过知识碎片化、趣味化的轻松方式向广大党员传送最新热点专题、党建知识，强化党员学习教育，加强互相交流，搭建“两学一做”学习教育“微窗口”和“微平台”。发布各类消息72条。重温一次入党誓词。各党支部组织全体党员开展“重温入党誓词，集体向党旗宣誓”活动，回顾入党时的思想激情和入党宣誓时发自内心的庄严承诺，反思在党的教育培养下的成长历程和新时期自己的追求，进一步唤醒内心深处的党员意识、党章意识和党纪观念，激励以实际行动作表率、当先锋，认真践行誓言，永葆共产党员的先进性纯洁性和政治本色。接受一次现场教育或专题辅导。市委宣讲团深入基层巡回讲党章、讲党规、讲党史。各基层党组织结合各自实际，利用廉政教育基地、孔繁森纪念馆等资源，开展现场教育，进一步增强全体党员的党性观念，全面提升执行政策、服务群众、依法办事、维护稳定和科学发展的能力。开展一次学习效果检验。各部门各单位通过知识竞赛、演讲比赛、学习心得评选、文艺汇演等多种方式，检验党员学习成效，确保真学真懂真信真用。承诺、办结一项为民服务实事。机关党员干部结合机关干部包村联户工作和机关党员进社区工作，帮助所联系贫困户脱贫，按照各自认领的公益岗位，认真开展履职尽责活动，为社区居民提供实实在在的帮助；农村党员围绕无职党员设岗定责活动，主动认领岗位，扎实承诺践诺，解决群众生产生活中的实际困难。“两新”组织党员结合党员参议会制度，积极向企业党组织提出合理化建议，帮助企业提升管理水平。发放一本党员管理手册。市委组织部为每名党员配发一本党员管理手册，分“两学一做”学习教育参加组织生活记录、发挥带头作用记录、设岗定责考核记录、民主评议记录四部分，党支部要认真考核记录和造册登记。开展一次评比表彰活动。大力表彰一批在推动转型跨越发展、服务人民群众中涌现出的先进基层党组织和各行各业优秀共产党员、优秀党务工作者。全市选树各类党组织和个人等先进典型217个。

即知即改，狠抓问题整改。开展“七讲七做”作风集中整治活动。临清市结合“两学一做”学习教育，在全市各级各部门深入开展为期3个月的“七讲七做”作风集中整治活动，即讲规矩，做守纪律的表率；讲奉献，做促发展的表率；讲担当，做勇于作为的表率；讲标准，做争创一流的表率；讲创新，做敢为人先的表率；讲实干，做抓落实的表率；讲效能，做马上办的表率。重点查找解决规矩意识不强、境界不高、担当不够、标准不高、创新不足、落实不力、效能不高等七方面的问题。各级各部门各单位制定工作方案，集中开展专项整治，营造风清气正、团结实干、务实高效的浓厚氛围。狠抓整改落实。临清市各基层党组织从学习教育一开始就结合学习讨论，精准聚焦，认真查摆和找准找实党员队伍中存在的问题，党的组织生活中存在的问题，党员和党员领导干部教育管理中存在的问题，基层党组织建设中存在的问题，并全覆盖地建立问题整改清单和整改台账，细化整改措施，明确整改时限，认真抓好整改落实。截至2016年，全市各基层党组织共查摆问题2750个，已完成整改711个。

强化保障，做到求真务实。强化组织协调。为强化对学习教育的督导指导，临清市专门成立由市委副书记祁学兰同志任组长，纪委书记、组织部长任副组长，相关部门单位主要负责同志任成员的“两学一做”学习教育协调小组，共51人组成，下设综合一组、综合二组、宣传组，并成立由市委办公室、市政府办公室、市纪委、市委组织部、市委宣传部、市委政法委、市直机关工委等部门正科级干部任组长的9个督导组。强化骨干培训。培训党务骨干。学习教育启动之初，对党务干部进行“两学一做”学习教育集中培训，坚持学在前、做在先，做“两学一做”学习教育的明白人，为推动全市学习教育深入扎实开展，切实发挥好参谋和指导作用。各基层党委也对基层党支部书记等工作骨干进行专题培训，为学习教育扎实开展提供有力保障。集中轮训基层党支部书记。从5月初，组织全市所有村居党支部书记分四期，赴濮阳市农村党支部书记学院对“两学一做”学习教育、村务管理、经济发展等内容进行为期三天的军事化培训，进一步提升基层党支部书记的党性修养和能力素质。同时，还采取“运河名城大讲堂”开展辅导讲，依托“名师库”开展专家讲，结合对口行业主管部门、上级部门开展专题讲，邀请身边先进人物开展现身讲，到先进地区学习交流开展观摩讲等多种方式，对其他领域基层党支部书记开展专题培训。严格督导指导。临清市选派的9个督导组对所督导单位所有党支部从严要求、从严把关、从严督促，采取“一竿子插到底”的方法，每周对“两学一做”学习教育启动情况、集中学习情况、党组织书记知晓情况、村级活动场所建设情况等进行重点督导，对发现的问题当场提出意见建议，有效地促进“两学一做”学习教育的扎实开展。市委“两学一做”学习教育协调小组通过抽查58个基层党组织，对其中20个工作开展不扎实、集中学习不认真的进行通报批评，要求限期整改。全方位、立体式宣传，营造浓厚氛围。临清市委设计2套“两学一做”张贴画，印制1万余份，发放至所有基层党支部，每个村党支部张贴5套，其他基层党组织张贴2套。利用主要交通路口的户外广告牌，宣传“两学一做”等党建公益广告。同时，各部门各单位利用电子显示屏等滚动播放“两学一做”学习教育相关内容，进一步提高党员的知晓率、参与度。临清电视台、临清电台、临清周讯等新闻媒体开设专栏，深入宣传上级和市委关于学习教育的部署要求，宣传各部门各单位学习教育的进展情况和成效，及时刊发言论、评论。在相关网络开设“两学一做”学习教育专题，设立“微党课”专栏，择优刊登基层党课并开展网上评比活动，搭建网上学习交流平台，引导广大党员干部充分认识 “两学一做”的重大意义，推动“两学一做”要求入脑入心，做到内化于心、外化于行。

（组织部　郝秀楠）

临清年鉴 2017

LINQINGYERABOOK

大事记

1月

5日　聊城市委常委、宣传部长赵庆忠带领市直有关部门，到临清督导检查路域环境提升工程。市委副书记、市长李新阁，市委副书记祁学兰，市委常委、宣传部长衣述光陪同活动。

6日　中共临清市委十二届九次全体会议召开。市领导王建鹏、李新阁、汪保远、王晓华、祁学兰、韩德振、李汝山、张子明、冯子峰、韩青、马培虎、张继尧等出席会议。

△　临清市设分会场组织收听收看全国、全省和聊城市安全生产电视电话会议。市委副书记、市长李新阁，市政府党组副书记、市经济开发区党工委书记李衍博出席分会场会议。

7日　市委书记、市人大常委会主任王建鹏主持召开市委常委班子“三严三实”专题民主生活会。聊城市委常委、统战部长蔡同民，市纪委副书记张玉峰等，临清领导李新阁、汪保远、王晓华、祁学兰、韩德振、李汝山、张子明、秦生春、冯子峰、衣述光、韩青、马培虎等领导出席会议。

△　临清市组织收听收看全国、聊城市计划生育工作电视电话会议。市委书记、市人大常委会主任王建鹏，市委副书记、市长李新阁，市委副书记祁学兰，市人大常委会副主任张学庚，副市长秦荣菊，市政协副主席贾艳华出席市分会场会议。

8日　市委副书记、市长李新阁主持召开政府工作调度会议，听取市政府副市长、党组副书记分管工作汇报，安排部署下一步工作任务。市委常委、副市长韩德振，冯子峰，副市长王磊、秦荣菊、周志雯，市政府党组副书记王庆瑞，市政府党组副书记、市经济开发区党工委书记李衍博，副市级干部、公安局长王志刚出席会议。

△　政协党组召开“三严三实”专题民主生活会，市政协党组书记、主席汪保远，市政协党组副书记、副主席许朝生、副主席徐宝福、王保粮出席会议。

△　市人大常委会党组“三严三实”专题民主生活会召开。市人大常委会党组书记、第一副主任王晓华，党组副书记袁磊、李凤义、副主任赵孝洪、孙玉璞、宋加利出席会议。

9日　市委书记、市人大常委会主任王建鹏，市委副书记祁学兰，市委常委、副市长韩德振、冯子峰一行，深入部分重点项目建设现场，调研项目建设情况，并提出下一步工作要求。市运河经济开发区管委会主任、新华路街道党委书记刘明峰陪同活动。

△　市委副书记、市长李新阁主持召开市政府党组“三严三实”专题民主生活会。市委常委、副市长韩德振、冯子峰，副市长王磊、秦荣菊，市政府党组副书记王庆瑞，市政府党组副书记、市经济开发区党工委书记李衍博，副市级干部、市公安局局长王志刚出席会议。

△　市委副书记、市长李新阁参加指导市财政局党组 “三严三实”专题民主生活会并讲话。

10日　松林镇领导班子“三严三实”专题民主生活会召开。市委书记、市人大常委会主任王建鹏全程参加并做重要点评和讲话。市人大常委会副主任宋加利，副市级干部、市公安局长、党委书记王志刚及市委组织部、市纪委等相关负责同志陪同参加。

△　新华路街道党委召开“三严三实”专题民主生活会。市委副书记、市长李新阁全程参加并做重要点评和讲话，新华路街道党委书记、市经济开发区管委会主任刘明峰主持会议。

12日　聊城市委书记、市人大常委会主任徐景颜，市政协主席金维民带领全市科学发展现场观摩团到临清对聊城市级重点项目建设和路域环境综合整治成效进行观摩评价。

13日　青年路街道领导班子“三严三实”专题民主生活会召开。市委副书记祁学兰参加指导。

△　经山东省经信委网站公示，临清市成功

入选“山东省节能环保产业示范县（市、区）创建名单”，是聊城市唯一一个入选的县（市、区）。

14 日 文化部原副部长周和平一行，在中共临西县委书记王海军等的陪同下到临清考察运河文化。临清市委书记、市人大常委会主任王建鹏，市委副书记、市长李新阁，市委常委、市委办公室主任李汝山，副市长周志雯陪同活动。

15 日 临清组织召开全市扶贫开发工作推进会，对今年的扶贫开发工作作进一步的安排部署。市委书记、市人大常委会主任王建鹏，市委副书记、市长李新阁，市委副书记祁学兰，市经济开发区管委会主任、新华路街道办事处党委书记刘明峰出席会议。

△ 中国旅美专家协会执行会长李守栋先生到临清考察访问，聊城市经信委、聊城市外侨办相关领导陪同考察，副市长王磊全程陪同活动。

18 日 全市科学发展观摩总结暨经济工作会议召开，市委书记、市人大常委会主任王建鹏作重要讲话，市委副书记、市长李新阁主持会议并讲话。市领导汪保远、王晓华、祁学兰、韩德振、李汝山、张子明、秦生春、冯子峰、衣述光、张继尧以及其他市级干部出席会议。

19 日 市委副书记、市长李新阁带领市公安局、住建局、卫计局、人社局、农业局、民政局等市直相关部门负责人走进聊城市人民广播电台“政风行风热线”节目直播间，与临清广大市民亲切对话交流，解答群众关注的热点问题。

21 日 临清市组织召开教育工作会议，回顾总结去年教育工作情况，安排部署 2016 年工作任务。市领导衣述光、张学庚、周志雯、徐宝福出席会议。

22 日 临清市召开镇（街道）党委书记抓基层党建工作述职评议会，总结交流 2015 年镇（街道）党委书记履行管党职责情况，查找问题不足，研究谋划今年基层党建工作思路，促进镇（街道）党委进一步强化管党治党意识，将党要管党、从严治党各项任务落到实处。聊城市委组织部副部长吴广连，临清市委书记、市人大常委会主任王建鹏，市委副书记、市长李新阁，市委副书记祁学兰，市委常委、副市长韩德振，市委常委、市委办公室主任李汝山，市委常委、组织部长、统战部长秦生春，市委常委、副市长冯子峰，市委常委、政法委书记韩青出席会议。

26 日 临清市召开人大工作座谈会，传达学习省和聊城市县乡人大工作会议精神，就加强和改进全市人大工作进行安排部署。市委书记、市人大常委会主任王建鹏，市人大常委会党组书记、第一副主任王晓华，市委副书记祁学兰，市人大常委会党组副书记袁磊、李凤义，副主任赵孝洪、孙玉璞、宋加利、张学庚出席会议。

27 日 以省工商局副局长向维凯为组长的省安全生产督查组，在聊城市副市长洪玉振的陪同下，到临清督导检查安全生产工作。临清市委书记、市人大常委会主任王建鹏，市委常委、副市长韩德振，市政府党组副书记、运河经济开发区党工委书记李衍博，副市级干部、公安局长王志刚陪同活动。

28 日 聊城市人大常委会副主任白志坚带领市直有关部门负责同志到临清走访慰问。临清领导王建鹏、王晓华、李汝山、秦生春、宋加利、王磊陪同活动。

△ 临清市组织召开全市企业下乡扶贫工作动员大会，安排部署企业下乡扶贫工作，动员各级各部门尤其是广大企业，充分发挥企业的自身优势和主力军作用，迅速投入到脱贫攻坚战役中来，为全面建成小康社会提供强有力的保障。市委副书记祁学兰出席会议。

△ 聊城市卫计委副主任冯守琦带领考核组一行对临清 2015 年度人口和计划生育目标管理责任制进行年终考核。临清市委书记、市人大常委会主任王建鹏，市委副书记祁学兰，副市长秦荣菊出席座谈会。

△ 全市城乡环卫一体化工作调度会召开，分析存在问题，对下一步工作进行再强调、再部署。市委书记、市人大常委会主任王建鹏，市委副书记祁学兰，市委常委、副市长冯子峰，市委

常委、宣传部长衣述光，市运河经济开发区管委会主任、新华路街道党委书记刘明峰出席会议。

△ 中华民族传统新春佳节即将到来之际，市委市政府隆重举行2016年各界人士迎新春茶话会。临清各界知名人士欢聚一堂，回顾过去不平凡的岁月，畅谈所取得的巨大成就，展望临清美好的发展前景，共话朋友间的深情厚谊。市领导祁学兰、韩德振、秦生春、张学庚、王俊山、许朝生、宛秋生出席会议。

△ 聊城市卫生计生委调研员郭长兴一行到临清失独家庭进行走访慰问。临清副市长秦荣菊陪同活动。

29日 市委书记、市人大常委会主任王建鹏深入青年路街道、大辛庄街道和唐园镇部分村居，现场督导检查城乡环卫一体化工作推进情况。市委常委、市委办公室主任李汝山陪同活动。

31日 聊城市教育局局长、党组书记哈宝泉一行带着市教育局全体干部职工的深情厚谊，深入到临清先锋路街道郭堤居，走访慰问困难群众，为他们送去慰问品和春节祝福。临清市委副书记、市长李新阁等陪同活动。

2月

1日 市委书记、市人大常委会主任王建鹏，市委常委、市委办公室主任李汝山，市委常委、宣传部长衣述光，副市长王磊，市政协副主席王俊山对部分困难群众、老党员、优抚对象和敬老院等进行走访慰问，并送去慰问金和慰问品，预祝他们春节愉快。

2日 临清举行2016年春节市级老干部情况通报会。市委书记、市人大常委会主任王建鹏主持会议并向全市离退休老干部祝贺新春。市委副书记、市长李新阁通报临清“十二五”经济社会发展情况和“十三五”发展思路及2016年重点工作。市领导汪保远、王晓华、祁学兰、李汝山、张子明及全市市级老干部出席。

3日 市委书记、市人大常委会主任王建鹏，市委副书记、市长李新阁，市委副书记祁学兰，市委常委、市委办公室主任李汝山，市委常委、人武部政委马培虎，副市长王磊，市人武部部长付培俊等带着慰问品赴聊城走访慰问驻聊部队官兵，代表市委、市政府等几大班子和全市人民向他们致以节日的祝福。

△ 市委副书记、市长李新阁，市政府党组副书记、市经济开发区党工委书记李衍博带领安监、交通、消防等部门负责同志深入新华路街道辖区督查安全生产工作。市运河经济开发区管委会主任、新华路街道党委书记刘明峰陪同活动。

4日 市领导王建鹏、李新阁、汪保远、王晓华、祁学兰、李汝山、张子明、秦生春等走访慰问临清地厅级老干部胡雷、王兴刚、马清辰、陈少波、邵长珠，为他们送去真挚的新春问候和祝福。

△ 市委副书记、市长李新阁主持召开市长办公会议，对有关议题进行专题研究和安排部署当前重点工作。市委常委、副市长韩德振，副市长王磊、秦荣菊、周志雯，市政府党组副书记王庆瑞，市政府党组副书记、经济开发区党工委书记李衍博，副市级干部、市公安局局长王志刚出席会议。

5日 中共临清市纪委十二届七次全体会议召开。市委书记、市人大常委会主任王建鹏强调，要紧紧围绕“四个全面”工作大局，主动适应全面从严治党新要求，坚持不懈加强作风建设，始终保持惩治腐败高压态势，用改革的办法推进反腐倡廉体制机制创新，坚定不移地把党风廉政建设和反腐败斗争引向深入，为全市经济社会平稳健康发展提供坚强保证。

6日 市领导王建鹏、李汝山、韩青、李凤义、王磊、许朝生慰问政法系统的一线干警，杨青、王志刚陪同慰问。市委副书记、市长李新阁，市委常委、组织部长、统战部长秦生春，市人大常委会党组副书记刘占海，市政府党组副书记、市经济开发区党工委书记李衍博等走访慰问部分工业企业，代表市几大班子向他们致以崇高的敬意和新春的祝福。

16日　临清市召开《政府工作报告》听取党外人士意见座谈会。市委副书记、市长李新阁，市委常委、副市长韩德振，市委常委、组织部长、统战部长秦生春出席会议。

18日　聊城市第十六届人民代表大会第六次会议隆重召开。市领导王建鹏、李新阁、王晓华、祁学兰带领临清聊城市人大代表肩负全市人民的重托，出席会议。下午，聊城市委书记、市人大常委会主任徐景颜，聊城市老领导阎廷琛，聊城市人大常委会副主任孙菁，聊城市副市长任晓旺来到临清代表团驻地，与代表们一起审议《政府工作报告》，审查《聊城市国民经济和社会发展第十三个五年规划纲要（草案）》。

23日　临清市第十七届人大常委会召开第三十四次会议。市人大常委会党组书记、第一副主任王晓华主持会议。市检察院检察长杨青列席会议。

△　教育部召开新闻发布会，国务院督导委员会公布2015年全国义务教育发展基本均衡县（市、区）名单，临清市在聊城率先创建为全国义务教育发展基本均衡县（市）。

24日　市委副书记、市长李新阁，市委副书记祁学兰，副市长王磊等对临清路域环境整治工作进行专项督导检查。

25日　聊城市委副书记陈平率领观摩团到临清观摩路域环境综合整治提升工程。聊城市副市长郭建民，政协副主席张广霞、马荣锁，临清市委副书记、市长李新阁，市委副书记祁学兰，副市长王磊陪同活动。

△　中国人民政治协商会议临清市第十三届委员会第五次会议隆重开幕。来自各党派团体和各族各界的政协委员，将围绕临清经济社会发展大计，参政议政，建言献策。大会常务主席汪保远、王俊山、许朝生、贾艳华、宛秋生、徐宝福、王保粮、张颖在主席台前排就座。市领导王建鹏、王晓华、韩德振、李汝山、张子明、秦生春、冯子峰、衣述光、韩青、马培虎、张继尧，市政协原主席唐峰伟等在主席台就座。

26日　临清市第十七届人民代表大会第五次会议在临清剧院隆重开幕。肩负着全市人民的希望和重托，来自全市各条战线的市人大代表齐聚一堂，共绘新时期临清发展蓝图。大会常务主席王建鹏、王晓华、刘占海、袁磊、李凤义、赵孝洪、孙玉璞、宋加利、张学庚在主席台前排就座。会议由大会主席团常务主席、执行主席王建鹏主持。李新阁、汪保远、祁学兰、张子明、秦生春等主席团成员，列席会议的其他市领导、市老领导和主席团其他成员在主席台就座。市委副书记、市长李新阁代表市人民政府向大会作《政府工作报告》。

△　王建鹏、李新阁、王晓华等市领导分别在市十七届五次会议的有关代表团，与广大代表面对面交流，一起审议讨论政府工作报告，共商临清改革发展大计。

△　市政协副主席王俊山、许朝生、贾艳华、徐宝福、王保粮分别参加政协临清市第十三届委员会第五次会议妇女组、民主党派组、特邀组、工会组、文体组、经济组、科技组、工商联组、教育组分组讨论市政府工作报告。

27日　政协临清市第十三届委员会第五次会议举行建言献策座谈会。市领导王建鹏、李新阁、汪保远、祁学兰、韩德振、李汝山、张子明、秦生春、王俊山、许朝生、贾艳华、宛秋生、徐宝福、王保粮，市政协老领导唐峰伟、张由军、赵金栋出席座谈会。

28日　政协临清市第十三届委员会第五次会议圆满完成各项议程胜利闭幕。

△　临清市第十七届人民代表大会第五次会议圆满完成各项议程，在临清剧院胜利闭幕。

3 月

1 日　市委副书记、市长李新阁，市委常委、宣传部长衣述光，市政府党组副书记、市运河经济开发区党工委书记李衍博带领市扶贫办、政府调研室及安监、交通、消防等部门负责同志深入新华办事处辖区检查重点工作进展情况。市运河经济开发区管委会主任、新华路街道党委书记刘明峰陪同活动。

△　省人社厅居民养老保险处副处长张学森一行到临清检查验收基层公共（就业）服务平台规范化建设工作。聊城市人社局副调研员李伟、临清副市长王磊等陪同活动。

2 日　莱商银行聊城分行行长段元香一行到临清调研。临清市委副书记、市长李新阁，市委常委、副市长韩德振，市政府党组副书记、运河经济开发区党工委书记李衍博陪同活动。

4 日　省安全生产督查组一行深入临清部分企业督导检查全国“两会”期间安全生产工作情况。临清领导韩德振、李衍博等陪同活动。

△　市委书记、市人大常委会主任王建鹏，市委常委、副市长冯子峰，在市运河经济开发区管委会主任、新华路街道党委书记刘明峰，青年、先锋、大辛庄街道党委主要负责人，以及住建、环卫等相关部门负责人的陪同下，实地督导检查临清城市环卫工作。

△　值全国第 53 个“学雷锋纪念日”到临之际，临清隆重举行学雷锋志愿服务推进会，进一步推动学雷锋志愿服务制度化、常态化，在全市形成学习弘扬志愿精神、开展志愿服务活动的浓厚氛围。聊城市文明办副主任姚清昌，临清市委副书记祁学兰，市委常委、副市长韩德振，市委常委、宣传部长衣述光，市人大常委会副主任张学庚，市政协副主席徐宝福出席会议。

8 日　市委副书记、市长李新阁带领市金融办、农机局、扶贫办、经信局等职能部门主要负责人到部分企业调研指导工作。经济开发区管委会主任、新华路街道党委书记刘明峰参加活动。

△　山东丁马生物科技有限公司与山东泉韵历山文化传播有限公司在丁马公司举行盛大的战略合作签约仪式，参加签约仪式的有聊城市旅游局局长刘光辉、临清市副市长周志雯、临清市旅游局局长李保太及双方领导。双方的战略合作，是为更好地塑造符合企业特点的企业品牌形象，为打造传统养殖 + 旅游文化一体化企业及“丁马甲鱼”品牌建设更上一层楼。

10 日　省编办市县机构编制处处长王宗昌带领考核组一行深入临清烟店镇考核行政管理体制改革试点工作。临清市委书记、市人大常委会主任王建鹏，副市长王磊出席考核工作座谈会。

△　省公务员局副局长谷业广一行，在聊城市人社局党组副书记、副局长刘婧陪同下，到临清调研《公务员法》及配套法规贯彻落实情况。市委常委、组织部部长、统战部部长秦生春陪同活动。

12 日　第 38 个植树节到临之际，王建鹏、李新阁、王晓华、祁学兰等几大班子领导到胡姚河人工湿地义务植树点，与广大干群一起参加全民义务植树活动，以实际行动号召广大市民参与植树，为创建美丽城市挥锹添绿。

△　市委副书记、市长李新阁主持召开市长办公会议，对有关议题进行专题研究和安排部署当前重点工作。市委常委、副市长韩德振，副市长王磊、秦荣菊、周志雯，市政府党组副书记王庆瑞，市政府党组副书记、经济开发区党工委书记李衍博出席会议。

16 日　阳谷县委副书记、县长何宪卓率领考察团到临清考察路域环境提升工程。临清市委书记、市人大常委会主任王建鹏，市委常委、副市长韩德振陪同活动。

△　市委副书记、市长李新阁主持召开财税工作调度会议，分析当前形势，对全市财税工作

进行再安排再部署。市委常委、副市长韩德振，市运河经济开发区管委会主任、新华路街道党委书记刘明峰出席会议。

17日　市委副书记、市长李新阁来到新华办事处安排部署运河路扩宽、绿化工作。经济开发区管委会主任、新华路街道党委书记刘明峰参加会议。

18日　全市领导干部会议暨2015年度总结表彰大会召开。市委书记、市人大常委会主任王建鹏，市委副书记、市长李新阁，市政协主席汪保远，市人大常委会第一副主任王晓华，市委副书记祁学兰等几大班子领导出席会议。

△　市委副书记祁学兰主持召开全市路域环境提升工程调度会，动员各级各有关部门进一步振奋精神，真抓实干，凝聚合力，全力打造“畅、安、舒、美”的道路通行环境，为建设生态美丽临清、推动经济社会发展奠定坚实基础。

19日　临清举行骨干企业对外合作交流座谈会。省经信委节能办调研员朱峰，南非齐鲁同乡会会长范青，市委副书记、市长李新阁，市委常委、副市长韩德振出席会议。

△　聊城市委组织部副部长、老干部局局长任尚显带领各县（市区）挂职常委（副书记），各市直选派“第一书记”，各县（市区）委组织部分管副部长到临清观摩“第一书记”抓党建、促脱贫工作。临清市委副书记祁学兰，市委常委、组织部长、统战部长秦生春，市委常委张继尧陪同活动。

24日　市委书记、市人大常委会主任王建鹏带队深入到松林镇、戴湾镇考察扶贫工作开展情况。

△　省林业厅党组书记董书华一行到临清检查指导路域绿化提升工程工作，临清市委常委、副市长韩德振陪同活动。

25日　以“创新合作服务，助推科学发展”为主题的聊城市金融创新工作推进现场会在临清成功召开。本次会议由聊城市金融办、临清市人民政府主办，临清金融办、人行、发改局、经信局具体承办。聊城市副市长冯艺东，金融办党组副书记、副主任任凯，人民银行聊城中心支行行长刘贤军，临清市委书记、市人大常委会主任王建鹏，市委常委、副市长韩德振，市政府党组副书记、市运河经济开发区党工委书记李衍博出席会议。

△　临清召开“一库两坝”项目咨询论证会。市领导汪保远、王磊、王俊山、许朝生、贾艳华、徐宝福、王保粮出席会议。

△　全市推进基层法律服务全覆盖工作会议召开。市委常委、政法委书记韩青，副市长秦荣菊，市检察院检察长杨青，副市级干部、市公安局长、党委书记王志刚出席会议。

26日　由临清市政府主办、市住建局承办的大型房地产项目推介会启动仪式在运河文化广场隆重举行。市领导李新阁、祁学兰、韩德振、冯子峰、赵孝洪、王磊、秦荣菊、王庆瑞、李衍博、徐宝福、刘明峰等出席活动仪式。仪式由市委副书记祁学兰主持。

27日　聊城市商务局局长王越军一行到临清调研内外贸相结合市场建设工作。临清市委副书记、市长李新阁，市委常委、副市长韩德振，市政府党组副书记王庆瑞，市政府党组副书记、运河经济开发区党工委书记李衍博陪同活动。

28日　国务院召开第四次廉政工作会议。市委副书记、市长李新阁，副市长秦荣菊，以及市直有关部门、各镇（街道）主要负责人在临清分会场收听收看会议。

29日　市委副书记祁学兰，副市长王磊带领市扶贫办等部门负责同志深入到唐园镇、烟店镇、潘庄镇考察指导扶贫工作。

30日　临清组织召开安全生产暨环境保护工作会议，深入贯彻落实上级有关会议精神，回顾总结全市安全生产和环境保护工作，认真分析当前形势，查找问题不足，对当前和今后一个时期的工作进行安排部署。市领导王建鹏、汪保远、王晓华、韩德振、冯子峰、韩青、秦荣菊、周志雯、李衍博出席会议。

31日 临清设分会场组织收听收看省政府第四次廉政工作会议。市委副书记、市长李新阁，副市长秦荣菊出席分会场会议。

△ 临清召开全市农村工作会议，认真贯彻落实中央、省和聊城市农村工作会议精神，回顾总结“十二五”时期临清农业农村工作，分析当前面临的形势，明确“十三五”发展思路，对今年农业农村工作进行安排部署。市委副书记祁学兰，市人大常委会党组副书记李凤义，副市长王磊，市政协副主席、市总工会主席王保粮出席会议。

△ 聊城市大督查落实委员会督导组到临清督导检查小城镇提升工作开展情况。市委常委、副市长冯子峰，市委常委、宣传部长衣述光陪同活动。

3月 临清市成功争取到山东省地下水超采区综合整治试点县和农业水价综合改革试点县，也是聊城市唯一入选的县（市、区）。

4月

1日 聊城市委常委、副市长耿涛一行就烟店镇行政管理体制改革试点工作进行专题调研。临清市委书记、市人大常委会主任王建鹏，副市长王磊陪同活动。

△ 市政府全体（扩大）会议暨廉政工作会议召开，市委副书记、市长李新阁作重要讲话。市委常委、副市长韩德振，市委常委、纪委书记张子明，市委常委、副市长冯子峰，副市长秦荣菊，市政府党组副书记王庆瑞，市政府党组副书记、运河经济开发区党工委书记李衍博出席会议。

△ 临清市召开全市组织工作会议，贯彻落实聊城市组织部长会议精神，总结2015年组织工作，对2016年主要任务进行安排部署。市委副书记祁学兰，市委常委、组织部长、统战部长秦生春出席会议。

△ 临清市召开“家校地三方联动，共创文明新乡村”推进会，对城乡环卫一体化工作进行再安排、再部署。聊城市文明办副主任姚清昌，临清市委常委、宣传部长衣述光出席活动并讲话。

4日 市委书记、市人大常委会主任王建鹏，副市长王磊在市直有关部门负责人的陪同下，深入临清部分镇村、田间地头，现场察看春灌和林业生产工作。王建鹏强调，要切实抓住农时，积极行动，迅速掀起春灌高潮，为今年夏粮丰收打下基础。要切实做好路域环境治理绿化提升工程，对新植苗木及时浇水、扶正，提高苗木成活率，确保绿化成果。

6日 市政协十三届二十一次常委会议召开。市政协主席汪保远、市政协副主席、党组副书记许朝生，市政协副主席贾艳华、徐宝福，市政协副主席、市总工会王保粮等出席活动。

△ 山东省国税局党组成员、总经济师宋永信带队到临清调研“营改增”工作推进情况。聊城市委常委、常务副市长耿涛，临清市委副书记祁学兰，副市长秦荣菊陪同活动。

7日 聊城市大督查落实委员会督查四室主任王文晶一行，到临清就路域环境提升和春季林业生产工作进行督导检查。临清市委副书记祁学兰，副市长王磊陪同活动。

8日 由临清山东合众正源现代中药饮片有限公司牵头承担的国家星火计划重大项目“山东丹参产业优化升级关键技术集成”项目验收会在合众正源举行。省科技厅农村科技促进中心副主任宋玉丽、聊城市科技局星火办主任任长庆、临清副市长秦荣菊、市科技局相关负责人及项目负责人参加验收会。

9日 李鹤庵先生运河旧事公益画展开展。中央国家机关书法家协会副主席、国务院国资委宣传局思教处处长张铁甲，中国书法家协会漫画艺委会副主任、山东省漫画家协会主席陈黎青，山东省漫画家协会副主席、聊城市漫画家协会主席刘维新，临清副市长周志雯、市政协副主席、市总工会主席王保粮等出席开展仪式。

11日 市委副书记、市长李新阁，市委副书记祁学兰，市委常委、组织部长、统战部长秦生春深入基层对临清部分重点工作进行调研。市运河经济开发区管委会主任、新华路街道党委书记刘明峰陪同活动。

12日 济南大学与临清市水利产学研合作对接仪式举行，济南大学副校长杜斌、合作发展处副处长崔焕勇、资源与环境学院院长徐征和、资源与环境学院副院长闫良国、合作发展处成果转化科科长陈广立，临清副市长王磊出席仪式。

△ 市委书记、市人大常委会主任王建鹏带领市直有关部门负责同志深入部分镇、办事处，就转型升级、非公党建、扶贫开发、项目建设等工作进行调研。市运河经济开发区管委会主任、新华路街道党委书记刘明峰陪同活动。

△ 聊城市城市管理局局长张金伦到临清察看小城镇提升工程。临清市委副书记、市长李新阁，市委副书记祁学兰，市委常委张继尧陪同活动。

13日 中共聊城市委副书记陈平深入临清视察城区及高速公路绿化工作。临清市委副书记、市长李新阁，市委副书记祁学兰等陪同活动。

14日 省海洋与渔业厅副厅长宋继宝在聊城市副市长郭建民的陪同下到临清就渔业发展工作进行实地调研，临清市委副书记、市长李新阁，副市长王磊陪同活动。

△ 临清市召开食品药品安全工作会议，传达聊城市食品药品安全工作会议精神，对在全市范围内开展食品药品安全集中整治活动进行安排部署。市委副书记、市长李新阁，市政府党组副书记王庆瑞，市运河经济开发区管委会主任、新华路街道党委书记刘明峰，市政府党组成员、公安局局长王志刚出席会议。

△ 临清开展第二次城乡环卫一体化工作群众满意度电话调查。市委常委、宣传部长衣述光到现场监听，并主持召开座谈会，对下一步工作提出要求。

△ 聊城市城乡环卫一体化督导组到临清督导检查城乡环卫一体化工作。临清市委副书记祁学兰，市委常委、副市长冯子峰，市委常委、宣传部长衣述光陪同活动。

15日 河北省永年县考察团到临清烟店镇参观考察轴承产业发展和乡村文明行动工作，市委常委、宣传部长衣述光陪同活动。

16日 聊城市供销社党委书记、理事会主任伦炜一行到临清调研供销社为农服务工作，并看望了在临清挂职的聊城市供销社干部。临清市委副书记、市长李新阁，市政府党组副书记王庆瑞陪同活动。

18日 临清组织收听收看聊城市脱贫攻坚推进会。市领导王建鹏、李新阁、祁学兰、王磊、刘明峰出席临清分会场会议。

19日 聊城市副市长马丽红带领有关部门负责人到临检查指导食品药品安全工作，临清政府党组副书记王庆瑞陪同活动。

△ 省政协委员、聊城市政协党组书记、主席赵庆忠率领部分住聊省政协委员，到临清视察大运河临清段保护与利用工作。省政协常委、聊城市副市长、市工商联主席马丽红，省政协委员、聊城市政协副主席、民建市委主委张广霞，省政协委员、聊城市政协副主席、九三学社市委主委潘延红一同到临。

21日 省人大民侨外委员会主任委员卢得志带领省人大民侨外工作座谈会暨骨干培训班领导到临清参观考察。

△ 国务院参事、中国有色金属工业协会会长陈全训一行到临清调研铜产业运行情况。中国有色集团总经理张克利，临清市委副书记、市长李新阁，市政府党组副书记、经济开发区党工委书记李衍博陪同活动。

△ 2016年全市民兵预备役工作会议召开。聊城军分区副政委许常勇，临清市委书记、市人武部党委第一书记王建鹏，副市长王磊，市人武部部长付培俊出席会议。

21—22日 省委督查室督查专员李晓光一

行，在聊城市副市长洪玉振的陪同下到临清就加快民营经济发展工作进行督导检查。

22日 市委副书记、市长李新阁主持召开市长办公会议。市委常委、副市长韩德振、冯子峰，副市长王磊，市政府党组副书记王庆瑞，市政府党组副书记、市经济开发区党工委书记李衍博，副市级干部、市公安局局长、党委书记王志刚出席会议。

24日 全市城乡环卫一体化工作推进会召开。市委书记、市人大常委会主任王建鹏，市委副书记、市长李新阁，市委副书记祁学兰，市委常委、副市长冯子峰，市委常委、宣传部长衣述光，市运河经济开发区管委会主任、新华路街道党委书记刘明峰出席会议。

26日 聊城市委农工办副主任张义革一行到临清督导检查小城镇提升工作。临清市委副书记祁学兰陪同活动。

△ 市委副书记祁学兰带领市扶贫办等部门负责人到戴湾镇、魏湾镇开展扶贫工作调研。

27日 临清市隆重召开纪念“五四运动”97周年暨表彰大会，总结工作、表彰先进，动员全市各级团组织和广大团员青年立足新起点、勇担新使命、开创新业绩，努力推动临清共青团工作实现新的更大突破。市委常委张继尧，副市长周志雯，市政协副主席贾艳华出席会议。

△ 全市“两学一做”学习教育工作培训会召开。市委副书记祁学兰，市委常委、组织部长秦生春出席会议。

△ 全市“两学一做”学习教育工作座谈会召开。市领导王建鹏、李新阁、汪保远、王晓华、祁学兰、韩德振、张子明、秦生春、冯子峰、衣述光、韩青等出席会议。

△ 临清组织收听收看全国、全省医改工作电视电话会议。市委书记、市人大常委会主任王建鹏，市委副书记、市长李新阁，副市长王磊、秦荣菊出席临清分会场会议。

△ 临清市十七届人大常委会召开第三十五次会议。市人大常委会党组书记、第一副主任王晓华，市人大常委会党组副书记袁磊、李凤义，副主任赵孝洪、孙玉璞、宋加利、张学庚出席会议。市委常委、副市长冯子峰。市法院院长马国栋，市检察院检察长杨青，市公安局长王志刚列席会议。

28日 聊城市第二批小城镇提升工程现场推进会在临清召开。聊城市委副书记陈平，副市长郭建民，市政协副主席张广霞、马荣锁，临清领导李新阁、祁学兰、冯子峰、衣述光出席会议。

△ 全市2016年一季度重点项目建设推进会召开，全面总结一季度全市重点项目进展情况，肯定成绩、查找不足，分析形势，对下一步重点项目建设工作进行安排部署，确保圆满完成重点项目建设任务，实现“十三五”良好开局，为全面建成小康社会奠定坚实基础。市委副书记、市长李新阁，市委常委、副市长韩德振，市人大党组副书记袁磊，市政协副主席、总工会主席王保粮出席会议。

△ 市委常委、宣传部长衣述光主持召开城乡环卫一体化工作交流会，分析总结前一阶段工作，安排部署下一步工作任务。

29日 市政府党组“两学一做”学习教育工作座谈会召开。市委副书记、市长李新阁，市委常委、副市长韩德振、冯子峰，副市长王磊、秦荣菊，市政府党组副书记、市经济开发区党工委书记李衍博出席会议。

△ 市政协“两学一做”学习教育工作座谈会，贯彻落实市委要求，并就深入开展“两学一做”学习教育进行动员部署。市政协党组书记、主席汪保远，市政协党组副书记、副主席许朝生，市政协副主席贾艳华、徐宝福出席会议。

△ 国务院南水北调办投资计划司司长于合群带领南水北调工程设计管理中心，北京、天津、河北南水北调办，山东省南水北调建管局等有关负责同志深入临清现场查勘南水北调东线一期工程向北延伸应急供水线路情况。聊城市副市长郭建民，临清市委书记、市人大常委会主任王建鹏等陪同活动。

5月

3日　聊城市委副书记、市长宋军继到临清就小城镇建设、现代农业、教育均衡化、棚户区改造等工作进行实地调研。临清领导王建鹏、李新阁、祁学兰、冯子峰、王磊、周志雯等陪同活动。

5日　临清第二次全国地名普查工作推进暨培训会议召开，市第二次全国地名普查工作领导小组组长、副市长周志雯出席会议并讲话，全国地名普查知名专家、聊城市地名普查领导小组办公室总工程师陈宗诚，就有关内容进行系统培训。

5日至6日　省委副书记、省长郭树清到临清调研。郭树清强调，要扎实抓好农业结构调整、农产品质量安全、农村经济新业态培育等工作，巩固提升农业发展优势，积极推进农业现代化，促进城乡一体化发展。省政府秘书长王华及省直有关部门负责同志参加调研。聊城市委书记、市人大常委会主任徐景颜，市委副书记、市长宋军继，副市长郭建民，临清领导王建鹏、李新阁、祁学兰等陪同活动。

6日　洛阳轴承研究所山东研究院签约仪式隆重举行。中国轴承工业协会秘书长周宇，洛阳轴研科技股份有限公司总经理王景华，临清市委副书记、市长李新阁，市委常委、副市长韩德振，市政府党组副书记、市运河经济开发区党工委书记李衍博出席签约仪式。

△　为期三天的2016临清·中国轴承产业高层论坛暨轴承、零配件及专用装备展览会在市国际会展中心隆重开幕。中国轴承工业协会秘书长周宇，中国机电流通协会会长尹鲁章，聊城市副市长洪玉振，洛阳轴研科技股份有限公司总经理王景华等领导与嘉宾，临清市委书记、市人大常委会主任王建鹏，市委副书记、市长李新阁，市人大常委会党组书记、第一副主任王晓华，市委常委、副市长韩德振，市政府党组副书记、经济开发区党工委书记李衍博，市政协副主席徐宝福等出席开幕式并参观展览。

7日　市政府党组召开“两学一做”学习教育专题学习会议，集中学习《中国共产党章程》。市委副书记、市长李新阁，市委常委、副市长韩德振、冯子峰，副市长秦荣菊出席会议。

△　临清召开市委常委会议，开展“两学一做”学习教育集中学习。市委书记、市人大常委会主任王建鹏，市委副书记、市长李新阁，市人大常委会党组书记、第一副主任王晓华，市委副书记祁学兰，市委常委、副市长韩德振，市委常委、组织部长、统战部长秦生春，市委常委、副市长冯子峰，市委常委、政法委书记韩青出席会议。

8日　市委副书记、市长李新阁带领市水务局等有关部门负责同志深入基层调研脱贫攻坚和防汛抗旱等工作。副市长王磊参加调研。

9日　临清组织收听收看全国推进简政放权放管结合优化服务改革电视电话会议，市领导李新阁、韩德振、冯子峰、王磊、秦荣菊、周志雯、李衍博出席临清分会场会议。

△　2016年山东省老年人台球比赛在临清开幕。中国老年体协副主席、省老年体协主席曹学成，省老年体协常务副主席丁艳菊，省老年体协台球专委会主任魏绍水；聊城市委副书记陈平，聊城市老年体协主席赵立银，副主席刘玉华、梁永康等；临清市委书记、市人大常委会主任王建鹏，市委副书记祁学兰，副市长周志雯，全国劳模、市老年体协主席尹承桐出席开幕式。

10日　山东省副省长赵润田到临调研。他对临清经济社会发展特别是当前农业农村发展取得的成绩给予充分肯定，并指出下一步工作重点和要求。

12日　聊城市教育局党组书记、局长哈宝泉深入临清调研各高中学校高考备战工作，并在临清一中召开2016年迎高考专题座谈会，进一步动员临清上下坚定信心、齐心协力，力争2016年高考取得新成绩。临清市委副书记、市长李新阁出席座谈会。

13日　全省防汛抗旱总指挥部成员会议召开。临清设分会场收看会议实况，市委副书记、市长李新阁，市委常委、副市长冯子峰，市人大常委会党组副书记李凤义，市政协副主席王保粮出席分会场会议。

△　聊城市政协主席赵庆忠带领市重大决策咨询委员会部分委员及专家、政协委员，到临清对运河旅游发展及水生态体系建设进行协商调研。聊城市政协副主席张广霞、马荣锁，秘书长路仕佼等参加调研。聊城市旅游局局长刘光辉，临清领导李新阁、周志雯、王俊山、许朝生、徐宝福、王保粮等陪同活动或参加座谈。

14日　临清召开卫生和计划生育工作会议，贯彻落实上级会议精神，总结"十二五"时期全市卫生计生事业发展情况，分析形势，明确任务，安排部署下步工作。市领导祁学兰、张学庚、秦荣菊、贾艳华出席会议。

16日　省政府召开全省大气污染防治工作电视会议，通报今年全省大气污染防治情况，安排部署今后一个时期大气污染防治工作。市委副书记、市长李新阁，市委常委、副市长冯子峰在临清分会场收听收看会议。

17日　省卫生计生委副巡视员邱枫林一行深入临清督查国家开展卫生计生改革举措及全省卫生计生重点工作任务落实情况。临清市委副书记祁学兰，副市长秦荣菊等陪同活动。

19日　天津大学建筑学院教授王其亨带领专家组到临清考察运河文化遗产保护工作。临清市委副书记、市长李新阁，副市长周志雯陪同活动。

△　由聊城电视台、聊城日报社编辑、记者组成的采访报道组到临清采访路域环境提升工程工作，临清市委副书记、市长李新阁接受采访。市委副书记祁学兰，市运河经济开发区管委会主任、新华路街道党委书记刘明峰介绍有关情况。

△　聊城市2016年大蒜机械化收获现场会在临清召开。聊城市农机局局长张燕，临清副市长王磊出席会议。

20日　临清召开市委常委会议，开展"两学一做"学习教育集中学习，以领读的方式原原本本地学习《中国共产党廉洁自律准则》和《中国共产党纪律处分条例》两部法规。市领导王建鹏、汪保远、王晓华、祁学兰、韩德振、秦生春、冯子峰、衣述光、李沛森、闫友亮参加学习。

21日　市委副书记、市长李新阁主持召开市长办公会议。市委常委、副市长韩德振、冯子峰，副市长王磊、秦荣菊、周志雯，市政府党组副书记王庆瑞，市政府党组副书记、市运河经济开发区党工委书记李衍博，副市级干部、市公安局局长王志刚出席会议。

△　市委副书记、市长李新阁为市政府办公室机关党支部讲"两学一做"专题党课。

23日　市纪委监察机关召开全体干部会议，宣布李沛森担任临清市委常委、市纪委书记。市委副书记祁学兰，市委常委、组织部长、统战部长秦生春出席会议。

24日　省南水北调局副局长王祖利，省政府督查室调研员李士伟一行到临清督导检查南水北调配套工程建设推进情况。聊城市政协副主席、发改委主任葛敬方一同到临。临清市委书记、市人大常委会主任王建鹏陪同活动。

25日　临清市召开市委常委会议，开展"两学一做"学习教育集中学习。市领导王建鹏、汪保远、王晓华、祁学兰、李汝山、冯子峰、衣述光、韩青、闫友亮参加学习。

△　中国邮政储蓄银行山东省分行授信管理部总经理宋鲁光带领银行审批中心及各分行授信管理部门负责人，深入临清部分重点企业进行调研。中国邮政储蓄银行聊城市分行行长任之国、副行长秦君，临清市委常委、副市长韩德振，市政协副主席宛秋生陪同活动。

26日　市委副书记祁学兰深入青年路街道汪庄居调研扶贫工作，听取办事处和居扶贫工作开展情况介绍，了解存在的困难，就下一步工作提出指导意见。

△　市委副书记祁学兰为青年路街道机关党

支部讲“两学一做”专题党课。

△ 在市工业学校举行第四届社会科学普及周开幕式暨“树立五大发展理念，让我们生活更美好”报告会。聊城市社科联副主席张利军、王志强，临清市委常委、宣传部长衣述光出席开幕式。

27日 市委书记、市人大常委会主任王建鹏为市委办公室机关一支部讲“两学一做”专题党课。市委副书记祁学兰，市委常委、市委办公室主任李汝山参加专题党课。

28日 在济宁召开的全国纺织产业集群工作会议上，临清市被中国纺织工业联合会命名为“纺织产业集群创新发展示范地区”。

31日 全国政协副主席马飚率全国政协调研组到临清就“加强农作物秸秆综合利用”进行专题调研。全国政协提案委员会驻会副主任田杰，全国政协提案委员会副主任罗平飞，全国政协常委、台盟中央副主席杨健参加调研；省政协副主席雷建国，聊临两级市委、市政府、市政协有关领导同志陪同活动。

△ 山东省住房城乡建设厅总规划师齐鹏一行5人对全市学校建设安全工作进行督导检查。督查组对本市尚店中学、明德中学、逸夫实验小学南校区及新华联校中心幼儿园进行实地督导检查，聊城市副市长任晓旺，中共临清市委常委、副市长冯子峰，教育局党委书记、局长刘玉杰等陪同活动。

6月

1日 市委副书记祁学兰，市委常委、副市长冯子峰，副市长王磊带领市直有关部门负责同志深入部分道路现场检查指导路域环境提升工程。市运河经济开发区管委会主任、新华路街道党委书记刘明峰陪同活动。

△ 市人大开展“两学一做”学习教育集中活动。市人大常委会党组书记、第一副主任王晓华以《学党章党规，学系列讲话，做“四讲四有”的合格党员》为题，为市人大机关党支部讲了主题讲课。市人大常委会党组副书记李凤义，市人大常委会副主任赵孝洪、孙玉璞、宋加利、张学庚参加学习。

△ 省住建厅巡视员耿庆海带领调研组到临清调研农村供暖、改厕及危房改造、污水处理等工作。聊城市副市长洪玉振，临清市委副书记祁学兰，市委常委、副市长冯子峰陪同活动。

2日 市委常委召开专题会议，开展“两学一做”学习教育集中学习。市领导王建鹏、汪保远、王晓华、祁学兰、李汝山、秦生春、李沛森、韩青参加学习。

3日 2016年全国色织布行业年会在临清隆重开幕，中国纺织工业联合会副秘书长、科技部主任彭燕丽，中国棉纺织行业协会会长朱北娜，临清市委书记、市人大常委会主任王建鹏，市政府党组副书记、经济开发区党工委书记李衍博，市政协副主席宛秋生出席活动。

△ 省委召开传达学习全国科技创新大会、两院院士大会、中国科协第九次全国代表大会精神视频会议，原原本本传达学习习近平总书记、李克强总理、刘延东副总理重要讲话精神，对贯彻全国会议精神提出具体要求。临清几大班子领导同志在临清分会场收听收看会议。

4日 聊城市政协主席、市委宣传部部长赵庆忠，市委副书记陈平率领聊城市路域环境提升工作观摩团到临清进行观摩。聊城市人大副主任张同村，副市长郭建民、任晓旺，市政协副主席、环保局局长马荣锁随团到临。

6日 市委书记、市人大常委会主任王建鹏做客由聊城市扶贫办、聊城新闻综合广播联合主办的直播访谈栏目《脱贫攻坚在行动》，介绍临清市脱贫攻坚工作的做法等有关情况。

8日 市人大常委会党组书记、第一副主任

王晓华，副主任赵孝洪、孙玉璞、宋加利、张学庚，市政府党组副书记、市运河经济开发区党工委书记李衍博，市运河经济开发区管委会主任、新华路街党党委书记刘明峰，及人大常委会部分委员对临清项目建设情况进行视察。

12日　临清举行“两学一做”学习教育党章党规宣讲报告会。聊城市政协副主席、市纪委常务副书记、监察局局长王广柱作专题报告。临清市委书记、市人大常委会主任王建鹏主持报告会并作重要讲话。汪保远、王晓华、祁学兰、韩德振、李汝山、衣述光、李沛森、韩青等市领导出席会议。

△　聊城市委常委、统战部长蔡同民深入临清刘垓子镇，以《共产党人一定要有崇高的信仰和坚定的信念》为题，为该镇党员干部讲授专题党课。临清市委副书记、市长李新阁，市委常委、组织部长、统战部长秦生春参加党课学习。

△　市委副书记祁学兰在农业、水务、农机等相关部门负责同志的陪同下，对临清“三夏”麦收生产情况进行考察。

13日　市委书记、市人大常委会主任王建鹏，市委常委、市委办公室主任李汝山，副市长王磊到老赵庄镇、金郝庄镇、康庄镇视察“三夏”生产工作。农业、农机、公安、消防等部门负责同志陪同活动。

△　按照上级食安办统一安排部署，临清市“全国食品安全宣传周”活动于商博瑞商场和银座超市同时启动，市人大常委会副主任张学庚，市政府党组副书记王庆瑞，市政协副主席、市总工会主席王保粮参加活动。

15日　聊城市委书记、市人大常委会主任徐景颜在临清调研时强调，要认真贯彻落实供给侧结构性改革要求，加快传统产业转型升级步伐，大力发展文化旅游、健康养老等现代服务业，努力提高核心竞争能力，促进经济社会平稳健康发展。

16日　聊城军分区副政委许常勇、参谋长董智奎等一行到临清勘察漳卫河防汛工作。临清市委副书记、市长李新阁，副市长王磊，市人武部部长付培俊陪同活动。

17日　临清市第十七届人大常委会召开第三十六次会议。市人大常委会党组书记、第一副主任王晓华主持会议。市政府副市长王磊，市检察院检察长杨青列席会议。

△　临清市第十七届人大常委会在临清宾馆首次举行宪法宣誓仪式，市人大常委会党组书记、第一副主任王晓华主持并监誓。

△　省土地综合整治服务中心主任李峰一行到临清尚店镇尚店村进行调研，市委副书记祁学兰陪同活动。

△　聊城市委常委、副市长耿涛到临清调研财税收入工作。临清市委书记、市人大常委会主任王建鹏，市委常委、副市长韩德振陪同活动。

20日　国务院扶贫办国际合作和社会扶贫司巡视员曲天军一行到临调研。聊城市副市长郭建民，临清市委副书记、市长李新阁，副市长王磊等陪同活动。

△　北京市通州区政协主席赵玉影、区委副书记杨静慧率队到临清调研运河文化遗产保护利用和优秀传统文化传承工作。聊城市政协主席赵庆忠、政协副主席葛敬方，临清市委副书记、市长李新阁，市政协主席汪保远，副市长周志雯、政协副主席徐宝福陪同活动。

22日　中植企业集团董事长王伟一行，在聊城市副市长冯艺东的陪同下，到临清进行投资考察。临清市委副书记祁学兰，市委常委、副市长韩德振陪同活动。

23日　临清组织召开全市脱贫攻坚工作推进会，贯彻落实上级脱贫攻坚工作会议精神，总结临清前段扶贫工作，研究部署当前和今后一个时期脱贫攻坚工作，动员全市上下进一步认清形势、坚定信心、真抓实干、迎难而上，全力打赢脱贫攻坚战，确保圆满完成脱贫攻坚任务。临清市委副书记、市长李新阁，市委副书记祁学兰，副市长王磊，市运河经济开发区管委会主任、新华路街道党委书记刘明峰出席会议。

△　中国人民银行中心支行副行长彭凤祥一

行5人到临调研，参加金融形势分析会和企业座谈会。

△ 市委副书记、市长李新阁为新华路街道党员干部讲“两学一做”学习教育专题党课。市运河经济开发区管委会主任、新华路街道党委书记刘明峰主持会议。

24日 临清市召开市委常委会议，开展“两学一做”学习教育集中学习。市领导王建鹏、李新阁、汪保远、王晓华、祁学兰、韩德振、李汝山、秦生春、冯子峰、衣述光、李沛森、韩青、闫友亮参加学习。

27日 在建党95周年即将到临之际，市委书记、市人大常委会主任王建鹏，市委常委、市委办公室主任李汝山，市人大常委会副主任宋加利在相关负责人的陪同下，走访慰问部分老党员和困难党员，为他们送去党组织的关怀与温暖，并代表市委、市政府向全市党员送上亲切问候和崇高敬意，感谢大家为党的事业和临清发展作出的贡献。

28日 市委副书记、市长李新阁主持召开市长办公会议。市委常委、副市长韩德振、冯子峰，副市长、市公安局局长石宝生，副市长王磊、秦荣菊、周志雯，市政府党组副书记王庆瑞，市政府党组副书记、市运河经济开发区党工委书记李衍博出席会议。

△ 市人大常委会党组书记、第一副主任王晓华，市人大常委会副主任赵孝洪一行到先锋路街道慰问新中国成立前老党员和困难党员，感谢他们为党的事业和临清建设发展做出的贡献，并向他们致以节日的问候和祝福。

△ 全国纺织工业先进集体、劳动模范和先进工作者表彰大会在北京人民大会堂隆重召开。在本次会议上，临清市纺织工业办公室荣获“全国纺织工业先进集体”荣誉称号，临清市秋华纺织有限公司总经理宛秋华被评为“全国纺织工业劳动模范”。

29日 全省金融精准扶贫工作电视电话会议召开。会议主要是贯彻落实全国金融精准扶贫工作电视电话会议精神，总结交流工作情况，安排部署下步工作，推动脱贫攻坚深入开展。市委副书记、市长李新阁，副市长王磊在临清分会场收听收看实况。

△ 临清召开全市扶贫开发工作座谈会，全面了解各镇、街道精准扶贫工作开展情况，进一步统一思想，积极探索农村发展新模式，确保打赢扶贫脱困攻坚战。市委副书记、市长李新阁，副市长王磊出席会议。

△ 市委书记、市人大常委会主任王建鹏到松林镇，为全镇党员干部讲“两学一做”学习教育专题党课。市人大常委会副主任宋加利参加党课学习。

30日 临清召开纪念中国共产党成立95周年暨表彰大会，热烈庆祝中国共产党成立95周年，隆重表彰为临清经济社会发展做出突出贡献的优秀共产党员、优秀党务工作者和先进基层党组织，动员和激励广大党员干部群众，坚定信念、转变作风、团结实干、开拓进取，为推动临清科学发展、全面建成小康社会注入强大动力。市领导王建鹏、汪保远、王晓华、祁学兰、韩德振、李汝山、秦生春、冯子峰、衣述光、李沛森、韩青、闫友亮等出席会议。

7月

1日 庆祝中国共产党成立95周年大会在北京人民大会堂隆重举行。中共中央总书记、国家主席、中央军委主席习近平出席大会并发表重要讲话。临清组织各级各部门收看大会时况，王建鹏、李新阁、汪保远、王晓华、祁学兰等几大班子领导在临清宾馆会议室集中收看了大会电视直播。

△ 全市城市基础设施规划建设汇报会召开。

市委书记、市人大常委会主任王建鹏，市委副书记、市长李新阁，市政协主席汪保远，市人大常委会第一副主任王晓华，市委副书记祁学兰等市几大班子领导出席会议。

5日　在穆斯林的传统节日——开斋节到临之际，市委书记、市人大常委会主任王建鹏，市委副书记祁学兰，市委常委、市委办公室主任李汝山，市委常委、组织部长、统战部长秦生春，市人大常委会副主任宋加利，市政协副主席宛秋生来到清真北寺亲切看望城区各清真寺的阿訇、乡佬和广大穆斯林群众，并送去慰问金和食油、面粉等慰问品。

△　临清组织收听收看全国健康扶贫工作电视电话会议。市委书记、市人大常委会主任王建鹏，副市长王磊、秦荣菊出席临清分会场会议。

6日　聊城市委农工办副主任张义波带领聊城市路域环境提升工程考核组到临清考核验收。临清市委副书记祁学兰，副市长王磊，秦荣菊等陪同活动。

7日　全市轴承产业技术创新联盟座谈会召开。市委书记、市人大常委会主任王建鹏，市委常委、副市长韩德振，市政府党组副书记、经济开发区党工委书记李衍博出席会议。科技局、财政局、经信局、金融办等部门及临清部分轴承企业代表参加会议。

8日　市委书记、市人大常委会主任王建鹏主持召开市委常委会议，学习贯彻习近平总书记在庆祝中国共产党成立95周年大会上的重要讲话。李新阁、汪保远、王晓华、祁学兰、韩德振、李汝山、李沛森、韩青出席会议。

9日　临清在康庄镇官庄村季羡林先生憩园隆重举行季羡林先生逝世七周年纪念活动。市委常委、宣传部长衣述光出席活动。

13日　中国有色集团第五届职工技能竞赛开幕式在临清隆重举行。中国有色集团党委副书记董长清，临清市委书记、市人大常委会主任王建鹏出席活动。

14日　聊城市委常委、副市长张旋宇到临清调研经济运行情况。临清市委书记、市人大常委会主任王建鹏，市委常委、市委办公室主任李汝山，市政府党组副书记、经济开发区党工委书记李衍博陪同活动。

△　临清召开2016年农村防汛排涝工作会议，安排部署全市农村防汛排涝工作。市防汛抗旱指挥部副指挥、副市长王磊出席会议并作讲话。

18日　市委副书记、市长李新阁来到南水北调东线一期工程临清市续建配套工程现场，检查指导工程建设进展情况。

△　临清设分会场收听收看全省、聊城市计划生育工作电视会议。市委副书记祁学兰，市人大常委会副主任张学庚，副市长秦荣菊，市政协副主席贾艳华出席分会场会议。

20日　临清组织收听收看全省乡村文明行动移风易俗推进工作电视电话会议。市委书记、市人大常委会主任王建鹏，市委常委、宣传部长衣述光，副市长周志雯，聊城市公安局副调研员、临清公安局政委魏禄建出席临清分会场会议。

△　临清设分会场组织收听收看全国安全生产工作电视会议。市委副书记、市长李新阁，市委常委、副市长韩德振、冯子峰，副市长、公安局局长石宝生，副市长周志雯，市政府党组副书记王庆瑞，市政府党组副书记、市经济开发区党工委书记李衍博出席分会场会议。

21日　省南水北调工程管理局副局长刘鲁生率督查组到临清检查指导漳卫河防汛工作。市委副书记祁学兰陪同活动。

22日　市委副书记、市长李新阁带领市发改、财政、审计、城建等有关部门负责同志深入部分企业、社区就重点项目建设和基层党建开展情况进行检查指导。

△　中国工程院院士、北京科技大学教授谢建新一行在中国有色集团公司副总经理孙加林陪同下，到临清中色奥博特铜铝业有限公司就科学发展、技术创新等方面进行考察调研。聊城市委常委、副市长张旋宇，临清市委书记、市人大常委会主任王建鹏，市委副书记、市长李新阁，市

人大常委会第一副主任王晓华，市委常委、市委办公室主任李汝山陪同活动。

△ 市委理论学习中心组“两学一做”学习教育第一专题集中学习研讨会召开。市领导王建鹏、李新阁、汪保远、王晓华、祁学兰、李汝山、秦生春、冯子峰、衣述光、李沛森、韩青、闫友亮出席会议。

23日 聊城市副市长郭建民到临清检查漳卫河防汛工作。市委副书记、市长李新阁，副市长王磊陪同活动。

25日 聊城市副市长郭建民一行到临清检查指导防汛工作。临清市委副书记、市长李新阁，副市长王磊，人武部部长付培俊，市运河经济开发区管委会主任、新华路街道党委书记刘明峰陪同活动。

26日 市委副书记、市长李新阁主持召开城建工作调度会，研究并安排部署棚户区改造、项目融资和城区环境卫生工作。市委常委、副市长冯子峰，市经济开发区管委会主任、新华路街道党委书记刘明峰出席会议。

△ 市政协主席汪保远主持召开市政协市三届二十二次常委会议，市委常委、副市长韩德振，市政协副主席王俊山，市政协副主席、党组副书记许朝生，市政协副主席贾艳华、徐宝福，市政协副主席、市总工会主席王保粮出席会议。

27日 临清市组织收听收看全省、聊城市深化供销社综合改革电视会议。市委副书记祁学兰，市政府党组副书记王庆瑞出席临清分会场会议。

△ 市人大常委会党组书记、第一副主任王晓华主持召开市人大“两学一做”学习教育集体研讨会。市人大常委会党组副书记袁磊、李凤义，市人大常委会副主任赵孝洪、孙玉璞、宋加利、张学庚出席会议。

△ 市政协党组召开“两学一做”学习教育第一次集中研讨会，市政协主席汪保远、市政协副主席许朝生、市政协副主席徐宝福，市政协副主席，市总工会主席王保粮参加研讨。

27日至28日 省人社厅副巡视员刘宝强带领督导组对临清上半年脱贫攻坚工作进展和落实情况进行督导。聊城市副市长郭建民，临清市委书记、市人大常委会主任王建鹏，市委副书记、市长李新阁，副市长王磊陪同活动。

28日 临清召开会议总结近年慈善工作，表彰先进，动员部署今年“慈心一日捐”活动，并举行现场捐赠和救助仪式。市委副书记祁学兰，市人大常委会副主任孙玉璞，副市长周志雯，市政协副主席、总工会主席王保粮出席会议。

△ 市委书记、市人大常委会主任王建鹏，市委副书记、市长李新阁，市委副书记祁学兰，副市长周志雯，市人武部部长付培俊等到聊城军分区进行走访慰问，并送去慰问品。聊城市委常委、聊城军分区政委宋铁平，副政委许常勇、黄庆涛等军分区领导接见临清领导，并进行座谈。宋铁平等对临清领导的到来表示欢迎，对临清市干部群众对部队官兵的关心表示感谢。随后，周志雯还带领市民政局负责同志先后到武警聊城支队、聊城消防支队、陆航团进行慰问。

29日 聊城市人大常委会副主任李志华一行，在聊城市农机局局长张燕陪同下到临清视察调研农机化创新工作。临清市委书记、市长李新阁，市人大常委会党组书记、第一副主任王晓华，市人大常委会党组副书记李凤义，市人大常委会副主任宋加利，副市长王磊陪同活动。

△ “八一”建军节即将到来之际，市委副书记祁学兰，副市长周志雯，市人武部部长付培俊，聊城市公安局副调研员、市公安局政委魏禄建走访慰问驻临清部队官兵，向他们致以节日问候和崇高敬意。

8月

1日 市委副书记、市长李新阁主持召开市长办公会议。市委常委、副市长韩德振、冯子峰，副市长、市公安局局长石宝生，副市长王磊、秦荣菊、周志雯，市政府党组副书记王庆瑞，市政府党组副书记、市经济开发区党工委书记李衍博出席会议。

△ 临清市委副书记、市长李新阁带领市发改、城建等有关部门负责同志深入部分企业、社区检查指导重点项目建设和基层党建工作开展情况。市政协副主席宛秋生，市经济开发区管委会主任、新华路街道党委书记刘明峰等陪同活动。

2日 聊城市委副书记、市长宋军继到临清检查指导漳卫河防汛工作。副市长郭建民，市政府秘书长高洪岩以及临清领导王建鹏、李新阁、王磊等陪同活动。

3日 聊城市委常委、纪委书记张宝泉到临清就廉政建设工作进行调研。临清市委书记、市人大常委会主任王建鹏，市委常委、市纪委书记李沛森陪同活动。

4日 聊城市委副书记陈平到临清检查指导第二批小城镇提升工程、农村厕所改造、路域环境提升工程，临清领导王建鹏、祁学兰、冯子峰、衣述光等陪同活动。

5日 临清举行市级机关“慈心一日捐”活动仪式，市委书记、市人大常委会主任王建鹏，市委副书记、市长李新阁，市政协主席汪保远，市人大常委会党组书记、第一副主任王晓华等市几大班子领导参加现场捐助。

△ 临清召开城市工作会议，认真贯彻上级城市工作会议精神，总结城市工作成绩，深入查找存在的突出问题，明确当前和今后一个时期全市城市工作的目标任务和工作重点，动员全市各级各部门进一步提高认识、提升标准、加大工作力度，推动城市工作上台阶、上水平，特别是要集中时间、集中力量，迅速掀起城市管理综合整治的高潮，彻底改善城市面貌，全面提升城市形象，为广大人民群众创造更加整洁靓丽、宜居宜业的城市环境。王建鹏、李新阁、汪保远、王晓华、韩德振、李汝山、秦生春、冯子峰、衣述光、李沛森等市几大班子领导出席会议。

9日 聊城市委第二巡察组专项巡察青年路街道工作动员会召开，聊城市委第二巡察组组长、市纪委第二派驻纪检组组长张建军，临清市委副书记祁学兰，市委常委、纪委书记李沛森出席会议。

11日 聊城市委第二巡察组专项巡察八岔路镇工作动员会召开，聊城市委第二巡察组组长、市纪委第二派驻纪检组组长张建军，临清市委副书记祁学兰，市委常委、纪委书记李沛森出席会议。

△ 聊城市委第二巡察组专项巡察尚店镇工作动员会召开，聊城市委第二巡察组组长、市纪委第二派驻纪检组组长张建军，临清市委副书记祁学兰，市委常委、纪委书记李沛森出席会议。

15日 市委副书记、市长李新阁主持召开市长办公会议。市委常委、副市长韩德振、冯子峰，副市长、市公安局局长石宝生，副市长王磊、周志雯，市政府党组副书记王庆瑞，市政府党组副书记、市经济开发区党工委书记李衍博出席会议。

18日 聊城市委副书记陈平到临清调研现代渔业发展情况。临清市委书记、市人大常委会主任王建鹏，市委副书记祁学兰，副市长王磊陪同活动。

△ 聊城市大督查落实委员会办公室督查组到临督查不动产登记工作，督查组由聊城市国土局总规划师李维华带队，临清市委常委、副市长冯子峰陪同活动。

△ 临清组织召开光伏扶贫工作推进会议，贯彻落实聊城市光伏扶贫工作推进会议精神，进一步加快全市光伏扶贫进程，重点安排在公共建筑楼顶建设分布式光伏电站相关工作。市委副书记祁学兰，副市长王磊出席会议。

△ 聊城市人大常委会副主任孙菁率检查组到临清开展《中华人民共和国文物保护法》和《山东省文物保护条例》执法检查。临清市委副书记、市长李新阁，市人大常委会党组书记、第一副主任王晓华，市人大常委会副主任张学庚，副市长周志雯陪同活动。

22日　临清阿里巴巴农村淘宝项目签约仪式暨启动大会在临清宾馆召开。阿里巴巴农村淘宝项目政府事务办主管杨兆建，阿里巴巴农村淘宝项目鲁西区域经理徐善磊，临清市委书记、市人大常委会主任王建鹏，市委副书记、市长李新阁，市委常委、副市长韩德振，市政府党组副书记、运河经济开发区党工委书记李衍博，运河经济开发区管委会主任、新华路街道党委书记刘明峰出席签约仪式。

24日　中国工商银行山东省分行副行长徐光林到临清考察。市委副书记、市长李新阁，市委常委、副市长韩德振，市政协副主席宛秋生陪同活动。

25日　聊城市委副书记陈平到临调研农业新型经营主体融资增信试点项目和农村土地经营权抵押贷款试点项目开展情况。临清市委书记、市人大常委会主任王建鹏，市委副书记、市长李新阁，市委副书记祁学兰，市经济开发区管委会主任、新华路街道党委书记刘明峰陪同活动。

26日　民革临清市第四次党员大会召开，聊城市政协副主席、民革聊城市委主委马亮宽，临清市委常委、组织部长、统战部长秦生春，市政协副主席王俊山出席会议。

△　临清组织收听收看全省加强企业家队伍建设工作会议。市委副书记、市长李新阁，市委常委、副市长韩德振出席临清分会场会议。

△　临清组织收听收看聊城市创新创业暨科技奖励大会，聊城市委书记、市人大常委会主任徐景颜出席会议并作重要讲话，市委副书记、市长宋军继主持会议并讲话。临清市委书记、市人大常委会主任王建鹏，市委副书记、市长李新阁在聊城主会场参加会议，王晓华、祁学兰等临清市级几大班子领导出席临清分会场会议。

28日　省侨联副主席李兴钰一行到临清调研，市委副书记、市长李新阁，副市长王磊陪同活动。

29日　市委书记、市人大常委会主任王建鹏，市委常委、市委办公室主任李汝山，市政府党组副书记、经济开发区党工委书记李衍博深入到烟店镇、潘庄镇和青年路街道，就轴承产业发展情况进行实地调研。

△　民建临清市支部委员会第五次会员大会召开。聊城市政协副主席、民建聊城市委员会主委张广霞，临清市委副书记祁学兰，市委常委、组织部长、统战部长秦生春，副市长、民盟临清市总支主委周志雯，市政协副主席、民建临清市支部主委王俊山出席会议。

30日　中国民主促进会临清市第六次会员大会召开。聊城市政协副主席，民进聊城市委主委孟广武，临清市委副书记祁学兰，市委常委、组织部长、统战部长秦生春，副市长、民盟临清总支主委周志雯出席会议。

△　临清市第十七届人大常委会召开第三十八次会议。市人大常委会党组书记、第一副主任王晓华主持会议。市委常委、副市长韩德振，市法院院长马国栋，市检察院检察长杨青列席会议。

31日　全省玉米青贮收获机械化现场会在临清召开。省农机局副局长韩永平，临清市委常委、副市长韩德振，副市长王磊等出席会议。

31日至9月1日　市政府党组副书记王庆瑞带领市台办、潘庄镇、松林镇等主要负责人一行赴潍坊参加第22届鲁台经贸洽谈会。临清澳润德轴承科技有限公司、山东万瑞达轴承有限公司等6家轴承企业应“好品山东”的邀请代表临清企业参加此次展会。

9月

4日　“中国中华鳖第一村”专家评审会在临清市临清宾馆隆重举行。中国渔业协会组织专家组对临清市丁马村提出的“中国中华鳖第一村”命名申请进行现场评审，一致认为，临清市丁马村中华鳖养殖产业符合申报条件，发展前景广阔，同意将临清市丁马村命名为“中国中华鳖第一村”。

5日　在首个中华慈善日，副市长周志雯检查指导各单位《慈善法》宣传工作。

6日　省水利厅总工程师徐希进带领验收组来到临清烟店镇，对王庄中型灌区节水配套改造工程进行验收。市委副书记、市长李新阁，副市长王磊陪同活动。

7日　临清市轴承产业技术创新联盟一届二次理事会召开，市委副书记、市长李新阁，市政府党组副书记、经济开发区党工委书记李衍博出席会议。

△　市政协主席汪保远，市委常委、副市长韩德振，市政协副主席、党组副书记许朝生，市政协副主席、市总工会主席王保粮在相关部门负责人陪同下对临清散煤治理工作进行视察。

8日　第三十二个教师节到临之际，市委书记、市人大常委会主任王建鹏，市委副书记、市长李新阁，市政协主席汪保远，市人大常委会第一副主任王晓华，市委副书记祁学兰，市委常委、市委办公室主任李汝山，副市长周志雯等深入部分中小学，亲切看望慰问了一线教师，向他们送去节日的问候。

9日　值全国第32个教师节到临之际，临清召开以“甘守三尺讲台，争做‘四有’老师”为主题的教师节庆祝大会，表彰奖励先进，明确形势任务，安排部署下一步工作。市领导王建鹏、汪保远、王晓华、祁学兰、李汝山、秦生春、衣述光、李沛森、周志雯、刘明峰出席会议。

13日　市委副书记、市长李新阁主持召开市长办公会议。市委常委、副市长韩德振、冯子峰，副市长、市公安局局长石宝生，副市长王磊、秦荣菊、周志雯，市政府党组副书记王庆瑞出席会议。

18日　市委书记、市人大常委会主任王建鹏，市委副书记、市长李新阁，市委副书记祁学兰，市委常委、副市长韩德振，市委常委、市委办公室主任李汝山，市委常委、副市长冯子峰等深入临清部分企业、社区检查指导重点项目建设和基层党建工作情况。

△　临清设分会场组织收听收看聊城市全面推开司法责任制改革动员视频会议。市委书记、市人大常委会主任王建鹏，市委常委、政法委书记韩青，市人民法院院长马国栋，市人民检察院检察长杨青出席分会场会议。

19日　聊城市水利局局长任永胜一行到临清调研水利工作。临清市委副书记、市长李新阁陪同活动。

20日　全市“两学一做”学习教育工作推进会召开。市委副书记、市委常委、组织部长、统战部长秦生春，市委常委闫友亮出席会议。聊城市委书记、市人大常委会主任徐景颜，市委副书记、市长宋军继，市政协主席、市委宣传部长赵庆忠，市人大常委会第一副主任、市委秘书长李吉增等带领全市重点项目、重点工作现场调度会议与会人员到临清对2015年以来新开工今年已基本建成的重点项目建设和党建工作进行现场察看评价。临清市领导王建鹏、李新阁、王晓华、祁学兰等陪同活动。

21日　临清不动产登记中心正式面向社会公众开始受理业务，并在8：30为山东鲁联机械制造有限公司颁发临清第一本不动产权证书。市委常委、副市长冯子峰出席活动。

22日　淮安市淮安区政协主席葛志胜率团到临清考察学习运河文化遗产保护、开发工作。临清政协主席汪保远、副市长周志雯、市政协副主席徐宝福等陪同考察。

23日　全市镇领导班子换届工作会议召开。市委书记、市人大常委会主任王建鹏，市委常委、组织部长、统战部长秦生春，市委常委、纪委书记李沛森，市人大常委会副主任赵孝洪，市运河经济开发区管委会主任、新华路街道党委书记刘明峰出席会议。

26日　临清组织市级以上老干部对城区重点项目建设情况进行视察，使老干部们零距离感受全市经济社会发展的良好势头。市委副书记祁学兰，市委常委、副市长韩德振，市委常委、组织部长、统战部长秦生春，市政协副主席宛秋生，市经济开发区管委会主任、新华路街道党委书记刘明峰陪同活动。

△ 聊城市人大常委会副主任朱加云带领视察组对临清农业产业化工作进行视察。临清市委书记、市人大常委会主任王建鹏，市人大常委会党组书记、第一副主任王晓华，市委副书记祁学兰，市人大常委会党组副书记李凤义，市人大常委会副主任宋加利，副市长王磊等陪同活动。

27日 聊城市人大常委会原主任侯继唐等聊城市副市级以上离退休干部，到临清观摩重点项目建设情况。临清市委书记、市人大常委会主任王建鹏，市委常委、副市长韩德振，市委常委、市委办公室主任李汝山，市委常委、副市长冯子峰等陪同活动。

28日 聊城市农业转方式调结构现场督导考评组到临检查指导工作。临清市委副书记祁学兰，副市长王磊陪同活动。

△ 临清召开全市“推进移风易俗，倡树文明新风”活动动员会，安排部署临清的移风易俗工作，进一步深化乡村文明行动，提高广大市民的文明素质，提升城市的文明程度。市委常委、宣传部长衣述光，副市长周志雯出席会议。

29日 省地税局副局长李亚带领督导组到临清对就业创业和农民工工作开展情况进行督查。聊城市副市长马丽红，临清市委书记、市人大常委会主任王建鹏，副市长王磊等陪同活动。

30日 革命烈士陵园内庄严肃穆，印有“已有丰功垂青史，犹存大节誉人民”等字句的条幅高悬空中，值烈士纪念日到来之际，临清市隆重举行公祭烈士仪式，深切缅怀革命先烈，寄托哀思，颂扬革命先烈崇高精神。市委书记、市人大常委会主任王建鹏，市政协主席汪保远，市委副书记祁学兰等市几大班子领导，老战士代表、烈士家属代表，市直各部门主要负责同志，驻临武警、消防官兵，以及部分学校师生和社会各界群众代表参加活动。仪式由祁学兰主持。

10月

8日 在重阳节到来之际，市委书记、市人大常委会主任王建鹏，市委副书记祁学兰，市委常委、市委办公室主任李汝山一行走访慰问大辛庄中心敬老院老人和部分百岁老人，给他们带去慰问品和慰问金，并祝福老人们节日快乐。

△ 九九重阳节到临之际，市委副书记、市长李新阁，市委常委、组织部长、统战部长秦生春，副市长周志雯来到临清老赵庄中心敬老院和部分百岁老人的家中，送去慰问品和慰问金，代表市委、市政府祝愿全市老年人身体健康、重阳节快乐。

△ 市委副书记、市长李新阁主持召开市长办公会议。市委常委、副市长韩德振、冯子峰，副市长、市公安局局长石宝生，副市长王磊、秦荣菊、周志雯，市政府党组副书记王庆瑞，市政府党组副书记、市运河经济开发区党工委书记李衍博出席会议。

13日 临清组织收听收看全省、聊城市城市违法建设治理行动电视动员会议，研究部署深入开展城市违法建设治理行动。市委书记、市人大常委会主任王建鹏，市委副书记、市长李新阁，市委副书记祁学兰，市委常委、副市长冯子峰，市运河经济开发区管委会主任、新华路街道党委书记刘明峰出席临清分会场会议。

△《山东省地方金融条例》宣讲暨聊城市规模企业规范化公司制改制经验交流现场会在临清召开。聊城市副市长冯艺东，省金融办政策法规处处长刘晓东，临清市委副书记、市长李新阁，市委常委、副市长韩德振出席会议。

14日 市人大常委视察市社会保障工作座谈

会召开。市人大常委会党组书记、第一副主任王晓华，市人大常委会副主任宋加利出席会议。

16日　山东运河美术馆在临清揭牌开幕，首展·中国名家油画作品邀请展、古代·近现代书法作品邀请展、烟雨临清州书法作品展作为开关后的首次展览同时在当天开幕。中国艺术品市场首席评估专家、著名书法家刘新惠、中国人民大学徐悲鸿艺术学院教授、著名油画家闫平，中央美术学院教授、著名油画家曹力及部分青年实力油画家、艺术家代表，副市长周志雯，市政协副主席宛秋生等应邀出席仪式。

△　全市大气污染防治“百日攻坚战”动员大会召开。市委副书记、市长李新阁，市委常委、副市长韩德振、冯子峰，副市长、市公安局长石宝生，市运河经济开发管委会主任、新华路街道党委书记刘明峰出席会议。

△　全市扶贫攻坚暨路域环境整治工作调度会议召开。市委副书记、市长李新阁，市委副书记祁学兰，市委常委、副市长韩德振，副市长王磊，市运河经济开发管委会主任、新华路街道党委书记刘明峰出席会议。

17日　临清举行全国第三个“扶贫日”活动启动仪式。市委副书记祁学兰，市人大常委会党组副书记李凤义，副市长王磊，市政协副主席徐宝福出席活动。

18日　市委副书记祁学兰调研临清扶贫工作。祁学兰一行先后到新华路街道东陶居、刘垓子镇吕堂项目区和唐园镇畈疃村、枣园村扶贫养驴场项目进行实地调研，认真听取扶贫工作汇报，详细了解扶贫工作思路和扶贫重点工程推进情况，对调研中发现的问题进行现场研究。

21日　中共临清市委十二届十次全体会议召开，市领导王建鹏、李新阁、汪保远、王晓华、祁学兰等出席会议。

△　“纪念红军长征胜利80周年大会”在北京人民大会堂隆重举行，回顾我们党和人民军队走过的艰苦卓绝、辉煌壮阔的历程，坚定理想信念、弘扬伟大长征精神。临清领导王建鹏、李新阁、衣述光、宋加利、秦荣菊、徐宝福集中收听收看大会实况。

△　市委副书记、市长李新阁来到新华路街道东陶居实地察看精准扶贫情况。市运河经济开发区管委会主任、新华路街道党委书记刘明峰陪同活动。

△　聊城市扶贫开发督查组到临清督导检查扶贫开发工作。临清市委副书记祁学兰，副市长王磊陪同活动。

△　聊城市政协副主席孟广武带领市政协科教文卫体委员会委员一行到临调研“名校带分校”战略实施情况。副市长周志雯，市政协副主席、党组副书记许朝生，教育局党委书记、局长刘玉杰等陪同调研。

25日　市委书记、市人大常委会主任王建鹏深入到松林镇段郝庄村、西尚村实地察看精准扶贫情况。市人大常委会副主任宋加利陪同活动。

26日　省旅发委副主任孙树娥一行到临清调研运河文化。市委副书记、市长李新阁，副市长周志雯陪同活动。

28日　聊城市委第二巡察组到临清召开会议，反馈巡察情况。聊城市委第二巡察组组长、聊城市纪委第二派驻纪检组组长张建军，临清领导王建鹏、李新阁、祁学兰、李汝山、秦生春、李沛森出席会议。

△　临清市第十七届人大常委会召开第三十九次会议。市人大常委会党组书记、第一副主任王晓华主持会议。市政府副市长秦荣菊，市检察院检察长杨青列席会议。

29日　市政府党组召开会议，集中传达学习党的十八届六中全会精神。市委副书记、市长李新阁，市委常委、副市长韩德振，副市长、市公安局长石宝生，副市长秦荣菊、周志雯等出席会议。

△　聊城市委副书记陈平带领脱贫攻坚观摩团到临清观摩。临清市委书记、市人大常委会主任王建鹏，市委副书记、市长李新阁，市委副书记祁学兰，副市长王磊陪同活动。

△ 市委书记、市人大常委会主任王建鹏主持召开市委常委会议，传达学习《中国共产党第十八届中央委员会第六次全体会议公报》精神。市领导李新阁、汪保远、韩德振、李汝山、秦生春、李沛森、韩青出席会议。

31日 市委理论学习中心组“两学一做”学习教育第二专题集中学习研讨会召开。市领导王建鹏、李新阁、汪保远、王晓华、祁学兰、韩德振、李汝山、秦生春、冯子峰、衣述光、李沛森、韩青、闫友亮出席会议。

10月 临清市广播电视中心动工建设新一代广播电视发射塔，该工程2016年12月竣工，新建成的广播电视发射塔高160米，可以满足新一代无线数字广播电视信号发射的要求。

11月

1日 省质量工作考核组在组长、省住房城乡建设厅副厅长徐启峰的带领下，到临清就2015-2016年度政府质量工作进行实地核查。市委常委、副市长韩德振出席会议。

2日 为深入贯彻党的十八届六中全会精神，市政府党组开展“两学一做”学习教育第二专题集中学习研讨。市委副书记、市长李新阁，市委常委、副市长韩德振、冯子峰，副市长、市公安局局长石宝生，副市长王磊、秦荣菊，市政府党组副书记、市经济开发区党工委书记李衍博出席研讨会。副市长周志雯列席会议。

△ 全市煤炭清洁利用工作推进会议召开。市委副书记、市长李新阁，市委常委、副市长韩德振、冯子峰，副市长、市公安局长石宝生出席会议。

△ 市委副书记、市长李新阁主持召开市长办公会议。市委常委、副市长韩德振、冯子峰，副市长、市公安局局长石宝生，副市长王磊、秦荣菊、周志雯，市政府党组副书记、市经济开发区党工委书记李衍博出席会议。

3日 为深入贯彻落实上级党委、人大和临清市委关于县乡人大换届选举工作的部署要求，市人大常委会会同市委组织部、市委宣传部联合举办全市市镇两级人大换届选举工作学习班，安排部署临清人大换届选举工作。市人大常委会党组书记、第一副主任王晓华，市委常委、组织部长、统战部长秦生春，市人大常委会副主任赵孝洪，副市长、市公安局长石宝生出席开班仪式。

4日 高唐县委副书记孙荣军带队到临清考察扶贫开发工作。市委副书记祁学兰，副市长王磊，市经济开发区管委会主任、新华路街道党委书记刘明峰陪同活动。

8日 中央宣讲团党的十八届六中全会精神报告会在济南举行，中央宣讲团成员、中宣部常务副部长黄坤明作宣讲报告。王建鹏、汪保远、王晓华、祁学兰等市级领导班子成员在临清分会场收听收看报告会。

△ 市委召开常委会议，专题学习党的十八届六中全会审议通过的《关于新形势下党内政治生活的若干准则》和《中国共产党党内监督条例》。市委书记、市人大常委会主任王建鹏主持会议。市领导汪保远、王晓华、祁学兰、韩德振、李汝山、衣述光、李沛森、韩青、闫友亮出席会议。

△ 内蒙古赤峰市喀喇沁旗人民政府旗长张国华带领考察团，到临清学习考察养殖业的成功经验和典型做法。市委副书记祁学兰，副市长王磊陪同活动。

9日 市政协十三届二十三次常委会议召开。市政协主席汪保远，政协副主席、党组副书记许朝生，政协副主席贾艳华、徐宝福，政协副主席、市总工会主席王宝粮出席会议。

15日 全市重点工作推进会议召开。市委副书记、市长李新阁，市委副书记祁学兰，市委常委、副市长韩德振，市经济开发区管委会主任、新华路街道党委书记刘明峰出席会议。

△ 市委学习贯彻党的十八届六中全会精神

宣讲团成立暨宣讲工作动员会议召开。市委常委、宣传部长衣述光出席会议。

15日、17日 市委副书记、市长李新阁，市委常委、副市长韩德振，市政府党组副书记、运河经济开发区党工委书记李衍博等深入各镇、（街道）企业，就今年新开工和新上设备项目建设情况进行调研。市运河经济开发区管委会主任、新华路街道党委书记刘明峰陪同活动。

16日 聊城市大督查落实委员会第五督查室主任赵继渠带领督导组对临清重点工作进展情况进行督导检查。临清市委副书记祁学兰，市委常委、副市长韩德振陪同活动。

△ 聊城市副市长郭建民带领有关部门负责同志，到临清检查指导南水北调东线一期工程临清市续建配套工程建设进展情况。临清市委书记、市人大常委会主任王建鹏，市委副书记祁学兰陪同活动。

△ 聊城市推进社会救助改革创新现场会议在临清召开。聊城市民政局党组书记、局长韩更大，聊城市民政局党组成员、双拥办主任徐帮杰，临清市委副书记、市长李新阁，副市长周志雯出席会议。

18日 临清蜂业协会大会暨第一次会议扩大会议召开。山东省蜂业协会会长刘建林，临清市委常委闫友亮出席会议。

22日 临清设分会场组织收听收看省、聊城市环境保护工作电视会议。市委副书记、市长李新阁，市委常委、副市长冯子峰出席临清分会场会议。

△ 由商务部主办的“2016年赞比亚部级官员研讨班”全体成员到临清访问考察，聊城市商务局局长王越军，临清市委副书记、市长李新阁，市委常委、副市长韩德振陪同活动。

23日 2016省侨办“侨商会聊城行”侨商代表一行在省侨务办公室党组副书记、副主任孙传尚的带领下到临清观摩指导工作。聊城市委常委、副市长张旋宇，临清市委书记、市人大常委会主任王建鹏，副市长王磊陪同活动。

△ 杭州市人大常委会法工委主任路江通一行，在聊城市人大常委会副主任朱加云的陪同下，到临清就大运河保护立法工作进行调研。临清市人大常委会党组书记、第一副主任王晓华，市人大常委会副主任孙玉璞、张学庚，市政府党组副书记王庆瑞陪同活动。

25日 临清市规改企业资本对接大会在齐鲁股权交易中心济南办公区成功举行。聊城市副市长冯艺东，齐鲁股权交易中心党委副书记、总裁李雪，临清市委副书记、市长李新阁，市委常委、副市长韩德振等出席大会。

28日 市委副书记、市长李新阁，市委副书记祁学兰，副市长王磊一行，深入部分镇（街道）就创森工作进行检查指导。

△ 临清设分会场组织收看全国“推动移风易俗，树立文明乡风”电视电话会议，市委常委、宣传部长衣述光出席临清分会场会议。

29日 莘县县委书记张国洲，县委副书记、代县长高志国带领考察团到临清学习考察森林城市创建、农业结构调整、路域环境和小城镇提升工作。临清市委书记、市人大常委会主任王建鹏，市委副书记、市长李新阁，市委常委、副市长冯子峰陪同活动。

△ 市政府党组开展“两学一做”学习教育第三专题集中学习研讨，市委副书记、市长李新阁，市委常委、副市长韩德振、冯子峰，副市长、市公安局局长石宝生，副市长王磊，秦荣菊，市政府党组副书记、市经济开发区党工委书记李衍博出席会议。

30日 聊城市创森指挥部第二次会议暨全市冬季造林绿化工作推进会议在临清召开。聊城市委副书记陈平，副市长郭建民，聊城军分区副政委许常勇，临清市委书记、市人大常委会主任王建鹏，市委副书记、市长李新阁，市委副书记祁学兰，市委常委、市委办公室主任李汝山，副市长王磊出席会议。

12 月

1 日　临清召开党的十八届六中全会精神宣讲报告会，引导全市领导干部更加深刻理解、更加全面把握全会精神实质，在全市营造学习宣传贯彻全会精神的浓厚氛围，为深入推进全面从严治党奠定更加坚实的思想基础。市委书记、市人大常委会主任王建鹏，市委副书记、市长李新阁，市人大常委会党组书记、第一副主任王晓华，市委副书记祁学兰等几大班子领导参加报告会。

△　全市社会救助工作会议召开。副市长周志雯出席会议并讲话。

2 日　全省三年禁毒人民战争动员部署会议在济南召开，研究部署做好新形势下的禁毒工作。临清设分会场收听收看会议，市委副书记祁学兰，副市长、市公安局局长石宝生出席分会场会议。

9 日　市委副书记、市长李新阁，市政府党组副书记、运河经济开发区党工委书记李衍博，市运河经济开发区管委会主任、新华路街道党委书记刘明峰，在有关部门负责人的陪同下深入企业察看安全生产工作。

△　临清市第十七届人大常委会召开第四十次会议。市人大常委会党组书记、第一副主任王晓华，市人大常委会党组副书记袁磊、李凤义，市人大常委会副主任赵孝洪、孙玉璞、宋加利、张学庚出席会议。市政府副市长秦荣菊，市法院院长马国栋，市检察院检察长杨青列席会议。

11 日　全市领导干部会议召开。主要任务是宣布省委市委关于临清市主要负责同志职务调整的决定。杜昌伟、吴广连、王建鹏、李新阁、何宪卓、祁学兰在主席台就座。汪保远、王晓华等市领导出席会议。

12 日　诸城市—临清市扶贫协作签约仪式举行。诸城市委副书记孙吉海，临清市委副书记祁学兰，副市长王磊出席会议。

14 日　聊城市委组织部副部长刘清章率调研组到临清调研，召开聊城市党代会报告起草组调研座谈会，秦生春、刘明峰等市领导出席会议。

△　临清召开市级领导干部会议，何宪卓、祁学兰、汪保远、王晓华、张学宏、李汝山、秦生春、冯子峰、李沛森、陈玉国、周超等市几大班子领导出席会议。市委书记何宪卓作重要讲话。会议由市委副书记、代市长祁学兰主持。

△　临清市第十七届人大常委会召开第四十一次会议。市人大常委会党组书记、第一副主任王晓华主持会议。市委常委、副市长冯子峰，副市长、市公安局局长石宝生，市检察院检察长杨青列席会议。

△　临清市第十七届人大常委会举行宪法宣誓仪式，市人大常委会党组书记、第一副主任王晓华主持并监誓。

14 日至 15 日　市委书记何宪卓看望慰问临清地厅级和担任过正县级领导职务的离退休老干部，市领导张学宏、李汝山、冯子峰、周超、王磊陪同活动。

15 日　市委书记何宪卓深入部分重点企业进行调研，并察看城市道路建设、绿化工程及城乡供水工程。市领导张学宏、李汝山、冯子峰、周超、王磊、宛秋生等陪同活动。

△　水利部南水北调规划设计管理局处长彭祥一行，在省南水北调建管局总工王金建，聊城市水利局局长任永胜，南水北调局局长程道敏的陪同下，到临清就南水北调东线后续工程规划编制工作进行调研。临清市委副书记、代市长祁学兰陪同活动。

△　市委办公室系统召开贯彻落实市级领导干部会议精神大会。市委常委、市委办公室主任周超出席并作讲话。

16 日　市委统战部开展集中学习，集中传达学习何宪卓书记在市级领导干部会议上的讲话精神。市委常委、统战部长陈玉国出席会议。

19 日　临清在戴湾镇举行保障贫困群众“过

暖冬”“过好年”慰问活动启动仪式。市领导张学宏、陈玉国、宋加利、周志雯、徐宝福、刘明峰出席活动。

20 日 市委副书记、代市长祁学兰主持召开市长办公会议，安排部署当前工作。市政府领导冯子峰、石宝生、周志雯、张福志、李树群、王庆瑞、淳悦忠、高晓光等出席会议。

△ 在北京召开的 2016 年全国纺织产业集群复评工作总结会议上，临清市顺利通过“中国棉纺织名城”“中国蜡染名城”复评，市纺织工业办公室被授予“纺织产业集群地区优秀协（商）会”荣誉称号。

21 日 聊城市人大常委会副主任孙菁到临清走访慰问贫困群众。聊城市人大常委会教科文卫工作室主任王振江，临清市委副书记、代市长祁学兰，市人大常委会党组书记、第一副主任王晓华陪同活动。

△ 市领导何宪卓、祁学兰、李汝山、陈玉国、周超等深入青年、大辛庄街道调研扶贫工作。

△ 市委书记何宪卓调研中洲古城和城市环境管理工作。李汝山、冯子峰、周超等市领导陪同活动。

22 日 聊城市质监局局长孙军一行到临清就质量工作进行调研。市委副书记、代市长祁学兰等陪同活动。

△ 中共临清市委十二届十一次全体会议在庄严的国歌声中胜利召开。会议深入学习贯彻党的十八届六中全会、省委十届十五次全会和聊城市委十二届十一次全会精神。市领导何宪卓、祁学兰、汪保远、王晓华、张学宏、李汝山、秦生春、冯子峰、李沛森、陈玉国、周超等出席会议。

△ 临清市委书记、市委党校校长何宪卓同志到市委党校调研指导工作，对党校工作做出指示。

23 日 临清召开全市信访维稳工作会议，市领导张学宏、周超、石宝生、刘明峰、张晓勇、杨青出席会议。

△ 聊城市政协副主席葛敬方一行到临慰问贫困群众。临清政协副主席汪保远，市政协副主席徐宝福陪同活动。

△ 市委书记何宪卓深入到唐园镇、烟店镇、潘庄镇就轴承产业发展情况进行实地调研。市领导李汝山、李衍博等陪同活动。

24 日 冠县考察团在县委书记牟桂禄，县委副书记、代县长崔新乐带领下到临清参观考察水利工程建设情况。临清领导何宪卓、祁学兰、张学宏、周超、淳悦忠等陪同活动。

26 日 全市市、镇两级人大换届选举工作部署会议召开。市委书记何宪卓作重要讲话，市人大常委会党组书记、第一副主任王晓华主持会议。市领导赵孝洪、刘明峰出席会议。

29 日 全市学习贯彻党的十八届六中全会精神专项培训班开班。市领导何宪卓、祁学兰、汪保远、王晓华、张学宏、李汝山、秦生春、冯子峰、李沛森、陈玉国等参加培训班。中共山东省委党校工商管理研究室主任张国亭教授，作学习贯彻党的十八届六中全会精神的报告。

30 日 全市第七届农村小学教育教学工作现场会在临清市大辛庄中心小学举行，聊城市教育局正县级督学田凤奎，临清市政府副市长周志雯，临清市教育局党委书记、局长刘玉杰，正科级督学刘友泉，聊城市教育局小学教研室全体，各县市区教育局分管局长、小学教研室主任及全市农村联校校长、业务校长及中心小学校长、骨干教师代表等近 300 人参加会议。

2016 年临清市成功创建第二届全省双拥模范城。

（史志办及各单位提供）

临清年鉴 2017

LINQINGYERABOOK

临清概况

建置区划

【位置面积】 临清市位于北纬36°39′～36°55′、东经115°27′～116°02′。地处山东省西北部，东与高唐县、茌平县为邻，南与东昌府区、冠县接壤，西与河北省临西县隔卫运河相望，北与德州市夏津县毗连。东从康庄镇大油坊村，西至烟店镇魏厂村直线距离46.73千米。南从魏湾镇辛道庄，北至松林镇中梁庄直线距离25.28千米。面积960平方千米。人民政府驻临清市青年路街道龙华街5号，电话区号0635，邮政编码252600，东南距聊城市区45千米。

（民政局　崔雪君）

【建置沿革】 西汉初，始建清渊县，先隶巨鹿郡，后属魏郡，三国魏、晋属冀州阳平郡。

十六国后赵，于建平元年（330）改清渊置临清县，属司州建兴郡。临清县名始于此，后废。

北魏太和二十一年（497）析清渊县西地域复置临清县，属司州阳平郡（《中国历史地图集》载为相州阳平郡）。北齐废。

隋开皇六年（586）复置临清县，属清河郡。十年后析临清西部置沙丘县，隋大业二年（606）废沙丘入临清。隋大业八年（612），临清、清渊均隶清河郡。

唐武德四年（621）又析境西置沙丘县，唐贞观元年（627）再废沙丘入临清，废清水县为镇入冠氏县（今冠县），北境析入临清。唐大历七年（772）析临清南部置永济县，宋熙宁五年（1072）废为镇复归临清。临清、沙丘初隶毛州。后州废，临清、永济又隶瀛州、贝州。五代时期，临清先后隶属大名府、兴唐府、广晋府、大名府。

北宋政和元年（1111）临清、清平属河北东路大名府。金大定二十九年（1189）临清属大名府路恩州，清平为大名府路大名府辖。元至顺元年（1330）临清属中书省濮州。

明洪武二年（1369）临清属山东省布政使司东昌府。弘治二年（1489）临清升为州，辖馆陶、邱县，属东昌府。

清顺治元年（1644）临清州不领县，隶山东省东昌府。清乾隆四十一年（1776）临清升为直隶州，隶属山东省，辖武城、夏津、邱县。

民国元年（1912）临清降为县，属山东省济西道。民国3年（1914）改属东临道。民国15年（1926）隶属德临道。民国17年（1928）废道制后，直属山东省政府。民国25年（1936）省下设专员公署，临清属山东省第四专署，专署机关驻临清。

民国27年（1938）中国共产党在临清西北部十八村（今威县境）一带，建立临清县战委会。次年，在修子堌成立临清县抗日民主政府，属鲁西北行政委员会。民国31年（1942）由临清县的第二、第三区和馆陶县的第二、第三区组建卫东县。1945年9月临清解放后，县、市分设，隶冀南行署第一专署。1946年3月，卫东县撤销。1948年5月临清市升为专级市。翌年3月复降为县级市。

新中国成立后，临清仍县、市分治，隶属河北省邯郸专署。1949年11月改市为镇（县级）。1952年11月划归山东省德州专署，12月改属聊城专署。1954年改镇为市。1956年清平县撤销，第二区、第三区、第四区、第五区划入临清县。1958年县、市合并，置临清市，隶属聊城专署。1963年撤市复临清县。1964年将卫运河以西的尖冢、童村、下堡寺、吕寨、老官寨5个区划出，置临西县隶属河北省。馆陶县在卫运河以东的潘庄、八岔路两区划入临清县。1983年撤县复市。

（史志办）

【行政区划】 1984年临清市建14个乡、5个镇、3个街道，即杨桥乡、朱庄乡、唐园乡、烟店乡、路庄乡、康盛庄乡、肖寨乡、金郝庄乡、老赵庄乡、魏湾乡、石槽乡、戴湾乡、尚店乡、大辛庄乡；

潘庄镇、刘垓子镇、胡里庄镇、康庄镇、松林镇；新华路街道、青年路街道、先锋路街道。

1994年路庄乡更名为八岔路乡。撤销魏湾乡、烟店乡、设立魏湾镇、烟店镇。撤销杨桥乡，设立临东镇。1996年撤销大辛庄乡、老赵庄乡，设立大辛庄镇、老赵庄镇。1999年撤销八岔路乡设立八岔路镇。

2001年根据山东省政府的部署，进行临清市行政区划调整。撤销石槽乡，将其行政区域划归先锋路街道管辖；撤销胡里庄镇，将其行政区域划归新华路街道管辖；撤销朱庄乡，将其行政区域划归青年路街道管辖；撤销康盛庄乡，将其行政区域并入康庄镇；撤销肖寨乡，将其行政区域并入金郝庄乡。撤销临东镇，将原临东镇的李庄村、徐庄村、胡八里村、唐尧村、五里庄村等5个村划归先锋路街道管辖，将沙窝屯村、桑树园村、油坊村、韦付庄村、朱杨乔村、周三里村、杨桥村、陈坟村、黑庄村、蔡家胡同村等10个村划归新华路街道管辖，将大三里村、土桥村、河洼村、三里堡村、小三里村、胡家湾村、北关村、于林头村、西旧县村、东旧县村、西屯村、东屯村、吴刘庄村等13个村划归青年街路街道管辖。2001年全市辖4个街道、9个镇、3个乡，即新华路街道、青年路街道、先锋路街道、大辛庄街道、唐园镇、烟店镇、潘庄镇、八岔路镇、刘垓子镇、魏湾镇、康庄镇、老赵庄镇、松林镇、尚店乡、戴湾乡、金郝庄乡。

2010年，临清撤销金郝庄乡设立金郝庄镇、撤销尚店乡设立尚店镇、撤销戴湾乡设立戴湾镇，撤乡设镇后，行政区域和镇政府驻地不变。

2016年，临清市辖青年路、新华路、先锋路、大辛庄4个街道，松林镇、老赵庄镇、康庄镇、魏湾镇、刘垓子镇、八岔路镇、潘庄镇、烟店镇、唐园镇、金郝庄镇、戴湾镇、尚店镇12个镇。

（民政局　崔雪君）

自然环境

【地质】 地层。本区及周边区域地表被第四系覆盖，据邻近钻孔资料揭示，地层由老至新有：新太古代泰山岩群或基底结晶岩系、寒武系—奥陶系、石炭系—二叠系、侏罗系—白垩系、古近系（下第三系）、新近系（上第三系）和第四系。

构造。临清市所处的大地构造单元包括临濮块陷临南断块馆陶凸起、冠县凹陷、堂邑凸起。几个大地构造单元特征。

临清地区构造单元基本要素表

编号	名称	面积 km^2	走向	最大残留厚度（m）			基本性质
				Q+N	E	Mz	
Ⅱ 5	馆陶凸起	1150	北北东	1530	360	2000	新生代为主的断凸
Ⅱ 6	冠县凹陷	1550	北北东	1800	4000	4000	中、新生代断陷
Ⅱ 7	堂邑凸起	1250	北东—北北东	1400	200	1200	新生代为主的断凸

本区已发现、查明对中、新生代沉积、构造特征起着明显控制作用的大型断裂有三条，其主要断层要素。

临清地区主要断层要素表

序号	断裂名称	性质	走向	倾向	长度（km）	断距		可靠程度
						地质层位	落差（m）	
1	临清	正断层	北东	南东	72	Pz1 侵蚀面	2700	较落实
2	冠县	正断层	北东	北西	100	Pz1 侵蚀面	1800	落实
3	堂邑	正断层	北东	南东	50	Pz1 侵蚀面	4000	落实

（史志办）

【地貌】 地貌特征。境内为鲁西北平原，属黄河下游冲积平原。地势平坦，起伏较小，地势西南高，东北低，地面高 38.29 米（黄海），沿黄河故道流向，自西南向东北倾斜。地面坡降为 1/7000 左右。海拔高程一般在 29—39 米之间。

地貌类型。境内属黄泛平原，地形和地貌受黄河改道和决口泛滥的影响。至今尚存黄河故道 5 万余亩。主要经过八岔路、朱庄、古楼、石槽、松林五个乡镇。由于历次决口改道，主河道的迁移及流速的改变，携带的泥沙深沉的速度和数量不一样，所以在本市形成不同的地貌类型。主要的地貌有河滩高地、背河槽状洼地、沙质河槽地、缓平坡地、决口扇形地、河间浅平洼地。主要是河滩高地占总面积的 58%。地貌类型，成土母质，沉积层次，潜水位的变化同土壤类型有密切的关系。

临清地区地貌分类面积统计表

单位：万亩

河滩高地	缓平坡地	决口扇形地	背河槽状洼地	河间浅平洼地	沙质河槽地
66.3	17.9	1.4	14.4	6.1	9.0

（史志办）

【河流】 临清市属海河流域，境内现有 3 条过境河流，卫运河自西南向东北，沿西部边境而过，境内长 44.184 千米，流域面积 247.7 平方千米；小运河自东南向西北，从中部穿过，至城区汇入卫运河，境内长 34.5 千米；马颊河自西南向东北，沿东部边境而去，境内长 13.33 千米，流域面积 702.4 平方千米。位山引黄三干渠，自南向北穿过，与尚潘渠、友谊渠、胡姚河、裕民渠、德王河等 17 条干支渠形成纵横交错的排灌网络。在卫运河先锋桥设有临清市水文站，负责水文监测和水文调查工作。

临清市境内流域面积 100 平方千米以上的河道 11 条，分别为：尚潘渠（21 千米）、德王东支临清段（3.48 千米）、德王河临清段（15.11 千米）、裕民渠（31 千米）、胡姚河（25 平方米）、长顺渠临清段（15.1 千米）、友谊渠（19.08 千米）、车庄沟（17.59 千米）、王坊分干（34 千米）、位山引黄三干渠临清段（14.37 千米）和卫运河临清段（39.42 千米），属海河流域。河段总长度 235.15 平方米，有防洪任务的河段长度 235.15 千米，大于等于 20 年小于等于 30 年一遇的为 195.73 千米，大于等于 50 年小于等于 100 年一遇的为 44.18 千米，上述 239.91 千米河段均在六十年代进行过治理。

境内河流情况表

河道名称	汇入下级河道	河道长度（km）	设计行洪标准
裕民渠	马颊河	31.0	大于等于20年小于等于30年一遇，61年雨型
德王河临清段	马颊河	15.11	大于等于20年小于等于30年一遇，61年雨型
德王东支临清段	马颊河	3.48	大于等于20年小于等于30年一遇，61年雨型
长顺渠临清段	卫运河	15.1	大于等于20年小于等于30年一遇，61年雨型
车庄沟	卫运河	17.59	大于等于20年小于等于30年一遇，61年雨型
胡姚河	裕民渠	25	大于等于20年小于等于30年一遇，61年雨型
尚潘渠	三干渠	21.0	大于等于20年小于等于30年一遇，61年雨型
友谊渠	卫运河	19.08	大于等于20年小于等于30年一遇，61年雨型
王坊分干	马颊河	34.0	大于等于20年小于等于30年一遇，61年雨型
位山引黄三干渠临清段	引位济德干渠	14.37	大于等于20年小于等于30年一遇，61年雨型
卫运河临清段		44.184	大于等于50年小于等于100年一遇
总计		239.914	

（水务局　王文博）

【气候】 全市2016年年平均气温较历年平均气温偏高，降水偏多，光照不足。年平均气温为14.0℃，比历年平均气温偏高0.5℃，年极端最高气温36.6℃，出现在6月22日，比历年极值低4.9℃，年极端最低气温-18.0℃，出现在1月23日，比历年极值高2.6℃。年降水量为671.6毫米，较常年偏多151.2毫米，较常年极端最多降水量偏少164.1毫米，较常年极端最少降水量偏多484.4毫米。年日照时数为2147.8小时，较常年偏少268.2小时。全年无霜期220天。

（气象局　刘艳荣）

【自然灾害】 临清市境内天气复杂多变，气象灾害种类繁多，危害严重，春季十年九旱，夏季多高温暴雨，秋季连阴雨，冬季有寒潮低温，一年四季都有大风。

2016年6月13日至15日，受高空冷锅系统影响，出现冰雹大风降雨天气过程。由于正处麦收期间，大风、冰雹和降水造成部分镇（街道）的小麦、瓜果等农作物倒伏和减产。受灾镇(街道)主要为青年路街道、大辛庄街道、金郝庄镇、戴湾镇。据临清民政部门统计，全市受灾人口7799人，农作物受灾面积748.2公顷，成灾面积28.6万公顷，绝收面积10公顷，一般损坏房屋22间，直接经济损失341.4万元。

2016年7月19日12时至20日08时临清市出现暴雨天气过程，全市平均降雨量73.6毫米。本次降雨过程造成全市部分乡镇农田积水严重，受灾乡镇主要有八岔路镇、潘庄镇、烟店镇、唐园镇、魏湾镇、先锋路街道、康庄镇、松林镇。据民政局统计，农作物受灾面积910.53公顷，农作物成灾面积304.33公顷，受灾人口8905人，转移安置人口14人，损坏桥梁18座，直接经济损失343.34万元。

2016年8月25日04时至11时，全市出现暴雨天气过程，本次降雨过程造成全市老赵庄镇和大辛庄街道部分农田出现积水，导致农作物受灾。据民政局统计，农作物受灾面积378.9公顷，农作物成灾面积131.3公顷，受灾人口4060人，直接经济损失153.08万元。

（气象局　刘艳荣）

自然资源

【土地资源】 临清市地处鲁西北平原，境内地势平坦。土地利用率、土地垦殖率较高。全市土地总面积95078.01公顷。由于受地形、地貌、气候等因素的影响，市内形成3大土壤类型，即潮土、盐土、风沙土。其中，潮土土类可利用面积74278.4公顷，占全市可利用总面积的96.73%，全市均有分布；盐土面积172.6公顷，占可利用面积的0.2%，主要分布在临清东南；风沙土类面积2334.8公顷，占可利用面积的3.07%，主要分布在沙质河槽地。据1982年临清市第二次土壤普查结果表明，临清市土壤有机质含量少且不平衡，有机质平均含量为0.829%。氮、磷元素含量偏少，钾元素较高。

（国土局　赵　良）

【水资源】 全市平均年当地水资源总量15616万立方米。水资源总量占降水总量的29.8%，平均每平方千米产水16.3万立方米。1999年以来平均年水资源总量27201万立方米。黄河水作为临清市的主要客水资源，由于流域水量的统一分配，给临清市的分配指标仅9100万立方米。引江水量指标也只有3700万立方米。卫运河、马颊河为季节性河流，只有汛期水位较高时沿河才可短期引用和补给地下水。在全市水资源量中客水资源占近一半，因此临清市是一个资源性重度缺水区，所面临的水资源供需矛盾十分严峻。

1999年以来平均年浅层地下水埋深8米，平均年地下水位降落漏斗面积581平方千米，占全市总面积的60.7%。由于临清市水资源时空分布不均，特别是城区不得不靠超采浅层地下水和深层地下水来满足经济社会发展的用水需要，形成以城区为中心的大面积地下水漏斗区。

2016年全市降水量595.6毫米，地表水资源量14692.6万立方米，地下水资源量8349.3万立方米，水资源总量17848.2万立方米，漏斗面积595平方千米。引黄水量:9277.3万立方米，引卫水量：5399.5万立方米。

（水务局　王文博）

【生物资源】 野生动物。境内野生动物有野兔、刺猬、蝙蝠、仓鼠、锦鼠、蛇、蜥蜴、黄鼬、獾、地狗、狐狸、大山雀、画眉、燕子、麻雀、乌鸦、碧玉、灰喜鹊、喜鹊、戴胜、黄鹂、啄木鸟、白翎、鹌鹑、雕、猫头鹰等。但因狩猎、捕杀、药害等原因，有些种类数量有所减少，特别是獾、地狗等已濒临绝迹。

植物。境内拥有能露地越冬的木本植物，包括乔木、灌木、木质藤本植物共37科67属126种，其中包括21个变种和6个变型。裸子植物4科6属11种，被子植物33科61属115种。主要树种有银杏、油松、雪松、水杉、侧柏、圆柏、龙柏、扫帚柏、铅笔柏、鹿角桧、塔松、毛白杨、银白杨、加拿大杨、箭杆杨、小叶杨、旱柳、垂柳、杞柳、簸箕柳、龙爪柳、核桃、山核桃、大叶垂榆、构树、白榆、桑树、无花果、柘树、牡丹、杜仲、悬铃木、麻叶锈线菊、珍珠梅、山楂、木瓜、贴梗海棠、西府海棠、苹果、山定子、白梨、秋子梨、砂梨、褐梨、西洋梨、鸭梨、多花蔷薇、月季、玫瑰、黄刺梅、李树、红叶李、樱花、日本晚樱、毛樱花、樱桃、蟠桃、碧桃、中华寿桃、榆叶梅、合欢、皂角、紫荆、国槐、龙爪槐、五花槐、紫穗槐、刺槐、紫藤、花椒、臭椿、苦楝、香椿、火炬树、华北卫茅、大叶黄杨、小叶黄杨、金心黄杨、五角枫、复叶槭、文冠果、酸刺、枣树、龙爪枣、冻枣、磨盘枣、英不落枣、葡萄、爬山虎、紫椴、木槿、重瓣白花木槿、重瓣紫花木槿、梧桐、紫薇、石榴、黄石榴、重瓣白（红）石榴、车梁木、柿树、甜柿、君迁子、连翘、紫丁香、白丁香、白蜡、女贞、水蜡、迎春、荆条、海洲常山、枸杞、兰考泡桐、楸叶泡桐、梓树、西洋接骨木、金银木、金银花、毛竹、淡竹、芦竹等。

境内的古树多为国槐，主要分布在田间地头、村庄庭院和市区内，珍稀树种及竹类多分布在大众公园内，少数分布于乡村及企事业单位驻地。

池塘生物资源。1998 年、2009 年两次由山东省淡水研究所和丁马生物科技有限公司监测结果表明，临清市各镇办事处池塘水生生物含量相差无几。年均池塘浮游植物含量为 0.78 ～ 10.55 mg/L，浮游动物生物量为 0.62 ～ 7.9mg/L。近年来，临清市池塘养殖普遍采用“八字精养法”，池塘生物量有增加的趋势，同时，水生维管束植物及底栖动物等资源也相应增加。

河流干渠生物资源。相对而言，临清市河流和干渠水域生物资源较贫乏，鱼类资源无论从数量还是种类都较少。2009 年监测表明，浮游植物生物量为 0.13 ～ 0.78mg/L，浮游动物生物量为 0.03 ～ 0.46mg/L。

小型水库生物资源。临清市 3100 亩小型水库中，绝大部分是近年来修建京九铁路和临高、德商高速公路施工取土形成的水面，其特点是水深，生物含量极低，经监测，浮游植物含量为 0.01 ～ 0.23mg/L，浮游动物生物含量为 0.01 ～ 0.18mg/L。

（史志办）

【矿产资源】 临清市范围内矿产资源相对较少，探明的矿产资源主要为地热，有一定成矿远景的是石油和天然气。地热资源丰富，含热储层达 20 多层以上，厚度大、水温高、水量大，单井涌水量每小时 100 立方米以上，属氯化钠型水，含有多种对人体有益的元素，有较好的医疗保健价值。

全境位于临清—夏津地热成矿远景区（Ⅴ -84）内，东部松林、老赵庄、金郝庄、戴湾、魏湾地区位于临清坳陷东部石油、天然气成矿远景区内（Ⅴ -80）。

地热　临清地热田位于山东省西部，大致为冠县凹陷的范围，呈北东向延伸，以临清断裂为西边界，冠县断裂为东边界，总面积约 1550 平方千米，北端与德州地热田相接。该地热田范围广大，处于凹陷区内，地热成矿地质条件有利，具备寻找较高温度较大水量地热田的条件。

该地热田可供开采的热储层有 4 个：新近纪明化镇组下段热储层、馆陶组下部热储层、古近纪东营组热储层、沙河街组热储层。它们各有特点，最有开发利用价值的是馆陶组热储层，热储类型均为层状孔隙型。

石油、天然气　辖区的石油、天然气勘查工作，主要是在 1980—1981 年完成的，现国家仍在该区进行石油、天然气勘查工作，但到目前为止还未发现可供开采的油气井。地质勘查成果表明，该区的生油层位为古近纪孔店组二段、沙河街组三段及一段，其中沙河街组三段为较好的生油层，沙河街组二段为良好的区域性储集层，沙河街组一段为区域性覆盖层，三者构成一套完整的区域性生储盖组合。

制砖黏土　临清市的另一种矿产资源是制砖黏土，临清地处黄河下游，又是京杭大运河的必经之路，自黄土高原流失下来的黏土，经过千里浪淘淤以后，已经变得质纯无沙、细腻无比、土质优良丰厚，临清市的青砖明清时为“贡砖”，以专供故宫和长城之用而闻名，以“不碱不蚀，击之有声，断之无孔”享誉四海内。

（国土局　赵　良）

人口　民族

【人口】 2016年常住人口821153人，其中城镇人口391866人，占总人口的47.72%，农村人口429287人，占总人口的52.28%。

截至2016年年底，临清市户籍人口821153人，总户数261613户，其中男性420537人，女性400616人，男女性别比为104.97∶100，户籍人口中，城镇人口391866人，城镇化率47.72%，全市共迁入1140人，迁出1992人。

2016年户籍出生人口24557人，出生率为3.03%，户籍死亡人口为4645人，死亡率为0.57%，自然增长率为2.46%。

（公安局　丰秋芝）

【民族】 2016年年底，全市共有32个民族，有回族、蒙古族、满族、彝族等31个少数民族，总人口1.8437万人，其中回族17528人。

（民宗局　白益军　刘　东）

组织机构

【中共临清市委及所属工作部门】

市委书记：王建鹏（12月止）
　　　　　何宪卓（12月起）
副 书 记：李新阁（12月止）
　　　　　祁学兰（女）
　　　　　张学宏（12月起）
常　　委：王建鹏（12月止）
　　　　　何宪卓（12月起）
　　　　　李新阁（12月止）
　　　　　祁学兰（女）
　　　　　张学宏（12月起）
　　　　　韩德振（12月止）
　　　　　李汝山（12月止）
　　　　　张子明（05月止）
　　　　　秦生春
　　　　　冯子峰
　　　　　衣述光（12月止）
　　　　　韩　青（女，12月止）
　　　　　马培虎（04月止）
　　　　　李培森（05月起）
　　　　　刘明峰（12月起）
　　　　　王　磊（12月起）
　　　　　陈玉国（12月起）
　　　　　周　超（12月起）

市委办公室

主　　任：李汝山（12月止）
　　　　　周　超（12月起）
常务副主任：
　　　　　兴　川
副 主 任：田长志
　　　　　花　清
　　　　　窦宇飞

政策研究室

主　　任：田长志
副 主 任：王　新
　　　　　赵　睿（女，10月止）
　　　　　徐目磊

保密局

主　　任：冷明霞（女）
副 主 任：唐　颖（女）

督查室

主　　任：陈琳琳（女）
副 主 任：田春明
　　　　　张勉国

维护社会稳定办公室

主　　任：袁明国

副 主 任：陈以斌（兼）
吕君绪

机要局

局　　长：赵庆璞
副 局 长：满代民
张士勇

机关行政事务管理局

书　　记：沙溢民（回）
局　　长：李以泉
副 局 长：赵　谦（女）

信访局

局　　长：周中信
副 局 长：孔世永
刘友强
廖　凯

台湾工作办公室

主　　任：都善超（12 月止）
副 主 任：周召友

党史研究室

主　　任：王　峰（女）
副 主 任：刘明琰（女，08 月止）

档案局

局　　长：赵子辉
副 局 长：皮汝新（女）
许书生
馆　　长：皮汝新（女，兼）
副 馆 长：田　云（女）
赵菲菲（女）
赵　睿（女，10 月起）

招待所

所　　长：曹子林
副 所 长：王凤霞（女）
尹玉磊
林再文
刘在广
书　　记：林再文
副 书 记：王凤霞（女）
尹玉磊

组织部

部　　长：秦生春
常务副部长：
张容元
副 部 长：朱　峰
王艳华（女，03 月起）
周正峰（03 月止）
孙晓强
历玉慧（女）

组织员办公室

副 主 任：胡　伟
权　磊（12 月起）

党员干部现代远程教育中心

主　　任：沈天松
副 主 任：孔德明

市委考核办公室

主　　任：王艳华（女）
副 主 任：权　磊（12 月止）

老干部局

局　　长：历玉慧（女）
副 局 长：赵福强

市离退休干部党工委

书　　记：历玉慧（女）
副 书 记：孙文陆

机构编制委员会办公室

主　　任：朱　峰
副 主 任：刘长山
荣玉红（女）

事业单位监督管理局

局　　长：刘长山
副 局 长：张士森

市直机关工作委员会

书　　记：王晓壮
副 书 记：赵安库
韩培刚

市直机关武装部

部　　长：韩培刚

宣传部

部　　长：衣述光（12 月止）
王　磊（12 月起）
副 部 长：赵振源
李海燕
王　会（女）

临清市精神文明建设委员会办公室

主　　任：孙维华
副 主 任：刘　北
梁　剑

临清市社会科学界联合会

主　　席：衣述光（12 月止）
副 主 席：吕守贤
赵兰峰
党组书记：张中才

临清市文学艺术界联合会

党组书记：杨　宁（女）
副 主 席：周广涛（兼）
于高臣
副主任科员：
郭长龙

临清周讯

总 编 辑：周广涛（兼）
副总编辑：袁　萌（女）

临清市文化艺术交流中心

主　　任：马朝霞（女）

统战部

部　　长：秦生春（12 月止）
陈玉国（12 月起）
常务副部长：
魏双平（女）
副 部 长：胡观立
王福兴

科学技术协会

主　　任：孙淑英（女）
副 主 任：祝向华（女）

临清市反邪教协会办公室

主　　任：孙淑英（女，兼）

政法委

书　　记：韩　青（女，12 月止）
刘明峰（12 月起）
常务副书记：
韩　义
副 书 记：周厚超
黑维强（回）
程爱国

临清市社会治安综合治理委员会办公室

主　　任：王　彬
副 主 任：李建栋
张远见

市委党校

校　　长：王建鹏（兼，12 月止）
何宪卓（兼，12 月起）
常务副校长：
张守群
副 校 长：贾生旺
李建华
张春华
党委书记：张守群（兼）
副 书 记：周正峰（兼，03 月止）
纪委书记：张卫东
工会主任：尹　宁

老龄工作委员会办公室

主　　任：孙义玺
副 主 任：田　华（女）
党组书记：孙晓强（12 月止）

【临清市人大常委会及各专门委员会】

主　　任：王建鹏（12 月止）
李汝山（12 月起）
第一副主任：
王晓华（女，正县，12 月止）
副 主 任：赵孝红
孙玉璞
宋加利（12 月止）
张学庚（12 月止）
贾艳华（女，12 月起）

李衍博（12 月起）
赵　彦（12 月起）
办公室主任：
甄　峰
副 主 任：庞书明
主任科员：邢贵鲁（5 月起）

人大常委会法工委

主　　任：杜明瑞

人大常委会财经工委

主　　任：吕召猛

人大常委会人事代表工委

主　　任：袁　博

人大常委会教科文卫工委

主　　任：刘东辉
副 主 任：李　娜（女）

人大常委会农经工委

主　　任：刘召峰

人大常委会信访室

主　　任：顾景忠

人大常委会城环室

主　　任：徐力勇

【临清市人民政府及所属工作部门、事业单位】

市　　长：李新阁（12 月止）
祁学兰（女，12 月起）
副 市 长：韩德振（12 月止）
冯子峰
石宝生（06 月起）
王　磊（12 月止）
秦荣菊（女，12 月止）
周志雯（女）
张福志（12 月起）
李树群（12 月起）
党组书记：李新阁（12 月止）
祁学兰（女，12 月起）
党组副书记：
冯子峰（12 月起）
王庆瑞
李衍博（12 月止）
党组成员：韩德振（12 月止）
石宝生（06 月起）
王　磊（12 月止）
秦荣菊（女，12 月止）
张福志（12 月起）
李树群（12 月起）
淳悦忠（12 月起）
高晓光（12 月起）

市政府办公室

主　　任：高晓光
副 主 任：崔广文
马富济
万　强
郑祥全

市政府调研室

主　　任：高士奎
副 主 任：曾昭文（女）
汪　玮（女）

市政府应急办公室

主　　任：崔广文
副 主 任：王善林

市政府督查室

主　　任：吕金国
副 主 任：杨玉敏（女）

市长公开电话办公室

主　　任：齐子红（女）
副 主 任：吴家明

市金融办公室（地方金融监督管理局）

主任（局长）：
温之勇

市政府机要科

科　　长：赵代举
副 科 长：王　静（女）

行政服务中心管理办公室

主　　任：马富济
副 主 任：邓东辉
陈作霞

市政府外事侨务办公室

主　　任：李　光（05 月止）

　　　　　徐向东（05 月起）

副 主 任：刘晓洁（女）

市政府法制办

主　　任：关延松

副 主 任：刘从善

人民防空办公室

主　　任：刘言明

爱国卫生运动委员会办公室

主　　任：张同辉

副 主 任：王锐强

地方史志编纂委员会办公室

主　　任：方玉群

副 主 任：张　英

民族宗教事务局

局　　长：马振学（回）

副 局 长：白益军（女，回）

市发展和改革局

局　　长：张　帆

副 局 长：栾学鹏

　　　　　张福杰

　　　　　刘洪国

工会主任：刘懋卿

粮食局

局　　长：刘海玲（女）

副 局 长：王明耀

　　　　　王桂成

书　　记：刘海玲（女）

副 书 记：王明耀

物价局

局　　长：孙　杰（10 月止）

副 局 长：孙景云

　　　　　张志清

党组书记：孙　杰（10 月止）

副 书 记：孙景云

主任科员：李荣祥

副主任科员：

　　　　　宋荣轩

　　　　　吕富文

旅游局

局　　长：李保太

副 局 长：郑书红

　　　　　尹训法

工会主任：李德光

市场监督管理局

局　　长：王光峰

副 局 长：尹卫东

　　　　　张文生

　　　　　相东旭

　　　　　宫福瑞

　　　　　闫咏梅

主任科员：潘淑文

书　　记：王光峰

副 书 记：尹卫东

　　　　　潘淑文

党组成员：张文生

　　　　　相东旭

　　　　　宫福瑞

　　　　　刘洪涛

　　　　　黑亚青

　　　　　程冬梅

经济和信息化局

局　　长：宋子亮

副 局 长：曹在亭

　　　　　李建国

　　　　　刘　骞

主任科员：侯爱臣

一轻工业办公室

书　　记：齐言民

主　　任：齐言民

副 主 任：刘志松

　　　　　康宗奎

工会主任：郑建兴

二轻工业办公室

主　　任：刘士武

副 主 任：沙建伟（回）
李旭光

纺织工业办公室

主　　任：杨国田
副 主 任：吕秋成
韩卫东
书　　记：杨国田
副 书 记：吕秋成
工会主任：张洪萍

市机械工业办公室

主　　任：王振荣
副 主 任：黄春雨
鲍来临
书　　记：王振荣

临清市人民政府节约能源办公室

主　　任：赵　娜（女）

临清市邮政公司

总 经 理：刘　恩
副总经理：董延芳（女，03 月止）
马和明（01 月止）
刘向阳（03 月止）
张长明（06　月止）
张文莹（女，04 起）
赵思思（交流，女，11-12）
工会主席：刘向阳（代主席，03 月止）
张长明（代主席，04 月起）

移动公司

总 经 理：梁伯勇
副总经理：孙建彬
王俊峰（10 月止）
张　静（女，10 月起）
张士诚

中国电信股份有限公司临清分公司

总 经 理：朱忠杰（12 月止）
高国伟（12 月起）
副总经理：王瑞忠

中国联通有限公司临清分公司

总 经 理：胡志强
副总经理：仲　杰
李　强
葛传民

民营经济发展局

局　　长：张新杰（05 月止）
李　光（05 月起）
副 局 长：李洪峰
姚　惠（女）
刘　鹏
主任科员：朱安庆

安全生产监督管理局

局　　长：李德贤
副 局 长：史志胜
陈　蔚
商先勇

食品药品监督管理局

局　　长：唐明慧
副 局 长：王保荣
王顺青（女）
宋丙军
党组书记：唐明慧
副 书 记：王保荣
杨永平
工会主任：姬文娟（女）
主任科员：吴庆勇
副主任科员：李淑红（女）

食品安全委员会办公室

主　　任：唐明慧
副 主 任：王保荣
杨永平
王顺青（女）
宋丙军

商务局

局　　长：马朝俊
副 局 长：常丕岭
张绍山
书　　记：马朝俊
党组成员：朱荣光

姜炳旭
胡　涛
工会主任：王春光

商务综合行政执法大队

大 队 长：姜炳旭
副大队长：胡　欣

商业集团总公司

总 经 理：王林生（回）
工会主任：秦俊英（女）

临清市供销合作社联合社

理事会主任：
张衍荣
理事会副主任：
王全斌
工会主任：王　友
党委书记：张衍荣

国税局

局　　长：段存亮（09月止）
郝可可（09月起）
副 局 长：马　强
张　辉
郭　晶
杨晓村（11月止）
纪检组长：徐金波

地税局

局　　长：念　峰（11月止）
姜会峰（11月起）
副 局 长：闫国栋
范海波
纪检组长：马延征
工会主席：高国红

教育局

局　　长：刘玉杰
副 局 长：胡志勇
王玉河
齐观彪
主任科员：刘庆东
工会主任：齐晨兴
正科级督学：
刘友泉
副科级督学：
姜　华（女）
张峰一

聊城幼儿师范学校

校　　长：林敬华
副 校 长：李振江
肖凤珍
李卫东（08月止）
殷子峰
赵　栋
书　　记：徐化忠
副 书 记：林敬华

科技局

局　　长：何新华
副 局 长：王润之
张　雷
王秀伟
工会主任：燕芳祥
党组书记：何新华
党组副书记：
王润之

地震局

局　　长：耿祥君
副 局 长：董保生

公安局

局　　长：王志刚（06月止）
石宝生（06月起）
政　　委：魏禄建（12月止）
袁家坤（12月起）
副 局 长：袁家坤
张文兴
郭　震
周隆忠
书　　记：王志刚（06月止）
石宝生（06月起）
副 书 记：盛　利

郭宜新
党委委员：李德年
陈以斌
崔立峰
马振国
郑明强
唐凤梅
范海涛
纪委书记：刘言峰

司法局

局　　长：李金祥（11 月止）
副 局 长：张　浩
王玉悦
张　优

社区矫正工作办公室

主　　任：李金祥（11 月止）
副 主 任：周正峰（03 月起）

财政局

局　　长：赵　彦
副 局 长：井　扬
李　红
祁国良
李子庚
书　　记：赵　彦
副 书 记：井　扬
党组成员：曲长江
张建民
张　华
李　红
崔　雷
陆灏泉
祁国良
李子庚
蔺仁泉
工会主任：蔺仁泉

农业综合开发办公室

主　　任：曲长江
副 主 任：侯桂军
刘西舜
董连春
工会主任：李以圣

政府采购中心

主　　任：张建民
副 主 任：马明峰（05 月止）
李树磊

基层财政管理局

局　　长：张　华
副 局 长：昌桂峰
任贵水

财政监督检查局

局　　长：崔　雷
副 局 长：程　莉

棚户区改造资金管理中心
（市政府和社会资本合作管理中心）

主　　任：马明峰（05 月起）

非税收入管理中心

主　　任：陆灏泉
副 主 任：魏丽敏（女）
李慧君（女）

国有资产管理局

局　　长：周宪文
主任科员：祁国良
李子庚
蔺仁泉
王新民
周宪文
副主任科员：
王晓明
段治洋
李艳霞
武学岭
张玉明

人力资源和社会保障局

党组书记：高保平
党组副书记：
郭春光

马朝庚
钟艳芳（女）
党组成员：郑荣堂
刘玉荣
魏士玺
李会杰
詹云岗
汪培勤
张东盟
薛汝宾
符　磊
工会主任：符　磊
局　　长：高保平
副 局 长：郭春光
马朝庚
钟艳芳（女）
郑荣堂
刘玉荣
杨森元

劳动就业办公室

主　　任：钟艳芳（女，兼）

社会劳动保险处

主　　任：马朝庚（兼）

农村养老保险处（城乡居民养老保险处）

主　　任：郝　兵

医疗保险事业处

主　　任：郭春光（兼）
副 主 任：魏士玺
张　雪（女）

工伤保险事业处

主　　任：魏士玺

企业退休人员社会化管理办公室

主　　任：刘玉荣（兼）
副 主 任：孙　琳（女）

劳动人事争议仲裁院

院　　长：郑荣堂（兼）
副 院 长：汤承君

技工学校

校　　长：何璀璨
副 校 长：林在峰
刘学旺

劳动监察监督处

主　　任：薛汝宾

劳动监察局

局　　长：王　昂

国土资源管理局

局　　长：王建民
副 局 长：贾永庆
汪世平
潘思生
书　　记：王建民
副 书 记：贾永庆
汪世平
党委委员：潘思生
崔振安
凌景元
田中华
赵维峰
纪检书记：崔振安
工会主任：凌景元

不动产登记中心

主　　任：田中华

国土资源执法监察大队

大 队 长：赵维峰

住房和城乡建设局

书　　记：贾玉华
副 书 记：陈凤荣
周东祥
局　　长：贾玉华
副 局 长：陈凤荣
周东祥
刘绪良
工会主任：李　博

临清市城市规划局

局　　长：庞悦国
副 局 长：王启亮

狄雪峰 （回）

临清市碧水污水处理厂

厂　　长：侯明鸿

临清市园林管理处

主　　任：田如异

副 主 任：徐　宏（女）

王金彪

工会主任：代　晶（女）

临清市房屋征收与补偿办公室

主　　任：窦云飞

副 主 任：卢武杰

工会主任：崔　杰

临清市住房委员会办公室

主　　任：杜学贞

副 主 任：刘连忠

闫志友

工会主任：周　辉

临清市环境卫生管理处

主　　任：荆　峰

副 主 任：孟昭辉（聘任）

焦　鹏

工会主任：徐　扬

临清市市政工程管理处

主　　任：刘增伟（11 月止）

副 主 任：班秀霞（女）

王　亮

工会主任：李瑞明

临清市城建监察大队

大 队 长：魏　彤（女）

副大队长：王光山

刘　波

工会主任：张明明

临清市城市建设综合开发工程管理处

主　　任：单　岩

临清市房地产管理处

主　　任：刘绪良（兼）

副 主 任：乔晓旭　申艾东（女）

环保局

局　　长：布乃春

副 局 长：黄秀玲（女）

唐玉恒

高洪钦

工会主席：李秀敏（女）

副主任科员：

马洪路

交通局

局　　长：李之强

副 局 长：邹玉祥

王克秀

李　剑

书　　记：李之强

副 书 记：邹玉祥

工会主任：尹力伟

主任科员：陈　明

丰百兴

临清市交通战备办公室

主　　任：王克秀

副 主 任：孙海涛

陈　光

徐金哲

临清市交通运输局交通运输监察站

站　　长：张　民

党支部书记：

王克秀

汽车站

书　　记：褚　伟

站　　长：赵　忠（06 月止）

褚　伟（06 月起）

副 站 长：李贵盛

工会主席：褚　伟（06 月止）

刘俊征（06 月起）

火车站

站　　长：李　涌

书　　记：李小龙

公路局

局　　长：刘培海

副 局 长：赵紫星
张　军
王月峰
工会主席：陶东生
副科级干部：
张善杰

文化广电新闻出版局

局　　长：王兴刚
副 局 长：丁尚奎
黄永军
赵雪丽
书　　记：王兴刚
副 书 记：黄永军
工会主席：刘晓峰

广播电视中心

主　　任：李海燕
副 主 任：杨林鸿
张秀亮
金长红
工会主任：杨丽敏（女）

新华书店

经　　理：王洪玺
副 经 理：张家琪

民政局

党组书记：尹建军（女）
党组成员：蔺文全
范荣英（女）
王庆文
马啸宇
许月杰
岳　红（女）
局　　长：尹建军（女）
副 局 长：王庆文
马啸宇
许月杰
工会主任：岳　红（女）

农业局

局　　长：罗荣福
副 局 长：张锡锐
刘德志
张冬梅（女）
主任科员：陈金江
工会主任：王瑞梓
副主任科员：
管　涛

水产局

局　　长：刘　鹏（10 月止）
副 局 长：张秀杰（女）
工会主任：贾景娥（女）

农业技术服务中心

主　　任：胡大征
副 主 任：靳少华
于爱军（女）

农业广播电视学校

校　　长：戴　莉（女）
副 校 长：韩　志（女，05 月起）

畜牧兽医局

局　　长：谷启瑞
副 局 长：王守星
王开荣
工会主任：付太银

林业局

局　　长：尹东涛
副 局 长：付连池
陈　挺
李德敬
李登涛
党组书记：尹东涛
党组成员：付连池
陈　挺
李德敬
李登涛
刘振荣
侯临明
工会主任：刘振荣

市森林公安局

局　　长：侯临明

市绿化办

主　　任：付连池（兼）

副 主 任：李秀荣（女）

　　　　　杨乃丰

水务局

局　　长：淳悦忠

副 局 长：王立堂

　　　　　赵业峰

　　　　　李光辉

工会主任：修配岭

党委书记：淳悦忠

副 书 记：王立堂

党委委员：张秋实

　　　　　于振清

　　　　　谷传利

　　　　　王　鹏

　　　　　赵业峰

　　　　　李光辉

　　　　　修配岭

　　　　　秦明渠

　　　　　马淑梅

副主任科员：

　　　　　马淑梅

　　　　　郭印坦

　　　　　陈　静

　　　　　王　栋

　　　　　魏　超

城乡供水中心

主　　任：张秋实

副 主 任：秦明渠

　　　　　李佰厚

市防汛抗旱指挥部办公室

主　　任：李法金

水资源办公室

主　　任：王　鹏

市南水北调建设管理局

局　　长：于振清

副 局 长：马金辉

市排灌工程管理处

主　　任：谷传利

副 主 任：赵仁旺

　　　　　谢长青

纪检组长：李建华

工会主任：史金忠

副主任科员：

　　　　　王　栋

　　　　　魏　超

漳卫南运河临清河务局

局　　长：张　斌

副 局 长：霍航斌

主任科员：王宗跃

农机局

局　　长：刘文岭

副 局 长：杨庆国

　　　　　孙继岭

工会主任：刘忠然

棉花和多种经营办公室

主　　任：潘立焕

副 主 任：张　琳（女）

　　　　　刘和吉

山东省农业科学院棉花研究中心试验站

站　　长：王宗文

副 站 长：王家宝（04 月止）

　　　　　闫荣军（04 月止）

　　　　　王景会（04 月止）

　　　　　卢合全（04 月起）

　　　　　高明伟（04 月起）

　　　　　张宏宝（04 月起）

书　　记：王家宝

审计局

局　　长：冯志森

副 局 长：朱玉臣

　　　　　周淑英（女）

　　　　　肖卫东

书　　记：冯志森

副 书 记：朱玉臣
主任科员：吴学峰
工会主任：王秀华
总审计师：于建欣

经济责任审计办公室

主　　任：赵学义
副 主 任：李　瑞
　　　　　阎　勃
副主任科员：
　　　　　曲春云

体育局

局　　长：周长群
副 局 长：王炳华
　　　　　柏　林
工会主席：尚　磊

气象局

局　　长：冯长涛
副 局 长：孔祥良
　　　　　苗　德

烟草专卖局

书记、局长：
　　　　　董建国
副书记、副局长：
　　　　　尚立新
副 经 理：高金涛（11 月止）
　　　　　王臣立（11 月起）
副主任科员：
　　　　　石明磊（女）

中国石化销售有限公司山东聊城临清石油分公司

经　　理：赵占德
副 经 理：李青东（06 月止）

盐业公司

经　　理：范　磊
副 经 理：刘　宽

经济合作局

局　　长：张巍然
副 局 长：黑鹏涛（回）
　　　　　李继慧
工会主任：胡桂霞（女）

临清市投资服务中心办公室

副 主 任：李首卫
　　　　　张永刚
　　　　　徐淑静（女）

临清市投资者投诉中心办公室

主　　任：周荣普
副 主 任：辛东明
　　　　　邢　莉（女）

市卫生和计划生育局

局　　长：李传兴
副 局 长：刘艳君（女）
　　　　　范天军
　　　　　郭兆岳
　　　　　崔淑惠（女）
　　　　　赵丽华（女）
　　　　　马洪明
　　　　　贾书见
党委书记：李传兴
党委副书记：
　　　　　刘艳君（女）
　　　　　范天军
党委委员：郭兆岳
　　　　　崔淑惠（女）
　　　　　赵丽华（女）
　　　　　马洪明
　　　　　贾书见
　　　　　张　昶
　　　　　秦善峰
　　　　　陈晓清（女）
　　　　　宋玉岭
　　　　　张建训
　　　　　邓宏英（女）
　　　　　石　磊
工会主任：刘燕燕（女）
副主任科员：
　　　　　邢华丽（女）
　　　　　于东华

贺宝昌

聊城市第二人民医院

院　　长：王广华
副 院 长：侯庆民
刘跃森
吕翔隆
常　勇
党委书记：张　欣
党委副书记：
王广华
院长助理：崔　刚

供电公司

总 经 理：李玉白（03 月止）
刘德善（03 月起）
副总经理：韩立忠（03 月起）
李云海（01 月起）
虞　伟
韩　锐
张长路
工会主席：虞　伟（兼）
党委书记：韩立忠（03 月起）
党委副书记：
李玉白（03 月止）
刘德善（03 月起）
崔泽波
纪委书记：崔泽波（兼）
工会主席：虞　伟（兼）

统计局

局　　长：邢贵鲁（05 月止）
张新杰（05 月起）
副 局 长：臧　雷
丁爱国
张爱霞
工会主任：张延清

社会经济调查队

队　　长：任　华

综合调查队

队　　长：赵庆亚

【政协临清市委员会及各专门委员会、办事机构】

主　　席：汪保远（12 月止）
秦荣菊（女，12 月起）
副 主 席：王俊山
许朝生（12 月止）
贾艳华（女，12 月止）
宛秋生（回）
徐宝福
王保粮（12 月止）
张学庚（12 月起）
杨庆山（12 月起）
姚　晨（女，12 月起）
秘 书 长：张　颖（女）

办公室

主　　任：刘仁海
副 主 任：马永骁

提案委员会办公室

主　　任：邢连俊（女）

经济委员会办公室

主　　任：姚庆龙
副 主 任：戚树林

社会事业法制和文史资料委员会办公室

主　　任：王朋水
副 主 任：王明波

政协老干部服务中心

主　　任：宋晓东

政协委员活动工作室

主　　任：汪　雷
副 主 任：乔科为

【临清市纪律检查委员会及其工作部门】

书　　记：张子明（05 月止）
李沛森（05 月起）
副 书 记：马少华
郭　伟
常务委员：张子明（05 月止）
李沛森（05 月起）
马少华

郭　伟
何增亮
赵连民
韩相华
陈　新（女）

正科级纪检员：
王　亚（女）
陈永志（回）
闫先泰
张　伟（女）

办公室

主　　任：田印成

组织部

部　　长：冯胜利（06月起）
副 部 长：翁林萍（女，06月起）

纪检监察干部监督室

主　　任：闫兴奎（06月起）

第一纪检监察室

主　　任：李爱军（女，06月起）

纪检监察一室

主　　任：李爱军（女，06月止）

第二纪检监察室

主　　任：韩相华（06月起）

纪检监察二室

主　　任：张　建（06月止）

第三纪检监察室

主　　任：徐　娅（06月起）

宣传部

部　　长：任中秀（女，06月起）

宣教室

主　　任：任中秀（女，06月止）

案管室

主　　任：宋来春（06月起）

审理室

主　　任：张海波

党风政风监督室

主　　任：刘　军（06月起）

信访室

主　　任：刘　蕾（女）

市行政投诉中心

副 主 任：金　均（06月止）

市纪委（监察局）信息中心

副 主 任：金　均（06月起）

第一镇（街道）纪检监察工作室

主持工作：厉兆辉（08月起）

第二镇（街道）纪检监察工作室

主持工作：田　禾（08月起）

第三镇（街道）纪检监察工作室

主持工作：徐百圳（08月起）

临清市监察局

局　　长：马少华
副 局 长：姚　晨（女）

【临清市人民武装部】

部　　长：付培俊
政　　委：马培虎（03月止）
党委第一书记：
王建鹏（12月止）
何宪卓（12月起）

【临清市人民法院】

院　　长：马国栋（12月止）
张晓勇（12月起）
副 院 长：王泽宾
郭　霞（女）
张　军
张同耀
党组书记：马国栋（12月止）
张晓勇（12月起）
副 书 记：王泽宾
郭　霞（女）
于延明
纪检组长：孙晓刚
工会主任：杨晓东

【临清市人民检察院】

检 察 长：杨　青（女）
副检察长：张　彤
王海军
于瑞峰
史振顺
党组书记：杨　青（女）
副 书 记：张　彤
王海军
苏春雷
党组成员：于瑞峰
史振顺
郜宪慧（女，纪检组长）
刘　鑫
王月新
张　渤

【群众团体】

总工会

主　　席：王保粮
常务副主席：
高金波
副 主 席：齐观全
周承印
孟　震

中国共产主义青年团临清市委员会

书　　记：于红丽（女）
副 书 记：赵　慧（女）

妇女联合会

主　　席：韩　力（女）
副 主 席：姜　敏（女）
傅春辉（女）
主任科员：姜　敏（女）
郭玉环（女）

工商业联合会

主　　席：宛秋生（回）
副 主 席：李德强
刘　佳
党组书记：胡观立

残疾人联合会

理 事 长：陈春生
副理事长：李青松
张　青（女）
党组书记：陈春生
党组副书记：
李青松

【国家、省驻临单位】

临清市人民银行

行　　长：苏子顺
副 行 长：李琰玲（女）
张　超
侯志文

中国工商银行临清支行

行　　长：高振荣
副行长级：程文玺
副 行 长：夏志平
刘　军（07 月起）
纪 检 员：谭庆珠
行长助理：刘　军（06 月止）
曹彤林（06 月止）
经理三级：王桂河
曹彤林（07 月起）

中国农业银行临清支行

行　　长：孟宪林
副 行 长：王承墉（11 月止）
陈　明（回）
杨　勇（挂职）
党委书记：孟宪林
党委副书记：
王承墉（11 月止）
杨　勇（挂职）

中国农业发展银行临清支行

行　　长：李炳熙
副 行 长：杨武晓
陶　华（女）

中国建设银行临清支行

行　　长：孙建胜（11月止）
　　　　　姚福刚（11月起）
副 行 长：李克良
　　　　　刘鹏翔
会计主管：汪　丽（09月止）
　　　　　李　雷（09月起）
纪检特派员：
　　　　　李如诗（07月止）
　　　　　彭艳春（07月起）

中国银行临清支行

新华路支行

行　　长：陈　娟（04月起）
副 行 长：宁丽君（07月起）

青年路支行

行　　长：邢　楠（04月起）
营业部主任：
　　　　　潘高临（08月起）

临清农商银行

董 事 长：王怀瑞
行　　长：李　然
监 事 长：孙　冰
副 行 长：许桂芹
　　　　　赵　义

中国人寿保险股份有限公司临清支公司

经　　理：关大鹏（03月止）
　　　　　杨　霞（女，04月起，主持工作）
副 经 理：杨　霞（女，03月止）
经理助理：王兆星
经理室成员：
　　　　　张保立（05月起）

中国人民财产保险公司临清支公司

经　　理：吕继虎
副 经 理：彭　伟
　　　　　郑　岩

临清年鉴 2017

LINQINGYEARBOOK

中国共产党临清市委员会

综　述

2016年，在上级党委、政府的坚强领导下，临清市深入贯彻落实党的十八大和十八届历次全会精神，按照聊城市委提出的16字总要求，团结带领全市广大干部群众，以五大发展理念为引领，以12项重点工作为抓手，主动适应经济发展新常态，扎实推动供给侧结构性改革，统筹做好稳增长、调结构、促改革、惠民生各项工作，经济社会各项事业和党的建设取得新的成绩。2016年，全市生产总值完成389.7亿元，同比增长6.3%；一般公共预算收入完成19.1亿元，增长8.6%；固定资产投资完成284.5亿元，增长5.8%；城镇和农村居民人均可支配收入分别达到22284元、11210元，分别增长7.6%和8.1%。荣获全国科普示范县、山东省双拥模范城等省级以上荣誉称号。

牢牢把握优质投入这一支撑，增强科学发展后劲。坚持大项目带动，千方百计加大优质高效投入，以增量优化促存量调整。突出重点建项目。筛选确定60个市级重点项目，其中新兴重工天然气非管网科技生态园项目列入省重点、11个项目列入聊城市重点，全年完成投资101亿元。破解瓶颈促项目。在聊城市率先建设政金企合作服务平台，引进莱商银行；区域股权挂牌企业达到60家，稳居全省各县（市、区）前列；2家企业成功在“新三板”挂牌，实现零的突破；积极争取省直投基金，共有6家企业获批，共争取到省直投基金2086万元。全力保障项目用地，2016年共争取用地指标732亩，土地挖潜1532亩。强化招商引项目。成立由县级干部带队的16个专业招商团组，大力开展有针对性的招商活动。全年签约招商引资合同项目63个，实际到位资金117亿元。

牢牢把握转型升级这一导向，提高经济发展质量。坚持以高端高质高效为方向，加快转调创步伐，综合竞争力不断增强。全市三次产业比例调整为6.7 ∶ 57.3 ∶ 36，三产比重较2016年初提高1.3个百分点。加快新型工业化步伐。坚持“工业强市”不动摇，加大经济运行分析和要素保障力度，帮助企业排忧解难、打消顾虑、提振信心，确保工业经济平稳运行。2016年年底，规模以上工业企业达到450家，实现主营业务收入1364.7亿元、利税125.5亿元。改造提升6大优势产业，大力培育发展战略性新兴产业，推动产业链条向精深加工延伸，提升产业档次。成功举办2016年中国轴承产业高层论坛暨轴承、零配件及专用装备展览会，承办全国色织布行业年会，举办2016年临清市轴承协会年会，扩大临清的知名度和影响力。大力发展现代农业。粮食总产达到83.1万吨，实现“十四连增”。蔬菜、林果、畜牧、水产等特色产业进一步发展壮大，聊城市级以上农业产业化龙头企业发展到60家，“三品一标”认证总数达到105个。大力实施小型农田水利重点县项目、农村饮水安全提质增效和贫困村水利扶贫等项目，农民群众生产生活条件不断改善。大力发展现代服务业。建设豪翰商贸城、新通达物流园等项目，现代物流企业达到70家。抓住大运河整体保护开发的机遇，实施三和文化景区、龙山风景区等项目，什香面制作技艺被评为省级非物质文化遗产。京东商城在临清建设聊城首个县级服务中心，阿里巴巴农村淘宝项目启动实施。推动大众创业、万众创新。成立洛阳轴承研究所山东研究院、轴承产业技术创新联盟，润源实业、腾工轴承、弘发兴凯3家被认定为国家级高新技术企业。大力发展高新技术产业，高新技术产业产值占比达到32.6%。大力开展自主创业、全民创业，各类市场主体达到4.1万户。

牢牢把握环境优化这一重点，打造美丽生态临清。紧紧围绕建设美丽生态家园，突出抓好城乡建设和环境保护，努力营造整洁靓丽、碧水蓝天的生态环境。2016年城镇化率达到57.1%，中心城区面积达到39.6平方千米。加快推进新型城镇化。完成城市总体规划修编，南部新区发展框架进一步拉开，实施道路、绿化、亮化、排水管网改造等基础设施建设工程，德商高速建成通车，城市综合承载力不断提升。大力实施路域环境提升、农村危房改造和改厕工程，开展以“洗洗脸、治治乱、管管水、增增绿、亮亮灯、修修路”为主要内容的城区环境卫生大整治活动，城市面貌明显改善。加强生态文明建设。树立“绿水青山就是金山银山”的理念，注重生态环保和污染治理，实施胡姚河人工湿地、城北水库、沟渠治理等项目，开展燃煤机组（锅炉）超低排放改造、淘汰黄标车等专项行动，发展清洁能源交通，空气质量不断改善。

牢牢把握改革开放这一动力，激发科学发展活力。坚持把改革开放摆在更加突出的位置，用改革的办法破解发展难题，用开放的手段增添发展动力，增创发展优势。全面深化各项改革。落实“营改增”政策，继续精简行政审批项目，推行“五证合一”等改革，所有行政许可项目全部实现网上办理，激发市场活力。率先开展土地经营权抵押贷款试点、农业新型经营主体融资增信试点工作。机关单位公车改革全部完成。大力发展对外贸易。全年进出口总额实现30.4亿元，其中出口26.6亿元。与阿里巴巴集团合作开展“一达通”业务，烟店轴承市场被认定为省级内外贸结合商品市场。加强区域交流合作。抢抓“一带一路”战略机遇，开展多领域多层次的交流合作，与北哈萨克州首府彼得罗巴甫洛夫斯克市签订建立友好城市关系意向书，铁临物流集团与北哈萨克州签订建立保税物流园区合作备忘录，推动双方合作交流。

牢牢把握改善民生这一根本，确保社会和谐稳定。坚持民生优先，加大民生投入，着力解决民生突出问题，群众的幸福感和满意度不断提高。坚决打赢脱贫攻坚战。坚持把脱贫攻坚作为一项重大政治任务，完善扶贫政策，压实脱贫责任，采取企业下乡扶贫、产业扶贫、金融扶贫、行业扶贫等多种方式，促进贫困群众增收。2016年，全市完成减贫任务3.62万人、40个省定贫困村摘帽。完善社会保障体系。落实好就业扶持政策，拓宽就业创业渠道，全年新增就业9400人。健全社会保障体系，强化社会保险扩面征缴，加大争取力度，确保企业离退休人员养老待遇足额发放，并实现“十二连增”；低保、优抚政策全面落实，保障群众基本权益。全面发展社会事业。城乡办学条件不断改善，明德中学、桑树园小学、清华园学校建成投用，城区中小学大班额问题得到缓解。完善医疗卫生服务体系，华美医院一期建成投用，市医护型养老保健服务中心进展顺利。落实好全面二孩政策，计生服务管理水平进一步提升。加强社会治理。实施“一镇办一团队、一村居一顾问”工程，实现基层法律服务全覆盖。深化平安临清建设，大力开展严打整治行动，积极构建立体化社会治安防控体系，狠抓信访维稳工作，强化安全生产和食品药品监管，保持社会大局持续稳定。

牢牢把握党的建设这一保证，夯实科学发展根基。牢固树立“抓好党建是最大政绩”的理念，持续推进全面从严治党，进一步增强各级党组织的创造力、凝聚力和战斗力。扎实开展“两学一做”学习教育。高标准开展“两学一做”学习教育，市委常委坚持率先垂范，带头讲党课，带头学习讨论，带头深入基层调查研究，带头以普通党员身份参加支部学习，增强广大党员的党性意识。加强领导班子和干部队伍建设。依托市委党校和“运河名城大讲堂”，加大党员干部培训力度，提升理论素质。坚持“好干部”标准，严格执行“九个严禁、九个一律”等换届纪律规定，营造风清气正的换届环境，圆满完成市乡两级换届工作。强化“双向约谈”和对领导班子、领导干部的日常巡察工作，开展干部档案专项审核，提高干部监督管理水平。提升基层党建水平。以开展基层党建“深化落实年”活动为抓手，加强农村、社区、“两新”组织和机关等领域党建工作。深入实施“双联共建”工程，实现全市软弱涣散村和省定贫困村“第一书记”帮包全覆盖。开展镇（街道）党委书记抓基层党建工作述职评议，对软弱涣散村级班子进行集中整顿，严格落实村“两委”成员待遇，激发基层组织活力。改进工作作风。成立市重大决策咨询委员会，促进决策的科学化、民主化。严格落实领导干部帮包镇（街办）、星期六企业工作日、群众工作日等制度，深入开展“惠民强基促和谐”“七讲七做”作风集中整治等活动，营造风清气正、团结实干、务实高效的浓厚氛围。深入推进党风廉政建设。严格落实市委主体责任、纪委监督责任，健全完善惩治和预防腐败体系，扎实做好党员干部廉洁教育、巡察、正风肃纪等工作，严格执行中央八项规定精神，持之以恒纠治“四风”，加大惩治腐败力度，推动党风廉政建设深入开展。

（徐目磊　窦宇飞　吕君绪　马美红　孙　震）

市委办公室

【工作概况】 2016年，在上级党委和临清市委的坚强领导下，市委办公室坚持以开展“两学一做”学习教育为抓手，以打造市委“坚强前哨”和“巩固后院”为目标，紧紧围绕全市工作大局，以敢于担当的责任、严谨细致的态度、吃苦耐劳的作风，切实履行好参政服务、综合协调、督促检查、后勤保障等各项职能，着力推动办公室工作实现新突破，服务临清科学发展。

高水平推进以文辅政。围绕全市重点工作、群众关心热点难点问题和领导交办的调研事项，主动深入基层一线开展调查研究，形成一批高质量的调研成果，为市委科学决策提供重要参考。《临清市供给侧结构性改革问题研究》《关于临清市现代农业示范区建设情况的调研报告》等8篇调研报告在《聊城通讯》刊发。全面贯彻上级部署，认真把握领导意图，高质量完成“两学一做”学习教育、经济工作会、综合表彰会等各类文稿的起草工作，全年撰写综合材料200余篇、140余万字。全年编印《领导参阅》64期、《临办通报》《常委会纪要》等期刊20余期。及时上报全市的典型经验、先进做法，累计上报信息400余篇，被省委办公厅采用20余篇，被聊城市委办公室采用100余篇，《临清市分类施策扎实推进“两学一做”学习教育》等文稿被聊城市主要领导批示。积极下发《临清信息》，介绍有关单位的好做法，给予部门有力的借鉴。从严控制文稿篇幅和发文数量，倡树“短实新”的文风。严格规范公文运转程序，严把政策关、校核关、文字关，提高公文处理的质量和效率。

高效能开展综合协调。牢固树立大局意识、服务意识，坚持原则性与灵活性相结合，努力为市委总揽全局、协调各方发挥好“桥梁”“纽带”作用。妥善协调市级几大班子之间、部门之间、镇街道之间、上下级之间的关系，及时做到上情下达、下情上报，确保政令畅通。按要求精简各类会议、文件，协助市委及时处理好各项急事、难事、琐事，保证领导同志集中精力谋全局、抓大事。对重要会议和重大活动，本着“高效、热情、周到、节俭、细致”的原则，坚持提前准备、分工负责、层层把关，确保工作“零失误”。坚持24小时值班制度，做到值班电话及时接、电话记录及时办、报纸刊物及时发、重大事项及时报，同时认真做好文件和车辆管理工作，未出现工作失误和疏漏。

高质量开展督促检查。采取明察暗访、不定期督查、挂牌督办等方式，深入开展督促检查40余次，有力推动各项工作扎实有效落实。围绕市委全会和经济工作会等重要会议贯彻落实情况，积极开展督查，对贯彻较好的及时总结经验，印发《督查工作》4期。深入各部门单位认真开展治理“庸懒散”、厉行勤俭节约、保障改善民生等情况的专项督查，着力加强对全市重点项目建设、金融运行情况、招商引资、安全生产等重点工作的督查，印发《督查专报》12期、《督查通报》

17 期。坚持深入一线开展督查调研，撰写督查调研报告 4 篇。对领导同志批示交办的涉及扶贫、拆迁、信访、宣传等方面的 7 件重点事项，狠抓督办落实，做到件件有着落、事事有回音。

高规格推动深化改革。制定出台年度工作要点，编制 2016 年改革任务台账，制定《关于进一步加强改革督察工作的意见》《临清市全面深化改革督察工作实施办法》《2016 临清市全面深化改革工作考核办法》，确保各项改革任务有效落实。坚持积极探索，先试先行，工商登记制度改革、公立医院改革、烟店镇行政管理体制改革、农村综合改革等工作走在聊城乃至全省前列。聊城市金融创新工作推进现场会、聊城市挂职“第一所长”工作总结会暨基层平台规范化建设现场会、聊城市基层法律顾问全覆盖现场会等在临清召开。全国政协副主席马飚、聊城市委书记徐景颜和省委改革办、聊城市委改革办领导先后来临清进行视察调研，均给予高度评价。

高标准抓好后勤保障。坚持勤俭办一切事业的原则，牢固树立过紧日子的思想，持之以恒抓好中央八项规定和各级实施办法贯彻落实，从节电、节水、节约纸张等细节入手，切实加强节约型机关建设，有效降低行政成本。认真执行《党政机关国内公务接待管理规定》等规章制度，从严从紧控制各类公务接待活动，简化接待程序，严格控制规模档次，杜绝各类铺张浪费现象的发生。着力强化机关后勤保障方面的精细化管理，确保市委机关的高效运转。

此外，市委办公室系统各科室局牢固树立服务意识、责任意识，认真抓好各项职责任务落实，保密、党史、信访、维稳、对台等工作迈上新台阶。

【思想建设、班子建设和制度建设】 强化思想政治建设，党性素养持续增强。2016 年，市委办公室系统始终坚持把思想政治建设摆在工作首位，坚持以高标准、严要求，认真组织开展“两学一做”学习教育，扎实完成了专题党课、集体学习、专题研讨各环节任务，系统学习党章党规特别是党的最新制度要求，认真领会党的十八大及历次全会精神，深刻把握习近平总书记系列重要讲话精神，进一步增强“四个自信”，实现办公室领导班子和广大党员干部思想政治建设和作风能力建设的全面提升。推出干部讲课、建立基层联系点和“走出机关、创新实践、锻炼提升”等学习教育新模式，把中央“四个全面”战略布局、五大发展理念、省委“一个定位、三个提升”、聊城市委“16 字”总要求等新思想新论断新要求和“四讲四有”的标准要求内化于心、外化于行，在思想上政治上行动上同以习近平同志为核心的党中央保持高度一致。严格遵守党章及党内政治生活准则，认真落实“三会一课”制度，认真开展各项组织生活，深入开展批评和自我批评，进一步增强党员干部的政治意识、党性意识。

强化领导班子建设，组织保障坚强有力。牢固树立“四个意识”，特别是核心意识、看齐意识，认真践行习近平总书记对党办人提出的“五个坚持”的要求，始终做到模范执行党的政治纪律和政治规矩，遵循组织程序、服从组织决定，坚决维护以习近平同志为核心的党中央的权威。加强班子内部沟通协调，班子成员相互支持、相互补台、团结干事，形成强大工作合力。认真贯彻落实民主集中制，对办公室重大事项和决定，在广泛征求干部职工意见的基础上，召开办公室主任会进行集体研究，做到决策民主化、科学化。深入开展“双联共建”活动，结对帮扶金郝庄镇孔官屯村，做好扶贫开发工作，促进群众增收致富。严格落实全面从严治党主体责任，加强办公室党风廉政建设。班子成员坚持率先垂范，带头学习廉洁自律准则和条例，带头落实好党政机关厉行节约反对浪费管理办法等制度，始终保持艰苦朴素的作风，坚决抵制不良风气的侵蚀。

强化规章制度建设，管理水平不断提升。坚持用制度管人管事管权，健全完善理论学习、值班考勤、文件管理、财务管理、安全保卫、车辆管理等一系列规章制度，办公室工作制度化、规范化水平不断提升。认真落实党员干部联系困难群众等制度，组织党员干部定期到所联系救助的困难群众家中走访慰问，察民生、访疾苦、解难题。进一步完善办公室作风建设的各项制度规定，促进干部职工作风转变和服务效能提升，打造一支清正廉洁、干净干事、真抓实干的干部队伍。

【政策研究】 2016 年，市委政研室牢牢把握“两学一做”学习教育这一政治任务，紧紧围绕全市工作大局，以敢于担当的责任、严谨细致的态度、吃苦耐劳的作风，全力做好调查研究、公文撰写、信息报送、深化改革等工作，努力做到出亮点、出精品、出特色，充分发挥以文辅政的作用，得到市委领导的一致认可。

高标准调查研究。以做好前瞻性、战略性与对策性研究为宗旨，围绕全市重点工作、群众关心热点难点问题和领导交办的调研事项，年初确定重点课题，针对供给侧结构性改革、创新驱动、现代农业、现代服务业等领域，主动深入基层、深入一线开展调查研究，形成一批高质量的调研成果，为市委、市政府科学决策提供重要参考依据。《临清市供给侧结构性改革问题研究》《关于临清市现代农业示范区建设情况的调研报告》《加快临清市电子商务发展的调研报告》《临清市专利工作的调研报告》等 8 篇调研报告在《聊城通讯》刊发。积极配合省、聊城市党委政研部门开展关于全面深化改革等方面的调查研究，圆满完成上级交办的调研任务。

高质量撰写公文。立足于以谋资政、以策辅政，站在全市发展大局的高度，全面贯彻上级部署，认真把握领导意图，坚持提前谋划、科学研究、反复修改，圆满完成“两学一做”学习教育、经济工作会议、综合表彰会议、党代会等各类文稿的起草工作。全年共撰写各类综合材料 200 余篇、140 余万字。坚持每周编印《领导参阅》，如有重要政策信息及时印发，共编印 64 期；编印《临办通报》《常委会纪要》等期刊 20 期。认真落实上级关于“转文风、改会风”的要求，从严控制文稿篇幅和发文数量，切实做到内容简洁、语言精练、文稿简短，有效倡树“短实新”的文风。严格规范公文运转程序，严把政策关、校核关、文字关，提高公文处理的质量和效率。

高效率报送信息。按照“快捷、全面、准确”的原则，注重突出特色，及时上报临清的典型经验、先进做法，充分展示临清的工作亮点。针对社会普遍关注的问题，认真梳理筛选，深入分析研究，强化对问题建议的上报，较好地发挥领导“耳目”的作用。全年累计上报信息 400 余篇，被省委办公厅采用 20 余篇，被聊城市委办公室采用 100 余篇，其中《基层反映五因素制约现代农业示范区建设》《临清市分类施策扎实推进“两学一做”学习教育》等被聊城市主要领导批示。积极下发《临清信息》，介绍有关单位的好做法，给予部门有力的借鉴。

高效能助推改革。制定出台《中共临清市委全面深化改革领导小组 2016 年工作要点》，编制 2016 年改革任务台账，细化为 196 项具体改革任务，具体到部门单位和时间节点。制定《关于进一步加强改革督察工作的意见》《临清市全面深化改革督察工作实施办法》，出台《2016 临清市全面深化改革工作考核办法》，将考核细化为 7 项考评指标、20 项具体考核内容，对改革牵头部门进行量化考核，确保各项改革任务有效落实。坚持积极探索，先试先行，重点抓好 1 项国家试点、10 项省级试点、2 项聊城市级试点，7 个试点项目已完成，工商登记制度改革、公立医院改革、烟店镇行政管理体制改革、农村综合改革等工作走在聊城乃至全省前列，10 篇改革信息在国家和省级报刊刊发。聊城市金融创新工作推进现场会、聊城市挂职“第一所长”工作总结会暨基层平台规范化建设现场会、聊城市基层法律顾问全覆盖现场会等在临清召开。全国政协副主席马飚、省长郭树清、聊城市委书记徐景颜和省委改革办、聊城市委改革办领导先后来临清进行视察调研，均给予高度评价。

高要求打造队伍。结合“两学一做”学习教育，在坚持政研室干部职工自学的同时，积极参加市委办公室每周集体学习，全面系统学习习总书记系列重要讲话精神，认真研读上级关于“五位一体”“四个全面”、五大发展理念等方面的新思维新战略新要求，干部队伍综合素质明显提升。发扬兢兢业业、任劳任怨的优良作风，不分周末节假日，加班加点，全身心投入到工作中。积极参与金郝庄镇孔官屯村“双联共建”，联系帮扶贫困家庭，解决实际困难，促进群众增收致富。严守党规党纪，严格执行市委办公室各项工作制度，勤勉敬业、廉洁从政，厉行节约、反对浪费，切实做到守得住清贫、耐得住寂寞、经得起考验。

【党委信息工作】 市委办公室信息科按照“快捷、全面、准确”的原则，及时收集整理经济动态、政策走向等内容，为领导科学决策提供有价值的情况信息，较好地发挥领导“耳目”的作用。强化对具有突出特点的重大工作进展、有效工作措施、典型工作经验等特色信息和问题建议等综合性信息的组织编报。全年累计上报信息400余篇，被省委办公厅采用20余篇，被聊城市委办公室采用100余篇，其中《基层反映五因素制约现代农业示范区建设》《临清市分类施策扎实推进“两学一做”学习教育》等被聊城市主要领导批示。积极下发《临清信息》，介绍有关单位的好经验好做法，给予部门有力借鉴。

【督查工作】 2016年，市委督查室紧紧围绕市委中心工作，紧扣市委重大决策和重要工作部署，明确工作思路，加大工作力度，共开展各项督查活动40余次，编发督查资料33期，其中《督查专报》12期、《督查通报》17期、《督查工作》4期，有效地推动上级党委和临清市委各项决策部署的落实。围绕中心，推动决策有效落实。市委督查室把落实好市委重大决策和各项工作部署作为督查工作重点，及时对市委十二届八次、九次全会及全市经济工作会议等重要会议，贯彻落实情况进行督查，并以《督查专报》的形式向领导反馈督查情况，对贯彻较好单位的典型经验印发《督查工作》，在全市范围内推广学习，有力地推进市委各项工作部署落实。明确重点，保证专项工作有序推进。对重点项目建设、金融运行情况、招商引资等项重点工作，市委督查室分阶段进行专项督查，采取听汇报、座谈会、深入实地调查等形式，掌握第一手资料，及时向市委领导反馈专项工作推进情况，全年共开展专项督查7次，为领导了解情况、做出决策提供基础性依据。注重实效，高质完成领导交批办任务。对各级领导交批办事项，按照“一事一办、专人负责”的原则，及时做好分办、转办、催办工作，做到件件有落实，事事有回音。2016年共接到领导交办件7件，涉及扶贫、拆迁、信访、宣传等方面，均圆满完成任务。对负责督办的9件政协提案，办理情况已全部回复市政协，办结率100%。

【保密工作】 1990年7月，设立临清市保密局，为正科级行政单位。1994年2月市级机构改革时，临清市保密局行政机构撤销，行政职能交市委办公室。1995年9月，设立中共临清市委保密委员会办公室，为副科级行政机构，隶属中共临清市委办公室。1998年8月，中共临清市委保密委员会办公室由副科级升格为正科级行政机构，原隶属关系不变。2005年5月，恢复成立临清市保密局，市保密局与市委保密委员会办公室“一个机构、两块牌子”，其机构规格、性质、隶属关系不变。市委保密办（市保密局）主要职责是负责依法组织开展保密宣传教育、保密检查、保密技术防护和泄密案件查处工作；承担对企事业单位从事国家秘密载体制作、复制、维修、销毁，涉密信息系统集成和武器装备科研生产等涉及国家秘密的业务进行保密初审的责任；负责对机关、单位遵守保密制度的情况进行检查；负责对机关、单位的保密工作进行指导和监督；承担市委保密委员会的日常工作。

【机要工作】 1984年7月，临清市委办公室机要科成立，规格为副科级单位，编制6人，隶属市委办公室。1990年10月，更名为中共临清市委机要科，升格为正科级单位，编制8人，隶属市委办公室。2004年4月，根据临编字〔2004〕2号文件，更名为中共临清市委机要局，隶属市委办公室。2005年10月，市委机要局内设三股一室，即技术股、业务股、通信股、办公室。2008年10月，根据临编办字〔2008〕4号文件，市委机要局内设科室由技术股、业务股、通信股、办公室更名为技术室、业务室、通信室和办公室。2009年6月，根据临委〔2009〕37号文件，设立临清市密码管理局，全额事业单位，与市委机要局一个机构两块牌子，归口市委办公室管理。

【维稳工作】 2009年10月，成立临清市维稳社会稳定办公室，为正科级全额事业单位。主要承担以下工作职责：及时综合掌握全市影响稳定的重大问题，向临清市委、市政府报告并向各镇（街道）、各部门通报；针对影响稳定的重大问题组织开展调查研究，及时提出对策建议，供临清市委、市政府决策参考；对影响全局的重大突发事件和涉及多个部门、跨地区影响稳定的突出问题进行协调处置；对敏感时期和重大政治活动期间出现的影响稳定的突出问题进行协调处置，并对工作进展情况进行检查督办；具体承担临清市维护稳定工作领导小组办公室日常工作。

【市级机关行政事务管理】 临清市市级机关行政事务管理局成立于1998年4月25日，主要职能是负责市级机关公有房屋的综合管理和维修及水、电、暖的供给，保障市级机关的邮政和通讯工作；负责市级机关办公和物品供应工作；负责市级机关的社会治安综合治理及安全保卫工作；负责市级机关行政经费的管理和劳动工资的管理。全局共有干部职工18人，为正科级全额事业单位，隶属市委、市政府，以市委管理为主。

（徐目磊　窦宇飞　吕君绪　马美红　孙　震）

组织工作

【机构设置】 中共临清市委组织部内设办公室、研究室、干部室、干部信息室、干部监督室、干部教育室、干部调配室、下派办公室、知工室、基层组织一室、基层组织二室、“两新”组织科（其中“两新”组织科2016年4月设立）；隶属单位有市委组织员办公室，市委党员干部现代远程教育中心（2004年2月设立），市委考核办公室（原2009年6月成立的市委考核督查局，隶属于市委办公室，后于2010年4月更名为市委考核办公室，归口市委组织部管理）；领导市委老干部局工作。

【干部工作】 认真开展领导班子和领导干部2015年度考核工作。顺利完成临清市副科级以上领导干部，市直部门组织人事干部，市委部门、群团单位、政法系统一般干部的2015年度考核工作，对班子和干部进行定性评价和定量评定，确定考核等次。扎实做好干部队伍的调整优化工作。按照上级机构改革要求，成立市委扶贫办，配齐领导班子和领导干部。对空缺人大主席的5个镇，严格按照干部选拔任用程序，予以调整充实。同时，在个别单位提拔交流部分干部。认真开展公职人员出资办企业或在企业兼职（任职）清理整顿工作。按照上级要求，对公职人员出资办企业或在企业兼职（任职）进行集中清理整顿，起到良好的效果和积极的社会效应。认真落实公务员职务与职级并行制度。对各单位2015年上报的全市科级干部、市委管理部门和镇街的一般干部名单，严格按照文件精神，逐一查看档案、核实有关信息、审查资格条件，确保准确无误地认定是否符合晋升条件。截至2016年年底，工资待遇已全部发放落实到位。顺利通过省公务员法及配套法规实施情况督查。3月份，省公务员局领导到临清就全市公务员法及配套法规实施情况进行督查，按照有关要求，认真梳理2006年《公务员法》实施以来公务员管理工作整体情况，尤其对登记、晋升、调任、转任等情况进行认真细致地统计分析。整项工作得到省里领导的认可，顺利通过专项督查。圆满完成县乡领导班子换届工作。配合聊城市委组织部完成对临清市县级领导班子换届考察工作。参与市十三次党代会、市人大十八届一次会议和市政协十四届一次会议的组织工作。领导得力、组织严密、预防在先，实现组织提名人选均高票当选的良好效果。科学制定镇领导班子换届工作实施方案，组建6个考察组，开展镇换届考察工作。坚持注重实绩、群众公认、优化结构、适当交流的原则，精心谋划镇换届人事安排，加强对镇换届选举工作指导。坚持好中选优、优中选强，着力改善领导班子年龄、性别、民族、专业等结构，从“三类人员”中选拔26人进入镇领导班子，配备一大批年轻干部、女干部和少数民族干部，镇领导班子结构得到进一步优化。

【干部信息】 开展干部人事档案专项审核工作。进一步规范专项审核工作，提高工作标准，科学合理安排工作进度，加强与上级组织部门的沟通，加大对全市各单位档案专项审核工作的指导，积极研究审核过程中的细节问题，加强对工作人员的培训力度。在前期审核的基础上，严把质量关，严格按照有关要求进行调查处理，个人说明解释不清楚的不予认定、查核过程不扎实的不予认定、查核结果经不起推敲的不予认定。对于违规行为及时纠正，依规依纪进行处理；对于问题一时难以查清的，记录在案，另册管理，为今后的领导班子和干部队伍建设打下坚实的基础。开展2016年度公务员统计工作。本着强化落实、严肃纪律、明确责任、准确录入和及时上报的原则，对各类人员信息进行反复核查，确保表与表之间的数量平衡，所报人员信息准确无误。做好干部人事信息、组工网系统的维护。做好干部人事信息的日常管理和动态维护工作，对干部“三龄两历”（年龄、党龄、工龄、学历、工作经历）等重要信息及时按照认定文件进行更新，对干部的年度考核表、工资表等其他个人必要信息进行更新，认真做好对干部人事档案的查阅、借阅的管理工作，严格遵守相关程序。加强“大组工网”日常管理和维护，定期对病毒库进行更新，排除其他软硬件问题，确保网络系统安全。做好分级保护工作，确保“大组工网”终端应用的安全。

【干部监督】 加强对干部的经常性管理监督。对领导干部贯彻执行中央八项规定精神情况，组织定期检查与不定期抽查。严格执行《临清市党政领导干部问责暂行办法》，对干部的决策失误、工作失职和履职不到位等行为，进行严格责任追究。规范科级干部因私出国（境）证件集中保管制度，严格执行因公、因私出国（境）管理办法，审批工作中做到严明纪律、严肃程序、严格审查。严格执行组织人事部门对领导干部进行提醒、函询和诫勉的规定，坚持从严要求，抓早抓小抓苗头，防止小毛病演变成大问题。着力抓好经济责任审计工作。严格执行审计主体和被审计对象双向承诺制度，坚持做到任期经济责任审计同党风廉政建设中的热点问题紧密结合，狠抓审计结果的反馈、整改、督办和综合分析“四个环节”，充分发挥审计作用。高度重视信访举报工作。建立电话、“12380”网站、短信及来访四位一体的信访监督体系，及时受理、解决群众反映的问题，对经查属实的案件加大通报、惩戒力度。开展换届风气监督工作。制定五大责任主体责任清单，对各部门具体责任予以明确。不折不扣执行“四必看”“四必谈”“四必训”“四个凡提”等上级要求，保证政策要求不走样。市、镇（街道）收看警示教育片4500余人次，开展谈心谈话165人次，换届纪律培训3200余人次。通过移动公司，向全市副科级以上领导干部发送“九严禁”换届纪律短信，确保换届纪律宣传到人。组成六个换届风气督查组，对16个镇（街道）换届调整风气展开全面督查督导，及时督促抓好整改。通过多种方式宣传换届纪律，营造良好的换届氛围，及时向社会公布电话、短信、网站等换届风气监督举报渠道，并安排专人值守。对举报反映的问题，实行立项专办制度，快速行动，第一时间调查核实。

【干部教育培训】 把干部教育培训作为加强领导干部队伍建设的一项首要任务来抓，不断提高干部自身素质，培养发展本领。积极配合聊城市委组织部干部调训工作，按时保质完成任务，共完成上级调训18批，调训县级干部18人次。继续举办“运河名城大讲堂”，突出“名师、特色、需求”的原则，突出教授层次高、培训规模大、知识内容新的三大特点，坚持求实、求新，紧贴全市中心工作，注重多领域、宽范畴，关注当前国际、国内形势和社会热点，有针对性地进行选题，确保广大干部学有所获、学有所悟。共开设运河名城大讲堂5期，培训学员2700人次。先后邀请国家行政学院教授、 博士生导师李拓讲授《习近平治国理政大战略》；中国行政管理学会副秘书长张学栋讲授《学好行政文化，提高公务员修养》；国科大马克思主义教学与研究中心主任王庭大讲授《党·党的建设·全面从严治党》；中国国际金融学会理事李楠讲授《国学智慧与领导者内圣外王修炼之道》；中国科学院大学经济与管理学院时勘讲授《党政领导干部的胜任能力开发》，受到学员的普遍欢迎。12月29日，举办临清市学习贯彻党的十八届六中全会精神报告会，邀请省委党校工商管理教研室主任张国亭教授作党的十八届六中全会精神报告，培训学员780人。深入开展科级干部培训工作，把党的十八大和十八届三中、四中、五中、六中全会精神作为一条主线纳入主体班教学，突出以中国特色社会主义理论体系为中心的理论教育，共邀请省级和市级“名师送教”教师20余人次，组织授课64余堂次，培训学员7000余人次。组织开展现场教学，先后组织9个班次学员深入全市重点企业、重点项目部门进行实地参观考察学习，开拓学员视野，更新学员观念，成为今年科级干部培训工作的亮点。

【基层组织建设】 坚持重心下移、资源下沉，深入开展“两学一做”学习教育，严格落实党建责任制，大力推进服务型基层党组织建设，统筹推进各领域党建工作。精准有效抓好“两学一做”学习教育。市委总体谋划，制定“1+4”配套实施方案，分层分类统筹指导，以上率下。各党支部坚持问题导向，广泛开展党员标准大讨论、“七讲七做”作风集中整治、扎实推进基层党建七项重点任务专项整治。其中，分类施策推进“两学一做”学习教育的做法被《共产党员网》专期刊发报道，开展党员标准大讨论的做法被12371共产党员手机报刊发报道。夯实全面从严治党责任。压实党组织书记管党职责，在制定出台落实镇（街道）党委书记、村（社区）党组织书记、市直单位党组（党委）书记等三个层面党组织书记管党职责的文件的基础上，研究出台学校、医院等领域党组织书记管党职责的文件以及村（社区）党组织书记脱贫攻坚岗位职责的意见，构建逐级负责、责任共担的全方位、多层次的责任制度体系。细化标准，全面建设过硬支部，提升党支部工作规范化水平。加强农村党支部书记队伍建设，分四期送到濮阳农村党支部书记培训学院进行集中封闭式、军事化的专题培训。开展党员积分量化管理、党员家庭（岗位）挂牌等活动，强化党员队伍管理。全面加强农村服务型党组织建设。推行“2＋1”工作模式实现软弱涣散村转化升级，制定六项制度强化“第一书记”管理，推行村级治理规范化，把村（居）党支部书记年补贴达到人均2.2万元，其他两委成员的年补贴报酬提高到5000元，提高离任村党支部书记生活补贴标准，积极引导党支部通过领办产业合作社、光伏发电、盘活资产、土地流转、招商引资、兴办二、三产业等方式多种方式增加村级集体收入。开展城市街道社区区域化党建工作。建立“社区党组织＋驻区单位党组织”的共建共享机制，在社区建立社区党建联席会议制度，对群众诉求的疑难问题进行集中解决办理。推行“进村入户访民生+惠民服务解难题+回访督办促落实”的精准服务机制，广泛开展“惠民强基促和谐”活动，建立社区党员人才库，引导有专业服务能力的党员主动认领群众“微心愿”，对问题办理情况进行回访督查。实行“公共资源+市场资源+社会力量”的资源统筹机制，新建4处高标准的社区办公服务用房，实施党员管理、法律综治、劳动保障、社会救助等十进社区，灵活使用市场资源，打造社区居民“10分钟生活服务圈”，鼓励和发展各种社会团体有效拓展志愿服务。全面推进“两新”组织党的组织和工作全覆盖。开展“建组织、扩覆盖”活动，对新经济组织和新社会组织党组织组建进行全面清理排查，理顺党组织设置和党员关系，市委组织部建立“两新”组织联系点，开展规范化建设。推进党建引领精细化管理融入机制建设，开展以支部为核心引领科技创新、人才引进、精细管理、文化建设“四轮驱动”活动。全力建设机关服务型党组织。推行亮牌服务，亮身份明职责公开承诺；推行便捷服务，建立“首问负责、服务承诺、限时办结、责任追究”四位一体的工作机制；推行亲情服务，开展“在职党员进社区报到”活动；推行阳光服务，在窗口单位和服务行业推行“便民服务五公开”。开展党建服务品牌创建活动，各机关单位培育党建品牌11个。

【人才工作】 制定出台《关于加强对第三届“临清英才”管理和使用的意见》，通过设岗定责规范对临清英才的管理和实用，召开第三届“临清英才”座谈会，集中表彰35名临清英才，发挥他们能力突出和示范带头作用，辐射带动一批能够服务于全市经济社会发展的精英人才，为全市经济社会持续健康快速发展做出贡献。重点督导并跟进国家级“千人计划”“万人计划”、泰山产业领军人才工程、泰山学者攀登计划和青年专家计划、2016年度西部经济隆起带和省扶贫开发重点区域引进急需紧缺人才项目、“第二届齐鲁和谐使者”“临清市首席技师”等重点工作的申报推荐工作。按照上级主管部门的要求，做好第二批科技副职意向人选乐国林教授的承接工作。制定出台《临清市“聚焦企业转型升级，百题破解人才强企”活动实施方案》，成立活动工作领导小组和协调小组，组织16个镇（街道）相关负责同志对全市规模以上企业进行人才工作调研，进一步准确掌握全市的企业人才发展状况，科学分析、评估企业开展人才工作和人才队伍建设的现实需要。加强人才平台载体建设，2016年新增省博士后创新实践基地1个，省级高新技术企业3家，省级企业技术中心1家，省级工业设计中心1家，省级“一企一技术”研发中心2家；新增聊城市工程技术研究中心1家，聊城市企业技术中心2家，聊城市工程实验室（研究中心）3家，聊城市重点实验室2家。

【党员队伍建设】 严格按照“控制总量、优化结构、提高质量、发挥作用”的总要求，通过严把关口、严格培养、严明程序、严肃纪律，进一步提高新发展党员质量。对多年不发展党员的村（居）进行重点关注和全程指导，加大“两新”组织发展党员力度，进一步优化党员队伍结构。截至2016年年底，全市共有党员33579名，其中，女党员5927名，占党员总数17.7%；35岁及以下5064名，占党员总数15.1%，36—45岁5870名，占党员总数17.5%，46—55岁7123名，占党员总数21.2%，56岁及以上15522名，占党员总数46.2%；大专以上文化9898名，占党员总数29.5%。

【远程教育】 以服务全市工作大局为重心，以开展“两学一做”学习教育为主线，重点突出全市党员教育培训工作，积极组织全市89名优秀农村党组织书记，分期分批赴潍坊、苏州，开展类别化、差异化培训，有效提升村级抓党建促脱贫能力。组织开展村、城市社区党员教育培训工作，全市共组织开展基层党员集中教育培训班72期，将村、城市社区党员普遍轮训一遍。充实完善《临清市党员教育培训师资库》，选聘兼职教师87名，采取镇（街道）党委邀请和组织部推荐相结合的方式，合理调度和使用。做好村“两委”成员大专学历教育工作，经推荐、评选、审核、考试等环节，优中选优，录取人员32名。加强临清党建频道建设，新添置20部优秀电视课件，丰富课件资源，为纪念建党95周年，组织专门力量拍摄制作5部反映全市优秀共产党员、优秀党务工作者和先进基层党组织工作的专题片，充分发挥典型的力量，营造风清气正的良好环境。

【科学发展综合考核】 市委考核办立足本职、统筹谋划，认真贯彻落实上级考核精神，分析研判上级考核指标体系，分解聊城市各项考核指标任务，并督导协助各部门做好实施、自查工作。在全市综合考核工作方面，根据市委、市政府经济社会发展目标和全市工作大局，科学制定全市《2016年科学发展综合考核意见》和《2016年科学发展综合考核实施细则》，对全市16个镇街道、61个市直部门、32个驻临单位分三个类别进行全面考核。对镇街道，坚持科学导向、突出重点的原则，鼓励各镇街道争先进位，全面完成市委、市政府安排部署的各项工作任务，主要考核经济社会发展、党的建设、重点工作和加减分以及群众满意度调查等内容。其中，为进一步强化群众满意度调查结果运用，将其作为考核系数。对市直部门，坚持分类指导、注重实绩的原则，鼓励市直各部门创先争优、抢抓机遇，围绕全市中心工作，以出色工作助推全市各项工作任务圆满完成，主要考核业务工作、重点工作落实、党的建设、综合评议和加减分项目等内容。对驻临单位，坚持服务中心、分类指导的原则，鼓励驻临单位积极发挥职能作用，进一步加强对市委、市政府中心工作的支持和配合，更好地服务地方经济社会发展，主要考核重点工作落实、专项工作、综合评议和加减分项目等内容。在日常监督考核工作方面，对镇街道目标完成情况实行动态监控，每季度组织相关职能部门对经济发展情况和各项重点工作进行考核，并通报相关经济指标的完成情况。对市直部门，进一步明确和细化业务工作目标、承担的全市重点工作和聊城市考核任务，并在临清党建网、政务网上公示；首次将市直部门业务目标申报工作纳入考核，有效促进市直部门在制定目标时提升标准、争先进位。在奖惩工作方面，统一奖惩标准，加大奖惩力度，强化结果运用。年度考核结果确定之后，向镇街道和市直部门予以通报，充分发挥考核的激励导向作用。坚持把考核结果作为领导干部选拔任用、管理监督、激励约束的重要依据，与干部的进退流转结合起来，进一步激发全市各级干部干事创业的责任感和事业心，有力地推进全市经济社会的全面发展。

（朱　峰　刘彦超）

宣传工作

【机构设置】 临清市委宣传部内设6个职能科室：办公室，新闻宣传室，党员教育室，理论教育室，社会宣传室，企业政治工作室，编制总额18名，其中：行政编制16名，工勤编制2名，配备部长1名，副部长3名。负责全市宣传、意识形态工作的决策和指挥，制定宣传党的路线、方针、政策的方案、计划，并组织实施；负责全市党员教育、理论教育、学校德育教育、国防教育、企业思想政治工作；负责全市宣传思想工作的调查研究，及时向市委提出建议，为市委决策提供依据；负责全市的新闻宣传。对外宣传工作；负责全市新闻出版物的审报、检查、监督和管理工作；负责全市的精神文明建设，负责制定全市精神文明建设和规划并组织实施；负责组织对全市文化、出版、印刷、电子、音像市场的管理和“扫黄打非”工作；负责全市文联工作，加强对文联各协会的联络、协调、服务和指导；负责《临清日报》的编辑、出版、发行;负责对文化、教育、广播电视、卫生、体育、党校、新华书店进行方针、政策的领导、干部的管理和业务的指导；督促、检查宣传思想系统对上级党委和市委决策、工作部署及领导交办的重要事项的落实情况；负责镇、街道宣传委员的培训、指导和管理工作；承办市委、上级部门交办的其他事宜。

【工作概况】 2016 年，全市宣传思想工作全面贯彻落实党的十八大和十八届三中、四中、五中和六中全会精神，按照高举旗帜、围绕大局、服务人民、改革创新的总体要求，紧紧围绕全市中心工作，不断增强工作的主动性、系统性和创新性，为推动全市经济社会发展进步提供强大的精神动力、思想保证和舆论支持。

坚持解放思想，拓展理论武装。全面抓好全市党委（党组）理论中心组学习，增强理论工作的带动力，干群政治观念和理论素质不断提高，理论学习教育氛围日益浓厚。全面做好市委理论中心组“两学一做”学习教育的服务工作以及各镇街道、市直各部门党委（党组）“两学一做”学习教育的指导工作。组织参加省委和聊城市委组织的“中国梦”系列宣讲比赛，取得聊城市一等奖的成绩。坚持正确导向，加强新闻宣传。新闻宣传工作紧密结合政府的中心工作，主动作为，积极做好新闻宣传报道工作，为推进全市经济增长方式转变，促进全市经济可持续发展营造良好的舆论氛围。2016 年 1 月—10 月，全市共在《聊城日报》等聊城市级以上党报党刊发表稿件 1081 篇。其中，省级稿件 53 篇；中央级 7 篇，《聊城日报》1021 篇，头版头条 4 篇。坚持服务人民，深入社会宣传。全面做好各公益性图书馆、博物馆、纪念馆、爱国主义教育基地等免费向社会开放工作，同时组织开展弘扬中华民族传统美德、讴歌时代主旋律的电影、电视剧等优秀文艺作品展演、展播活动。深入推进“四德工程”建设，组织开展文化科技卫生“三下乡”活动，举办临清市“第四届社会科学普及周”系列活动，组织参加省文博会。坚持以人为本，提升文明创建。理顺体制，扎实推进城乡环卫一体化，在 2016 年上半年省里开展的城乡环卫一体化群众满意度电话调查中，临清综合得分 9. 29 分，位居全省第 20 名，比 2015 底上升 110 名。积极开展志愿服务品牌化建设，打造“爱心 1+1，善行 365”的志愿服务品牌。深入推进乡村文明行动，2016 年全市乡村文明行动示范村建设省级示范镇 1 个，省级示范村 8 个，聊城市级示范镇 3 个，聊城市级示范村 33 个。坚持正面宣传，提高外宣质量。加大网络舆情监控力度，磨合平台关键词使用，提高抓取命中率，合理避免平台漏抓问题，提高舆情监控质量。加强临清新闻网的管理，充实编辑力量，加快新闻更新速度，群众浏览量不断提升。积极邀请中央、省级以上媒体前来采访，组织参与“风从运河来”等媒体宣传活动，宣传临清良好形象。坚持群众基础，突出地方文艺。2016 年，市文联积极学习习总书记关于文艺工作的重要讲话精神，着力落实聊城市文联的工作要求，把送文艺下乡、加强文艺家队伍建设作为工作重点。组织开展“到人民中去”文艺扶贫志愿服务主题活动，举办“美丽中国梦，丹青公益行”系列展览之一的“运河旧事——李金河国画展”等一系列活动。坚持与时俱进，提升报刊质量。临清报社编采工作坚持正确的舆论导向，紧紧围绕市委、市政府的中心工作，弘扬主旋律，打好主动仗，通过扎扎实实的工作，为全市经济社会实现新跨越营造良好舆论氛围，使党报的功能得到充分发挥。坚持服务为主，打造文化交流窗口。文化艺术交流中心以建设“团结、务实、开拓”的队伍为目标，从实际情况出发，摸索创新管理，用制度约束人，形成一个明事理、懂规矩、知进退、团结实干的队伍。截至 2016 年 11 月底临清文化艺术交流中心讲解 421 次，外景 6 次，接待社会各界群众的客流量达 2 万人次。

【新闻工作】 2016 年新闻宣传工作凸显全媒体融

合理念，打造宣传矩阵。利用各级党报党刊、新华社客户端等互联网平台相结合的方式，立体式、全方位的对临清大局工作、经济亮点、环境建设、精神文明创建和百姓关注热点展开宣传攻势。全市共在中央级媒体发表稿件10篇，省级稿件73篇，《聊城日报》发表头版头条4篇。11月22日，《人民日报》19版头条刊发《操刀新“土改”的年轻人》，见证临清新一轮农村改革的生动场面。1月12日，《农民日报》8版倒头条刊登《给慰问金不如投资兴业》，以青年路街道养鸡脱贫为例对临清精准扶贫进行宣传。10月25日，《农民日报》5版刊登《种什么要看市场 省工钱得靠合作》，对传统企业如何突破创新进行报道。抓机制、抓队伍，举办新闻业务培训学习，对全市通讯员3400余人次进行新闻写作培训，打造一支过硬的新闻宣传队伍。

【理论工作】 5月18日，成立“两学一做”学习教育党课宣讲团，宣讲团成员按照宣讲分工，分别赴各镇（街道）、市直各部门、企事业单位进行宣讲。8月11日，在聊城市“中国梦•小康情”百姓宣讲复赛中，临清市推荐选手荣获一等奖；8月24日，临清市推荐选手代表聊城市参加山东省“中国梦•小康情”百姓宣讲比赛，荣获二等奖。11月14日，成立学习贯彻党的十八届六中全会精神宣讲团，宣讲团成员按照宣讲分工，分别赴各镇（街道）、市直各部门、企事业单位进行宣讲。12月26日，临清市委中心组被山东省委宣传部评为2015—2016年度全省县级党委（党组）中心组。

【对外宣传】 2016年6月17日，由中共聊城市委宣传部、聊城市文广新局、聊城市旅游局、聊城市文联联合主办的“风从运河来”全国媒体聊城行，临清作为其中重要一站，新华网、人民网、央视网、凤凰网、腾讯、新浪、网易、搜狐；北方网、河北新闻网、中国江苏网、浙江在线；《大众日报》、山东广播电视台、《齐鲁晚报》《山东商报》、大众网、中国山东网；香港驻鲁媒体文汇报、《大公报》；《聊城日报》、聊城电视台等30多家媒体来到临清采访运河文化，在中共临清市委宣传部的精心组织，市文广新局、市旅游局的大力支持下，活动取得圆满成功，有力宣传临清舍利塔、运河钞关、鳌头矶、临清京剧、临清潭腿及临清胡同等运河景点和文化，有关文章在光明网、新华网、凤凰网等30多家全国重要网站登出，宣传临清形象。2016年12月2日，山东手机报聊城市、县（区）专刊开通仪式在聊城举行。山东手机报临清专刊是中共临清市委宣传报主办的手机党报，全市受众确认手机号码达到近20万个，做到“三个全覆盖”，即机关事业单位全覆盖、领导干部全覆盖、共产党员全覆盖。

【临清周讯】 临清周讯为中共临清市委机关报，由中共临清市委宣传部主管，临清周讯编辑部主办，全面贯彻党的方针政策，始终坚持正确的舆论导向，紧紧围绕全市中心工作，大力弘扬主旋律，传递正能量，为全市经济和社会各项事业又好又快发展营造良好的舆论氛围。报纸每周一期，四开八版，其中一四五八版为彩色印刷。2016年，出版报纸51期，编辑版面200多个，编发各类新闻3350余篇，开辟专题专栏22个。其中，时政新闻重点对十八届五中、六中全会精神、“三严三实”专题教育活动、“两学一做”学习教育等进行专题报道，对重要领导人的会议活动进行跟踪报道，开设时政评论、重点项目建设、城市建设、环保、人口与计划生育、安全生产、讲文明树新风公益传播、城乡环卫一体化曝光台、监督角等多个专题栏目。进一步加大对基层新闻宣传报道的力度，结合全市中心工作，深入挖掘群众身边的好典型、好新闻。对报纸版面进行重新设计，加强对专题版面的选题，使报纸更具深度性与可读性。

【社会宣传教育】 2016年，围绕社会主义核心价值体系的基本内容，努力运用各种行之有效的宣传教育模式，不断加大宣传力度，营造浓厚舆论氛围，使社会主义核心价值体系深入人心、深入基层。深入推进“四德”工程建设，大力加强社会公德、职业道德、家庭美德、个人品德建设，营造全社会崇德向善的浓厚氛围。春节、元宵节期间，充分发挥新闻媒体宣传阵地作用，通过市电台、电视台组织开展弘扬中华民族传统美德、讴歌时代主旋律的电影、电视剧等优秀文艺作品展演、展播活动；深入开展“送戏下乡”“送电影下乡”等群众性文化活动；免费向社会开放全市各公益性图书馆、博物馆、纪念馆、爱国主义教育基地等。举办纪念季羡林先生逝世七周年活动；2016 年 8 月 25 日山东省第五届文博会期间，带领一系列特色文化产业项目和产品赴会参展，同时，组织临清市丁马生物科技有限公司、临清仿古工艺品参加首届中原（鹤壁）文化产业博览交易会。2016 年 7 月，下发关于做好善行义举四德榜数据更新工作的通知，对临清市村居善行义举四德榜进行数据更新；8 月对全市革命历史文物及遗址情况进行调研，形成《关于临清市革命历史文物及遗址的调研报告》；通过新闻媒体，开设宣传专栏，积极主动地协调有关部门做好计划生育、教育、科技、普法、环保、医疗卫生等方面党和国家的相关方针、政策、法律法规知识的宣传工作；加强爱国主义教育基地建设。形成山东省爱国主义教育基地张自忠将军纪念馆自测报告。10 月 12 日，接待聊城市“德耀聊城，善行天下”践行社会主义核心价值观基层行大型采访团，对临清市人民法院典型做法进行集中采访报道。

【社会科学界联合会工作】 加大社科知识普及力度，深入普及科技知识、倡导科学方法、传播科学思想、弘扬科学精神、提高广大群众的科技水平和文化素质。5 月 26 日在市工业学校举行第四届社会科学普及周开幕式暨“树立五大发展理念，让我们生活更美好”报告会并同时开展大型社科普及咨询活动；开展弘扬优秀传统文化进层活动、法律知识进基层活动、社科专家基层调研活动；申报聊城市第二十二次社会科学优秀成果奖和第九次社会科学突出贡献奖、学科新秀奖。

【思想道德建设】 紧紧围绕社会主义核心价值体系的基本内容，努力运用各种行之有效的宣传教育模式，不断加大宣传力度，营造浓厚舆论氛围，使社会主义核心价值体系深入人心、深入基层；充分利用报刊、广播电视等主流新闻媒体和网站等新兴媒体，宣传报道构建社会主义核心价值体系的新举措、新进展、新成效和先进典型，积极营造构建社会主义核心价值体系的良好舆论氛围。

【文化艺术交流中心】 临清市文化艺术交流中心为隶属宣传部的全额事业单位，编制总额 12 名。内设 4 名副主任（其中 3 名副主任兼宣传部国防教育科、学教科、未成年人教育科副科长）及 4 个科室（办公室、政工科、宣教部、后勤科）。

2016 年临清市文化艺术交流中心成功接待各级领导及群众 15 万余人。其中接待国家级领导活动 4 次，省部级、聊城市级以上领导 300 余次。

【精神文明建设】 2016 年 2 月在中央宣传部、中央组织部、中央文明办、民政部等 13 个部门共同举办的全国志愿服务“四个 100”先进典型评选活动中，临清市的“爱心 1+1，善行 365”的志愿服务项目被评为百佳志愿服务项目，在全省仅三个入选项目中列首位。3 月 4 日举行学雷锋志愿服务推进会，进一步推动学雷锋志愿服务制度化、常态化。在临清二中召开“家校地三方联动，共创文明新乡村”推进会，形成家庭、学校、地方党委政府三方联动、齐抓共管的良性互动格局。这一工作经验，被新华社等 10 余家媒体进行宣传报道。出台《全市城乡环卫一体化工作考核奖惩办法》（临发〔2016〕9 号），推进考核奖惩常态化、规范化、制度化。临清市全年共开展城乡环卫一体化群众满意度电话调查 6 次，全市综合分值稳步提高。在 2016 年上半年山东省开展的城乡环卫一体化群众满意度电话调查中，临清综合得分9.29分，位居全省第20名。召开全市“推进移风易俗，倡树文明新风”活动动员会，印发《临清市“推进移风易俗，倡树文明新风”活动实施方案》对全市移风易俗工作进行再安排再部署。联合民政部门，深入到镇（街道）村居进行督导。印制近7万份“移风易俗宣传年画”，发放到16个镇、街道村居。成功争取到省级乡村文明行动示范村建设指标1个。经市委宣传部、市文明办积极争取，省文明委确定省国土资源厅与临清市尚店镇尚店村签订文明共建协议，成为该批次聊城市唯一的共建单位。省国土资源厅为尚店镇提供帮扶资金1900万元，积极开展文明共建，进一步丰富当地群众精神文化生活，努力提升尚店镇的文明创建水平。选送男、女乒乓球各3名选手代表聊城市参加全省第二届乡村学校少年宫成果展示活动中的乒乓球比赛。制定并印发《临清市民文明公约》《临清市民公共场所文明行为规范》，在全市范围内进行宣传教育。

【宣传队伍建设】 2016年临清市委宣传部依托宣传工作联席会议制度，调动各成员单位充分发挥职能优势，密切协调配合，切实形成党委统一领导、宣传部门组织协调、成员部门分工负责、社会力量积极参与的大宣传格局。全面推开部机关、临清周讯、文化艺术交流中心三个工作区的统一管理机制，加强领导、强化考核，充分调动机关干部的工作积极性。大力实施宣传干部队伍“百千万”工程，即以市直宣传干部、镇街道党委宣传委员、宣传干事为主体，建设百名宣传工作专职人员队伍；以党政机关、企事业单位政工负责人、基层文化站长、基层新闻通讯员、舆情信息员等为主体，建设千名基层宣传文化队伍；以基层政策理论宣讲员、网络评论员、基层文艺骨干、文明志愿者为主体，建设万名基层一线宣传工作者队伍，切实加强宣传思想工作的人才储备。

【文联工作】 2016年，市文联认真学习贯彻习总书记在文艺工作座谈会上的讲话等系列重要讲话精神，按照上级文联和市委宣传部的工作要求，扎实开展系列主题文艺活动和惠民文化活动。利用5月23日第3个中国文艺志愿者服务日之机，在全市范围内组织开展“到人民中去”文艺扶贫志愿服务系列活动。4月9日至19日，市漫画家协会举办“美丽中国梦，丹青公益行”系列展览之一的“运河旧事——李金河国画展”。市摄影家协会举办运河文化摄影展，市书法家协会、楹联学会、戏剧家协会送书法、楹联、京剧到校园，市戏剧家协会组织会员在大众公园举办文艺演出，松林运河书画院立足农村实际开展书画进农家活动。整个文艺扶贫志愿服务主题活动，受众达3000余人，把文化送到群众身边，丰富群众的精神文化生活。扎实做好文联各项工作，做好2016年聊城市文联签约文艺创作员申报工作，共申报文学、音乐聊城市文联签约文艺创作员5名，3名文艺工作者被聘为聊城市文联签约文艺创作员。做好“泰山文艺奖”申报工作，申报音乐类奖项1项。申报聊城市文艺评论家协会会员5名。上报《聊城历史文化研究》资料8篇。刘北同志长篇小说《两栖少年》获山东省委宣传部、山东省作家协会“中国梦”长篇文学征文优秀奖、孔子文学奖。短篇小说《石榴红》荣获山东省作家协会第三届齐鲁文学年展奖。市政协原主席、市楹联学会会长蒋保江同志在山东省“治国理政”有奖征联大赛中，荣获三等奖。蒋保江、李鸿珍、徐舒获《中国楹联报》评选的《2015对联中国》年度佳作奖。市楹联学会编辑出版蒋保江的《琢珏集》和李鸿珍的《盛世兴联灿夕霞》，为市楹联学会成立10周年献礼。

【社科联工作】 2016年5月27日，为丰富活跃社会科学普及活动，进一步推进全市社会科学普及工作的深入开展，于5月26日在市工业学校举行第四届社会科学普及周开幕式暨“树立五大发展理念，让我们生活更美好”报告会。聊城市社科联副主席张利军、王志强，临清市委常委、宣传部长衣述光出席开幕式。

（田长志　时永强）

统战工作

【机构设置及基本概况】 中共临清市委统战部设立于 1938 年 5 月，“文化大革命”期间，统战部停止工作。1978 年 1 月，恢复成立临清县委统战部。1983 年临清撤县设市（国务院 1983 年 8 月 30 日批准），1993 年机构改革中，民族宗教办公室划归市委统战部管理。临清市委统战部逐步设立办公室、党派科、民宗科、经济科、台湾工作办公室。2005 年 7 月台湾工作办公室归口市委办公室管理。

临清市委统战部是市委主管全市统一战线工作的职能部门。主要职责有组织贯彻执行中央、省委和聊城市委关于党的统一战线方针、政策、指示、决议；负责对市级统战系统的重要活动协调，并对贯彻落实各项统战方针、政策进行督促检查，向市委反映党外人士的意见和建议；负责联系各民主党派和无党派代表人士，协助市委贯彻党领导的多党合作和政治协商制度以及对民主党派的方针、政策，发挥各民主党无党派人士参政议政和民主监督作用；支持、帮助各民主党派组织开展工作，加强自身建设；负责党外人士的政治安排，会同市委组织部做好培养、选拔、推荐党外人士担任政府和司法机关领导职务的工作，做好党外代表人物队伍建设工作；协调检查有关民族、宗教工作方针、政策的落实情况，联系宗教界、少数民族的代表人士；负责开展经济领域的统战工作，联系非公有制经济代表人士，指导市工商联工作，调查、研究并反映我市非公有制经济代表人士的情况、协调关系、提出意见和建议；调查研究党外知识分子的情况，反映党外知识分子的意见，协调关系、提出政策建议；联系并培养党外知识分子代表人物，会同有关部门做好政治、生活待遇的安排；完成市委和上级统战部门交办的其他任务。

【贯彻落实上级精神】 市委统战部积极贯彻落实上级精神，制定完善《市委统一战线领导小组规则》，明确各成员单位职责。市委统一战线工作领导小组成员严格落实政治责任，带头学习宣传和贯彻落实《中国共产党统一战线工作条例（试行）》等统一战线政策法规，带头参加统一战线重要活动，带头广交深交党外朋友，形成全党做统战工作的良好局面。以参政议政为重点，建立健全重大情况协商通报制度、市委常委与党外代表人士联络交友制度、民主党派外出学习考察制度等。

【民主党派工作】 临清市有四个民主党派组织：民革临清市支部，成立于 1993 年 3 月；民盟临清市支部，成立于 1991 年 6 月；民建临清市支部，成立于 1988 年 1 月；民进临清市支部，成立于 1989 年 5 月。协助并指导各民主党派按照有关规定发展新成员共 3 名。其中民盟新发展盟员 1 名，民建新发展会员 1 名，民进新发展会员 1 名。2016 年 8 月，通过超前谋划、精心组织，在聊城市率先圆满完成民革、民盟、民建、民进四个民主党派的换届工作，顺利完成政治交接，实现领导班子的新老交替。换届完成后及时组织各民主党派领导班子成员学习党的十八届六中全会精神，了解多党合作的历史，引导他们继承和发扬老一辈的优良传统，广泛凝聚共识，增强政治认同，自觉将思想和行动统一到市委、市政府的部署上来。

【经济统战工作】 2016 年，召开习近平总书记全国政协联组会重要讲话精神专题学习会，多措并举，齐抓共管，着力构建“亲、清”政商关系。以“转方式、调结构、去产能”为主题，举办“临清市非公有制经济发展名家讲坛”培训班，有力地促进非公有制经济健康发展和非公有制经济人士健康成长。2016 年，全市共有私营企业 4918 家，

百企帮百村活动

规模以上非公企业450家，市委统战部、工商联积极联系企业开展光彩事业和同心扶贫活动、“百企帮百村”活动，引导民营企业家致富思源，富而思进，积极投身全市扶贫攻坚行动中来。

【民族宗教工作】 深入开展“民族团结进步宣传月”“宗教政策法规学习月”活动，宣传普及党和国家的民族宗教政策、法律法规。指导重点民族村（居）制定发展规划，培植发展少数民族专业合作组织，带动少数民族村（居）快速发展。积极争取上级各类扶持资金255.19万元，为三和等少数民族企业争取到位上级民族贴息2729万元，促进少数民族地区经济的发展。2016年，建立健全市、镇、村三级宗教工作网络和镇（街道）、村（社区）两级责任制，并明确专人负责宗教工作。指导爱国宗教团体加强自身建设，协助做好宗教团体领导班子及成员年度述职、民主测评工作。

【党外人士统战工作】 2016年，全市党外领导干部50人，其中县级干部5人、科级干部45人。全市人大代表中党外人士49名，政协委员中党外人士149名。通过整合市委党校和各类职业培训基地的教育资源，强化对党外代表人士的政治教育和业务培训，为党外代表人士成长搭建平台。同时，组织党外代表人士深入基层了解民意，积极建言献策，2016年“两会”期间，党外代表人士共提出提案、议案68件，其中10件被市委、市政府重点督办，参政议政能力明显提高。建立党外人士考察调研制度，组织民主党派成员和无党派代表人士进行深入调查研究2次，并形成调研报告或提案。支持党外人士立足界别特点，发挥自身优势，组织开展法律咨询、科技文化下乡、义诊、同心助学、扶贫济困、造福邻里等活动30余次。完善《市级党政班子中党员领导干部与党外代表人士联谊交友制度》，市委书记带头联系党外代表人士3人，其他班子成员联系2人，不断加强对党外知识分子的团结联系。建立勤政廉政档案，扎实开展党外干部述职述廉活动，进一步加强党员领导干部与党外代表人士的沟通交流。制定《2016年全市党外代表人士培训计划的意见》，加强对党外人士的教育引导。

【统战队伍建设】 市委统战部历来把加强统战干部队伍建设放在非常重要的位置。2016年举办多次统战业务培训班，对统战联络员进行集中培训，并为他们订阅统战刊物和学习资料，帮助提高业务能力。组织现场交流学习会，让联络员及时反映工作中的新情况、新问题，交流工作心得，提高工作水平。做好包括学习宣传、贯彻落实党的统一战线方针政策、掌握统战成员基本情况和思想动态、开展统战成员的思想政治和上报信息等工作。随着统战工作的重心不断下移，加强统战队伍建设，做好基层统战工作，真正使统战工作的“触角”深入到基层一线，不断推进全市统战工作再上新台阶。

【新的社会阶层人士统战工作】 以发现社会组织代表人士为着眼点，开展“四送”活动、“爱心1+1”“善行365”“年俗文化微电影”等系列社会服务活动。通过聘请专家学者，为社会组织提供专业培训、咨询、扶持服务，促进社会组织人才向高技能、专业化发展，努力打造一支更加优秀的社会组织党外代表人士队伍。新的社会阶层人士大多是在互联网时代成长起来的，思想状况、思维习惯、工作生活方式与互联网紧密联系，相互影响，网络化特点突出。针对这一特点，设立临清市社会组织联合会微信公众号，及时发布中央、省、市各级在社会组织方面的方针政策及有关规定，及时宣传全市社会组织联合会开展的各项活动，各个分会、会员们的风采，成为会员“第一时间”获取信息的有效途径。截至2016年年底，微信公众号的关注度已经达到300多人，远远超出联合会会员的数量，达到良好的效果。

（李依菲）

对台工作

【机构设置】 2016年，临清市台办挂中共临清市委台湾工作办公室、临清市人民政府台湾事务办公室两个牌子，工作人员总计3人。

2016年以来，临清市对台工作在市委、市政府的正确领导下，在上级台办的大力支持下，以党的十八大、十八届历届全会精神为指导，认真贯彻习近平总书记对台工作重要思想，按照中央、省委、聊城市委对台工作决策部署，牢牢把握做台湾人民工作这个根本，持续深化临台交流合作，积极开展招商引资引智引技，全面做好服务台属、台胞、台资企业，努力做好涉台宣传教育等工作，使临清的各项对台工作取得新进展，实现新跨越，走在聊城乃至全省的前列。落实山东省、聊城市对台工作部署坚决有利。临清市台办认真贯彻中央对台方针政策和省委、聊城市委关于对台工作的整体部署，服务大局有新成效，经贸融合有新进展，交流合作有新热点，涉台服务有新突破。工作中，牢牢把握对台工作方向，准确把握习近平总书记关于对台工作的重要思想，正确把握中央关于两岸关系形势的科学判断和对台工作的部署要求，确保落到实处。临清市委、市政府主要领导多次就对台工作作出批示，出席重要涉台活动，会见重要台湾客人，听取台办工作汇报。

【对台交流交往】 临清市台湾工作办公室积极按照聊城市委办公室、聊城市政府办公室出台的《关于组织实施企业事业单位入岛交流的意见》认真参加聊城市组织的现代农业培训、职业教育交流等相关领域团组入岛交流活动。2016年6月，按照聊城市台办的统一安排，临清台办参加由聊城市台办主任孙光木带队，赴德州、齐河等市开展对台工作的经验做法学习交流活动。通过活动开阔视野，启发思路，为下步更好开展全市对台工作提供有益借鉴。7月，临清市政府党组副书记王庆瑞由率领临清市台办及有关部门负责人赴马鞍山市台商聚集区招商，期间，参观部分台资企业，举办台商洽谈会，并邀请台企负责人在合适的时机到临清参观考察，搭建起沟通的桥梁。9月，按照聊城市台办的统一安排，临清市台办组织有关镇、办事处及相关企业参加在潍坊举行的第二十二届鲁台经贸洽谈会。进一步深化涉台项目对接洽谈工作，为全市赴台招商引资引技引智工作奠定坚实的基础。12月，临清市副市长李树群率领农业局、有关部门和镇（街道）负责人参加聊城组织的赴江苏宿迁绿港考察蔬菜温室建设和在上海举办“聊台特色小镇建设暨培训交流洽谈会”通过学习和交流活动，为全市的创新农业种植和打造“地方特色小镇”提供丰富的经验。5月，临清市政府副市长王磊、临清明越养殖有限公司董事长高立明参加聊城市人民政府组织的2016第一期现代农业赴台培训交流活动，为今后的两地农业方面交流奠定基础。临清市台办协同临清市农业局正在积极筹备，组织临清市农业企业参加的2016年12月由聊城市政府组织的2016第三期现代农业赴台培训交流活动。2016年以来，临清市台办还协助办理山东省旅游局组织的乡村旅游赴台交流活动、山东省农业厅组织的赴台农业学习交流培训，临清市参加赴台人员的审核工作，较好的完成上级交办的任务。临清市委台办秉承“孔子之乡，好客山东”的理念，充分利用各类媒体宣传临清独特的运河文化，不断提升临清在台湾的知名度和影响力。同时，充分用好海峡两岸交流示范点等交流平台，做好对台宣传，主动与岛内联系沟通，让更多的台湾有识之士了解临清，认识临清。海峡两岸交流示范点建设情况。根据山东省台办《关于设立山东省海峡两岸交流示范点实施意见》的通知要求，加大馆内软硬件投入，多方收集、整理将军生前事迹资料，走访联络将军亲属丰富馆藏。并通过召开将军生平研讨会、组织中小学生进行爱国主义教育、组织来临台胞参观、座谈等多种形式大力宣传弘扬将军事迹。2016年5月，山东省台办副主任张民忠一行赴聊城开展调研活动。调研期间，张民忠专门听取临清市台办负责人就临清市对台工作和山东省海峡两岸交流示范点建设情况汇报。对临清对台工作给予充分肯定。

【对台招商引资】 充分利用鲁台经贸洽谈会、经贸文化交往交流等平台，广交台湾重点工商团体和知名企业家，通过召开座谈会的形式，广泛宣传临清的产业优势和投资环境。通过平台交流活动，储备大批的台湾优秀企业家资源，深化两岸经贸往来，进一步完善对台引资引技引智工作机制展开。积极邀请台湾中华经贸文教交流协会、大自然（台湾）环保科技、台湾荣庆国际股份有限公司等台湾知名团体、企业来临清参访交流。积极推进文化入岛双向交流，持续深化山东省鲁台京剧文化艺术节的开展。在成功举办山东省第一届鲁台京剧文化艺术节的基础上，临清市台办于2016年10月与台湾中华经贸文教交流协会合作，邀请台湾戏曲学校师生和台湾京剧票友60余人与临清市京剧团、京剧票友在临清大剧院共同举办山东省第二届鲁台京剧文化艺术节，进一步加深两岸文化融合，增进两岸人民感情。通过鲁台京剧文化艺术节活动的开展，进一步加强两岸同胞双向往来，深化岛内基层民众文化交流，持续深化做台湾人民工作，争取台湾基层民众的民心，增进双方之间的“中国情、同胞爱”有着十分重要和深远的意义。

【台属工作】 工作中，坚持“涉台事情无小事”的原则，全面细致地抓好对台属、台企的协调服务工作，特别是把维护台胞、台属权益，积极为他们排忧解难作为一项经常性、基础性工作。临清市台办定期组织开展走访活动，凡是台商企业在生产经营和项目建设过程中遇到实际困难，都高度重视，多方协调，真正把问题有效解决。2016年11月，临清市台办与临清市台属联谊会邀请全市台属台企代表，举办2016临清市台属台企联谊活动，期间，举办座谈会，临清市台办负责人给与会人员分析当前的两岸的形势，台属联谊会代表先后就两岸形势发表自己的看法，大家畅所欲言为祖国统一大业献言献策，活动取得圆满成功。

（周召友　姜　鹏）

市直机关工作委员会

【机构设置及基本概况】 中共临清市委市直机关工作委员会负责领导市直机关党的工作。市直机关工委下设市直机关纪工委、市直机关武装部。2016年底，市直机关工委共有工作人员5人，其中书记1人，副书记2人（其中一人兼任市直机关武装部长），群工室主任1人，宣教室主任1人。

辖党委3个，机关党委2个，党总支16个，党支部203个，截至2016年年底共有中共党员3953名。

【党员思想教育工作】 深入开展“两学一做”学习教育工作。开展党组织关系排查。围绕“不遗漏一个支部、不遗漏一名党员”的目标，要求各级党组织排查党员组织关系，做到台账清晰，人员准确，确保学习教育顺利开局、扎实开展、取得实效；领导干部带头参与。机关工委要求各级领导干部要先学一步，并自觉带头讲好党课、带头学习研讨、带头查摆问题、带头整改落实，以实际行动为本单位党员干部作出表率，带领广大党员形成“深学实做”的生动局面；机关事业单位党员学习教育以支部为单位，对不同层次、不同类型的党员，制定不同的标准，并分类制定学习计划，要求既要突出党性教育，也要结合工作实际。同时，深入开展主题教学、典型教育、观摩交流、自主选学。

【民主生活会和民主评议党员活动】 市直机关工委坚持定期召开民主生活会，认真撰写领导班子集体及成员对照检查材料，经集体讨论后，征求班子成员和市直基层党组织的意见，做到查摆问题不聚焦的不放过，突出问题没有回应的不放过，自我剖析不深刻的不放过，没有见事见人见思想的不放过，整改措施不到位的不放过，以严的标准、严的措施、严的纪律，以作风建设的新成效夯实党执政的群众基础。市直机关工委定期（每年七一、元旦）或不定期分组到各基层党组织中参加民主生活会，了解情况，检查、督促、指导。积极开展民主评议党员活动，把民主评议党员、妥善处置不合格党员和纯洁党员队伍作为加强党员队伍建设的一项重要工作。

【基层组织建设】 市直机关工委狠抓基层组织建设，按照管党治党职责，对所属17个党组书记未兼任党支部书记的单位进行调整，并及时对任期届满党委、党总支和党支部进行集中改选，对部分基层党组织进行集中改选，对部分基层党组织成员进行充实、调整。并对新任党组织成员较系统地进行党的科学理论体系、党务工作、党的基本知识等方面的教育，提高基层党务干部的政治素质和工作能力。

【发展党员工作】 根据《中国共产党党员发展细则》和《中国共产党章程》，按照“坚持标准，保证质量，改善结构，慎重发展”的方针，做好发展党员工作。2016年市直机关工委对发展党员工作进行检查，发现问题及时化解。不定期召开发展党员工作研讨会，对提出的好建议和市直机关出现的好经验及时推广和采纳。坚持每年对入党积极分子进行集中培训，没有经过培训的一律不允许入党。坚持“五不批”，即没经两年培养教育的不批，对党认识不深刻、不了解党的基本知识的不批，不经集中学习培训成绩不合格的不批，政审材料不全、手续不齐备的不批，有信访情况没查清楚的不批。并坚持“三见面”制度，即同支部成员见面，同党内外群众见面，同本人见面。做到成熟一个，发展一个，保证新党员的质量。2016年，累计发展党员36名，党员转正62名，未出现问题。

【组织制度建设】 结合机关党组织工作运行情况，建立健全党务工作管理制度16项，坚决抵制不落实、不执行，要求每一名党员干部都必须守制度，讲规矩，严格按照制度规定的各项具体标准和要求来开展各项工作和约束自我言行。由党组织书记带头，不说空话，不走形式，真抓实干地把各项规章制度落到实处，并做好各类登记记录，全程留痕。市直机关各级党组织不断加强制度建设，市直机关工委先后制定并完善市直机关、事业单位党务工作目标，并针对市直企业单位实际情况，制定适合企业特点的党务工作制度，如党支部“三会一课”制度、民主生活会制度、党员活动日制度、党员联系困难群众制度、党组织定期向老党员汇报制度、党政一把手提前磋商制度等。通过这些制度建设，充分发挥各级党组织的政治核心作用、党支部的战斗堡垒作用和保证监督作用以及党员的先锋模范作用，使市直机关党组织逐步走向制度化、规范化。

【评先树优活动】 2016年“七一”期间市直机关工委所属党组织24个单位被临清市委授予“先进基层党组织”、22名同志被临清市委授予“优秀共产党员”荣誉称号、7名同志被临清市委授予“优秀党务工作者”荣誉称号。使广大党组织和党员学有榜样，干有目标，进一步发挥党组织的战斗堡垒作用和党员的先锋模范作用。在市委、市政府的正确领导下，市直机关工委督导市直各基层党组织广泛开展一系列以创建先进基层党组织、争做优秀共产党员为主要内容的“创先争优”活动。及时制定活动方案和实施办法，做到活动目标、内容、要求、方式、领导、措施明确，健全 “创先争优”活动工作机制，保证活动的扎实开展。活动紧贴大局，以加强工作、振奋精神、提高素质、服务发展、联系群众、发挥作用为中心，争取做到思路宽广、重点突出、形式多样、内容丰富、富有成效，为机关党的工作增添新的生机与活力，极大地激发市直各级党组织和广大党员的创新精神和工作热情，有效地服务全市工作大局，进一步提高机关党建工作水平。

【党员活动室建设】 着力打造多元化、立体化党员活动场所，按照规定动作营造严肃庄严的氛围，党旗、党员入党誓词、权利、义务、三会一课制度和党员活动室管理制度一律上墙，设置专门党务工作档案橱，把政治、业务、生活、社会、百科书籍进行分类管理，并安置桌椅方便党员同志的学习、座谈和交流。把党员活动室打造成促进强化党性教育、提升觉悟修养、增进感情交流的前沿阵地。

【党风廉政建设】 市直机关纪工委受市纪委和市直机关工委领导，负责协调、指导市直机关党组织纪律检查工作，监督检查市直机关党组织、党员执行党和国家的路线、方针、政策以及贯彻执行党纪、政纪和纠正不正之风的情况，抓好市直机关党组织、党员的党纪党规教育和党风廉政建设工作，处理市直一般党员干部违纪情况。继续巩固教育实践活动、“三严三实”成果，深入开展“两学一做”活动，着力整治“庸懒散奢”等不良风气。以党的群众路线、“三严三实”及“两学一做”教育为契机，密切联系群众服务群众，厉行勤俭节约，大力弘扬求真务实、艰苦奋斗的优良作风。严格执行廉洁从政规定，履行好机关党组织的监督职能。严格执行党风廉政建设责任制和反腐倡廉各项制度，强化权力运行制约和监督，严格执行纪律，加强督促检查，确保反腐倡廉各项工作落到实处。进一步健全党内民主管理制度，拓宽党内民主渠道，在市直机关开展党务公开、政务公开工作，使广大党员对党内事务有更多的了解和参与，增强党内监督的有效性。

【市直机关武装部】 2016年市直武装部部长韩培刚同志被市人武部授予“专职武装先进个人”。

民兵组织建设。2016年市直机关民兵组织建设工作进一步得到加强，民兵组织整顿工作高标准顺利通过上级组织的检查验收，受到上级表扬。对民兵干部进行集中业务培训，收到良好效果。做到队伍健全，干部齐全。官兵相识。制度落实。电业公司民兵连、中色奥博特民兵连两个民兵连被市人武部表彰为“先进民兵连”。

民兵政治教育和国防教育。各民兵组织全部制定政治教育和国防教育年度、季度实施计划，并认真组织落实。各民兵连共建国防教育活动室15个，自制国防教育展板30块，举办专题讲座15期，发放政治教育试题495余份，订阅教育刊物共计130余份，对20名民兵干部进行国防教育集中培训，增强民兵干部的国防知识。市直民兵政治教育、国防教育实现系统化、制度化、经常化和社会化。

民兵军事训练和抢险救灾。在训练工作中，

始终坚持“严格训练，严格要求”的方针，科学组织实施。2016年市直武装部组织民兵参加军事训练，合格率达100%。在单位完成急、难、险、重工作任务和日常安全保卫工作中发挥重要作用。高中新生入学军训坚持高标准，严要求，取得优异成绩。

征兵工作。为确保兵员质量市直武装部在新兵征集工作中坚持“严把三关”（即体检关、政审关、定兵关），“四个不定”（即身体不合格不定、政审不清不定、征接双方有争议的不定、异地户口不定），“一个坚决杜绝”（即坚决杜绝把有严重问题的青年送到部队）。并积极主动配合部队做好入伍后的政治思想工作，连续16年无思想不稳定个人和政治考核、身体复查退兵。

【其他工作】 机关作风建设方面。2016年，深入开展“亮身份、明职责、树形象”党员（家庭）挂牌活动，对窗口服务单位开展 “双向评聘、三岗创建”活动。增加群众监测点和群众对人定向评议，以定向评议为突破，发挥其推动作用，提高窗口服务部门单位的服务主动性、积极性和规范性。在机关工委的倡导下，一些基层党组织在“七一”节日中，举办不同形式的演唱会、演讲会、歌唱会，歌颂党、歌颂祖国、歌颂时代精神。

加强党费的收缴管理。按照中组部的有关规定及《党费工作手册》，重新审核党员的党费应交额，规范党费的收缴管理程序。

“第一书记”选派工作。修缮党建活动阵地。对原有办公用房进行粉刷，机关工委为枣林村捐助办公桌椅及文件柜，建立专门的党员活动室。同时，实现党建制度上墙、职责上墙。解决出行难问题。通过“一事一议”和积极争取，共为枣林村修建水泥路6500米、加装太阳能路灯71盏。解决饮水和灌溉难题。为410户村民争取到饮用水免费升级改造项目及设立惠民饮水站1处，彻底解决村民的饮水安全问题。通过对沟渠进行清淤拓宽、加深以及向上争取，争取到变压器1台、新铺电线3000米、新打灌溉井6眼，基本解决村民的灌溉问题。改善村级文化场所。争取到上级扶贫图书500册，个人捐书200册、音箱1套。同时，新建综合文化服务中心和600平方米的文体小广场。改善村级环境。在新修建道路两侧建立排水沟，每天安排4名保洁员，对村内卫生进行打扫、清理。完成240户“旱改厕”工程。改善教育教学条件。通过积极争取，为枣林村争取到占地20亩，建筑面积2984平方米的中心小学教学楼1处。设立精准扶贫点。通过与当地企业联系，在枣林村贫困户刘绪会家设置橡胶手套代包装扶贫点一处，切实解决50人的就业和脱贫问题。

（韩培刚　丰光辉）

机构编制

【机构设置】 临清市机构编制委员会办公室内设科室有综合科、行政机构编制科、事业机构编制科、监督检查科、编制计划科，下设临清市事业单位监督管理局。另外，临清市人民政府行政审批制度改革办公室设在市编办。

【推进简政放权】 落实上级取消下放行政权力事项。印发《关于承接落实省和聊城市政府调整行政审批事项和权力清单等有关事项的通知》和《关于调整2016年第一批行政许可事项的通知》，分2个批次削减行政审批事项7项（其中取消6项，整合后减少1项），承接上级下放行政许可事项4项。调整后，全市共保留行政许可事项280项。强化行政权力清单和政府部门责任清单动态管理。2016年，对行政权力清单进行2个批次集中动态调整，调整后共保留行政权力事项3120项（含行政许可事项）。同时，按照《山东省机构编制委员会关于实施地方标准〈行政权力事项编码规则〉

的通知》精神，开展行政权力事项编码调整工作，进一步加强行政权力事项标准化管理。印发《关于公布清理规范市直部门（单位）行政审批中介服务收费项目有关事宜的通知》和《关于公布清理规范市直部门单位行政审批中介服务收费项目有关事宜的通知》，分两次对行政审批中介服务收费项目清单进行动态调整，共确定 12 项中介服务收费项目不再纳入《行政审批中介服务收费项目清单》管理、3 项项目纳入管理。调整后，清单共保留 17 个市直部门的 48 项行政审批中介服务收费项目。

【强化事中事后监管】 印发《临清市实施双随机抽查规范事中事后监管工作方案》，要求各部门（单位）认真落实“双随机”抽查机制，切实规范执法检查行为，创新监管方式，为经济社会发展营造公平竞争的市场环境。“双随机”抽查机制的推广，进一步限制部门自由裁量权，规范监管行为，提高监管效能，激发市场活力。健全事中事后监管制度。结合政府部门责任清单编制工作，对行政审批事项逐项或分类制定完善具体的事中事后监管制度，明确监管对象、内容、方式和措施。同时，坚持对新增和承接上级下放的行政许可事项及时制定相应事中事后监管制度，确保制度的不断完善。

【优化政府服务】 对承接和新增的行政许可事项及时编制《行政审批事项业务手册》和《行政审批事项服务指南》，不断推进行政许审批标准化，提高行政审批服务水平。持续推进“互联网＋政务服务”，落实行政许可网上办件要求。根据上级统一部署，开展政务服务平台建设工作，与市政务服务中心管理办分工协作，密切配合，严格进行审核工作，促进各部门（单位）的行政许可事项准确无误地录入平台，为构建“四张清单、一个平台”为主要架构的政府权力运行体系创造良好的基础条件。

【政务和公益专用中文域名注册管理】 根据上级相关精神并结合工作实际，市编办通过向市财政部门申请，将中文域名费用纳入财政预算。印发《关于进一步做好全市网上名称管理工作的通知》，对全市网上名称管理工作进行统一调度，安排专人负责中文域名注册和机关事业单位网站标识加挂工作，确保工作有序推进。同时，采用现场讲解、个别沟通等方式，进一步向有关部门（单位）讲解、宣传中文域名注册和机关事业单位网站标识加挂工作的意义，激发各部门（单位）工作积极性，全市中文域名注册率和机关事业单位网站标识加挂率得到上级部门充分认可。

【综合行政执法体制改革】 为贯彻落实省委、省政府《关于推进综合行政执法体制改革的指导意见》（鲁办发〔2015〕54 号）文件精神和省市编办有关部署，6 月 8 日，临清市印发《中共临清市委临清市人民政府关于成立临清市综合行政执法体制改革工作领导小组的通知》（临委〔2016〕30 号），负责全市综合行政执法体制改革的组织领导。11 月 25 日，在对全市各部门单位行政执法事项全面摸底调查的基础上，起草并上报《关于呈报〈临清市综合行政执法体制改革工作实施方案〉的请示》（临编〔2016〕14 号）。

【烟店镇行政管理体制改革试点】 3 月 10 日，省编办对试点镇进行年度考核。期间，市编办组织烟店镇、市委考核办、财政局等部门就烟店镇改革试点中存在的问题和解决办法以及对镇（街道）行政管理体制改革方面的意见建议等内容进行座谈，并赴烟店镇进行实地查看，全方位考察烟店镇经济社会发展面貌。9 月 30 日，在前期已下放 56 项县级管理权限的基础上，按照烟店镇发展需要，又依法将部分城乡建设行政征收权力委托给烟店镇行使，进一步增强试点镇统筹发展的能力。

【乡村重点领域监管机构设置】 印发《关于加强乡村安全生产、建设工程质量安全、环境保护、道路交通安全监管工作的通知》（临编〔2016〕9

号)，为各镇（街道）增设乡村规划建设监督管理办公室，将安全生产监督管理办公室由挂牌机构调整为独立机构，并分别核定编制数额；明确环境保护专职工作人员不少于3人，道路交通安全监管工作由镇（街道）安全生产监督管理办公室负责，并配备相应的专兼职人员，切实为乡村重点领域监管工作提供机构编制保障。

【事业单位分类改革】 出台《2016年分类推进事业单位改革重点任务分工》，确定重点改革工作任务10项，明确牵头部门和参与部门，制定改革路径和时限要求，安排部署下步重点工作。大力推进事业单位登记管理工作，按时完成2016年度事业单位年度报告公示，2016年共完成年度报告公开127家，办理变更登记15家，新设立登记11家，重新申领证书8家，并全部换发新版法人证书。随机抽取市直5家事业单位进行实地核查，针对发现的问题要求其限期整改，确保监管信息的实时性、准确性。

【事业单位绩效考核】 认真开展2016年度绩效考核工作。将6个部门近123家事业单位纳入考核范围，印发绩效考核实施方案和相关通知，对考核内容、方式、结果运用等内容进行明确的规定。考核中重点对事业单位年度目标任务、日常管理、运行情况等进行考核，并适时进行实地考核，对事业单位登记管理情况及所提报的相关证明材料逐一核实，进一步加强对单位履职情况的全程跟踪与监督，促进事业单位规范化运行，提高公益服务水平。

【机构编制管理】 严控机构编制总量，确保行政编制不突破中央下达的总额、事业编制不突破2012年底总量。规范进编出编程序，加强与组织、财政、人社部门的协调配合，提出2017年度用编进人建议计划。加强实名制管理，规范实名制信息系统管理使用。完成核减“吃空饷”单位编制工作，梳理分析机关事业单位问题，核减事业单位编制6名。

【电子政务建设】 完成2016年度全市机关事业单位年报统计上报工作，做好机构编制综合管理信息系统数据的更新工作，加强与人社等有关部门的沟通联系，及时掌握人员信息变动情况，搞好月度统计，实现人员信息及时更新。

【机关建设】 继续强化党的组织建设，开展“两学一做”学习教育活动，加强党性修养，增强政治意识、大局意识、核心意识、看齐意识。同时，注重机构编制业务知识学习，坚持以学习交流为重点，以建章立制为抓手，勤练内功，自我加压，全面提升机构编制业务水平。积极做好机构编制信息宣传工作，荣获“全省机构编制信息工作先进单位”称号。

（潘　巍）

信访工作

【概况】 临清市信访局是市委、市政府的重要工作部门。2016年有编制6人，现有干部职工13人，其中正科级2人（含离岗待退1人），副科级3人。内设科室为：办公室、督办室、接访科、办信科、政工科。

2016年临清市信访局认真贯彻落实党中央、国务院关于加强新时期信访工作的系列重大部署，紧紧围绕市委、市政府工作大局，坚持依法办事，切实维护公平正义，最大限度地减少重复上访，努力畅通信访渠道，稳定信访秩序，不断规范和完善信访工作制度，强化信访工作责任，全力维护社会稳定，为构建富裕、文明、和谐临清做出应有的贡献。

【职能职责】 负责处理市内群众的来信来访及来电；负责向各镇（街道）、市直部门及机关单位转送、交办、督办信访事件及其他信访事项；承办上级及业务部门和市委、市政府交由处理的信访事项；协调督导全市的重要信访事项；复查、督促、检查信访事项的处理情况；研究分析信访工作的特点和规律，主动开展调查研究，及时向市委、市政府提供信访信息和解决问题的建议及意见；督促、检查和指导全市的信访工作，引导群众依法有序地进行信访；承办上级业务主管部门和市委、市政府交办的其他工作。

【处理信访案件情况】 2016 年，共受理群众来信 113 件，来访 161 件（起）。结案率 100%，上级交办案件 9 件，办结率 100%。

【学习教育】 为深入贯彻落实习近平总书记关于“两学一做”学习教育重要指示精神，结合信访局实际，开展“两学一做”学习教育，要求局各党员每天上午和下午必须坚持 1 个小时的集中学习时间，认真学习《中国共产党党章》《中国共产党廉洁自律准则》《中国共产党纪律处分条例》党章党规及《习近平总书记系列重要讲话读本》《习近平谈治国理政》、临清市开展“两学一做”学习教育工作实施方案。并开展座谈讨论，牢固树立大局意识、责任意识和奉献意识，做好本职工作。

此外，为进一步规范党内组织生活，提高基层党组织生活质量，强化党员党性观念和宗旨意识教育，坚持和落实党支部“三会一课”制度，根据信访局实际，组织和筹备党员大会、支部委员会、党小组会及党课。

【队伍建设】 将信访一线作为考验干部、培养干部、锻炼干部的主阵地。坚持严把信访干部“入口”，畅通信访干部“出口”。严格执行年轻干部到市信访局轮岗挂职制度，干部轮岗挂职期满时信访局出具鉴定意见，党委组织部门则根据信访部门的意见作为干部提拔重用的依据。着力提升信访干部的思想道德素质，强化宗旨意识。以“为党分忧，为民解难”为指导思想，以争创“工作一流，群众满意”为工作部门目标，弘扬“热情、负责、依法、奉献”的精神，让市委、市政府放心，让来访群众塌心。强化能力建设，注重理论学习，加强对信访人员的培训。为提高工作人员的理论水平和业务能力，2016 年共举办信访干部培训班 24 期，培训信访干部 200 余人次。除举办专门业务培训班，到上级下级或外地挂职学习外，还召开 3—4 次信访人员会议。以会代训，利用会议对重大或疑难信访案件进行集体剖析、研讨。与会人员相互交流、相互启发、取长补短。

在市委、市政府的正确领导支持下，领导班子团结带领全体干部职工，认真学习贯彻党的路线、方针、政策。以《信访条例》为依据，以法律法规为准绳，以“为党分，局忧，为民解难”为宗旨，不断解放思想，更新理念，与时俱进，奋力拼搏，以无私忘我的精神创造性地开展全市信访工作。

（李　坤）

老干部工作

【工作概况】 2016 年临清市委老干部局深入学习领会，全面贯彻落实中办、国办印发的中办发〔2016〕3 号《关于进一步加强和改进离退休干部工作的意见》文件精神，按照聊城市委老干部局和临清市委、市政府总体部署，不断完善工作机制，创新工作思路，打造工作特色，切实加强和改进老干部的思想政治工作，确保老干部各项待遇的落实，使他们老有所养、老有所为、老有所医、老有所乐、老有所教、老有所学，真正做到“政治坚定、思想常新、理想永存”。

【落实待遇】 坚持老干部每季度政治学习制度，认真学习，深刻领会党的十八大三中、四中、五中、六中会议和省、聊城市、市委的会议精神。5月26，组织老干部参观华美医院、大辛庄街道近古村；9月26日，组织全市市级以上老干部参观中轴轴承、大唐电力、三和纺织工业园、城北水库，对全市工业经济发展进行视察，并召开情况通报会，市委书记王建鹏，市委副书记、市长李新阁，分别向老干部作专题情况通报；6月底，组织专门人员赴青岛、烟台等地看望慰问安置在外地的老干部；坚持重大会议、重大活动让老干部参加，共有180余人次老干部分别参加人代会、政协会、市重要会议等，让老同志们有机会发表意见，提出建议，参政议政，献计献策；坚持重大节日走访、看望制度，在传统节日、重大纪念庆典活动中，上门走访慰问红军时期、抗战时期离休干部10多人次；坚持看望生病住院老干部25人次。坚持为老干部订好报纸和学习资料，为离休干部、副县职退休干部订阅《老年之家》杂志和《临清周迅》等刊物。继续完善离休干部的“三个机制”，坚持以人为本，全面落实离休干部的“两个待遇”。确保“两费”和政策规定的生活待遇的落实。全面做好特困离休干部的帮扶，落实好企业离休干部遗属生活困难补助工作，积极为老干部办好事、做实事。

【组织活动】 1月27日春节前夕组织学员走上街头送春联；5月组织支部书记到潍坊参观，学习支部规范化建设及活动开展；5月4日，组织学员赴八岔路镇敬老院慰问演出，获得一致好评；5月10日，举办全市支部书记培训班；6月，举办庆祝建党95周年书老干部诗词书画摄影展，展出作品80件。5月23日，组织临清市公安局退休干部陈福顺到明德中学开展以“快乐学习健康成长”为主题的讲座，加强青少年的社会主义核心价值观教育。6月24日，市关工委邀请2015年临清高考理科状元的父亲张英在京华中学举办“烛光行”家庭教育讲座，述育才之道。9月26日组织离退休干部25人先后就地就近参加考察中轴轴承、大唐电力、三和纺织工业园的发展情况和建设情况。在参观考察正在建设中的大唐发电项目时，使老干部们亲自感受临清市日新月异的大变化，并纷纷表示，将一如既往地关心、支持市委市政府的各项工作，在有生之年积极为全市的建设献计献策为构建和谐社会继续发挥余热。11月11日，在市京华中学举办“五老”党史国史教育宣讲报告会。2016年开展党史国史、法律宣传等宣讲报告会3场，聆听报告会的学生1000多人次。

（李树新）

党史研究

【机构设置】 2016年1月，中共临清市委党史研究室，为隶属市委的正科级全额事业参公单位。中共临清市党史研究室负责中共历史研究工作，组织编写中共临清历史；征集、整理编撰临清地方党史重要资料，妥善保存党的历史财富；组织开展党史学习教育；扩大党史宣传，普及党史知识；组织开展临清党史重要课题和人物研究及有关党史重大事件，重要人物纪念活动；配合上级党史部门及本级有关部门做好党史革命遗址、遗迹调查，保护维缮和开发利用工作，搞好党史纪念馆建设；积极参与红色旅游工作和革命老区建设工作；开展对全市党史工作业务指导。

【工作概况】 2016年完成《改革开放实录》（聊城卷）临清承担三个专题。分别是《临清市改革开放的探索，发展与成就论述》《走在全省前列的临清市信访服务标准化建设历程和成就》《区域性股权市场挂牌工作“临清模式”的探索，成就及经验》。按照上级要求完成《聊城市“社会主要建设时期地、县委书记口述历史”》征编工作前的征稿、整理上报等其他工作。

（刘立华）

党校工作

【机构设置】 临清市委党校始建于1948年7月，内设5个科室：办公室、政工科、培训科、教研室、函授站，行政级别均为副科级。

【师资队伍建设】 2012年通过临清市事业编招聘2名工作人员，2013年招聘1名工作人员。2016年有在职教职工25人，其中高级讲师9人，讲师6人。大学本科学历20人，研究生学历3人。近四年来，新增教职工3人。

习近平总书记指出，“党校教师是我们党直接掌握的一支教师队伍，是我们党一支不可多得的理论力量”。教师水平的高低直接决定教学质量的优劣。临清市委党校坚持“教育者首先要受教育”的理念，采取一系列措施，加强师资队伍建设，打造高素质的党校教师队伍。邀请省内外名师来校授课，全体教师观摩学习，汲人之长，补己之短。组织教师参加上级党校组织的各类学术交流活动和研修班，选派优秀教师赴上海、北京等高校学习进修，到办学经验丰富的兄弟党校考察学习，在拓展视野的同时提高专业理论水平和课堂教学能力，再以“点”带“面”，提升党校全体教师的业务能力与水平。实行“先试讲后上台”制度，根据培训需求，每次上课之前先进行单位内部试讲，全体人员点评、打分，待试讲过关后再上台为培训班上课，以切实提高师资水平，保障课堂教学质量。举办教师风采展示、全体教师精品课工程、青年教师精品课工程、教师试讲过关课等为主题的教学活动。创新考核机制，实行个人年度档案制，年底进行量化评比，以此作为评先树优的依据。

临清市第十三次党代会工作报告和临清市第十八届人代会政府工作报告都提出要规划建设市委党校新校区。党校新校区建设已被列为重点工程，正处在选址规划阶段，将与体育馆、档案馆、党史馆、方志馆、科技馆、美术馆一并建设。

【干部培训】 2016年共开设科级领导干部培训班九个专题班64堂课，培训学员7000余人次。组织开展现场教学，先后组织9个班次学员深入全市重点企业、重点项目部门、文化名胜古迹进行实地参观考察学习，开拓学员视野，更新学员观念，成为科级干部培训工作的亮点。紧紧围绕“两学一做”，紧密结合临清实际进行备课，对农村党员进行宣讲，共为16个镇（街道）约5000余名农村党员作辅导60余场次，宣讲内容广泛，主要涉及群众路线教育、农村党员的权利与义务、学习实践科学发展观、十八届六中全会精神、核心价值观和“三农”问题等内容。让党的政治理论、方针政策传达到农村，真正发挥好基层理论宣讲员的“话筒”作用，为农村传播正能量做出努力。

【函授教育】 临清市委党校函授站建于1989年，有工作人员4名，有高级职称的2人，中级职称的1人，初级职称的1人。

2016年在校学员共353人，毕业146人。为保障教学工作的顺利进行，配齐多媒体教学设备，教学和办公条件得到明显改善，同时也极大地促进教学质量的提高。

在业教工作中，函授站始终把办一流业教作为教学宗旨，以抓教学为突破口，以全面提升教学质量为目的，努力做好各方面工作。结合实际，建立健全各种规章制度，使教学管理规范化、制度化；质量立校、质量兴教，全力打造教学新布局，努力提高面授质量；思想引导、制度监督，坚持不懈地抓好学员到课率；严肃考纪、从严治教，保持党校良好办学声誉。

【教学工作】 教师们认真学习市委市政府有关重要会议精神，围绕中心，服务大局，精心备课，写出理论联系实际的讲稿，制作精美课件，全力做好镇办、市直部门党员培训宣教工作。

实施教师精品课工程。2月份开展以马列经典导读、中国特色社会主义理论体系、党性教育、十八大和三中、四中、五中全会精神解读、统战政协专题等为主要内容的教学竞赛活动，取得良好效果。组织教师参加培训，提升教学水平。5月、7月、10月共四次组织教师参加由中国人民大学、上海复旦大学、山东省委党校举办的干部综合素质能力提升专题培训班，通过学习，教师们拓展知识面，提升理论和教学水平。

【科研工作】 李恩侠撰写的《充分发挥社会组织在推进国家治理体系和治理能力现代化中的作用》一文获聊城市社会科学优秀成果三等奖；在聊城市党校系统优秀科研成果评奖中，金增岳撰写的《加强和改进党对全面推进依法治国的领导问题》获三等奖；由张卫东、李恩侠、淳俊青、郭倩、张文娟、赵芬、庞荣昌撰写的全省党校系统课题——党的十八届四中全会精神专项研究共7项课题获得结项；撰写理论文章，积极参加聊城市党校理论研讨会，李恩侠、张文娟（2篇）、赵芬在全国和省级期刊上共发表论文4篇，组织参加聊城市委党校举办的十八届五中全会理论研讨会、“两学一做”学习教育理论研讨会、“纪念中国共产党建党95周年”理论研讨会，李恩侠、赵芬的文章共2篇获二等奖，张春华（2篇）、淳俊青（2篇）、张文娟（2篇）、赵芬（2篇）、金增岳、李恩侠文章共10篇获三等奖。

（张春华　庞荣昌）

接待工作

【工作概述】 临清市招待所始建于1958年，是一家集住宿、餐饮、商务、休闲于一体的三星级涉外宾馆，系临清市委、市政府指定政务接待部门，临清市级党政机关会议定点场所，为临清市属事业单位。总占地面积2万平方米、建筑面积1.6万平方米，由2栋客房楼、1栋餐饮楼、1栋餐饮会议综合楼及1栋办公楼组成。其中，餐饮部分拥有宴会大厅、多功能厅各1个，各类型豪华包厢24个，可同时容纳800余人就餐，餐饮菜肴以鲁菜为主，兼有川、粤等菜系特色名菜；客房部分拥有豪华套房、标准间等共114间，可同时接待190余人住宿；另外拥有各类规格的会议室7个，可满足不同规模会务需求。截至2016年12月，内部共设13个部室，分别为：办公室、客房部、餐厅部、厨务部、宴会厅、多种经营一部、多种经营二部、营销部、财务部、质检部、安保部、采购部、工程部。

【工作成绩】 2016年，在临清市委、市政府和市委办公室的坚强领导下，在社会各界的大力支持下，所领导班子团结带领广大干部职工认真学习贯彻落实十八届五中、六中全会精神，以“两学一做”学习教育为重要载体，紧紧围绕“解放思想、转变观念、大胆创新、共谋发展”的总体思路，以抓牢“一条主线”、立足“两个根本”、强化“三个建设”为总体指导，以敢于担当的精神、勇于创新的气魄，戮力同心、砥砺奋进，力行举措、狠抓落实，圆满完成上级交给的各项工作任务，进一步巩固经济向好基础，保持良性平稳运行，赢得各级领导和社会各界的良好赞誉。先后被山东省烹饪协会授予“山东省最佳服务酒店”；被山东省旅游饭店协会授予“山东省饭店行业文化建设先进单位”；被山东省诚信建设促进会授予“山东省诚信建设示范企业”；被聊城市酒店业协会授予“十二五期间振兴发展聊城餐饮事业功勋企业”“聊城市酒店餐饮行业最受大众欢迎的特色餐饮酒店”“聊城市酒店餐饮行业主题宴席研制团体金奖”；被聊城市总工会授予“聊城市工人先锋号”“聊城市女职工工作先进单位”；被聊城市物价局授予“聊城市价格诚信单位”；被中共临清市委、临清市人民政府授予“平安临清建设先进单位”“临清市落实法人计划生育责任制先进单位”；被临清市总工会授予“临清市工人先锋号”等荣誉称号。临清市招待所的“临清什香面”制作技艺被山东省人民政府列入“第四批山东省非物质文化遗产名录”，被山东省旅游饭店协会授予“山东金牌旅游小吃”，被聊城市旅游局、聊城市旅游行业协会授予“聊城地方名吃传承奖”，被聊城市酒店业协会授予“聊城最美面食”；制作的传统“临清汤”“灌肠山菌”分别被《聊城晚报》、聊城市酒店业协会授予“聊城市最美家乡菜”“聊城市优秀菜品”等。

（林再文　刘　锐）

临清年鉴 2017

LINQINGYERABOOK

临清市人民代表大会

【机构设置】 市人大常委会下设办公室、农经工委、法工委、人代工委、财经工委、教科文卫工委、预算工委、信访室、城环室、老干部服务中心。

【工作概况】 2016年，市人大常委会在中共临清市委的坚强领导下，以邓小平理论、"三个代表"重要思想、科学发展观为指导，深入学习贯彻党的十八大、十八届三中、四中、五中、六中全会和习近平总书记系列重要讲话精神，紧紧围绕全市工作大局，认真履行宪法和法律赋予的职责；坚持围绕中心，认真开展工作监督；坚持依法治市，推动法治临清建设；坚持依法决定任免，保证重大决策部署的落实；坚持发挥代表作用，保障代表依法履职；坚持强化自身建设，推进人大工作与时俱进；为加快全市民主法制建设进程，促进全市科学发展、全面建成小康社会作出积极贡献。

【人大代表构成情况】 2016年有工农代表168名，占代表总数的63.4%；干部代表19名，占代表总数的6.83%；知识分子代表30名，占代表总数的11.3%；中共党员代表225名，占代表总数的80.9%;少数民族代表11名，占代表总数的4%;妇女代表47名，占代表总数的16.9%。

【重要会议】 4月27日，临清市第十七届人大常委会召开第三十五次会议。会上听取市经信局负责同志受市政府委托所作的关于全市工业经济运行情况的汇报；听取市住建局负责同志受市政府委托所作的关于《物业管理条例》贯彻执行情况的汇报；听取市公安局负责同志受市政府委托所作的关于《消防法》贯彻执行情况的汇报；听取市市场监管局负责同志受市政府委托所作的关于《特种设备安全法》贯彻执行情况的汇报。

6月17日，临清市第十七届人大常委会召开第三十六次会议。会上听取市政府办公室负责同志受市政府委托所作的关于市十七届人大五次会议代表所提议案、建议、批评和意见办理情况的汇报；听取市发改局负责同志受市政府委托所作的关于重点项目工作情况的汇报；听取市水务局负责同志受市政府委托所作的关于水利工作情况的汇报；听取市法院负责同志所作的关于信息化建设工作情况的汇报；听取市政府提请的人事任免报告和被任命人员的供职报告，表决通过人事任免事项；首次举行宪法宣誓仪式。

7月11日，临清市第十七届人大常委会召开第三十七次会议。表决通过关于设立镇选举委员会的决定。

8月30日，临清市第十七届人大常委会召开第三十八次会议。会上听取市委常委、副市长韩德振所作的关于国土、经信、科技和市场监管工作情况的报告和关于2016年政府债务限额情况的报告；听取市发改局负责同志受市政府委托所作的关于2016年上半年国民经济和社会发展计划执行情况的报告；听取市财政局负责同志受市政府委托所作的关于2015年财政决算及2016年上半年预算执行情况的报告、关于2016年政府债务限额情况的说明、关于2016年市级预算调整方案的报告、关于申请将南水北调东线一期工程临清市续建配套工程项目光大银行固定资产贷款还本付息资金列入年度财政预算的报告；听取市审计局负责同志受市政府委托所作的关于2015年度市级预算执行和其他财政收支审计及2014年度审计查出问题整改情况的报告；对有关事项作出决议；对市政府国土、经信、科技和市场监管工作进行投票测评。

10月28日，临清市第十七届人大常委会召开第三十九次会议。会上听取市政府副市长秦荣菊所作的关于国土、经信、科技和市场监管工作的整改报告；听取市人社局负责同志受市政府委托所作的关于社会保障工作情况的报告；听取市教育局负责同志受市政府委托所作的关于义务教育工作情况的报告；听取市检察院检察长杨青所作的关于司法规范化工作情况的报告；表决通过关于市镇两级人大换届选举的决定、市选举委员会组成人员名单和各镇选举委员会、各街道换届选举工作指导组组成人员名单；对市政府国土、经信、科技和市场监管整改工作情况进行投票测评。

12 月 9 日，临清市第十七届人大常委会召开第四十次会议。会上表决通过关于调整市、镇两级人大代表换届选举日的决定；听取市检察院检察长杨青所作的关于首批员额检察官履行法律报备程序的说明。

12 月 14 日，临清市第十七届人大常委会召开第四十一次会议。会议分别听取市政府和市法院提请的人事任命报告。会议经过审议，任命祁学兰为市政府副市长，任命张晓勇为市法院副院长；表决通过关于接受李新阁辞去临清市政府市长职务请求的决定、关于接受韩德振辞去临清市政府副市长职务请求的决定和关于接受马国栋辞去临清市法院院长职务请求的决定；表决通过关于市政府副市长祁学兰代理市政府市长的决定。

12 月 14 日上午，临清市第十七届人大常委会举行宪法宣誓仪式，市人大常委会党组书记、第一副主任王晓华主持并监誓。10 时许，王晓华宣布宪法宣誓仪式开始。全体起立，同唱中华人民共和国国歌。国歌唱毕，领誓人、市人民政府代市长祁学兰走到宣誓台前，将左手抚按在宪法上，右手举拳，宣读誓词。市人民法院副院长张晓勇跟诵誓词。

【人民代表大会】 市十七届人民代表大会第五次会议于 2016 年 2 月 26 日—28 日在临清剧院举行。大会审议通过市政府工作报告、人大常委会工作报告、法院工作报告、检察院工作报告；审查批准《临清市国民经济和社会发展第十三个五年规划纲要》《临清市 2015 年国民经济和社会发展计划执行情况的报告和 2016 年计划》《临清市 2015 年预算执行情况的报告和 2016 年预算》和《临清市 2015 年市级预算执行情况的报告和 2016 年市级预算》。

【代表联系制度】 组织开展常委会组成人员联系代表和“民情直通”代表联系选民的“双联”活动。常委会组成人员下基层、接地气、访民忧、送温暖，广泛征求代表和选民的意见建议。通过“双联”活动的开展，一方面密切常委会组成人员、代表、选民之间的联系，为代表和选民反映意见提供良好平台；另一方面充分调动代表履职的积极性，提高代表的履职水平，办成一些群众看得见、摸得着的实事，树立人大代表为人民的良好形象，产生良好的社会效应。

【代表议案处理】 市十七届人大五次会议期间收到代表建议 70 件，闭会期间收到代表建议 95 件，内容涉及交通运输、城建环保、农田水利、教科文卫、财政经济、政法等方面。为提高代表建议办成率，常委会不断完善代表建议督办机制，采取主任会议研究督办、常委会领导带头督办、相关工委归口督办、邀请代表现场督办相结合的方式，全面加强代表建议办理工作；专门召开代表建议答复会，市政府领导和承办部门负责人将办理情况进行专题报告，当面答复代表和选民，征求办理意见。通过对代表建议的督办，一批代表关注、群众关心的热点问题得到有效解决。

【法治建设】 常委会把保证法律法规的正确有效实施和促进公正司法作为重要职责，加大法律监督力度，努力为全市经济建设和社会发展创造良好的法治环境。常委会听取审议市政府关于《物业管理条例》《消防法》《特种设备安全法》等法律法规贯彻执行情况的报告，充分肯定全市执法工作所取得的进步，推动上述法律法规在全市的贯彻实施。根据监督法的有关规定，常委会继续开展规范性文件备案审查工作，加强与政府相关部门的联系对接，确保政府所制定规范性文件的合法性与适当性。始终把受理群众来信来访作为化解矛盾、增进和谐的重要窗口，按照全国人大提出的“分别受理、综合分析、统一交办、限期反馈、严格监督”的要求，坚持“以民为本、关注民生、创新机制、突出重点”的工作思路，把受理群众信访作为履行监督职能、增强监督实效的重要工作来抓，不断完善机制，加大督办力度，为维护群众的合法权益，化解社会矛盾发挥应有作用。

【人大监督工作】 常委会按照监督法和预算法的规定，认真听取审议市政府关于计划、预算执行情况、决算及审计工作情况报告，在充分肯定工作成绩的同时，对经济社会发展中面临的困难和问题，建议市政府高度重视，采取有力措施，稳定经济增长，加强财政工作，发挥审计监督职能，维护财经秩序。常委会牢牢把握转变发展方式这一主线，开展对重点项目、工业经济运行等工作的视察调研，建议市政府进一步加强公共服务与政策扶持，着力解决融资难、用地难等问题，努力营造宽松发展环境，在思想解放、扩大规模、提升档次、科技创新、提升管理上实现新突破，确保全市经济发展始终沿着结构优化、质量改善和效益提升的轨道运行。

（庞书明　刘　京）

临清年鉴 2017

LINQINGYERABOOK

临清市人民政府

【机构设置】 临清市人民政府下设工作部门有：政府办公室、发展和改革局、农业局、经济和信息化局、住房和城乡建设局、卫生和计划生育局、教育局、科学技术局、公安局、监察局、民政局、司法局、财政局、人力资源和社会保障局、国土资源局、交通运输局、水务局、商务局、文化广电新闻出版局、审计局、环境保护局、统计局、安全生产监督管理局、食品药品监督管理局、市场监督管理局。另外，设立市政务服务中心管理办公室，作为市政府行政派出机构。市政府办公室加挂市政府法制办公室、市民族宗教事务管理局牌子；市卫生和计划生育局挂市中医药管理局牌子；市食品药品监督管理局挂市食品安全委员会办公室牌子；市发展和改革局不再加挂市物价局、市粮食局牌子，市物价局、市粮食局调整为市发改局直属机构。

【重要会议】 2016 年 2 月 4 日，市委副书记、市长李新阁在市级机关二楼会议室主持召开市长办公会议，就部分企业项目申请专项建设基金、临清市乡村医生身份和补助年限认证工作的议题进行研究讨论，安排部署当前重点工作。

2016 年 3 月 7 日，市委副书记、市长李新阁在市级机关二楼会议室主持召开市长办公会议，安排部署市政府全体（扩大）会议的筹备等工作。

2016 年 3 月 12 日，市委副书记、市长李新阁在市级机关二楼会议室主持召开市长办公会议，就临清市与洛阳轴承研究所合作设立山东研究院的议题进行研究讨论，安排部署全市总结表彰大会筹备工作。

2016 年 4 月 22 日，市委副书记、市长李新阁在市级机关二楼会议室主持召开市长办公会议，就瑞源水务公司向光大银行申请南水北调一期续建配套工程项目贷款、部分项目开展 PPP 合作或政府购买服务的议题进行研究讨论，安排部署当前重点工作。

2016 年 5 月 21 日，市委副书记、市长李新阁在市级机关二楼会议室主持召开市长办公会议，就聊城市公务用车制度改革会议精神、市园林处工作情况、市城建监察大队工作情况的议题进行研究讨论，安排部署当前重点工作。

2016 年 6 月 28 日，市委副书记、市长李新阁在市级机关二楼会议室主持召开市长办公会议，就临清市与阿里巴巴农村淘宝开展合作的议题进行研究讨论，安排部署当前重点工作。

2016 年 8 月 1 日，市委副书记、市长李新阁在市级机关二楼会议室主持召开市长办公会议，就稳步推进散煤清洁化治理工作、加快乡镇消防队伍建设的议题进行研究讨论，并安排部署当前重点工作。

2016 年 9 月 13 日，市委副书记、市长李新阁在市级机关二楼会议室主持召开市长办公会议，就国防公路建设工役制人员待遇、山东洛轴所轴承研究院有限公司项目进展及合同书修改情况的议题进行研究讨论，并安排部署当前重点工作。

2016 年 10 月 8 日，市委副书记、市长李新阁在市级机关二楼会议室主持召开市长办公会议，就临清彩虹热电有限责任公司参照退城进园政策收储土地有关事宜、道路路域绿化工作的议题进行研究讨论，并安排部署当前重点工作。

2016 年 11 月 2 日，市委副书记、市长李新阁在市级机关二楼会议室主持召开市长办公会议，安排部署当前重点工作，并就提高洁净煤补贴标准、推动规改企业集体挂牌的议题进行研究讨论。

2016 年 12 月 20 日，市委副书记、代市长祁学兰在市级机关二楼会议室主持召开市长办公会议，传达学习何宪卓书记在市级领导干部会议上的重要讲话精神，明确新一届政府班子分工，并对班子自身建设和当前重点工作进行安排部署。

【重要文件】 临政发〔2016〕3 号关于印发《临清市人民政府议事规则》《临清市人民政府重大

行政决策程序规定》的通知。

临政发〔2016〕4 号关于印发临清市国民经济和社会发展第十三个五年规划纲要的通知。

临政发〔2016〕10 号关于公布第八批市级非物质文化遗产名录的通知。

临政发〔2016〕12 号关于印发临清市行政调解暂行规定的通知。

临政发〔2016〕13 号关于印发《临清市阿里巴巴农村淘宝项目建设实施方案》的通知。

临政发〔2016〕20 号关于印发临清市全民健身实施计划（2016-2020 年）的通知。

临政发〔2016〕24 号关于印发临清市公共资金使用透明化管理办法等四个管理办法的通知。

临政办发〔2016〕1 号关于印发临清市机关事业单位工作人员养老保险制度改革实施方案的通知。

临政办发〔2016〕2 号关于认真办理市人大代表建议和政协委员提案的通知。

临政办发〔2016〕3 号关于印发临清市行政机关规范性文件制定程序规定的通知。

临政办发〔2016〕4 号关于公布 2015 年全市工业经济发展目标完成情况及 2016 年发展目标的通知。

临政办发〔2016〕5 号关于报送《临清市政府办公室公务用车制度改革实施方案》的报告。

临政办发〔2016〕6 号关于印发《临清市乡村教师支持计划（2015—2020 年）实施办法》的通知。

（曹善辉　李光月　张　伟）

办公室工作

【机构设置】 市政府办公室强化综合协调、政务服务及应急、督查、调研工作的职责，发挥好参谋助手和运转枢纽作用。共设秘书科、机要科、人事科、综合一科、综合二科、综合三科、综合四科、信息科、公文办理科、外事侨务科、电子政务科 11 个科室。

【机要工作】 机要科成立于 1979 年，设有科长一名，副科长一名。由传真室和档案室组成。主要负责机要、保密工作以及上级有关文电的处理和收缴；负责传真、电话的管理和使用；负责全市政府系统公文传输。

办文科室及收发室随时将市政府和办公室文件、领导讲话、会议纪要文稿、底稿送交机要科，按照文书归档要求及时归档，并履行文件归档交接手续。机要科在每年第二季度前完成对上年应归档文件的整理、分类、立卷、归档工作。本着便于保存和有利于查找利用的原则，严格按照文书档案的要求准确分类、系统排列卷内文件、编写页号，按规定格式打印卷内目录、案卷标题和案卷封面项目，编制分类归档文件目录，并单独分放永久、长期、短期档案。2016 年，整理文件 500 余件，接受传真 360 余件。

【督查工作】 紧扣政府中心和重点工作，不断创新方法，规范程序，通过现场检查、电话督查、文件督办等方式，推动政府决策目标的实现。2016 年共编发《政务督查》32 期；办理人大代表建议 76 件、政协提案 79 件，办结率 100%，满意率 98%；办理上级政府督办及领导批示件 25 件，办结率 100%。

政府重大工作部署督办工作。以政府工作报告为主线，围绕市政府年初确定的工作目标，印发《全市重点工作分工意见》，将工作目标细化，明确责任部门。每季度对各级、各部门督促检查完成情况。对每一次市长办公会议安排的工作事项落实情况进行跟踪督查。市长办公会议纪要印发后，立即对会议安排的工作事项进行跟踪落实，及时进行反馈。对政府工作报告中承诺的“10 件惠民实事”进行细化、分解，坚持每半月进行一次督导并通报进展情况。对有关部门工作中存在的问题及时予以提醒，切实做到跟踪到位、协调到位。

人大代表建议办理工作。在往年全部建议按要求在工作时限内办理完毕，办结率为100%的基础上，采取一些新的工作措施。对一些任务重、容易出现问题的承办部门，结合市人大代工委与部门主要负责人进行座谈，逐件进行讨论研究，确保办理成效。分期办理，按承办任务划分，要求分批次报送，避免最后集中报送容易出现积压错乱的问题。

政协委员提案办理工作。继续坚持提案领导签批制度。交办前，与市政协提案办结合在一周内与24个承办部门的主要负责人逐件进行沟通，明确办理责任。对部门提出的问题再次与委员进行协商，对提案所提建议内容进行完善，进一步明确提案的目的、要求和需要解决的问题，使承办部门的办理更加具体，答复措施、方案更加合理可行。

【公文办理】 公文办理科成立于2011年3月，负责办理以市政府、市政府办公室名义制发的各种公文。严把公文登记关，对收文日期、编号、标题、部门进行分类登记，对于印发的规范性文件，及时存档、归类。汇总印发市领导每日政务活动安排；保证公文制发及时、准确、安全、高效；负责全市政府系统公文处理工作的业务指导；负责文件批转，高效及时地把上级部门的各类文件呈阅给相应领导，为上级指示和精神的传达提供良好的纽带和桥梁。2016年，完成正式文件编号319份（其中，临政发25份、临政字92份、临政办发6份、临政办字68份，临政任11份）。

【市长公开电话】 市长公开电话办公室成立于2005年，设有综合科、受理科、督查科3个科室，配有主任1名，副主任1名。主要负责受理对来电和聊城市市长公开电话受理中心转办事项的登记、分类、答复、转办、协调、督查、反馈、统计、归档等工作；负责受理人民群众咨询、求助和对临清市的批评、意见和建议；负责群众反映临清市职责范围内问题的查办、督办、反馈；配合聊城市市长公开电话受理中心做好影响面大，具有普遍性、倾向性问题的查办工作；负责对市政府领导同志批办事项的跟踪督办和协调处理；负责对群众来电反映的重大问题或涉及多个单位（部门）的问题的查办和协调处理。

2016年1月1日至12月31日，共转办聊城市市长公开电话受理中心事项12137件，办结率达100%，群众满意率达97.99%。2016年1月20日临清政务网“政民互动”板块重新改版上线，并增加临清政务微信公众号“市长热线”栏目。

【信息工作】 信息科充分发挥政府办公室“桥梁”和“纽带”的作用，坚持上情下达、下情上报，为政府领导制定政策、科学决策、推动各项工作落实提供依据，按照“快、精、准”的要求，及时就全市经济和社会发展及国内外重要经济动态调度、编发、报送分类信息，每个部门和镇（街道）设置1—2名信息员，形成畅通的信息网络。信息科按照及时、准确、全面的原则，拓宽信息来源，加快信息传递，畅通信息渠道，重点反映群众关注的热点、经济社会发展的难点、工作实践中的亮点，发挥信息对上宣传、典型引导、工作指导、政务发布和领导决策的参谋作用。在全市建立信息报送网络，设置100余名信息员，形成上下贯通、联络畅通的信息网络。每年上报省、地信息300余篇，编辑《政务信息》《专供领导参阅信息》等20余期，很多信息得到各级领导的高度重视。

2016年，信息科共编发《临清政务信息》25期，其中下发信息23期，专供领导参阅 2期，上报《临清政务信息》345篇，被聊城市采用186篇，转报省164篇，省采用73篇，省领导批示2篇，省转报国务院办公厅68篇，国办采用12篇，国务院领导批示5篇，政务信息排名名列前茅；制定落实定期培训、办公室全员办信息、领导审批归口落实、定期通报及年终考核等各项制度；举办2期全市政府系统政务信息工作培训暨座谈会；更新政府办公室网站工作动态、政策文件、政务信息、应急管理、机关学习及调查研究等栏目400余条。

【应急工作】 市政府应急管理办公室成立于2008年，正科级事业单位。2016年，应急办共设3个科室，值班科、综合协调科、应急处置科。在岗编制人员共7人。该办与政府办值班室合署办公，全面担负起全市值守应急、信息汇总、预案编制与审核、督促检查、综合协调等日常工作。一直以来坚持以科学发展观统领全局，认真贯彻落实《突发事件应对法》《国务院办公厅关于加强基层应急管理工作的意见》和省、市关于应急管理工作的一系列部署和要求，紧紧围绕体系和机制建设，预案体系不断健全，队伍建设扎实推进，保障能力不断增强，应急管理工作不断科学化、系统化、规范化发展。

组织机构体系。2008年，市成立突发公共事件应急领导小组，统一领导全市突发公共事件的应急处置工作。应急领导小组由市长担任组长，市委副书记和常务副市长担任常务副组长，由各位副市长担任副组长，市直各有关部门负责人担任成员。成立临清市应急管理办公室，作为全市应急管理工作办事机构，并且严格按照上级要求配备相关工作人员。在此基础上，加快镇街道和市直部门办事机构的建设，截至2016年，全市16个镇（街道）均成立应急管理办事机构；市直各部门和教育系统、卫生系统、大中型企业和600个社区、村居等单位也相继建立应急管理办事机构，并配备人员，确保基层应急管理机构到位、人员到位和职责到位。理顺市应急领导小组、应急办与各专项应急指挥机构的关系，建立“统一指挥、分级负责、协调有序、运转高效”的联动体系。

应急预案体系。按照“横向到边、纵向到底”的应急预案体系建设的要求，进一步把预案编制向社区、村居、企业、学校以及其他企事业单位延伸，建立市、镇、村三级应急预案体系，不断扩大应急预案覆盖面。同时，加强对预案的动态管理，不断提高预案的合理性和可操作性，使应急预案在应对突发事件时真正做到“有用、能用、管用、好用”。各类预案不断修订完善。编制《临清市突发公共事件应急预案汇编》，综合类、自然灾害类、事故灾害类、公共卫生类、社会安全类，制定各类专项和单项应急预案24个，全市应急预案形成较为完善的体系。薄弱环节预案稳步展开。在不断完善乡镇街道预案的基础上，加强对社区、村居的预案编制指导工作，2016年全市共制定村居（社区）预案600个，企业建立安全生产事故应急预案预案共360个，编制各类中小学应急预案189个，完成率达100%，实现应急预案的广覆盖。

应急宣教培训体系。市应急办不断加强基层应急管理人员的教育和培训，广泛开展各种知识普及与教育，切实提高全民的应急处置能力和自救能力。充分利用政务网站、专题讲座及电视、电台的科普专栏等工具，积极宣传应急法律法规和应急预案。结合“5.12”防灾减灾日、“7.28唐山大地震”纪念日、“安全生产月”等活动，通过张贴标语，发放宣传材料、有关法律法规宣传手册，群发手机短信等方式，加大对应急管理知识的宣传与教育，认真开展消防安全知识培训会、安全生产培训会议、卫生事件应急知识专业培训等专题培训活动。

应急值守和应急信息联络体系。牢固树立应急值守无小事的思想，始终把值班工作摆在重要的位置。严格执行《临清市党政机关值班工作制度》，由市委、市政府领导带班，市委、市政府主任办公会成员值班，市委办公室、市政府办公室干部值守的值班制度。关键部门、单位，关键岗位，关键时期均实行24小时值班制度，明确值班人员、明晰信息上报流程，严格落实突发事件报告制度，即特别重大、重大、较大突发事件发生以后，在20分钟内向省政府总值班室电话报告、45分钟内书面报告，最迟不超过3小时；

落实紧急敏感信息报告制度，确保信息及时、快速、准确地上报，为领导决策提供依据。市应急办和各镇（街道）应急办以及公安、消防、安监等22个部门常年执行24小时值班制度。在防汛期间，应急办、水务、住建实行领导带班、干部24小时值班制度，确保汛期信息的上传下达。在中秋、国庆以及党和国家的重大活动期间，进一步强化值班工作，实施每日信息零报告制度。通过强化应急值守制度建设、提升值班水平、提高信息报告水平，进一步提高突发事件发生时的快速反应能力，全市的社会稳定、安全生产、公共卫生等形势持续好转。

应急保障体系。进一步完善应急救援队伍体系建设。依托市公安消防大队，成立市应急救援大队，并将武警、民兵预备役和志愿者队伍建设纳入应急救援体系建设规划，初步建成以应急救援大队为基本力量，以公安消防、武警为突击力量的政府综合性应急救援队伍。深入推进镇、街道、社区、村居、企业应急救援队伍建设。16个镇（街道）和600个社区、村居均成立应急管理办事机构，由各个基层办事机构组织本辖区内的民兵、巡防员、保安员、医务人员、企业中具有救援专业知识和经验人员等组成本辖区的应急救援队伍。在突发事件发生时，应急管理工作队伍必须在20分钟内集结50人实施救援。不断组建专业应急救援队伍。依托地震、水务、电业公司、卫生、环保、交警大队、民政、农业等市直部门中有专业特长和技术优势的工作人员，逐步完善地震救援、防汛抗旱、电力抢修、危险化学品事故处置、卫生防疫、道路抢通和运输保障等15支专业队伍建设。

全面提高应急保障能力。不断加强应急救援力量和物资储备，加强应急物资储备的动态管理，实现社会储备与职能部门储备的有机结合。开展物资储备普查登记，建立应急物资信息库。建立健全长效规范的应急保障资金投入，将全市综合性应急救援队伍和有关专业救援队伍建设与工作经费列入市级财政预算；各镇（街道）也将应急救援物资、装备所需经费纳入同级财政预算。为各级救援人员配备必要的防护装备和应急救援器材，最大限度地保障应急救援人员的人身安全。

建立隐患排查机制。充分发挥安监、公安、消防、交警、交通、卫生、质监、食药监等部门的专业优势，逐步建立健全隐患排查机制，积极组织各级各部门做好突发事件隐患的排查。在安全生产方面，建立并完善事故隐患排查治理和重大隐患登记、挂牌督办和销号管理制度。在公共卫生方面，市食品安全管理办公室对全市各类餐厅、食堂进行检查。卫生系统组织实施重大传染病预防控制及免疫规划工作。在社会安全方面，进一步强化虚拟社会管控和社会矛盾纠纷排查调处，及时化解不和谐因素。推行“有警处警、无警巡逻、警种协作”巡处合一巡防模式，按照定人、定责、定路线的原则进行24小时全天候巡逻和处警，切实增强群众安全感和群众满意度。在自然灾难方面，坚持预防为主的原则，搞好平时的宣传教育，做好相关的应急演练，储备好相关的救助物资，力争把灾害损失减到最小。汛期，积极组织大规模的防汛检查，储备好防汛物料，做好基层民兵防汛演练，确保安全度汛。利用城区公园和空旷场地建成7处地震应急避难场所，总面积20万平方米，能容纳7万人，同时，在主要道路设置110个应急避难场所标识牌。

不断加强应急演练。每年都组织学校、企业、医院、商场等人员密集单位，定期开展专项应急演练，不断提升全民的应急处置能力。组织全市133所学校共开展春季和秋季应急演练，提升学校、学生的应急能力。组织中冶银河、华润纺织、将军实业公司、三和纺织、聊城二院等重点生产经营单位开展了以危化品事故、火灾事故、特种设备等为背景的安全生产事故应急演练。卫生防疫、消防、公安等部门也积极组织岗位练兵和模拟演练，为应急处置打下良好的基础。

2016年，成功应对“7.19”漳卫河防汛，成立漳卫河防汛抢险应急指挥部，按防洪堤段划分防洪督导小组，各镇（街道）各有关单位根据防汛预案和职责分工，迅速行动落实相关防范措施，7 月 27—29 日，洪峰经过临清市，市主要领导及水利部门职工 24 小时驻守在大堤上，对漳卫河沿线涵闸及险工险段进行巡查，确保安全度汛和群众生命财产安全。启动重污染天气预警和应急响应，确保全市正常生产的稳定和群众健康，在电视台、电台和政务网站上及时发布应急响应。

【电子政务】 电子政务科成立于 2011 年，配有主任 1 名，科长 1 名，科员 2 名。主要负责推进、指导、协调、监督全市政府系统及政府办公室政府信息公开工作；负责推进市政府系统政务信息化建设和办公自动化建设工作；负责电子公文传输系统应用管理；负责市政府办公室电子政务信息安全与保密工作；负责市政府及市政府办公室网站建设与管理。2016 年 4 月，电子政务科在 2015 年度聊城市政府信息公开考核中总成绩位列聊城 11 县（市、区）第一。

市级动态信息采编。紧紧围绕市委、市政府的中心工作，认真做好临清政务网市级动态信息采编工作，切实提高重大活动、会议等报道及时性、准确性、权威性。2016 年，共编发市级动态信息 485 条。

网站内容建设。调整优化临清政务网栏目设置，及时开辟专栏，加大对重大活动宣传报道力度。相继推出“两学一做”“精准扶贫”“实施城乡环卫一体化”“国家安全教育日”等专栏，集中报道活动开展情况，共发布信息 232 条，为活动的开展营造浓厚的氛围，取得良好的宣传效果。

及时更新网站内容。审核发布镇、街道政务信息 336 条、市直部门政务信息 1245 条，上报聊城网站信息 1208 条。加强“政民交流”答复工作，下发转办回复政务网舆情问题 28 件。同时向聊城政务网报送政务动态 36 期。

完善网站内容保障机制。每月网站定期通报投稿、用稿先进单位情况，鼓励镇（街道）、部门积极投稿。

做好政府网站监管工作。根据全国政府网站普查的要求，督促指导各镇、街道做好自身网站分站点日常更新工作。对确实无力保障内容更新的 9 家政府网站给予关停，按照集约化建设的方式，要求这 9 家网站的内容全部迁移至政府信息公开平台。

政府信息公开。完成政府信息公开平台的升级改版，召开政府信息公开培训推进会，切实增强信息公开工作能力，督促各单位做好政务公开要点的公开工作。

政务微信微博建设。积极筹备市政府微信微博开通，完成微信微博实名注册，并对微信微博建设做调研，形成初步的运行方案。为配合“两学一做”学习教育实践，开通学习园地微信，并及时更新相关学习内容，共更新信息 80 余条。

学习方面。坚持周一小组学习和周五集体学习制度，每周一总结上周工作，计划本周工作，分享学习体会。在政策理论、专业业务、文稿写作等方面不断加强学习，提高理论知识水平，为更好地开展工作打好基础。

技术保障。开通连接聊城的视频会议分会场系统，并保障视频会议正常运行。做好网络信息化办公系统和政府网站安全运行维护，及时升级系统漏洞补丁，定期扫描木马、病毒，及时查杀木马、病毒，及时备份网站数据，有效防范网络攻击。

【文稿调研】 在办文方面，坚持严把文稿法律关、内容关、文字关，高标准、快节奏完成好领导讲话、致辞、发言等文稿任务，切实实现以文辅政的目的，注重办文效率，努力做到优质高效。按照走程序办文、高质量办文的原则，严把政策内容、行文格式、语言文字。认真核查素材来源、出处、情况、数据，力求材料真实、准确，有针对性和指导性，保证材料的严谨性和实用性。起草材料做到主题明确，重点突出，观点清楚，态度鲜明，意见具体。在调研方面，市政府办公室始终坚持把加强调研摆在更加重要的位置，在政府系统倡树调研之风，形成一批高质量的调研成果供领导参阅，理论基础得到强化。开展调研坚持深入基层、深入一线，力争掌握第一手资料。强化调研成果应用，促进调研与制定政策、开展工作的结合转化。做到有问题、有分析、有建议，为领导科学决策提供有力参考，取得良好效果。2016年共整理印发14篇调研报告。

【班子建设】 思想建设。市政府办公室注重加强政治理论学习，坚持严于律己、率先垂范，加强作风建设，始终坚持以马克思主义、毛泽东思想、邓小平理论、“三个代表”重要思想、科学发展观为指导，立场坚定、旗帜鲜明，在思想上、政治上、行动上始终与党中央保持高度一致，通过扎实开展两学一做学习教育，认真系统学习习近平同志重要讲话精神和上级重要决策部署，不断用新的理论武装头脑，用新的方针指明工作方向。终保持求真务实、开拓创新的精神状态。强化理想信念，加强理论武装，启迪发展思维，开展创先争优活动，加强宗旨意识教育，发挥典型激励作用，鼓励全体成员在本职岗位上着力提高服务领导、服务基层、服务群众的水平，在政府办公室系统树立积极向上、艰苦朴素、乐于奉献的良好风气。

制度建设。政府办公室紧紧围绕市委、市政府中心工作和重大决策部署，明确岗位职责，进一步建立健全学习、调研、信息报送、考勤、请销假、值班、车辆管理等一系列规章制度，不断加强和完善制度建设，用制度约束人，用制度激励人，克服管理的随意性，确保办公室全体成员各负其责，各司其职，做到办公室工作程序化运作，规范化运行。狠抓制度执行，确保制度具有生命力，办公室人员每日上班必须两签到，严格上班签到制度；建立健全参会签到及请假等制度，严格工作期间请销假，并安排督查室、秘书科进行督导，机关作风明显改进，工作效能明显提升；进一步健全突发事件处置机制，完善应急预案，加强应急演练，增强处置能力，确保突发事件发生时，能迅速响应、科学处置；健全学习制度。坚持自学和集体学习相结合。加强个人自学，挤出时间进行学习充电。制定详细的集中学习计划，采取学习讨论、专家授课、观看视频、实地考察等形式，每两周至少组织1次集中学习，等等。

班子建设。市政府办公室紧紧围绕市委、市政府的中心工作，始终坚持把班子和干部队伍建设作为重要工作，摆在突出位置来抓，在作风方面，坚决落实中央八项规定精神，严格治理“庸懒散”，在政府系统倡树敢于担当、改革创新、真抓实干的工作作风，打造一支“想干事、会干事、不出事”的干部队伍。在学习方面，班子成员注重把加强学习作为提高自身素质的第一位的任务，坚持做到自学与理论中心组学习、全体干部共同学习相结合，坚持学习党的路线、方针、政策，不断用新的理论武装头脑，提高政治素养。增强政治敏锐性与政治鉴别力。突出实效性，有针对性地学习专业知识，知识面不断拓宽，业务素质不断提高，强化理论对实践的指导作用，提高运用理论解决实际问题的能力，为各项工作的顺利开展奠定坚实基础。在团结方面，班子成员之间既各司其职，又加强沟通交流、搞好团结，工作中做到密切配合，相互支持，增强班子的凝聚力、战斗力。

（曹善辉　李光月　张　伟）

政府法治建设

【机构设置与概况】 1990年8月，设市人民政府法制局，列政府序列正科级行政单位；1994年改设市人民政府法制办公室，为正科级行政单位，隶属市政府办公室。市人民政府法制办公室2016年有工作人员7名，本科以上学历人员5名，其中硕士1名，1名工作人员通过国家司法考试。

【规范性文件的审查、备案、清理工作】 2016年，市政府法制办公室共审查市政府、市政府办公室各类文件80余件，其中规范性文件4件，分别为：《临清市人民政府关于印发临清市行政调解暂行规定的通知》《临清市人民政府关于印发临清市公共资金使用透明化管理办法等四个管理办法的通知》《临清市人民政府办公室关于印发临清市行政机关规范性文件制定程序的通知》《临清市人民政府办公室关于印发〈临清市“救济难”资金管理使用暂行办法〉的通知》，规范性文件全部向聊城市人民政府和临清市人大常委会进行备案。全市规范性文件按照规范性文件“三统一”工作的规定程序进行统一登记、统一编号、统一公布。在临清政务网上建立规范性文件专栏，对全市规范性文件，实行统一公布，及时征求意见，方便公众查询。

2016年，按照上级要求，对2012年1月1日之前出台的政府规范性文件进行清理，共清理文件417件。清理结果在临清政务网公开征求意见及公告，接受社会监督。

【政府重大行政决策工作】 市委、市政府出台《关于印发〈临清市法治政府建设实施纲要（2016—2020年）的通知〉》，对今后五年法治政府建设进行详细规划，对各级各部门的任务进行明确分工。市政府出台《关于印发〈临清市人民政府议事规则〉、〈临清市人民政府重大行政决策程序规定〉的通知》《关于进一步做好重大行政决策合法性审查工作的通知》等文件，逐步建立完善重大行政决策程序制度，科学确定重大行政决策事项范围。对市政府各类会议以及公众参与、专家论证、风险评估、合法性审查和集体讨论决定等五个法定程序作出具体规定，明确各程序的责任主体、承办机构、内容期限等要求。

【政府法律顾问制度工作】 为扎实推进政府法律顾问工作，市政府制订《关于建立政府法律顾问制度的意见》，明确政府法律顾问工作规则，对法律顾问工作程序、考核评价、更新退出、经费保障与管理等工作做出具体规定。2016年，市政府聘请8名知名社会律师和政府机关优秀法律工作人员作为市政府法律顾问。政府法律顾问通过参加市政府常务会议、市长办公会议、书面提出法律意见书等形式，积极为政府重大行政决策提供法律服务。

【行政复议应诉工作】 自2016年5月1日起，聊城市政府不再受理不服各县（市、区）政府工作部门、派出机构、直属事业单位及法律法规授权的组织和省以下垂直管理的县级行政机关、直属事业单位、法律法规授权组织以及各县（市、区）交警大队的具体行政行为引发的行政复议案件，临清市辖区内以上行政复议案件由临清市政府依法予以受理。2016年，市政府法制办公室共受理行政复议案件9件，其中4件通过调解最终撤回申请，作出终止决定，2件决定责令被申请行政机关履行职责，3件决定维持原具体行政行为。

2016年，市政府法制办公室办理行政复议后应诉案件5件，开庭5次，结案5件。根据上级要求建立并启用山东省（临清市）行政复议应诉平台，用于统计临清市行政复议及行政应诉案件。为全市150余名人员审核办理山东省行政复议应诉人员资格证。年底启用国务院法制办行政复议、行政应诉案件统计系统。制定《临清市行政复议纠错工作办法》和《临清市行政败诉案件报告办法》，建立行政复议纠错与行政败诉报告制度。

【法制监督协调工作】 2016年，市政府法制办公室按照上级要求，积极开展行政执法人员清理工作，对不符合要求的人员一律清理出执法队伍。对全市行政执法主体进行梳理、审核、确认，经审查确认，全市现有行政执法主体63个，其中具有行政执法主体资格的法定行政机关47个、法律法规授权具有行政执法主体资格的组织16个。

启用山东省行政执法监督管理平台，组织年

审人员及新申领人员参加行政执法考试，考试通过率达 90% 以上。市政府出台《关于印发临清市公共资金使用透明化管理办法等四个管理办法的通知》，对《临清市公共资金使用透明化管理办法》《临清市行政执法信息公开透明化管理办法》《临清市行政审批中介服务透明化管理办法》《临清市公共资源交易透明化监督管理办法》等进行详细的安排部署。市政府法制办联合市监察局转发聊城市政府法制办公室、聊城市监察局《关于贯彻实施〈山东省规范行政处罚裁量权办法〉的意见的通知》，对行政处罚裁量权的行使和监督等做出规定。转发山东省和聊城市《重大行政执法决定法制审核办法》《山东省行政执法文书示范文本》《山东省行政执法全过程记录办法》等文件，对各级各有关部门依法规范执法提供有力保障。

【法制培训、执法卷宗检查工作】 2016 年 4 月 27 日，邀请聊城市政府法制办公室杨延忠科长作专题培训讲座，对全市 41 个行政执法部门 86 名申领行政执法听证主持人资格证件的工作人员进行培训、考试，听证主持人证件全部下发到各单位。

2016 年，市政府法制办公室转发《聊城市行政执法案卷制作（评查）规范》，对全市各行政执法单位本年度行政处罚案卷进行抽查，共检查执法单位 14 个，卷宗 20 余份，针对检查中发现的问题，市政府法制办公室及时反馈评查意见。

【法律咨询】 积极当好市领导在法律方面的参谋助手，认真完成市领导交办的各项工作。市政府法制办公室在完成本职工作的同时，在城市建设、计划生育、环境保护、经济合作、招商引资等方面，积极依法建言献策，为保障市领导依法决策发挥应有的作用。

2016 年，市政府法制办公室共接待群众来访 50 余起，涉及农村土地承包、宅基地、计划生育、拆迁、社会保障、劳动仲裁、行政不作为、行政处罚、合同履行等社会生活各个方面。对于不符合行政复议受理条件的，工作人员积极为其答疑解惑，并指导其走法律途径以维护自身合法权益。

（王秋芬）

外事与侨务

【机构设置】 外事侨务办公室于 1984 年成立，列政府序列二级行政单位，归口政府办公室；2011 年 10 月 22 日升格为正科级行政单位，隶属于市政府办公室。主要职责是贯彻执行国家、省、市有关外事、侨务工作的方针、政策及有关规定，拟定全市外事、侨务工作规划和政策并监督实施；协调各镇街道、各部门各单位的外事、侨务工作，协同有关部门处理涉外、涉侨事项。负责本市对外交往活动的调研，及时向领导和有关部门提供对外工作建议等；组织接待来访的国外人士、华侨和华人；审核呈报全市市级、科级领导干部因公出国（境）人员的有关事宜，配合上级外事部门对因公出国（境）人员进行外事政策和涉外纪律教育，配合有关部门监督检查外事纪律和保密制度的执行情况；宣传好《归侨侨眷权益保护法》及《实施办法》，依法保护归侨、侨眷的合法权益，会同有关部门做好归侨、侨眷、港澳同胞眷属的扶贫救济工作。

【涉侨经贸活动】 2016 年以来，市外侨办始终不忘宗旨，积极做好为全市经济发展大局服务工作。为帮助企业更好开拓国际市场，进一步改善全市投资发展环境，促进经济跨越发展，有针对性地组织企业参加山东省山口县经贸洽谈会、“华商科技交流会”等上级部门组织的经贸活动，有效地促进市企业与海外企业进行对接，取得实实在在的效果。印制临清中英文宣传册，既便于携带，又图文并茂，填补原来全市英文宣传资料不全面的空白。做好邀请外国人来华申请工作。随着全市经济的迅速发展，越来越多的企业与海外建立联系。邀请外国人来华是一项十分政策性非常严格的工作，市外侨办，在严格把关的同时，积极稳妥地协助企业做好外国人来华邀请工作。2016 年共为 9 位来临外宾办理签证通知函，未出现非法入境、非法居留、非法就业的“三非”情况，既服务企业发展，又确保涉外安全稳定。同时做好 APEC 商务卡的宣传工作，向涉外企业讲清楚作用和使用方法，帮助多家企业组织申请材料上报上级部门审核签发。全方位为“三资”企业服务。根据工作特点，确定把做好为三资企业服务作为外事侨务系统为经济建设服务的一项新内容，在对全市三资企业进行全面了解的基础上，确立豪瀚商贸城等一批有代表性的企业作为长期联系点，并深入重点企业座谈了解情况，征求意见，为他们排忧解难。真开展“侨资企业走访及活动”。深入侨资企业开展集中调研活动，多渠道帮助侨资企业不断加大自主创新、自主研发的能力和水平，提高企业核心竞争力，推动企业更好更快发展。积极筛选优秀侨资企业加入聊城市侨商协会。

【对外联络联谊与为侨服务】 2016 年以来，外事侨务办公室按照上级要求，认真贯彻落实中央及地方政府关于因公出国管理的相关规定，切实做好外事审批工作，积极服务全市经济建设大局。进一步加强对各类因公出国团组的审核把关，确保因公出国管理工作健康有序运行。共为 3 个团组办理赴韩国、日本、法国等国家和地区的因公出访手续。

在对外接待、宣传中，坚持积极宣传党的改革开放政策和外事方针政策，通过参观、面谈等多种形式和渠道，让海外人士了解中国国情、山东省情、临清市情。注重建立友好情谊，努力拓展联络层面，2016 年，陆续接待省外办党组副书记张继刚、省侨联主席梁波、省侨联副巡视员李运才、省侨办副主任吴冠、省侨联副主席李兴钰、中国旅美专家协会执行会长李守栋等来临调研考察。通过每次的接待来访，向他们全面展示对外开放、锐意进取的临清新形象。

市外事侨务办公室，根据党的侨务方针政策和对外开放的战略，深入贯彻落实上级侨务会议精神，凝心聚力，积极作为，进一步密切与海外侨胞及其社团的联系，促进海外华商和华人华侨参与临清经济建设。加强对外联络联谊。坚持常与海外侨胞联系，宣传党和国家侨务政策，介绍家乡建设发展情况，邀请他们回国、回家乡探亲访友、观光旅游，鼓励其为家乡经济建设做贡献。持续开展“送温暖”走访慰问活动。2016 年春节前夕，外事侨务办公室共计走访慰问侨界代表人士 8 户，重点侨资企业 2 家。积极开展创建“社区侨务工作示范单位”活动，申报青年路街道曹岗社区为“全省社区侨务工作示范单位”。指导该社区以发挥侨界之力，共建幸福社区为目标，健全侨务工作架构，完善管理网络、加强侨务阵地建设、搭建为侨服务平台，建立“侨法宣传角”，将其打造成社区为侨服务的重要阵地。务实开展侨务精准扶贫工作。2016 年 9 月，市外侨办开展“暖侨敬老活动”，为全市 6 名贫困侨眷购买体检服务，此次活动加强与归侨侨眷的联系，增进感情，特别是让困难的归侨侨眷切实感受到党和政府的关怀和温暖，扩大侨务工作的社会影响，取得良好的社会效益。努力做好为侨服务工作。按照《中华人民共和国归侨侨眷权益保护法》及《中华人民共和国归侨侨眷权益保护法实施办法》等法规有关内容，认真贯彻落实各项侨务政策，维护归侨、侨眷的正当权益。一年来，按规定为全市归侨侨眷解决升学、就业等大量实际问题，依法维护归侨侨眷的合法权益。通过以上工作，调动广大归侨侨眷为临清对外开放和经济做贡献的积极性，激发海外侨胞爱家乡、关心和支持家乡经济建设的热情。

2016 年青年路街道曹岗社区被省侨办授予“全省侨务工作明星社区”。

（刘晓洁　徐延林）

行政审批与服务

【机构设置】 临清市行政服务中心成立于2011年10月31日，为正科级全额事业单位，定编11人。服务中心设主任1人，副主任2人，下设办公室、督促检查科、网络信息科、考核管理科。2015年7月1日，根据《临清市机构编制委员会关于印发临清市政务服务中心管理办公室主要职责内设机构和人员编制规定的通知》（临编〔2015〕9号）临清市行政服务中心更名为临清市政务服务中心管理办公室，为市政府正科级行政派出机构。根据主要职责，设3个职能科室，分别为综合科（挂公共资源交易管理科牌子）、督查考核科、网络信息科。

2016年年底，临清市政务服务中心管理办公室有主任1人，副主任2人，下设综合科（挂公共资源交易管理科牌子）、督查考核科、网络信息科。

【概述】 服务中心位于市温泉路运河文化广场以东，齐鲁银行大厦西侧，建筑面积2000平方米，大厅面积900平方米。主体办公楼为四层，一、二楼为审批服务大厅，三楼为会议室，四楼为中心和纪检监察派驻机构办公区。截止到2016年12月31日，共进驻36个部门，设有55个服务窗口，办理各类行政审批事项190项（全市280项），进厅率67.9%。

强化对进驻部门窗口的规范化管理，树立阳光、服务型政府形象。通过积极地探索和实践，服务中心制定《窗口工作人员管理制度》《年度考核管理办法》《红旗窗口和服务标兵评选办法》等多项规章制度，并坚持日常检查、联合巡查和专项抽查，使用考勤记录，上网行为管理记录，投诉记录以及服务质量评价记录等一系列窗口人员管理与考核制度，规范窗口人员的日常行为，提升各单位窗口形象，进一步优化全市经济发展的软环境。

建设政务服务平台。2016年年初，省政府办公厅先后印发关于加快政务服务平台建设的一系列文件，要求2016年年底前省、市、县三级互联互通。临清市按照要求不等不靠，积极争取，提前行动，作为聊城市的试点县市率先开展工作，2月23日，组织召开全市市县一体化审批平台建设工作会议，安排部署项目梳理、流程部署、政务外网连接等具体工作。3月28日，全市所有行政许可项目全部实现网上办理。平台运行后，按照上级要求完善收费功能，重新梳理全市行政许可事项目录，并对审批事项要素进行规范统一，在聊城市各县（市）区中率先完成市县一体化审批服务平台的前期工作。按照聊城的统一部署和要求，8月20日后，所有行政许可项目实现上网运行并接受监督，建立长效管理机制，做到信息公开、网上办事、咨询回复、投诉处理、网络运维等各项工作有据可查、有规可依。明确各责任人在权力运行过程中的职责，制定岗位工作规范，形成靠制度管事，靠管理约束工作人员行为，遵章办事的良好氛围。10月份，聊城市政务服务平台建设管理小组对各市县行政许可事项网上办理情况进行抽查，临清市各项指标均列聊城市第一位。

实行“一照一码”简化办事程序。按照上级要求，在“三证合一、一照一码”的基础上，整合社会保险登记证和统计登记证，由市场监管局企业注册窗口核发加载法人和其他组织统一社会信用代码的营业执照。同时，全面实行“一套材料、一表登记、一窗受理”的工作模式。对于申请人，在办理企业注册登记时，只需填写“一张表格”，向“一个窗口”提交“一套材料”，避免企业在部门之间来回跑，提升服务效能，打造便捷、高效、透明的审批服务品牌。

推动公共资源交易平台建设。全市公共资源交易中心设在市政务服务中心办公楼三楼，建筑面积500多平方米，可同时容纳100余人进行招投标活动。2016年，根据聊城要求，对监控系统进行改造升级，同时开发交易平台和公共资源交易网站。在物理空间、硬件设施等方面已具备承担全市公共资源交易活动的要求。

（王树林　陶维雷）

史志工作

【概况】 1982年6月，成立县史志编纂委员会，同时设立办公室，时有工作人员1人，主任由文化局副局长兼任，为常设临时机构。1984年史志办成为常设机构，划归市政府办公室系列。1990年升为正局级单位，时有主任1人，副主任1人，工作人员5人。2002年11月，经临清市党委会研究决定，成立临清市地方史志编纂委员会办公室3人党支部委员会，隶属市直机关工作委员会领导。2009年临清市史志办荣获山东省史志工作先进集体。

2013年根据临编办字〔2013〕4号文件设立编务科，为股级内设科室，主要职责是负责市志、年鉴的编修，材料上报等工作。2016年底临清市史志办下设三个科：综合科、编务科、地情资料中心，共有编制11人，实有5人，主任1人，副主任1人，工作人员3人，其中中级职称1人。

临清市地方史志办公室作为临清市地方志编纂委员会的办事机构，具体承担下列任务：规划、协调地方史志工作；制定地方史志编纂业务规范；组织、检查、指导地方史志编纂工作;编纂、审查、验收有关地方史志稿件；征集、整理、保存地方史志文献，开展地方史志学术研究；宣传、推广地方史志成果，开展地情研究，建设地情文献库和地情文献网站，为公众读志用志提供服务；同级人民政府和上级业务部门交办的其他事项。

【编纂出版《临清年鉴（1999—2012)》】《临清年鉴（1999—2012)》于2013年10月份召开启动编纂会议，2014年3月完成稿件收集工作，2015年1月所有稿件已收集完毕并完成总纂合成，2015年12月形成初稿，并通过招标方式确定出版社，与出版社当面沟通，对稿件进行修改完善，全面查找和纠正各单位报送的年鉴初稿质量存在的问题，狠抓薄弱环节，对年鉴稿件进行认真修改和反复打磨。2016年底完成全部修改，形成终稿，交付出版社印刷。

【旧志整理】《临清市志（1840—1990)》。自1982年6月成立县志编纂委员会，同时设立县志办公室时开始编纂，自1982年成立机构至1997年成书，历经15个春秋，四次送审，五易其稿。1995年5月完成送审稿。1997年4月21日通过地区史志办终审。全书共27编、120万字。由于时间久远，现存的《临清市志（1840—1990)》已寥寥无几。为上级领导及各单位查阅资料提供方便，史志办于2016年9月份开始着手进行《临清市志（1840—1990)》整理工作。为保持志书的原始风貌，未对其进行改动。通过政府采购确定出版社，2016年年底交付出版社进行印刷。

《临清旧志》。临清自西汉建置，至今已有几千年历史。现存完整旧志有《临清州志》(清康熙十二年知州于睿明主修)、《临清州志》(乾隆十四年知州王俊主修)、《临清直隶州志》(乾隆五十年知州张度主修)、《临清县志》(民国二十三年张树梅、王贵笙主编)。这些旧志涵盖非常广泛，包含详细的历史沿革、山川、风俗、典礼祭祀、名人古迹以及艺文等，为临清后人研究历史提供翔实的参考依据。2001年，临清市政府及史志办工作人员出版清康熙十二年《临清州志》、乾隆十四年《临清州志》、乾隆五十年《临清直隶州志》、民国二十三年《临清县志》四本合订本的《临清州志》，时至今日，原版的《临清州志》存世已极为稀少。为更好的弘扬优秀传统文化，实现“以史为鉴”，临清市委市政府决定对《临清州志》重新整理，临清地方史志办公室受市委市政府委托主办《临清旧志》的重印工作，史志办工作人员深入研究《临清州志》内容，通过查阅古书、咨询请教对临清有研究的权威人士，商定新出版的旧志名称为《临清旧志》，包含《临清州志》（清康熙十二年）、《临清州志》（乾隆十四年）、《临清直隶州志》（乾隆五十年）、《临清县志》（民国二十三年）。2016 年 11 月份进行招标，与出版社沟通，从封面颜色、结构布局到最后成书进行深入的研究，2016 年年底完成定稿。

【方志馆建设】 临清市方志馆始建于 2009 年 9 月 1 日，地点设立在临清市图书馆内，使用面积 50 平方米。馆藏有省内外古今地方志书、省内外各种年鉴、地方姓氏族谱、论著文集、刊物图片音像资料五大类。2016 年临清市史志办与其他县市区共计交流地情资料图书 10 余本。

【供稿工作】 《山东年鉴》（2016）、《聊城年鉴》（2016）供稿工作。认真做好 2016 年山东省史志办及聊城市史志办交办的《山东年鉴》《聊城年鉴》供稿工作。2016 年 3 月，山东省史志办及聊城市史志办下发《山东年鉴》《聊城年鉴》供稿要求，临清市史志办采取专人负责的方式，派专人同临清市统计局及相关单位联系，为保证数据准确，对每一个数据都是与上一年进行对比检查，对一些不准确的数据及时与统计局和各单位进行沟通，做到数据真实准确，并按时上报。

《聊城市志（1997—2015）》供稿工作。2016 年聊城市史志办召开《聊城市志（1997—2015）》编纂工作会议，临清市史志办一行 4 人参加此次会议。临清市史志办工作人员认真学习关于《聊城市志（1997—2015）》编纂细则及行文规定，并认真梳理需要报送的内容，指派两名工作人员专门负责此项工作。临清史志办供稿内容包括县（市）城区建设与管理、县属开发区建设、市级领导班子及市直部门、单位组织机构、临清市自然条件、经济状况、社会事业概况、人物等。经过与各镇（街道）、相关单位的联系沟通，历经 1 个月时间完成材料上报工作。

【“两学一做”学习教育】 4 月 27 日，临清市委召开全市“两学一做”学习教育工作座谈会和培训会，4 月 29 日临清市史志办成立史志办“两学一做”学习教育工作协调小组，并在办公室内部召开“两学一做”学习教育工作座谈会。史志办主任深刻阐述开展“两学一做”学习教育的重大意义、目标任务、推进措施、组织领导等。并制定《关于在全体党员中开展“学党章党规、学系列讲话，做合格党员”学习教育实施方案》及学习计划。组织全体党员深入学好党章和系列讲话。原原本本学原文、读原著，把党章党规和系列讲话贯通起来学习、统一起来领会，在学系列讲话中加深对党章党规的理解，在学党章党规中深刻领悟系列讲话的基本精神。结合开展纪念建党 95 周年系列活动，为大家讲党课。先后开展不同主题的集中研讨，在讨论中查找自身存在的问题并制定整改方案。开展党员标准大讨论活动，明确什么是合格党员和后进党员，认真开好民主生活会。通过一系列的学习、活动，史志办全体党员在思想认识上有新的提高，营造风清气正、团结实干、务实高效的浓厚氛围。

【配合市委市政府中心工作】 临清市史志办在做好史志工作的同时，积极配合临清市政府做好各项工作。每年市委、市政府组织慈心一日捐活动，领导班子成员带头，全体党员干部积极响应，踊跃捐款，奉献出自己的一片爱心，以实际行动营造“人人参与慈善、人人皆可慈善”的浓厚氛围。

（张　英　宁柳云　常鑫磊）

临清年鉴

临清年鉴 2017

LINQINGYERABOOK

中国人民政治协商会议临清市委员会

【全委会议】 中国人民政治协商会议临清市第十三届委员会第五次会议于2016年2月25日至28日在临清剧院举行。会议听取并讨论中共临清市委书记、市人大常委会主任王建鹏同志的重要讲话。委员们一致认为，王书记的讲话充分肯定政协及广大政协委员为推动全市科学发展和各项事业进步作出的贡献，明确指出当前和今后一个时期政协工作的努力方向和主要任务，体现市委对政协工作的高度重视和对政协委员的殷切期望。政协各参加单位和广大政协委员要认真学习讲话精神，切实抓好贯彻落实。会议听取并审议汪保远主席代表十三届市政协常务委员会所作的工作报告和贾艳华副主席所作的提案工作报告。会议对市政协一年来的工作表示满意，一致赞同常委会工作报告和提案工作报告。与会委员列席临清市第十七届人民代表大会第五次会议，认真听取并讨论李新阁市长所作的《政府工作报告》和其他有关报告。会议强调，政协各参加单位和广大政协委员要认真学习、深刻理解和正确把握党的十八大、十八届三中、四中、五中全会和习近平总书记系列重要讲话精神，切实把思想和行动统一到市委、市政府的中心工作上来，自觉做到与党委、政府同心同向、同力同行；要围绕发展重点咨政、围绕推进改革建言、围绕推进依法治市监督；要坚持主动作为，组织开展议政协商；要善于协调各方，广泛联系各界人士，及时反映群众呼声；要关注群众福祉，情系百姓冷暖、关注民生热点、促进社会和谐；要注重强基固本，坚持建章立制、发挥委员会作用，为推动我市经济社会发展积极献计出力。

【常委会议】 4月6日，十三届二十一次常委会议召开。传达《中共临清市委关于成立重大决策咨询委员会的通知》，审议通过《市政协2016年工作要点（草案）》，审议通过《市政协2016年度协商工作计划（草案）》，审议通过《市政协十三届五次会议提案审查情况的报告（草案）》。汪保远主席讲话强调，要加强学习，不断提高政治把握能力；开拓创新，不断提高协商议政水平；团结协作，推动自身建设有新进展。

7月26日，十三届二十二次常委会议召开。学习《习近平同志在中国共产党成立95周年大会上的讲话》精神，市委常委、副市长韩德振代表市政府通报经济社会发展情况。汪保远主席讲话强调，要不忘初心，推进政协事业创新发展，要求创新工作方法，提高履职能力，突出重点，全力抓好政协业务性工作。

11月9日，十三届二十三次常委会议召开。传达学习《中国共产党第十八届中央委员会第六次全体会议公报》，市政府办公室主任高晓光通报2016年政协委员提案办理情况，通报有关人事事项。汪保远主席要求深入学习贯彻十八届六中全会精神和市委十二届十次全会精神，紧密联系政协实际，认真抓好全会精神的贯彻落实，强调要围绕换届工作，认真做好政协各项工作。

【视察调研】 视察工作是宪法、法律和政协章程赋予人民政协的重要职责。2016年，围绕市委、市政府的中心工作和群众普遍关注的重点难点问题，本着“轻车简从、务求实效”的工作思路，共开展调研、视察、民主评议活动6次，组织带领部分乡镇工委主任和政协委员相继开展林业、农业畜牧业和重点项目等方面工作的视察活动。每次视察工作开展前，都积极作好协调沟通，积极征求党委对委员视察工作的意见，并精心谋划，拟定提纲、收集材料、安排日程。在视察工作中，做到“三个深入”，认真听取汇报，深入研究问题加强与新闻单位的联系，扩大委员视察工作的社会影响力。对于一些影响面广、意义重大的意见建议，形成建议案；对在视察中发现的一些重要情况，特别是某一领域或某项工作的重要情况经过分析提炼后形成提案和专题性的社情民意信息向有关方面积极反映。

【提案办理】 一年来，提案委员会共收到委员提案153件，经审查立案112件，并案后为88件。

其中，团体提案2件，委员个人和委员联名提案86件。以上88件提案由34个单位和部门承办，并于2016年5月31日前全部答复完毕，答复率为100%。其中，委员对答复结果表示满意的88件，满意率为100%。截至2016年年底，提案所提意见和建议已经解决和正在解决的72件，占81.8%；因目前条件限制或其他原因需待以后解决的16件，占18.2%。

严把提案质量关。按照“控数量、重质量、出精品、讲实效”的工作思路，坚持以“深入调研、突出原创、合理创新、一事一案”为导向，明确提案撰写要求；提案办进一步加大提案并转力度，将34件内容相近的提案并案整理为10件，对41件不符合立案标准的提案，以意见建议形式转送有关部门研究参考。

严把提案办理质量关。严格答复时限，每件提案要求5月底前完成答复；严格答复审核，提案答复须由承办单位主要负责人、市委督查室和市政府督查室、市级分管领导逐级审核把关后，方可答复政协委员；严格联合督导，提案办联合市委督查室、市政府督查室对办理工作进行联合督导，重点解决答复落实不彻底、工作推进缓慢等问题；严格民主评议，全年办理工作结束后，承办单位向提案办提交年度提案办理工作总结，作为民主评议的重要依据。

将协商贯穿于提案工作全过程。继续加大提案立案和交办协商力度。在审查立案前，提案办在与市委督查室、市政府督查室充分讨论协商、形成初步方案后，分组深入到26个提案承办单位和部门，同单位或部门主要负责同志及相关业务科室人员进行深入交流协商，在此基础上形成最终方案，大大提高立案质量和交办的准确性；继续强化提案办理协商机制。

【文史工作】 多次组织下乡或去外县市收集文史资料的活动，经常性组织召开由几位退休老同志参加的运河文化研讨座谈会，成立金瓶梅学术研究委员会，实地考察抗战遗迹、碑刻，加强与兄弟县市区文史工作的交流和文史资料共享。成功出版发行《烽火岁月》（二）、《千年诗韵话临清》（上、下），为省政协提供《记忆山东》资料100余万字，部分已公开发表。

【专题协商】 2016年年初，临清市成立以政协为核心载体的重大决策咨询委员会（以下简称“决咨委”）。作为市委、市政府领导下的决策咨询机构，主要职能是为市委、市政府重大决策提供咨询论证服务，从实践操作角度提交咨询报告。3月15日，决咨委在接到对“一库两坝”（“一库”是指运泽水库，“两坝”是指漳卫河液压升降钢坝和济津河液压升降钢坝）项目进行咨询论证的建议后，严格依照程序，全面启动该项目的咨询论证工作。市政协经委办负责提前一周将论证材料发放到各专家手中，并通知专家们做好充分的发言准备。

【扶贫工作】 按照市委的统一安排，由市政协机关对唐园镇千集村进行帮扶，机关干部每人又对一户贫困户进行一对一帮扶，通过定期走访困难户，了解家庭致贫的原因，并通过捐款、捐物、捐棉衣等方式，对困难户进行物质上的帮助，并鼓励他们积极向上，尽可能地自食其力，对扭转当前存在的困局要充满信心，让困难群众感受到政府的关怀。

【重要文件选目】 市政协党组专题民主生活会情况报告（临协发〔2016〕1号）关于成立金瓶梅学术研究委员会的通知（临协发〔2016〕3号）政协临清市委员会“学党章党规、学系列讲话，做合格党员”学习教育实施方案（临协发〔2016〕5号）

（王朋水　王明波）

临清年鉴 2017

LINQINGYEARBOOK

中国共产党临清市纪律检查委员会

【机构设置】 中共临清市纪律检查委员会（以下简称临清市纪委）、临清市监察局，机关内设办公室（2016年6月与研究室合并）、组织部（2016年6月由干部监督管理室更名）、纪检监察干部监督室（2016年6月设立）、案管室、审理室、信访室、第一纪检监察室（2016年6月由纪检监察一室更名）、第二纪检监察室（2016年6月由纪检监察二室更名）、第三纪检监察室（2016年6月由纪检监察三室更名）、党风政风监督室、宣传部（2016年6月由宣教室更名），下属事业单位为市纪委监察局信息中心（2016年6月由临清市行政投诉中心更名），另有6个统管派驻纪检组，3个镇（街道）纪检监察工作室。

【党风廉政建设】 强化考核，有效传导压力。制定《关于落实党风廉政建设党委主体责任和纪委监督责任的意见》《镇（街道）党委落实全面从严治党主体责任考核办法》《市直部门党组（党委）落实全面从严治党主体责任考核办法》及其计分标准，明确任务，分清责任，量化指标，严格考核。加强协调，形成强大合力。制定《反腐败协调小组职责和工作制度》，调整反腐败协调小组组成，定期召开反腐败协调小组会议，分析反腐败工作形势任务，完善反腐败协调机制，加强问题线索整合、查办案件配合、日常工作协调，既分工明确又密切配合，构建反腐败“一盘棋”工作格局。2016年，成员单位相互移送线索35件，党政纪处分43人。抓早抓小，动辄则咎。把握运用执纪监督“四种形态”，特别是注重运用谈话函询方式处置问题线索，从小处抓起、从日常抓起，让红脸出汗成为常态，发现错误苗头及时谈话提醒。2016年，共谈话函询73人。开展“一案双查”。对党风廉政建设责任落实不到位、工作被动落后的进行问责，以严格的问责倒逼责任落实。2016年，共责任追究11人。

【纪律审查工作】 2016年，全市共立案249件，结案224件，给予党政纪处分314人，组织处理3人。其中，委局机关自办案件221件，科级干部16人，重处分88人。狠抓纪律审查关键环节，提升审查审理质量。制定并严格执行《问题线索管理处置办法》，对2014年10月以来所有问题线索进行大起底，对积压问题线索进行集体排查，全部按照五类处置方式进行处置，处置率达到100%；制定《案件检查工作流程》《案件检查文书格式》，严格纪律审查程序规范，优化纪律审查流程；制定《“乡案县审”案件形式审核办法》《自办案件形式审核办法》，在审理提前介入的基础上，严格进行全案审核，对案件材料的完整性、齐备性严格进行形式审核，做到手续完备，程序合规；实行办结“三审制”，即案件主办人“一审”、分管负责人“二审”、主要负责人“三审”，层层审查把关，逐级签字背书。实行办结“三审制”。实行委局领导包案，提升纪律审查效率。委局班子成员从抽调人员组成调查组到制定初核方案、开展初步审核、立案调查、移交审理等环节一包到底，采用“1+X+1”模式组成调查组，灵活运用分组摸排初核、集中谈话突破、分头调查取证等方法，集中优势力量突破案件。2016年，委局班子成员分别包案14件，办结8件，党政纪处分13人。狠抓镇（街道）纪委作用发挥，把问题解决在基层。下发《关于市纪委监察局领导班子成员帮包镇（街道）的通知》，委局班子成员对帮包联系的镇（街道）纪委承办的问题线索进行督办。2016年，转交问题线索76个，办结39件，给予党政纪处分19人。

【作风建设】 深入纠正“四风”。重点针对“四公一大”等问题，组织开展明察暗访，对发现的问题线索，各相关部室无缝对接，快查快结。建立通报曝光制度，指名道姓通报曝光，形成震慑。严格执行制度，实现监督检查常态化。制定《关于加强作风建设监督检查的暂行办法》，采取专项检查与常规检查、委局机关检查与镇（街道）纪委和派驻组检查相结合的方式，划分防区，明确责任，定期开展互查和集中检查。建立明察暗访定期统计汇总上报制度，初步形成常态化监督检查机制。2016年，全市共查处违反中央八项规定精神问题40件，党政纪处分35人，组织处理11人，通报曝光8期39起40人。会同市委组织部、市委督查室组成换届纪律督查组，制定监督检查方案，组织签订承诺书，开展明察暗访，对市镇换届纪律进行督查，做到“四个必查”，发现违反“九严禁”问题，露头便打，决不手软。编制以“九严禁”“九个一律”为主要内容的提醒短信，发送全市党员干部；市委宣传部协调各宣传媒体高密度高频次播发“九严禁”纪律规定。严格进行廉政审查，出具廉政回复794人次。

【侵害群众利益的不正之风和腐败问题专项整治】 开展侵害群众利益的不正之风和腐败问题专项治理。严肃查处发生在扶贫、房屋征收和危房改造、农村集体“三资”管理、新型城镇化建设、公共服务与行政执法等五个重点领域的典型问题，着力查处发生在群众身边的“微腐败”“暗腐败”、小官大贪案件，促进干部作风持续好转，增强人民群众对党风廉政建设和反腐败工作的获得感和满意度。2016年，共查处此类问题112件，给予党政纪处分131人，通报曝光4期16起20人。

【巡察工作】 开展党风廉政建设巡察。全市共组织开展3轮巡察，先后对市民宗局、粮食局、体育局、安监局、农机局、人防办等18个市直部门，大辛庄街道、康庄镇、烟店镇等3个镇（街道）进行巡察，共发现问题314个，提出整改建议223个，发现问题线索58个，处理36人，党政纪处分35人。对巡察结果和部门整改，由常委会听取汇报，实名量化打分，巡察质量明显提高，剑指问题，形成震慑的作用有效发挥。狠抓巡察问题整改。聊城市委第二巡察组对我市3个镇（街道）开展巡察之前，市委召开专题会议，要求全市16个镇（街道）对照聊城市委《关于对市属开发区及所辖乡镇（街道）发现问题及整改情况的通报》所列5大类15项具体问题进行自查自纠、先行先改。期间，加强督导调度，每个镇（街道）上报整改报告。共发现问题228个，整改到位181个，其他问题限期整改，努力补齐监管“短板”，强化统筹、精准发力，做到问题及时发现、有效整改，促进镇（街道）党风廉政建设工作规范化、制度化。同时，认真办理巡察转交办问题线索，办结20件（其中查结5件，给予党政纪处分5人，按了结类处置1件，初核了结13件，谈话函询1件）已立案12件，拟立案6件。

【宣传教育工作】 把《中国共产党章程》、新修订的《中国共产党廉洁自律准则》和《中国共产党纪律处分条例》、新出台的《中国共产党问责条例》作为重点内容，认真组织党员进行学习，做到全覆盖、无死角；组织开展“学党规、讲纪律、守规矩”知识竞赛和德廉知识学习测试，组织开展侵害群众利益不正之风和腐败典型问题集中警示教育活动；组织基层党员分期分批到市检察院警示教育基地接受现场教育，用身边事教育身边人，强化警示教育效果。

【信访工作】 深入推行双向承诺制。抓住本市作为省纪委双向承诺工作联系点的契机，结合实际，制定《关于在群众来访接待工作中开展信访双向承诺工作的实施细则》，对双向承诺书的签订条件、办理流程、答复时机和责任追究等做出明确规定，提升双向承诺工作规范化水平，切实推动初信初访问题及时解决。

【队伍建设】 加强纪检机关领导班子建设。加强机关党的建设，成立党总支，发挥党支部战斗堡垒作用，从严从实组织开展“两学一做”专题研讨，广泛开展谈心谈话，开展批评与自我批评，对照“四个合格”查摆问题，并抓好整改落实。顺利完成镇（街道）纪委换届工作，会同组织部门提名新任镇（街道）纪委书记13名，班子结构进一步优化。严格规范机关内部管理监督。建立《市纪委常委会议事规则》等6项机关运转制度，初步实现机关运转规范化、制度化；组织委局机关、派驻机构、各镇（街道）纪委全体人员收听收看“信任不能代替监督”专题片，加强教育引导，确保执纪者更要严守纪律；建立周一例会制度以及每周上报重点工作进度表制度，确保做到各项工作有计划、有措施、有落实、有结果。完成内设机构改革。在市委、市政府的大力支持下，新增行政编制4个，调剂行政编制10个，统招公务员2名，从专职纪检干部中调入工作人员1名，调整部室负责人3名，对6个部室进行更名，新设1个室、合并1个室，一线部室达到65%以上，办案部室人员达到30%以上，优化力量配置，顺利完成改革任务。落实《关于建立县市党委巡察制度的意见》，在市委的统一领导下，会同组织、编制、人力资源和社会保障等部门，筹备组建巡察机构。

（赵连民　田印成）

临清年鉴 2017

LINQINGYERABOOK

社会团体

临清市总工会

【机构设置】 临清市总工会（以下简称市总工会）是临清市各级工会的领导机关，受中共临清市委和聊城市总工会领导。临清市总工会成立于1946年4月1日，2016年设办公室、组织部、宣传教育部、法律工作部、生产保障部、女职工部、财务部、帮扶中心、经费审查办公室9个职能部室。下设两个事业单位：市工人文化宫、职工业校。工作人员共计18人，包括中级职称1人、初级职称2人。

【主要职能】 贯彻执行党的路线、方针、政策和《中华人民共和国工会法》《中国工会章程》，制定全市工会工作的长远规划和计划，并监督执行。组织和指导全市各级工会履行“维护、建设、参与、教育”等项社会职能，行使民主权利，贯彻落实上级工会的决议、决定；根据基层工作和下级工会的要求，与有关部门协商解决全市工会工作中遇到的有关问题。对涉及职工切身利益的重大问题进行调查研究，向市委、市政府和上级总工会反映职工群众的愿望和要求，并提出意见和建议。参与涉及职工切身利益的有关政策、制度和措施制定。关心职工生活，帮助职工解决困难，依法维护职工的合法权利和经济利益，全心全意为职工服务。指导全市各级工会加强自身建设和改革。配合组织部门做好各市总工会领导班子成员的考察配备，换届选举和审查审批工作；做好市直企业、事业单位和党政机关的工会组建、换届选举和审查审批工作；抓好全市各种非公有制企业的工会组建工作和发展工会会员工作；加强工会干部队伍建设，制定工会干部培训规划，负责全市工会干部的培训工作。引导和组织职工在建立社会主义市场经济体制和现代企业制度进程中，积极参与和推动企业的各项改革，参与协调企业劳动关系，处理劳资矛盾，维护职工队伍和社会的政治稳定，促进全市经济建设和各项事业的发展。动员和教育职工以主人翁态度参加社会主义建设，努力完成各项生产和工作任务；组织职工开展社会主义劳动竞赛，开展合理化建议、技术革新和技术协作活动，做好经济技术创新工作；做好全市劳动模范的推荐、评选和管理工作；参与安全生产、劳动保护的监督检查工作。对职工进行思想道德教育、法制纪律教育和科学文化知识教育，努力提高职工队伍的思想政治素质和科学文化素质，使之成为有理想、有道德、有文化、有纪律的新型劳动者。负责编制全市工会经费的预算和决算，督促检查预决算的执行情况；依法做好全市工会经费收缴上解和管理使用工作；依法做好全市工会财产的管理和调拨使用工作；对全市工会经费进行审计监督，保证工会经费的合理使用；研究、制定兴办和管理工会企事业的有关政策和规定，负责指导全市工会企事业发展工作。完成市委、市政府和上级总工会交办的其他工作任务。

2016年，临清市总工会获得全国总工会各项表彰1项，获得聊城市总工会各项表彰1项。

【服务科学发展】 临清市总工会认真贯彻落实党的各项路线、方针、政策，以创建“工人先锋号”为载体，广泛开展合理化建议、技术革新、发明创造等群众性技术创新活动，在职工中掀起学技术、比技能、创一流的热潮。组织举办钳工、电工、车工、叉车、厨师、家政、公共卫生职工技能竞赛活动，扩大职工参与范围，制定“临清工匠”技能竞赛实施方案，开展的各项技能竞赛既增强职工的工作热情，也提高职工技能水平。开展以“扩面提质强基础，文化引领增素质”为主题的“安康杯”竞赛活动，参赛单位63家，参赛职工5325名，参赛班组213个。2016年以来参加技能培训、岗位练兵职工达2万人次，参加技能比赛、知识竞赛的职工1万人次，使广大职

4月28日，市总工会举办“庆五一”“说身边安全人、讲身边安全事”演讲比赛

工的技术水平不断提升。全市职工提合理化建议7210条，采纳实施3021条，创经济效益上千万元。为企业产业升级、结构调整以及提升自主创新能力提供有力的保障。

【提高职工队伍素质】 全市各级工会组织充分发挥工会大学校作用，开展“中国梦·劳动美”主题教育，践行社会主义核心价值观。以“双争”活动为载体，开展职工职业道德“双十佳”评选、2016年全市分别有10家单位及10名职工荣获职工职业道德先进单位及个人荣誉称号。加大职工活动阵地建设，多方筹集资金80万，对临清市总工会工人文化宫进行修缮。积极开展丰富多彩的职工文体活动，临清市总工会开展职工乒乓球、羽毛球、篮球比赛，广场舞大赛，职工健身气功表演赛活动，参加聊城市总工会组织的“五一劳动之歌”“七一忠诚之心”“八一力量之美”系列文体活动，在职工“五一劳动之歌”展演赛中荣获特等奖。在“八一力量之美”职工乒乓球、篮球比赛中均获得聊城市第一名的成绩。乒乓球、扑克、篮球比赛，累计参赛单位21个、参赛人员420人次。

抓好职工书屋建设和职工教育培训示范基地建设，不断提高职工队伍的科学文化素质。为更好地把电子职工书屋送到每名职工手中，临清市总工会开通中华全国总工会创办的电子职工书屋，首批定制的2万张电子职工书屋阅读卡已发放到职工手中。临清市总工会充分发挥工会组织网络优势，为电子职工书屋提供建设保障和服务；组织基层工会干部积极推广，将电子职工书屋尽快送到广大工会会员手中，并在临清市电视台、临清市工会网、临清市工会微信公众号、微信群等媒体积极向广大群众宣传、引导，为全民阅读的开展发挥出工会的力量。临清市供电公司职工书屋被评为全国工会“职工书屋”示范点，临清市总工会职工夜校被评为全国职工教育培训示范点。

【弘扬劳模精神、争做时代先锋】 加强对劳模的教育管理，每次召开劳模座谈会或劳模表彰会的时候，都把学习党的路线方针、政策做为一项重要内容，用中国特色社会主义理论武装劳模思想，激励劳模再写新篇章，展现时代风采。积极开展劳模评选活动，为弘扬劳动模范精神，按照公开、公平、公正的原则积极做好市级劳模和先进工作者的评选、推荐表彰工作，截止到2016年，共评选推荐、表彰全国劳动模范4名、省级劳动模范36名、聊城市劳动模范37名、临清市级劳动模范323名、“富民兴鲁”奖章获得者14名、“富民兴聊”奖章获得者92名。通过多种渠道、采取多种方式，加大对劳模宣传力度，大力弘扬劳模精神，在全社会营造劳模光荣、劳动伟大的浓厚气氛。

【积极开展职工维权工作】 开展劳动关系和谐企业创建活动。创建劳动关系和谐企业是构建社会主义和谐社会的重要部分，是实现职工权益和企业发展的有机统一，按照山东省总工会及聊城市总工会的工作规划对临清市主要非公有制规模以上企业（50人或产值500万元）进行创建活动的宣传和动员。为使活动开展的扎实有效，真正让企业、让职工得到实惠，制定有效的措施，详细地组织计划，紧密地实施步骤。并因地制宜以点带面，举行小范围的创建活动座谈会、推广会，及时抓典型，树先进，从思想上解决企业领导人的顾虑，使企业领导认识到开展创建活动的重要性和必要性，提高企业参与创建的积极性。2016年度荣获临清市“创建劳动关系和谐企业”的共16家。

加强源头参与。临清市总工会组织人员，开展对困难企业、特困职工状况、非公有制企业职工劳动合同签订、劳动保护，农民工工资拖欠、女职工工作状况的调研，形成客观真实调查报告，为上级决策提供科学依据。促进企业工资分配、劳动合同签订、困难职工救助，市级劳模评选、离退休劳模津贴发放等问题的解决。

深化厂务公开、民主管理。全市95%的国有、集体企业进行厂务公开工作，并建立职工（代表）大会制度，企业的重大事项都经职代会通过后实施，并通过小报、简讯、黑板报、宣传栏等形式对职工进行及时公开。采用请进来、走出去的培训方式，聘请专家、教授到临清进行专门授课，组织部分企事业单位出去参加培训，收到较好的效果，为进一步推进厂务公开民主管理制度化、规范化建设，健全企业民主管理体系，开展好工会工作打下坚实的理论基础。

广泛开展《山东省企业职工代表大会条例》宣传活动，进一步推进职代会制度建设，增强企业民主管理的能力，健全职代会组织机构和网络，认真落实职代会各项职权，加强职代会制度化、规范化建设，不断提高职代会工作的质量和水平。

加大集体合同签订力度。建立平等协商集体合同制度是以法律的形式保障职工在劳动就业、福利、休息、休假、安全卫生等方面权益的一项重要工作。临清市总工会认真督导企业积极进行平等协商、签订集体合同工作。2016年全市国有、集体企业90%签订集体合同，部分非公有制规模企业签订集体合同。并以此推动企业工资集体协商工作的开展。同时，开展“女职工劳动保护专项协议”签订工作。全市已签订集体合同757家。

积极做好信访维权工作。充分发挥职工法律维权中心的平台作用，积极为职工解决实际问题。3月份，临清华威药业78名职工集体维权上访事件发生后，市总工会树立以维护职工权益，促企业正常运转的指导思想，积极参与接访、协调、处理，使职工的合法权益得到维护，企业也平稳恢复生产。2016年度共接待职工来信来访150人次，职工诉求12条，答复满意率100%。

以班组建设为抓手，深入开展“查保促”活动。把“查保促”活动结合全市班组建设“一二二一”工程，确保“查保促”活动落到实处。加强班组建设是促进职工队伍整体素质提高的有效措施，是工会组织围绕中心、服务大局、履行职能的重

8月24日，市总工会举行“金秋助学”活动仪式

要载体。5月中旬把去年参加会议的20家企业优秀班组各自分别再与10家企业的班组实现结对共建，把先进班组管理经验推广至200家企业班组；8月份对200家班组建设经验进行逐一总结、完善。9月份200家班组各自分别与5家班组结对共建，把先进经验推广至1000个班组。通过结对共建，不仅增强企业职工安全生产的意识、提高事故防范能力；建设管理经验推广会，而且进一步活跃企业工会工作，促进企业的规范化管理，推动企业健康发展。

强化工会劳动保护和安全生产监督检查。各级工会群众监督组织，开展各种形式的安全检查30次，查出事故隐患13余处，参与调处安全事故30多起；全市“安康杯”活动持续扎实开展，参赛率达到80%，提高广大职工的安全意识，有效遏制安全事故的发生。充分发挥职工法律维权中心的平台作用，积极为职工解决实际问题，共接待职工来信来访76人次，法律咨询124人次，都得到满意解决与答复。加强对工会干部和广大职工的普法教育，在职工中广泛开展普法宣传活动，提高工会干部和广大职工的法律和维权意识，有效地化解矛盾，维护职工队伍稳定。

【解困脱困工作】 临清市总工会投入专项资金，进一步加强临清市职工服务中心建设，打造救助、维权、服务三位一体的综合性服务平台。一月份职工家政服务平台引进山东省服务名牌“阳光大姐”，已经正式运营，截止到2016年年底已经免费培训下岗职工1000多人次，免费安置下岗职工200多人。通过临清市总工会官方网站，微信公众号，QQ群等，打造网上服务平台，宣传党和工会的政策法规，提供网上就业信息服务，打造线上线下立体式服务平台，使职工服务中心成真正建设成为工会参与加强和创新社会管理的一个重要阵地和窗口。

全市各级工会通过入户调查、逐级核实的方式对困难企业和困难职工家庭生活状况进行详细的摸底排查，掌握其家庭情况、致困原因、困难程度。对符合救助条件的职工录入困难职工电子档案，对已经脱困的在档职工进行注销，确保依档发放，专款专用。发挥工会传统帮扶工作优势，利用职工服务中心，做好困难职工日常救助工作。加大帮扶资金筹集力度，广泛动员社会力量参与，“精准扶贫”要在“准”上下功夫，增强精准帮扶工作力量，增强实效性。

2016年春节期间市总工会对基层工会上报的困难职工，进行调查核实，累计对镇（街道）、一轻、二轻、纺织、机械、供销、运输等1215余户生活困难职工进行救助。大学新学年开学前，市总工会开展“金秋助学”活动，对困难职工家庭子女优秀大学生进行助学，累计救助34名。2016年按照《聊城市总工会关于认真组织实施女职工“关爱行动”的通知》文件精神，在全市开展女职工“关爱行动”，累计救助困难儿童2名。2016年救助困难单亲女职工累计5人。

分类做好困难职工解困脱困工作。开展宣传教育、技能培训、职业介绍等活动，对有

2月1日，市总工会举行救助困难职工仪式

就业创业能力和需求的困难职工，通过“帮扶送教育”，协助扶持创业、技能培训、就业服务等途径，助其通过就业创业脱贫；对不具备就业创业条件的困难职工，区分情况，按需施助。对丧失劳动能力的，推动纳入社保兜底；对因病致困的，推动纳入大病保险；对其他原因致困的，推动纳入社会救助体系。2016年全市劳务输出人员累计35606人，工会自身输出累计9861人。

【工会工作】 全力抓好工会组建。临清市总工会与临清市有关部门密切结合，进一步摸清新建企业和破产、注销企业的底数，并在全部新建企业中建立工会组织。截止2016年全市共有基层工会组织1754个，会员数17万多名。积极开展“双亮”活动。工会组织亮牌子，工会主席亮身份旨在提升企业工会特别是非公企业工会规范化水平的一项重要活动。市总工会要求每个镇、街道要开展“双亮”活动并且统一为16个镇、街道总工会及48个非公企业工会制作工会主席、副主席的胸牌。要求镇、街道总工会及企业工会统一制作单位牌子。同时培养10家非公企业典型，以点带面，积极推动非公企业工会规范化建设上一个新的台阶。2016年，全市共新建基层工会组织17个，新增会员320人；聊城市级“职工之家”标准3家。

【工会自身建设】 提高工会干部整体素质，加强机关干部队伍的思想、组织和作风建设，努力造就一支政治坚定、作风优良、业务熟练的高素质工会干部队伍。深入开展调查研究，加强分类指导，为基层提供更多的理论、政策、法律、典型和信息服务，积极推动工运理论创新和实际问题的解决。加强工会干部队伍的教育培训工作，2016年，临清市总工会参加聊城市总工会赴北京、哈尔滨、西安、安徽干部培训班4期10人次，促进工会干部整体水平的提高。加强机关廉政建设，积极推行机关效能监察、政务公开制度，提高服务水平。

加强工会经费收缴和管理。积极探索工会经费收缴新的方法和渠道，2005年5月实行委托地方税务局代收工作，同时大力争取财政代扣工会经费，督促各级按时足额缴纳工会经费，努力完成市总工会下达的经费上缴任务。加强财会制度建设，健全完善工会经费收缴激励约束机制，管好、用好工会经费。进一步健全完善经费审查制度，切实落实《工会经费审查工作规范化建设标准》，不断加大工会经费的审查监督力度，促进工会经费的高效合理合规使用，保障工会工作顺利开展。

（白　洁）

中国共产主义青年团临清市委员会

【机构设置】 2016年，团市委设办公室、组织部、宣传统联部、工农青年部、学少部、社区和维护青少年权益部等六个部室。共有在职人员4人，党员4人。2016年年底，全市共有青年313768人，其中团员78128人，占青年总人数的24.9%。全市设基层团委129个，团支部1989个。

【青年志愿服务活动】 2016为临清·中国轴承产业展览会提供志愿服务。5月6—8日，由中共临清市委，临清人民政府主办的2016临清中国轴承产业展览会在临清举办，会议期间，团临清市委组织50名志愿者，为会展累计服务时间达30余小时每人，服务人次4000余次。打造社区青年志愿服务站平台，建成新华站古楼社区青年服务站一处，在临清市电子商务产业园建设依托式青年志愿服务站一处，先后开展阳光助残、生态环保、社会养老等志愿服务70余次，覆盖6000多人。

【思想政治教育】 以理想信念教育为核心，引领青年跟党走。开展“我为五四代言”“青春飞扬·红心向党”“我的青春榜样——最美青年事迹分享”“奋斗的青春最美丽”“我为临清发展做贡献”等主题教育实践活动共20余次，覆盖6000余人，组织动员200人次广大团员青年积极投身防汛抗洪抢险救灾，以共同理想感召现代青年。

【组织建设】 2016年，团市委始终坚持夯实基础、活跃基层、注重宣传、讲求实效的工作方针，全面开展各项工作，切实加强团的自身建设。举办镇（街）基层团委书记、市直部门、驻临单位团组织负责人赴山东省青少年培训中心培训1次，积极培育优秀村级基层团建项目示范案例，积极发挥村级团组织的战斗堡垒作用。临清市先锋路街道小屯居荣获省五四红旗团支部、大辛庄街道中周店居荣获聊城市五四红旗团支部荣誉称号。全面吹响“到青年中去”的号角，先后开展“学讲话　话改革　谋发展——团市委机关专题开放日”活动、团市委书记下基层“走转改”活动10余次，启动“团干部1+100联系青年”制度，通过前期走访调研，收集100名来自不同行业，不同领域的青年，同他们建立QQ群、微信群，公开联系方式，为青年在利益诉求，成长成才等方面的难题解答，打通联系青年群众的“最后一千米”。

【学校团队建设】 利用全团带队的优势，组织开展全市少先队辅导员大比武暨少先队课程说课活动，着力推少先队鼓号操的建设工作，将少先队工作纳入市教育局对各中小学考核体系中，同时注重典型培育，2016年荣获“省优秀少先队集体”一个、“省优秀少先队辅导员”“省优秀少先队员”各一名。深入推动“小手拉大手、共筑碧水蓝天”行动。先后组织开展学科学公益讲座4次，发放“小手拉大手、抵制灯花爆竹”“小手拉大手、抵制秸秆焚烧”“小手拉大手青少年自护教育”倡议书4000余份，在全市中小学黑板报宣传栏、广播、家长微信群等各种形式开展系列活动，为全市推进生态文明临清建设起到积极作用。

【团的宣传工作】 以青年之声为重点，打造临清共青团的“020”模式。确定用C2Y(communit two young)模式打造服务青年的“最后一千米”的总体目标，在全市范围内组建202人的专家队伍，2016年全市青年之声月均访问量256348次，提问824条，回答问题1223个，在聊城市列首位。先后开展“青年之声关爱环卫工人　共建爱心驿站”“青年之声大学生创业沙龙”等线下活动10余次，通过骨干宣传员的示范带动，线上线下互动等工作。构建QQ群、官方微博、微信、微邦四位一体的媒体平台格局，积极发出好声音，弘扬传播正能量。

【希望工程】 2016年上半年，团市委经过多方沟通与协调，成功争取青年民族小学、戴湾吉庄小学改扩建希望小学两处，捐助金额分别为50万元、30万元，分别由北京惠宇教育集团、山东青年美术家协会赞助，有力地推动全市教育事业的发展。

【评选表彰活动】 2016年打造青年典型方阵，1个团干部荣获全国优秀共青团干部，1名青年企业家荣获全国青年致富带头人，1名入选齐鲁最美青年，3名青年被评为聊城最美青年，4个青年文明号，2个省五四红旗团支部，评选出临清优秀青年创业奖10名。

【促进青年就业创业和青春立功活动】 以打造两大平台为着力点，推动青年阵地化发展。打造青年之家平台，通过以新改扩、整转升、引入合作运营等方式为主，引入项目化运作、社会化管理的模式，截止2016年12月，共建设青年之家8个，其中省级示范性青少年综合服务平台2个。

【助学帮困活动】 持续开展“牵手关爱行动”。联合市关工委、市教育局、市慈善总会积极协调、主动作为，科学谋划，精心组织，志愿者一对一结对帮扶近500名留守儿童，全面开展亲情陪伴、学业辅导、心愿达成、感受城市和心理疏导等志愿服务活动。

【特色工作】 凝聚青年力量助力精准扶贫。以基层共青团建设为推力，加大对村级团组织建设场所的投入，在双联共建村先锋路街道办事处小屯居建设团支部，从青年致富带头人中通过公开提拔的方式配备团支部书记，增强团组织的战斗力；以提升电商产业发展为基点，在小屯居建立青年电商产业联盟团工委，开展青年电商培训班，培训青年 300 余人；以志愿服务为辅力，先后组织开展爱心你我他公益协会、义诊志愿服务队等志愿服务 10 余次，走访慰问贫困户 40 户，为 49 名贫困村民留守儿童进行“牵手关爱行动”；建立四点半学校“春晖学堂”，直接服务小屯居留守儿童 63 人次，联系大学生“三下乡”志愿者、青年教师志愿者、聊城幼儿师范学校在校学生等每周定期开展学业辅导、亲情陪伴、感受城市、心理疏导等志愿服务活动，“春晖学堂”的开设在《聊城日报》《齐鲁晚报》《大众日报》、聊城扶贫开发网等争相报道，切实在扶贫攻坚中发挥共青团教育扶贫的作用。

牵头建设阿里巴巴农村淘宝项目。自 2016 年起团市委正式接洽阿里巴巴农村淘宝项目的落地工作，通过前期调研多次洽谈、协商、选址等，临清市政府与阿里巴巴集团正式签订农村电子商务战略工作协议，建成市级服务站 1 个，村级服务站 100 个，三年内总数达 300 个，将彻底解决农村买难卖难等问题，实现临清市特色农产品的上行，带动临清市农业现代化的发展，推动产业转型升级，也必将成为临清经济增长的新的引擎。

（赵　慧）

临清市妇女联合会

【概况】 临清市妇女联合会（简称市妇联）下设办公室、组宣部、权益部、儿童部、妇女儿童工作委员会办公室（临清市妇女儿童工作委员会办公室成立于 2005 年 12 月 1 日，副科级全额事业单位，编制为 3 人，办公室设在市妇联，配领导职数 1 人）等机构，共有工作人员 7 名；全市共设镇（街道）妇联 16 处，市直机关妇委会 50 个，社区妇联 29 个，村级妇代会 554 个。2016 年以来，在市委、市政府的坚强领导下，全市各级妇女组织认真贯彻党的十八届四中、五中、六中全会和习近平总书记系列重要讲话精神，强化责任担当，推进改革创新，履行服务大局和服务妇女双重使命，为实现“十三五”良好开局，全面建成小康社会、创造临清人民更加美好的幸福生活发挥妇女组织的半边天作用。

【“双学双比”活动】 积极引领妇女创业创新创优助推经济社会发展。贯彻落实“大众创业、万众创新”精神要求，创新举措，主动作为，帮扶引导妇女创业创新，在全市科学发展、跨越发展中贡献巾帼力量。帮扶引导妇女创业创新。积极开展“三个对接”行动，为合众正源现代中药饮片有限公司争取巾帼创业贴息资金 4.45 万元，为两个企业争取小额担保贷款 270 万元，为永翔特种轴承有限公司、润达纺织有限公司等妇字号企业进行订单式培训女性职工 500 余人。动员合众正源现代中药饮片有限公司等妇字号企业和优秀女支部书记村庄对接，为农村妇女提供项目、资金、技术支持和就业岗位，引领更多企业和妇女创业就业。弘扬妇女创业精神，推荐田野葡萄专业合作社参加巾帼好产品 3D 展馆展览，丰德科技生态农业园参加省巾帼创业项目电子展馆展览。加强联系合作，帮助妇女就业，与人社局等单位开展“春风送岗位”活动，400 余名农村妇女和城区下岗女工参加招聘会，近 100 名妇女当场签订用工意向和协议。

【巾帼建功】 拓展“巾帼文明岗”创建活动的时

代内涵，实施巾帼文明岗岗位创新活动，组织岗位练兵等主题实践活动，创新“巾帼建功标兵”选树方式，激励各行各业妇女立足岗位建功创优。积极推荐聊城市“巾帼文明岗”8 个、“巾帼建功标兵”17 个；发挥女企业家作用，推荐李华、宛博加入省女企业家协会，女企业家刘桂淑、史晓雨参加“创业齐鲁训练营”，带动妇女创业创新。

【家庭文化建设活动】 和谐家庭建设是和谐社会建设的基础。市妇联以丰富家庭文化生活、促进家庭健康发展为目标，用科学的理论武装妇女，用高尚的道德引导妇女，积极带领广大妇女群众开展家庭文化建设活动。把寻找主动权、“最美”决定权交给群众，动员城乡广大家庭积极参与，开展“最美家庭”、好家风家训展示宣传活动，举办“最美家庭”事迹报告会 3 场，张浩、井杨家庭入选省最美书香家庭，贾树范家庭被评为省级文明家庭，带动广大家庭学习最美、弘扬最美。

【少年儿童工作】 市妇联以关心儿童健康成长为宗旨，坚持儿童优先原则，充分发挥妇女儿童工作委员会的协调作用。全市所有中小学、幼儿园均设立家长学校，为学校家庭教育指导的实施提供组织保障。邀请全省有突出贡献的中青年专家王际海先生举办讲座 6 期，邀请第三幼儿园教师举办“绘本故事会”24 期，30 个家庭参加“我爱我家・同悦书香”亲子阅读演讲比赛，在宣传家庭教育知识同时弘扬社会主义核心价值观。形成学校、家庭和社会共同关心儿童素质教育发展的良好氛围。弘扬扶危济困优良传统，联合民政局救助 100 名留守儿童、孤儿，助推留守儿童活动站建设并切实发挥作用，推动困境儿童困难有帮、亲情有爱、成长有助。

【维护妇女合法权益】 广泛开展反家庭暴力法宣传教育工作，充分运用广播、电视、报刊、微信、QQ 等媒体，以专家讲坛、开辟专栏、便民小知识等形式，介绍反家庭暴力法的基本原则和主要内容等；邀请市人民法院民三庭副庭长陈红霞为 200 余名妇女干部、妇女群众代表进行反家庭暴力法专场知识解读。发挥 12338 维权热线、基层维权站点等各类维权平台和阵地作用，认真接待处理来电来访，积极为困难妇女儿童争取免费法律援助。2016 年，共接待来电来访案件 36 例，提供法律援助 3 次，切实维护广大妇女儿童的合法权益。关注智力残疾妇女权益保护问题，开展专题调研，慰问看望残疾妇女，全国妇联、省妇联来临调研给出满意评价。

6 月 1 日，“我爱我家 同悦书香”亲子阅读演讲比赛

【关爱妇女健康】 继续推进农村妇女“两癌”免费检查，12994 名适龄农村妇女进行“两癌”检查，将符合条件的“两癌”妇女情况重新录入全国数据库。持续开展城乡妇女健康查体工作，为 964 名妇女提供健康查体服务。启动“女性安康保险”工程，为 100 余名妇女提供保险保障，为 48 名家庭困难的农村妇女免费赠送“女性安康保险”。

【基层组织建设】 在全市基层妇女组织中开展选聘兼职妇女干部工作，扩大镇（街道）妇联成员和村（社区）妇代会成员覆盖面。聘任镇（街道）兼职副主席 17 人，社区兼职副主席 15 人，各村妇代会兼职妇代会成员 554 人。启动村（社区）妇代会改建妇联工作，村（社区）妇联设主席 1 人，副主席、兼职副主席人数根据村（社区）实际情况确定，建设具有群众性、广泛性、代表性的基层妇女组织，壮大妇女工作力量。在规范化管理省妇联 3 个妇女儿童家园和 9 个妇女之家示范建设项目的基础上，2016 年争取聊城市项目资金 31 万元，建立 4 处妇女儿童家园和 3 处示范妇女之家。

8 月，临清市农村“两癌”贫困母亲救助金发放

【宣传工作】 积极开展群众性精神文明创建活动，通过一系列健康向上的文体活动，引导广大妇女在文明和谐建设中发挥作用。注重宣传报道工作，在各级报刊、网站发表信息二十篇，积极宣传临清市优秀妇女干部及各条战线上涌现出来的先进个人和典型事迹。在全市科学发展、跨越发展进程中，涌现出一大批先进妇女典型，45 个单位荣获“三八红旗集体”称号，101 名同志荣获“三八红旗手”称号，100 户家庭荣获“五好文明家庭”称号。在临清电视台、广播电台、临清周讯开辟专栏，宣传她们的先进事迹，激励广大妇女学习先进，在社会和家庭中发挥独特作用，推进社会文明进步。

【妇女儿童规划实施】 开展临清妇女儿童发展“十二五”规划终期评估工作，举办监测评估培训，开展实地督导检查，全面实施两个规划。广泛征求成员单位意见，编制临清妇女儿童发展“十三五”规划。

【巾帼精准扶贫】 实施村妇代会主任电商创业培训计划，动员 203 名村妇代会主任或巾帼增收带头人报名参加电商创业培训。组织 2 个女支部书记、2 个女两委成员参加省贫困村妇女干部扶贫工作培训班，举办素质技能培训 10 场，培训农村贫困妇女 1000 余人。组织发动 10 个巾帼文明岗（三八红旗集体）与建档立卡贫困村“一对一”结对帮扶，动员妇字号企业经理史晓雨、王琳琳、曹建华加入聊城市扶贫协会，通过开展“送文化、送技能、送关爱”活动，为贫困妇女办实事、解难事。扶持渔网编织加工、棉衣手套来料加工等一批居家扶贫创业就业项目，发挥巾帼居家创业就业脱贫示范基地作用，安置帮助建档立卡贫困妇女脱贫致富。切实帮扶贫困妇女争取资金 9 万元，救助建档立卡贫困妇女 5 名、两癌贫困妇女 35 名。下发“巾帼送暖”关爱帮扶活动通知和倡议书，动员组织广大妇女开展“一对一”结对帮扶，为贫困群众送棉衣棉被、油面等生活用品，为贫困孤寡老人打扫卫生、缝补衣物，为贫困老人送去热汤热饭送温暖活动，帮助贫困群众“过暖冬·过好年”。

【“双联共建”活动】 积极与省级贫困村新华路街

道廖庄居“双联共建”，为村里安装体育健身器材、路灯、配备音响，规范化建设妇女之家等，为35至64岁妇女免费进行两癌检查，为12名贫困妇女赠送女性安康保险，一对一结对帮扶困难群众，组织机关干部走访慰问困难群众20户，合计投入扶贫资金28300元，密切与广大妇女群众的联系，努力成为妇女群众信得过、靠得住的“娘家人”。

【“两学一做”学习教育工作】 召开“两学一做”座谈部署会，明确学习的总体目标和要求，采取集中学习与个人自学、定期研讨、专家辅导与党组成员讲党课、专题民主生活会与支部组织生活会相结合等多种方式，把“两学一做”专题教育融入机关干部的学习生活中。

（刘志颖）

临清市工商业联合会

【概况】 临清市工商业联合会（以下简称临清市工商联），成立于1953年年底，正科级机构。截至2016年，临清市工商联有镇（街道）商会组织16个，行业商（协）会6个，形成覆盖全市的组织网络。工商联会员分为企业会员、团体会员和个人会员。截至2016年，临清市工商联共有会员1408个，其中，会长1人，副主席20人（驻会2人），常委40人，执委79人。

临清市工商联主要工作是参与全市政治、经济和社会生活中的重要问题的政治协商，发挥民主监督作用，积极参政议政；做工商界代表人士政治安排的推荐工作；宣传、贯彻党和国家的路线、方针和政策，推动企业文化建设；代表并维护会员企业和非公有制企业的合法权益，反映会员的意见、建议和要求；引导和带领非公有制经济人士参与光彩事业和社会公益事业活动；为非公有制企业提供信息、科技、管理、法律、会计、审计、融资、咨询等服务；开展工商专业培训，帮助非公有制企业改进经营管理，完善财会管理，提高生产技术和产品质量；组织非公有制企业举办和参加各种对内对外展销会、交易会，组织出境出国考察访问，帮助企业开拓市场；增进与各地工商社团及工商经济界人士的联系和友谊，促进经济、技术和贸易合作的发展，协助引进资金、技术、人才。

【参政议政】 2016年，向各级人大、政协推荐人选，为非公有制经济代表人士参与社会经济发展提供平台。全市民营企业家担任全国人大代表1名，山东省人大代表1名，聊城市人大代表10名，临清市人大代表49名；山东省政协委员2名，聊城市政协委员3名，临清市政协委员47名。

【开展活动情况】 “同心扶贫攻坚行动”暨“百企帮百村”活动。全市93家民营企业与85家省级贫困村结成帮扶对子，实行“点对点”“一帮一”“一帮多”“多帮一”等多种形式，通过资金帮扶、用工帮扶、技术帮扶、产业帮扶等方式进行捐助和帮扶，为困难群众献爱心、送温暖。

“非公有制经济人士述职考核评议”活动。1月29日，市工商联开展“临清市非公有制经济人士述职考核评议”活动，对已做出政治安排的非公有制经济人士一一进行述职考核评议。这次活动是对非公有制经济人士工作业绩、履职尽责情况的集中展示，也是对企业家们思想政治表现、诚信守法情况的一次检验，更是总结交流经验、提升自身素质的重要契机和必要手段。活动结束后，企业家们所有的述职报告全部装订成册，建立非公有制经济代表人士信息库，建立长效机制。

“非公经济代表人士综合评价工作”。11月2日，临清市非公经济代表人士综合评价工作部署会召开。相关15家评价单位分管领导和市16个镇（街道）统战委员参加会议。截至2016年年底，全市共有149名非公经济代表人士参加此次综合评价，并在中央统战部网站完成信息采集。

相关评价单位已对这149名非公经济代表人士完成打分。

【光彩事业】 中共临清市委统战部和市工商联联合开展临清市统一战线“同心扶贫攻坚行动”暨“百企帮百村”活动。全市93家民营企业与85家省级贫困村结成帮扶对子，实行“点对点”“一帮一”“一帮多”“多帮一”等多种形式，通过资金帮扶、用工帮扶、技术帮扶、产业帮扶等方式进行捐助和帮扶，为困难群众献爱心、送温暖。

【对外联络】 2016年11月6日，垦利县工商联到临清三和纺织集团和烟店镇轴承商会学习交流商会建设及非公有制经济党建情况。来临的有垦利县县委统战部副部长、县工商联党组书记、主席、县非公有制经济组织党工委书记翟向军，县工商联副主席劳海卫，县工商联副主席陈立华，县家电商会会长李善学，东营国民工贸有限公司党支部书记王海亮 ，县青年企业家商会会长张鹏飞。

【组织建设】 根据各级推进《中国共产党统一战线工作条例（试行）》实施工作方案的精神，市工商联制定《关于进一步加强镇、街道商会建设的实施意见》，召开关于加强镇（街道）商会建设工作会议，截止到2016年12月，全市16各镇（街道）已全部完成商会的组建或换届工作，商会由非公有制经济代表人士担任会长，由统战委员担任商会秘书长。共有会员1408个，其中，会长1人，副主席20人（驻会2人），常委40人，执委79人；有镇（街道）商会组织16个，行业商（协）会6个。

【学习教育】 “两学一做”学习教育。2016年4月29日，市工商联召开“两学一做”学习教育座谈会，深入学习贯彻习近平总书记关于开展“两学一做”学习教育的重要指示精神和中央、省委、聊城和临清市委座谈会精神，对工商联党组“两学一做”学习教育工作进行安排部署并制定具体实施方案。

学习传达贯彻习总书记重要讲话精神。3月24日，市工商联召开“习近平总书记全国政协联组会重要讲话精神专题学习会”。市镇（街道）统战委员和担任市人大代表、政协委员的非公有制经济代表人士参加会议。大家加深对于“两个毫不动摇”“三个没有变”，以及“亲”“清”新型政商关系等讲话精神的理解和认识，坚定民营企业家的发展信心。

【其他工作】 帮助企业招聘人才。开展用工服务，每年组织非公有制经济人士参加由市工商联与市人力资源和社会保障局、市教育局、市总工会联合举办的“民营企业招聘周”活动，平均每年提供就业岗位1600余个，包括机械制造、教育、建筑安装、批发零售、餐饮服务等诸多专业工种，其中平均每年适合高校毕业生岗位120个，达成就业意向460余人次，积极为民营企业提供各类人才。

帮助企业提供培训服务。积极与全市有关部门、培训机构合作，不定期为企业提供劳动、税务等方面政策、法规以及企业经营管理方面的培训服务；积极与职教办等相关单位联合，每年举办青年企业家培训、非公有制经济人士法制培训班、企业职工培训3—4次，帮助会员企业提高政治思想素质和业务素质，帮助企业做大做强；积极组织非公企业出资人赴实地考察学习，引导他们开阔眼界，提升境界，引导广大非公有制经济人士坚定理想信念，积极创新创业，践行法治理念，承担社会责任。

发挥好桥梁纽带的作用。积极争取市委、市政府及相关部门的支持和重视，加强与政府各有关部门以及银行、担保公司的经常性地联络和沟通，建立畅通的政策渠道和信息直通车工作机制，不断完善政企沟通平台、银企供需平台、内引外联平台、学习培训平台；组织非公经济代表人士就改善发展环境和条件、引企促税、培育新的经济增长点、促进经济跨越式发展等方面与市领导进行座谈交流，发挥最大力量为企业拓宽融资渠道；抓住有关民营经济政策落实的关键，把握民营经济转方式、调结构的主方向，推进企业转型升级，帮助企业做大做强做优。

（时晓丹）

临清市科学技术协会

【概况】 临清市科学技术协会（简称临清市科协）成立于1984年7月25日（临发〔1984〕37号文），由临清市科学技术普及协会、临清市自然科学专门协会合并而成。组织机构有临清市科协代表大会、临清市科协全市委员会、临清市科协机关（机关设有办公室、学会部、科普部、咨询部、反邪教协会办公室），机关工作人员4人，主席1人，副主席1人。有市级学会、协会、研究会28个，会员3146名；企业科协40家，会员6300人；镇（街道）科协16个，专兼职工作人员58人；村级科协组织436个，专兼职工作人员436人；农村专业技术协会85个，会员6817人。主要职能是科学普及、学术交流、全民科学素质行动计划纲要实施、反邪教工作及老科技工作者活动等。临清市科协是中共临清市委员会领导下的人民团体，是临清市委、市政府联系科技工作者的桥梁和纽带，是国家推动科学技术事业发展的重要社会力量。

【科学普及】 举办科技活动周。5月14—21日，市科协积极参与并组织全市16个镇街道科协、100个村居科协推广新技术、新品种17项，指导群众依靠科技致富。汇聚科普志愿者30余人发放《公民科学素质知识读本》《幼儿园安全用药宣传资料》《科学防灾减灾科普资料》《技术创新专家行指导意见》等科普知识2万册。组织部分干部群众收听收看《揭穿“门徒会”的骗局》电视片，营造崇尚科学、反对邪教的良好科普氛围。

举办“全国科普日”活动。9月21日上午，在临清市中小学生科技创新实践教育基地开展临清市全国科普日活动，围绕“创新放飞梦想，科技引领未来”活动主题，组织8支精干的科普志愿者队伍，带领300余名青少年开展丰富多彩的科技实践活动。

编印科普书籍。5月份，市科学素质领导小组办公室与市科协共同编印《公民科学素质知识读本》2万册，免费发放给全市公众。

9月21日，在中小学生科技教育实践基地举行科普志愿者授旗仪式

【学会工作】 各学会、协会积极开展形式多样的活动，农机学会开展农机手科普培训、水利学会邀请山东省水利勘测设计院原院长刘长余作地下漏斗区综合治理学术报告会、农学会开展小麦管理技术培训、医学会开展安全用药宣传月、高血压咨询、春季传染病防控知识进校园等宣传活动。2016年11月29日，在山东省优秀科技工作者建议评选活动中，临清市水利学会王光军、郭印坦、

刘会贤同志撰写的《关于加强农村供水工程管理的建议》获得山东省优秀科技工作者建议三等奖，这也是聊城市唯一的一个奖项。

山东大学龙和平教授悉心回答一中学生的问题

【青少年科普】 开展“青少年科普百校行”活动。3月22日“青少年科普报告百校行”活动在临清市第一中学、临清市武训实验小学举行。山东大学数学院龙和平教授、国家二级营养技师张超围绕“中学的生活与学习”“大学教育的特点”“中学与大学的衔接”“揭秘身边的营养密码”等主题为中小学生作科普报告，1000余名师生受益。

开展“科普进校园”活动。9月21日，临清市第一中学科普专家姚振武为临清市中小学生科技创新教育实践基地青少年举办《发明创新学习生活》科普知识讲座，基地的全体科技辅导员与300余名青少年进行聆听。10月18日，科普专家姚振武走进临清市第二中学，为300余名学生讲解《创新发明与自主招生》的科普讲座。

举办第31届青少年科技创新大赛活动。全市15所学校3300多名师生参加比赛，共接受申报竞赛项目89项，内容涵盖多个学科。共有72项作品获奖，15个项目获得一等奖、31个项目获得二等奖、26个项目获得三等奖，临清市获得“第31届聊城市青少年科技创新大赛优秀组织”奖。

【科学素质行动计划纲要的实施】 全面贯彻实施《全民科学素质纲要》。9月9日，临清市召开全民科学素质提升工作会议，明确今后一个时期临清市科学素质工作的总体思路，强调主动适应发展新常态，以创新放飞梦想、科技引领未来为主题，以提高公众科学素质为中心，全力推进经济社会健康发展。9月25日，临清市在乐高科普教育基地成立科学素质教育推广协会，来自教育、科技、农业、工业及各镇（街道）、社区等单位的各界人士50余人参加成立大会。市科协围绕“节约能源资源，保护生态环境，保障安全健康，促进创新创造”这一主题，联合有关单位共同举办社科普及、食品安全、节能减排科普宣传活动6次21000人次，各成员单位认真组织，广泛动员，积极参与，充分利用多种形式的活动，提高公众节约能源和食品安全的意识，营造全社会节约能源的良好氛围。

【科普人才工作】 认真学习《关于深化人才发展体制机制改革的意见》。中共中央印发《关于深化人才发展体制机制改革的意见》后，按照临清市人才办的要求，5月27日，市科协组织全体人员召开学习讨论会，结合实际，梳理全市科普人才工作思路，明确工作重点，抓好工作落实。市科协制定宣传工作方案，利用科协网站、科普画廊、科普宣传栏进行宣传。举办农村科普人才培训班。9月29日，举办农村科普人才培训会，各镇（街道）科普人才及技术人员20余人参加会议。

【科普数字终端】 9月27日至12月10日为全市77个省定贫困村安装77台43英寸科普数字终端

设备（山东省数字科普扶贫工程），每台终端分别内置2381个科普视频节目，时长达50526分钟，分类编辑编排，内置于终端，有无宽带均可开机，即播即看内置节目，根据需求人工更新节目，年底全部安装使用，基本实现全市贫困村数字科普服务的需求，既满足这些村庄群众的科学需求，又提高贫困村庄人群的科学素质，还能尽快使他们科技致富。

【科协信息宣传】 强化科协信息宣传工作。围绕“加大工作力度，提高服务质量，推动全市科普事业健康发展”的总要求，进一步加大信息撰写上报力度，形成信息宣传工作一把手亲自抓，专人负责落实，全体工作人员共同参与的工作机制。除在临清市科协网站及时发布外，2016年全年在聊城市科协网站刊登146条、山东省科协网站上刊登信息86条，撰写刊登《科协创新发展不停步，提升能力勇担当》科普文章5篇。

【反邪教工作】 开展抵制邪教科普宣传活动。市科协、市反邪教协会办公室联合在全市开展题为“崇尚科学抵制邪教惩治犯罪促进和谐”的大型科普宣传活动。在大众公园、运河科普广场向群众发放宣传材料2600余份，解答群众咨询1000余人。

【老科技工作者协会工作】 开展送科技下乡活动，为充分发挥老科协专家的作用，3月份组织老科协专家开展科技下乡服务活动。根据农民群众需求，组织农业专家划分6个专家组分赴全市160个村庄，以麦田管理、配方施肥、棉花高产高效技术、果树管理等11项技术为培训重点，提高农民群众的科学种植技术。

【荣获省、部级以上称号】 临清市于2016年2月4日被中国科协命名为《全国科普示范市（2016—2020）》（科协发普字〔2016〕8号文），并颁发奖牌。临清市科协于2016年12月19日被山东省反邪教协会评为山东省反邪教工作先进集体（鲁反邪教发〔2016〕18号文）。

（祝向华）

临清市残疾人联合会

【概况】 临清市残疾人联合会简称市残联，成立于1990年12月，为参照公务员管理的正科级单位，计划单列、党组专设。联合会内设办公室、教育就业部、康复部、组宣部，计财部，临清市残疾人综合服务中心。工作人员8名，其中全额事业编8名。残联是中国残疾人联合会的地方组织，集“残疾人自身代表组织、社会福利团体、事业管理机构”为一体。截至2016年12月31日，有持证残疾人14477人，占人口总数的1.76%，其中视力残疾1030人，听力残疾244人，语言残疾75人，智力残疾1066人，肢体残疾10371人，精神残疾414人，多重及其他1277人。

2016年12月，临清市荣获“全省基层残疾人组织建设示范县”称号。临清市残疾人联合会荣获全省残疾人工作先进单位称号。

【残疾人扶贫解困】 残疾人送温暖。2016年为900余户贫困残疾人家庭发放慰问金及慰问品累计近10万元。

百千万·残疾人就业创业扶贫工程。刘垓子镇九圣庙村东海韭菜种植合作社被评为“山东省残疾人就业创业扶贫优秀基地”，奖励扶持资金5万元，该基地辐射带动全村20余户残疾人就业增收。

“第一书记”帮包村助残扶贫项目和基层党组织助残扶贫工程。借力“第一书记”，扶持帮包村贫困残疾人家庭发展致富项目，为九圣庙建设光伏发电项目筹措资金3000元。

“阳光共享”残疾人自主创业工程。鼓励扶持残疾人自主创业，为13名残疾人自主创业标兵和致富能手发放2.9万元创业扶持资金；为7户参加聊城市举办的电子商务培训班的残疾人发放创业启动资金1.4万元。

残疾人大学生励志助学金。为4名残疾人大学生发放大学生励志助学金共计2.2万元。

【残疾人就业】 残疾人职业技能和实用技术培训。2016年，临清市输送山东省残联举办的盲人计算机培训班2人，电商培训班2人，聊城市残联举办的电商培训班7人，已取得相应职业资格证书；全市集中举办一期贫困残疾人免费职业技能培训，对60名残疾人进行电商、手工编制培训。大辛庄、松林、先锋、老赵庄等镇办分别举办种植、养殖培训班，200余名残疾人接受免费培训。

搭建就业平台。举办2016年残疾人春季用工招聘会，160名无业、失业残疾人参加招聘会，30名残疾人同单位签订用工协议。

建设残疾人就业扶贫基地。全市建设就业扶贫基地11处，安置100余名残疾人就业，辐射带动150余户残疾人家庭脱贫。

【残疾人社会保障】 对残疾人“两项补贴”（重残护理补贴和困难生活补贴）提标扩面，低保残疾人全部享受每人每月80元困难生活补贴。重度残疾人护理补贴，发放对象在原来一、二级智力、精神和肢体残疾人的基础上，又增加一、二级视力残疾人。截至2016年年底，享受“两项补贴”的残疾人达到6500人次。对重度残疾人等缴费困难群体，政府为其代缴部分养老保险费；享受低保残疾人，代缴一半医保费。

【康复工作】 2016年为9名听力残疾人患者免费安装助听器，为有需求的76名肢体残疾人免费安装假肢。对残疾儿童进行康复需求筛查统计，对今后残疾人假肢装配需求进行统计。对12名贫困精神病患者进行免费住院医疗救助，对67名贫困残疾人精神病患者免费服药。2016年为100名0—9岁的残疾儿童实施康复救助，0—9岁残疾儿童抢救性康复工作实现全覆盖；为22名听力残疾儿童免费安装电子耳蜗。

【文体生活和社会环境】 投资5.2万元建设残疾人视障阅读室，阅读室内配备盲文书籍100本，有声读物200张，盲人自动语音阅读系统，视障阅读器，以及盲人点选器等，方便视力残疾人借阅各类图书资料。

残疾人体育运动取得新成绩。田径运动员杨宝义在山东省残联、山东省体育局主办的省第一届残疾人锦标赛中铅球比赛中荣获金牌。

【宣传报道】 在2016年“爱耳日”“残疾人日”等节日中，设立宣传台、咨询台、免费义诊体检台，先后接待咨询群众150余人（次），为群众免费体检87人（次）；助残志愿者发放宣传材料1500份。“志愿助残阳光行动”主题日，在残疾人数量较多的社区开展“邻里守望、阳光助残”系列活动。在“一助一 多助一”结对帮扶活动中，有32户残疾人及家庭与助残志愿者签订结对协议书。在“为残疾人办件事”志愿服务活动中，志愿者们走进残疾人家庭，帮助他们打扫卫生，购买生活用品，进行家教辅导，受到广大残疾人的欢迎。

【基层组织与队伍建设】 加强对16个镇、街道残联理事长和专职干事的培训工作，形成组织健全、制度完善、考核有据、优胜劣汰的工作局面。建立残疾人专职干事和委员基础信息数据库，实行残疾人专职干事和委员实名制管理。

2016年，专职干事补贴1668元，高于聊城市最低工资标准20%，在聊城市处于领先水平。对残联干部和残疾人专职干事（委员）开展多种形式的培训，参加“专职委员在线”学习的专职干事达100%、专职委员达40%以上。

每年根据重点工作部署情况，对专职干事及

委员进行康复、教育、就业、维权等系统培训。同时，要求基层残联建立健全严格的岗位职责和各项规章制度，通过加强自身建设，提升服务水平，真正把基层残联组织建设成为“残疾人之家”。同时，重视发挥专门协会职能，明确专人负责联系协会工作，切实做到领导重视、经费到位。

2016 年 8 至 9 月，全市开展残疾人基本服务状况和需求数据动态更新，对全市 14508 名残疾人家庭进行入户调查。验收、录入残疾人调查表及其他数据表 1.05 万余张。

2016 年 11 月 27 日，省残联组织部部长孔苏华等莅临临清市检查基层残疾人组织建设工作，对临清市的残疾人工作给予高度赞许和肯定。

（张尊波）

临清年鉴 2017

LINQINGYERABOOK

军　事

人民武装部

【机构设置与工作概况】 中国人民解放军山东省临清市人民武装部为正团级单位。编部长、政委、副部长各1人，下设军事科、政工科、后勤科，科为正营级。为临清的军事领导指挥机关，既是同级地方党委的军事部，又是同级人民政府的兵役工作机关，接受上级军事机关和同级党委、人民政府的双重领导。

【军事训练】 2016年，结合形势任务，严密组织民兵应急分队维稳训练，提高应急处置涉恐突发事件能力。针对漳卫河汛情，按照临清市防汛抗旱指挥部要求，集中组织民兵防汛骨干集训，规范组织程序，提高有效应对汛情能力素质。

【新兵征集】 2016年，国防部征兵办公室印发《征兵工作量化考评暂行办法》，构建报名率、上站率、合格率、择优率、退兵率“五率”指标评价体系，加强对征兵工作全过程全要素综合科学评价。临清市征兵办公室从兵役登记抓起，根据征兵工作进程，逐项目抓落实，逐指标争分数。

【民兵工作】 依据省军区《民兵组织整顿规范与检查考评细则（试行）》，按照军分区要求，第一季度完成民兵组织整顿，编组程序更加科学规范，重点分队建设质量进一步提高，民兵结构布局更加合理，各项制度不断完善，文件资料和硬件设施更加配套。指导先锋路街道和孟店民兵连进行基层民兵连规范化建设。4月22日，结合全市民兵预备役工作会议，组织民兵应急分队集中点验。

【全民国防教育】 坚持及早筹划、及早宣传；春节期间，组织基层武装部向适龄青年发放3000余份宣传单；5月下旬，市人武部下发关于组织征兵宣传活动的通知，明确开展征兵宣传的任务分工和标准要求。征兵期间，人武部机关专题制作“国防教育图片”展板，印制3万份国防教育和征兵宣传单、宣传手册，在城区主要道路口安装直观醒目的大型宣传板；16个镇（街道）均在主干道设立“征兵宣传一条街”；640个行政村均悬挂条幅、张贴标语。利用高考前夕，深入到一中、二中、三中、实验高中进行国防教育影视巡展、“征兵政策”面对面宣传等活动。积极协调临清电视台、临清政府网、移动等部门播放征兵通知、发放征兵短信、公开征兵公告。进入7月份，市人武部利用各镇办集市时间，专门出动宣传车，进行征兵宣传下乡活动，进一步扩大宣传辐射面。

【预备役征集】 预备役军官。预备役军官包括下列人员：退出现役转入预备役的军官、确定服军官预备役的退出现役的士兵、确定服军官预备役的普通高等学校毕业学生、确定服军官预备役的专职人民武装干部和民兵干部、确定服军官预备役的非军事部门的干部和专业技术人员。选拔担任预备役军官职务的专职人民武装干部、民兵干部、普通高等学校毕业生、非军事部门的人员，由工作单位或者户口所在地的县、自治县、市、市辖区的兵役机关报请上级军事机关批准并进行登记，服军官预备役。

退出现役转入预备役的军官，在到达安置地以后的三十日内，到当地县、自治县、市、市辖区的兵役机关办理预备役军官登记。预备役军官按照规定服预备役已满最高年龄的，退出预备役。预备役军官参加规定的军事训练。

预备役士兵。士兵退出现役时，符合预备役条件的，由部队确定服士兵预备役；经过考核，适合担任军官职务的，服军官预备役。退出现役的士兵，由部队确定服预备役的，自退出现役之日起四十日内，到安置地的县、自治县、市、市辖区的兵役机关办理预备役登记。士兵预备役的年龄，为18—35周岁，根据需要可以适当延长。预备役士兵达到服预备役最高年龄的，退出预备役。

【其他主要工作】 国防动员。2016 年 3 月，山东省国防动员委员会组织国防动员重大课题理论研讨；4 月，组织国防动员领导干部集训。根据聊城市国动委统一部署，5 月中下旬，组织国防动员委员会各专业办公室对照上级明确的内容严密组织国防动员潜力调查，完成国防动员各项潜力数据的调查、核实和统计上报。

学生军训。学生军事训练工作（以下简称学生军训），是对高等学校和高级中学（含中等职业学校）的学生进行军事基础知识和必要的军事技能教练的活动，是加强国防后备力量建设的一项重要措施。对学生进行军训，是教育改革、全面落实党的教育方针的一项重大举措，是《中华人民共和国兵役法》赋予学校的一项任务。同时，也是学生履行兵役义务、接受国防教育的基本形式。学生军训通常以开设军事训练课的形式进行，并将军事课作为学生的必修课，考试成绩记入学生档案。临清市人民武装部从每年都由干部带队、派教练员到有军训任务的学校具体组织学生军训工作。

双拥工作。认真贯彻落实两级军区和军分区的指示精神，扎实开展帮扶工作，将抓民兵预备役建设与参与经济建设有机结合起来。2016 年积极参加上级脱贫攻坚活动，修订扶贫方案，并协调地方部门对潘庄镇陈沿村进行自来水管理铺设、办公设施条件改善、捐赠 2000 本书籍等活动；9 月份，积极改善援建小学教学条件，为戴湾镇赵建庄小学赠送教育专用点读机一台。充分发挥民兵预备役人员的生力军作用，积极参加地方维稳处突、援建生态山东建设、执行社会主义新农村、执行抢险救灾等任务。2016 年临清市被中共山东省委省政府、省军区评为“双拥模范城”。积极响应地方号召，及时组织干部职工积极参加“慈心一日捐”活动，干部职工共捐款 2000 余元。

（张中普）

武警中队

【概况】 武警中队中国人民武装警察部队临清市中队隶属于武警聊城支队，其任务是保卫国家的安全，维护临清市社会稳定，保障人民群众安居乐业，中心任务是执勤和处置突发事件。中队的执勤工作在上级武警部队和地方党委、政府及公安部门的多重领导下进行。中国人民武装警察部队临清市中队组建于 1940 年年底，其前身是第三专署临清县公安局保安队，后屡次经改编，于 1983 年 1 月改编为中国人民武装警察部队山东省总队聊城支队临清市中队。在部队各级党委的领导下，在临清市委、市政府的关心、支持下，中队不断发展进步，各项建设上一个新台阶，所担负的任务长期无事故，圆满完成党和人民交给的各项任务。自落实《军队基层建设纲要》以来，中队党支部一班人认真按照《纲要》抓中队建设，先后于 1994 年、1996 年、2004 年、2009 年、2012 年、2015 年被山东总队评为基层建设先进单位，2004 年、2005 年、2010 年、2015 年多次被评为正规化执勤一级中队，从 1991 年至 2016 年参加总队、支队活动中，多次获得名次。现在全体官兵牢记职责使命，按照习主席“听党指挥、能打胜仗、作风优良”总要求全面加强部队建设，努力实现依法建军、从严治军的要求，实现部队全面发展、稳定发展、安全发展、创新发展、科学发展，为建设和谐临清、平安临清提供坚实的安全保障。

武警临清市中队是一支光荣的部队，是维护临清市稳定的一把钢刀和拳头力量，部队首长和地方政府对中队的建设非常关心，多次到中队检查指导，提出殷切的希望。部队建设所取得突出的成绩，与各级领导的亲切关怀和正确领导分不开的，首长的关怀和殷切的希望成为开拓进取，勇于实践，高标准完成实现两个确保和完成上级赋予的各项任务。

【军事工作】 军事行政、执勤、处突维稳是中队的中心任务。中队地处冀鲁两省交界处，敌社情复杂，给执勤和维稳处突带来许多不利影响。中队自组建以来，坚持按照强化一个意识，突出两个重点，用好三个载体，打牢四个基础，提高五个能力的要求，强化智能意识加强对执勤的领导和监督，确保固定执勤目标安全，圆满完成维稳处突、打击刑事犯罪、长途押解、抢险救灾、处置群体性治安事件、武装抓铺等任务。为临清经济发展和社会稳定做出突出贡献，被人民群众誉为维护社会稳定的钢刀和铁拳。

【政治工作】 人民军队的政治工作是实现党对军队的绝对领导，巩固和提高战斗力的根本保证。中队积极适应性社会发展，为适应部队形势任务和官兵思想变化的需要，在抓好光荣传统教育的同时，积极探索政治教育改革的新路子，以培养有灵魂、有本事、有血性、有品德的革命军人，用好“三互”“双四一”“一帮一、一对红”等载体，深入开展主题教育、理想信念、历史使命、社会主义荣辱观、战斗精神、优良传统教育，确保官兵政治坚定和思想道德纯洁，开展好拥政爱民教育，体现部队的性质。教育中注重发挥官兵的主体作用，不断提高授课质量，丰富教育形势，增强教育的效果，进一步打牢官兵听党指挥、能打胜仗、作风优良的现代化武装警察力量。

【后勤工作】 后勤工作在部队建设中，越来越显出重要的作用。中队组建后紧紧围绕完成中心任务提高服务保障这条主线，依据《军队基层建设纲要》和《武警部队后勤管理规定》，坚持监管结合，突出抓好后勤人员队伍建设和生活设施建设及管理，伙食、经费和物资管理，卫生防病、防疫等各项工作，认真抓好“四配套”建设，严格落实伙食管理五项制度，搞好“三好”“五无”评比工作。后勤人员按照后勤变前勤的指示要求，不断提高实战化服务保障能力。确保执勤、维稳处突为中心任务的圆满完成。

【队伍建设】 在部队各级领导、市委市政府的关怀和指导下以及党支部的正确带领下，武警临清市中队各类组织都能够积极发挥作用，特别是团支部和军人委员会积极协助党支部开展好各项活动吗。中队党支部 2015 年被山东总队表彰为优秀党支部，2013 年团支部为聊城支队表彰为先进团支部，10 人次被总队、支队表彰为优秀党员、团员。

（张景峰）

人民防空

【机构设置与基本概况】 1969 年 8 月，成立市人民防空领导小组。1971 年 12 月，人民防空领导小组改设为战备防空领导小组，办公室改为战备防空办公室。

2002 年山东省人民政府和山东省军区联合下发文件，确定临清市为山东省人民防空重点城市，2003 年 3 月，临清市机构编制委员会出台《关于成立临清市人民防空办公室的通知》文件，2003 年 5 月，人民防空工作全面恢复启动；2004 年 3 月，正式恢复成立人民防空办公室，隶属于市政府，受同级军事机关双重领导，是国防动员会常设办事机构，为正科级全额事业单位。

【基本概况】 临清市人民防空办公室立足人防职能，明确工作重点，坚持以“战时能力强、平时作为大”为目标，紧紧围绕全市经济社会发展大局，大力推进人防建设与经济社会相融合、与城市建设相协调、与应急管理相结合，锐意进取，扎实工作，人防各项工作取得快速发展，基本实现指挥平台完善、行政审批规范、宣传教育普及的目标。为推进全市人防事业发展实现科学健康发展、为经济发展和城市建设做出积极贡献。

【人防组织指挥工作】 突出以指挥通信建设为重点，不断完善组织指挥架构，提升组织指挥水平和通信保障能力。按照《关于加强县级人防“三位一体”指挥体系建设的通知》（聊国动〔2014〕1号）文件要求，临清市人防办先后在2015年中旬、2016年初分别完成人防机动信息处理系统和地面接收设备的建设工作。先期投资94万余元配置的人防信息处理车内部配备集视频、音频、短波通信、信息采集、信息传输及处理等功能为一体的指挥系统。该系统投入使用后，可实现市县两级视频会议、信息采集和指挥调度联网，同时可与临清市应急办应急指挥中心进行互联互通，为临清市政府提供一个现代化的机动指挥平台，有效确保战时组织防空袭斗争和平时处置应急突然事件、提高灾害事故应急处理能力。努力提高实战能力。加强空情研究，按照《关于落实2016年度指挥通信工作任务有关事宜的通知》（聊防办发〔2016〕14号）文件要求，临清市人防办编制《临清市防空袭方案》。注重加强警报网格建设管理，对安装在全市城区的多个警报器制定完善的维护管理制度，保证防空警报器完好率、鸣响率、音响覆盖率均保持在100%。截至2016年年底，全市人防办已连续10年成功组织防空警报试鸣，有效加强临清市市民国防观念和人防意识。认真组织训练和演练。按规定与聊城市人防办不定期进行音视频连调，定期组织机动指挥车辆开展演练，确保做到通信畅通，沟通率达到100%。

【人防工程建设工作】 人防工程建设秩序逐步规范。2016年，临清市人民政府出台《关于调整2016年第一批行政许可事项的通知》（临政字〔2016〕61号）。明确建设项目审批中人防部门的职责，为规范人防行政审批，促进人防工程建设提供强有力的保障。同时，临清市人防办坚持“以建为主，以收促建”的原则，对建设项目审批做到“应建必建”“应收必收”。人防工程建设加速增长。临清市人防办坚持全面落实与经济建设协调发展、与城市建设相结合的原则，攻坚克难、面临各种强压态势之下，加大建设力度，抓好统筹协调，建成全市首个人防工程华美家园一期人防车库，并于2016年底通过人防工程竣工验收备案。这标志着临清市人防工程建设实现从无到有“零”的突破，摘掉人防工程空白县的帽子。在建人防工程恒中清园小区地下车库人防工程已开工建设，工程建成后，将极大提高市防空空间的容纳能力，战时人员隐蔽能力和物资储备能力也将大大提高。2016年，全市已建有人防工程XXX平方米，平时作为地下停车场、商场等，战时作为物资储备库、装备库。

【人防宣传教育工作】 搞好上街宣传，以“5•12”防空防灾日、“9•18”警报试鸣日为契机，积极做好上街宣传工作。设立宣传站，悬挂横幅，摆放展板，发放《临清市人民防空应急手册》，切实加强广大人民群众的防空防灾意识和自救技能。抓好临清市中小学生人防教育。积极开展人防知识进学校宣传教育工作，临清市人防教育实践基地是聊城市人防办挂牌的唯一一所集科技、创新、实践为一体的人防教育基地，临清市人防办办为基地提供相应的人防知识教材、人防教学挂图、人防知识光盘等教学资料，开设包括防空防灾、安全急救等在内的12门必修课和3门选修课，形成以人防民防教育内容为主的教学大纲。每学年可培训35期，截至2016年年底，已培训学生达280期，约为8.5万人，重点学习防空防灾知识、公共安全知识、人防应急疏散演练知识等，切实提高广大学生的人防观念和自救互救的能力。宣传途径创新。加大网络媒体宣传力度，通过向山东省《齐鲁民防》杂志、聊城市人防办官网、临清政务网等平台投稿的形式，积极宣传临清市人防办工作开展成果。近一年来，报送各类人防信息稿件30多篇，采用20余篇，分别在聊城市人防办官网、临清政务网、临清政务信息网刊登，提高工作开展的透明度。

（杜志浩）

临清年鉴 2017

LINQINGYERABOOK

法　治

政法委及综治

【机构设置及基本情况】 1986年，中共临清市委政法委员会下设办公室、政工科、调研科。1987年8月，临清市打击经济领域严重犯罪活动领导小组办公室（简称打经办）由政法委管理，为正局级常设机构。1991年10月成立临清市社会治安综合治理办公室（简称综治办），1994年正式列编，与政法委合署办公，同年撤销打经办。2016年年底，市委政法委（综治办、信息网络中心）共有19人。

【平安临清建设】 全市政法系统认真贯彻中央、省委和聊城市委的决策部署，紧紧围绕中心、服务大局，深入推进平安临清、法治临清和过硬队伍建设，有力地推动政法工作的创新发展。2016年，进一步加大对平安建设的投入，市、镇（街道）、村三级加大对视频监控体系建设、村级规范化建设、宣传阵地建设投入，为平安建设工作的顺利开展提供坚实的物质保障。服务发展积极主动。临清市法院积极围绕供给侧改革和优化投融资环境积极开展审判执行工作，共受理各类案件7321件，审执结7002件，与2015年同期相比分别上升9.22%和10.9%，结案率95.64%，2016年受案数呈现增长，但仍然实现收结案良性均衡循环。其中，受理各类民商事案件5624件，审结5319件，与去年同期相比分别上升6.19%和4.6%。特别是妥善化解涉及城市建设、拆迁改造、招商引资、股东权益等领域的纠纷128件。公正审理买卖、保险、金融借款、加工承揽等案件3316件，有效规范市场经济秩序，营造公平诚信的经营氛围。市检察院审查、批捕各类犯罪嫌疑人166人，起诉201人，为维护社会稳定提供强有力的司法保障。以“发生在群众身边、损害群众利益”工作重心，在基层资金管理领域查办挪用公款案7件8人，在供销系统专项资金、经信系统专项补助领域查办滥用职权案2件5人，为国家挽回经济损失390余万元。同时，着力查办数额大、有影响的犯罪案件，立查贪污贿赂犯罪重点案件10件，涉及国家机关工作人员12人，其中司法工作人员3人、科级干部7人、一般机关工作人员2人。立查渎职犯罪重大案件6人，连续三年重大案件比例均为100%。市公安局立查经济犯罪案件31起，涉案金额820万元；市司法局大力开展调解、普法和法律服务等工作，办理律师、公证、法律援助、司法鉴定、人民调解等法律服务事项共4740件。维护稳定成效显著。突出情报预警，深化严打暴恐专项行动，圆满完成全国“两会”、G20峰会等各项安保工作。组织开展“打黑恶、反盗抢、扫毒害、追逃犯”安民行动，全市没有发生暴恐案件、个人极端事件和影响较大的群体事件。平安建设不断深化。组织开展严打整治百日行动、打黑除恶、打霸治痞等系列专项行动，严厉打击严重暴力、“两抢一盗”等违法犯罪活动，2016年，共立各类刑事案件888起，破获案件935起，抓获各类违法犯罪嫌疑人913人，其中刑事拘留422人，移送起诉254人。出台《关于完善矛盾纠纷多元化解机制的意见》，社会矛盾纠纷得到及时有效化解。法治水平继续提升。召开基层法律服务全覆盖工作动员会、现场推进会，“城镇半小时、农村一小时”法律服务新模式更加完善。与全市16个镇（街道）、600个村居签订法律顾问合同，全市法律顾问共从事法律服务19184次，其中法律服务14327次、调解纠纷1860起、法制宣传2818人次、法律援助132起、其他法律服务47次。“六五”普法圆满通过上级检查验收，“七五”普法全面顺利启动；建立律师参与化解涉法涉诉信访案件制度，召开涉法涉诉信访联席协调会议，依法化解信访积案多起。

【政法队伍建设】 全市政法各部门以政法队伍正规化、专业化、职业化为方向，以现代科技手段应用为支撑，以制度建设为保证，着力破解制约政法队伍建设的体制性、机制性、保障性难题，深入推进思想政治、业务能力、纪律作风建设，努力建设一支信念坚定、执法为民、敢于担当、“清正廉洁的政法队伍”，把思想政治建设摆在第一位，不断提高思想政治素质。依照党中央决定，2016 年在全体党员中开展“两学一做”学习教育，这是推动党内教育从“关键少数”向广大党员拓展、从集中性教育向经常性教育延伸的重要举措，也是加强政法队伍思想政治建设的重要抓手，切实增强政法干警政治意识、大局意识、核心意识、看齐意识。队伍素质得到全面提高，广泛开展业务培训、岗位练兵、评先树优等活动，全市政法队伍保持廉洁高效、奋发有为的精神状态。司法责任制改革试点工作稳步推进，市法院、市检察院全部按时完成入额遴选工作任务，共遴选入额法官 45 人、检察官 29 人，整个过程规范有序，为维护全市的政治安宁、社会稳定和促进经济发展做出积极的贡献。2016 年临清市司法局被中央宣传部、司法部评为“全国法治宣传教育先进单位”。

继续深入和拓展“公正执法树形象”活动，认真解决执法中存在的突出问题。针对不断变化的新形势、新任务需要，教育全体政法干警树立高度的政治敏锐性和政治责任感，以维护社会稳定大局为重，以维护人民利益为重，对干警进行经常性的警示教育，增强政法干警“自重、自省、自警、自励”的意识和拒腐防变能力。结合执法检查和集中处理涉法上访案件中发现的问题，总结教训，完善措施，认真加以整改，促进严格公正执法。进一步加强执法监督，规范执法行为，确保政法干警严格依法行使权力。继续推行司法公开，扩大公开领域，规范公开形式，完善公开制度，自觉接受人民群众和社会各界的监督。对政法队伍中存在的突出问题，适时开展专项治理活动，切实提高正确认识和把握大局能力、运用法治思维和法治方式开展工作的能力、应对复杂局面能力、群众工作能力、科技应用能力、社会沟通能力，履行好党和人民赋予的职责任务。建立执法业绩档案，推动政法部门健全规范化执法的各项制度和工作机制，有效促进政法部门执法工作的制度化、规范化。健全规范监督管理机制，充分发挥群众监督、社会舆论监督、检察监督、审判监督和司法行政监督等职能。

【社会治理创新】 全市按照“社会化整合资源、市场化推进运作、系统化构建网络、规范化实行管理”的基本思路，大力推进立体化治安控防体系建设，积极创新群防群治机制，着力构建“纵到底、横到边、无缝隙、全覆盖”的立体化治安防控网络。着力提升立体化治安防控体系建设。按照“科技引领、信息主导”的思路，突出抓好现代科技手段和信息技术在平安建设中的深度应用，大大提升平安临清建设的整体效能。截至 2016 年年底，全市共安装视频监控摄像头 13500 余个。在城区，经过市财政招标，依托市电信公司，投资 500 余万元建设视频监控系统，监控平台设在市公安局。在城区 65 个主要道路路口及市委、体育场、清真寺、鳌头矶、运河广场、火车站 6 处重点复杂场所，全部更换为高清数字探头（540TVL 以上），共安装探头 245 个，覆盖率达到 100%。在镇级，各镇办依托社会管理服务中心均建成规格高、覆盖广的视频监控平台。村居围绕主要干道、主要出入口和集市设立监控探头，实现与镇办监控大平台联网，努力构建集监控平台、社会管理服务中心、公安派出所、巡防中队“四位一体、联动防范”的治安防控新模式。截至 2016 年年底，全市已安装监控的村达到 520 多个，安装探头 4900 个，覆盖率达到 93%，联网率达到 95%。本着科技强警、科技安民的中心思想和战略目标，大力发挥视频监控系统在社会维稳、城市管理、案件侦查及服务群众等方面的重要作用，公安机关利用视频监控提供线索破获刑事案件 329 起，抓获各类犯罪嫌疑人 520 余人，为群众提供帮助 110 余次。创新开展治安保险扩面工作。按照合法自愿、便民利民的原则，不断探索完善治安保险工作新机制，7月6日，召开全市治安保险工作会议，会上对2016年治安保险续保工作进行安排部署。全市仅用三天的时间完成治安保险续保工作，并且在原有参保险种基础上，新增“见义勇为”保险，有369216人参保，率先在全省开创“见义勇为”保险第一单。规范推进综治巡防工作。坚持把人防作为社会治安综合治理的最基础保障，以提升群防群治水平为目标，以“打防结合、预防为主，专群结合、依靠群众”综治方针为指导，大力推进“人防工程”创新，构建综治大巡防格局。在不断推进巡防工作的健康持续开展的同时，市委政法委积极探索推进治安防范新模式，推行“红袖标”和“警灯闪烁”工程，发展义务巡防员800余人，推动治安防范工作的持续、合法、规范发展。通过开展综治大巡防，2016年共获取各类违法犯罪线索400余条。

【基层法律服务全覆盖】 推进基层法律服务全覆盖，实施“一镇办一团队一村居一顾问工程”是进一步深化平安建设的基础性工作，是一项事关全市基层稳定、社会长治久安的系统工程。4月12日，临清市综治委、市司法局通过笔试、面试等程序对报名人员进行层层选拔、择优录取。最终，全市共有36名律师、43名基层法律服务工作者、35名司法所工作人员以及10名社会上具有法律本科或法律职业资格证的同志被纳入到法律顾问队伍。6月8日，临清市综治委、市司法局联合召开全市法律顾问培训会，会上安排律师、基层法律服务工作者代表作典型发言。6月28日，聊城市基层法律顾问全覆盖现场推进会在临清市召开，临清市在法律顾问全覆盖工作中，上下高度重视，做到真用心、真投入、真管理、真规范，法律顾问工作，取得聊城市领导及各县市同行好评。

着力搭建平台，构建三级网络。在市级建设基层法律服务全覆盖指挥中心，落实构建公共法律服务体系。充分发挥其视频指挥、信息汇总、咨询调解的作用，搭建起基层法律服务实体、热线、网络三大平台，做到科技引领全覆盖、法律服务惠民生、化解矛盾促和谐。实体平台实现“一站通”。按照重心下移、关口前移、坚定不移的原则，建设基层法律服务全覆盖指挥中心，将法律顾问、信访上访、化解矛盾有机结合，依法化解社会矛盾。对来访群众，有疑问的予以解答，能调解的达成和解协议，需要诉讼的引导至诉讼，为广大人民群众提供窗口化、综合性、一站式服务。热线平台实现“一线通”。“有矛盾找司法，拨打12348”，这已经成为临清市老百姓的口头禅。群众拨打“12348”热线后，可在第一时间与法律顾问完成对接，由法律顾问对群众诉求问题进行解答。临清市还在全省率先研发热线视频指挥系统，可对法律顾问服务全程进行视频指导、视频指挥。网络平台实现“一网通”。利用网站平台、微信平台、查询平台三个平台，实现网上查询、网上互动、网上投诉，使群众足不出户便可享受及时便利、专业优质的公共法律服务。在镇办建设法律服务工作站，落实“一镇办一团队”工程。在镇（街道）建设法律服务工作站，落实场所、设施、人员、工作职责、工作制度、工作标准。将法律顾问分配到镇域各条线、各片区、各机关、各单位，让法律顾问参与到镇办工作的方方面面，提高依法执政、依法行政、依法经营、依法管理的能力水平。在社区综合服务大厅设立法律服务接待窗口，及时对群众的法律咨询和法律事项进行解答和办理。在村级依托司法行政工作室，落实“一村居一顾问”工程。村级法律顾问在工作中做到“十个一”，即入一次户、给一张便民联系卡、送一张法律明白纸、发一份调查问卷、送致广大群众的一封信、建一个公示栏、制定一个村规民约、上好一堂法治课、每月向镇办汇报一次情况，把好一个关口。2016年与全市16个镇（街道）、600个村居签订法律顾问合同，全市法律顾问共从事法律服务19184次，其中法律服务14327次、调解纠纷1860起、法制宣传2818人次、法律援助132起、其他法律服务47次。“一镇办

一团队　一村居一顾问”工程真正推进基层民主法治建设，延伸基层法律服务触角，维护社会和谐稳定。

【扎实开展“两学一做”学习教育】 在全体党员中开展“学党章党规、学系列讲话，做合格党员”学习教育，是新形势下党加强思想政治建设的一项重大决策。根据市委“两学一做”学习教育工作会议上的具体部署，市委政法委迅速行动，传达会议精神，认真落实安排，扎实推进学习教育序开展。5月4日召开“两学一做”动员会议，统一“两学一做”的思想认识，传达临清市“两学一做”学习教育工作会议的重要精神，成立“两学一做”学习教育领导小组，切实加强主体领导责任，提供组织保障，做到人员到位、工作到位、措施到位。制定实施方案，明确目标要求。制定《中共临清市委“两学一做”学习教育实施方案》，明确学习要求、方法措施及具体学习计划。在临清长安网站开设专栏，全面系统宣传报道学习教育的总体要求、主要内容和方法措施，营造浓厚的舆论氛围。5月23日，举行“两学一做”学习教育专题学习座谈会，会议要求全体党员要牢固树立“作风建设永远在路上”的理念，牢记党员身份，坚定理想信念，自觉以党员标准严格要求自己。6月2日，开展“两学一做”学习教育专题党课，市委常委、政法委书记在党课中强调，全体党员干部要更加坚定理想信念，切实补足“精神之钙”，不断筑牢遵守党章党规的思想防线，始终把党章党规要求内化于心、外化于行。要更加自觉遵规守纪，时刻以严和实的精神鞭策自己、规范自己，坚决不碰“红线”、不越“禁区”，做到知敬畏、明底线、守纪律。6月17日，组织市法院举行“两学一做”学习教育党章党规宣讲报告会，市委党校讲师胡祖成给全体干警上一堂生动的党课，使干警深受教育和启发。7月1日，组织庆祝建党95周年退休老党员慰问活动。8月25日，组织全体党员观看纪录片“中国共产党党史”。为深入贯彻落实“两学一做”学习教育精神，让每个党员从骨子里、血液中树牢宗旨意识、服务理念，提高党员的整体素质。10月10日，组织召开“学习孔繁森英雄事迹　弘扬时代精神”专题报告会。12月下旬，政法委对全体党员干部的学习笔记、心得体会进行检查评比。评比活动中，“两学一做”领导小组成员逐一查阅评价，相互交流探讨，达到相互学习、相互借鉴、以查促学、共同提高的目的，营造更加浓厚的学习氛围。通过开展“两学一做”学习教育、座谈会及观看党史视频，使全体党员干部对党有更深的热爱，党员干部大局服务意识明显提高，工作责任心明显增强，切实唤醒党员党章意识、法纪意识，提升党员的综合素质。

【重要文件选目】《关于在全市集中开展矛盾纠纷大排查大调处专项行动实施方案》(临综发〔2016〕5号)《关于在全市开展夏季学校及周边环境集中整治行动的实施方案》(临综发〔2016〕6号)《关于进一步推进治安保险工作的实施意见》(临综发〔2016〕7号)《关于推进基层法律服务全覆盖实施“一镇办一团队、一村居一顾问”工程的意见》(临发〔2016〕8号)

(韩　义　许　燕　金　鑫)

公　安

【机构设置】 全局共设11个职能科室：指挥中心、国内安全保卫大队、刑事侦查大队（加挂市禁毒委员会牌子）、治安管理大队（加挂爆炸危险物品监管大队牌子）、经济犯罪侦察大队、政治处、法制大队、警务保障科、监管大队、特巡警大队、网络安全保卫大队。基层派出所16个：新华路派出所、青年路派出所、先锋路派出所、大辛庄派出所、松林派出所、金郝庄派出所、老赵庄派出所、康庄派出所、魏湾派出所、戴湾派出所、刘垓子派出所、唐园派出所、八岔路派出所、潘庄派出所、烟店派出所、尚店派出所。2016年有在职民警343名、行政编制286名、事业编制干部60名、工勤46名。全市在职民警占全市总人口的万分之四点三九。基层和一线实战单位实有警力占全部警力的74.58%。

【工作概况】 健全完善信息预警机制和情报信息奖励机制，加强重点人员、群体的稳控，对重点疑难信访案件实行局长带案下访和“五定两包”，成功息访一大批涉法涉诉案件和信访积案，圆满完成“两节”“两会”等敏感节点的安全保卫工作和重大活动警卫任务。加强社会治安管理和安全监管工作，在城区开展警灯闪烁工程，最大限度把警力摆上街头路面，提高街面见警率，挤压犯罪空间。开展一系列打击“黄、赌、毒”专项行动，净化社会环境。实行监管场所“主动排查、积极整改、跟踪考核、稳步推进”的管理模式和问题隐患排查整改量化考核制度，收集各类安全隐患建议150余条，月均羁押170人次，保持连续15年安全无事故的纪录。开展危爆物品、消防、交通安全隐患排查治理，公共安全形势持续平稳。积极创新亲民、爱民、便民服务措施，全面启用电子往来港澳通行证，便利内地居民往来港澳地区，办理证照1.7万件，为群众提供咨询服务3000余人次。完成案件受理大厅及案管中心建设，加强执法闭环管理系统推广应用。开展110接处警减负专项治理，接警总数下降29%，非警务警情数下降25%。大力选树典型，参加全市“我在岗我奉献我快乐”微博微信微电影大赛，微电影作品《背后》《传承的骄傲》获得好评。

【执法规范化建设】 完成案件受理大厅及案管中心建设，加强执法闭环管理系统推广应用。对重大疑难案件实行提前介入，全天候提供法制咨询。按照《临清市公安局刑事案件“统一审核、统一出口”工作规定》，全面落实“谁办案谁负责、谁审核谁负责、谁批准谁负责”的执法责任制，对各办案单位呈报的案件随报随审、一案一表一评，实时、动态掌握办案质量。开展110接处警减负专项治理，接警总数下降29%，非警务警情数下降25%。2016年，无诉讼案件，无国家赔偿案件，没有发生一起因执法过错问题引发群众投诉上访的案件。

【基层基础建设】 积极争取中央转移资金和省厅资金，争取市政府财政支持，大力推进智能交通建设计划，在原有的基础上，新建6处、更新4处卡口设备，增建2处大车禁行设备，2处逆行抓拍设备，更新9处电子警察，新安装6处自动信号灯和1处黄闪灯，智能交通建设力度不断得到加强，基础设施进一步夯实。

【治爆缉枪】 深化缉枪治爆专项行动，加强非法枪爆物品清查收缴和源头治理，建立完善防范打击涉枪涉爆犯罪工作新机制，确保“不打响、不炸响、不流失”。2016年共收缴手枪一支，土枪一支，枪支部件62件，子弹109发。

【派出所建设】 推进派出所等级化评定，4月22日，山东省公安厅命名临清市公安局八个派出所为全省二级公安派出所，分别为烟店派出所、先锋路派出所、青年路派出所、老赵庄派出所、金郝庄派出所、松林派出所、魏湾派出所。

【治安管理】 进一步转变工作理念，增强服务发展意识，坚决落实原有便民服务措施，并结合实际推出新措施，让群众感受到治安行政管理的便利。进一步完善网上审批流程，促进政务公开透明，加强事中事后监管，不断释放经济社会发展活力。持续强化寄递物流等新兴行业管控，积极会同邮政、交通等主管部门，督促企业强化内部治安防范管理，落实“三个100%”制度。

【社区警务建设】 大力推进社区民警专职化，推动落实“四个一律”制度，继续推行“室队合一”警务模式，为深化社区警务工作提供有力支撑。健全完善考核机制，继续开展优秀社区民警评选，引导社区民警扎根基层工作。

【打击刑事犯罪】 以开展“夏季风暴”、打击“盗抢骗”等专项行动为主线，立各类刑事案件 888 起，破获案件 935 起，抓获各类违法犯罪嫌疑人 913 人。全年成功侦破 6 起命案，实现连续十年命案全破目标；破获毒品案件 13 起，抓获犯罪嫌疑人 13 人。开展“清水蓝天 2016 专项行动”、涉危险废物环境违法犯罪专项行动，净化私屠滥宰肉品市场等一系列行动，有效维护全市食品药品市场安全。2016 年 11 月 9 日，临清市人民法院对郭登玉等人组织、领导、参加黑社会性质组织案做出一审判决，共判决黑社会性质组织成员 13 名。

【打击经济犯罪】 严厉打击各类经济犯罪，立查案件 31 起，避免和挽回各类经济损失 8200 余万元。2016 年 4 月 29 日，临清市公安局依法对吕吉东涉嫌非法经营假冒香烟案立案侦查，并成功发起集群战役。在公安部的统一部署下，一举摧毁一个地跨江苏、福建、湖北、安徽等九省，集生产、仓储、运输、销售等一条龙的假冒香烟犯罪团伙，捣毁制、销假窝点 4 个、抓获犯罪嫌疑人 12 名，缴获各类假冒中高档香烟、制假原材料及制假设备一大宗，涉案金额达 1200 余万元。该案件是 2016 年聊城公安机关唯一成功发起并胜利收网的集群战役案件，有效净化九省市的烟草市场。

【公安队伍建设】 公安民警作风建设常抓不懈。对公安机关各项纪律规定实行常态化督导，开展各项督察活动 210 余次，出动警力 198 人次；对存在隐患的单位和民警，结合违法违纪典型案例，采用以案析纪、自查自纠和限期整改等方法，常念“紧箍咒”，打好“预防针”，全局案件回访系统录入率、警务评议系统、图像平台系统在线率、核查案件质量等工作排行均居聊城市前列。落实从优待警措施，严格落实年体检、因公负伤快速救治、伤亡保险和民警重大疾病救助制度，推动岗位交流轮岗，最大限度地激发基层民警的内在潜力和创造力。警衔补贴、车补、加班补贴全部到位。大力表彰先进典型，着力营造崇尚先进、学习先进的浓厚氛围。

【看守所工作】 2016 年 1 月看守所与临清市中医院签订合作协议，初步建立以急诊科为中心，B 超室、CT 室、心血管内科、脑血管内科、普外科等多个科室配合的绿色急救通道；设立中医院驻看守所医务室，中医院派 2 名人员到所值班，开展巡诊等医疗卫生工作。2016 年 10 月，改由市第三人民医院承担监所医疗卫生工作。临清市第三人民医院在临清市看守所设立医务室，并取得《医疗机构执业许可证》，法人代表由临清市第三人民医院负责人担任；第三人民医院向临清市看守所派驻 3 名医师和 1 名注册护士每天轮流到看守所医务室值班，满足在押人员日常医疗卫生需求。建立“主动排查、积极整改、跟踪考核、稳步推进”的管理模式，制订《临清市看守所问题隐患排查整改量化考核实施方案》《临清市看守所问题隐患排查整改量化考核制度》以及相关考核表格，全面推行问题隐患排查整改量化考核机制，有效提升监管执法的标准化、精细化和规范化水平，保持连续 16 年安全无事故的、民警无违法违纪的“双无”目标，受到省厅、聊城市局领导充分肯定，被山东省人力资源和社会保障厅、山东省公安厅、山东省公务员局授予全省公安系统先进集体。

【暂住人口管理】 加强流动人口、出租房屋登记管理服务工作、强化高危人员管控，共新登记流动人口 4982 人，出租房屋 1281 户，结合警务云治安管理系统建设，将 35 名酒驾、43 名毒驾人员全部纳入重点人口管理，签订安全管理责任书，定期见面、考察掌握现实表现。

【农村和城镇常住户口管理】 深入开展突出户口登记问题整治，完成为期三年的户口登记管理清理整顿收官之年的各项工作，全年共清理注销重复户口信息637条，核查空挂户信息582条，核查16周岁以上无照片人员信息343条，补录成人户口信息691条。根据聊城市人民政府办公室《关于贯彻鲁政发〔2014〕18号文件进一步推进户籍制度改革的意见》（聊政发〔2015〕17号文件）要求，为2623名农业转移人口办理落户城镇手续，其中购买商品房落户50人，务工经商10人，投靠亲属2563人，城镇人口占总人口比例达到47.72%。

【居民身份证的使用和管理】 2016年全面开展身份证异地受理业务，指定青年派出所为跨省异地身份证受理点，共受理跨省异地身份证业务48件、跨市异地身份证36件。在全市派出所推广居民身份证“满意拍”安装使用，基本满足群众对身份证人像的审美需求，通过该系统为群众采集人像3680份，达到群众满意、符合身份证照片规格的要求。全年办理年满16周岁以上人员身份证3707件，16周岁以上人员身份证办证率达到100%。

【特巡警大队】 按照“统一指挥、突出重点、覆盖全域、机动快反、互联互通、严密高效”的要求，在城区主要街道、繁华路段、重点部位和人员密集场所等易发案地区，开展警灯闪烁工程，固定警力、车辆，定岗、定人、定责，静态巡逻和动态巡逻相结合，最大限度把警力摆上街头路面，提高街面见警率，挤压犯罪空间，切实增强对社会面的震慑力、管控力和现行恐怖活动的预防、控制能力。开展特警五项训练和实战演练，提升应对突发事件能力，在“两会”“两节”等敏感时间点和中央、省、市领导来临调研等警卫任务中开展武装巡逻，圆满完成安保任务。

【交警大队】 2016年11月10日，原任临清交巡警大队大队长殷和平同志，调任聊城市交巡警支队副支队长，原政委赵军同志主持大队工作。

【车辆管理】 全市机动车保有量仍保持快速提升的势头，仅小型汽车年内增加4032辆。全年机动车登记总量为203389辆，机动车驾驶员86642人。

【交通秩序管理】 以深化开展“平安行·你我他”为主题，开展“六大攻坚”“大排查、大整治”“千警上路大检查”、查违除患“亮剑”行动等专项治理活动，强力推进交通事故预防和交通秩序整治，共排查和整改各类交通安全隐患65处，其中危险路段35处。在新华路、三和路、温泉路增设左转待转区，重新施划路面标线，在部分路段安装黄闪灯、提示牌、标志牌。加强市区交通秩序治理，严厉打击摩托车飙车，查处非法营运渣土车上路和大型货车闯禁区行为，市区大型货车禁行率达到98%以上，非机动车和行人遵章率明显提高，辖区交通秩序明显好转。

【交通安全宣传教育】 深入开展交通法规宣传教育工作，在临清电视台开通道路交通事故曝光专栏，及时播放专项治理行动方案，利用悬挂标语、发放明白纸等和出租车LED等形式，广泛开展交通安全宣传。深入专业运输企业，开展安全形势通报和教育，在执勤中开展温馨告知活动；利用教育局互联网与79所小学、21所中学实现宣传资源共享，受教育面达到100%。组织学生开展“闯关赛”、征集书法绘画作品6幅，手抄报82幅，优秀征文40篇。有效地增强广大市民和学生的交通安全意识和自我保护意识。

【道路事故处理】 以强化“一等事故处理岗位”建设为抓手，加强事故处理培训，进一步提升交通事故执法办案能力和水平，积极推进信息化办案，深入开展“清网行动”，清理网上案件23起，抓捕犯罪嫌疑人23名，43起肇事逃逸案全部侦破，严厉打击公路交通犯罪活动，行政拘留15人，刑事拘留20人。

【重要案例】 临清乃古嫫子沙等人拐卖儿童案 2016年1月5日，临清市公安局破获乃古嫫子沙等人拐卖儿童案。经查明，2016年1月1日，犯罪嫌疑人乃古嫫子沙（女，35岁，四川省凉山彝族自治州宁南县人）、在犯罪嫌疑人常朝义（男，59岁，临清市烟店镇人）、吴民学（男，60岁，临清市潘庄镇人）、徐艳芳（女，52岁，临清市八岔路镇人）、焦守超（男，29岁，山东省淄博市博山区人）等人的介绍和帮助下，将与其一起在山东省莱州市打工的同乡五弟木日杰（音）所生的一名男婴，以8万元人民币贩卖到山东省临清市。

临清骆廷龙、张良委系列技术开锁案 2016年6月30日，临清市公安局破获系列技术开锁入室盗窃案件，抓获犯罪嫌疑人骆廷龙（男，34岁，聊城市东昌府区堂邑镇人）、张良委（男，32岁，莘县古城镇人），追回大宗被盗玉制品等财物，缴获作案工具一宗。查明，犯罪嫌疑人骆廷龙、张良委自2016年3月份以来，在临清南部新区及老城高层建筑小区、高唐、阳谷、茌平、莘县等地采用技术开锁手段入室盗窃30余起，价值40余万元。

临清禹梦等人持刀拦路抢劫案 2016年6月15日，临清市公安局侦破系列团伙持刀抢劫案，抓获团伙成员禹梦（男，18岁，临清市先锋路街道人）、田昌旺（男，18岁，临清市新华路街道人）、朱立豪（男，18岁，临清市青年路街道人）、张天国（男，16岁，临清市尚店镇人）、吕鹏（男，17岁，临清市青年路街道人）、张连斌（男，17岁，临清市松林镇人）6人，侦破抢劫案件7起，追回被抢手机及现金一宗。经查，2016年4月份以来，该6名嫌疑人以交叉结伙方式，使用砍刀拦路抢劫7起，造成多人身体被砍伤。

临清郑克保盗窃巨额现金案 2016年8月8日，临清市公安局破获郑克保盗窃巨额现金案，抓获犯罪嫌疑人郑克保（男，34岁，山东省枣庄市山亭区人）。查明，2016年7月11日，郑克保潜入临清市潘庄镇刘某家中，将存放在拉杆皮箱内的现金280万元盗走。案件发生后，该局迅速成立专案组展开侦破工作，2016年8月8日，在济南市天桥区将犯罪嫌疑人郑克保成功抓获，追回100万现金。

（丰秋芝）

检　察

【机构设置】 2016年5月23日，设立情报信息科、检务督察办公室为股级机构。

截至2016年年底，市人民检察院设办公室、政治处（下设人事科、宣传科、教育科）、机关党委、工会、侦查监督科、公诉科、反贪污贿赂局（下设综合科、侦查一科、侦查二科、侦查三科、侦查四科、侦查五科）、反渎职侵权局（下设综合科、侦查一科、侦查二科）、刑事执行检察局（下设驻看守所检察科、社区矫正检察科、综合科）、民事行政检察科、控告申诉检察科、案件管理中心、技术科、法警大队、检务督察办公室、监察科、行政装备科、城区中心检察室、职务犯罪预防局、法律政策研究室、人民监督员办公室、派驻市南检察室、派驻临东检察室、信息通讯科、未成年人刑事检察科、情报信息科、检务督察办公室。

【反贪污贿赂】 2016年共立查贪污贿赂类案件14件16人，完成全年立案任务。其中重点案件12件14人；大案5件5人；立查国家机关工作人员14人；司法机关工作人员3人；科级干部7人。具体案件是：贿赂案件7件8人，挪用公款案件7件8人；2016年所查办的案件均已侦查终结并移送起诉，提起公诉12件14人。2016年未发生任何办案安全事故，无涉案上访，所查办的案件均取得良好的法律效果，社会效果和政治效果。

【反渎职侵权】 始终把影响经济健康发展，扰乱市场经济秩序，破坏社会和谐稳定的渎职侵权犯罪作为查办案件的主攻方向，不断加大办案力度，依法查办一大批有震动、有影响的渎职侵权犯罪案件。2016年，共立查各类渎职犯罪案件3件6人，且全部为重大案件。立查科级干部2人，占立案总人数的33%。通过办案共为国家挽回经济损失190余万元。

【公诉业务】 临清市人民检察院公诉科将案件质量作为公诉工作的生命线，严把案件质量关，坚决杜绝无罪案件和撤回起诉案件，立足办案，积极帮助被害人追会损失，积极参与社会管理创新，探索“重维权、伸正义”办案模式，依托“雨巷”工作室，创新“请进来，走出去”未检工作模式，开展“大白哥哥校园行”工作，效果良好。2013年1月至2016年12月共受理案件224件289人，起诉188件233人，判决227件327人。

【控告申诉业务】 临清市院控申部门围绕控申工作重点，找准难点，进一步明确目标任务，细化工作措施，加大工作力度，不断健全完善涉法涉诉信访工作机制，充分发挥控申检察职能，有效维护社会和谐稳定。2016年控申部门共接待群众来信来访297件，其中来访259件，来信38件，按照规定，管辖内的控申举报均在规定的期限内分流办理，管辖外的控申举报均及时进行告知答复或提供咨询。妥善处理群众集体访11件，告急访2件，为群众提供法律咨询170余次，联合派驻基层检察室初核案件2件，办理不立案审查案件1件，办理刑事申诉案件2件，办理司法救助案件31件，先后对10余件举报案件的举报人进行答复反馈查处情况。

控申部门2016年工作取得新的突破，强化司法救助工作机制，着力拓宽司法救助范围，在救助工作上实现新突破；积极开展律师参与化解和代理涉法涉诉信访工作，形成化解矛盾的有效合力；强化完善四项涉法涉诉信访工作机制，深入矛盾化解取得突出成效；加强与派驻基层检察室联系沟通，开展形式多样的举报答复和释法说理工作，效果显著；紧紧围绕举报宣传主题，结合实际，开展多种形式的举报宣传活动。

【民事行政检察工作】 2016年，共办理提请市院抗诉案件1件；再审检察建议采纳1件；不支持监督申请案件7件；执行监督案件15件；执行监督建议采纳15件；审判活动违法监督案件16件；行政执法检察监督案件26件。在聊城市院对口考核中位居第一。

【侦查监督工作】 聚焦法律监督主业，创新方式方法，提高监督能力。严厉打击刑事犯罪，批准、决定逮捕各类刑事案件147件173人；严把审查逮捕案件质量关，不（予）批准、决定逮捕刑事案件111件138人；监督立案9件10人、撤案10件；追捕犯罪嫌疑人10人，对侦查活动中的违法行为提出书面纠正意见20次；积极开展“两个专项监督活动”，监督案件被省院评为优秀监督案件；前展后延，全程监督。提前介入案件16起，公安机关对13起案件听取检察意见，发出《逮捕案件继续侦查取证意见书》51份；落实公开审查和检察宣告制度，公开宣告案件28 起；开展释法说理释，化解矛盾纠纷。引导轻微刑事案件当事人和解17件，帮助被害人取得经济赔偿190余万元；被共青团聊城市委授予市级“青年文明号”荣誉称号；侦查监督工作在市院对口评比中名列第一，保持连续三年第一的成绩。

【法律政策研究工作】 2016年以来，临清市人民检察院多措并举，深入推进法律政策研究工作深入开展。积极参与检察业务调研，对《人民检察院组织法》《检察官法》和《人民检察院刑事诉讼规则（试行）》等7项法律、司法解释修改中相关问题的研究，认真提出意见建议。主动撰写理论文章，被省市院转发17篇。认真组织立项课题研究，山东省院、聊城市法学会立项的2项课题均顺利结题，形成近3万字的课题结题报告，“以审判为中心的诉讼制度改革和职务犯罪侦查模式的转型”被山东省院评为优秀课题成果。切实履行检委办职能，组织召开检委会7次，审议议题21项，做好会前审查、协调组织等工作，促进检委会职能的充分发挥。严格按照要求上报创新工作，《创新实施〈检察官绩效考核办法〉探索试行检察人员分类管理》被评为聊城市创新工作一等奖。

【技术信息工作】 2016年，办理文证审查33件，同步录音录像9件15人，录制正负光盘228张，400余小时，破译18部手机、5台电脑，恢复数据25万余条。在电子证据方面尤其是手机破解系统为执法办案起到良好的助推作用；远程视频接访系统、侦查情报信息指挥系统等硬件系统和廉政风险防控系统、电子卷宗管理系统等软件系统信息化得到深度运用；廉洁事项报告系统和刑事执行检察子系统安装配置完成并开展运用，涉密信息分级保护系统和病毒防护系统为信息化办公办案起到良好的安全防护作用。

【刑事执行检察工作】 2016年，按照上级院监所部门的工作要求，为进一步强化刑事监督，审查批捕、起诉又犯罪案件2件2人；立查职务犯罪案件2件2人；审查捕后羁押必要性案件12件12人，向办案机关和部门提出建议并变更强制措施。向监管场所发出《纠正违法通知书》5份、《检察建议》6份，有效地维护刑罚执行和监管活动的公平公正，确保监管场所的安全稳定。为切实维护在押人员的合法权益，在监区设置“亲情信箱”、制作检察官与在押人员家属联系卡、开通“白云民生服务热线”。驻所检察室先后被评为“全国检察系统派驻检察室先进集体”“二级规范化检察室”等称号。

【检务督察工作】 积极落实各项任务，全省检察机关廉洁事项报告系统顺利推广应用，受到上级院的肯定和好评。检务督察工作，共开展各项督察活动近50余次，按照每月一个督察主题的要求，发现问题5个，纠正问题5个，提出督察建议3次，网上发布督察通报39期，编发督察信息12期，覆盖全院各个部门，修订大督查实施方案，确保考核有依据、督察有标准，有力促进临清市院整体工作健康发展。

【工作业绩】 2016年临清市人民检察院认真学习贯彻党的十八大及历次全会精神和习总书记系列重要讲话精神，紧紧围绕“五位一体”总体布局和“四个全面”战略布局，以提高法律监督能力为核心，以深化改革创新为动力，严格公正司法，狠抓队伍管理，推动临清检察工作创新发展、走在前列。2016年5月被最高人民检察院评为全国先进基层检察院，2016年4月被山东省人民检察院授予“全省检察机关计财工作先进集体”，并先后被授予“聊城市青少年维权岗”“优秀志愿服务团体”“政法工作争先创优贡献奖”等称号。

（刘　鑫　高海燕）

法　院

【机构设置】 临清法院现有25个内设机构。其中正科级机构7个，即政治处、执行局、司法技术鉴定中心、老赵庄人民法庭、烟店人民法庭、康庄人民法庭、司法警察局；副科级机构1个，即行政庭；以及立案庭、刑事审判庭、民事审判第一庭、民事审判第二庭、民事审判第三庭、少年审判庭、审判监督庭、办公室、研究室、行政装备科、纪检组、监察室、督查室、审委会办公室、机关党委、工会、信息中心等17个机构。

【刑事审判】 积极参与“平安临清”建设，受理各类刑事案件182件，审结220件，判处罪犯307人。严厉打击暴力犯罪，审结杀人、抢劫、强奸、绑架、黑恶势力等犯罪案件。严厉惩治危害社会治安犯罪，审结涉毒、食品药品安全、危险驾驶等犯罪案件。依法保障市场经济秩序，审结非法集资、非法吸收公众存款、金融诈骗等犯罪案件。坚持铁腕反腐，先后审结黄某等6名村干部贪污、侵占南水北调补偿款和周某等4人受贿系列职务犯罪案件、原聊城市住房公积金管理中心临清市管理部副主任高某挪用公款案件等一批有较大社会影响的职务犯罪案件。全面推行量刑规范化，坚持惩罚犯罪与保障人权并重，实行阳光审判，阳光量刑，同案同判。加强未成年人刑事司法保护，成立“心灵港湾工作室”，通过“圆桌审判”、适用非监禁刑、犯罪记录封存、回访帮教等方式，帮助失足未成年人回归社会。

【民商事审判】 在“法治临清”建设中主动作为，受理各类民商事案件6459件(含非诉保全115件，鉴定案件719件)，审结6615件。着力保障群众合法权益，审结人身损害、交通事故等侵权类案件；着力促进家庭和睦，审结婚姻、继承、抚养类案件；着力促进产业升级和结构调整，依法审结企业破产清算、涉及商业秘密等案件；针对经济下行的态势，审慎审理因资本流动引发的民间借贷、企业融资类案件，有效化解区域性金融风险。开展“金融案件百日会战”活动，依法审结涉辖区内农村信用社近1.5亿元的金融借款纠纷，有力的维护地方金融安全，推动农村金融改革。同时，主动延伸司法审判职能，对审判中发现的问题及时与相关单位沟通，发出司法建议14份；建立法官联系重点企业制度，通过电话联系、实地走访、现场服务等形式，调研企业司法需求，帮助解决法律难题。

【行政审判】 全面贯彻落实新行政诉讼法，妥善化解行政争议，监督、支持行政机关依法行政。受理行政诉讼案件106件，审结105件。加强司法审查，判决撤销、变更行政行为及责令限期履行职责5件。市政府带头落实行政机关负责人出庭应诉制度，行政机关负责人出庭应诉。强化行政案件协调解决机制，促进行政争议实质性解决，行政诉讼案件撤诉结案率78.16%。及时反馈行政审判中发现的行政执法突出问题，向相关执法部门发送司法建议21件；结合新《行政诉讼法》的施行，法官走进行政机关上门举办法制讲座，并邀请党政领导干部旁听行政案件庭审，提升法治思维和依法行政意识，促进司法与行政的良性互动。

【执行工作】 受理各类执行案件1868件，执结1869件，执行标的金额3.57亿元。加强执行信息化、规范化建设，建成融“联动、查控、指挥、公开、监督”五大功能为一体的执行指挥中心，连通最高人民法院的司法查控执行系统，运用“点对点”“总对总”查控系统共查控财产信息1390条，涉及金额9125万元，实现对被执行人主要财产的网络查找控制和部分银行扣划执行。以“基本解决执行难”工作为抓手，以开展打击“拒执罪”等专项活动为推动，不断完善失信惩戒机制，加大失信惩戒力度，将736名被执行人列入最高人民法院失信被执行人名单库，对其高消费、出入境、融资信贷、市场准入等实施联合惩戒，并在《齐鲁晚报》、临清电视台等媒体公开曝光；147名失信被执行人因信用惩戒主动履行义务，被最高人民法院确定为“有效实施失信被执行人名单制度示范法院”。

【立案信访】 严格落实立案登记制改革，对符合条件的起诉，坚持依法受理，“立案难”问题得到有效解决。扎实推进量刑规范化改革，将量刑纳入法庭审理程序，从操作规程上有效规范法官自由裁量权，增强量刑的公开性和透明度。深化信访工作机制改革，实行律师参与化解和代理涉诉信访案件，健全信访听证制度，出台诉访分离、依法处理等办法，将信访化解纳入法制轨道。推进院领导办案制度落实，院领导全部回归审判执行一线。在省司改领导小组的组织领导下，有序推进司法责任制改革，临清市法院首批45名员额制法官名单已经省法院法官遴选委员会公示。

【队伍建设】 扎实开展“两学一做”学习教育，认真履行全面从严治党主体责任，组织开展“廉洁司法大家谈”活动，严厉查处违纪行为；扎实开展“规范司法行为专项整治”活动，大力推广“四心工作法”，依托信息化手段加强审判质效管控，开展长期未结案件专项清理和执行款物专项检查，全力深化司法公开，进一步树立严格公正的司法形象。

大力加强司法能力建设，积极派员参加国家法官学院及各类业务培训和教育，先后参训160人次，全院有3个集体、7名个人受到市级以上表彰奖励。

【其他工作成绩】 深入推进司法责任制改革。根据省委全面推进司法责任制改革部署和省法院安排，临清市法院于2016年9月14日至2016年10月12日开展员额法官入额考试、考核和考察工作，10月21日，省法院法官遴选委员会对入额法官名单进行公示，最终进入员额法官45名。

（张同耀　王雪鹏）

司法行政

【机构设置及基本情况】 2016年，临清市司法局内设办公室、人事科、装备财务科、人民调解科、法规教育科、法律服务管理科、新闻宣传科等7个职能科室，辖市社区矫正工作办公室（正科级行政机构）、市全民普法依法治理工作领导小组办公室（正科级全额事业单位）、市法律援助中心（副科级全额事业单位）、市公证处（自收自支事业单位）、16个司法所、3个律师事务所、8个法律服务所、1个司法鉴定所。

【律师工作】 加强律师所规范化建设，实现标牌、用房面积、办公设施、规章制度、办案程序、服装“六统一”。采取个人自学与集中培训相结合的方式，加强对律师的教育力度，提高他们的业务水平和政治素养。截至2016年12月底，全市律师共办理各类案件1027件，避免和挽回经济损失2827万元。

【公证工作】 按照法律职业化建设的要求，进一步规范公证处用人机制，着力提升公证队伍政治和业务素质。积极引导工作向金融领域延伸。截止到2016年12月底，临清市公证处共办理各类公证事项1520件，在聊城市卷宗质量评比中成绩优秀，无不合格卷宗。

【法律援助】 按照应援尽援的原则，降低法律援助受理门槛，增加法律援助办案数量。开展优秀律师办理优秀法律援助案件活动，提升法律援助案件办案质量。重视宣传，扩大法律援助的公众知晓率。打造“城市半小时、农村一小时”公共法律服务圈，努力打通保障民生的最后一千米路程。截止到2016年12月底，市共办理法律援助案件432起，切实维护弱势群体的合法权益。

【社区矫正】 严格按照《社区矫正实施办法》规范判前调查、接收、教育、解除程序，使社区矫正程序有章可循。按照“管用、实用、常用”的原则，推进社区矫正信息化建设，将全市276名社区服刑人全部手机定位，将所有社区服刑人员信息录入全国社区矫正信息管理系统。要求各司法所明确一名专职人员负责社区矫正工作。对专职负责社区矫正工作的司法所人员业务培训2次，提高社区矫正工作人员的执法水平。截止到2016年12月底，共接收147名社区矫正人员，解除113名社区矫正人员；到法院送告知书62份；做判前调查91次。社区矫正人员无一脱管漏管。

【司法鉴定】 加强司法鉴定规范化建设，组织司法鉴定人集中开展业务培训两次，对司法鉴定人职业行为全过程实行信息披露，实行严格的鉴定人指定制度。截止到2016年12月底，共办理司法鉴定事项475件，采信率达到100%。

【人民调解】 在全市开展规范化人民调解室创建活动，实现标牌、名称、印章、标识、工作程序、调解文书“六统一”。根据新形势下人民调解矛盾纠纷多元化特征，在潘庄镇建立轴承市场矛盾调解室，与交通局、环保局等部门结合，建立环保行业纠纷调解室、道路交通事故纠纷调解室，在唐元、潘庄、松林分别建立“子林”“中胤”“月林”个人品牌调解室，积极推进“行业性、专业性”人民调解室建设。加强人民调解员队伍规范化管理，对人民调解员实行等级管理、持证上岗、分级培训、一人一档制度。4月份，组织全市村级调解员600余人进行业务培训，提升调解员的业务水平。截止到2016年12月底，全市共调解纠纷1305件，调解成功1247件，其他引导至诉讼程序，避免越级上访和群体性事件发生，极大地维护社会和谐稳定。

【法制宣传教育和普法依法治理】 制定下发《关于落实国家机关“谁执法谁普法”普法责任制的意见》，提升各机关单位“谁执法谁普法”的责任意识。开展“互联网+法治宣传”行动，充分利用“临清普法”新浪微博、“法治临清”微信公众号等新媒体普法。将“法律八进”升级为“法治八进”，在全市开展“民主法治示范村（社区）”“依法行政机关”“依法行政示范单位”“依法治校示范校”“诚信守法企业”等一系列创建活动，推进全市法治建设进程。4月15日全民国家安全教育日，市普法办在法治公园开展专题普法宣传活动，发放宣传纸1000余份，解答群众咨询20余件，活动情况在山东电视台播出。

【基层司法所工作】 制定“小机关、实中心、大基层”的工作思路，把司法所建设作为工作的重中之重，牢牢地抓在手中，在人力、财力、物力、奖励等各个方面均向基层大力倾斜。开展“一所一品牌”活动，每个司法所结合自身实际，打造一项业务亮点，树立自身品牌，如大辛庄司法所道路交通事故调解工作、先锋司法所合同监管工作、青年司法所法治进校园工作、松林司法所所庭联动工作、尚店司法所所联动工作、老赵庄司法所医患纠纷调解工作、潘庄司法所轴承市场调解工作等等。通过开展品牌创建活动，在全市充分发挥典型带路和示范带动作用，以点带面，使全市司法所工作全面提升。

【法律服务所建设】 按照标牌、用房面积、办公设施、规章制度、办案程序、服装“六统一”的标准，加强法律服务所规范化建设。截止到2016年12月底，全市基层法律工作者共办理各类案件1391件，避免和挽回经济损失3255万元。群星法律服务所、志同法律服务所、烟店法律服务所被评为聊城市文明法律服务所。

【司法队伍建设】 通过四项措施加强班子队伍建设，培养“境界高、能力强、形象好”的一流班子队伍。境界高就是有坚定的理想信念和高风亮节的处事态度。能力强就是能谋事、能干事、能担事。形象好就是树立新时期司法行政队伍的良好形象。以制度为准绳。建立健全并落实岗位责任制、目标责任制、日常行为规范、工作程序规范。岗位责任细化、工作标准量化、管理服务网格化、考核奖惩明确化。以教育为手段。组织全系统党员干部，以上“微党课”、组织党章知识考试、观看警示教育影片等形式，扎实开展“两学一做”学习教育，认真学习党章和习近平总书记系列重要讲话。定期开展周一机关例会、周五政治学习、周末律师百家讲坛、公证业务论坛、每月司法所干警集中培训，提升员工的政治素养和业务水平。以典型为榜样。培养典型，树立典型，宣传典型，发挥先进典型的模范带头作用，在全系统形成创先争优、比学赶帮的浓厚氛围。以工作为标尺。注重实干、发挥能力，优化选人用人机制，树立崇尚实干的用人导向，让“吃苦的人吃得香、实干的人得实惠、有为的人有位子”。

（张　浩　王金峰）

临清年鉴 2017

LINQINGYEARBOOK

经济管理

发展与改革

【概况】 1987年11月，临清市计划委员会为正科级行政单位，经济体制改革委员会为正科级行政单位。1988年3月，设立经济技术协作办公室，为正科级全额事业单位，隶属市计划委员会。1988年9月12日，根据临编字〔1988〕83号文件，设立临清市人民政府驻北京联络办事处，为正科级全额事业单位。1989年9月23日，根据临编字〔1989〕26号文件，设立临清市经济信息中心，为股级事业单位，隶属计划委员会。1994年2月市级机构改革时，根据临发〔1994〕13号文件，经济体制改革委员会行政机构撤销，改为经济体制改革办公室，级别、性质不变。2000年10月14日，根据临编字〔2000〕7号文件，成立临清市招商办公室，与市计划委员会为一个机构、两块牌子。2002年4月26日，根据临编字〔2002〕4号文件，临清市经济信息中心由股级单位升格为正科级全额事业单位，隶属计划委员会。8月市级机构改革时，根据临发〔2002〕37号文件，计划委员会更名为发展计划局。2003年3月撤销支援铁路建设领导小组办公室。

2005年12月3日，根据临编字〔2005〕24号，撤销市经济协作办公室，其职能、编制和人员并入市发展计划局。2006年6月28日，根据临编字〔2006〕10号文件，成立临清市服务业办公室，为正科级全额事业单位，与市发展计划局合署办公。2007年9月7日，根据临办通字〔2007〕4号文件，发展计划局更名为发展和改革局，原级别、性质不变。2010年4月9日，根据《中共临清市委临清市人民政府关于临清市人民政府机构改革的实施意见》（临发〔2010〕12号），将市物价局、市粮食局的行政管理职责，市体改办的职责划入市发展和改革局，市发展和改革局加挂市物价局、市粮食局牌子，市体改办改为市发展和改革局内设机构。2011年10月11日，根据临编字〔2011〕9号文件，成立临清市黄河故道地址森林公园管委会办公室，为正科级全额事业单位。

2016年，临清市发展和改革局设办公室（挂人事科牌子）、国民经济综合科、经济体制改革科、固定资产投资科、农村经济科、工业科、经济协作科、市国防动员委员会国民经济动员办公室8个职能科室。

【民生社会事业】 2016年用于民生的财政支出达到27.2亿元，占一般公共预算支出的81.2%。就业促进工作扎实推进，新增城镇就业1.6万人，失业率控制在3%以内。推进社会保障体系建设，加强社会保险基金征缴，各类社保待遇按时足额发放。社会救助进一步加强，城市低保标准提高到月人均400元，农村低保标准提高到年人均3402元，农村五保集中供养标准提高到年人均6060元，分散供养标准提高到年人均3900元。积极改善群众居住条件，完成公共租赁住房建设404套、棚户区改造1084户、农村危房改造463户、农村改厕40563户。扶贫工作扎实推进，3.67万贫困人口实现脱贫，40个省定贫困村摘帽。居民收入稳步增长，预计城镇、乡村居民人均可支配收入分别增长7.7%、8.7%，达到22305元、11272元。大力发展社会事业。卫生计生事业进一步发展，积极推行分级诊疗、医疗协作模式试点，人均基本公共卫生服务经费补助标准提高到45元，高起点的华美医院投入运营。“全面两孩”政策平稳实施。发展教育事业，高考本科录取率稳居聊城市首位，第二期学前教育三年行动计划、“全面改薄”工程和旨在解决“大班额”问题的建设项目全面实施。大力发展文化事业，对文化馆、博物馆、图书馆进行改造升级，举办群众喜闻乐见的“送戏下乡”、公益电影放映、元宵节社火展演等活动。

【固定资产投资管理】 面对复杂严峻的宏观经济

形势，临清市主动适应和引领新常态，坚持稳中求进、改革创新工作总基调，稳步推进重点项目和基础设施建设，突出以5000万以上项目带动大投入，以工业为依托，以加大三产投资比重为举措，使固定资产投资工作有新起色，投资项目增多，全市固定资产投资保持平稳增长。2016年，全市固定资产投资完成284.52亿元，同比增长5.77%，其中工业完成投资219.44亿元，同比增长10.8%。

【服务业管理】 2016年服务业增加值完成140.4亿元，同比增长7.7%，占GDP的比重达36.0%，较上年同期提高1.3个百分点。服务业税收完成7.8亿元，同比下降4.4%，占全市总税收的38.6%。铁临物流与哈萨克斯坦北哈州签订建立保税物流园区合作备忘录，“临清号”集装箱班货运量居山东省首位，成为济南铁路局运营最好的集装箱班列。豪翰商贸城一期10余万平方米商铺建成招商，齐鲁三农产业城建设有序推进，商博瑞购物中心经营规模持续扩大。烟店轴承市场发展成为占地1200余亩，年交易额达140亿元的轴承专业批发市场。引进莱商银行，新增金融便利店70家。农村淘宝项目顺利落地，临清市入选“2015年中国快递服务五十佳县”。总投资10亿元的临清市卓远能源交易中心项目开工建设。临清轴承商务服务中心项目主体建成，科技服务业开始起步。

【重点项目】 2016年，按照“总投资过5000万元、科技含量高、财税贡献多、带动能力强”的原则，确定市级重点项目60个，总投资431.4亿元，年度计划投资101亿元。列入聊城市级重点项目11个，位列聊城市第1位，总投资283.7亿元，年度计划投资67.2亿元，位列聊城市第2位。新兴重工天然气非管网科技生态园项目列入省级重点项目，是临清市连续第二年获批省级重点项目。60个重点项目中，工业项目37个，农业项目5个，服务业项目13个，基础设施项目5个；总投资过亿元项目43个，其中9个总投资过10亿元。全年完成投资101亿元，11个列入聊城市级重点项目，完成投资72.2亿元，聊城市第三方评估考核成绩位列聊城市第2位。大唐临清热电联产、新兴重工天然气非管网科技生态园一期、清华园学校一期等43个项目竣工投产。

【公务用车制度改革】 为深入贯彻《党政机关厉行节约反对普涨浪费条例》和中央、省、聊城市关于公务用车制度改革的有关要求，推进临清市公务用车制度改革、加快建立新型公务用车制度，2016年临清市全面启动党政机关公务用车制度改革工作。全市参改单位共83个，参改人员2113人，分流安置司勤人员106人。参改公务用车604辆，根据聊城市车改办批复，临清市可保留各类车辆292辆。9月20日，市公车改革取消车辆第一批现场竞拍，所拍公车60辆有50辆被成功拍走；11月17日，进行第二批现场竞拍，95辆公车有94辆被成功拍走；成立公务用车服务中心，公车服务平台已经试运行。

（刘懋卿　杨云魁）

物价管理

【机构设置】 1996年设立物价局，为正科级行政机构，不列政府序列，由市计划委员会管理，原工商行政管理局负责的物价检查、监督职能划归物价局。2002年临清市市级机构改革，物价局变更为全额事业单位，归口发展计划局。2010年根据市新“三定”方案，物价局变更为行政单位，挂牌于市发展和改革局。设办公室、价格管理综合科、价格监测科、价格监督检查所、农产品成本调查监审室5个内设机构，临清市价格认证中心1个股级下属事业单位。2016年，单位在职干部职工33人。

2016年物价局坚持围绕“稳价格、惠民生、促增长、保和谐”的工作要求，充分履行价格管理职能，大力加强市场监督检查，着力规范市场价格秩序，努力做好为民价格服务，有效化解社会价格矛盾，全力维护价格水平稳定，按时序进度要求完成各项目标任务，为临清经济的繁荣发展做出积极贡献。

【价格调控与改革】 加强房地产价格管理。会同住房委员会办公室进行前期的实地勘察，制定公租房的标准。三和安瑞嘉园60户型共140套，星悦城50户型共60套，合计200套公租房。同时加强物业收费管理，要求各物业公司严格按照临清市物价局、房管处制定的《临清市物业服务收费基准价和浮动幅度》进行物业收费并实行物业收费公示制度。根据文件要求各有资质的物业公司向房管处申报星级服务等级标准，房管处会同单位共同审核企业的星级服务等级，全年评定二级服务资质的物业企业2家。

【价格扶持措施】 2016年对提出调整供热标准申请的临清市金地物业管理有限公司等7家单位，按照规定开展成本监审工作。将核算成本情况逐一反馈于物业企业，并将成本监审结果上报市政府。为规范居民地热井供热价格行为，维护供用双方合法权益，10月21号，组织召开供热价格政策提醒告诫会，对地热井供热价格等相关工作进行安排部署和价格提示告诫。会上对参会17多家供热单位公布地热井成本监审的基本情况，学习价格相关政策，并对供暖期间供热价格行为进行提醒告诫。要求各物业单位，必须按照相关价格法规的要求做好具体工作，严格执行国家和省、市有关供热价格政策，不得擅自提高供热价格，及时做好供热价格情况的明确公示，维护好物业与业主双方的合法权益，保持社会稳定大局。

【物价监督检查】 按照山东物价局转发的《国家发展改革委关于在全国开展药品价格专项检查的通知》文件要求，开展药品价格专项检查。首先召开价格提醒告诫会，就国家推进药品价格改革和加强药品市场价格行为监管等进行宣讲和解读，并重点对零售企业虚构原价、误导性价格标示等价格欺诈，医疗机构不执行药品零差率、中药饮片加价率政策，不按规定执行明码标价、价格公示制度等行为进行提醒告诫，下发价格提醒告诫函，组织全市45家各类药品相关单位开展自查自纠工作。对象为药品生产企业、药品批发企业和药品零售单位三大类，结合省局下发的企业名录等，分类进行检查，重点是价格出现异常波动的原料药、药品品种，解决群众和企业反映强烈的滥用市场支配地方、虚构原价、误导性价格标示等价格违法问题。

【收费管理工作】 2016年，完成收费统计上报工作。根据聊城市物价局聊价费字〔2016〕43号文件精神，认真及时完成全市47个收费单位的2015年度收费统计及网上录入工作，并上报聊城市物价局。根据财政部、国家发展改革委财税〔2016〕42号文件精神，对涉及免征收费项目5项，及时通知农机局，并要求立即执行，确保各项减免收费项目和标准执行到位。

【价格信息服务】 加强市场监测预警。结合全市的监测任务，对现有监测点、监测人员进行全面梳理，查漏补缺，新增和调整监测点，对采报价人员进行上门培训，确保监测数据上报的准确性、及时性。元旦、春节、五一、中秋、国庆期间，积极撰写主副食品、蔬菜、水果价格信息，及时预测后期价格走势并发布多篇分析文章，引导百姓理性消费，稳定社会市场预期。全年上报各类价格监测报表260份，撰写蔬菜、生猪、粮食等价格走势分析文章60余篇。

【队伍建设】 深入开展“两学一做”活动，认真学习习近平总书记系列讲话精神，严格落实中央“八项”规定，积极探索新常态下做好物价工作的方法途径。深入学习《山东省深化价格改革实施方案》和《关于推进价格机制改革的若干意见》，充分认识《方案》和《若干意见》的重要意义，深刻领会其中的新要求。充分认识价格工作新常态，主动调整工作思路，适应价格工作新常态，不断开创价格工作新局面。不断充实年初制定的学习计划内容，以“守纪律、讲规矩、做表率”为重点，督促落实各项机关管理制度，持之以恒抓好作风建设；以业务知识为重点，安排分管领导和中层干部授课，持之以恒补充业务知识能量。保持作风建设、业务学习新常态，为全面做好各项价格工作奠定坚实的基础。

（张志清　孙　凯）

国土资源管理

【机构设置】 临清市国土资源局内设9个职能科室，分别是办公室、财务科、政策法规科、规划科（挂土地增减挂钩办公室牌子）、耕地保护科、地籍管理科、土地利用管理科、地质矿产管理科、测绘管理科。行政编制18人，实有26人；下设事业单位6个，分别是土地收购储备中心、土地开发整理中心、国土资源执法监察大队、地租征收处、国土资源开发勘测大队、不动产登记中心；下设派驻机构5个，分别是国土资源局驻新华路街道分局、国土资源局驻大辛庄街道分局、国土资源局驻潘庄镇分局、国土资源局驻康庄镇分局、国土资源局驻老赵庄镇分局。编制141人，实有139人。

【概况】 临清市2016年年末耕地保有量和基本农田保护面积分别为65691.36公顷和57268.8公顷。全市落实新增建设用地指标48.79公顷，重大项目用地实现应保尽保。临清市国土资源局被聊城市委、市政府评为聊城市级精神文明单位。

【土地资源】 截至2016年年底，临清市土地总面积950.7801平方千米，其中农用地7.677681万公顷（耕地6.569136万公顷，基本农田5.72688万公顷），占总面积80.75%；建设用地1.779281万公顷，占总面积18.71%%；其他用地508.39公顷，占总面积0.54%；人均耕地0.08公顷。

【土地规划】 调整临清市省批新华路街道、先锋路街道土地利用总体规划建设用地规模边界，对魏湾镇等7镇土地利用总体规划进行修改，并扎实开展临清市土地利用总体规划调整完善工作。

【耕地保护】 年初耕地面积65577公顷，年末耕地面积65691.36公顷，年度增加耕地175.05公顷，减少耕地60.69公顷。

基本农田划定57268.8公顷，占耕地总面积的87%。连续十年实现耕地占补平衡。基本农田保护率100%。

【地籍管理】 农村集体土地所有权确权登记发证完成580宗，发证率99.7%。农村宅基地确权发证580个行政村。权属调查数据库建设已完成。地籍档案建档2209宗，权属纠纷调处1处，矛盾化解率100%。

【不动产登记】 临清市不动产登记中心成立于2016年1月，于9月21日正式颁发新证，停发旧证。截至2016年年底，临清市不动产登记中心共颁发不动产权证书184本，不动产登记证明1862份。

【建设用地管理】 报批建设用地7批次。其中4个城镇建设用地批次，面积50.3583公顷，耕地33.2482公顷，3个农转用批次，面积6.3877公顷，耕地6.3877公顷，全部实现占补平衡。

【土地利用管理】 供应土地52宗，面积106.9113公顷（含出让39宗，面积88.507公顷，成交价款 1.8479 亿元。其中网上交易出让 37 宗，面积 81.948 公顷，成交价款 1.7425 亿元）。盘活存量建设用地 103.03 公顷。

【矿产资源】 地热资源已探明储量并开发利用，主要矿产是地热，分布在市区、烟店、潘庄、康庄及老赵庄内。

【矿产开发管理】 进一步加大矿产资源开发利用秩序整顿力度。2016 年省厅批复 4 宗拟设采矿权。按照科技管矿要求，建立远程监测控制系统，对鑫城房地产开发有限公司颐清园小区地热井的水温、水位、流量、开采总量进行监控。安全生产管理工作坚持“一岗双责”，积极落实中央、省、市各级安全生产会议精神和市安委会工作部署，积极参加安全生产大检查、“安全生产宣传月”、矿产资源开发利用秩序整顿“百日攻坚”等集中活动。通过召开安全生产专题会议、现场检查、定期巡查、建立安全生产台账，汛期 24 小时值班等多种工作措施，牢固树立安全生产意识，强化落实矿山开采企业安全生产主体责任，确保安全生产形势持续稳定。深化矿业市场管理，征缴矿产资源补偿费 2 万元。开展采矿权人年检工作，年检合格率 100%。全市共有矿山企业 1 个。

【地质环境保护】 矿山地质环境恢复治理保证金缴纳 1 宗，金额 46.8 万元；加大巡查工作并严格执行安全生产和地质灾害防治各项制度，做好突发事故的报送和处置工作。截至 2016 年年底，完成山东临清黄河故道省级地质公园建设工作，通过市级验收，等待省厅批复。

【测绘管理】 完成“十三五”基础测绘规划编制工作；临清市城区 42 平方千米基础地理信息数据库更新及建库项目通过验收；完成各类项目勘查定界面积 861.2 公顷；组织开展测绘地理信息市场巡查工作、地图市场大检查工作，辖区内无一例超资质、无资质测绘情况发生。

【政策法规】 充分利用“6.25”土地日、“12.4”法制宣传日等时间节点组织开展宣传活动，悬挂条幅和张贴宣传标语 40 余条、印发宣传材料 3000 余份、搭建咨询台 6 处。

【执法监察】 认真做好 2015 年度土地卫片整改工作，经整改，违法占用耕地面积占新增建设用地占用耕地面积的比例为 1.7%，顺利通过省国土资源厅验收。国土资源部共下发临清市 2015 年度矿产卫片 5 宗，经实地核查，不存在违法采矿问题。

【队伍建设】 全年共召开党风廉政会议 5 次，局班子廉政专题会议 6 次。与分局、科室、中心、队分别签订党风廉政建设目标责任书。制定《廉政谈话制度》，局党委、纪委分别对中层以上干部进行两次廉政谈话。2016 年 10 月 31 日，临清市国土资源局被聊城市委、市政府评为聊城市级文明单位。

（赵　良）

统　计

【机构设置】 临清市统计局是主管全市统计和国民经济核算工作的政府工作部门。内设办公室、政策法规科、业务一科、业务二科、社会经济调查队和综合调查队。大体划分为综合、核算、工业、能源、科技、农业、农经、劳动工资、贸易、投资、建筑、房地产、交通运输、物价调查、城镇住户调查、农村住户调查等专业。2016 年，临清市统计局共有干部职工 28 人。16 个镇（街道）设立统计站，配备专、兼职统计人员。临清市各部委办局、大中型企业设立统计科，配备专职统计人员，持证上岗，形成上下一体的统计网络。

2016 年，临清市统计局以提高数据质量为核心，积极推进统计改革，充分发挥统计职能，为临清市经济和社会的发展做出应用的贡献，开创统计工作的新局面。各项工作得到上级领导的肯定，先后获得“2016年度城市统计调查工作优秀”“2016年度全省统计宣传工作先进单位”等先进荣誉称号。

【统计法规的贯彻实施】 2016年度，临清市统计局统计法规工作在市委、市政府的正确领导和上级业务主管部门的精心指导下，认真贯彻省、市统计工作会议精神，始终以推进依法治统为中心，以强化统计监督为重点，全面加强全市统计法制建设，狠抓统计基础工作和统计执法检查，坚持依法行政，依法治统，维护统计工作正常秩序，确保统计数据质量，为统计工作依法开展营造良好的法制环境，促进统计法制建设再上新台阶。

提高认识、加强领导，努力优化统计法制工作环境。制定统计法制工作要点和《临清市统计执法检查“双随机”抽查实施方案》，认真做好统计执法检查，形成“一把手负总责、亲自抓，分管领导具体抓，全局领导共同抓”的工作格局。对内强素质，对外强宣传，大力强化统计执法队伍建设。

建立统计执法机构，加大统计执法力度。为维护《统计法》的严肃性，确保全市统计数据客观真实，进一步加大统计执法力度。2016年对全市的87个单位进行重点执法检查，对发现的2起统计违法行为的单位进行立案处罚，并责令限期整改。根据双随机统计执法检查工作方案，围绕工业、贸易、投资、服务业等领域及第三次农业普查组织开展执法检查。进一步净化统计执法环境。

【统计业务职责】 综合科主要负责对全市国民经济社会运行情况进行监测、预测和综合分析研究；汇总整理、编辑发布全市以及各镇（街道）的综合性统计资料；收集整理全市行政事业单位等部门统计资料；组织实施国民经济核算制度；提供国民经济核算资料及有关综合平衡状况的分析研究报告等；对统计数据的使用和提供进行管理、审查。及时完成领导安排的其他各项工作任务。

法规科主要负责全市统计法规的宣传、贯彻和监督检查；负责制定统计执法检查方案；组织实施全市范围内基层单位统计执法检查;依据《中华人民共和国统计法》和《山东省统计管理条例》检查处理重大的统计违法案件；负责全市劳动工资的统计调查，准确、及时、全面地收集、整理和提供有关统计数据；进行统计分析等。及时完成领导安排的其他各项工作任务。

工业科主要负责组织实施工业、交通、邮电、科技、高新技术专业统计调查制度，准确、及时、全面地搜集、整理和提供有关调查统计数据；负责全市范围内的企业调查和城市调查；对负责重点工业情况进行调度；对有关统计数据质量进行检查、评估；组织指导本专业统计基础工作；进行统计分析等。及时完成领导安排的其他各项工作任务。

投资科主要负责组织实施固定资产投资、建筑业、房地产、基本单位名录库统计调查制度，准确、及时、全面地搜集提供有关调查统计数据；负责重点投资项目调度；负责房地产单位相关情况调查；对有关统计数据质量进行检查、评估；组织指导本专业统计基础工作；负责全局档案整理收集和归档；进行统计分析等。及时完成领导安排的其他各项工作任务。

贸易科主要负责组织实施批发和零售贸易业、住宿餐饮业统计调查制度，以及重点服务业运行状况的统计调查；准确、及时、全面地搜集整理和提供有关统计数据；对有关统计数据进行检查、评估；组织指导本专业统计基础工作；进行统计分析等。及时完成领导安排的其他各项工作任务。

能源科主要负责组织实施能源统计调查制度，准确、及时、全面地搜集、整理和提供有关调查统计数据；负责全市范围内的企业调查、城市调查、旅游抽样调查以及科技调查等；对国家联网直报企业进行催报；对有关统计数据质量进行检查、评估；组织指导本专业统计基础工作；进行统计分析等。及时完成领导安排的其他各项工作任务。

农业科主要负责贯彻执行国家、省、市统计局制定的统计调查方法制度，组织实施农村住户、农产量、畜牧业以及农村社会经济基本情况等调查方案；开展对农村社会经济问题的分析研究；收集整理农村社会经济统计调查资料；管理全市农村社会经济调查工作，负责调查人员的业务培训和组织指导工作；负责全市农调网络的督导；进行统计分析等。及时完成领导安排的其他各项工作任务。

【社会经济调查】 临清市统计局社会经济调查队，为贯彻执行国家、省、市统计局制定的统计调查方法制度，组织实施城市社会经基本情况等调查方案；开展对城市社会经济问题的分析研究，向各级党政领导和社会公众提供统计资料和信息；准确、及时、系统地收集、整理和编印城市社会经济调查资料；领导和管理全市城市社会经济调查工作，负责调查人员的业务培训和组织指导工作；完成市政府交办的其他统计调查和分析研究工作。分城镇住户调查和城镇物价调查两部分，分别负责组织实施城镇住户家庭基本情况、收入、支出、消费、投资等调查和居民消费品、服务项目的价格调查。

【农村住户调查】 调查单位为农村常住户。农村常住户指长期（一年以上）居住在乡镇（不包括城关镇）行政管理区域内的住户，还包括长期居住在城关镇所辖行政村范围内的住户。户口不在本地而在本地居住一年以上的住户也包括在本地农村常住户范围内；有本地户口，但举家外出谋生一年以上的住户，无论是否保留承包耕地都不包括在本地农村住户范围内。调查主要内容：农村居民所在村的发展情况、家庭基本情况、居住情况、人口与劳动力就业基本情况、农业生产结构调整与技术应用情况和农村居民收入、支出情况等。

【统计队伍建设】 健全党建机制，狠抓党建工作，进一步增强党组织的凝聚力和战斗力。2016 年，统计局党组进一步健全党建机制，继续狠抓“两学一做”学习教育，加强党员全员培训，落实党风廉政建设责任制，扎实开展扶贫帮困活动等，狠抓基层党建工作。

健全组织机构。班子成员严于律已，坚持民主集中制原则，把集体领导和分工负责有机结合起来，广开言路，多方听取群众意见，大家出主意，想办法，发挥每个成员的聪明才智，较好地完成各自分管的工作。做到带头参加学习，带头遵守各项规章制度，带头参加各种扶贫帮困公益活动，为局党组团队战斗力、凝聚力的发挥起到较好的表率作用。

完善各项制度。党的建设是一项长期工作，临清市统计局以制度建设为突破口，以健全的制度促进党建建设，经过认真研究和广泛讨论，积极探索建立长效的学习机制、党员教育机制和党员管理机制，先后制订《全体教职工集体学习制度》《党的三会一课制度》等，使党组织的建设和党员的行动有据可依。

严格发展党员。按照《中国共产党章程》要求，严格把好发展党员工作的各个环节。严格履行入党手续，把握发展党员工作中培训、政审、考察、审批、转正等各个环节。2016 年完成一名党员的转正相关手续。

严格组织生活。督促党员自觉参加组织生活，完成党组织交给的任务，按期按规定交纳党费，自觉接受党组织的教育和培训。并利用七一等节日广泛开展各种活动，党员领导干部无论职务高低，都能以普通党员的身份参加组织生活，自觉接受党组织和党员的监督。

加强党员全员培训。局党组对局全体党员全员培训工作高度重视，按照市委组织部《关于在全市开展党员全员教育培训工作的实施意见》的要求，结合“两学一做”学习教育，反复研究制定《关于深入开展党员全员教育培训实施方案》和《2016年党员全员教育培训计划》，分上下半年制定细化到周的学习计划。进一步明确学习任务，强化学习效果，不断增强党员干部科学决策水平和领导创新的能力。

落实党风廉政建设责任制。结合贯彻学习《党员领导干部廉洁从政若干准则》和《四项监督制度》等规章制度，将党风廉政教育具体化，进一步明确办机关党组织、领导班子成员、党员在党风廉政建设中的责任，层层签订党风廉政建设责任书。认真开展学习党风廉政建设宣传教育月活动，组织党员干部学习廉政准则、撰写心得体会、观看警示教育片、参加廉政测试，强化对党员干部的廉政教育。

做好促脱贫攻坚。双联共建工作组人员配备齐全，第一书记与局工作脱钩。定期召开党组会议研究“双联共建”工作，积极组织全局党员干部开展与康庄镇南刘村党员干部结对帮扶活动。探索组织生活新形式，积极组织开展“三进农户”活动，深化对口帮扶、结对共建等工作，加强工作互动。班子成员特别是主要负责同志至少每季度到帮包村调研一次，帮助解决实际问题。通过努力，给南刘村铺设公路，添加体育健身器材，全省土地改良现场会在南刘村召开。特色小麦种植、农产品深加工（石墨磨面）也在实施之中，30万的光伏发电将大大增加户均收入。

认真贯彻落实十八届六中全会精神，深入开展“两学一做”学习教育。按照市委统一部署，将“两学一做”学习教育和十八届六中全会精神学习作为今年党建工作的头等大事抓实抓好，扎扎实实做好各阶段任务。认真开展“坚定理想信念”“不忘初心，方得始终”“重走长征路”“党员标准大讨论暨重读入党誓词”“学习习总书记七一讲话”“弘扬孔繁森精神”等各专题学习讨论，领导干部带头讲党课，组织全体党员收看《榜样》、党员标准大讨论等，邀请市宣十八届五中全会宣讲团成员来局进行专题宣讲。

完善制度，大力推进党风廉政建设。市统计局结合临清统计工作实际，紧紧围绕解决“四风”方面突出问题，对现有制度进行全面梳理，完善已有制度，废止不适用制度，制定完善《内控财务制度》《财务管理制度》《收入管理制度》《预算管理制度》《支出管理制度》《预算管理制度》等，规范员工行为和职业道德，切实推动改进作风建设常态化、长效化，充分调动统计干部职工的积极性和创造性，更好地促进统计为全市经济和社会发展服务。通过执行规章制度，使工作目标明确、职责清晰、有章可循，减少工作上的错位、越位和缺位的现象，形成有条不紊、有序开展的良好工作秩序。

【统计业务】 主动履行工作计划，不断提高统计质量，切实做好日常统计年报、定报等工作。2016年度统计工作任务非常繁重，各类统计调查、普查日渐增多，统计改革不断深化，临清市统计局在人员少、任务重、头绪多的困难条件下，面临复杂形势，积极主动开拓创新，圆满完成当年年报、定期报表的报送以及城市住户和市场物价调查、农村住户调查等各项调查工作。在实际工作过程中，强调以质量求发展，以人员素质的提高来促进工作的开展，统计数据质量明显提高，受到各级领导的好评。

顺利完成农业普查、1%人口抽样等普查工作。顺利完成第三次农业普查2016年预定任务。按照上级要求，精心组织，周密安排，成立临清市全国第三次农业普查领导小组，明确人员，制定方案，做好动员宣传及普查物资的准备落实，抓好普查人员的专业培训、业务技能指导，认真开展清查摸底等。

圆满完成1%人口抽样。按上级要求广泛开展调查宣传，认真做好样本框整理、调查试点等，严格选调培训调查人员，做好调查登记等，圆满完成此项工作。

顺利完成各年度基本单位名录库更新维护工作。基本单位名录库的维护是做好各类统计单位报表报送工作的基础，2016年，临清市统计局在相关部门的密切配合下，及时召开会议传达上级最新精神，抽调业务骨干专门负责此项工作，认真组织收集各企事业、民办非企业法人、产业活动报表，对于报表内容有疑问的单位，通过电话、实地调查等方式逐一进行落实，顺利完成各年度基本单位名录库更新维护工作。

积极开展统计服务，不断提升服务水平。紧紧围绕市委、市政府的中心工作，充分发挥统计部门的信息优势，实行全方位服务，收到良好的效果。

及时编印各种统计资料。编印《临清统计年鉴2011—2015》，收录2011—2015年临清市主要年份国民经济和社会发展方面的统计数据，全面、系统、科学、翔实记载和反映临清市国民经济和社会发展，是认识和研究临清市情、制定政策、指导国民经济发展的重要资料和历史性的工具书。每月出版的《统计月报》，是各级领导及时准确了解全市各种情况的基础资料，根据社会的发展和领导的需求，及时对月报的外观、内容等都做改动，并且在时间上严格控制，确保每月上级数据反馈后送到领导手中，使其更好地发挥信息、咨询、监督的统计功能。

快速、准确为市委、市政府以及社会各界提供大量统计信息咨询。统计局按照“快、精、准”的要求，以服务为目的，加强统计咨询工作，为市委、政府领导及有关部门提供大量的统计咨询。以翔实的数据，对比分析临清市经济发展的有利条件和不利因素，找出对策，为临清市制定各项发展规划起到重要的作用。

及时撰写信息，反映工作开展。分管局长对信息进行认真审核，定期公布撰写情况，及时把统计局的各项工作开展情况在统计内外网站上登出，向社会各界反映。

稳步开展“一套表”联网直报工作。一套表联网直报的顺利运行是全国统计“四大工程”建设的重中之重。临清市统计局坚持以创新的思路和举措开展工作，取得市领导的大力支持，在所有乡镇和主管部门建立企业“一套表”工作委员会，市局成立全市企业一套表应急中心及建立集中办公值班制度、全市形成上下联动、良性运行的工作机制。结合山东省统计局 “四上”企业星级管理和全省统计执法检查，进一步规范基层统计基础工作，提升源头数据质量。

顺利完成全市统计人员继续教育工作。临清市统计局把每年的统计人员教育工作，作为常态化工作进行。针对全国统计“四大工程”建设、统计改革实践，精心组织，认真安排，顺利完成全市统计人员特别是基层统计人员的教育工作，取得良好效果。

认真做好市委、市政府安排的其他工作。认真制定各项工作计划，严格落实领导责任制，按要求扎实做好统计人才工作、综合治理暨平安建设工作、安全生产工作、妇女儿童计划生育工作等。

（丁爱国　马俊心　李　哲）

审　计

【概况】 临清市审计局于1984年7月开始筹建，1988年3月设立办公室、企业审计科、行政事业审计科、内部审计指导科。1989年4月经山东省审计局批准成立临清市审计事务所。1996年增设基建审计科、财金审计科2个科室。2000年增设经济责任审计科。同年对临清市审计事务所进行脱钩改制，将其交给省注册会计师协会管理。2001年4月成立隶属市审计局的全额事业单位临清市经济责任审计办公室（正科级）。截止至2016年临清市审计局共有7个科室，分别为办公室、财金审计科、经贸审计科、投资审计专业办公室、行政事业审计科、法制科、农业社保审计科。在岗职工40人，其中高级审计师职称5人，中级审计职称13人。

【国家审计】 本级预算执行审计：1995 年 10 月，临清市政府批准临清市审计局《关于 1995 年度市级预算执行情况审计方案的报告》，标志着临清市的本级预算执行审计逐步开展起来，2016 年，共审计预算执行单位 6 个，审计查处问题金额 324.03 万元。市审计局重点对组织预算执行、参与预算执行、握有资金调拨权和管理使用大宗财政资金的重点部门和单位进行审计，对存在的多开银行账户，挤占坐支预算收入，乱发奖金、实物、补贴，招待费数额超标等问题进行重点审计揭露。每年都向市政府提交审计结果报告，并受市政府委托向市人大常委会作本级预算执行和其他财务收支情况的审计工作报告。本级预算执行审计的开展在规范预算管理，加强宏观调控，保障经济法制和廉政建设等方面发挥重要作用，保障《预算法》等相关财经法律法规的贯彻落实。

【行政事业审计】 按照上级审计机关的统一部署，2016 年先后在行政事业单位开展精准扶贫审计调查、保障性安居工程跟踪审计、基本医疗保险基金审计、中小学大班额问题跟踪审计等推进简政放权政策落实、重大建设项目进展、重要措施执行的 9 项专项内容，审计中，市审计局注重从惠民政策的制定和执行入手，督促各项惠民政策措施落到实处，让人民群众享受更多实惠；从惠民资金的安全、效益入手，揭露查处资金管理使用中的违法违规问题，及时堵塞漏洞，促进提高资金使用效益；从事关人民群众生存与发展的重点领域、关键环节入手，严格确保人民群众的利益不受侵犯。

【乡镇财政决算审计】 2016 年，市审计局共审计镇（街道）7 次，查处违规资金 21547.17 万元。2016 年按照市政府委托及审计计划安排，对七个镇（街道）开展财政状况调查。通过审计，严肃查处不顾大局、弄虚作假、谋求部门和地方利益等违反财经法规的问题，在一定程度上减轻农民负担，规范镇（街道）财政收支行为，维护政府在人民群众中的地位和形象。

【金融审计】 2016 年主要检查信贷资金的筹集、管理，资产负债损益是否真实、合法。共审计单位 11 次，查处违规行为资金 567 万元。较好的促进金融行业遵守财经纪律，认真执行金融政策，正确核算盈亏，严格财务管理，加强内部稽查，完善内部控制。金融审计的开展较好的促进金融部门严格执行财经法纪，较好的执行国家金融政策和宏观调控措施。

【企业审计】 2016 年，临清市审计局突出市国有企业的资产负债损益审计，在促进加强内部管理，建立和完善现代企业制度，保证国有资产的保值增值，防止国有资产流失方面发挥积极作用。共审计企业 43 家，审计金额共计 559.9 万元，提出合理化建议 21 条。

【政府投资审计】 为控制政府投资规模，促进提高投资效益，审计部门基本建设项目实行事前、事中和事后全方位监督，开展开工前审计和基本建设决算审计。市政府印发关于《临清市基本建设项目审计办法》，审计局、纪委、经委、建委、人民银行等五部门联合转发聊城市审计局等五部门《关于加强对新开工建设项目资金来源审计的通知》，有效的遏制高估冒算和基建规模的膨胀，保障全市基本建设健康有序的发展。2016 年，对全市涉水涉地项目、工业路、新华路、永青路、曙光路、站前路、银河路等 40 余个重点项目进行决算审计。累计报审资金 8027.16 万元，审定造价 6076.61 万元，审减金额 1950.55 万元，有效规范工程建设项目招投标、政府采购等公共领域和环节，从根本上杜绝“工程腐败”。

【经济责任审计】 为加强对领导干部的监督，促进领导干部认真履职尽责，2000 年成立临清市经济责任审计办公室，事业编制 5 人，2001 年，由市纪委、审计局牵头，建立组织部、人事局、监察局主要负责人为成员的经济责任审计工作联席会议制度，2004年成立全市经济责任审计工作领导小组。2016年，共对6个部门领导干部进行经济责任任中审计，查处问题金额459.5万元，提出操作性强、有针对性的审计建议14条。审计结果报告为市委、市政府选拔、任用干部提供重要依据。

【内部审计】 1999年起，内部审计工作贯彻管理、服务、宣传、交流的工作方针，深化改革服务的指导思想，工作中坚持抓基层，打基础、突出重点、分类指导，是内部审计工作不断取得新成绩。2005年全市为更好地推进内部审计职业化建设的进程，成立聊城内部审计协会临清分会，极大地促进内部审计事业的健康发展，实现内部审计工作的法制化、规范化、现代化建设。2016年，全市已建立内部审计机构41个，其中专职机构29个，配备内部审计人员73名，其中专职内部审计人员42名。2016年累计完成审计项目50个，查处损失浪费金额174.3万元，增收节支金额4.5万元，提出合理化建议14条，内部审计工作在履行监督和评价职能的同时，更为组织增加价值和实现可持续发展提供可靠的预测和数字的分析。

【队伍建设】 2016年来，临清市审计局以“培养一专多能复合型审计人才，推动审计事业健康可持续发展”为目标，大力加强年轻审计干部队伍建设，积极拓宽培养渠道，营造良好成长氛围，努力造就一支政治坚定、业务精通、纪律严明、作风优良、积极进取、朝气蓬勃的年轻审计团队。近三年，临清市审计局通过招考的方式共招录14名高等院校毕业的大学生，编制数增加17个，2016年全局有职工40人，取得中高级职称的11人，占业务干部的27.5%；本科以上学历32人，占全局总数的80%，18人取得中高级审计专业技术职称，15人通过计算机中级水平考试，形成一支学历、年龄、专业结构合理的优秀审计队伍，营造一个公开、公平、公正的成长环境。

【审计宣传】 2016年以来，临清市审计局高度重视审计宣传工作，把它作为展示审计形象、转化审计成果、扩大审计影响的重要载体，列为全局核心工作常抓不懈。2016年全局共有162篇稿件被各级媒体期刊予以刊登发表。其中：国家审计署网站61篇、《中国审计报》13篇、《中国审计》杂志3篇、省级媒体期刊采用24篇、其他媒体期刊采用61篇。多名审计人员得到中国时代经济出版社、中国审计报社和省审计厅的表彰。审计宣传工作为扩大审计影响，发挥审计建设性作用，营造良好的审计环境起到促进作用，同时为领导下一步科学决策提供可靠的依据。

【村级审计】 为进一步完善经济责任审计制度体系，积极推进村级经济责任审计，市委办公室、市政府办公室在全市范围内印发《关于成立镇（街道）审计所的通知》（临办发〔2015〕44号）、《乡镇审计所村级经济责任审计常见问题及审计定性和处理指南》和《村级审计指南》等文件，在全市16个镇（街道）全部设立有独立办公地点的审计所，选配65名40岁以下的专职审计所人员。2016年，全年完成村级审计项目47项，审计总金额1014万元。通过审计发现问题金额163.99万元、促进增收节支10.5万元、核减投资金额16.2万元。促进规范村级财务管理和建章立制36项，有效化解村级信访矛盾12起，在市级以上刊物发表经验做法稿件26篇。

（肖卫东　孙连印）

市场监督管理

【机构设置】 临清市市场监督管理局设职能科室（12个）：办公室（挂信息宣传科牌子）、人事科、财务装备科（挂内部审计科牌子）、政策法规科、市场规范管理科、企业信用信息监管科、商标广告管理科、消费者权益保护科（挂投诉举报维权中心牌子）、网络交易管理科、质量管理与监督科、标准计量科、特种设备安全监察科。

直属机构（2个）：企业注册局、公平交易局。

派出机构（17个）：新华市场监督管理所、先锋市场监督管理所、青年市场监督管理所、大辛庄市场监督管理所、开发区市场监督管理所、烟店市场监督管理所、康庄市场监督管理所、金郝庄市场监督管理所、老赵庄市场监督管理所、潘庄市场监督管理所、松林市场监督管理所、八岔路市场监督管理所、唐园市场监督管理所、魏湾市场监督管理所、戴湾市场监督管理所、刘垓子市场监督管理所、尚店市场监督管理所。

所属事业单位（6个）：临清市市场监督管理局市场监管执法大队、临清市消费者协会办公室、临清市个协私营企业协会办公室、临清市产品质量监督检验所、临清市计量测试所、临清市纺织纤维检验所。

2016年有职工215人：公务员160人，事业23人，事业（参公）16人，工勤16人。

【基本概况】 临清市市场监督管理局自2015年2月10日组建成立以来，妥善处理改革与稳定、服务与监管、主线与底线的关系，积极适应新形势，迎接新挑战，创新实干，在新的起点上迈出新的坚实步伐。以体制改革和机构融合为契机，深入推进质量强市战略，扎实做好服务扶持措施，以服务体现作为，以服务赢得民心。2016年全市共拥有中国名牌1个，中国驰名商标1个，山东名牌产品15个，山东省著名商标16个，国家地理标志保护产品1个。

积极开展各类标准化工作，大力实施标准化战略，提升标准化水平，引导企业抢占标准化战略制高点。

把维护群众利益、公共安全和公平竞争的市场秩序作为执法监管工作的出发点和着力点，充分发挥市场监管职能，针对重点行业、重点领域，大力加强对各类市场主体的监管执法力度，积极开展各项专项整治活动，着力加强特种设备安全监管、无证无照经营清理、打击制假售假、商标保护、治理商业贿赂和打击传销等监管执法工作，全面营造公平竞争的市场环境。健全质量投诉处理机构，运用现代信息技术完善质量投诉信息平台，充分发挥12365、12315服务平台作用，畅通质量投诉和消费维权渠道，有效调解和处理质量纠纷。建立健全质量安全有奖举报制度，支持和鼓励消费者依法开展质量维权，塑造产品和服务的良好品牌和信誉。为进一步营造良好的营商环境，促进民营经济发展，该局积极推进职能转变，以“先照后证”商事制度改革激发创业、投资热情，以“五证合一”促进市场主体增量提质，在优化经济发展环境和规范市场经济秩序等方面做出积极的努力，赢得社会的广泛赞誉。

2016年，临清市市场监管局通过省级文明单位复查，获“省级文明单位”荣誉称号。被聊城市质量技术监督局授予“2016年度全市质量技术监督系统先进单位”荣誉称号。松林市场监督管理所被山东省人力资源和社会保障厅、山东省工商行政管理局、山东省公务员局授予“全省工商行政管理工作先进集体”荣誉称号。

【工商业登记管理】 截至2016年12月底，全市实有各类市场主体40950户，其中，私营企业6903户、内资企业592户、农民专业合作社1399户、个体工商户32056户。

【监管执法工作】 加大执法力度，净化市场经济环境。强化特种设备安全监察工作，相继开展安全月期间安全检查、冬季特种设备安全隐患大排查大整治、电梯安全监管大会战、危化品压力容器安全大检查、“打非治违”、涉氨制冷企业安全专项治理、特种设备安全隐患大排查快整治严执法等一系列专项整治活动。组织实施工业产品生产许可证获证企业的监管工作，有重点地开展食品相关产品、危化品、水泥制品和钢铁行业生产许可证企业的证后监管。开展投资担保类企业的监督检查，加大对侵犯驰名商标、著名商标专用权案件的查处力度。开展户外广告、互联网金融非法集资广告、药品、医疗器械广告等一系列专项整治工作。开展儿童用品专项执法检查，重点查处不符合强制性标准产品、以次充好、以不合格产品冒充合格产品、销售未取得强制性认证产品等违法行为。加强对化肥、农药、种子、农机具及其配件等重点农资商品的监管，维护群众的合法权益。深入开展反不正当竞争和反垄断工作，对供水、供电等与人民群众生活、生产密切相关的行业和公用企业进行重点监管。加强维权体系建设，建立健全经营者自律制度、消费者纠纷调解制度，把消费者纠纷和消费者的诉求，及时就近解决在企业和基层，切实维护消费者合法权益。

【服务发展工作】 坚持把商事登记制度改革作为简政放权的“先手棋”，全力削平经济准入门槛，努力打造吸引各类经济要素聚集涌入的政策“洼地”，引导更多的社会资源转化为创业资本。积极推进注册资本认缴登记制、改企业年检制度为年报公示制度、“先照后证”改革、简化住所登记手续、五证合一等制度措施，用政府部门简政放权的“减法”，换市场活力的“乘法”，努力构建“便捷高效、规范统一、宽进严管”的市场准入环境，持续推进大众创业、万众创新。积极实施品牌战略，提高企业品牌意识，营造社会商标保护及争创名牌氛围，引导企业走“品牌发展”之路。教育和引导企业建立完善信用管理制度，推进企业信用体系建设，积极帮助有条件的企业争创“守合同、重信用”企业，会同有关部门开展文明诚信民营企业、个体工商户创建活动。充分发挥行业协会的自律作用，引导企业诚信守法经营。

（尹卫东　李　璐）

安全生产管理

【机构设置和概况】 2001 年 11 月 8 日，按照鲁政办发〔2001〕50 号和参照聊编〔2001〕22 号文件精神，临清市机构编制委员会印发《关于成立临清市安全生产监督管理局的通知》（临编字〔2001〕17 号），正式成立临清市安全生产监督管理局，定为正科级事业单位，编制 8 人，配科级领导职数 1 正 2 副。

2002 年 9 月，机构编制委员会印发《关于各乡、镇、街道设置安监机构的通知》（临编办字〔2002〕9 号），在各乡、镇、街道建立“安全生产监督管理办公室”，为股级事业单位，定编 2 人，设主任 1 名，副主任 1 名，可根据工作需要增设工作人员。

2004 年 11 月，印发《关于印发〈临清市安全生产监督管理局职能配置内设机械和编制方案〉的通知》（临编字〔2004〕13 号），批复成立临清市安全生产执法监察大队，核定编制 10 人，隶属市安监局领导，配备领导职数 1 名。

2006 年 10 月，编委印发《关于乡、镇、街道和市直有关部门设置安全生产执法监察中队的通知》（临编字〔2006〕13 号），在乡镇、街道和市直有关部门建立“安全生产执法监察中队”，为股级事业单位，与安全生产监督管理办公室为一套机构，两块牌子，业务上受市安监局和市安全生产执法监察大队的领导。

2011 年 3 月，政府办公室印发《关于印发临清市安全生产监督管理局主要职责内设机构和人员编制规定的通知》(临政办发〔2011〕40 号)，对局职责进行调整，文件规定人员编制：市安全生产监督管理局机关行政编制 11 名，工勤人员编制 2 名。配备局长 1 名，副局长 3 名。内设机构为：办公室（挂人事科牌子）、规划科技科、工矿商贸安全监督管理科、危险化学品安全监督管理科、职业安全健康监管管理科。

2011 年 7 月，机构编制委员会办公室印发《关于临清市安全生产监督管理局成立综合监督管理科的批复》(临编办字〔2011〕13 号）文件，同意成立综合监督管理科，为股级内设科室，所需人员由局内部调剂解决。

2012 年 12 月，机构编制委员会办公室印发《关于市安全生产执法监察大队申请设立内设机构的批复》(临编办字〔2012〕34 号）文件：为进一步加大安全生产执法监察力度，预防和减少各类安全生产事故的发生，维护社会稳定，保障人民生命和财产安全。经研究，同意市安全生产执法监察大队内设综合执行室、执法监察室和监督审查室三个科室，配备股级职数 4 名。

2015 年 8 月，机构编制委员会印发《关于明确市农业局等部门机构编制事项的通知》(临编〔2015〕16 号）文件：为进一步增加环保、安监部门执法力量，更好履行监管职责，为市安监局、市环保局各增加 2 名行政编制，增加编制后，市环保局行政编制 13 名，市安监局行政编制 13 名。

2015 年 11 月，机构编制委员会印发《关于完善全市安全生产监管机构有关事宜的通知》(临编〔2015〕25 号）文件：在市安监局综合监督管理科加挂应急救援监督管理科牌子。为市安监局安全生产执法监察大队增加全额事业编制 4 名，增编后安全生产执法监察大队全额事业编制 20 名；在安全生产执法监察大队内设 4 个中队，分别为：安全生产执法监察大队一中队、安全生产执法监察大队二中队、安全生产执法监察大队三中队、安全生产执法监察大队四中队。各中队所需人员从市安监局安全生产执法监察大队内部调剂解决。

【监管机制和体制建设】 临清市政府每年年初结合镇、街道和市直部门的变动情况，适时调整安全生产委员会成员。多次组织召开安全生产专题工作会议，结合具体形势分析研究安全生产工作。市委、市政府每次召开大型综合性会议，都把安全生产工作作为一项重要工作进行安排部署，并在经济工作会议、市委全委会、人代会《政府工作报告》中进行安排部署。在市政府召开的常务会议和市长办公会议上专门研究安全生产工作，解决工作中遇到的困难和问题。按照“党政同责、一岗双责、齐抓共管、失职追责”的要求，临清市新成立由市委书记和市长同时任主任，市委班子成员和市政府班子成员为副主任，市直有关部门主要负责同志为成员的市安委会，强化市安委会监督指导、综合协调职能，形成强大的工作合力。市政府和各镇（街道）、各分管市与分管部门签订安全生产目标责任书。同时，要求镇(街道）与社（管）区、辖区企业，部门与所管行业企业，以及企业内也要层层签订责任书，落实安全生产责任，强化一岗双责责任制。

对全市重大危险源的监督管理，从深入企业一线不间断检查，动态信息互通互报，到现在的依靠安全生产隐患排查治理和信息平台，实现大的跨越。截至 2016 年年底，按照上级有关部署和文件精神，全市县级信息平台良好运行，录入完成全市 676 家企业基础信息更新完善工作。对企业排查治理隐患、行政执法、重大危险源实时监控预警等做到实时监控，完成各项指标任务。

【安全生产创建活动】 深入开展“安全标准化”“安全文化示范企业”“安全社区”等各类安全建设活动。截至 2016 年年底，全市共有 9 家企业通过省级二级标准化验收，182 家企业通过聊城三级安全标准化验收，9 家企业通过小微企业标准化验收；8 家企业被评为市级安全文化示范企业；先锋路街道、老赵庄镇、魏湾镇、大辛庄街道、金郝庄镇等5个镇、街道通过省级“安全社区”验收。

【安全生产宣传教育】 安全生产月是安全生产宣传教育的一项重要内容，按照国家、省和聊城市2016年“安全生产月”活动方案的要求，临清市结合实际，研究制定《临清市2016年“安全生产月”活动方案》（临安委发〔2016〕3号）和考核细则。6月1日，市安委会召开专门会议，安排部署安全月活动的有关事项。安全生产月期间，组织开展安全发展主题宣讲活动、安全发展忠诚卫士演讲比赛、安全主题征文、安全生产应急救援演练等活动。咨询日当天，安监局、住建局、卫计局等22个市安委会成员单位在活动现场设置咨询台，布设安全宣传展板，进行安全生产相关法律法规及政策、知识的宣传，并现场接受群众的咨询，临清市电视台等宣传媒体在现场进行采访，开设专版专栏4期，现场共摆放宣传展板65块，发放各类安全宣传资料22000余份，参与活动6000余人（次），悬挂条幅194幅，印制安全标语130条。对全市9796家生产经营单位认真做好法释〔2015〕22号文件的宣贯工作，完成宣传挂图和单行本的发放张贴工作，做到“全覆盖、无缝隙”。4月份开展“职业病防治法宣传周”活动，发放职业健康宣传8000余份，组织全市工矿商贸企业干部职工1000余人进行职业健康查体。

2016年5月份，对全市221家企业的主要负责人及400余名职业健康管理人员进行职业健康法律、法规培训。各镇（街道）和有关部门对各生产经营单位特种作业人员持证上岗情况进行摸底调查。全年共开展培训8期，培训各类安全生产从业人员3300余名；开展特种作业人员培训2期，培训各类特种作业人员600余人。

【生产执法监察】 按照聊城市的统一安排，将开展安全生产“大快严”集中活动，企业主体责任落实专项执法检查、风险分级管控与隐患排查治理两个体系建设，当作全年工作的重中之重。深入开展安全生产“大快严”集中行动。2016年共组织检查组、督查组347个，共检查生产经营单位6428家（次），检查出各类隐患15410处，已整改15326处。对安全隐患整改不积极的2家企业进行挂牌督办（森达木业、益群果蔬保鲜），对存在较大安全生产隐患并落实不到位的5家企业进行停产停业整顿（卫河酒业、北方谷物科技、金光机械制造、秋华纺织、宏雁建筑机械），对不具备安全生产条件的1家企业进行关闭（益群果蔬保鲜制冷设备）。工作中，严格落实部门分包和集中调度制度，定期召开调度会。严格落实属地和行业监管职责，对各镇（街道）实施网格化管理、分级监管办法，对各有关部门落实重点行业领域执法检查，通过政府购买服务聘用第三方中介机构对危化品企业进行专项检查。对省市两级“大快严”集中行动督导组在全市检查出的问题和隐患及时下达整改意见书，并已全部整改到位。

认真开展生产经营单位主体责任落实情况专项执法检查。做好企业调查摸底工作。专门成立摸底组对全市各类生产经营单位进行调查摸底，形成“一镇一册”“一行业一册”和临清市级《企业安全生产监管“网络化、实名制”名册》，截至年底，共统计生产经营单位8403家，分别由17个行业主管部门和9个专业监管部门共同进行监管，实现“全覆盖、无缝隙”。明确检查重点，确保企业主体责任落实到位。督促检查企业落实安全生产主体责任，开展自查自改，对检查中发现的所有隐患建立台账，并逐一按要求进行整改，消除事故苗头。从严从快检查和整改隐患。坚持把边查边改、打非治违、监管执法、建章立制、持续改进贯穿始终。共查出事故隐患2479处，现已全部整改完毕，并全部录入聊城市安全生产综合监管和隐患排查治理信息平台备查。

扎实推进风险分级管控与隐患排查治理两个体系以及隐患排查治理信息平台建设工作。2016

年，全市共排查生产经营单位259家，风险点4933个，城乡公共领域安全生产风险源244个。中色奥博特被遴选为省级标杆企业，9家企业全部被评为市级安全生产标杆企业。按照分类指导、分级组织的原则，聘请专家对16家省、市、县级标杆企业开展专题培训。鼓励标杆企业积极参与两个体系建设实施指南等标准规范和相关配套文件的制定。广泛开展风险意识和风险防控宣传教育，将“两体系一平台”建设工作纳入2016年度目标责任考核内容，推动工作的开展。在6月底前完成全市676家企业基础信息更新完善工作。对企业排查治理隐患、行政执法、重大危险源实时监控预警等做到实时监控，完成各项指标任务。

着力抓好重点时期、重点行业的监督检查活动。2016年以来，全市在道路交通、危险化学品、烟花爆竹、建筑施工、人员密集场所等重点领域开展专项整治，有效遏制安全事故的发生。在“两节”“两会”、4月份安全生产检查月、6月份安全生产月、冬季安全大检查、“五一”“十一”期间等都开展安全生产专项检查工作。

（陈　巍　王子龙）

食品药品监管

【机构设置】 2014年，根据《山东省人民政府关于改革完善市县食品药品工商质监管理体制的意见》（鲁政发〔2013〕24号）和《临清市人民政府关于印发临清市食品药品监督管理局整合组建方案的通知》（临政发〔2014〕2号），重新组建临清市食品药品监督管理局（加挂临清市食品安全委员会办公室牌子），为市人民政府工作部门。结合实际及主要职责，现设立8个职能科室：办公室、食品生产监管科、食品流通监管科、餐饮服务食品监管科、保健食品化妆品监管科、药品市场监管科、医疗器械监管科、药品不良反应监测中心。

【强化食品安全监管力度】 临清市食药监局把学校幼儿园食品安全作为工作的重中之重抓紧抓好。年初安排部署学校幼儿园食堂安全大检查行动，集中对全市学校幼儿园食堂进行重点检查。同时开展农贸市场整治工作，加大监管力度，严格督促农贸市场开办者履行管理责任，严肃查处农产品市场开办者和农产品经营者未按规定履行管理责任和违法从事经营活动的行为，保障群众“菜篮子”食品安全。临清市城乡主要的农贸市场已逐步走上规范化管理轨道。

【加强药品、医疗器械监管】 进一步加强全市药品流通市场监管工作，提高药品安全保障水平，保证辖区群众的用药安全，主动出击，临清市食药监局积极组织开展各类专项整治，有效规范药品生产、经营秩序。强化对医疗器械经营使用环节监管，经常性的对辖区内的医疗机构以及企业经营企业的冷链仓储、运输、质量追溯等环节进行监督检查，对违法违规行为严厉打击。同时组织开展疫苗质量监督检查。对疫苗进、出台账，疫苗冷藏、冷冻仓库、疫苗运输冷链车、温湿度监控记录及对各接种点的检查记录进行定期或不定期检查，确保全市疫苗的源头质量安全。

【坚持正面宣传，构筑食药安全网】 临清市食药监局深入开展食品药品安全宣讲活动，增强全民的食品药品安全意识。对食品生产经营者，主要开展食品违法违规的严重后果和法律责任的警示教育，增强食品生产经营主体责任意识，引导其守法经营。

密切与新闻媒体的联系，强化正面宣传，快速稳妥处理群众举报的食品药品安全问题。及时公布执法抽检信息和不合格食品召回、下架信息，提高消费者的自我保护意识和安全消费能力。同时，畅通举报渠道，构建食品药品安全监管网络，确保食药品安全。

【食品药品稽查】 2016年，临清市食药监局总共接到146余起举报投诉，举报投诉办结率达到100%。同时，加强与聊城市外食药监局联系，共办理回复外地协查函3件，发出协查函10件。加强学校食品安全监管，确保学校师生餐饮安全。2016年共检查101所学校幼儿园食堂，发现10条安全隐患，下发责令整改通知书8份。全面强化药店日常检查，检查药店600家次，县级医院和镇卫生院总共30家次，检查村卫生室500家次，出动执法人员1600人次，下达责令改正通知书50份。

【食品药品检验管理】 临清市食药监局结合省食药监局下达的食品抽检任务工作，开展重点食品监测抽样。2016年抽检品类涵盖食品生产、流通、餐饮三个类别，共抽检487批次，其中，组织开展县级食品抽检150批次，通过权威第三方检测机构的检验，抽检结果在局网站进行公示，不合格的单位均已进行行政处罚。

【行政许可管理】 2016年行政许可科共办理食品经营许可证1541个，办理健康证8277个，新开办药品零售企业初审19家，变更许可内容83家，换证3家。

【队伍建设】 为进一步提高全系统食品药品执法人员食品药品业务知识，提升行政执法人员综合素质和行政执法能力，临清市食药监局积极组织人员参加省食药监局、聊城市食药监局各类培训班；并结合实际情况积极开展培训。由理论功底扎实、监管经验丰富的执法人员结合食品药安全品监管工作实际和自身工作经验，采取集中讲解、互动交流等形式进行授课。培训内容涵盖党风廉政建设，依法行政，执法程序与文书制作规范；食品生产环节、流通环节、餐饮服务环节安全监管知识等内容。经过各层次培训，有效地提高一线人员的理论水平和监管能力。

【党员干部说食安】 为进一步强化临清市农村食品安全监管，提高农村食品生产经营者食品安全意识和责任意识，严防食品安全事故发生，更好地落实习近平总书记关于食品安全提出的“四个最严”要求，切实保障临清市百姓“舌尖上的安全”。临清市食药监局在全市范围内对镇村的食品生产经营者组织开展党员干部说食安培训活动，收到良好效果。

培训从注重实际需要出发，授课老师全都是食品组各监管片区的负责人或业务骨干，由党员干部带头讲“食安”，充分践行“两学一做”的要求。食品组各分管副局长组织3名业务骨干组成宣讲小组，并根据食品安全监管重点，将授课内容分为食品流通、餐饮服务、生产加工小作坊、食品违法违规案例四个方面。授课人员根据各自专题方向精心备课，认真研读新《食品安全法》等食品安全监管方面的法律法规，准确领会和深刻把握新《食品安全法》的精神实质和价值追求，广泛收集和整理食品安全违法案例，制定各个专题的宣讲提纲，并形成通稿，为培训活动做好准备。

为使培训工作达到预期的效果和目的，临清市食药监局充分考虑镇村食品生产经营者的实际情况，灵活安排培训地点和时间。如积极与各镇政府联系，利用镇政府大会议室作为培训地点，同时尽量避开镇村大集，方便经营者参加培训。

培训会上，授课人员采取授课讲解、案例分析、互动交流等方式，针对不同的经营主体分别采取不同的培训形式，通过通俗易懂的例子帮助参训人员对法律法规和食品生产经营操作规范知识的认识和理解，避免以往单一的以会代训，单向灌输的培训形式。使食品经营者乐于接受，从中学到实用知识。同时开展反面案例警示，授课人员结合执法过程中查处的食品违法违规案例，向参训人员说明违法违规行为的严重后果，警示食品生产经营者合法合规经营。

2016年对全市16个镇、街道的食品经营者共计2000多人进行集中培训，实现培训对象的全覆盖。

（杨永平　代　静）

农　业

综 述

【概况】 临清市农业局成立于1950年，成立之初称临清镇农建科，1984年三月改为临清市农牧渔业局，1988年1月机构改革时，撤农牧渔业局，分别成立农技、畜牧、水产三个中心，1996年2月恢复农业局，为正科级单位，为政府组成部门。主要职能有：农业、畜牧业新技术、新品种的推广、农村经济管理、大田农作物病虫害预测预报与防治、畜禽防疫、检疫、防治和农业、畜牧业法律、法规的贯彻、落实及行政执法任务。2014年12月31日，临清市机构编制委员会（临编〔2014〕22号），关于临清市人民政府职能转变和机构改革的实施意见：临清市农业局为临清市人民政府设置的24个部门之一，并将市农业办公室、市棉花和多种经营办公室、市农业机械管理局、市畜牧兽医局、市水产局、市农业广播学校的行政管理职责整合划入市农业局，调整市棉花和多种经营办公室、市农业机械管理局、市畜牧兽医局、市水产局、市农业广播学校为市农业局所属事业单位。截至2016年12月31日，农业局共有干部职工96人，其中高级职称13人，中级职称41人、初级职称10人。

【国有农场建设】 临清市农业局下辖三个农场：临清市种羊场、棉花原种场、粮食良种场。农业三场先后建于20世纪60年代。历年来，除种植粮食作物外，也养殖种羊等牲畜。近年来，农业三场逐渐转型为纯农田种植。现在农业三场有土地2800余亩，并响应国家及农业市场政策，种植小麦良种及玉米良种。日常工作中，大力争取政策和资金支持，加大对农业的支持保护力度，夯实农业基础。

农业三场共有职工50余人，其中党员占有一半。日常工作之余，积极参加农业局的各种党员会议、学习等活动。积极落实各项工作制度，为农场发展做出突出的贡献。农业三场人员积极创新管理机制，推进土地规模经营，进一步加强农业生产管理工作，坚决克服“以包代管”和“种地由民”的错误思想，紧跟形势，抓住机遇，创新农业管理机制，积极引导农场土地向场内种田能手和种田大户集中、向具有一定规模生产经营能力的合作组织集中，逐步改变一家一户分散经营的生产模式，发展土地规模经营，实行农作物区域化连片种植。把土地承包工作与农业管理体制创新和种植业结调整有机结合起来，科学编制农作物年度种植规划，机动田承包者必须按照种植规划的要求参与土地承包、从事农生产经营、实行区域化连片种植。

【农村劳动力转移】 为加强全市人才队伍建设，努力提高农业科技人才队伍的整体素质适应农业产业机构调整的需要，按照上级要求，自2006年开始在临清范围内实施劳动力转移培训“阳光工程”项目，该项目以劳动力市场需求为导向，以提高农民转产转岗就业技能为重点，以促进农村劳动力转业就业和增加农民收入为目标。“阳光工程”项目自2006年至2013年连续开展6年，2010年以前的项目重点在农村劳动力转移上，通过阳光工程培训，全市共计转移农村劳动力9700人。2010年到2013年根据农民实际需求，调整“阳光工程”培训重点，通过实地调研，由原来的以劳动力转移为主调整为农村急需专业人才的技能培训为主，开设农民真正需要的专业，让农民掌握实用的“一技之长”并且积极帮助他们参加技能鉴定拿到国家承认的技能证书，四年内全市开展农业职业技能培训21个专业共计4600人，实现农村人才资源开发与农村经济社会协调发展，转移培训工作取得较好的成绩。2014年到2016年开展新型职业农民培育工程项目，该项目以造就有文化、有技能、善经营的现代新型职业农民为目标，以提高农民专业技能、培育现代农业经营主体为重点，大力实施技术技能培训，努力打造一支符合现代农业发展需要的新型职业农民队伍，为发展现代农业提供强有力的人才支撑。2014 年至 2015 年共培育新型职业农民 1200 人。2016 年临清市承担培育生产经营型新型职业农民 240 名（其中农机专业合作社带头人 30 人）。按照省制定的分类培训规范，开展全产业链技能培训，分两段进行，其中一段是生产技能培训，主要通过集中培训、田间课堂、观摩学习、技术服务等方式，使受训农民掌握从事主导产业所需的主要生产技术及其相关知识。另一段是经营管理培训，重点培训生产管理与市场营销知识，提高学员的经营管理理念、增强经营意识、掌握经营技巧、提高经营管理能力。通过多种形式的培训，培养一批有文化、懂技术、会经营的新型职业农民，为现代农业的发展注入的活力。

【农村经营与管理】 2005 年 8 月 3 日，根据临编字〔2005〕9 号文件，临清市农业局经管站更名为临清市农村经济管理局，并升格为副科级事业单位，其性质、隶属关系不变。2016 年度经管局被山东省农业厅评为“全省农业宣传暨科学技术普及工作先进集体”；张冬梅同志被中共聊城市委、聊城市人民政府评为 2015 年度全市“三农”工作先进个人。

【农村财务管理】 完善和规范村集体“三资”管理委托代理制度，坚持集体资产所有权不变、资金使用权不变、财务审批权不变，收益分配权不变，完善农村集体三资管理网络管理系统，全面实现信息化管理，促进“三资”信息资源共享，完善“三资”管理监督体系，形成市、镇办事处分级监管体系，以监促管，实现农村集体资金预算管理，严格各项支出审批，杜绝违规操作。督促各镇办事处加强以民主理财、村务监督小组和财务公开为核心的村集体三资民主管理工作，不断规范财务公开内容、时间和程序，重点突破薄弱环节，提高公开时效和质量，保障农民群众的知情权、参与权、决策权和监督权。积极联合纪检监察、财政等部门定期或不定开展三资管理督促检查，建立定期巡查制度和联席例会制度，及时发现工作存在的问题和不足，及时纠正，总结经验。根据检查中发现的问题和不足，及时召开培训会，以提高业务人员的业务水平，提高监管能力。能够切实履行农村集体经济审计监督职责，每年对 599 个村居集体经济组织财务收支开展定期审计，对村干部任期与离任经济责任、征地补偿款的使用与管理、“一事一议”筹资筹劳以及农民群众反映强烈的集体“三资”问题开展专项审计，切实维护农民的合法权益，扎实推动农村基层党风廉政建设深入开展。

【农民负担监督管理】 根据国务院办公厅《关于进一步做好减轻农民负担工作的意见》（国办发〔2012〕22 号）、山东省人民政府办公厅《关于贯彻国办发〔2012〕22 号文件进一步做好减轻农民负担工作的实施意见》（鲁政办发〔2012〕43 号）文件精神，按照省委、省政府关于规范沿黄地区水费征收，对农业用水终端最高限价的部署，省物价局、省水利厅和省减轻农民负担工作领导小组办公室《关于公布山东省引黄灌区农业用水终端水价最高限价的通知》（鲁价格发〔2007〕289 号）公布的临清市引黄农业用水终端水价每亩次最高限价的标准为 16 元。经聊城市减负办会同市物价局、市水利局、市位山灌区管委会等单位反复协商、认真调研和多方面征求意见的基础上，聊城市市政府常务会议审核通过的临清市 2016 年度水费征收任务总额为 2683.95 万元，人均 48.29 元，亩均 32.20 元。根据农业部《关于村级公益事业建设一事一议财政奖补项目筹资筹劳有关问题的通知》、山东省财政厅、农业厅《关于进一步做好村级公益事业建设一事一议财政奖补工作的通知》（鲁财农改〔2011〕2 号文）等文件精神，2016 年度临清市一事一议财政奖补工作开始实行，共实施项目 39 个。在临清市委、市政府的正确领导下，在上级部门的关心支持下，争取上级一事一议财政奖补资金 319.8669 万元。涉及水利、道路、环卫、农民活动场所等，覆盖全市 16 个镇、街道，39 个自然村，收益农户和农业人口分别为 1.3 万户和 5.2 万人。其中村内小型水利设施 1 个，村内道路项目 32 个，路灯 2 个，安装自来水 1 个，村容美化亮化项目 2 个，村内排水设施 1 个。

【农村集体承包合同管理】 2016 年 4 月，临清市农村土地承包经营权确权登记颁证工作基本完成，在聊城市第一个通过市级验收。全市 578 个村（562 个涉农村，16 个城中村）所有农户的土地承包信息全部录入数据库，并在聊城市率先与省数据库成功对接，建立临清市农村土地承包经营权登记管理平台；全市共签订承包合同 55.2 万份，建立农村土地承包经营权证登记簿 13.8042 万份，打印《农村土地承包经营权证》13.8042 万本；全市耕地面积达 90.58 万亩，较二轮延包面积增加 8.45 万亩。

全市建立市、镇、村三级土地流转服务网络体系。市级以经管局为依托，建立市级农村土地流转信息库，为供求双方提供土地流转信息服务；16 个镇（街道）以经管站为依托建立镇（街道）农村土地流转信息中心，为供求双方提供信息发布、合同鉴证、土地收益评估、法律政策咨询等服务；599 个村村会计兼任信息联络员，负责及时收集农户土地供需信息，每周汇总一次，报镇处土地流转信息中心。建立农村土地流转市场机制以后，凡拟转出土地和需求土地的，可以向村土地流转信息联络员提出申请，说明流转土地的面积、期限、价格等，村联络员登记后上报镇（街）土地流转服务中心，经审查以后，在流转服务大厅信息显示屏公布，然后由土地流转双方自行或由土地流转服务机构联络流转双方到服务大厅进行洽谈协商。达成一致意见的，使用市经管局统一监制的合同文本签订土地流转合同，由镇经管站鉴证以后将合同归档管理。土地流转后，合同不能严格履行的，由镇土地流转服务中心监督执行。截至 2016 年年底土地流转面积 30.19 万亩，占全市耕地面积的 33%。根据农业部、国家林业局联合印发《关于农村土地承包经营纠纷仲裁法律文书示范文本（试行）的通知》（农经发〔2010〕7 号）文件要求，临清市在 1989 年成立仲裁委员会，并在 2011 年成立农村土地承包纠纷仲裁委员会，设立仲裁庭；镇级成立农村土地承包纠纷调解委员会，设立调解庭；村级设立土地承包纠纷调解小组，仲裁经费已落实到位。因土地流转发生纠纷，双方当事人可以自行协商解决，也可以向村土地承包纠纷调解小组或镇（街）土地承包纠纷调解委员会申请调解；双方当事人不愿协商、调解或协商、调解不成的，可以向市农村土地承包纠纷仲裁委员会申请仲裁或向市人民法院起诉。

农村土地承包经营权抵押贷款情况。充分运用农村土地承包经营权确权登记颁证成果，推动农村土地流转，开展农村土地承包经营权抵押贷款。截至 2016 年，已为 15 家农业新型经营主体办理《临清市农村土地经营权证》，全市共开展抵押贷款业务 12 笔，发放贷款 1327.1 万元。

推进农村集体产权制度改革试点。2016 年，以新华路街道林园居为试点，以"解剖麻雀"的方式探索改革新模式。2016 年，林园居已完成组织成员资格界定工作，确定资产评估的第三方机构，集体资产清产核资工作基本完成。

【农业产业化管理】 产业化统计调查工作。按照山东省农业厅的安排，对《2015 年度农业产业化与农产品加工》和《2015 年度一村一品发展情况》进行调查统计，并按时上报省厅。2016 年，新增规模以上龙头企业 7 家。推荐刘垓子镇九圣庙村申报第四批省级一村一品示范村镇。

农业产业化省级以上龙头企业监测。在全市开展农业产业化省级以上重点龙头企业监测。对 1 家国家重点龙头企业和 3 家省级重点龙头企业发展情况进行全面细致的监测。

精心组织参会。2016 年先后组织山东丁马生物科技有限公司、临清东盛食品有限公司、临清市李官寨黄金梨种植专业合作社等20余家龙头企业、农民合作社参加在北京第七届中国国际现代农业博览会期间举办的聊城市农产品区域公用品牌发布会、聊城市农产品品牌（上海）发布会暨聊城农产品上海行活动和第十四届中国国际农产品交易会期间举办的“聊•胜一筹！”农产品品牌（昆明）发布会，7家企业和合作社的80余种产品进驻在上海农产品中心批发市场开设的“聊•胜一筹！”聊城安全农产品形象店，长期推介展销。同时，山东丁马生物科技有限公司、临清京派粮油集团中兴面粉有限公司、临清市先锋农产品专业合作社等3家经营主体申请使用“聊•胜一筹！”品牌标识。

【农业科技】 自2009年以来，临清市积极争取承担实施小麦、玉米高产创建项目、小麦规范化播种技术示范推广项目、小麦宽幅精播高产栽培技术、小麦一喷三防技术、玉米“一增四改”高产栽培技术示范推广项目等多项农业科技推广项目。小麦高产创建、规范化播种、宽幅精播技术推广项目的实施，是依靠科技挖掘增产潜力，通过高产示范带动，促进全市小麦生产水平进一步提高。主要推广小麦氮肥后移高产栽培技术、宽幅精播、病虫害综合防治、机械化收割等技术，各种先进实用技术的推广应用使田间生态环境明显改善，项目区的粮食综合生产能力进一步提高，经济、社会、生态效益显著。玉米高产创建、“一增四改”高产栽培技术示范推广项目的核心是集成先进实用技术，应用农业科技新成果和调动地方人才的积极性，挖掘生产潜力，提高单位面积产量，增加总产，进而扩大辐射带动面，主要推广玉米一增四改、秸秆还田、病虫害综合防治、玉米适时晚收等技术。技术项目的顺利实施充分展示夏玉米高产优质品种及配套技术的增产潜力，提高玉米生产的科技含量，辐射带动周围地区玉米增收增产，对于尽快实现夏玉米亩产千斤省总体目标，弥补玉米供需缺口具有重要意义。2016年为深入推进临清市农业现代化的发展，强化农业科技推广应用，围绕临清市主导产业，根据农业产业发展实际和农民的科技需求，通过实地调研，在广泛征集意见的基础上，经过专家遴选，科学论证，确定2016年基层农技推广补助项目小麦、玉米和蔬菜三大主导产业，主推品种（类）11个。小麦：济麦22、良星77、鲁原502。玉米：郑单958、浚单20、登　海605。蔬菜：韭菜、西瓜、马铃薯、蒜、韭菜等。主推技术10项，玉米：“一增四改”技术；精量直播晚收高产栽培技术，一防双减技术。小麦：冬小麦宽幅精播高产栽培技术；规范化播种技术；秸秆还田技术。蔬菜：蔬菜集约化嫁接育苗技术；葱、姜、蒜优质高效安全生产关键技术；韭菜优质安全栽培关键技术，马铃薯高产高效技术等。各镇、街道结合当地产业特色选择适宜的品种和技术，组织开展农业科技示范推广和宣传培训，指导广大农民应用，为加快现代农业发展提供科技支撑。

【主要粮食作物】 粮食主要作物主要有小麦、玉米等。小麦是临清第一大粮食作物，在保证社会稳定和促进农业经济发展中起着重要作用。2016年推广的小麦品种全部为优质小麦，主要品种有济麦22、良兴77、鑫麦296等。2016年全市小麦面积46007公顷，小麦每公顷产量平均为6358公斤。玉米种植面积39003公顷，主推郑单958、浚单20、登海605等高产优质玉米品种。2016年玉米每公顷产量平均为6812公斤。

【种植业】 临清市把粮食生产放在发展现代农业的首位，以实施耕地地力保护补贴和高产创建活动为契机，稳定播种面积，优化品种结构，提高单产水平，不断增强粮食综合生产能力。全年粮食总产达到55.95万吨。其中小麦面积46007公顷，总产29.25万吨。秋粮面积39400公顷，总产26.7万吨。其中，玉米面积39003公顷，总产26.57万吨；大豆、薯类等其他秋粮作物面积397公顷，总产0.13万吨。

粮食高产创建活动以小麦、玉米为主，2016年，临清市在戴湾镇、康庄镇建设小麦和玉米高产创建三万亩示范片两个，小麦重点推广宽幅精播、深耕深松、播后镇压、氮肥后移和“一喷三防”技术；玉米重点推广机械精播、“一增四改”、适期晚收和“一防双减”技术。项目区小麦玉米平均产量分别达到550公斤和611公斤，明显高于全市平均水平，发挥示范带动作用。

【农业结构调整】“十二五”以来，特别是党的十八大以来，中央高度重视“三农”工作，作出一系列重大部署，临清市积极贯彻中央一系列强农惠农富农政策，有力促进粮食和种植业持续稳定发展，取得巨大成就。

农业基础条件持续改善，农业生产能力稳步提升。临清市新建一批旱涝保收的高标准农田，耕地质量有所改善。2016年全市小麦面积46007公顷，小麦每公顷产量平均为6358公斤。玉米种植面积39003公顷，每公顷产量平均为6812公斤。同时，为探索粮食高产栽培技术，挖潜粮食产量，临清市按照上级的统一部署，自2008年开始开展粮食高产创建，在魏湾镇、戴湾镇、刘垓子镇、金郝庄镇、康庄镇、烟店镇建设高产创建示范方。通过集中培训、现场观摩、田间地头现场指导等方式，加强项目区农户的技术培训，大力推广优良品种和先进的配套技术，测土配方施肥、病虫专业化统防统治等关键技术全覆盖，使项目区粮食产量明显提高，达到高产示范的效果。2016年，临清市在戴湾镇、康庄镇建设小麦和玉米高产创建三万亩示范片两个，项目区小麦玉米平均产量分别达到550公斤和611公斤，明显高于全市平均水平，发挥示范带动作用。

科技支撑水平显著增强：近几年通过项目建设，临清市农业技术推广体系不断完善，尤其是镇办农技站，在办公场所、交通条件、办公及技术设备等方面得到进一步改善，通过参加省、市、县各级业务培训，农技人员的业务能力得到提升。依托“基层农业技术推广补助项目”，全市遴选农业技术人员74人、农民技术员72人，联系培育科技示范户740户，有效发挥示范带动作用，促进农业新技术推广应用，为粮食增产提供技术保障。

【生态农业建设情况】 农业标准化生产技术全面应用。主要农产品生产实现有标可依。认真贯彻上级主管部门《聊城市优质小麦高产创建综合配套技术》《农业标准化生产标准》等农产品质量标准和生产技术规程，主要农产品生产实现有标可依，良种良法配套技术应用率达到100%，瓜菜、水果标准化率达到83%以上，主要农产品合格率70%以上。关键技术应用得到全面推广。积极组成测土配方施肥实验专家小组，因地制宜制定配方，指导农民施用，同时推广有机肥，从而最大限度地减少化学肥料的投入量，2016年，全市配方施肥应用面积已达100万亩，推广配方肥1000余吨；高毒农药替代技术、病虫害综合防治技术等大面积推广，全市低毒高效农药使用率达到70%以上，病虫害统防统治面积达到55万亩次。

“三品”认证工作成效显著。2016年全市新增“三品一标”绿色食品产品证书10个，无公害产品证书2个，认定绿色食品种植基地6个，面积3290亩，无公害基地2个，种植面积750亩。

加大对外来入侵植物黄顶菊的防除。2016年，临清市农业局成立黄顶菊防治工作小组，开展农业外来物种入侵调查及防控工作。经过调查，全市总发生面积约100余亩，积极组织黄顶菊铲除服务队对全市范围内的入侵生物黄顶菊进行全部铲除。

高效循环农业加快发展。秸秆综合利用水平进一步提高。大力发展秸秆饲料、秸秆食用菌、秸秆还田、秸秆造纸、秸秆沼气和秸秆加工业，全市农作物秸秆综合利用率达到85%以上。循环农业示范基地加快建设。通过多种有效措施，资源化、多元化地利用作物秸秆及畜禽粪便。大力推广测土配方施肥和农作物秸秆还田技术。扶持润林牧业和鲁壮集团积极发展有机肥生产，将养殖产生的畜禽粪便加工成生物有机肥，科学合理地将污染源转化为可利用的资源。

【植物保护与检疫】 植物保护工作。以病虫监测预警规范化、网络化、多媒体化、智能化为重点，改善监测手段，丰富信息传递渠道。在细致普查与系统调查的基础上，综合运用多种测报方法，对各种病虫进行系统的预测，并制定科学的防治措施，通过各种通信手段及时将病虫发生情况及防治措施及时传达给各级业务部门与市委市政府。编写《病虫情报》15 期，约 4000 份。向全国植保总站与山东省植保总站、聊城市植保站汇报病虫模式报表 63 期，病虫旬报 36 期，每周向聊城市植保总站汇报病虫发生防治情况，通过因特网先后后向山东省植保总站网站汇报病虫信息二百条左右。

围绕“农药零增长”行动目标，大力推广科学用药，积极开展抗性监测和高毒农药替代。2016 年 1—2 月份，对九圣庙、宋庄等主要韭菜生产村，全面摸清种植情况，逐户建档。3—10 月份，就韭蛆等使用农药情况进行全程跟踪，每一次用药详细记录，禁止甲拌磷（3911）等剧毒农药在韭菜上使用；根据全市情况，制定小麦、玉米、果树、蔬菜等可使用的低毒高效农药名录，先后培训 3 次，培训农民和农资经销商九百人次，并印发明白纸 1.5 万份，广为宣传，全民动员，提高农民的农业安全意识。

植保社会化服务深入推进：根据实际情况，临清有防治服务组织约 120 个，从业人员约 300 人，拥有高效植保机械数量 120 台套，日作业能力 3000 亩左右，对这些从业人员进行两次重点培训，从药械使用、药剂选择，防治技术方面，全面应用到小麦和玉米等主要作物病虫草害防治中，明显提高防治效果，降低化学农药使用量。

结合一喷三防，大力推广到 2020 年农药使用量零增长行动计划：2016 年，全市 77 万亩小麦全部采购“一喷三防”药剂，药剂选择上侧重于选择高效、低毒药剂，实施过程中重点向农民普及科学使用技术，在保证效果的前提下，有效地降低化学农药使用量。

植物检疫工作。根据《植物检疫条例》和《山东省植物检疫办法》，对全市小麦、棉花、玉米产地检疫与调运检疫进行认真检查，共小麦、玉米产地检疫 9050 亩，362 万公斤，调运植物检疫种子 4 批次，1540 公斤；苗木 5 批次，305 株。

2016 年 7 月，对临清市 16 个镇、街道的植物检疫对象—黄顶菊的发生分布情况进行详细调查，制定科学的防治方案，并用三天时间集中进行铲除，杜绝黄顶菊的发生与危害。

【农村能源】 临清市根据实际确定以农村能源建设为核心的农村发展思路，并把发展农村循环经济、建设节约型社会、改善农村环境，提高农村生活水平、实施农业可持续发展作为大事，通过政策扶持、典型示范等措施，推动临清市农村能源的建设步伐。2016 年，临清市农作物秸秆理论资源量约 100 万吨，实际可有效采集的秸秆总量约 80 万吨，秸秆综合利用量约 70 万吨，秸秆综合利用率达到 87% 以上。主要用于以下主要领域：秸秆肥料化利用。通过鼓励农民使用秸秆粉碎还田机械等方式，有效提高秸秆肥料利用率。秸秆饲料化利用。秸秆含有丰富的营养物质，4 吨秸秆的营养价值相当于 1 吨粮食，可为畜牧业持续发展提供物质保障。秸秆原料化利用。秸秆纤维是一种天然纤维素纤维，生物降解性好，可替代木材作用于造纸、生产板材、制作工艺品、生产活性炭等，也可替代粮食生产木糖醇等。

【农业生态环境保护】 农业环境保护站具体负责临清市农产品产地土壤农作物重金属污染协同监测取样工作，负责临清市农产品“三品一标”认证工作。2016 年全市新增“三品一标”绿色食品产品证书 10 个，无公害产品证书 2 个，认定绿色食品种植基地 6 个，面积 3290 亩，无公害基地 2 个，种植面积 750 亩。

2016 年 9 月，市农业局环保站具体负责全市农产品产地土壤—农作物重金属污染协同监测取样工作，共采集土壤样品75个，农产品样品24个。

2016年5—8月，市农业局开展农业外来物种入侵调查及防控工作。经过调查，全市总发生面积约100余亩。成立黄顶菊防治工作小组，组织黄顶菊铲除服务队，全市入侵生物黄顶菊全部得到防除。

【临清市农业执法大队】 2015年临清市机构编制委员会下发《关于明确市农业局等部门机构编制事项的通知》（临编〔2015〕16号）成立农业综合执法大队，单位级别副科级，经费形式全额，领导职数配备大队长1名，副大队长2名，编制核定为10人，目前实有在编人员3人，主要职责是农业法律法规宣传，农药、种子、肥料、兽药、饲料及饲料添加剂监管、农产品质量安全监管、生猪定点屠宰监管、动物卫生监督。

按照省农业厅下发的农业行政执法自由裁量权，为进一步加强农业行政执法监督工作，结合本市农业监管领域具体实际，制订《临清市农业局农业执法责任制》，提高农业综合行政执法水平，保证与农业相关的法律、法规、规章正确实施，有效促进农业执法人员文明规范执法。同时，严格按照山东省农业厅鲁农政法字〔2016〕2号文件（山东省农业厅关于印发《山东省农业厅行政处罚裁量基准》的通知）要求，对农业领域违法违规行为进行依法处罚，以规范行政权力运行，推进依法行政。

增强业务素质，规范农业执法行为。为进一步规范农业行政执法，坚决杜绝吃拿卡要、失职渎职及滥用职权的行为，制定"农业执法人员八条禁令""农业执法五公开制度"，以严肃工作纪律，加强纪律约束。同时，以"强素质、树形象、争一流"作为奋斗目标，不断加强农业执法规范化建设，增强农业执法的统一性、文明性、严肃性，通过对执法人员的业务培训，努力提升执法人员的外在形象与内在素质。

加大违法违规行为的打击力度。在重点时节、重点地区、重点市场对重点农产品及农业投入品进行集中整治，严厉打击生产销售假劣种子、剧毒高毒农药、肥料及违法经营使用添加剂等坑农害农的违法违规行为。每年出动农业执法人员1500余人次，对本市的农产品生产基地、农业投入品生产经营门店、饲料兽药经营户等进行农业法律宣传与专项检查，并按照程序依法进行行政处罚，对调查核实存在违法行为但拒不接受行政处罚的经营门店，向法院申请强制执行，维护法律权威。通过对农产品及农业投入品生产经营领域的严格执法，有效震慑相关人员的违法违规行为，净化农产品及农业投入品生产经营市场，推动临清市农业生产的健康发展。

扎实推进政务公开。进一步贯彻落实《农业行政处罚案件信息公开办法》。在单位政务网站上公开农业执法责任制、行政权力清单、责任清单及农业执法监督电话，并通过设立在线留言栏实现网上咨询与投诉。同时，按照《农业行政处罚案件信息公开办法》的相关要求，制定农业行政处罚案件信息公开表，规范农业行政处罚案件信息公开行为，促进严格、规范、公正、文明执法。

严格农业行政执法案卷制作。案卷的制作情况在一定程度上反映执法规范化水平，在实际工作中，为提高案卷制作质量，严格按照《农业行政执法文书制作规范》和农业行政执法基本文书格式的要求，规范行政执法案卷的制作，并安排专人具体负责，确保案卷的整洁规范、内容完备、完好保存。

【种子工作】 宣传贯彻《种子法》。2004年8月28日，《中华人民共和国种子法》颁布实施。2015年11月4日修订《中华人民共和国种子法》由中华人民共和国第十二届全国人民代表大会常务委员会第十七次会议已通过，自2016年1月1日起施行。2015年年底和2016年年初农业局组织一系列宣传贯彻活动，举办临清市学习贯彻《中华人民共和国种子法》知识电视大奖赛，种子管理人员和种子企业的代表参加大赛，大赛播出后受到全市农民和种子企业的欢迎。种子管理站开展《种子法》及其《实施办法》的培训工作，并利用电视、广播，采取印制宣传资料、张贴标语等方式广泛进行宣传。宣传贯彻《种子法》活动开展以来，农业局农业执法大队共出动宣传车650辆次，举办电视讲座43次，在街市悬挂条幅600余幅，张贴宣传标语700余条，印发宣传材料4万多份，受教育群众达50多万人次。

种子经营情况。临清市年需要各类农作物种子947万公斤。其中，小麦良种720万公斤，玉米杂交种172万公斤，其他小杂粮及蔬菜良种5万公斤。2016年新《种子法》颁布实施以来，种子经营彻底放开种子经营，规范种子经营，现在临清市种子经营企业有临清市鑫运种业有限责任公司、临清市鲁丰种业有限公司，从事种子经营的门店600余家，从业务人员2000余人。

查处假劣种子。为切实加强种子市场管理和整顿，确保农民群众的利益，临清市农业综合执法大队在每年春播、秋种期间认真开展种子市场执法大检查。几年来共查处各类种子案（事）件60起，其中假劣种子8万余公斤，涉案金额40余万元；对违法违规行为的生产经营者施以严厉打击，确保种子市场有序健康发展，对农业发展和农民增产增收起到积极作用。

【队伍建设】 农业局紧紧围绕“服务发展，以人为本，创新机制，整体开发”的工作思路，大力推进农村实用人才和农业科技人才队伍建设，不断增强农业科技创新能力，努力打造一支结构优化、布局合理、素质优良的农业科技人才队伍。为推动临清现代农业发展和社会主义新农村建设提供坚强的人才保障和人力资源支撑。

抓好干部教育培训，加强人才队伍建设。农业局干部职工每年到上级各部门组织的业务培训学习，并参加干部在线学习和公务员网上学习，参与率和通过率均达100%，并坚持每月不少于两次集中学习制度，以党和国家政策、法律法规及各科室的业务知识为主要学习内容，并且实施专业技术人员继续教育制度，拓宽干部学习渠道，增强农业干部知识面，有效提高干部队伍的素质。

加强专业人才培养，提高农业人才队伍素质。一方面是公开选拔。通过事业单位招考、公务员考试和各类公开选拔，面向社会招考专业的农业科技人才。不断充实和优化农业人才队伍结构。

加强部门作风建设。深入开展“两学一做”专题教育活动，加强干部队伍建设，继续推行领导干部联系群众制度，开展深入基层，联系点结对帮扶，密切联系群众常态化长效化，提高服务“三农”的水平与能力，创新推进效能强农、科技富农、管理兴农，为农业现代化建设提供强有力的组织保障。

健全各项制度，规范办事程序。制定农业部门干部的行为规范，从言行举止等方面对部门及干部进行具体规范统一，加强对干部的从严管理，树立农业部门和农业干部的良好形象。推行项目化、规范化、精细化工作管理模式，对各科室干部岗位职责、工作目标、推进措施和进度要求等进行细化量化，推动工作高效落实。全体干部职工思想统一、步调一致、齐心干事，全局呈现出干部作风扎实、执行有力、工作高效的良好态势。

加强农村实用人才，新型职业农民的培训。以新型职业农民培育工程为依托，以人才建设工作为中心，以提高农民职业技能为重点，以有一定实践经验的种养大户、家庭农场、农民专业合作组织为重点对象，进一步加强理论培训，以理论指导实践，通过对专业农民的培训，进一步推广种植业的栽培技术，病虫草害综合防治技术等农业实用技术，大大提高广大农民素质。

（戴　莉　高海旺）

畜牧业

【机构设置】 临清市畜牧兽医局为正科级财政拨款事业单位，为市政府授权主管所辖区域畜牧、兽医、饲料工作的管理机构。原名临清市畜牧兽医技术服务中心，2013 年 7 月 6 日更名为临清市畜牧兽医局。办公地点位于古楼东街 510 号市农业局办公楼三楼。

2001 年“撤乡并镇”乡镇兽医站设为 16 个，是自收自支事业编制，人员由农业局管理，有职无薪，财物由乡镇管理，业务为防疫检疫；每站在岗人员 1—3 人，2003 年 10 月农业局将乡镇兽医站集体自收自支人员纳入社会养老保险。

2005 年 8 月全市选拔 488 名村级防疫员，省财政每年每人补贴 150 元，村级防疫员管理采取聘任制，每年一聘。

截止到 2016 年年底，市畜牧兽医局在编职工 26 人，其中农业技术推广研究员 1 人，高级畜牧兽医师 5 人，中级畜牧兽医师 15 人，初级职称 1 人；下设综合科、财务审计科、畜牧科、防疫科、医政药政科、饲料兽药监督管理科、动物卫生监督所 7 个科室。

【畜禽饲养】 随着畜禽饲养的投入产出步伐加大，养殖专业户重点户逐步发展为养殖场、公司、合作社，养殖形式向标准化规模化集约化转型。

家畜饲养。近年来，役用牛养殖数量逐渐减少，肉牛主要以规模养殖为主。2010 年以后，由于肉牛养殖利润空间减少，一些肉牛养殖场逐步退出市场。2016 年年底，全市共有 8 家肉牛养殖场，全市存栏肉牛 5572 头。犊牛皆购自吉林、辽宁、内蒙古，品种主要是引入品种西门塔尔、利木赞、夏洛莱的杂交二、三代，本地品种鲁西黄牛较少；饲养方式多以半开放式牛舍槽位拴养，粗饲料以青贮玉米秸和干小麦秸为主，精饲料是全价配合饲料的粉料；

2016 年年底，临清市奶牛企业达到 8 家，全市存栏奶牛 1.01 万头。均为奶站式机器挤奶，鲜奶供给伊利、蒙牛、光明等奶企。奶牛品种主要为荷斯坦奶牛，饲养方式多以半开放式牛舍配以合适的运动场放养，粗饲料以青贮玉米秸和干小麦秸、干玉米秸等为主，精饲料是全价配合饲料的粉料。

马驴骡。因役用转肉用，马骡在临清已很少见到，驴的饲养由于驴肉食用性能的开发而逐渐向规模化饲养发展；2016 年年底，全市共有肉驴养殖公司（场）2 个，饲养肉驴 0.06 万头。驴驹多购自新疆、内蒙古、青海、甘肃等地，品种是当地土杂驴；饲养方式多以半开放式驴舍配以合适的运动场放养，粗饲料以干小麦秸、干玉米秸和干稻草等为主，精饲料是全价配合饲料的粉料。

猪。品种有长白、大白、杜洛克、汉普夏、皮特兰等品种的二元、三元杂交育肥猪；养殖专业户逐步发展为养殖场、公司、合作社，标准化程度高；养殖方式为密闭式双列标准化猪舍，喂给全价配合饲料的粉料和膨化颗粒料，自动饮水、自由采食；2016 年年底全市存栏猪 20.173 万头，出栏 36.25 万头。

羊。主要为山羊和绵羊，饲养形式由放养转变为圈养、工厂化养殖，密闭式双列竹片排串平埔高架羊舍，种母羊配以适合的运动场，粗饲料以青贮玉米秸和干小麦秸、干玉米秸等为主，精料喂给全价配合饲料的粉料和膨化颗粒料，自动饮水、自由采食；绵羊品种有小尾寒羊、杜泊羊、湖羊及杂交羊；大尾寒羊因社会因素和品种自身因素其饲养价值过低在周边县市已经绝迹，临清市存栏也在 500 只以下；山羊品种是鲁西白山羊和波尔山羊杂交羊，多为村民小群放养。2016 年全市羊存栏 22.32 万只，出栏 27.376 万只，绵羊占 68%，山羊占 32%。

兔。有皮毛兔和长毛兔两种。皮毛用兔以獭兔为主，2003 年獭兔皮市场价格开始上扬，獭兔饲养量急速增加，全市存栏10.5万只，2010年后獭兔皮市场价格下挫。长毛兔以安哥拉长毛兔为主。饲养形式为集约化全封闭兔笼养殖，自动饮水，精饲料原料是玉米、小麦、豆粕等，粗饲料原料是干小麦秸、干玉米秸、花生秧、黄豆秧、苜蓿草粉等，将精粗原料粉碎按一定比例混合后，再制成颗粒料。2016年年底全市兔存栏总计17.51万只。

家禽饲养。蛋鸡。蛋鸡的饲养全部实现良种化、规模化，蛋鸡舍以密闭式、多层高架鸡笼，肉鸡舍以密闭式、平网高层架养，蛋鸡舍基本实现了上料、上水、清粪全自动化。饲料是将玉米、小麦、豆粕、骨粉、贝壳等按一定比例粉碎或再加工成膨化颗粒饲料。蛋鸡品种有海兰系列、海塞克斯系列、罗曼系列、京红系列和尼克系列等；2016年全市存栏蛋鸡1万只以上的蛋鸡场共有30家，蛋鸡存栏197.327万只。

肉鸡。规模场饲养的列为专用型肉鸡，以出售商品肉仔鸡为目的，主要有“AA”“817”两个品种。2016年全市出栏量达140.513万只。

鸭、鹅。2004年东盛食品公司建成肉鸭种鸭场一处，存栏樱桃谷父母代肉种鸭3.6万套，年孵化肉鸭苗500万只；商品肉鸭饲养形式为大棚网上平养，饲料是将玉米、小麦、豆粕、骨粉、贝壳等按一定比例粉碎，再加工成膨化颗粒饲料；2016年年底全市存栏鸭131.16万只。鹅全部散养，品种为狮头鹅，2016年年底存栏3.2万只。

鸽。主要肉用，少量观赏。2016年底全市尚有规模肉鸽场7个，存栏12万只。采用集约全封闭鸽笼养殖形式，饲料以玉米、高粱、小麦、豌豆等原粮形式饲喂，再补充一定量的保健砂。

【畜禽疫病防治】 防疫。畜禽疫病防治坚持以防为主的原则，市镇村户逐级落实责任，每年签订责任状，必须做到应免尽免。自2003年起每年都实行强制免疫计划，强制免疫疫病有高致病性禽流感、口蹄疫、猪瘟、高致病性猪蓝耳病等，强制免疫疫苗费用由省市县财政负担；2004年2月制定《临清市高致病性禽流感应急预案》，并成立临清市高致病性禽流感防治指挥部，2006年8月制定《临清市突发重大动物疫情应急预案》。2016年程序免疫技术控制的畜禽疫病有：鸡的禽流感、新城疫、马立克氏病、传染性法氏囊病、传染性喉气管炎、传染性支气管炎、减蛋综合症等，猪的口蹄疫、蓝耳病、猪瘟、猪丹毒、猪肺疫、狂犬病等，牛羊的口蹄疫、布氏杆菌病、羊快疫、羊痘等，犬猫的狂犬病等。

检疫。2016年全市共有动物检疫员60人，严格按照《动物防疫法》等有关法律法规，进行法制化管理，实行定点屠宰，集中检疫，宰前检疫、宰后检验，未经检疫或检疫不合格的肉类一律不准上市。

疫病诊治。2016年年底全市备案执业兽医5人，在册乡村兽医74个，兽医药门市部22家，其中通过GSP认证的2家。

【新技术推广应用】 畜禽人工授精技术。2016年，全市家畜配种改良站4处，应用牛人工精技术在全市范围内改良黄牛6000万头，受胎率达80%以上；改良优质荷斯坦奶牛3000头，受胎率75%；猪的人工授精技术改良繁殖母猪1.3万头，产优质瘦肉型仔猪15万头；禽类繁殖全部采用人工授精技术进行生产。

牛羊舍饲育肥技术。牛羊养殖的规模化、标准化程度越来越高，从散养化向集约化发展。选择优良的西门塔尔、利木赞、夏洛莱的杂交二、三代品种，控制牛羊舍环境条件在最佳范围，确定精粗饲料合适的比例及投喂数量，使牛羊做到快速育肥，节约饲粮、节省土地、减少投资、增加效益的目的。2016年全市已建立牛羊规模化舍饲养殖场23处，牛羊舍饲育肥生产技术全面代替散养放牧的生产模式。

全株玉米青贮技术。2015年，农业部会同财政部在10个省区30个县启动粮改饲试点，以青贮玉米为重点推进草畜配套，引导种养结合发展。2016年临清市承担国家“粮改饲”试点项目，全市收贮专用青贮玉米91500吨。饲喂全株青贮玉米饲料，成母牛平均单产达到8吨，生产一吨牛奶节约饲料成本200多元。乳蛋白等质量指标也有明显提高，肉羊饲喂全株青贮饲料每出栏一头节约饲料成本40多元。

【特种养殖】 临清狮猫。是临清人民长期选择培育形成的、临清市独有的观赏型长毛宠物品种，主要分布山东省临清市城区；素以“长毛拖地，色白如雪，鸳鸯眼”而享誉海内外。临清狮猫以散养方式分养在居民家中，饲料主要是畜禽肝脏、小干鱼虾、玉米面、小麦面等，2009年，临清狮猫被列入山东省畜禽品种资源目录。2016年年底全市存栏300只以下。

貂、狐、貉。都是毛皮动物，品种有黑貂、银狐、蓝狐、雪狐、乌苏里貉；1991年松林梁庄村民自吉林长春、山东泰安等地引种；种貂狐貉及毛皮市场价格高扬，1996年全市貂、狐、貉存栏30万只，1998年受产品市场价格等因素影响而迅速下滑，2002年存栏2万只。貂狐貉属食肉动物，耐寒，抗病力强，繁殖力高；四季采取露天遮阴单层笼养方式；饲料以动物性饲料原料和植物性能量饲料原料按一定比例混合搅碎而成。2016年年底貂、狐、貉存栏总计不足一万只。

蜜蜂。市蜜蜂呈分散养殖状，规模小存量少，品种以意蜂为主；饲养方式为四季露天蜂箱放养，冬天补饲白糖、蜂蜜等；2016年年末全市存栏蜜蜂3200箱，年产蜂蜜108吨。

野猪。2005年大辛庄村民从东北购进野猪80头，以经营目的开始纯种饲养并与其他品种猪进行杂交。外貌为被毛灰褐色或（棕）红色，仔猪带有条状花纹，毛粗而稀，鬃毛从颈部直至臀部，耳小紧贴头部，嘴尖而长，雄性野猪有尖锐发达的獠牙，成年公母猪体重90千克、130千克；饲料以玉米、豆粕、鱼粉、麸皮、米糠等按比例混合粉碎而成。2016年野猪及杂交猪存栏300头。

其他。犬品种有藏獒、狼狗、细狗、狮子狗、京巴狗等，大多是宠物爱好者散养。特色禽类，少量散养其他禽类有珍珠鸡、乌骨鸡、贵妃鸡等。

【饲料生产与加工】 饲料生产。全市生产和使用的粗饲料原料来源主要是农作物秸秆茎蔓及加工副产品，主要品种包括小麦秸、玉米秸、黄豆秸、谷草、稻草、野干草、花生蔓、地瓜蔓、小麦糠、稻糠、米糠、淀粉渣、酒糟等；精饲料原料来源主要是农作物籽粒及加工副产品，主要品种包括小麦、玉米、高粱、豌豆、豆粕、豆饼、棉粕、棉籽饼、花生粕、菜籽粕等；动物性饲料原料品种包括鱼粉、贝砂、血粉、肉骨粉、蚕蛹粉等；矿物性饲料原料品种有食盐、石粉、磷酸氢钙等；化工原料主要有维生素、氨基酸、微量元素、碳酸氢钠、发酵粉等。

饲料加工。现行粗饲料加工方法有物理性加工如晾晒、轧短、揉碎、碾压、粉碎、制粒、膨化等，微生物加工方法如青贮饲料、糖化饲料、发酵饲料（微生物贮存发酵）等，化学加工方法如氨化饲料等；精饲料加工主要有粉碎、磨面、膨化、制粒等。畜禽饲料加工方法主要是全价配合饲料加工法，即利用搅拌机，将各种饲料原料按一定比例混合搅拌均匀，然后按不同畜种采食习惯，制成轧短料、粒料、粉料、膨化颗粒料，供畜禽食用。2016年全市共有饲料加工厂7个。

【畜牧政策扶持】 2016年7月3日，临清市扶贫开发领导小组办公室、临清市畜牧兽医局制定关于扶贫养驴场建设及运营实施方案（临扶贫组办法〔2016〕22号），针对新建扶贫养驴场进行资金扶持。

【畜牧项目建设】 粮改饲试点项目。2016年临清市承担粮改饲试点项目，项目承担单位12个，项目资金800万元，用于开展全株玉米青贮和产业扶贫。

省财政资金促进金融支持畜牧业发展创新试点项目。2016年临清市两个养殖企业承担该项目，共获扶持资金144.35万元。

【特色动物品种保护】 临清特色动物品种主要有大尾寒羊和临清狮猫，是临清人民对动物品种方面的巨大贡献，维护生物品种多样性，保护特色品种遗传资源是当代人的责任。

大尾寒羊。先版记载："主要分布于冀、鲁、豫三省接壤地带。集中分布于临清、冠县一带"，据查临清的冠县、高唐、临西、清河、威县等周边县市所养绵羊，都是大尾寒羊，以临清市存栏纯种数量最多；现调查：冠县、高唐、临西、清河、威县等临清的周边县市已经绝迹，仅临清市 2012 年底存栏在 500 只以下；下降原因有社会因素如：饲养成本较高经济效益降低、人的动物性脂肪摄入量下降等，品种自身因素如：配种需人工辅助、生长发育较慢、脂尾食用价值低、皮毛价值被羽绒太空棉替代等。大尾寒羊是耐粗饲、适应性广、抗病力强、肉脂性能好的肉脂裘兼用地方绵羊品种。被毛白色，少数头部有黑色斑块，公母羊皆无角，鼻梁隆起，脂尾长而肥大，呈扇形，垂直达飞节以下，尾尖翻贴于尾沟之中。大尾寒羊的羔皮和二毛皮，加工后质地柔软，美观轻便，毛股不易松散，以周岁内羔皮质量最好，毛被同质性好。2002 年大尾寒羊被列入山东省地方保护品种目录。2016 年临清市存栏大尾寒羊不足 400 只。

临清狮猫。是临清人民长期选择培育形成的、临清市独有的观赏型长毛宠物品种，因为社会发展使住房楼房化、生活节奏加快和品种自身特质如被毛较长易擀毡、疫病携带者、繁殖率低等原因，致存养量呈下降趋势。2009 年临清狮猫被列入山东省畜禽品种资源目录。2016 年年底全市存栏 300 只以下。

（王开荣　周　磊）

林果业

【概述】 临清市林业局现有干部职工 35 人，领导班子成员 9 人，其中专业技术人员 15 人，其中高级工程师 2 人。局机关设置办公室、人事科、林政科、财务科、项目办公室 5 个中层科室，林业站、经济林站、森林保护站、森林植物检疫站、种苗站 5 个事业站和国有临清苗圃，工会、团委 2 个群团组织。市绿化办公室设在林业局。市森林公安局为副科级单位，隶属市公安局和林业局双重领导。

【林业发展规划】 2011—2012 年，市林业局完成《临清市 2011 年—2020 年林地保护利用规划报告》和临清市第一个中长期林地保护利用规划，为提高林业应对气候变化能力，增强森林植被的碳汇功能，实现林地科学管理，优化用地结构，规范林地用途，遏制滥垦滥占林地，提高林地利用效率，充分发挥林地的生产潜力，实现临清市的林地严格保护和合理利用提供科学依据。

【林业生产】 全市把造林绿化作为林业工作重点来抓，2016 年，共完成造林 29320 亩。新建提升绿色通道 207 千米，新增农田林网化面积 5 万亩，新育苗 0.335 万亩，中幼林抚育 5 万亩，义务植树 165 万株。突出抓好路域绿化提升工程，完成邢临、德商两条高速和聊夏、临博、聊临、临莘、临冠、临高、S315 七条省道两侧的绿化提升任务。完成庞丁渠、长顺渠、车庄支沟及卫运河部分段的堤岸绿化，进一步提升全市的河渠绿化率。新增经济林面积 556 亩，其中苹果 138 亩、桃 240 亩、葡萄 10 亩、樱桃 38 亩。育苗面积 7609 亩。

【林业有害生物防控】 2016 年，面对美国白蛾、春尺蠖等林业有害生物预测大爆发的严峻形势，不等不靠、积极主动，做好防控各项准备工作。积极争取财政资金做好利用飞机喷施药物防控美国白蛾工作。全市林业有害生物作防治业面积 26.4 万亩次，其中飞防面积 25 万亩次，人工捕杀、灯光诱杀成虫 0.5 万亩次，人工摘除网幕 0.1 万亩次，无公害药剂防治25.3万亩次。全市的林木有害虫株率控制在2%以下，叶面保存率达到90%以上，完成有虫不成灾的林木有害生物防控目标。

【临清古树】 临清古树众多，主要集中在黄河故道和古运河附近，见证临清辉煌的历史、灿烂的文化，同时印证先人们的植树绿化观念，房前屋后树、墓旁纪念树、沟渠河边树、生活食用树等等是他们的主要绿化观。黄河故道地质森林公园内古椹树和古沙洲森林公园内遗存百年以上的古梨树、古杏树遍布园区。

【林木管理】 组织森林公安、林政、检疫、种苗等科室人员进行综合执法队伍，对全市林木采伐、林地使用、木材运输及经营加工、林木检疫、林木种苗生产经营等进行综合执法。有效保护全市森林资源，打击和震慑破坏森林资源的违法行为，巩固全市的绿化成果。加大对野生动植物的保护力度，严厉打击非法捕获、非法收购、非法运输野生动植物的违法犯罪行为，提高全市人民爱花护鸟的积极性。抓好行政审批工作，严格按照《临清市人民政府关于进一步深化行政审批制度改革的意见》，对林业行政审批项目及收费项目进行取消和合并，制定公布《行政许可清单》《行政权力清单》和《责任清单》。在爱鸟周期间，在临清电视台发布爱护野生动物倡议书到集市发放宣传材料，在乡间、路渠、集市等地对违法猎捕、贩卖野生动物行为开展巡查工作。利用宣传车、发放明白纸等各种形式进行宣传。切实营造良好的保护绿化成果建设和良好生态的文化氛围。按照“全覆盖、零容忍、严执法、重实效”的总体要求，在全市开展排查消除国有林场、私营营林公司、森林公园夏季森林防火隐患等不安全因素，严厉打击各类违法生产、经营行为，确保夏季特别是麦收期间消防工作形势稳定。

【生态旅游】 积极引导社会各界发展生态旅游，调动社会造林积极性，增加林业收入，促进全市林业产业升级。以海棠园、银杏大观园、黄河故道地质公园、葡香园等生态、绿色景点为依托，充分利用黄河故道资源，发展樱桃、银杏、椹果、梨、山茱萸等果树经济，提升赏花、观果、看枝等生态旅游吸引力，促进全市生态旅游业和果品业的双丰收。黄河故道地质森林公园、中华海棠园、银杏大观园、葡香园、樱桃园、生态园等林业景区为临清生态旅游增添亮丽的风景线。全市生态旅游被各级媒体进行宣传报道，提升对外影响力，促进林业、旅游业及有关第三产业的发展。

（付连池）

水 利

【机构设置】 截至2016年年底，市水务局在职人员共685人，其中高级工程师11人，中级工程师63人，初级工程师51人；高级工40人、中级工354人、初级工122人。

【小型农田水利重点县项目】 小型农田水利重点县项目，列入临清市涉水涉地资金整合项目。2016年度小型农田水利重点县项目涉及魏湾、戴湾、刘垓子3个镇，19个村，3.54万亩耕地，总投资2860万元。新打配套机井450眼，新建泵站4座，铺设管道230.75千米，配套射频卡控制设备450套，变频控制设备4套。

【贫困村饮水安全提质增效和水利扶贫项目】 2016年，大力整合农村饮水安全提质增效、小型农田水利重点县、小水源建设等项目，共争取上级扶贫资金1230万元，用于42个贫困村的水利基础设施建设，真正让群众从水利改革发展中得到更多实惠。

争取上级资金450万元，大力实施贫困村农村饮水安全提质增效项目，铺设村内供水管道

32.58 万米，解决尚店、刘垓子、唐园、烟店、潘庄、八岔路、金郝庄、松林、先锋、大辛庄 10 个镇街道 15 个贫困村的村内自来水管网老化问题。

2016 年度小型农田水利重点县项目，争取资金 700 万元，为刘垓子镇的 5 个贫困村，新打机井 16 眼，维修配套机井 53 眼，新建泵站 3 座，大力改善农田排灌条件。

开展小水源项目建设，争取上级资金 50 万元，为尚店、刘垓子、唐园、潘庄、八岔路、戴湾、金郝庄、松林、新华 9 个镇街道 23 个贫困村新打机井 57 眼，解决抗旱水源不足问题。

实施“双联共建”贫困村项目，筹措资金 30 余万元，为八岔路镇娄塔头村新打机井 5 眼，修建出村水泥路 370 余米。

【城市供水工作】 2016 年，投资 700 万元敷设新华路、三和路等 DN160mm 以上供水管道 6400 米；改造桃园街、天桥街、太平街、福德街、锅市街、商场街、箍桶巷街、吉市口街、白布巷街、夹道街、车营街、南厂街、色织厂家属院等老城区 DN25—110PE 管道 2.4 万余米，直接受益居民 3 万余人。

投资 450 万元对第二水厂地下水处理工艺进行升级改造，确保在城南水库库容调蓄不及时的情况下，做到地下水应急供给。

为配合全市道路建设，对温泉路（新华路—龙山路）、永青路（温泉路—青年路）、站前路（温泉路—济津河、先锋路—银河路）、曙光路（青年路—解放路）进行配套管网安装，敷设 DN150 及以上管道 9007 米，工程投资 165 万元。

【地下水超采区综合治理和“一带一库一园”水利项目建设】 2016 年 3 月，编制项目实施方案，并上报省水利厅，临清市被列为山东省地下水超采区综合治理六个试点县之一，也是聊城市唯一县（市、区）。按照“控采限量、节水压减、水源置换、修复补源”综合整治的原则，3 月 25 日通过临清市重大决策咨询委员会专家咨询论证，积极展开“一带一库一园”项目建设前期工作。

“一带”是建设卫运河水生态景观带。拟在临清塔北，建设液压升降钢坝，拦蓄卫运河径流及达标中水，补给地下水，建设 10 千米水生态景观带，打造“水清、岸绿、景美、宜人”的水利生态风景区。临清市水务局配合海委和中水北方公司，进行项目建设规划同意书审批前准备工作。2016 年 10 月 27 日和 12 月 16 日，中水北方公司专业人员来临清进行现场勘察。截至 2016 年年底，项目规划、项目论证报告已经编制完成。

“一库”是建设运泽水库蓄水工程。初步规划面积 1860 亩，设计总库容 1100 万立方，通过连接城南水库联合调度，利用已建成的农村饮水安全净水厂，进一步提升城区及西南部 9 个镇街道 22 万城乡居民生产生活用水条件，建设期两年半。2016 年，运泽水库项目列入全国小型水库建设规划，并积极编制可行性研究报告。

一园，济津河运河公园项目。为最大限度增加济津河蓄水能力，涵养城区地下水源，临清市投资 300 万元，建成长 30 米、高 3 米济津河液压升降钢坝一座，使全市城区内的水域面积增加 20 万平方米。同时，对三干渠两侧，龙山路、新华路、曙光路桥头重要节点进行绿化、美化，积极改善济津河两岸生态环境。

【庞丁渠、陈廖河清淤治理工程】 庞丁渠是临清市东部重要的排灌两用骨干河道，连接裕民渠河、胡姚河两大骨干河道，流经老赵庄、松林 2 个镇，经过十几年的引黄灌溉运行，河道淤积、堤防破坏严重，平均淤积深度达 1 米，最深达 1.6 米。为充分发挥河道输水功能，保障沿河群众的生命财产安全，临清市投资 81.9 万元，对庞丁渠实施清淤治理工程，共清淤疏浚河道 10 千米，清淤土方 18.3 万方。2016 年 3 月工程竣工验收。庞丁渠除涝标准达到五年一遇，新增河道蓄水能力 35 万方，改善排涝面积 2.1 万亩。

陈廖河是连接裕民渠河与小运河的排灌两用骨干河道，经过多年的引黄灌溉运行，河道淤积严重、灌溉引水困难，平均淤积深度达 1.2 米，最深达 1.8 米。为充分发挥河道引水功能，确保戴湾镇群众的引黄灌溉，2016 年 1 月，临清市投资 40.7 万元，实施陈廖河清淤工程，清淤疏浚河道 6.6 千米，清淤土方 5.8 万方，维修加固生产桥 1 座。2016 年 5 月工程竣工验收。陈廖河除涝标准达五年一遇，新增河道蓄水能力 20 万方，改善排涝面积 1.5 万亩，有效地解决戴湾镇灌排困难问题。

【防汛抗旱工作】 全力应对“7•19”漳卫河防汛。成立漳卫河防汛抢险应急指挥部，市水务局全体成员按防洪堤段划分防洪督导小组，到相应堤段进行防洪协调及督导。各镇（街道）、各有关单位根据防汛预案和职责分工，迅速行动落实相关防范措施，确保人民群众生命财产安全，确保重要堤防和重要设施安全。

为应对漳卫河上游下泄洪水及强降雨对全市造成的防洪安全威胁，7 月 19 日 21 时各镇（街道）防指、各成员单位时刻保持临战精神状态，进一步理清思路、细化措施、压实责任，确保安全度汛。7 月 27—29 日，洪峰经过临清市。市主要领导干部及水利部门职工 24 小时驻守在大堤上，对漳卫河沿线涵闸及险工险段进行巡查。和镇街道防汛抢险队一起及时对有渗漏的涵闸进行封堵。7 月 28 日晚 9 时，巡查人员发现头闸口排涝闸和扬水站出水管漏水严重，经紧急会商，为确保城区安全，由青年路街道和市水务局分别进行封堵，共组织抢险队员 60 余人，至 29 日凌晨 5 点封堵完毕。7 月 29 日晚 9 点，在临清市水务局会议室召开关于做好漳卫河洪峰过境期防汛工作的紧急会议，会议再次强调漳卫河防汛洪峰过境的严峻形势，要求市防指有关成员单位及漳卫河沿线 5 个镇（街道）高度重视、强化责任、加强调度、全面排查、加强值守、严肃纪律、采取措施、保障安全。同时，要求做好洪峰过境城市排水排涝工作。根据市防办、市水文局水情通报，截止到8月2日8时，漳卫河上游来水量明显减少，临清站流量 228 立方米 / 秒，水位 31.14 米，漳卫河水位持续下降。漳卫河防汛工作取得阶段性成效。

根据临政会字〔2016〕18 号文件安排，为确保汛期全市防汛排涝安全，需紧急购置防汛抢险工程作业车一辆。7 月 27 日，由临清市财政局、市审计局、市水务局组织的防汛抢险工程作业车采购会议确定，青岛九瑞汽车有限公司为最终中标企业。8 月 8 日，中标单位如期交付车辆，经过近段时间的调试运行，一切正常，达到设计要求。8 月 23 日，通过验收组验收。

在做好防汛工作的同时，坚持做到防汛抗旱两手抓，扎实做好抗旱工作。市水务局及时修订完善抗旱应急预案，落实抗旱物资和抗旱队伍。在黄河上游小浪底工程调水调沙、引黄河道下切、引黄指标有限的情况下，临清作为引黄下游，努力争取引黄指标，充分利用市管泵站机组抢提抢引黄河水，相机抢提卫河水和马颊河水。2016 年全年，共引黄河水 9200 万立方，引卫河水近 4500 万立方，引马颊河水 500 余万方，有效地确保农田灌溉用水。

【南水北调续建配套工程】 临清市南水北调续建配套项目主要包括张官屯水库枢纽工程。2015 年 12 月 29 日，临清市政府与北控水务（中国）投资有限公司签订特许经营协议，双方注资成立项目公司，由项目公司进行工程招投标、建设和运营管理。2016 年 2 月，通过公开招投标确定施工单位、监理单位和质量检测单位。3 月，工程全面开工建设。截至 12 月，围坝填筑、入库泵站主厂房、入库闸主体结构、引水涵洞管道铺设以及出库泵站桩基、主厂房基础浇筑等已基本完成，围坝护坡铺塑完成 28 万平方米，库底铺塑完成 219 万平方米。完成投资 79349 万元，占工程总投资的 93.4%。2016 年 12 月 28 日，水库（高程 28.3 米以下）通过阶段性蓄水验收。

【中央财政农田水利工程维修项目和小型农田水利设施建设项目】 为切实保障小型农田水利重点县

2016 年 4 月 12 日，济南大学与临清市水利产学研合作对接仪式

项目良好运行，结合临清市小农水工程实际运行情况，临清市水务局积极向上级相关部门争取资金 205 万元，用于全市小农水工程的维修养护，确保工程长期发挥效益。工程共维修更新泵站 1 座、机井 42 眼，更换出水口 486 个、水泵 42 台、射频器 1 台，维修桥涵 10 座、闸门 1 处，改造泵站 7 座。2016 年 12 月 21 日，顺利通过临清市级验收。

小型农田水利设施建设项目涉及新华、唐园、金郝庄等 14 个镇办，155 个行政村，项目共建设农用灌溉机井 299 眼，小型泵站 3 座（其中新建 1 座，维修 2 座），总投资 300 万元。

【水利科技工作】 积极组织申报 2016 年省级水利科研与技术推广项目；项目名称是“JTT-10 型灌溉通手机远程控制智能管理系统推广”。组织参加山东省水利厅科技与对外合作处主办的以“科技引领未来，创新驱动发展”为主题征文活动，共推荐三篇论文参加。组织参加由山东省水利厅主办的 2016 年《山东省水利软科学优秀成果奖》申报工作，推荐十一项优秀规划成果参加评选，其中三项获二等奖，八项获三等奖。组织参加由聊城市科协举办 2016 年度科技工作者建议征集评选活动，水务局共征集六项建议，其中全部获得二等奖。

【“两学一做”学习教育】 2016 年 4 月 29 日，临清市水务局党委成立以党委书记淳悦忠同志为组长的“两学一做”学习教育领导小组和协调小组，并先后制定《临清市水务局党委“两学一做”学习方案》《临清市水务局党委书记抓“两学一做”学习教育责任清单》《临清市水务局党委“两学一做”学习计划》。5 月 20 日市水务局党委书记、局长淳悦忠率先为全体干部职工讲《发挥党员先进作用，服务民生水利工作》专题党课，之后邀请市纪委、市监察局派驻第五组组长武培信同志和市委党校教研室副主任，高级讲师李恩侠同志为水务局系统广大党员讲党课。在 2016 年“两学一做”学习教育期间，水务局全体党员干部在学习的同时认真做好学习笔记，积极撰写心得体会；围绕“两学一做”开展四次专题集中研讨，并在研讨会后形成的问题清单和整改台账。确保每名党员干部真学、真懂、真信、真用，将“两学一做”学习教育继续引向深入。

（修配岭　王文博）

水资源管理

【机构设置与概况】 1990 年 10 月 10 日，根据〔1990〕临编字（23）号建立“临清市水资源办公室”，为副科级事业单位，编制 8 人，隶属市政府办公室。2008 年 8 月 24 日，根据临政常会字〔2008〕1 号，临清市水资源办公室由市政府办公室序列划归市水务局序列，2016 年编制 12 人。

【水资源现状】 2016 年全市总供水量 23041.9

万立方米，其中客水资源占总供水量的63.7%，所以临清市是资源型水资源重度缺水区，水资源形势非常严峻。2016年全市总用水量中农业用水量84.9%，农业用水效率仍处于较低水平。因此搞好水利工程规划，积极兴建拦蓄工程，提高供水保障水平，同时大力提高用水效率，特别是农业用水效率是解决临清市水资源供需矛盾的基本出路。

2016年，临清市被列为山东省地下水超采区综合整治重点县。根据省科学发展考核聊城市超采区情况分析，临清市地下水埋深考核目标为10.99米。为最大限度补充地下水，科学制订引水蓄水方案，通过积极引水补源，抢引抢蓄黄河水、卫运河水和马颊河水，2017年1月1日全市地下水超采区平均埋深达到10.93米，较考核目标值减少0.06米，引水补源取得明显成效。

2016年临清市供水量统计表

单位：万立方米

水资源分区名称	地表水源供水量				地下水源供水量				总供水量
	蓄水	提卫运河水	引黄河水	小计	浅层水	深层承压水	微咸水	小计	
徒骇马颊河	15.8	5399.5	9277.3	14692.6	7388.2	961.1	0	8349.3	23041.9

2016年临清市用水量统计表

单位：万立方米

农业用水量		工业用水量		城镇公共用水量		居民生活用水量		生态用水量		总用水量	
	其中地下水		其中地下水		其中地下水		其中地下水		其中地下水		其中地下水
19573.9	5834.3	1254	1254	255	255	1765	1006	194	0	23041.9	8349.3

2016年临清市逐月平均地下水埋深统计表

单位：米

月份	1月	2月	3月	4月	5月	6月	7月	8月	9月	10月	11月	12月
平均埋深	9.75	9.55	9.96	12.68	12.47	11.61	10.62	9.42	8.84	10.41	9.21	8.86

2016年临清市不同时期埋深面积统计表

单位：平方千米

日期	〈2m	2-6m	6-10m	10-14m	14-18m	18-22m	〉22m	〉18m	〉6m	占总面积%
6月1日	0	16	429	269	74	157	5	163	934	98.30
10月1日	0	334	254	107	111	137	7	144	616	64.80

【水资源管理】 严格落实水资源论证、取水许可制度。实现取水许可全覆盖。临清市区域内采用自备水源井用水的非农业用水户共39家，全部发放取水许可证。严把新建、扩建项目用

水关。对需要取水的新建、改建、扩建项目，严格按照《山东省建设项目水资源论证实施细则》规定的程序和标准，依法进行水资源论证。2016 年全年，共编制完成水资源论证报告表 9 份，审查水资源论证报告表 9 份，并按审查权限予以论证批复。全年新增办理取水许可证 1 份，变更取水许可证 1 份。

强化控水措施，不断完善制度建设。为配合制度建设，临清市先后下发《临清市人民政府关于加强水资源管理工作的通知》（临政发〔2012〕50 号）、《临清市水资源办公室关于认真贯彻执行〈山东省用水总量控制管理办法〉的通知》（临水资发〔2012〕1 号），主要针对水资源费征收、水资源论证、地热水资源管理等方面的工作进行部署，切实加强用水总量控制工作，进一步明确职责分工和责任追究。并下发《临清市最严格水资源管理制度控制目标实施意见》，确保最严格水资源制度落实到位。

为落实最严格水资源管理制度中的用水总量控制、用水效率控制、水功能区限制纳污三条红线，先后编制《临清市农田水利建设规划》《临清市现代水网建设规划》《山东省临清市“旱能浇、涝能排”高标准农田建设规划》《临清市创建现代水利示范市实施方案》，逐步实现黄河水、长江水、卫运河水、当地地表水、地下水、中水、雨洪利用、微咸水等多水源联合调度，并严格落实《聊城市实行最严格水资源管理制度考核办法》划定的近、中、远期目标及年度控制目标，为控制用水总量、提高用水效率、实现水功能区水质改善奠定良好基础。

强化组织领导，确保制度落到实处。临清市委、市政府高度重视水资源管理工作，为保障其顺利实施，成立以分管副市长为组长，由水务、发改、经信、国土、环保等部门组成的领导小组，领导小组下设办公室，负责日常工作。

严格取水管理，抓好用水总量控制。加强取水许可管理，从严控制新建、改建、扩建的取水工程审批，为全面落实取水许可制度打下良好基础。在地下水超采严重的部分区域，暂停审批新增取水申请；对取用水总量达到或超过控制指标的区域，停止审批新增取水；对超过行业用水定额的用水户，不予审批新增取水；对排污量超出水功能区限制排污总量的地区，限制审批新增取水和入河排污口。明确市政府对用水总量控制工作负总责，同时将水资源开发利用、节约和保护的主要控制性指标纳入经济社会发展综合评价体系。

把水资源论证作为建设项目环评和立项审批的必需条件，所有需要取水的新建及改建项目必须进行水资源论证，并由水资源部门组织审查，对未进行水资源论证或论证不通过的，不予批准取水许可，对未获得取水许可的，发改部门不得立项、环保部门不得环评。

加强计划用水管理工作。按照年度用水总量控制指标要求，依据有关行业用水定额标准，2016 年年初对区域内的 39 家非农业取用水户下达用水计划。

加大水资源费征收力度。临清市认真落实水资源有偿使用制度，依法加强水资源费征收管理，严格按照规定的征收标准和程序征收，做到按计量征收，严格票款分离财务管理制度。狠抓计量管理。为做到征收计量真实准确，抄表数据有双方以水表读数为准，共同认可，开具水资源费缴费通知书，并且建立完整的用水台账，保证征收费用有据可查。狠抓水资源费征缴。据聊价费字〔2015〕106 号文，水资源费于 2016 年起从 0.45 元每立方调至 1.65 元每立方。按照《山东省水资源费征收使用管理办法》的规定，水资源办公室认真强化和规范水资源费的征收和管理。同时为解决在征收水资源费过程中个别用水户拖交、拒交水资源费的问题，特聘请法律顾问，对迟迟不缴水费的用水户进行起诉，以确保将应征缴的费用及时征缴到位。2016 年临清市征收水资源费 1265.58 万元。

加强在线监控管理。2016 年，临清市实施在线监控用水户共 5 家，许可水量合计为 2367

万立方米；2016年全市用水户（非农业）共39家，取水许可总量（非农业）为2816.9万立方米。在线监控用水户许可水量占2016年全市取水许可总量（非农业）的84%。

（李婧雅）

水产业

【机构设置及概况】 临清市水产局成立于1986年（临政发〔1986〕166号），1994年机构改革更名为临清市水产开发服务中心，2008年因工作需要重新更名为临清市水产局（临委〔2008〕56号），属全额事业单位，执行事业单位会计制度。单位职责范围：贯彻国家及省市水产业法律法规，拟定全市水产业发展战略，中长期发展规划和年度计划，经批准后组织实施。拟定水产业产业政策和市场体系建设规划、引导水产业结构和布局调整及资源配置，指导水产业区域开发和经营管理。制定渔业科技发展规划、计划并监督实施；指导水产业职业技能开发工作；负责全市水产技术培训工作。承担市委、市政府交办的其他工作。

单位下设办公室、政工科、财务科、水产技术推广站、渔政监督管理站五个科室。现有工作人员12人。

【技术推广】 淡水养殖业是全市农业增收的重要内容，渔业技术推广是提升渔业规模化、标准化、产业化水平，促进渔业增收，增加养殖效益，促进现代化渔业可持续发展的重要举措。

2016年，临清市水产局着眼于新阶段渔业发展的需要，以满足渔民的科技需求为出发点，真正发挥好渔业技术推广在渔业生产中的主导作用，在临清市汇川养殖专业合作社，推广实施三项渔业新技术：池塘水质综合调控技术，池塘微孔增氧高效养殖技术和微生态制剂水质调控技术。

【水生生物资源】 池塘生物资源。1998年、2009年两次由山东省淡水研究所和丁马生物科技有限公司监测结果表明，临清市各镇、街道池塘水生生物含量相差无几。年均池塘浮游植物含量为0.78—10.55mg/L，浮游动物生物量为0.62—7.9mg/L。近年来，临清市池塘养殖普遍采用“八字精养法”，池塘生物量有增加的趋势，同时，水生维管束植物及底栖动物等资源也相应增加。河流干渠生物资源。相对而言，临清市河流和干渠水域生物资源较贫乏，鱼类资源无论从数量还是种类都较少。2009年监测表明，浮游植物生物量为0.13—0.78mg/L，浮游动物生物量为0.03—0.46mg/L。小型水库生物资源。临清市3100亩小型水库中，绝大部分是近年来修建京九铁路和临高、德商高速公路施工取土形成的水面，其特点是水深，生物含量极低，经监测，浮游植物含量为0.01—0.23mg/L，浮游动物生物含量为0.01—0.18mg/L。

【甲鱼养殖】 临清市甲鱼养殖较早，始于1972年，由于种种原因，养殖产量低，没有形成规模，甲鱼养殖形成规模始于20世纪90年代，一直以来，临清市非常重视科技创新，坚持走产学研合作发展道路，一直与上海海洋大学、山东省淡水水产研究院、中国肉类食品综合研发中心、齐鲁工业大学、聊城大学等大专院校、科研机构进行密切合作，先后承担多项国家级、省级科研项目；累计荣获国家级奖励和荣誉认证50项、省级奖励和荣誉认证43项，获省级科技进步二等奖3项、三等奖2项、国家发明专利12项。2016年丁马村被中国渔业协会命名为“中国中华鳖第一村”。丁马甲鱼被认证为全国水产品系列第一个A级绿色食品、中华鳖类第一个国家地理标志保护产品、全国第一个，也是唯一一个认证的活体类有机产品、中国名鳖、山东省名牌农产品、山东省渔业十大品牌、好客山东产品。国学大师、文学泰斗——季羡林先生来丁马公司考察时题词：“丁马甲鱼、天下称颂”。丁马公司生产的高钙产品“高钙宝”火腿肠、高科技饮品“东方鳖宝”，和速冻食品“全甲鱼肉丸”，即食食品五香丁马甲鱼、丁马甲鱼汤，速冻分割丁马甲鱼、保健食品依元胶囊、功能食品甲鱼胶原蛋白口含片、高钙甲鱼胶口含片等50多种产品，填补国内市场空白。其中五香丁马甲鱼、分割类产品均荣获有机产品认证。此外，公司生产的新型绿色生物饲料是国内唯一认证有机饲料，填补国内市场空白。

（贾景娥　王　燕）

漳卫南运河临清河务工作

【机构设置】 水利部海委漳卫南运河临清河务局是隶属于漳卫南运河管理局的一线河道管理单位，单位性质为纯公益性事业单位，行政级别为正科级单位。单位下设办公室、工管室、财务室、水政室、工会小组等职能科室。现有在职职工10名，其中参照公务员管理4名，事业编人员6名。以上人员中取得中级职称1名，其余均取得初级职称。

临清河务局主要承担着卫运河右岸上始于冠县下与夏津县接壤的44.184千米（卫运河30+336—74+520）堤防、9处总长5475米险工的日常管理、运行监测、防汛抗旱、堤防绿化等任务，并行使部分水行政管理职能。所管辖的卫运河堤防设防等级为2级一类工程临清河务局所管辖的堤防设计堤顶宽度8米，并在部分堤段背河填筑有弃土。堤顶与滩地高差一般在6.0—6.5米之间，堤防两边坡坡比为1∶3。除临堤单堤陡岸外，所辖堤防在堤顶以下临河3.5米和背河4米处均筑有前后戗台。按规定，局属河段的临河3米、背河5米为工程管理范围，临河30米、背河50米为堤防保护范围。

【抗击“7·19”洪水】 受2016年7月19日漳卫河上游安阳、邯郸等地区普降特大暴雨影响，卫运河上游卫河来水激增；漳河岳城水库于2016年7月21日18时起泄洪，出库流量100立方米每秒，并逐步加大，卫运河将面临自“96·8”洪水以来最大的一次洪水考验。为抗击“7·19”洪水，临清河务局大力开展河道清障。针对“7·19”上游来水，及时督促地方防指开展河道清障清障工作。在清障过程中，临清河务局向沿河浮桥业主下达拆除通知，并督促地方防指完成浮桥拆除工作。督促地方有关部门对阻水片林进行大规模清除。2016年汛期，临清河务局共协助地方防指清理浮桥12座，清理各类树障79956棵，出色地完成清障工作，确保洪水正常下泄。保证汛情及时上传下达。自7月22日起坚持每天两次将最新的水情传真给市防办，遇特殊情况进行加密传真。

【卫运河治理项目】 卫运河治理项目是国家投资对卫运河现有水工程防洪能力恢复的一项重要举措，该项目的上马对恢复卫运河堤防的防洪能力，使其达到防洪标准，改善卫运河管理环境，提升管理标准有着重大意义。卫运河治理项目建设单位为漳卫南运河水利工程建设管理局，其通过公开招标的形式确定施工单位并组织实施。卫运河治理涉及卫运河临清段的主要内容包括；病险涵闸管拆除、涵闸管重建、堤防加高培厚、险工翻建、路面硬化等。临清段卫运河治理项目于2015年9月正式实施，截止到现在已完成病险闸涵拆除5座、翻建或加固护险工程3处2.67千米，硬化堤顶路面16.3千米（含泥结石路面），加高培厚堤防5.44千米等。在项目的实施过程中，临清河务局配合有关参建各方完成工程迁占及施工期间施工外部环境维持等工作，确保项目的正常实施。

努力当好地方行政首长的防汛参谋。自“7·19”洪水暴发起，临清河务局依据所掌握的工情、水情等信息，认真研判洪水的发展趋势并针对性地提出应对措施，为地方行政首长做出正确的抢险决策提供有力的技术保障；及时处置工程险情。在加强工程巡查，消除防洪隐患的同时，临清河务局协助地方防指及时处置各类险情。

【获得荣誉】 2016 年 11 月 1 日，临清河务局被水利部海委漳卫南运河管理局评为抗洪供水先进集体。2016 年 12 月 1 日临清河务局顺利通过海河水利委员会组织的“水利工程管理示范单位”复核验收；2016 年 11 月，临清河务局被聊城市精神文明建设委员会评为“市级文明单位”。

（张　斌）

南水北调

【概况】 2008 年 9 月 11 日，根据临编字〔2008〕7 号文件，成立临清市南水北调工程建设管理局，为正科级事业单位。2010 年 11 月 22 日，根据临编字〔2010〕4 号文，批准临清市南水北调工程建设管理局内设综合科、计财科、工程建设管理科 3 个科室，配备全额事业编制 15 名。主要职责是参与监督、控制南水北调工程建设项目投资计划及执行情况，并组织实施地方配套工程建设和运营管理，负责组织和管理南水北调水资源的调度及竣工后的运行管理工作，承办市政府和南水北调工程建设指挥部交办的其他事项。

【截污导流工程完善项目】 南水北调东线第一期工程临清市汇通河截污导流工程完善项目于 2016 年 6 月份开工，工程总投资 649.14 万元，主要建设内容包括渠道清淤工程，十八里干沟清淤长度 5.22 千米，清淤土方 7.26 万平方米；西支渠清淤长度 1.57 千米，清淤土方 4.12 万平方米；中支 1 渠清淤长度 1.3 千米，清淤土方 2.76 万平方米；中支 2 渠清淤长度 1.6 千米，清淤土方 3.56 万平方米；东支渠清淤长度 1.73 千米，清淤土方 5.67 万平方米。建筑物工程，十八里干沟入口闸工程；西支渠北朱庄闸工程；中支 1 渠小屯西闸工程；中支 2 渠小屯闸工程；东支渠柴庄闸工程。截至 2016 年底，建筑物工程全部完工。

【干线遗留问题处理项目】 南水北调东线一期小运河工程及鲁北灌区影响处理工程临清市遗留问题处理项目于 2016 年 11 月开工，主要建设内容包括：南水北调东线一期小运河工程临清市遗留问题处理项目，在南水北调东线一期工程鲁北段小运河输水工程临清市境内工程沿线新增设两岸排涝涵闸 16 座，疏通廖庄北排水沟 300 米，排涝标准参照已建南水北调东线一期工程鲁北段小运河输水工程排涝涵闸设计标准，为 5 年一遇，工程投资 713.52 万元。

南水北调东线一期鲁北灌区影响处理工程临清市遗留问题处理项目，王坊分干渠清淤护砌工程，新建杨辛庄节制闸及左桥生产桥修复，在戴颜渠倒虹、裕民渠倒虹前增设清污设施。王坊分干渠道边坡护砌工程级别为 4 级；各建筑物级别为 4 级。工程投资 2730.52 万元。截止年底，小运河 8 座排涝涵闸土建部分已基本完成；王坊分干渠清淤护砌齿墙浇筑、土方开挖修整已完成 2 千米；衬砌混凝土预制块完成 20 万块。

【续建配套工程】 南水北调东线一期工程临清市续建配套工程自 2016 年 3 月 15 日正式开工建设，截止 2016 年 12 月底，完成投资 80762 万元。完成围坝填筑 6.47 千米，占 98.5%；坝后弃土 74.1 万平方米，占 100%；土方开挖外运 844 万平方米，占 100%；库底土工膜防渗铺塑完成 224 万平米，占 100%；围坝护坡防渗铺塑完成约 31.5 万平方，占 87.5%；坡脚齿坎完成 6.2 千米，占 96%；1:4 护坡砼已完成 5.8 千米，占 90%；五米平台及 1:3 护坡砼完成 4.9 千米占比 76.5%；PCCP 管引水涵洞施工完成；入库泵站主厂房主体及二次砌体全部完成，副厂房主体浇筑完成；出库泵站前池及进水池铺盖浇筑完成，挡墙浇筑完成；主厂房边墙浇筑完成35%；管理区办公楼外墙保温施工完成，内墙抹灰施工完成，地面垫层浇筑完成，地面砖已进场到位，外窗玻璃安装完成，屋面施工完成。

2016年12月28日，配套水库完成高程28.3米以下阶段性蓄水验收工作，完成围坝土方填筑工程、库底铺膜防渗工程、围坝上游护坡工程(28.3米平台以下)、入库泵站及穿坝涵洞工程、出库泵站主体结构工程。

农业机械

【机构设置】 临清市农业机械管理局（以下简称农机局）属于正科级全额事业单位。2016年农机局在编人员39人，下设办公室、政工科、财务科、农机科、农机安全监理科、市农机安全监理站、市农机化技术推广服务站（以下简称市农机推广站）、市农业机械化学校（以下简称市农机校）8个科站室。

【工作概况】 2016年农机局牢固树立创新、协调、绿色、开放、共享的发展理念，按照提高农机化水平、促进稳粮增收、推进现代农业建设的中心任务，扎实开展新机具推广、农机购置补贴、农机科技推广、农机执法监管等各项业务，提高全市农机化发展水平。截至2016年，全市农机总值达51383万元，农机总动力849371千瓦（农用三轮车不再列入农机总动力统计范围）。其中，农用拖拉机7055台（大中型拖拉机4599台，小型拖拉机2456台），226558千瓦；拖拉机田间作业机械14450台（套），其中耕整机790台、机引犁1147台、旋耕机1868台、深松机570台、机引耙548台、播种机3027台、秸秆还田机2312台、化肥深施机283台、地膜覆盖机624台；收获机械4423台，其中小麦联合收获机1361台、玉米收获机2051台；收获后处理机械6067台，其中机动脱粒机6017台、谷物烘干机25台；农产品初加工动力机械6898台、作业机械3637台；畜牧养殖机械893台，农机装备结构不断优化。2016年全市综合农机化水平达到88%，小麦机播、机耕、联合机收三项机械化作业水平分别达到99.8%、99.9%、99.8%，小麦生产过程基本实现机械化；玉米联合收获技术推广步伐逐步加快，玉米联合收获率达96%，以秸秆还田为主的秸秆综合利用技术得到广泛应用，秸秆综合利用率达到97%；经济作物机械化有较大突破，其中，大蒜机械化收获率达60%以上。农机合作社数量不断增加，2016年新建农机专业合作社14个，全市农机专业合作社数量达到74个，为农村经济发展注入新的活力。与此同时，通过开展农机法规宣教，深入推进“平安农机”建设，夯实农机安全生产基础。

【新机具推广】 2016年4月29日、5月19日在临清市康庄镇官庄村成功召开2016年临清市大蒜机械化收获演示会和2016年聊城市大蒜机械化收获现场会，约300人观看演示，新推广大蒜收获机56台，完成机械收获大蒜面积1.8万亩。2016年8月31日在临清市戴湾镇庞庄村召开全省玉米青贮机械化收获现场会，参会人员200余人，推广饲料收获机6台，完成作业面积5000多亩，同时在庞庄村建立1000亩玉米青贮机械化收获示范基地。另新推广粮食烘干机15台，捡拾压捆机17台。

【农机科技推广】 2016年临清市承担5万亩的农机深松作业补助任务，每亩补助40元，农机局以此为契机大力推广农机深松整地作业技术，并在全市16个镇（街道）均建立农机深松作业技术示范基地，完成农机深松作业面积5.8万亩，圆满完成农机深松作业补助任务。2016年度被聊城市农机局评为“全市农机化技术推广工作先进单位”称号。

【农机购置补贴】 2016年上级下发给临清市中央农机购置补贴资金2140万元，全年共补贴各类机具926台（套），受益农户770户，报废更新机械108台，使用农机报废补贴资金40.85万元。同时完成聊城市财政对粮食烘干机、捡拾压捆机和青饲料收获机重点机械累加补贴49.908万元。

【农机修配管理】 2016年大力开展农机修配网点星级文明网点创建工作，被聊城市农业机械管理局评定为三星级文明维修网点2个，二星级文明维修网点3个。同时开展农机职业技能鉴定工作，全年共451人通过技能鉴定，提高农机从业人员技能水平。2016年度被山东省农业机械维修指导站评为“全省农机维修管理职业技能开发工作先进单位”称号，杨庆国被评为“全省农机维修管理职业技能开发工作先进个人”称号。

【农机技术培训】 2016年市农机校认真落实农机驾驶员培训机构的监管工作，分别在7月、10月、12月对农机培训公司进行检查，重点检查培训师资、教学设施设备、培训教材是否符合标准，收费项目和金额是否符合规定，并抽查115份新训驾驶员培训记录。11月农机合作社带头人实践技能培训班开班，共培训人数30人，重点对承担扶贫任务、吸纳贫困户的农机专业合作社负责人和农业机械操作人员实施精准化、系统化、科学化培训，加速打造一支职业素养高、经营服务能力强、掌握农机作业、服务、经营、管理先进理念、知识和技能的现代新型农机合作社带头人队伍，为加快发展现代农业和建设美好乡村提供人才保障和人力资源支撑。2016年市农机校被评为“聊城市农机化教育培训工作先进集体”称号。

【农机安全监理】 2016年临清市农机安全监理站牢固树立“安全生产、预防为主、综合治理”的方针，切实履行农机安全生产职责，强化农机安全监管，全年共计核发拖拉机、联合收割机号牌777副，新办驾驶证682个，拖拉机、联合收割机年检率达到80%以上。9月、11月市农机局分别抽调两名农机监理人员参加聊城市道路交通查违除患“亮剑”异地联合执法行动，与交警、交通、城建等部门联合执法，开创农机安全生产齐抓共管新局面。12月，市农机安全监理站举办聊城市农机事故应急处置演练观摩会，省农机安全监理站和聊城市农机局有关领导及聊城市各县（市、区）农机局分管领导等50余人观摩此次演练。12月，农机监理规范化建设示范项目（临清市农机安全监理站是山东省农机安全监理站确定的项目示范单位之一，2015年实施完成）通过山东省农机安全监理站的验收，提升全市农机安全监理装备水平。2016年临清市农机安全监理站被聊城市农机局授予“2016年全市农机安全监理工作先进集体”称号，四名同志被聊城市农机局授予“2016年全市农机安全监理工作先进个人”称号。

（刘　斌）

农业综合开发

【机构设置与概况】 临清市农业综合开发办公室属于临清市财政局管理的正科级事业单位，2016年设综合科、土地治理科、运行管护科三个职能科室，在职人员10人。

1988年，国家为支持和保护农业发展，特别是为解决粮食等农产品的短缺问题，在总结以往农业开发特别是商品粮、棉、油基地建设经验的基础上，开征土地占用税并全部用于扶持农业，首先在东北三江平原、松辽平原、黄淮海平原，以及浙江、广西、新疆等大片地区实施农业综合开发。临清市是国家第一批农业综合开发区。

农业综合开发项目包括土地治理项目和产业

化经营项目两大类，土地治理项目主要包括高标准农田建设项目，生态综合治理项目和中型灌区节水配套改造项目；产业化经营项目包括经济林及设施农业种植、畜牧水产养殖等种植养殖基地项目，农产品加工项目，储藏保鲜、产地批发市场等流通设施项目。

2016年，临清市农业综合开发办公室按照国家有关政策和上级部署，积极开展各项工作，取得显著成绩。

【土地治理】 2016年临清市农业综合开发土地治理项目总投资1744万元(中央财政资金1245万元，省级财政资金449万元，聊城市财政资金50万元)。实施土地治理项目2个：先锋路街道高标准农田建设项目，总投资1185万元（中央财政资金846万元，省财政资金305万元，聊城市财政资金34万元)。该项目共分两部分：先锋路街道0.5万亩高标准农田建设项目，投资801万元，涉及先锋路街道蛤蟆屯、朱庄、杨庄、小屯、大屯、东柴庄、东石槽、西石槽等8个居民委员会。共新打机井60眼，配套潜水泵及射频计量控制系统60套，原有机井配套2眼，铺设地下管道30千米，建设变压器配电站5座，埋设电缆35千米，开挖排水沟13.79千米，疏浚沟渠6.4千米，建设石拱桥16座，拆除旧桥4座，建设进地涵150座、过路涵30座，建设混凝土道路12.07千米，植树1.1万株。扶贫工程，投资384万元，涉及新华、先锋、康庄、松林、金郝庄、戴湾、大辛庄、潘庄、魏湾、烟店、尚店、刘垓子、八岔路等14个镇、街道的35个贫困村。共新打机井252眼，新建泵站1座，购置箱式变压器一台，购置变压器2台，购置低压电缆50.17千米。

尚店镇仓上村高标准农田建设项目。该项目全部用于扶贫，涉及尚店、康庄、唐元等13个镇、街道的35个省级贫困村。项目总投资559万元（中央财政资金399万元，省财政资金144万元，聊城市财政资金16万元)。共新打机井105眼，配套机井390眼，购置100KVA变压器5台，新建石料桥26座，建设混凝土路7.12千米。通过各项措施的落实，形成田成方，林成网，沟渠畅通，机电井泵相配套，灌排布局合理的农业生产格局，极大地提高农业综合生产能力，解决项目区多年来困扰农业发展的主要矛盾和制约因素，取得较高的综合效益。

【产业化经营】 2016年临清市农业综合开发产业化经营总投资591万元（中央财政投资200万元，省财政投资72万元，聊城市财政投资9万元，项目单位自筹资金310万元)。实施产业化经营项目4个：由临清市青年路街道金鑫养殖专业合作社申报建设的临清市2000只水貂养殖扩建项目；由临清市宝源养殖专业合作社申报建设的临清市600头苏太黑猪养殖扩建项目；由临清市海宏养鸡专业合作社申报建设的临清市20万只蛋鸡育雏育成扩建项目；由临清市源盛肉牛养殖专业合作社申报建设的临清市200头肉牛养殖扩建项目。通过各项目顺利实施，企业的综合生产能力和效益得到明显提高，为全市农业及农村经济战略性结构调整起到积极的推进作用。

（刘西舜）

农业技术服务

【机构设置及基本概况】 1987年6月成立临清市农业技术推广中心，1994年2月改称临清市农业技术服务中心，列政府序列正局级单位，隶属临清市农业局。

2016年临清市农业技术服务中心（以下简称市农技中心）下设农技中心办公室、农技中心财务科2个行政科室；农业技术推广站、植物保护站、土壤肥料工作站、化验室、农村能源办公室、农业环境保护站、蔬菜技术推广站、植物检疫所共8个业务科室。中心机关共有工作人员61人，其中，高级专业技术职称9人，中级专业技术职称33人，初级专业技术职称11人，管理人员3人，工勤人员5人。

2016年，市农技中心在农业生产和农村经济发展中，充分发挥职能部门作用，引进、推广农业新技术、新成果、新品种，不断强化技术指导、技术咨询、技术培训，探索粮食高产栽培技术模式，提高农民科学种田水平；做好农作物秸秆综合利用，积极发展生态循环农业。

2016年全市玉米种植面5万公顷，平均单产559.6公斤，比2015年增加0.6公斤。总产41.97万吨比去年增加0.07万吨。2016年全市实收小麦面积51700公顷，与去年持平略增，平均亩产530.6公斤，总产41.148万吨。与上年相比平均单产增2.6公斤，总产增加0.228万吨。

【农技推广】 2016年，市农技中心围绕全市推进现代化建设，不断完善推广高效立体种植模式，引进推广先进技术成果。

新技术推广。小麦规范化播种技术；冬小麦宽幅精播高产栽培技术；小麦精播、半精播高产栽培技术；小麦深耕深松免耕镇压节水栽培技术；小麦氮肥后移高产栽培技术；小麦“一喷三防”技术；玉米秸秆还田技术；玉米测土配方施肥技术；玉米“一增四改”技术；玉米适期晚收增产技术；夏玉米超高产关键栽培技术。

新品种推广。小麦：济麦22号、良星66、良星77、泰农18、鲁原502、鑫麦296、聊麦18等。玉米：郑单958、登海605、金海5号、聊玉22号、鲁单818。

【植保工作】 1979年由市政府批准成立临清市植物保护站。1993年由市政府批准成立临清市植物检疫站。1994年被农业部确定为区域测报站，负责临清市周边县市的农作物病虫预测预报工作。

植物保护工作。以病虫监测预警规范化、网络化、多媒体化、智能化为重点，改善监测手段，丰富信息传递渠道。在细致普查与系统调查的基础上，综合运用多种测报方法，对各种病虫进行系统的预测，并制定科学的防治措施，通过各种通信手段及时将病虫发生情况及防治措施及时传达给各级业务部门与市委市政府。编写《病虫情报》15期，约4000份。围绕“农药零增长”行动目标，大力推广科学用药，积极开展抗性监测和高毒农药替代。2016年1—2月，对九圣庙、宋庄等主要韭菜生产村，全面摸清种植情况，逐户建档。2016年3—10月，对韭蛆使用农药情况进行全程跟踪，每一次用药都详细记录，禁止甲拌磷（3911）等剧毒农药在韭菜上使用；根据全市情况，制定小麦、玉米、果树、蔬菜等可使用的低毒高效农药名录，先后培训3次，培训农民和农资经销商900人次，并印发明白纸15000余份，广为宣传，全民动员，提高农民的农业安全意识。植保社会化服务深入推进，有防治服务组织约120个，从业人员约300人，拥有高效植保机械数量120台套，日作业能力3000亩左右，植保站对这些从业人员进行两次重点培训，从药械使用、药剂选择，防治技术方面，全面应用到小麦和玉米等主要作物病虫草害防治中，明显提高防治效果，降低化学农药使用量。2016年，临清市77万亩小麦全部采购“一喷三防”药剂，药剂选择上侧重于选择高效、低毒药剂，实施过程中重点向农民普及科学使用技术，在保证效果的前提下，有效地降低化学农药使用量。

检疫工作。根据《植物检疫条例》和《山东省植物检疫办法》，对全市小麦、棉花、玉米产地检疫与调运检疫进行认真检查，共小麦、玉米产地检疫9050亩，362万公斤，调运植物检疫种子4批次，1540公斤；苗木5批次，305株。2016年7月，对临清市16个镇、街道的植物检疫对象—黄顶菊的发生分布情况进行详细调查，制定科学的防治方案，并用三天时间集中进行铲除，杜绝黄顶菊的发生与危害。

【农壤肥料和化验工作】 推广水肥一体化技术、综合节水节肥技术。推广面积50余亩，在作物产量相近或相同的情况下，水肥一体化与传统技术施肥相比节省化肥 40%—50%。微灌施肥每亩农药用量减少 15%—30%，节省劳力 7 个。水肥一体化技术经济效益包括增产、改善品质获得效益和节省投入的效益。其中节水电 90 元，节肥 150 元。另外在关键农时季节组织农民、引导农民自觉运用农田节水技术。推广低压输水小畦灌溉、秸秆还田、测土配方施肥、增施有机肥等重点技术。2016 年，土壤肥料工作站加大节水技术的推广力度，蔬菜水肥一体化面积达 0.018 万亩，通过节水农业技术的推广，改善生产设施条件，增强农业抗旱能力，提升水肥资源的高效利用水平。

配方肥推广。利用测土配方施肥项目几年来积累的大量数据，更加有效简便的方式推广应用配方肥，推进科学施肥技术进村入户到田。建立示范区 2 个，示范区总面积 2 万亩。临清市实施测土配方施肥推广面积 120 万亩，其中小麦 70 万亩，玉米 50 万亩。标准化配方肥服务网点 3 个，配方肥推广 0.03 万吨，秸秆还田推广面积 136.35 万亩，农作物秸秆还田率 90%，推广有机肥面积 7.5 万亩。

土壤墒情和地力监测工作。开展墒情监测 24 次，获得监测数据 100 多个，发布墒情信息 4 期，适时在农业局政务网发布《临清农田土壤墒情简报》。对临清市的 20 个县级监测点连年跟踪监测，主要检测碱解氮、有效磷、速效钾、PH 酸碱度、有机质、中微量元素等 17 项指标。为市委市政府进行农业结构调整和农业相关部门指导农民抗旱、抗逆和适播适种适管提供科学依据。

化验室工作。临清市农业局化验室承担全市农户土壤中大、中、微量元素的化验分析。面积达 220 平方米，主要测试有土壤 PH 酸碱度、有机质、碱解氮、有效磷、速效钾等 15 项常规项目及部分微量元素分析，由专业人员进行化验，并将化验结果录入数据库。

2016 年农业局化验室对采自全市所取用于测定土壤盐分的 100 个土壤和农民送到农业局的 20 个土壤进行 pH 酸碱度测定；对取自临清市多个蔬菜基地的 1300 个蔬菜样品进行农药残留快速测定，经测定，农药残留均未超标。

【农村能源】 临清市根据实际确定以农村能源建设为核心的农村发展思路，并把发展农村循环经济、建设节约型社会、改善农村环境，提高农村生活水平、实施农业可持续发展作为大事，通过政策扶持、典型示范等措施，推动临清市农村能源的建设步伐。

2016 年，临清市农作物秸秆理论资源量约 100 万吨，实际可有效采集的秸秆总量约 80 万吨。2016 年，秸秆综合利用量约 70 万吨，秸秆综合利用率达到 87% 以上。主要用于以下主要领域：秸秆肥料化利用。通过鼓励农民使用秸秆粉碎还田机械等方式，有效提高秸秆肥料利用率。秸秆饲料化利用。秸秆含有丰富的营养物质，4 吨秸秆的营养价值相当于 1 吨粮食，可为畜牧业持续发展提供物质保障。秸秆原料化利用。秸秆纤维是一种天然纤维素纤维，生物降解性好，可替代木材作用于造纸、生产板材、制作工艺品、生产活性炭等，也可替代粮食生产木糖醇等。

【农业环保】 农业环境保护站负责临清市的生态农业建设及农业生态环境保护工作。具体负责临清市农产品产地土壤－农作物重金属污染协同监测取样工作，负责临清市农产品“三品一标”认证及标志使用工作，严格监管申报企业从农田到餐桌执行相关认证技术操作规程。2016 年全市新增“三品一标”绿色食品产品证书 10 个，无公害产品证书 2 个，认定绿色食品种植基地 6 个，面积 3290 亩，无公害基地 2 个，种植面积 750 亩。

2016 年 5—8 月，市农业局农业环境保护站开展农业外来物种入侵调查及防控工作。经过调查，发现市外来入侵生物黄顶菊有不同程度发生，部分地区发生较重，全市总发生面积约 100 余亩。成立黄顶菊防治工作小组，组织黄顶菊铲除服务队，全市入侵生物黄顶菊全部得到防除。

2016年9月，市农业局农业环境保护站承担山东省农产品产地土壤—农作物重金属污染协同监测取样工作，成立临清市农产品产地土壤—农作物重金属污染协同监测取样领导小组。农业环境保护站具体负责全市农产品产地土壤—农作物重金属污染协同监测取样工作，共采集土壤样品75个，农产品样品24个。

【蔬菜产业】 蔬菜技术推广站负责全市的蔬菜新品种引进、实验、示范及新技术的推广工作，负责全市的蔬菜种植规划及种植结构调整。

2016年，临清市的蔬菜整体布局为：大蒜种植以康庄镇、戴湾镇、魏湾镇为主，面积6.55万亩；大葱种植以金郝庄镇、老赵庄镇为主，面积1.05万亩，香菜种植主要集中在金郝庄镇、康庄镇，面积0.85万亩；青椒、西红柿、黄瓜种植以新华路街道、赵庄镇、先锋路街道、大辛庄街道为主，刘垓子镇、康庄镇、魏湾镇有少量种植，全市预计面积1.95万亩；西瓜种植主要分布在先锋路街道、新华路街道、大辛庄街道、青年路街道、尚店镇，唐元镇、老赵庄镇、松林镇有个别村种植，全市种植面积约4.55万亩；绿叶菜种植主要集中在几个街道的市郊村庄，面积0.94万亩；山药种植主要分布在新华路街道、松林镇，面积达到1.67万亩。

2016年临清市的蔬菜产业形成以康庄镇、魏湾镇、戴湾镇的大蒜。金郝庄镇、老赵庄镇、松林镇的大葱，金郝庄镇、康庄镇的香荼。老赵庄镇、新华路街道、大辛庄镇、尚店镇、青年路街道的西瓜为主，新华路街道、松林镇的山药的种植格局。临清市以农业合作社和龙头企业带头，新建一些高标准的蔬菜大棚，主要分布在新华路街道、先锋路街道、刘垓子镇、尚店镇、松林镇，但是规模不大。

（王家栋）

棉花和多种经营

【机构设置】 临清市棉花和多种经营办公室属正科级全额事业单位，内设科室三个：综合科、棉花生产科、多种经营科，现有在职人员6人。

临清市棉花和多种经营办公室以“面向三农、服务三农”为宗旨，贯彻落实各级棉花和蔬菜发展政策，参与拟定全市棉花、蔬菜生产规划和工作措施；负责上级安排的各项科研项目、试验，及中央财政棉花良种补贴项目；负责全市棉花和蔬菜新技术、新成果的引进、推广、普及，搞好技术培训和技术指导；为农民提供产前、产后信息服务，促进农业增效，农民增收。2016年，临清市棉花和多种经营办公室先后承担农业部棉花优质高产高效项目、国家优质

12月13日，2016年山东省棉花关键技术培训班（高唐、临清）在高唐举办

棉基地建设项目、国家棉花优良品种推广补贴项目、棉花高产创建项目、山东省财政厅支持农业科技成果推广——棉花优良新品种及高效种植技术项目、棉花防早衰技术推广项目、棉花抗虫棉超高产模式化栽培技术推广项目、棉花轻简化生产关键技术推广项目、聊城市财政支农——棉花秸秆还田及防早衰技术推广项目、山东省菜篮子蔬菜生产项目等近十几项，诸项目均通过有关单位达标验收。临清市棉花和多种经营办公室各项工作始终位于山东省前列，被评为山东省棉花生产先进单位。

【区域化布局】 临清市属鲁西北棉区，植棉历史悠久，棉花是传统的种植作物。经过多年的发展，逐步形成以松林镇、金郝庄镇为中心的棉花生产区域，造就一大批纺织企业、印染企业，成为临清的主要棉花交易市场。随着蔬菜品种不断更新，面积逐年扩大，种植效益也逐步提高，形成刘垓子九圣庙韭菜种植基地、康庄大蒜种植基地、八岔路国塔头蔬菜种植基地、尚店东段屯蔬菜种植基地、先锋郭堤蔬菜种植基地、新华油坊蔬菜种植基地、松林由集蔬菜种植基地等。拥有新华路街道桑树园蔬菜专业批发市场；康庄肖庄大蒜、刘垓子九圣庙韭菜、新华办事处油坊、八岔路国塔头等特色批发市场。

【社会化服务】 不定期地聘请专家、学者利用电视讲座、宣传车、明白纸等多种形式宣传蔬菜栽培管理技术，举办培训班，深入田间地头，现场观摩，为农民群众讲解技术，解决疑难问题。

【技术推广】 临清市棉花和多种经营办公室十分重视新技术新成果推广工作，不断加强技术指导和培训力度。通过加快优良品种的引进、繁育和推广，提高设施蔬菜生产水平，积极推广高产、优质、高效的蔬菜配套生产技术等措施，积极向菜农提供无公害技术和信息服务，推进标准化生产，全面提高蔬菜生产水平。

（张　琳　钱常娣）

农业广播电视学校

【机构设置】 山东省农业广播电视学校临清分校（以下简称农广校）成立于1981年，1990年5月经山东省教委评估正式列为成人中等专业学校，1990年10月升为正科级事业单位，隶属于农业管理，业务上受省农广校和教育局的监督和指导，现在发展成为一所具有职业教育、职工专业技术培训、农村劳动力培训、短期技能培训和农村实用技术培训为一体的职业学校。学校校长为正科级，副校长为副科级。

【工作概况】 根据（鲁农财〔2016〕17号）文件的要求，2016年临清市农广校以促进农业安全增效、农民持续增收、农村生态发展为目标，以提高科技素质。职业技能、经营能力为核心，实施“科教兴农、人才强农、新型职业农民固收”战略，大力组织实施新型职业农民培育工程，组织开展多种形式的农民培训工作，加大扶贫培训力度，不断提高培训的针对性、规范性和有效性，着力培养一支有文化、懂技术、会经营的新型职业农民队伍，为发展农业现代化提供强有力的人才支撑。

新型职业农民培训工作。临清市2016年新型农业经营主体带头人培育210人（不含农机专业合作带头人30人），按照省制定的培训规范，开展全产业链技能培训，分两段进行，一段重点培训实际操作技能，另一段重点培训生产管理于市场营销知识。

西部经济隆起带农业专家服务基地项目培训。承担聊城市农广校山东省西部经济隆起带农业专家服务基地项目200人的培训任务。做好新型职业农民培训网络平台建设，把全市300余名新型农民的基本信息输入网络平台，完善资源库。

（戴 莉 高海旺）

排灌工程管理

【机构设置及概况】 临清市排灌工程管理处（以下简称市排灌处）成立于1984年，1990年经市政府批准定为正科级事业单位，隶属临清市水利局，是经济独立核算的事业单位。主要职责是引黄（河）灌溉、补充地下水源、抗旱排涝、小型水工建筑物的设计施工和管理、市属扬水站安全运行、河道管理、涵闸维修、水费的征缴上解及使用管理、配合市水务局水政执法。市排灌处内设6个职能科室：办公室、政工科、财务科、工程科、灌溉科、水政科；下设4个扬水站和3个闸管所：头闸口扬水站、尚店扬水站、十三支扬水站、王庄扬水站、郭庄闸管所、匙庄闸管所、杜庄闸管所。2016年市排灌处在职人员共88人，其中行政干部5人；高级工程师2人，中级工程师32人，初级工程师17人；高级工24人、中级工5人、初级工3人。

【引黄（河）灌溉管理】 2016年临清市累计引水1.2306亿立方米，灌溉面积72.19万亩，153.4万亩次。其中引黄0.92亿立方米，历时100天，引黄灌溉面积58.59万亩，116万亩次；引卫0.3106亿立方米，历时95天，引卫灌溉面积13.6万亩，37.39万亩次。

【水利工程建设管理】 友谊扬水站改建工程。位山灌区续建配套与节水改造工程临清友谊泵站施工建设工作于2015年9月开工，2016年5月完工，新建泵站由站前闸、穿堤涵洞、前池、进水池、泵室、主厂房、出水池、下游连接段、副厂房及检修间组成，泵站配备4台700ZLB-100立式轴流泵和2台900ZLB-85立式轴流泵，装机容量1080千瓦，工程扬程4.7—6.61米，泵站设计流量12立方米/秒，设计灌溉面积15万亩。

三干渠临清段综合治理规划工作。2016年8月，完成位山引黄三干渠临清段综合治理前期规划及设计工作。

（梁峻峰 徐亚鲁）

山东省棉花研究中心试验站

【机构设置】 山东棉花研究中心试验站（简称试验站）隶属于山东省农业科学院山东棉花研究中心，试验站占地面积570亩。2016年在职职工42人，其中副研究员以上5人，中级技术职称16人，课题辅助研究高级技术工人32人，研究生学历人员11人。试验站下设行政办公室、科研办公室、试验农场等部门。

【工作概况】 试验站主要承担国家棉花产业技术体系、国家科技攻关、国家“863计划”、转基因生物新品种培育重大专项、农业科技跨越计划、国家农业科技成果转化资金项目、国家自然科学基金，省农业良种工程重大课题等科研项目。包含棉花的遗传育种、高产栽培、病虫害鉴定、国家及省棉花区域试验等几十项研究课题的田间实施。

【新技术开发】 2016年，先后培育出抗虫杂交棉、常规抗虫棉、短季抗虫棉三大类型棉花新品种，参加国家和各省区试棉花新品系33个83项次，其中国家区试9个，鲁杂311、鲁H424、鲁棉241通过省级审定，这些棉花新品种均表现高产、优质、抗病、高抗棉铃虫。同时，试验站人员参与获得奖项包括：院科技进步一等奖 1 项，植物新品种权 1 项；授权专利 14 项，其中发明专利 6 项;发表学术论文 53 篇，其中 SCI 收录论文 7 篇、核心期刊论文 5 篇；编著著作 1 部；软件著作权 8 项；制定省级标准 2 项。

（徐士振　高明伟）

临清年鉴2017

LINQINGYERABOOK

工 业

综 述

【机构设置与基本概况】 2016年市经信局下设办公室、产业政策科、科技科、技术改造办公室、运行科、企业科、市电力管理办公室、市成品油管理办公室、安全生产科9个科室。

市经信局承担全市工业经济和信息化发展规划、政策拟订并实施、落实国家工业经济和信息化产业政策、监管煤电油气运等重要生产要素、指导企业改革和技术进步、综合协调节能减排等项任务，负责对市一轻工业办公室、市二轻工业办公室、市纺织工业办公室、市机械工业办公室、市中小企业局进行指导、协调、服务工作，管理市政府节约能源办公室。

【工业概况】 2016年以来，面对复杂的经济环境和巨大的下行压力，临清市认真贯彻落实聊城市委、市政府的决策部署，以五大发展理念为引领，全面落实“三去一降一补”五大任务，扎实推进供给侧结构性改革，突出主动减量、优化存量、做优增量，打好稳增长、调结构、增效益主动仗，全市工业经济保持总体平稳的发展态势。全市现有各类工业企业2700余家，其中规模以上工业企业达到437家。

【工业经济运行】 2016年，全市规模以上工业企业实现主营业务收入1364.7亿元、利税125.5亿元、利润82.9亿元，同比分别增长0.9%、2.3%、-0.6%。拥有轴承、纺织及服装、有色金属加工、造纸及纸制品、食品及医药、机械制造等6大主导产业，高端装备制造、新材料、新能源、节能环保4大新兴产业，拥有铜管、铜板带、棉纱、色织布、蜡印布、针织品、轴承、专用车、彩涂钢板、精铸件、数控机床、变压器、稻麦联合收获机、手扶拖拉机、酒精、白酒、玉米淀粉、淀粉糖、甲鱼胶、中成药、酱菜等一批名牌和拳头产品。临清市先后被评为中国轴承贸易之都、中国轴承之乡、中国蜡染名城、中国棉纺织名城、中国纺织产业集群创新发展示范区，山东省信息消费试点县、山东省新型工业化示范基地、山东省优质轴承生产基地、山东省节能环保产业基地、山东省纸及纸制品生产基地、山东省纺织服装产业基地、山东省首批机电产品（轴承）出口基地等。

【骨干企业培植】 一批骨干企业跃居全国行业前列，中色奥博特铜加工能力达到25万吨，居全国前2位，高精度压延铜箔项目的规模和技术含量国际领先；三和纺织集团已发展成为世界最大的蜡印布生产企业，占世界市场份额的27%左右，新项目建成后，市场份额能达到40%以上，出口额达到8亿美元；德能金玉米公司淀粉年生产能力达到80万吨，居全省同行业第1位、全国第3位，年产30万吨糖及糖醇项目投产后，成为国内单体规模最大的玉米淀粉生产企业；华兴纺织有限公司建成的42万纱锭高档紧密纺项目，全部采用德国、瑞士等世界一流进口设备，规模全国第一；迅力机械集团专用车产量位居全国前十强。大唐临清2×350MW热电联产项目顺利建设投产发电。一批轴承企业以差异化发展为方向，走开“专精特新”的发展路子，在细分市场位居前列。蓝宇轴承的双列角接触轴承生产规模居全国第1位；中瑞轴承的铜保持器生产能力居全国第2位；哈鲁轴承的车加工能力居全国第3位；鲁寰轴承、华钢轴承的推力球轴承生产能力分别居全国第3位、第4位；腾工轴承的关节轴承生产规模居全国第4位；博特轴承的薄壁轴承生产规模居省内第1位、国内第4位。

【产业结构优化】 着重从加快传统产业优化升级、促进企业创新发展、推动两化融合发展、培育壮大新兴产业等方面入手，加速工业转型升级提质增效步伐。有色金属加工、食品等行业重大项目相继投产；纸及纸制品行业扭转去年持续负增长局面；纺织行业大多采用高档精梳、自动络筒、紧密纺等高精尖设备；轴承行业数控设备使用率达到85%以上，拥有车、磨连线加工设备和自动组装生产企业达到120家，大大提高企业的生产效率和产品质量。

装备制造产业。现有规模以上加工生产企业81家。产品涵盖专用车辆、工程机械、数控机床、农业机械等成套装备及内燃机、曲轴、活塞环、液压件、精铸件、变压器等关键零部件等，产品销往全国各地，并出口俄罗斯、欧洲、美国、日本及东南亚等40多个国家和地区。“润源”商标、“迅力”商标、“恒圆”商标、“鲁联”商标为山东省著名商标；迅力牌中分自卸车、罐式车及粉粒物料运输车，润源牌液压油缸、润源牌玉米联合收获机，福临牌小型挖掘机、鲁联牌内燃机连杆、恒圆牌内燃机活塞环等为山东省名牌产品。润源实业4YZ-8型玉米联合收割机、史泰诺公司的SFZ11-63000/110型三相风冷有载调压变压器和凯美瑞公司的矿山振动机械用满装调心滚子轴承均被认定为山东省重点领域首台（套）技术装备产品。

轴承产业。现有规模以上加工生产企业146家。轴承产业作为全市的特色产业之一，现已形成以烟店镇、潘庄镇、唐园镇、八岔路镇四镇为中心，辐射全市及周边冠县、东昌府区、东阿县、河北省临西县等县市区，市场发达、规模突出、配套齐全、业户众多的轴承产业集群。临清市的轴承产业被命名为“山东省十大（工业）产业集群”“山东省第一批中小企业产业集群”、山东省“十二五”期间重点扶持的特色产业；临清市被命名为“山东省优质轴承生产基地”“山东省首批机电产品（轴承）出口基地”；烟店镇被评为“山东省特色产业镇”。其中，烟店镇享有“全国重点镇”“中国轴承之乡”“山东省特色产业镇”“千亿轴承产业园区”和山东省“百镇建设示范行动”示范镇等荣誉称号，是全国最大的轴承集散地。

有色金属加工产业。现有规模以上加工生产企业13家。已形成年加工铜25万吨、加工热镀铝锌硅钢卷及彩涂钢卷150万吨、生产电机400万千瓦的能力。拥有铜管及板带生产线7条、镀锌铜卷及彩涂钢卷各1条，生产设备达149台套。主要产品为高精度内螺纹铜管、黄铜管及配管、高精度铜合金板带。临清市是山东省有色金属•铜加工新型工业化产业示范基地。中色奥博特铜铝业公司是中国有色金属加工协会常务理事单位、国家级高新技术企业，现已成为山东省最大的铜管材加工企业，公司拥有国家级企业技术中心、国家重点实验室联合中心和省级院士工作站、省级示范工程技术研究中心。中色奥博特被国家工作部评为“国家技术创新示范企业”，“奥”牌高精度内螺纹铜管为中国名牌产品，“奥”牌光亮铜管为山东名牌产品。

纺织及服装产业。现有规模以上加工生产企业131家，国家棉纺织协会会员企业23家。共拥有纱锭320万枚、各类织机1.5万台，年产棉纱30万吨、各类布5.2亿米、针织服装3000万件的生产能力。已形成集棉花加工、纺、织、染、服装为一体的产业集群化发展格局。拥有国家免检产品1种、全国纺织工业50强企业1家、山东省著名商标1个、省级企业技术中心1家。临清市被命名为中国棉纺织名城、中国蜡染名城、山东省纺织服装产业基地。三和纺织集团、华兴纺织公司、金源天泽纺织公司成为全国棉纺织行业经济效益指标排名百强企业，三和纺织集团进入全国色织布行业第二名，蜡印布生产规模世界第一。

造纸及纸制品产业。现已发展成为集制浆造纸、印刷包装、纸品加工等为一体的现代化加工行业，形成年产机制纸86万吨、印刷品600万令、制本5万吨、纸箱2000万平方米的生产能力。主导产品有胶版印刷纸、精印书写纸、静电复印纸、铸涂原纸、高强瓦楞原纸、工艺编织纸、无碳复写纸和高档本册、纸箱、纸板、日历等，日历产量占全国市场份额的80%以上。“银光”牌静电复印纸、“银光”牌精印书写纸为山东省名牌产品，“银河瑞雪”商标为山东省著名商标。产品覆盖全国30个省（市、自治区），并远销日、韩、英、美及西欧、北非等70多个国家和地区。拥有国家级企业技术中心、博士后科研工作站和省级工程研究中心。

食品及医药产业。现有规模以上加工生产企业25家，拥有14万吨酒精、8万吨白酒、40万吨玉米淀粉、日加工小麦粉2000吨、输液制剂2.5亿瓶、2500吨中成药、37.5吨甲鱼胶、7万吨食用油的生产能力。主要产品有玉米淀粉、白酒、蛋黄派、酱菜、食醋、甜酱、健脑补肾丸、面粉、葡萄糖注射液、氯化钠注射液、甲鱼胶等。济美牌甜面酱、“中兴一龙”牌小麦粉、“黄运”牌丁马甲鱼为山东名牌产品，“临药”牌、“卫河”牌、“黄运”牌为山东省著名商标。

战略性新兴产业。培育壮大战略性新兴产业，以中色奥博特压延铜箔、迅力新能源专用车、润源实业大型智能农业机械、润通太阳能光伏发电、兴和宏鑫机床和顺佳机械数控装备、合众正源现代中药为代表的高端装备制造、电子信息及新材料、生物医药、节能环保等战略性新兴产业实现健康发展。培育“互联网+”发展，互联网渗入社会各个领域，互联网普及率达到52%左右，“智慧临清”建设全面推进，互联网应用范围快速扩张。推动发展现代物流业，形成以铁临、盛荣、通达、千千佳、润源、烟店（轴承）商贸物流园为节点的物流网络体系，20余家国内知名快递公司进驻临清，铁临物流被评为山东省第四批三星级物流企业。

【节能减排】 2016年，全市18家重点用能企业实现节能量2.4万吨标煤，万元GDP能耗同比下降4.55%以上，圆满完成聊城市下达的各项目标任务。3个单位实施山东省太阳能集热系统财政补贴项目，设计热水生产能力45吨/天，目前3个项目均已建设完毕并通过验收；大力发展节能环保产业。2016年，全市节能环保产业预计实现主营业务收入356.1亿元，利润12.7亿元，利税16.9亿元。加快落实工业绿动力计划。推进工业燃煤锅炉改造，禁燃区内1台燃煤工业锅炉已拆除，禁燃区外15台燃煤锅炉已列出改造计划，预计2017年底可全部改造完成；强化节能监察力度。对全市18家重点用能单位进行节能监察16次，淘汰落后机电设备1652台，高耗能变压器19500KVA。潘庄镇为聊城市循环经济示范乡镇，2016年全市共有循环经济示范乡镇4家，位列聊城市首位。7家资源综合利用企业，综合利用各类废弃物20万吨，累计返还增值税700万元。4家企业开展自愿性清洁生产审核工作，共实施中高费方案6个。全市新型建筑节能标准执行率达到100%，完成太阳能一体化建设面积达到5.4万平方米，完成既有建筑照明设备改造0.49万平方米，建筑节能与结构一体化达到93.8万平方米。新增纯电动公交55部，新建充电桩69个，新能源公交车和充电桩分别达到305部、89个。市经信局被评为山东省“十二五”公共机构节约能源资源工作先进集体。

【企业管理与人才队伍建设】 多次组织企业家参加以供给侧改革、公司治理与持续发展、协同创新、商业模式创新及企业转型升级、智能制造等为主题的前沿会议及培训班（其中1名企业家到德国柏林工业大学技术管理学院举办的智能制造和三品工程建设培训班），不断拓宽企业家眼界，进而推进企业加强管理，深化改革，进一步完善现代企业制度。督导企业建立科学的内部培训系统，实现全员培训，使企业员工素质得到持续明显改善，从而进一步充实并完善市企业人才队伍。积极推荐市企业申报聊城市管理创新优秀企业、山东省管理创新优秀企业，推荐市优秀企业家成功参评聊城市优秀企业家，让临清的企业和企业家走出临清、走出聊城，扩大知名度和影响力。扎实开展实训基地工作，现拥有省级实训基地10处，总数列聊城市首位。推动校企联合，全市规模以上工业企业共与清华大学、人民大学、山东大学、大连理工大学、武汉大学等60余所知名大专院校进行广泛而深度的合作。

【技术改造】 依托重点产业、重点企业、重点园区，在实施好已研究确定的大项目建设的同时，每年再筛选新上一批投资规模大、科技含量高、市场前景好的重点项目，努力抢占发展制高点。科学确定产业定位，一方面运用先进适用技术和高新技术改造提升传统产业，一方面加快新兴科技与传统产业的有机融合，促进新兴产业根植性、规模化发展。2016 年，全市工业固定资产投资完成 218.7 亿元，同比增长 10.4%。技改投资完成 88.41 亿元，同比增长 13%。

【成品油管理】 1999 年全市成品油市场行政管理职能由临清市商贸委员会划归临清市经济委员会。2016 年全市有成品油经营资质的加油站 100 座，其中中国石油天然气集团有限公司所属加油站 3 座、中国石油化工集团公司所属加油站 18 座、社会加油站 79 座。

【电力监督】 2001 年根据省经贸委《关于做好市县电力行政管理职能移交工作的通知》（鲁经贸电字〔2001〕506 号）精神，全市电力行政管理职能划归临清市经济委员会。至 2016 年年底，临清市共 220kV 变电站 3 座，变压器 7 台，变电容量 1200MVA。110kV 变电站 12 座，主变 24 台、容量 1261MVA；110kV 线路 25 条、长度 283.45 千米。35kV 变电站 13 座，主变 27 台、容量 278.2MVA；35kV 线路 28 条、长度 220.96 千米。10kV 线路 153 条，长度 3078.2 千米，配变容量 85.2MVA，0.4kV 线路 1635.23 千米。变电容量、线路长度居聊城八个县市之首。拥有公用和企业自备电厂 6 家，装机容量 1022 兆瓦。

【企业科技进步和新产品开发】 以自主创新能力建设为中心，以体制机制创新为保障，大力实施科技创新战略，全面提升企业核心竞争力，推动企业转型升级，实现创新驱动发展。2016 年新增省级企业技术中心 1 个（山东博特轴承有限公司），新增省级工业设计中心 1 个（山东腾工轴承有限公司），新增聊城市级企业技术中心 2 个（山东新兴重工科技发展有限公司、临清市顺佳机械设备有限公司）。成功申报省级技术创新项目 28 个，获批数量为历年来最多，占聊城市的 28%；2 个新产品通过省级新产品鉴定。积极开展品牌培育示范试点工作，润源实业等 5 家企业列入 2016 年品牌培育试点备案企业，占聊城列入个数的 45.5%；1 个新产品获批省首台（套）及关键核心零部件产品，占聊城市的 1/2；1 个新产品成功列入山东省高端技术装备新产品推广目录（第五批），占聊城市的 1/3。

【职工教育】 积极开展“两学一做”学习教育活动，制定印发《实施方案》和学习计划，共开展 4 次专题研讨活动，组织集中学习共 30 余次，观看教育纪录片 10 余部，及时将习近平总书记“七一”讲话、纪念长征胜利 80 周年讲话、十八届六中全会精神等列入学习内容，并严格执行。开展党风廉政建设，成立领导小组并制定实施方案，举办 2 次党风廉政建设专题讲座，组织机关所有党员学习观看反腐倡廉教育影片，开展消防知识讲座及一次安全生产工作培训各一次。组织开展以深化社会主义核心价值观、“讲道德、懂法律”为主题的教育活动，进一步提升领导干部的人生观、价值观。

【队伍建设】 围绕局党组中心工作，组织开展学习教育活动，结合工作实际，科学制订学习计划，明确学习重点，完善考核制度，引导党员干部牢固树立终身学习理念，不断提升自身素质及工作质量。认真落实“三会一课”、党员领导干部双重组织生活、民主评议党员等党内组织生活制度，真正做到以严的标准要求党员、以严的措施管理党员，以严的纪律约束党员。做好党员积极分子的选拔培养工作，按要求发展党员和入党积极分子。将党员发展的重心放在一线、优秀团员青年中，主动找他们谈心，积极动员他们向组织靠拢，加大新党员发展工作力度。积极组织参与“慈心一日捐”活动，全局共捐款3400元整。落实上级文件精神，全局25名中共党员对“双联共建村”刘垓子瓦房村147户帮扶家庭进行多次走访慰问。深入开展党风廉政宣传教育，健全预防腐败制度体系，严肃查处违法违纪行为。

【信息化建设】 2016年按照“政府引导、服务商搭台、企业参与”的思路，因势利导，把信息消费公共服务云平台建设，作为信息化推广应用的突破口，全面推进信息化与工业化融合。注重设备的升级换代，众多企业实现机器换人，智能设备得到普遍应用。全市95%以上的轴承企业采用数控加工中心或自动生产连线，98%的纺织企业使用自动络筒、精梳等设备，基于大数据、互联网技术的生产过程数据采集系统得到部分企业应用。87%的企业采用现代管理系统，在财务管理、人事管理、生产管理、库存管理、销售管理等方面实现“机器换人”。深入开展两化融合管理体系贯标试点。中冶银河纸业成为国家级两化融合管理体系贯标试点企业；迅力特种汽车和润源实业成为省级两化融合管理体系贯标试点企业。临清市政府与“好品山东”签署战略合作协议，临清轴承产业集群于2016年2月正式上线“好品产业集群馆”，打造轴承行业永不落幕的线上展馆，35家轴承企业入馆展示，并在济南西站展厅进行实物展示。27家企业通过好品山东CA实地认证。电子商务产业园建设稳步推进，93家企业入驻，电商摄影中心、运营服务中心、展示中心、体验中心等配套设施投入使用。2016年，全市应用电子商务的工业企业达到60%以上，众多企业通过自身网站或阿里巴巴等第三方网络平台进行营销，打开国内乃至国际市场。据不完全统计，2016年全市通过网上销售工业品营业收入超过240亿元。市松林镇被列为山东省“信息化扶贫示范镇”建设试点，获得扶持资金30万元。

（曹在亭　邢丽婷　李　楠）

民营经济

【机构设置与工作概况】 临清市民营经济发展局始建于1976年8月，当时机构名称为临清市公社工业管理局，以后陆续更名为临清市社队企业管理局，临清市多种经营乡镇企业管理局，临清市乡镇企业局，临清市民营经济发展局，临清市中小企业局，临清市民营经济发展局。

2016年，临清市民营经济发展局在职人员20人（包括离岗待退人员5人）。共设综合科、政策调研科、科技管理科和规划发展科4个科室。

【民营经济发展】 2016年，临清市共有注册中小企业6880家，规模以上企业448家，其中按产业划分，轴承企业146家，棉纺织企业117家，农机企业41家，电机企业21家，其他企业123家；拥有个体工商户3.2万余户，从业人员达20万余人。

截至2016年年底，全市规模以上中小企业主营业务收入757.2亿元，利润49.5亿元、利税72.8亿元，比2015年底增长0.33%、-1.99%、-2.7%；全市固定资产投资完成226亿元，比2015年底增长17.7%；全市民营经济税收收入14.2亿元，比2015年底增长-8%。

【民营经济主导产业发展】 轴承产业。截至2016年，临清市轴承产业涵盖轴承生产及配套企业1500余家，其中规模以上轴承企业153家，中轴协会员企业18家，理事单位6家，省轴协会员企业54家。全市已形成从轴承钢、轴承钢管、锻造到车、磨、热处理、套圈、保持器、滚动体、组装、销售一条龙的生产加工销售体系和专业化明确、配套能力较强的产业链条，产品远销欧洲、美国、俄罗斯、东南亚、西亚、拉美等国家和地区。

2016年，全市轴承企业可生产0—9类和非标轴承等11类、5000多种型号的产品，年消耗轴承钢36万吨。

临清市轴承产业拥有中国驰名商标1个（哈临轴承的“HLB”牌滚动轴承）、山东名牌2个（哈鲁轴承的“HSZC”牌轴承、博特轴承的薄壁轴承）、山东省著名商标3个（博特轴承的“BOT”牌轴承、哈临轴承的“HLB”牌滚动轴承、哈鲁轴承的“ZMZ”牌轴承）、注册商标420个，全市轴承企业已拥有发明及实用新型专利43项、省级企业技术中心3家（哈临、中瑞、凯美瑞）、省级“一企一技术中心”企业2家（宇捷轴承钢材精剪装置制作专有技术、凯美瑞轴承E型调心球面滚子轴承生产专有技术），山东省第一批技术创新项目1个（宇捷轴承高精度轴承数控设备与热处理中心）、省创新驱动百强企业1家（哈临轴承）、3家企业参与9项国家标准制定。2016年12月，天元轴承被评为省级专精特新企业。

临清市的轴承产业被命名为山东省十大（工业）产业集群、山东省第一批中小企业产业集群、山东省“十二五”期间重点扶持的特色产业；临清市被命名为山东省优质轴承生产基地、山东省首批机电产品（轴承）出口基地；烟店镇被评为“山东省特色产业镇”。

纺织及服装加工产业。临清市纺织产业已经发展成为集棉花加工、纺、织、染、服装为一体、在江北乃至全国都有较高知名度和影响力的特色产业集群，成为地方经济的重要支撑力量。截至2016年，全市纺织服装加工企业452家（含棉花加工企业），其中规模以上企业117家。2016年年底，全市共有纱锭350万枚，各类织机1.5万台，年产各类纱线58万吨，各类布7.1亿米，针织服装3000万件。从业人员5.3万人。全市纺织服装企业已培育注册“三和”“艾诺”“绒林梅雪”等商标30余个。其中，“三和”牌蜡染布被评为国家免检产品、山东名牌产品，三和纺织集团荣获聊城市市长质量奖。

临清市棉纺织行业拥有全国纺织工业50强企业1家（三和集团）、山东省著名商标1个、省级企业技术中心1家。三和纺织集团、华兴纺织公司、金源天泽纺织公司成为全国棉纺织行业经济效益指标排名百强企业，三和纺织已成为世界上最大的印花布生产企业，占世界市场份额的27%；华兴纺织拥有65万纱锭，其高档紧密纺规模全国第一。

临清市先后被中国纺织工业协会命名为“中国棉纺织蜡染名城”“中国棉纺织名城”“中国蜡染名城”以及山东省纺织产业基地、山东省十佳纺织产业集群、山东省产业集群综合增长竞争力十大典范经济区。

农机配件产业。临清农机配件产业共有农机制造及车用配件加工注册企业230家，其中规模以上企业41家，山东省著名商标3个（润园实业的“润源”商标、恒圆活塞环的“恒圆”商标、鲁联机械的“鲁联”商标）、山东省名牌产品3个（“润源”牌液压油缸、“恒圆”牌内燃机活塞环、“鲁联”牌内燃机连杆），6家企业通过TS16949认证，可生产各类铸造件、轮胎、缸套、缸盖、曲轴、活塞、活塞环、连杆、粉末冶金件、联合收割机等上百种产品，产品出口到俄罗斯、东南亚、巴西、非洲等20多个国家和地区。全市农机行业中有30多家企业为潍柴、玉柴、莱动、一拖、洛拖等大型内燃机企业及潍坊30余家内燃机企业配套，占潍坊地区市场的40%，已成为国内重要的农机配件产业生产基地。2016年10月，全市50家农机配件生产企业参加2016中国国际农业机械展览会。

电机产业。临清市电机产业起步于20世纪90年代，起源自原国有企业临清市电机厂，凭借原国有企业的管理、营销和技术人员优势，由最初的废旧电机收购、翻新和交易，发展到现在成品、品牌电机的开发制造，形成端盖、机壳、电磁线、定转子、整机制造较为完善的产业链条，可生产上百种型号的电机，电机整机产品以Y型三项异步电动机和车用起动机为主。在近几年的发展中，海誉电机、鲁杰电机、恒大电机等一批企业迅速成长，出现仁和村、杏元村等一批新的电机产业集聚区，这些企业注重产品质量，具有自主品牌，远离假冒伪劣，走良性发展道路，得到市场的普遍认可。2016年，临清市的电机产业主要集中在先锋路街道胡八里居委会，大辛庄街道的仁和村、杏元村，并且辐射青年路街道、新华路街道、康庄镇等镇、街道。截至年底，全市电机生产、经营企业和个体工商户800多户，从业人员15000多人；从事电机和配件加工的中小企业近200家，生产全新电机整机的企业50余家，拥有电机品牌60多个。

【其他主要工作】 成功举办2016年临清·中国轴承产业高层论坛暨展会。5月6—8日，2016临清·中国轴承产业高层论坛暨轴承、零配件及专用装备展览会在临清市国际会展中心成功举办，获得包括中轴协、省轴承、各兄弟协会、聊城市领导及各级领导的高度赞扬。中轴协秘书长周宇作专题报告，中国轴承工业协会、中国机电产品流通协会、洛阳轴研科技等26家协会、高校和科研机构的领导专家参加论坛暨展会；展会面积达到1.35万平方米，参展企业达331家，展位538个（比2014年展会分别增加22%、34%），参观人员达6万余人；吸引俄罗斯、美国、西欧、西亚、南美等10多个国家和地区的客商前来参观和采购，已成为仅次于上海国际轴承展的轴承专业展会。

促成洛阳轴研所山东研究院成立。2016年5月6日临清市与洛阳轴研科技就合作建设洛阳轴研所山东研究院一事最终达成签字；9月30日，研究院注册事宜已全部完成。10月30日，研究院营业执照成功获批。2016年11月1日，山东洛轴所轴承研究院正式挂牌成立。

组织企业参加专业展会。参加2016中国国际轴承及其专用装备展览会。9月18—23日，2016中国国际轴承及其专用装备展览会在上海召开。经过宣传和组织，在本届展会上，临清市企业共有参展展位139个，其中特展61个，最大企业展位面积达到168平方米，参展企业219家，参加人员5000多人。展位、参展企业、参加人员分别比上届展会增加18个、60家、500多人。参展展位约占展会全部展位的七分之一，参展企业数约占全部参展企业的五分之一，均创历届新高，“临清轴承”品牌得到有力宣传。

该届展会上，临清市博特轴承、宇捷轴承、中瑞轴承、哈临轴承、腾工轴承五家企业被选为中轴协理事单位；在2016上海国际轴承峰会上，中瑞轴承作为优秀轴承供应商上台领奖。在中轴协秘书长周宇的工作报告中，以临清轴承产业集群为代表的聊城（山东）区域被定义为中国轴承五大产业集聚区之一。

组织企业参加2016中国国际农业机械展览会。10月26—28日，2016中国国际农业机械展览会在武汉国际博览中心举行。全市50余家农机配件生产企业参展，比上届展会增加10家。

【助推创业创新】 开展聊城市“三个十佳”评选活动。通过组织企业参加聊城市“三个十佳”评选活动，努力激发全民创业热情，营造全民创业的良好氛围，助推市场主体总量增长。在2015年度聊城市“三个十佳”名单中，临清市5家企业和个人成功当选。

引导中小企业开展技术创新。鼓励引导广大中小企业开展适合自己的微创新、微研发。2016年7月鲁磁机械等5家企业、12月天元轴承等2家企业被评为省级专精特新企业；9月，宇捷轴承被认定为“聊城市创新型小微企业”；9月2日，合众正源被认定为山东省“一企一技术研发中心”，12月，华钢轴承被认定为山东省“一企一技术创新企业”。截至2016年，全市共有省级“一企一技术研发中心”3家、省级创新企业11家、市省级专精特新企业总计达到14家。

【加强交流合作】 组织山东省轴协年会。10月28—29日，协助省轴协组织召开山东省轴承紧固件协会十三届二次理事会。来自省内各地的80

余位轴承行业精英集聚一堂，共同探讨我省轴承行业下一步的发展方向、发展目标。中轴协秘书长周宇受邀参会，并就山东省轴承产业发展做专题演讲。

完成轴承协会和内燃机协会换届工作。7月29日，组织召开市轴承协会一届五次理事会，成功完成理事长轮值，并就全市轴承产业发展进行深入探讨；8月24日，组织召开市内燃机协会一届二次理事会。

（姚　慧　赵　莹）

一轻工业

【机构设置】 临清市一轻工业办公室为财政拨款的正科级全额事业单位，归口市经济和信息化局。下设办公室、政工科、生产经营科、安全科、技术科、财务科、保卫科、妇联、计生办、团委等科室。2010年12月，根据市编办〔2010〕10号文件，调整为办公室、政工科、经济运行科、安全生产科、技术科5个科室。

【工作情况】 市一轻系统广大干部职工在市委、市政府的正确领导下，以“两学一做”学习教育为动力，攻坚克难，团结奋进，优质高效地完成各项工作。2016年11月，中国轻工业联合会召开的2016年全国轻工业信息统计及重点企业直报工作会议上，市一轻办获得“全国轻工行业生产统计先进单位”荣誉称号。

【结构调整】 2016年，临清市第一轻工业办公室在取得较好经济效益的基础上，认真协调落实上级对企业鼓励自主创新的激励政策，支持企业通过自主研发、引进技术消化吸收和对外合作方式，掌握核心技术，加快产品换代升级。指导卫河酒业公司和济美酿造公司加大产品研发，相继研发运河之梦、运河之情、运河之缘、运河人家和卫河老窖等多个白酒产品和酱菜礼品；加强与新经典文化、磨铁文化等大型书商的合作，大力推广“银河书纸”品牌应用于《白夜行》《嫌疑人X的献身》等畅销书籍；落实内蒙古伊利集团、达利集团的战略合作，成为其包装用纸的指定供应商。

【项目建设】 临清一轻行业坚持科技创新、科技进步的方针，加强调度，定期督查，主动协调帮助解决建设中遇到的困难和问题。督导银河纸业公司加大改革管理和转型升级，在生产系统全面推行“国有体制、民营机制”改革新举措，各负责人由厂长改为经理，签订经营责任书，变成本中心考核为利润中心考核，产量大幅提高，毛利率由年初的4.94%提高到6月份的9.72%；实行节能环保工程，新上废渣焚烧项目，投资5.8亿元，每年消化处理100万吨污泥、草灰等固体物。督导卫河酒业公司淀粉项目和羊绒布项目建设，累计投入3000万元，抓好项目的投产达效，现在项目运营良好。

【企业管理】 临清一轻行业适应严峻的市场形势，转变理念开发新产品，扩大市场份额。优化销售提成方案和任务考核机制，对所有业务人员均实行销量红线管控模式，成功开发北京建发、上海雅鹭、亚太森博等系列行业优质大客户，提升公司瑞雪双胶纸、轻型纸、静电纸等核心品牌产品的市场占有率；创新用人机制，扩大关键岗位竞聘范围，激活人力资源的良性循环，制定《精益改善项目奖励制度》，按项目创造的直接经济效益分段设定奖励比例，中高层管理团队学习《丰田模式》，每月分享精益管理经验；开启“互联网+”销售模式，实行网络电商销售，企业业务员、管理人员、职工人人参与，进行专门业务培训，依托淘宝网、京东商城、1号店等网站扩大销售，企业产品销售额同比增加8%；加大市场开拓力度，挖掘文化刊物印刷市场，市场销售额同比增加10%，经济效益稳步提升。

【企业改革】 在抓好一轻行业经济运行的同时，鼓励企业向多产业化发展，卫河酿造集团集卫河酒业公司、济美酿造公司、济美纸箱厂、福人北方木业公司、北方酒精有限公司、联创实业公司于一体，2016 年又注资康宁药业公司，全面接管公司生产经营，扩大业务范围，公司进入发展的快车道，实现跨越式发展，为带动和繁荣临清经济发挥重要作用。

【重点企业简介】 临清济美酿造有限责任公司。原名山东省临清市济美酱园，创建于公元1792年，位于临清城西北地段运河东畔，为临清市龙头骨干企业，是一个有着二百多年历史文化的“中华老字号企业”，聊城市农业产业化龙头企业。

公司占地面积 10.6 万平方米，建筑面积 2.6 万平方米，员工 484 人，资产总额 1.6 亿元，经营产品有甜面酱、酱油、食醋、酱咸菜、腐乳制品五大系列 150 多个花色品种，产品销售网络遍布全国三十多个大中城市 500 多家超市，年销售总额 13997 万元，利税 3195 万元，为临清市龙头骨干企业，是一个有着二百多年历史文化的“中华老字号企业”，聊城市农业产业化龙头企业。2006 年企业已通过 ISO9001-2000 质量管理体系认证，建立标准化、计量管理机制，打造一批名优产品。济美牌甜酱瓜 1987 年被国家轻工部评为优质产品，济美牌酱萬苣荣获 1988 年首届食品博览会“银牌奖”，济美牌酱菜 1995 年被山东省经委命名为“山东省传统名特食品”，1995 年济美酱园被中国食品工业协会评为质量达标企业。2001 年济美牌甜面酱被中国农产品博览会评为名牌产品，2006 年被评为“山东省名牌产品”，同年公司被山东省商贸委评为“山东老字号”企业，2011 年被授予“中华老字号企业”。

临清市万方印务有限公司。前身是临清市印刷厂，成立于 1949 年，1999 年改制为临清市万方印务有限责任公司。通过股份制改造，企业走上自主经营、自负盈亏，自我约束，自我发展的市场经济的轨道。企业内部基本形成一套比较完整的自上而下，由内而外的市场管理企业机制。公司现拥有德国、日本彩色胶印机和数十台现代化的单双色印刷机及制版装订设备。主营图书、报刊，商业广告等制版印刷业务。印装的部分图书、杂志连年被评为署优、省优产品。

临清市卫河酒业有限责任公司。白酒专业生产厂家，其前身为国营临清市酒厂，始建于 1945 年，1999 年 3 月 15 日经临清市体改委批准，改制而成临清市卫河酒业有限责任公司，注册资本 388 万元。2016 年，公司占地 10 万平方米，职工 500 多人，总资产近 2 亿元，年产白酒 3 万吨。公司拥有四条先进的现代化白酒灌装线，销售人员 80 余人，销售车辆 100 余部，销售网点 4000 个，白酒产品畅销于山东及河北、河南等省，销售半径覆盖周边 200 千米。主要产品有“独占鳌头”“卫河王”“卫河陈酿”等 100 余个花色品种。“卫河”系列白酒深受广大消费者喜爱，多次荣

卫河酒业建厂 70 周年庆典

获省部级优秀产品称号，2003年荣获“山东名牌产品”称号，2006年“卫河”商标获山东省著名商标称号，2008年6月通过ISO9000认证，“独占鳌头”系列白酒被评为山东文化名酒、山东轻工名牌。系中国白酒工业百强企业，连续五届被评为省级“守合同重信用”单位，2009年至2016年，连续被授予“山东省消费者满意单位”，聊城市明星企业，聊城市农业产业化龙头企业，临清市重点企业之一。

中冶纸业银河有限公司。中冶纸业银河有限公司系中国诚通控股集团有限公司下属中国纸业投资总公司的造纸企业之一、山东省造纸行业十强企业。1958年建厂，原名山东临清造纸厂；1997年被列入山东省138家重点企业集团；1998年更名为山东（临清）银河纸业集团有限公司；2000年变更为山东临清银河纸业有限责任公司；2007年加入中冶集团，更名为中冶纸业银河有限公司；2013年，中国诚通与中冶集团就中冶纸业集团的归属正式签订划转协议，诚通集团全面委托中国纸业接管。公司拥有5280毫米、4400毫米、2640毫米等不同型号纸机三十余台及一座热电站，年产机制纸能力80万吨，发电能力7.5万千瓦，环保设施配套，出水达标排放，系国内大型制浆造纸企业。企业通过ISO9001质量认证、ISO14000环境管理体系认证、FSC森林体系认证、OHSAS18000职业健康安全体系认证，拥有自营进出口权。被批准为国家级企业技术中心、博士后科研工作站、山东省研究生联合培养基地、山东省企业实习实训基地。企业共拥有有效专利89项，其中发明专利7项。同时企业还主持制定《铸涂原纸》的国家标准，参与制定《复印纸》的国家标准。2012年企业技术开发中心被中国轻工业联合会评为“十一五轻工业科技创新先进集体”。

公司先后荣获“全国造纸行业10家最佳经济效益企业”“全国五一劳动奖状”“中国人民银行景气调查定点企业”“全国制浆造纸十强企业”“中国胶版印刷纸生产十强企业”“中国造纸工业环境友好企业”“中华蔡伦奖——十佳杰出企业”“全国企业文化建设优秀单位”“全国造纸行业劳动关系和谐企业”“中国信息化百强企业”“全国重信用企业”“山东省环境保护友好企业”“山东省轻工业建国六十周年功勋企业”“山东省守合同重信用企业”“山东省对外贸易百强企业”“聊城市市长质量奖”等60多项省级以上称号。

（郑建兴　肖　腾）

二轻工业

【机构设置及工作概况】 2016年底，临清市第二轻工业办公室设办公室、行业管理科、规划发展科3个科室，共有在职人员7人，下辖9个企业，其中规模以上企业1个，主导产品有手工羊毛地毯、高档羊绒面料和棉纱等。

二轻工业办公室积极推进国有企业改革改制，千方百计帮助企业搞管理抓经营，2016年，实现主营业务收入46亿元、利润2.6亿元、利税5.2亿元，同比分别增长3.5%、10.9%、10.8%。

二轻工业办公室深入基层做好群众工作，维护二轻和谐稳定；不断加强基层党组织建设，努力打造一支“想干事、能干事、干成事、不出事”的干部队伍。同时，扎实做好工会、信访、安全生产等工作。

【安全生产管理】 建立安全生产领导小组，制定安全生产应急预案，严格落实安全生产责任制，与各企业签订安全生产责任书，按照各级安全主管部门的部署，积极开展安全生产月活动、打非治违专项行动、安全生产大检查活动、汛期防汛演练，定期不定期到企业进行安全生产督导检查。特别是针对系统企业旧房多、危房多、租赁户多的现状，督促企业与租赁户签订安全生产合同，加强安全检查，确保不出大的安全事故。

【企业改革改制】 抓住同兴斋鞋厂东厂区拆迁的有利时机，积极帮助企业运作破产事宜。对企业负债、拖欠职工各项费用进行详细统计，努力做到在破产过程中最大限度地为职工争取合法权益，得到广大职工的大力支持，保持企业的基本稳定。2016年9月7日，临清市人民法院裁定受理临清市同兴斋鞋厂破产清算一案，企业破产工作取得重大进展。

【维持停工企业稳定】 积极应对下辖企业纷纷停工、破产，大量职工下岗、失业的不利局面，多方联系帮助职工到其他企业再就业，挖掘职工自身潜力，引导职工自谋出路，进行不同形式的创业，使大部分职工走出生活困境。充分利用企业现有厂房，搞好租赁经营，力争实现租金收入的最大化，解决留守人员的工资问题。努力做好群众工作，保持和工会、民政部门的经常性联系，为困难职工争取救助金、低保等社会救济。经常到困难职工家庭进行走访慰问，帮助解决一些实际问题，让他们感受到党和政府的关怀。对极个别上访户，耐心细致地做好思想工作，化解他们的不满情绪，实现企业稳定，维护社会和谐。

【重点企业简介】 临清联创实业有限公司。临清联创实业有限公司由临清市华瑞地毯有限公司与美国诺瑞有限公司于1994年合资组建，注册资本110万美元，资产总额近2亿元，其中固定资产7000万元，占地面积200亩，建筑面积5万平方米。公司现有职工1200余人，其中管理人员85人，技术人员72人，外聘人员6人，营销人员35人。大专以上文化水平25人，高、中级职称42人，职工平均年龄在30岁左右。企业先后被评为“省级先进企业”“省级星火计划实施单位”“聊城市政府重点扶持的5513工程企业”， 2007年被国家人事部评为“全国轻工行业先进集体”，2008年被山东省轻工协会评为“山东轻工50强企业”，2009年被山东轻工协会评为“山东省轻工业新中国成立60周年功勋企业”，聊城市农业产业化龙头企业。

公司以手工羊毛地毯、高档羊绒面料和棉纱等为主要产品，主要有整理设备120余台（套），染整设备260余台（套），4万纱锭，年可生产地毯50万平方米，羊绒面料500万米，产棉纱6万吨，地毯由美国诺瑞有限公司包销，羊绒面料产品畅销北京、天津、上海、大连、宁波、常熟等各地，约占国内市场的8%，并出口日本、美国及西欧各国。

（李旭光　沈文成）

纺织工业

【机构设置】 临清市纺织工业办公室为临清市政府直属全额事业单位，下设行政科、政工科、经营科、安全生产科、财务科共5个科室。机关共有在职职工13人，离退休人员28人。

【工作概况】 2016年，纺织工业办公室深入贯彻党的十八大和十八届三中、四中全会精神，学习实践科学发展观，开拓进取，努力拼搏，抓队伍提高素质和能力，抓机制提高管理和运行水平。经过系统上下共同努力，较好地完成各项工作任务，取得显著的成绩。

纺织行业基本情况。截至2016年年底，全市纺织服装加工企业发展到453家，其中规模以上企业123家。利税过千万元的24家、过亿元的3家，分别占全市的23.1%和32.5%。有纱锭350余万枚，各类织机1.5万台，其中喷气织机近3000台，重点企业精梳比例达到70%以上。年产各类纱线58万吨、布7.1亿米、服装3000万件。2016年，纺织及服装产业实现主营业务收入446.2亿元，利润25.5亿元。利税33.2亿元，同比分别增长

6.8%，4.5%和4.9%。

安全生产工作。多次召开纺织系统安全生产会议，全面部署2016年的安全生产工作，安排实施纺织系统“安全生产基层基础强化年”活动。和各企业签订安全生产责任状。四月份和六月份，在全系统开展“安全生产月”和“安全生产宣传月”活动，对所属企业安全生产隐患进行全面的排查，并立即进行整改，确保安全生产无事故。

纺织协会建设。临清市纺织产业的发展得到国家、省行业管理部门的重视，春节过后，中国棉纺织行业协会副会长郑洁雯一行3人专程到临清调研纺织产业运行情况，对临清市纺织企业在困难形势下取得的成绩表示充分的肯定和认可。4月14—16日，临清市纺织工业办公室组织全市3家纺织企业参加在青岛举办的2016年第25届青岛国际面料辅料纱线采购交易会，获得最前沿的发展信息，展示临清纺织行业的整体形象，取得良好的效果。5月28日，在济宁召开的全国纺织产业集群工作会议上，临清市被中国纺织工业联合会命名为“纺织产业集群创新发展示范地区”。6月3日，“全国色织布年会”成功在临清市举办，这是临清市首次承办的纺织行业全国性会议。6月28日，全国纺织工业先进集体、劳动模范和先进工作者表彰大会在北京人民大会堂隆重召开。在本次会议上，临清市纺织工业办公室荣获“全国纺织工业先进集体”荣誉称号，临清市秋华纺织有限公司总经理宛秋华被评为“全国纺织工业劳动模范”。12月20日，在北京召开的2016年全国纺织产业集群复评工作总结会议上，临清市顺利通过“中国棉纺织名城”“中国蜡染名城”复评，市纺织工业办公室被授予“纺织产业集群地区优秀协（商）会”荣誉称号。

行业调研活动。为深入了解临清纺织行业发展现状，为市政府决策提供第一手的材料，市纺织办每季度对纺织产业经济运行情况进行专题调研，全面掌握当前纺织企业转型升级情况及面临的问题，明确今后纺织行业发展的方向和目标。

【重点企业】 三和纺织集团有限公司。三和纺织集团有限公司创建于1988年，现已经发展成为集纺、织、染为一体，占地2100亩，建筑面积76万平方米，总资产62亿元，年产值115亿元，利税15.9亿元，进出口总额4亿美元，职工1.3万人的大型纺织企业，已进入全国纺织行业前十名。现拥有环锭纺纱65万锭、高档气流纺纱2万头，各类织机8000台，两条色织布生产线，26条蜡印生产线，22条仿蜡印生产线以及与之配套的一座6万千瓦自备供热电厂和两座大型污水处理厂。公司产品有各类棉纱，色织布，白坯布，蜡染布四大类6000多个花色品种，其中主导产品纯棉真蜡印花布为山东省名牌产品。公司年生产棉纱8万吨，白坯布4亿米，蜡印布4亿米，色织布6000万米。蜡印布生产规模居全球首位，产品全部销往非洲市场，市场占有率高达30%。2016年全年实现销售收入146亿元，进出口总额3.6亿美元，其中出口2.85美元，利税20亿元，其中实缴税收1.457亿元。

临清馨雅纺织制品有限公司。临清馨雅纺织制品有限公司成立于2001年12月，拥有自营进出口权，是集研发、设计、生产、销售于一体的床上用品专业生产企业，公司占地面积33000平方米，建筑面积12000平方米，固定资产1600万元，现有员工180人，其中专业技术人员20人。2016年完成销售收入3500万元，实现税金128万元。

公司拥有现代化厂房、车间、办公设施，日本产检针器，国内最先进的电脑绣花机及绗缝机各种缝纫设备200台套，年生产能力200万件，在山东省同行业处于领先地位，生产的被套、褥套、绗缝、绣花等系列床上用品90%出口，是日本、美国等多家名牌家用纺织品的专业供应商。在同行业，特别是日本市场享有较高的声誉，被日本京都西川定为免检工厂。公司分别于2008年通过ISO9001国际质量管理体系认证。2013年通过“安全标准化”认证。

内销产品“艾诺”已经国家工商局注册，该品牌产品上市后受到市场的关注及消费者的青睐，并成功推入国内家纺终端市场，产品共十大系列100多个品种。严格按照ISO9001国际质量认证体系生产。

公司曾先后被山东省纺织工业协会评为安全生产“三无企业”，山东省工商行政管理局评为“守合同重信用”企业，山东省“消费者满意单位”聊城市工商局评为“守合同重信用企业”，聊城市劳动局和社会保障局评为“劳动保障管理先进单位”，临清市委、市政府评为“先进工业企业”，“出口创汇明星企业”，“53266”工程重点企业，临清市总工会评为“劳动关系和谐企业”等。

临清市林城纺织有限公司。临清市林城纺织有限公司始建于2005年，原名称临清市林城纺织厂，位于松林镇松南村，占地4万多平方米，其中自有23851平方米。建筑面积2万平方米。于2008年7月15日在工商局注册登记，性质为有限责任公司，注册资金500万元。企业达到11万纱锭的生产规模。

公司主要设备有FA506细纱机230台、FA518细纱机11台、经纬纺机青岛宏大一仓二线清梳联1套、特吕茨勒清梳联一套、立达E80精梳机12台、立达E35条并卷机3台、立达并条机8台、宝花粗纱机5台、金坛清花机2组、经纬纺机186G梳棉机14台、FA231梳棉机6台，宝花并条机7台、无锡宏源HA415高速悬锭粗纱机7台、恒鑫精梳机12台，萨维奥自动络筒机12台、全自动络筒机10台，乌斯特电子条干均匀度仪1台及先进的籽棉加工设备一套等设备共180多台套。主要产品为40-60支高档精梳环锭纺、紧密纺、紧密赛络纺纯棉纱，月产量1000多吨，主要销往江苏、浙江、上海、广州等地。公司现有职工600多人。

（韩卫东　姚　惠）

机械工业

【机构设置及工作概况】　临清市机械工业办公室为正科级事业单位。机关下设办公室、人事科、财务科、企管科、安全生产科5个科室，共有在职工作人员6名。系统下辖13个生产企业，其中规模以上企业5个。系统职工人数达到2100人，所辖企业的主导产品有各式汽车改装及生产，包括自卸车、罐车、军车、挂车，环卫车等。机床及机床附件，包括立式钻床、摇臂钻床、数控铣床、数控平面磨床、磁力吸盘、数控立式加工中心机床等。电力变压器，包括移动电站、S9、S11、S13、S15系列油浸式变压器、干式变压器及欧式、美式箱式变电站的研发和生产等。液压油缸，主要包括车用油缸、煤矿用油缸、冶金用油缸等。工业用氧气。

2016年以来，临清市机械工业系统以“两学一做”学习教育为载体，以党员干部素质提升为中心，着力增强党员干部执政为民的观念和廉洁奉献的意识，加强干部职工工作作风建设，建立开明的党务公开和政务公开制度，积极做好党建、工会、信访等工作，实现系统干部职工队伍建设跨越式发展。系统先后多次被省机械工业协会评为省机械行业“文明单位”“工作先进单位”，多次被市委评为“先进党支部”，被市委、市政府评为年度工作“先进单位”。

面对整个机械行业生产过剩、订单减少的严峻形势，机械办加强日常经济监测，及时督促企业根据市场形势调整经营策略，支持骨干企业加快发展，通过狠抓经济运行、推进项目建设、提高自主创新能力、提升企业管理水平等措施，外拓市场、内抓管理，系统内企业基本保持在一个稳步发展阶段。2015年系统企业主营业务收入75.1亿元、利税8亿元、利润3.5亿元，2016年系统规模以上企业主营业务收入78.9亿元、利税8.44亿元、利润3.65亿元，同比增长5%、5.5%、4.3%。

【科技创新】　积极引导企业开展科技创新，2016年系统内各企业继续发挥科技创新优势，继续在制造高端化、智能化、数字化产品上下功夫。福临公司加大对数控加工中心的研发投入，根据客户需求，不断提升产品质量及实用性，企业数控类产品销售已超过之前传统的机床类产品。宏鑫公司继续发挥与山东大学的合作研发优势，针对新产品－智能化机械手在研发过程中出现的新问题、新情况，双方积极配合，克服多个技术瓶颈，共同攻坚克难。迅力公司为加快产品转型升级的步伐专门成立四个项目组，积极研发智能化砖机、立体车库、新型城市渣土车、新能源电动清扫车等系列新产品，其中公司研制的新型渣土车采用智能遥控操作，操作方便，能真正实现运输过程无积料、无滴漏。解决传统渣土车“抛、洒、遗、漏”和“超、限、乱、脏”问题，推向市场取得客户的一致好评。通过这一系列措施系统企业在当前严峻形势下保持平稳发展态势。

【产业聚集及特色产业】 在抓好全市机械企业经济运行的同时，机械办有重点的对临清市特色的行业重点关注，积极引导企业聚集发展，加强与上级轴承行业组织的协调沟通。多次邀请中轴协、洛阳轴研所、山东机械工业协会、山东轴承协会等行业权威组织领导莅临检查指导工作；加强行业协调，积极推动全市机械行业发展。2016 年 3 月 21 日，机械办积极组织全市 14 家企业参加第十一届中国（山东）国际装备制造业博览会。会上德国西门子、美国艾默生、日本松下等 785 家国内外知名企业参展，通过对这些大集团、大公司产品的观摩学习，临清市企业也对目前产品研发趋势、国际国内市场需求等有新的认识。其中临清市 3 家企业的精密轴承产品、数控机床、农业机械等一批代表性的产品参加现场展览，展现临清市装备制造业发展水平，受到与会者的一致赞同。

（黄春雨　郭建军）

电　力

【机构设置】 国网山东省电力公司临清市供电公司是国网山东省电力公司直属分公司，现有员工 497 人，下设 8 个职能部室，2 个业务支撑机构，2 个集体企业，17 个乡镇供电所。供电面积 950 平方千米，服务客户 27 万户。

【工作概况】 临清市境内共有电厂 6 座总装机 303.5 兆瓦（其中地方公用电厂 4 座装机容量为 174.5 兆瓦，企业自备电厂 2 座装机容量 129 兆瓦）。拥有 220 千伏变电站 3 座，主变 7 台容量 1200 兆伏安（杨桥、尚店、羡林站归属市公司管辖）；110 千伏变电站 12 座，主变 23 台容量 1198 兆伏安（临清、唐元、康庄、烟店、曙光、沈庄、会通、先锋、龙庄、顺和、自忠、肖寨变电站，其中临清、龙庄、顺和、自忠站属市公司资产，公司运维）；35 千伏变电站 13 座，主变 27 台容量 269.7 兆伏安；220 千伏线路 6 条，103.35 千米；110 千伏线路 25 条，283.45 千米； 35 千伏线路 30 条，227.45 千米；10 千伏线路 150 条，1639.83 千米，其中城区 48 条 224.13 千米、农村 102 条 1415.70 千米；公变 1914 台 486 兆伏安，专变 4640 台 1373.34 兆伏安，0.4 千伏线路 3994.39 千米。

2016 年，公司购网电量完成 25.67 亿千瓦时，售电量完成 24.41 亿千瓦时，购、售电量均列全市第一位，售电量列全省第 21 位；综合平均电价完成 626.13 元／千千瓦时；综合线损率完成 3.52%，比年计划降低 0.68%；营业收入实现 12.66 亿元。

2016 年公司被国网山东省电力公司授予“先进单位”“先进基层党委”“班组建设先进单位”“干部人事工作先进单位”“五四红旗团委”“工会工作先进单位”荣誉称号。荣获“山东省电力行业安全生产先进单位”，连续 7 年荣获“全国‘安康杯’竞赛优胜企业”称号，连续 15 年保持“省级文明单位”称号。

【电网建设】“十三五”新一轮农村电网改造升级规划，代表市公司作为典型县予以评审，获得省公司专家高度评价。积极与政府部门沟通协调，在全市率先完成权证办理工作。全力做好属地工程社会协调，220千伏大唐热电送出工程提前6个月完工。110千伏龙庄站II期一次送电成功，新增主变容量63兆伏安。110千伏新华输变电工程变电部分完成“四通一平”，线路部分完成杆塔定位。35千伏杨石II回电源线路按期竣工投产，新建线路7.2千米。临清德运环保能源有限公司35千伏送出线路工程完成杆塔组立，导线架设完成60%，超前里程碑计划。第三批中央预算内农网工程全面竣工，配网线路自动化覆盖率、绝缘化率分别达到92.6%、51.2%，户均容量提升至2.21千伏安。三批小城镇（中心村）电网改造升级和“井井通电”工程全市率先竣工，涉及547个单体工程、6个镇（街道）129个行政村，实现4347眼机井通电，受益农田面积24.20万亩，获得社会各界一致好评。省公司张方正副总经理在调研工程时，对公司开展农配网攻坚成效给予充分肯定。

【优质服务】深入推进“大服务”机制落地应用，开展“争创四个最好”主题行动，牵手服务居民用户，组织“客户走访大行动”，对全市26万余户进行全覆盖式走访，发放便民服务卡30万余份，了解客户用电需求，现场为其解决用电方面的问题，提供零距离服务。春节前夕开展“服务连万家”活动，发放“致返乡电力客户一封信”8000余份，为返乡人员点亮回家的路。同时发放年画10万余份，宣传多元化智能服务方式，让客户足不出户就能缴费、办理用电业务。

高考保电

【安全生产】坚持“安全第一、预防为主、综合治理”方针，坚持目标导向和问题导向，树立全员安全理念。严格落实各级人员安全责任，逐级签订安全责任书854份、安全承诺书928份，层层传递安全责任和压力。各级管理人员到岗到位监督913人次，查禁违章339处。配置移动监控平台2台、便携式监控设备8台，单兵监控装备62台，实现生产检修、农网业扩、机井通电视频监控全覆盖。推行“一板四卡”标准化作业，检查中心村建设、机井通电工程209处，违章罚款1.92万元，配置安全带、围栏网、安全工器具875件，实行机井通电工程安全管理模板化。开展“两票”、故障分析大讲堂9次，观看“安全微电影”17次，岗位练兵1283人次。开展“三查三强化”安全专项行动，整改消除安全隐患781项。联合市政府集中开展树障清理专项行动，清理树障3.18万棵，八级设备事件下降53.29%。第一批通过县供电企业安全性评价专家复查，问题整改率、得分率居全市第一名。安全专业内部对标全市排名第一。公司荣获省公司“安全生产先进单位”，国家能源局山东监管办公室、山东省安全生产监督管理局“山东省电力行业安全生产工作先进单位”。

【重点企业简介】锦程实业有限责任公司。原隶属于临清市供电公司集体企业，2016 年 3 月份改制为聊城华昌公司全资子公司。公司位于临清市永青路南首，占地 53280 平方米，其中生产厂房占地 6516 平方米，企业注册资金 1250 万元。截止到 2016 年底，拥有职工 257 人，（包括供电公司在册职工 49 人，直签外聘人员 208 人）先后取得了由国家电力监管委员会颁发的承装（修、试）电力设备承装类三级资质、山东省住房和城乡建设厅颁发的电力行业（变电工程、送电工程）专业丙级设计资质、山东省建筑内工程管理局颁布的送变电工程专业承包叁级资质，中国质量认证中心颁发的 IS09001：2008 质量管理体系认证证书和 3C 强制性质量认证证书等，是一家集勘测设计、施工、修造和试验为一体的标准化企业。

临清市光明电力务服务有限责任公司。成立于 2012 年 8 月 27 日，隶属于国网山东省电力公司临清市供电公司集体企业，是一家集电力施工、运维、材料销售为一体的综合性企业。

公司位于国网临清市供电公司院内，占地 1100 平方米，企业注册资金 1200 万元。截至 2016 年年底，拥有职工 599 人，公司下设综合管理部、人力资源部、财务审计部、安全生产部、营销服务部 5 个部门和检修工程中心、抄表中心 2 个执行部门。

公司先后取得由国家能源局山东监管办公室颁发的承装（修）电力设备承装类四级资质、ISO 9001：2008 质量管理体系、职业健康安全管理体系、环境管理体系证书等资质，奠定企业发展基础，保障了产品质量、满足客户不断提高的质量要求。主要业务有工程施工：10 千伏及以下线路架设；10 千伏及以下客户工程新建、改造，并具有小区低压配套配电工程施工能力。电力设备材料销售：主要销售配电开关控制设备、变压器、电线电缆、电力金具、互感器、家用电料等。设备检修维护及供用电服务：220 千伏线路属地化巡视；10 千伏及以下线路设备维护；农村低压用户抄表收费、农村低压业扩报装受理、农村低压计量装置拆装维修及故障处理、用电检查、农村低压客户服务等相关业务。

（魏　阜）

临清年鉴 2017

LINQINGYERABOOK

交通　邮电

交通运输

【机构设置和基本概述】 2016年，临清市交通运输局扎实做好“两学一做”工作，紧紧围绕社会经济发展大局，按照“调结构、转方式、强管理、求创新、促改革、谋发展”的工作方针，攻坚克难，开拓创新，突出重点，全面提升，着力建设畅安舒美的“大路网”、安全便捷的“大运管”，努力构建高效完善的“大交通”发展框架，为全市社会经济的平稳较快发展创造良好的交通环境。被评为“2016年度提案承办先进单位”“2016年度关心国防建设先进单位”。

交通基础设施建设成果显著。根据全市交通“十二五”规划，针对全市农村公路建养现状，结合交通发展形势，不断完善规划内容，全面加快农村公路建设进程，截至2016年年底，全面加快农村公路建设进程，截至2016年年底，全市通车里程1893.7千米，其中干线公路236.6千米，县乡路200.9千米，村道1456.3千米。

运输保障能力全面提升。按照构建“大交通、大公交”的工作思路，大力实施公交优先战略，制定公交发展规划，科学调整线路布局，不断提升城市公交档次和服务水平，改善城市居民乘车环境，初步形成以市区为中心，乡镇为节点，辐射到村的道路客运网络。截至2016年年底，全市货运企业103家，纳入管理车辆7213辆，吨位92179余吨。全市拥有客运企业4家，出租企业5家，公交公司1家，出租车333部，城乡客运班车124部，城市公交车213部。二类以上维修企业7家，综合性能检测站1家，驾培学校4家。

【交通基础设施建设】 公路建设。2016年，全市新改建农村公路134.2千米，全市通车里程1893.7千米，其中干线公路236.6千米，县乡路200.9千米，村道1456.3千米。

桥梁建设。2016年改建中小桥涵6座，临清市孔集桥、影庄尚潘渠桥、牛庄桥、林潘寨桥、松林桥、邢庄涵，加固桥梁一座，尚店桥，共投资420.54万元。

【农村公路养护管理】 2016年农村公路安全生命防护工程，提升全市县乡道路安全，安装：标志牌358个、划设标线30000平方米、减速带422米、警示桩720根、波形防撞护栏12985米，危险路段安装太阳能黄闪灯28套，康庄镇吕桥村改造路宅分家1040米、魏湾镇改造路宅分家960米，烟店镇危险路口安装红绿灯1套，康庄镇危险路口安装红绿灯1套。

2016年改造危桥涵7座，改造唐元林潘寨桥1座、改造八岔路影庄尚潘渠桥1座、改造松林桥1座、改造戴湾牛庄桥1座、改造刘垓子孔集桥1座、尚店尚店桥加固1座、改造康庄邢庄涵1座。截至2016年，全市农村公路养护总里程达到1656千米，列养率达到100%，经常性养护率达到县道100%、乡道78%、村道57%。

【旅客运输】 2016年完成所有出租车更新工作，所有车型全部更换为中级轿车。优化城乡客运线路12条，新增218部新能源电动车，截至2016年共有城市公交线路15条，运营车辆213部，新建公交站亭124个。

【货物运输】 2016年新增回流车辆973辆，吨位22178吨。全市货运企业103家，纳入管理车辆7213辆，吨位92179余吨。

【交通监察】 自2016年9月21日后，根据交通、公安等五部委交公路发〔2016〕124号文件精神，道路治超实行联合执法，公安交警负责指挥引导车辆到治超站接受检测，交通部门负责称重及消除违法行为。

（孙海涛　焦　斌）

汽车站

【概况】 临清汽车站隶属聊城交通汽运集团有限责任公司，是山东省二级客运站，属聊城市第二大客运站和商、物、人流集散中心，也是山东通向河北省的重要公路交通枢纽站点。位于山东省临清市东环路中段，东邻京九铁路、临清火车站和义乌商贸城，历史上曾三次搬迁，原临清老汽车站始建于1952年，现新汽车站始建于1996年4月，1997年8月完工交付，经试运行，于1999年9月28日从老车站整体搬迁并正式开业使用。临清汽车站2007年投资800万再次扩建新候室，并于2008年5月1日正式交付使用，新站总占地面积17102平方米，建筑面积4559平方米。设有三个乡镇站，现有职工80人，主要从事省内外长短途客运、小件快运、旅游包车业务。营运线路38条，横跨山东、河北、河南、北京、天津等3省2个直辖市，以及省内12个地市，城乡4条、区内8条、跨区16条和跨省10条，日发客运班车366班次，日发送旅客近3900人次，年客运收入2100多万元。

临清汽车站始终坚持“旅客第一，安全第一，服务第一，信誉第一”的宗旨，为广大人民群众出行和地方经济社会发展提供优质高效的服务，取得良好的经济效益和社会效益，受到各级党委政府的大力支持和社会各界的广泛赞誉。近年来，为适应市场经济和公路客运发展的需要，全站干部职工大胆开拓，勇于创新，在经营管理和经营模式上正在从管理型向服务型转变。2003年7月试行站队合一提出了“实现率先崛起”的目标，2004年开展创建文明客运站，并顺利通过ISO9001质量体系认证。2008年5月1日实现全封闭式发车，全站配有电子显示屏、三品监测仪、金属探测仪、GPS电子监控系统、微机售票、条码检票、微机结算和收费智能化管理系统。2010年4月对所有进站班车实行安全智能化“一卡通”管理。2015年1月1日，正式启动客运VIP会员制，VIP会员卡客户可享受票价优惠服务。2016年6月，又推出微信购票和网上购票业务，为广大旅客乘车出行提供最安全、最便捷的服务。

2016年，被共青团聊城市委授予“青年文明号”荣誉称号，被共青团临清市委授予“临清市五四红旗团支部”（总支）荣誉称号；被中共临清市委、临清市人民政府评为“全市2015年度落实法人计生责任制”。被聊城市运输管理局运输管理处授予AAA级客运企业。

2016年临清汽车站主要生产经营指标情况统计表

年度	客运收入（万元）	运输旅客（人次）	发送班次（个）
2016年	2147.27	1247953	122470

（孙海涛　焦　斌）

火车站

【概况】 临清火车站位于山东省临清市市区东侧，红星路东端，隶属于济南铁路局聊城车务段管理，是京九铁路济南铁路局与北京铁路局的分界站，属段管三等站，车站中心里程为京九线379.179千米，北与临西站、南与杨庙站连接，主要办理临清市及邻近地市的旅客、货物运输业务。临清站2016年编制人员77人，其中干部4人、职工73人，按工种分为行车、调车、客运、货运4个班组。

【客运设施】　临清站客运候车室实用面积696.8平方米，旅客容纳量为800人；旅客乘降站台2座，可相继接入3列旅客列车，同时供旅客乘降；雨棚2座；地下通道1处；购票厅实用面积164平方米，售票窗口2个，自2007年实现微机联网售票，可办理全国各地的异地票发售、改签、退票等业务。

【货运设施】　临清站货场占地面积80337平方米，仓库2座3100平方米，货物堆放场1处4050平方米，货运站台2座6010平方米，货物线3条，26吨门吊2座，中谷国家粮食储备库存专用线1条。

【客货运现状】　根据临清站办理客运业务的旅客列车始发终到运行区段，发送旅客主要为北京、天津、黑龙江、吉林、辽宁、山西、河北、山东、河南、安徽、江苏、浙江、江西等地，以北京、天津、东北方向为多，年旅客发送量33万人左右。遵照临清市委市政府方便群众出行的要求及停靠车次的建议，临清站自2013年以来通过每年列车运行图调整的时机，进一步积极向上级申请调整车次，为群众出行最大限度提供便利条件。货运方面，临清站在市委市政府有关领导和部门的带领支持下，在稳定并增加临清当地货源的基础上，把营销重点逐步向周边地市扩大，使货物年发送量由2013年之前的14万吨左右增长到目前的60万吨左右，增长率429%。瞄准现代物流及集装箱运输的发展趋势，通过铁地两家的通力合作，2014年7月，青港国际物流公司装成发往黄岛港的“五定”班列顺利首发，由当时的每日一列增长到目前的每日两列。

【安全保障】　为确保列车运行安全或盲目进入铁路线路人员的人身安全及治安保卫，对站场实行封闭式管理，铁路两侧及站上均建有水泥栅栏和金属护网。客运方面采取的安全措施是，严格执行实名制售票、凭票进入候车室候车、实名制车票查验、行李件件仪器安检、旅客人人手持检查仪安检和程序制度。货运方面采取的安全措施是，货场内严禁烟火、发送货物件件安检、严禁运输危险品类货物。维护安全生产与治安综合治理方面，严格执行车站与派出所联手分工站区线路巡查巡视制度。

（孙海涛　焦　斌）

公路管理

【机构设置及概况】　临清公路管理局承担着境内国、省道干线公路的建设、养护和管理工作。现有干部职工132人，90%以上取得大学本科和研究生学历，专业技术人员30余名，其中研究员1名，高级工程师4名，工程师8人。设有办公室、养护科、路政大队、公路科、财务科、安全科、机料科、工会、三产办和养护管理中心，拥有大中型施工机械30余台套。境内高速公路（高邢30.693千米、德商23.536千米）两条，通车里程54.229千米；国道（G240保台路14.885千米、G514齐邯路24.028千米）两条，通车里程38.913千米；省道（S245临博路26.958千米、S246临邹路10.271千米、S247临大路14.436千米、S248临观路14.741千米、S323乐馆路38.192千米、S520临高路23.768千米）六条，通车里程128.366千米。干线公路管养总路程167.279千米，全部达到二级以上公路水平，其中一级公路41.668千米，二级公路125.611千米，桥梁35座，其中跨越漳卫河大桥一座。

2016年被临清市委、市政府授予“支持地方经济发展工作特殊贡献奖”称号。

【公路建设】　提升公路路网结构，优化路网通达能力。按照山东省、临清市公路建设规划，结合实际，高起点规划、高质量建设、高效能管理，同时积极取得当地党委、政府和有关部门的支持配合，极大地促进各项公路工程的进展，不仅使高邢高速、德商高速公路建设项目落户临清，还促使境内7条共计192.4千米的省道干线公路在10年的时间内全部得以改建升级。2016年，承担建设省道258聊临路中修工程，该段起于北环路与省道258公路交叉口，止于临清与东昌府县界，全长共16.9千米，该项目2016年4月底完成招标程序，于6月30日正式开工建设，全线于11月份通车。

【公路养护】 开展路域环境整治，改善公路通行环境。根据公路部门的职责，加大投入，全面完成应当承担的整治任务，着力突破路域环境治理难点，展现人性化服务亮点。2016年累计清理路宅分家20.8千延米；新建泄水槽2500米；水毁修复路基2.7万立方；全年挖补1400余平方米，路面刷油2.2万平方米，路面灌缝共计12.7万延米；标线施划7500余平方米；完成S322、S259、S257三条省道的路沿石、排水设施施工建设任务；出色地完成S315线共2000平方米路面损坏的抢修任务；完成卫运河大桥引道的抢修任务，实现辖区干线公路路况的稳步提升。为提高"运河名城"城市品位，实现全市经济跨越式发展，起到巨大的促进和推动作用。

【路政管理】 立足服务规范执法，塑造公路文明形象。以打造"临清特色"的路政品牌为目标，实施路政人员半军事化管理，坚持"例会学习制度"，加强路政人员业务理论学习，开展技能比武竞赛，推行路政管理"5+2"无假日巡查制度，建立女子路政中队，路赔回收率、路产恢复率均达100%，有力地维护路产路权不受侵害。境内省道沿线乱搭乱建、砂石料乱堆以及设置非公路标志标识的现象基本消失，公路安全畅通，整治效果明显。2016年，累计完成巡查里程176760千米，处理案件16起，处罚案件7起，复议案件和申诉案件均为零。10月下旬至11月中旬，积极配合临清市人民政府对省道322线北环路进行高标准、严要求的安全隐患整治，整治分交通标志、标线、安全设施三部分进行，大大提高省道322线北环段的通行能力，也给市民的安全出行提供一个和谐有力的安全保障。

【队伍建设】 临清公路局在各级领导和行业主管部门的正确领导和大力支持下，以服务全市经济社会发展和人民群众出行为着眼点和落脚点，以改革为动力，发扬"团结创新，求真务实"的临清公路精神，始终将干事创业作为临清公路工作的主基调，把心思花在想事干事上，全局广大干部职工积极发挥个人的能力、扎实肯干。赢得各级党委、政府支持，赢得良好的群众口碑，为临清公路事业发展营造优越的环境。

【其他主要工作】 临清市第二条高速公路德商高速公路，于2016年7月28日建成通车。德商高速的建成，使临清北与德州过境高速相连，向南与聊城、菏泽、商丘过境高速公路相连，并与现有的高邢高速在临清境内交叉，形成"黄金大十字"，对拉动临清市经济，特别是鲁西北地区的经济发展具有重要意义，对临清经济发展的支撑作用进一步显著，境内路网结构进一步完善，公路通行环境进一步优化，临清公路事业发展呈现出大发展、大建设的良好局面。

（王月峰　王　伟）

邮　政

【机构设置】 中国邮政集团公司山东省临清市分公司（原临清市邮政局，以下简称临清市邮政公司）位于临清市南门里街369号，现有投递段道63条，邮政服务网络、末端投递网络覆盖全市城乡，深入千家万户，形成分布广泛、布局合理的物品收寄、处理、运输、投递网络。现有康庄镇、老赵庄镇、金郝庄镇、石槽、松林镇、胡里庄镇、尚店镇、刘垓子镇、大辛庄镇、肖寨、八岔路镇、潘庄镇、唐元镇、朱庄、康圣庄、戴湾镇、魏湾镇、烟店镇18个农村营业网点，以及京华、先锋、东风、大桥、温泉路、邮政营业室6个城区营业网点。设有综合办公室、市场经营部2个职能部门及金融保险部、渠道平台部、包裹快递部、文化传媒部4个专业经营部门，涵盖储蓄、保险、理财、分销、电子商务、农村电商、包裹快递、函件、集邮、报刊等专业。

2016年，临清市邮政公司荣获多项荣誉，连续5年保持“省级文明单位”荣誉称号，创建首批“临清市无烟单位”；荣获“临清市创建劳动关系和谐企业先进单位”；荣获全省邮政“三十佳县局提名奖”；聊城市公安局全市单位内部治安保卫工作“集体三等功”；由临清邮政主导的临清鸿雁合作社被省级十部委评为“省级示范社”；2016年上半年荣获全省“农肥销售先进单位”；温泉路支局、先锋支局评为全国邮政“百强千佳网点”；松林支局、康庄支局保持山东邮政“工人先锋号”；潘庄支局、松林支局保持“市级青年文明号”。

【邮政业务】 金融业务。临清邮政有金融网点22个，其中农村17个（烟店除外）、城区5个（邮政营业室除外），能办理银监会、保监会等允许范围内的各项存取款、转账、寿险、财险、车险、理财等业务。2016年年底，储蓄存款余额33.2亿元，市场占有率13.1%；其中，2016年新增储蓄余额7.1亿元，新增市场占有率20.6%；新增保费1.69亿元，理财保有量1954万元。

分销物流。分销物流以“贴近群众　服务民生”为宗旨，涉及酒水、农资等各项业务。通过邮政直接与企业接洽，将社会最需要的分销产品配送至广大群众中，将企业质量最好的产品输送到广大群众中。2016年，以服务三农为中心，以“万亩示范田”为基础，建立“示范田+合作社+一体化”服务民生模式，并通过“七统一”不断惠及三农，累计建设万亩示范田15.3万亩，惠及群众2.2万户，并为全市农业增产、农民增收提供强有力的保障。

报刊业务。临清市邮政公司积极适应人民群众日益提高的精神文化需求，大力开展党报党刊、畅销报刊以及思想积极、内容健康报刊的宣传和征订工作，维护党的思想宣传和传播渠道；并积极实现“互联网+”理念，倡导网上订阅报刊、电子书籍发行等工作，不断适应时代发展。2016年全市累计实现流转额898万元，收入233.3万元。

电子商务。利用自身网络优势，依托信息技术和国家公众通信网，充分发挥邮政实物流、信息流、资金流相融合的优势，实现与电信运营商、政府机关单位、航空公司、铁路公司等相互合作，多方共赢。实现代收各类通讯费、代收电费、代收交通罚没款、代售飞机票、火车票、汽车票等，为更加便捷群众生活做出巨大贡献。

农村电商。临清市邮政公司充分利用自身网络优势及渠道优势，大力发展农村电商，打通“工业品下乡、农产品进城”渠道。通过“便民服务站”建设，将助农取款、包裹寄存、报刊订阅等于一身，更加便利群众生活；通过“买卖惠”交易平台建设，直接实现超市与供应商对接，消除中间供货商，进一步降低中间加价，将实惠遍及城区居民。截至年底，累计建设便民服务站620余处，顺利实现“村村通”；投入162万元，全力打造临清邮政智能化电商仓储中心，实现“仓储+配送”模式；2016年农村电商累计实现订单4.95万笔，流量3235万元。

函件。作为传统项目，主要包括信函、明信片、印刷品、盲人读物、义务兵免费信件、邮简、邮送广告等一系列业务。临清邮政目前函件中心集设计、招商、策划、商演、宣传等于一体，涉及视频媒体、报刊传媒、信函传媒、信卡传媒、户外媒体、新媒体等一系列现代化综合媒体运营平台，适应广大民众、企事业单位的多样化需求，助力其发展提升。

集邮。作为特色业务，集邮是以邮票及其他邮品为主要对象的收集、鉴赏与研究活动；是以经营邮资票品、集邮品、集邮用品为主的一项邮政业务，既是邮政企业为满足广大集邮爱好者收寄、鉴赏和研究的需要，也为企事业单位公关宣传、对外联系、提升形象等提供个性化邮品开发服务。

包裹快递。前身为“邮政小包”，为满足国内电商包裹快递市场需求，提升邮政包裹体验品质，邮政整合现有资源，充分发挥渠道优势，打造全新包裹快递形象；并通过全国通达、节假日无休等优势，实现上门揽收、预约投递、专项客户服务等，迅速助推电商客户发展；目前已经拥有“全城半日达”“省内明天见”等产品，实现价格、时限的双重体验。2016 年包裹快递揽收 18.4 万件，日均 504 件。

【企业经营】 临清市邮政公司 2016 年全年累计实现业务收入 7727 万元，顺利达成省公司既定目标，同比增长 17.2%；综合考评在全省位列 32 位。

发挥邮政网点优势，做好服务三农工作。邮政万亩示范田自建设以来，得到市委市政府和广大群众的一致好评；2016 年在各镇（街道）累计建设万亩示范田村庄 120 多个，通过“七统一”服务，平价供肥 4000 余吨，减轻群众购肥压力和成本，临清鸿雁合作社被省级十部委评为“省级示范社”。

打造雷锋邮路，弘扬道德新风。在城乡 63 条投递段道中开展“弘扬雷锋精神　传承传统文化”活动，将“绿衣天使”和“雷锋精神”相结合，涌现出一大批模范人物和先进事迹，一批先进人物得到各类媒体宣传推荐。

参加公益活动，传播正能量。临清市分公司成立“雷锋志愿队”，先后多次深入红星路、新华路等路段开展雷锋志愿，清理积雪、卫生等；多次深入公园、广场等志愿服务；积极响应号召，组织“慈心一日捐”，并在国庆节、邮政日等重要节日走上街头开展宣传；开展“道德讲堂”，每月一讲，颂扬传统文化经典。

开展多彩活动，助力和谐建设。组织“邮爱夕阳　幸福银龄”广场舞大赛，开展活动 50 余场，得到市委市政府高度认可；积极联系，开展“熊出没”大型儿童剧商演；开展工会会员卡服务，拓展工会会员福利，进一步惠及工会会员；开展精准帮扶，深入省级贫困村，充分发挥邮政力量，协助脱贫致富；组织“相亲会”，为单身青年创造交流机会。

强化能力建设，提升客户体验。强化网点建设稳步提升，2016 年累计新租赁、改造八岔路、潘庄、唐元、胡里庄、老赵庄 5 处网点，各网点营业服务能力进一步提升；为提高邮件传递时限，公司由 3 条邮路增加为 4 条，由环形邮路调整为往返邮路，进一步增加邮件出口数量，提升邮件时限；自助设备不断完善，新增 ATM/CRS 机 4 台，累计 49 台，点均 2 台；新增移动展业设备 22 部，网点自助设备功能不断完善；公司 5000 平方米仓储中心正式运营，初步形成包裹、平台等“线上销售 + 线下仓储”模式；新增加城区投递三轮车 18 辆、汽车 2 辆，城区机动车投递占比 83.3%；农村四轮车占比达到 90% 以上。

【队伍建设】 以突出中青年人才队伍建设为重点，通过交流学习、挂职锻炼等方式，强化能力推进；强化领导队伍建设，多次组织重点干部到北京、延安、菏泽等地学习，强化思想整治素质、业务发展能力；领导干部本科率达到 100%，中层青年干部占比达到 40% 以上；强化营业员队伍建设，通过聊城邮政培训学习，实现员工每年参培率 100%；通过严格审查，员工大专及以上学历持证率达到 100%；各岗位相应技能证书、保险证、理财证等证书持证率 100%。

【企业管理】 基层管理严格化。严格执行“四个 0 和一个 100%”制度，严格执行“五声服务”“六个一服务”，加强合规培训，利用远程监控、现场检查等手段，确保临清邮政服务综合满意度 90 分以上；加强金融舆情及风险事件管控，优化提升“常规、专项、突击”检查的质量，坚决杜绝重大通信、安全、舆情事故和资金案件。

财务管理精细化。实施“零基预算”，加大预算管控力度；强化合规意识，严格报账流程，严禁逆流程作业；加大审计力度，每月实施业财对账，做到应审尽审、凡审必严、严肃问责、整改到位；开展网点损益核算工作，将网点收入、成本精细化管理。

制度管理明晰化。重新制定并完善《临清邮政工作纪律考核办法》《财务报账工作办法》《职工小家检查考核办法》《油料及公车使用管理办法》《会议管理办法》《“三重一大”决策办法》等一系列制度，开展制度“执行月”“提升月”“夯实月”等，切切实实将各项规章制度完善，保证企业规范运行。

文化建设融入化。强化精神文明建设，将文明单位考核纳入年度工作目标。落实党风廉政责任制，强化“一岗双责”，保证两手抓两手都要硬；切实强化作风建设，通过“假如我是客户”“弘扬女排精神”等讨论、演讲，进一步转变工作作风；狠抓“四风”排查，落实“四风问题”回头看，确保“四风”问题反弹；积极发挥党支部作用，强化党员先锋队，在基层党员空白网点实施“党代表”包挂，强化党组织在基层的作用；积极组建“积极分子先锋队”，重点培养入党积极分子；开展“逢节必访”，重大节假日必定深入基层开展慰问；深入建设农村支局小家，全部配置空调、电视、热水器等，2016 年已经有省级“五好”小家 1 处，聊城市级“五好小家”2 处。

（高恒峰）

中国联通有限公司临清分公司

【机构设置】 2009 年 1 月，中国网通有限公司与中国联通有限公司业务重组，成立中国联通有限公司临清分公司(以下简称联通公司)。联通公司下设：综合部、综合运营组、城区驻地网单元、农村驻地网单元、城区渠道单元、农村渠道单元、城区营业单元、农村营业单元、大客户单元、中小企业单元和维护中心。主要业务包括固话、移动（2G、3G、4G）和宽带互联网业务及联通电视业务 IPTV。

【联通网络】 固话交换设备为 OLT，设备容量为 85500 线，城区及乡镇有电话用户 4.5 万户（城区 2 万、乡镇 2.5 万）；2G 基站达到 178 个，3G 基站达到 123 个，4G 基站达到 186 个；光端设备达到 359 个，光缆皮长达 1610 千米，芯长 12610 千米。

【联通服务】 固话、移动和宽带互联网全业务运营。由于电信、移动和联通均经营固话、移动和宽带互联网业务，服务工作日趋多样化，联通公司依靠独特的服务理念及技术优势，占据固话、移动 2G、3G、4G 和宽带互联网业务的领先位置，客户满意度 98% 以上。

【内部管理】 为建立一支政治过硬、业务精通、行业作风优良的企业员工队伍，在内部管理上坚持科学、专业、精细、自主的企业管控模式，提高企业管理水平和工作效率，实现企业各方面管理的科学化、规范化，建立现代企业制度，增强企业的竞争优势与核心能力。在自己通信服务领域内追求完美、规范、卓越的职业化品质，把身边的事情一点一滴、一丝不苟地做到最好，成为自己专业领域的行家里手。“天下大事，必作于细”。以现代商业的运营模式，注重每个细节的管控，注重资金投入及效益的产出。造就高素质员工，从严格的制度管理逐渐向自主管理迈进，使企业走向良性发展的道路。

（曹在亭　邢丽婷　李　楠）

中国移动通信集团山东有限公司临清分公司

【机构设置】 临清移动公司按上级公司的组织机构设置要求，设总经理1名，副总经理3名，下设7个部门及中心，11个乡镇经营部，4个城区营业厅，部门、中心分别为综合部、业务运营部、建设维护部、渠道管理中心、集团客户服务中心、家庭客户服务中心、客户服务中心。

【基本建设】 临清移动公司现有员工144人，其中研究生2人，本科学历61人，大专学历58人，大专及以上学历员工占比84%。公司现有综合楼1处，城区营业厅4处，乡镇经营部11处。累计发展社会代理商839家，村点覆盖率达到92%，大大满足乡镇客户对移动业务的使用需求。

【移动网络】 2016年，临清移动公司新建4G基站170处，微型基站30处，室内分布系统30余处，建设城区主干道通信管道计40余千米，新建有线宽带站点54处，扩容站点416处，新建各类集团专线115条，新建传输线路共计800余千米，共投资2100万元。

截止到2016年底，网络建设累计投资总额达3.4957亿元。2G基站达266个，4G基站达513个，全市2G、4G网络覆盖率达到99%以上，且不断增加和优化，网络覆盖可充分满足客户的通信需求。

移动光纤宽带累计建设747处，覆盖城区178个小区，乡镇569个村镇，全市绝大多数城乡家庭均可享受到中国移动实惠的高速宽带和高清电视服务。

集团各类专线累计建设1100条，共计620个局点，覆盖临清大多数大中小集团。

【移动业务】 临清移动公司立足互联网时代用户使用需求，除提供基础移动通信业务外，还提供有线宽带、魔百盒、手机报、彩铃、车主服务、咪咕音乐、咪咕阅读、咪咕视频等多种增值业务，以及集团虚拟网、集团彩铃、集团专线固话、校讯通、警务通、移动办公、视频监控、电力抄表等多项集团业务。

2016年临清移动积极响应“提速降费”号召，对资费产品不断梳理整合，推出多种以流量、商务套餐为主打的新资费产品，可满足客户的不同通信需求。中国移动光纤宽带由10M带宽普遍免费升级为20M，更推出50M、100M高带宽业务和4K高清电视服务，以更亲民的价格、更优质的服务回馈全市人民。

【移动服务】 临清移动公司自1999年成立以来，一直秉承“让客户满意是我们不懈的追求”的服务理念，将客户服务放到首要位置。2016年，公司在优化原有营业窗口、10086热线服务的基础上，新搭建短信满意度测评平台，主动倾听用户意见，严格落实八项服务承诺，并在营业窗口服务方面开展创新的惊喜化服务，不断致力于为客户提供更优质便捷的服务体验，赢得客户良好口碑。

【内部管理】 为打造出一支团结协作、科学民主的管理队伍，2016年临清移动公司查漏补缺，持续完善以党建、企业制度、安全生产、精神文明为主的各项基础管理建设工作。公司党支部认真贯彻落实全面从严治党要求，组织开展“两学一做”学习活动和“嵌入式风险防控”管理体系建设。同时，全体员工不断强化安全生产意识，健全“一岗双责”的安全责任制和考核制度。大力开展精神文明建设、员工满意度提升工程，多措并举，确保实现管理以人为本，员工和企业共同发展的目的，促进企业快速、健康发展。

（曹在亭　邢丽婷　李　楠）

中国电信股份有限公司临清分公司

【公司概述】 中国电信集团公司山东省临清市电信分公司、中国电信股份有限公司临清分公司（以下简称为临清电信分公司）分别于2004年4月、2008年10月成立，隶属于中国电信集团公司山东省聊城市电信分公司、中国电信股份有限公司聊城分公司，担负着全市固定电话、移动通信、互联网及综合应用业务。中国电信是全国特大国有通信企业、上海世博会全球合作伙伴，连续多年入选“世界500强企业”。临清现拥有固定网号为:210、297、502，固定网络覆在城区、烟店；移动网号为：133、153、180、181、189、173、177，移动4G网络覆盖率达到99%以上。

【机构设置】 临清电信公司按上级公司的组织机构设置要求，设总经理1名，副经理1名，下设7个支局及后端支撑中心，7个支局（4个支局在城区、3个支局在镇（街道）分为政企支局、城北支局、城南支局、营业支局、烟店支局、松林支局、康庄支局；后端支撑中心包括网运部、综合部、财务部、市场部、维系中心、投诉中心。

【基本建设】 临清电信公司现有员工55人，其中本科学历30人，大专学历12人，大专及以上学历员工占比76%。公司现有办公楼1处，城区营业厅1处，乡镇经营部13处。累计发展社会代理商236家，其中城区98家，乡镇128家，村点覆盖率达到80%，满足乡镇客户对移动业务的使用需求。

【网络建设】 2016年，临清电信分公司新建4G基站32处，室内分布系统1处，建设城区主干道通信管道计27余千米，新建有线宽带站点14处，扩容站点38处，新建各类集团专线29条，新建传输线路共计21余千米，共投资1320万元。截止到2016年底，网络建设累计投资总额达1.58亿元。2G基站达56个，4G基站达48个，全市2G、4G网络覆盖率达到99%以上，且不断增加和优化，网络覆盖可充分满足客户的通信需求。光纤宽带累计建设135处，覆盖城区95个小区，乡镇12个村镇，全市绝大多数城乡家庭均可享受电信百兆网速和高清电视服务。集团各类专线累计建设200条，共计226个局点，覆盖临清部分企业和政府。

【电信业务】 临清电信分公司立足互联网时代用户使用需求，除提供基础固网、移动网通信业务外，还提供信息集成业务。2016年临清电信积极响应“提速降费”号召，对资费产品不断梳理整合，推出多种以流量、商务套餐为主打的新资费产品，可满足客户的不同通信需求。中国电信光纤宽带由10M带宽普遍免费升级为50M，更推出100M、200M高带宽业务和高清电视服务，以更亲民的价格、更优质的服务回馈全市人民。

【电信服务】 临清电信分公司本着“用户至上、用心服务”的理念，以提升用户满意度为指引，以关键服务环节为切入点，以感知测评为手段，强化差异服务优势。积极参加行风建设，不断规范市场、资费及收费行为。加强用户信息安全、网络安全和信息化建设。主要落实4G和宽带两个重点产品持续主抓。提升重点区域的4G网络质量，将电商渠道作为服务4G用户的服务主渠道，对终端售后服务延伸；提升宽带投诉重点区域网络质量，对宽带装维全流程时间管控，优化现场流程，完善支撑体系，提升工作效率。

【内部管理】 2016年临清电信分公司围绕“协作、担当、实干、争先”这一工作主线，以“竣马精神”为切重点，在主营移动固网业务上做好“内强素质、外树形象”的基础管理工作。按照集团公司要求对县公司划小管理，根据县区片区及收入完成进行认购承包支局，在划小支局里精细化管理，培养管理型人才。使员工干劲十足，圆满完成2016年下达的任务目标。在党风建设上认真贯彻落实全面从严治党要求，组织开展“两学一做”学习活动和“关键岗位风险防控”管理体系建设。同时，全体员工不断强化安全生产意识，健全“一岗双责”的安全责任制和考核制度。公司大力开展精神文明建设、员工满意度提升工程，多措并举，确保实现管理以人为本，员工和企业共同发展的目的，促进企业快速、健康发展。

（曹在亭　邢丽婷　李　楠）

临清年鉴 2017

LINQINGYERABOOK

建设　环保

住房和城乡建设

【概况】 临清市住房和城乡建设局是临清市人民政府负责综合管理全市城乡建设事业的行政职能部门。1999 年 1 月，临清市城乡建设委员会为正科级行政单位。2002 年 8 月市级机构改革时，根据临发〔2002〕37 号文件，临清市城乡建设委员会更名为临清市建设局，原级别，性质不变。2010 年 4 月市级机构改革时，根据临发〔2010〕12 号文件，临清市建设局更名为临清市住房和城乡建设局，原级别、性质不变。2011 年 3 月，临清市住房和城乡建设局内设办公室、政工科、财务科、工程管理处、项目管理办公室、城市管理办公室、安全监督站、建材与建筑节能管理办公室、公用事业管理办公室、散装水泥办公室、城建科、村镇建设处 12 个科室；局属事业单位有 13 个：城市规划局、园林管理处、市政管理处、环境卫生管理处、城建监察大队、房地产管理处、住房委员会、房屋征收与补偿办公室、开发管理处、污水处理厂、路灯管理所、建筑工程质量监督站、建筑设计院。

作为完整体现中国运河文化的典型代表城市之一，在城乡建设上，临清市委、市政府始终坚持以打造中国“运河名城”为目标，2016 年，按照“提升老城功能、完善新城设施、打造古城新貌”的思路，加快城区建设步伐，打造一批重点工程、民生工程，截至 2016 年年底，临清市城镇化率达到 56%，城区详规覆盖率达到 98%，乡镇总规覆盖率达到 100%；建成区面积达到 39.6 平方千米，全市面积达到 90 平方千米。

【城市规划编制】 城市规划是指导城市合理发展，建设和管理城市的重要依据和手段。临清市城市总体规划在指导城市建设、促进城市经济社会发展方面起到重要作用。2016 年根据城市发展方向和建设需求，相继编制《临清市城市总体规划（2015—2030）》、6 项各类专项规划、18 项详细规划和 4 个设计方案。

《临清市城市总体规划（2015—2030）》。为更加科学合理地指导和调控城乡建设，实现建设社会主义和谐社会的目标，依据《中华人民共和国城乡规划法》及相关法规，临清市于 2012 年委托山东省城乡规划设计研究院编制《临清市城市总体规划（2015—2030）》。规划确定的城市性质为冀鲁交界区域中心城市，商贸物流中心和先进制造业基地，以运河文化为主导的历史文化名城。市域总人口与城镇化水平：到 2020 年，全市人口达 84 万人，其中城镇人口达 48 万人，城镇化水平达到 57%；到 2030 年，全市人口达 90 万人，其中城镇人口达 68 万人，城镇化水平达到 75%。截止到 12 月 31 日，临清市城市总体规划（2015—2030 年）总图上报山东省政府待批。

专项规划。2016 年以来，组织《临清市热力专项规划》《临清市历史文化名城保护规划》《临清市中洲运河历史文化街区保护规划》《临清市排水（雨水）防涝综合规划（2016—2030）》《临清市海绵城市专项规划》《临清市绿地水系专项规划》。截至 2016 年 12 月 31 日，正在编制的专项规划有 5 项，编制完成的专项规划有 1 项。

2016 年 4 月，委托山东省城乡规划设计研究院编制《临清市热力专项规划》。

临清是省级历史文化名城，2015 年中洲历史文化街区被批准为省级历史文化街区。2016 年 8 月，委托城印国际城市规划与设计（北京）有限公司编制《临清市历史文化名城保护规划》《临清市中洲运河历史文化街区保护规划》。

2016 年 9 月，编制完成《临清市排水（雨水）防涝综合规划（2016—2030）》。临清市排水（雨水）防涝综合规划的主要任务是确定临清市城市排水（雨水）防涝标准，做出雨水径流控制与资源化利用规划、排水（雨水）管网系统规划、防涝系统规划、建设规划；提出工程管理规划和规划保障措施，为临清市城市的发展建设提出合理、可行的排水（雨水）防涝综合规划方案。

2016 年 10 月，委托山东省城乡规划设计研究院编制《临清市海绵城市专项规划》《临清市绿地水系专项规划》。

详细规划编制。为服务于临清市城市经济建设和城市化的进程，根据临清市城市总体规划，结合城市近期发展方向和建设要求，2016 年共编制 10 个项目控规，8 个项目修规和 4 个设计方案。

2016 年临清市各项详细规划和设计方案编制情况一览表

序号	规划名称	备注
1	清华园学校修建性详细规划	1 月
2	桑树园小学修建性详细规划	2 月
3	温泉路以北、经八路以东、青年路以南地块（新兴重工）控制性详细规划	3 月
4	鹏源宾馆接建项目规划及方案设计	6 月
5	龙山公园设计方案（启动区）	6 月
6	文化体育公园景观规划方案及扩初设计	6 月
7	调整桑树园小学修建性详细规划	6 月
8	新华办事处中学及民族小学修建性详细规划	6 月
9	新兴重工（临清）天然气非管网生态科技园一期规划	6 月
10	临清市通达公交汽车有限公司综合服务中心修建性详细规划	7 月
11	临清市先锋路以北、京九铁路以东、东二环路以西地块控制性详细规划	7 月
12	临清市聚和街（原纬六路）以北、兴临路（原工业街）以东地块控制性详细规划	8 月
13	临清市兴临路（原工业路）以东、先锋路以南、聚和街（原纬六路）以北地块控制性详细规划	8 月
14	临清市东环路（原东三环路）以东、先锋路以北地块控制性详细规划	8 月
15	临清市东环路（原东三环路）以西、沙丘路（原经七路）以东、红旗渠街（原纬一路）以北地块控制性详细规划	9 月
16	临清市解放路以南、兴临路（原工业街）以东地块控制性详细规划	7 月
17	山东鑫通钢结构工程有限公司修建性详细规划	9 月
18	万嘉观澜国际北区修建性详细规划调整方案	9 月
19	银河路以南、干渠东路（原经五路）以东地块控制性详细规划	9 月
20	青年路以北、京九铁路以东地块控制性详细规划	10 月
21	金域蓝湾小区修建性详细规划	12 月
22	华美路（原南环路）以南、三和路（原东环路）以西地块控制性详细规划	12 月

【镇及村庄规划编制】 2016年临清市12镇均已完成镇总体规划的编制，编制10个专项规划、2个控制性详细规划。2016年编制康庄镇区控制性详细规划和烟店镇三个小区的控制性详细规划（见附表）

2016年临清市村镇规划编制情况一览表

序号	编制时间	镇	规划名称	规划编制单位
1	2016年5月	烟店	《临清市烟店镇星河国际修建性详细规划》	聊城经济开发区勘察设计研究院
2	2016年6月	烟店	《临清市烟店镇翠湖苑二期修建性详细规划》	山东华科规划建筑设计有限公司
3	2016年8月	烟店	《中轴豪庭商住区修建性详细规划》	山东华科规划建筑设计有限公司
4	2016年10月	康庄	《临清市康庄镇区控制性详细规划》	山东建大建筑规划设计研究所

【城市道路建设】 2016年，临清市共修建10条道路，新建及改建道路长度18.2千米，面积42.5万平方米。新建及改造污水管网29.5千米，雨水管网33.3千米。具体包括工业路（温泉路—纬一路）、银河路（三干渠东桥头—东三环）、经二路（育新路—青年路）、曙光路（青年路—解放路）、温泉路（新华路—龙山路）、永青路（温泉路—青年路）、站前路（温泉路—济津河）、站前路（先锋路—银河路）、永青路（解放路—银河路）、新华路（青年路街道办事处—南环路）道路及排水工程，总投资1.9亿余元。启动龙山公园、南部新区文化体育公园建设项目及大唐热电中水回用项目，总投资4048万余元。这些道路和基础设施的改善，极大地解决市民出行难的问题，也为企业发展提供良好的投资环境。

2016年临清市道路排水建设情况一览表

年份	工程名称	长度m	总长度
2016年	新华路道路排水工程	3000	18.2千米
	银河路（三干渠东桥头－东三环）道路排水工程	2511.8	
	经二路（育新路－青年路）道路排水工程	286.3	
	永青路（解放路－银河路）道路及排水工程	755.5	
	永青路（温泉路－青年路）道路排水工程	853.1	
	温泉路（新华路－龙山路）道路排水工程	615	
	曙光路（青年路－解放路）道路排水工程	2184.6	
	站前路（先锋路－银河路）道路排水工程	1414.1	
	站前路（温泉路－济津河）排水工程	1051.6	
	工业路（温泉路－纬一路）道路排水工程	5268	

【亮化建设】 2016 年对新华路、红星路、先锋路等 8 条城区主要路段进行路灯 LED 节能改造。城区新增船厂街、启秀路、育新路、清泉街四条道路路灯。路灯总盏数达到 8500 余盏，亮灯率始终保持在 95% 以上。

2016 年临清路灯新建安装汇总一览表

年度	序号	道路名称	基数	盏数
2016	1	船厂街、启秀路、育新路、清泉街	138	138
	2	新华路、大众路、先锋路等路段　LED 节能改造	800	820

【城市绿化】 2016 年，临清市分别对德商高速、临高路路肩、临冠及临馆路、曙光路中段（温泉路一青年路）、郭庄闸绿地、永青桥西北角绿地进行绿化建设，绿化面积共计 26 万平方米，完成投资 480 万元。

广场绿地建设。随着城市的不断发展，居住小区的日益增加，城区绿地建设已成为城市园林绿化建设中不可缺少的一部分。2016 年临清市园林管理处分别建设郭庄闸绿地、永青桥西北角绿地。其中，永青桥西北角绿地在绿化过程中栽植雪松、绚丽海棠，红叶石楠球等植物，该绿地的建成，提升广场周边的环境，丰富永青路的景观效果，也为广大市民提供一处观光、游憩的场所。

道路绿化建设。城市道路绿化建设是城市绿地系统中重要的组成部分，是城市绿地系统中的“线”，也是展示城市形象和市貌的窗口。按照“绿随路建、绿美结合”的原则，2016 年，临清市园林管理处先后对德商高速、临高路路肩、临冠及临馆路、曙光路中段（温泉路一青年路）实施绿化建设。尤其在曙光路中段改造中，增加植物品种，丰富建设内容，提升绿化档次，切实达到四季常绿，三季有花的景观效果。

临清市道路绿化建设、升级改造情况一览表

年度	序号	绿地名称	面积（m²）	投资（万元）
2016 年 3 月	1	德商高速	144000	80
	2	临冠及临馆	55000	300
2016 年 4 月	1	曙光路中段	3000	12
	2	临高路路肩	47000	45

【污水、垃圾处理】 临清市碧水污水处理厂兴建于 2001 年，负责对城区污水管网收集的污水进行处理，建设规模为 10 万吨 / 日（含 4 万吨 / 日的临清市碧水污水处理厂扩建工程）。2016 年临清市碧水污水处理厂实现全年出水达标排放，出水水质达到《城镇污水处理厂污染排放标准》（GB18918-2002）一级 A 标准。2016 年度市碧水污水处理厂共处理城市污水 2830.4 万吨，消减主要污染物 COD7500.8 吨；2016 年 5 月 1 日临清市碧水污水处理厂污泥处置工程建设完成并投入使用，该项目能将处理污水每天所产生的约 35 吨污泥（含水率 80%）用于制作农肥；2016 年 12 月临清市碧水污水处理厂将产生的约 2 万吨 / 日中水通过输水管道输送至大唐山东发电有限公司

供其使用，实现水资源的循环利用。

临清市碧水污水处理厂污泥处置工程。为国家海河流域水污染防治“十二五”规划重点项目，列入国家2014年中央预算内投资项目库。2013年8月省国土资源厅出具该项目土地预审意见，2013年9月省发改委批复立项。项目估算总投资3184万元，中央预算内补助资金530万元。采用堆肥发酵工艺，建设规模处置污泥为70吨／天（含水率80%）。因预选址（临清市老临夏路以南、先锋路街道林场）地界和产权存在争议，经市政府同意，以租赁形式占用山东沃源有机肥业有限公司厂区地块（约15亩）用于项目建设。项目经临清市政府采购中心组织招标采购，分别与山东聊建集团有限公司（一标段）、山东鑫业建设有限公司（二标段）签订施工合同。2015年8月26日项目正式开工建设，主要建设内容：建筑面积4281.55平方米，建设厂房钢结构地上一层、购置发酵翻抛机2台、平移车2台、鼓风机6台等堆肥发酵设备。2016年5月1日项目建成并通过建设工程竣工验收，完成投资444万元。

垃圾中转站建设和运营。为改善城区居民生活环境，提高固废处置率，减少固废对周边环境的污染，改变新华垃圾中转站脏、乱、差的状况，临清市政府投资340余万元，在老垃圾处理厂址新建中转站，总建筑面积1111平方米，2015年12月开工建设，2016年6月新华垃圾中转站投入使用，实现城区生活垃圾转运全密闭，露天转运成为历史。同时，2016年初由桑德股份有限公司投资兴建的临清德运垃圾焚烧发电项目顺利施工，标志着临清市生活垃圾处理水平又向前迈进一大步。

【供热、燃气建设管理】 供热。由于蒸汽供热能力无法满足人民的需求，并且严重浪费能源，向大气排放大量的烟尘和二氧化硫。为搞好节能、节水和资源综合利用及为解决城区市民冬季取暖问题，2008年7月29日，临清市人民政府与哈尔滨宏翔实业集团签订集中供热合同，2008年9月2日注册成立临清市宏翔热力有限责任公司，开始实施临清市循环水集中供热工程。截止到2016年年底，循环水集中供热累计投资1.9亿元，临清市城区供热管道铺设长度为437千米，供热用户达到2万余户，城区供热总面积240万平方米，城区四条主管网全部铺设完成，全市范围内建设分配站81座，建设直供井34个。

供气建设管理。2016年，临清市新增天然气居民用户4200户，总用户达到51380户；新增天然气工副业用户42户，总用户达到617户；铺设燃气管道40千米。全年售气量3796万立方，其中，工业用气2200万立方，居民用气940万立方，车用气206万立方，其他用气450万立方。

【园林绿化管理】 城区园林绿化管理养护由园林管理处负责。城市绿化三分建、七分管，随着临清市绿化规模及绿地面积的不断扩大，绿地管理任务也日益繁重，为有效地巩固好现已取得的绿化成果，在园林执法监察工作上，加大城市园林绿化的监管力度，通过划片管理、责任到人的方法，增强执法人员的责任心，提高监察工作水平，有效遏制人为毁坏绿化苗木及园林附属设施的现象，杜绝乱占绿地现象的发生，保护园林绿化成果。在园林维护工作中，采取城区绿化分片、分段责任承包，实行定岗、定任务、定资金、定责任的“四定措施”。与此同时，制定严格的养护标准，由专人负责定期监督、检查。实行严格的奖惩考核制度，做到建一块管一块，绿一片养一片，使城市绿化管理工作更加规范化、制度化、科学化。截至2016年年底，园林管理处直接管理的绿地面积为235万平方米，城区的温泉路、永青路、曙光路南段、经一路、大众公园、运河文化广场、运河文化中心等地段的绿地养护标准均达到一级养护标准；其他区域的绿地养护达到二级养护标准。

【环境卫生管理】 2016年环卫处负责城区30条主次干道路面的普扫和保洁、生活垃圾收集、清运；古运河水面的打捞、清运；水冲式公厕的建设与管理、全城区公厕粪便的清掏、运输管理；城区主干道环卫设施、管理；清运车辆的购置、管理；生活垃圾处理场的管理、运行。负责城区工厂企业、行政事业单位和驻临单位、沿主干道两侧门店生活垃圾处理费收费管理。环卫处保洁面积由2008年环卫体质改革以来的305万增加至420余万平方米，保洁道路增加13条主次干道。

环境卫生管理。在城区范围内，环卫处合理配备人员，增加100余人，转变传统运行模式，由原来的晨扫+半班的工作模式，转变三班两运转的工作模式，大大提高见员率。提高工作标准，增加工资待遇，定岗定责，由过去的600元，提高到800元，增加200元绩效工资，进行网络化管理。设置考核机构，建立督导调度平台，完善考核机制，严格兑现奖惩。2016年7月增加12辆洗扫车辆，加大机扫力度，扩大洗扫面积，使道路机扫率由之前的不足60%增至到90%，不仅减轻工人的劳动强度，更提高道路保洁质量。在增加机扫一体化车辆的基础上，逐步将保洁员的人力三轮车更换成240辆电动三轮车，主次干道将实现机械化清扫，保洁员进行捡拾为主，这种方式进一步降低保洁员的工作量。9月中旬，垃圾清运车辆全部更换封闭式垃圾压缩车，实行垃圾密式运输，确保垃圾日产日清。10月下旬，由于道路两侧早摊和饭店餐厨垃圾乱倒，导致下水道口堵塞，夏季更是脏污恶臭蚊蝇滋生，环卫处配备两辆餐厨垃圾车辆，实现专人收运，每日下午1：30—4：00，晚上7：30—11：30安排餐厨垃圾收集车对红星路、新华路、经一路等6个路段的餐饮和大型商超进行上门收集，做到统一收集，统一运输，统一处置，日产日清。

【市容环境管理】 市容环境管理由城建监察大队负责。2016年，城建监察大队本着“以人为本、标本兼治、落实责任、齐抓共管、全面提升、长效管理”原则，坚持文明执法，落实执法人员网格化管理责任制。2016年3—6月，组织执法人员集中对城区沿街商户乱摆乱放、占道经营、乱贴乱画和露天烧烤等现象进行清理，共规范店外经营450余次，清理乱涂乱画及小广告3000余处，暂扣灯箱广告270余个、占道经营三轮车18辆，处罚不服从管理、多次违犯的流动商贩80余起，取缔城区主干道两侧露天烧烤110余处，营业烧烤店一律室内烧烤并改用环保炉具。9月开始，城建监察大队首次参与大气污染防治，负责全市餐饮业油烟治理及城区主干道两侧早餐门店改用清洁能源工作，截至2016年12月底，城区主干道两侧已安装油烟净化设施饭店281家，占全市饭店比例约95%，早餐类改电改气门店220家，占全市早餐门店比例约96%。

【房地产管理】 网签备案。临清市房地产管理处于2016年3月21日起，全面实行商品房销售合同网签备案，截止到2016年12月31日，已成功网签备案4902户、59万平方米。网签备案对于房地产管理意义重大，能够及时有效地掌控市场行情，确保消费者的资金安全，防止一房多卖，资金流失，房价虚高等不法行为的发生，有效稳定房地产市场的平稳快速健康发展。

为配合组建不动产登记中心，2016年1月，房地产管理处调动工作人员22名，配合组建不动产登记中心，全力协助相关工作。双方资源共享，通力合作，极大避免因业务交接而造成的房地产相关手续中断。同时，逐步简化手续，精工简政，既方便服务群众，又提高工作效率。

房地产交易管理。随着不动产登记中心的成立，房产证变为不动产证，房地产管理处与不动产登记中心协同办公，同时双方严格把控手续，规范流程，保障人民群众的财产安全。2016年全年，累计办理房屋买卖679户，房屋抵押858户，房屋继承62户，房屋赠予20户，房屋分割78户。

直管公房管理。由于直管公房多为平房，房龄较大，周边环境复杂，居住人员集中，每到汛期或雨季，都存在着相对较大的安全隐患。直管公房由房地产管理处负责统一修缮，采取汛前集中治理和日常零星修缮相结合的方式，通过适时、有针对性的修缮，最大限度的延长房屋的使用寿命，保障居住者生命财产的安全。按照统一规划、分批改造的原则，有计划、有步骤的逐年对全市直管公房进行修缮。截止2016年年底，公房面积为8042.93平方米，建筑面积为12936平方米（平房），4094.23平方米（楼房）。

2016年全年共计小修43户，60间，960平方米，及时排除潜在的不安全因素，为应对雨季汛期等自然灾害做足保障，维护人民群众的生命财产安全。

公房拆除情况。根据市政府的统一安排，城市建设大发展的要求，解决城中村、旧城改造，古运河片区改造工程拆除公房6户，13间，建筑面积208平方米；钞关改造工程拆除公房12间，建筑面积192平方米，最大限度地配合相关市政工程建设，营造良好的市政工程建设环境。

物业管理。2016年物业管理服务领域已延伸到房屋修缮、家政、装饰等多项有偿服务项目。全市城区具有一定规模的住宅小区52处、建筑面积1895285平方米，入住58265户，入住率86%。

【城市房屋征收与补偿】临清市房屋征管办主要负责临清市的房屋征收工作，成立于1991年12月，由原临清市拆迁办于2011年5月年正式更名为临清市房屋征收与补偿管理办公室。2016年临清市征管办分别对三里堡棚改项目、永清路拓宽项目、曙光路北段打通项目、钞关片区、青年路打通花园片区项目进行房屋征收工作，共计征收房屋948户，面积215892平方米，对全部被征收户进行安置。

临清市根据国务院《国有土地上房屋征收与补偿条例》和2015年新颁布实施的《山东省国有土地上房屋征收与补偿条例》并结合全市实际情况及以往的工作经验，制定《临清市城建重点项目指挥部关于临清市城区房屋征收与补偿安置意见》，作为临清市城区房屋征收工作的指导性文件。房屋征收时均以该文件作为基础，明确制定各片区的征收补偿安置政策，达到补偿合理完善，切实保障群众利益最大化。

2016年度临清市房屋征收情况一览表

序号	项目名称	征收面积（m²）
1	三里堡棚改项目	89122
2	永清路拓宽项目	21011
3	曙光路北段打通项目	41259
4	钞关片区	41000
5	花园村棚改项目	23500
6	总　计	215892

【房地产开发】2016年全市房地产业发展迅速，房地产开发投资、施工面积、竣工面积、销售额都保持快速增长。截至2016年年底，全市共投资19.97亿元，占地面积38.11万平方米，建设面积90.77万平方米。有效改善临清市部分居民的居住环境。

2016 年全市房地产开发小区建设情况统计表

年度	公司名称	项目名称	位置	投资额（万元）	建筑面积（平方米）	户数
2016	临清市安居置业有限公司	名仕嘉苑	临清市新华路	31777	57483	125310
	聊城市金鼎房地产开发有限公司	山水嘉苑二期	龙山路以西	5195	20407	31666
	临清市新华德润汇通置业有限公司	南桥苑	临清市曙光路中段	68513	69051	201420
	临清市圣冠置业有限公司	青年未来城	曙光路	30281	38767	132700
	临清市昊晟置业有限公司	临清齐鲁三农产业城起步区	温泉路	6210	61011	80388
	临清恒宇地产有限公司	新都汇购物公园	临清市永清路以东	11044	25716	82830
	临清市宝宇置业有限公司	烟店宝宇翠湖苑小区	烟店镇许张寨村	8000	14123	55000
	聊城市建业置业有限公司	逸景家园 A 区	育新路以北，经一路以东	26100	39904	100316
	临清市新华房地产开发责任有限公司	临清市华美家园一期	永清路以东，纬十一路以北	12574	54663	98072
	合　计			199694	381125	907702

【保障性住房建设】 住房保障工作直接关系到广大中低收入住房困难群众的切身利益，自 2008 年起，随着住房保障工作的全面开展，临清市住房保障工作取得较大进展，形成租金补贴、廉租住房、经济适用住房、公共租赁租房、限价商品房和棚户区改造六种形式的住房保障体系。2014 年，随着住房保障政策的进一步调整，公租房、廉租房并轨，临清市住房保障体系主要包括租金补贴、公共租赁租房和棚户区改造三种形式。截至 2016 年年底（含在建），发放租金补贴 663 户，各类保障性住房共计 11749 套，累计实施棚户区改造 15156 户。

2016 年临清市新增公共租赁住房 404 套，其中政府购买 100 套、企业自建 304 套；实施棚户区改造 1084 户，其中实物安置 190 户、货币化安置 894 户；新增租金补贴 50 户。

2016 年临清市公租房、棚户区改造项目统计表

序号	类型	项目名称	套（户）数	备注
1	公共租赁住房	政府购买	100	
2		大唐热电公租房	106	
3		新兴重工公租房	124	
4		腾工轴承公租房	74	
公共租赁住房合计			404	

续表

序号	类型	项目名称	套（户）数	备注
5	棚户区改造	文东片区棚改项目	186	货币化安置
6		葡北片区棚改项目	76	货币化安置
7		青年片区棚改项目	482	货币化安置
8		新华片区棚改项目	150	货币化安置
9		烟店镇翠湖苑棚改项目	190	实物安置
棚户区改造合计			1084	

【新农村建设】 农村危房改造。农村危房改造工作事关农村困难群众切身利益，事关惠民生、保稳定、促和谐的工作大局，可满足农民“住有所居，居有所安”的基本要求，顺应广大农民群众的期盼。2016年度农村危房改造在农户申报的基础上，完成危房鉴定、村集体评议公示、乡镇审核公示等程序，全市648户家庭符合农村危房改造资格条件并已改造完成。

农村改厕。党中央、国务院高度重视农村改厕工作，习近平总书记多次就农村改厕作出重要指示。临清市委、市政府将改厕工程作为一项政治工程列为重点项目进行部署和推进，住建部门深入学习贯彻习近平总书记关于“要在农村来一场‘厕所革命’，让农村群众用上卫生的厕所”的重要指示精神，切实把农村改厕放在美丽乡村建设的优先位置，强化措施，压实责任，全力推进。2016年临清市改厕任务数为40564户，按照试点先行、全面推进原则，年初选取60个村9200余户作为农村无害化厕所改造工作首批试点，先行推进。截至2016年年底，年度任务全部完成，完成率100%。

【示范镇建设试点】 省级示范镇烟店镇。2016年，烟店镇实现民营经济税收8767万元；财政收入达到7654万元；固定资产投资完成25.1亿元；招商引资到位资金8.9亿元。规模以上企业主营业务收入完成181.2亿元；全镇用电量达到14.3亿千瓦时；金融机构各项存款余额16.38亿元，贷款4.03亿元。

市级示范镇康庄镇。康庄镇被列为聊城市第一批示范镇建设计划后，加大力度高标准推进各项工程建设，有效的改善镇区面貌。2016年康庄大道铺设排水管道1400米，投资300万元。建设顺兴街、康庄大道弱电管网4000米，联通、移动、广电、电信等线路完成入地，投资210万元。同时，投资300万元对顺兴街北段两侧花砖进行铺装。

【建筑业】 2016年临清市的建筑业平稳发展，企业的技术力量、机械装备、管理人员及技术工人素质得到较大的提高。临清市有房屋建筑企业10家，其中建筑施工总承包资质为二级的企业7家，建筑施工总承包资质为三级的企业3家、电力工程施工总承包三级资质企业3家、水利水电工程施工总承包三级资质企业2家、公路工程施工总承包二级资质企业1家、钢结构专业承包资质企业5家，其中钢结构专业承包资质为二级的企业2家，钢结构专业承包资质为三级的企业3家、输变电工程专业承包3级资质1家、预拌混凝土专业承包资质企业5家。

2016年，完成成工程项目42个，新增建筑面积112万平方米，产值12.96亿元，实现利税3626.5万元。

队伍建设。2016年临清市的建筑业发展更为全面，从单一的房屋建筑施工总承包资质，发展到涵盖电力施工总承包资质、水利水电工程施工总承包资质、电力工程施工总承包资质、公路工程施工总承包资质、钢结构专业承包资质、输变电工程专业承包资质、预拌混凝土专业承包资质。随着城市化进程的发展，施工企业的技术力量、机械装备、管理人员及技术工人素质得到较大的提高。到2016年房屋建筑总承包二级企业达到7家，房屋建筑总承包三级企业3家，电力工程施工总承包三级资质企业3家．水利水电工程施工总承包三级资质企业2家。公路工程施工总承包二级资质企业1家。钢结构专业承包资质企业5家，其中钢结构专业承包资质为二级的企业2家，钢结构专业承包资质为三级的企业3家，输变电工程专业承包3级资质1家。预拌混凝土专业承包资质企业5家。企业通过不断地发展在市场中都具备较强的竞争力和综合施工能力。

2016年临清市建筑行业结构一览表

序号	专业名称	级别	企业个数
1	房屋建筑总承包	二	7
2	房屋建筑总承包	三	3
3	预拌混凝土专业承包	不分等级	5
4	钢结构专业承包	二	2
5	增项钢结构专业承包	二	1
6	钢结构专业承包	三	3
7	增项钢结构专业承包承包	三	1
8	输变电工程专业承包	三	1
9	电力工程施工总承包	三	3
10	水利水电工程施工总承包	三	2
11	公路工程施工总承包	二	1
12	增项市政公用工程施工总承包	三	1
13	增项起重设备安装工程	三	3
14	增项河湖整治工程专业承包	三	1
15	增项装饰装修工程专专业承包	二	2

职工队伍。2016年行业从业人员约3817人，执证上岗率2016年约为91%。2016年的技术工人95%以上为初中文化水平小学文化降到3%，高中以上文化占到40%。2016年技术工人工种也从单一的木工、瓦工、钢筋工向多工种发展，达到20多个工种，出现一批复合型技术工人，施工企业70%的技术工人达到一专多能，能从事多个工种的工作，施工技术水平大幅度提高。

2016 年临清市建筑行业职工构成一览表

年度	从业人数	关键岗位	技术工人			文化水平			
			初级	中级	高级	小学以下	初中	高中	中专以上
2016	3817	1224	256	1785	270	151	2139	985	542

管理机构。2016 年为临清市住房和城乡建设局工程管理处。其主要职责是施工许可证资料审核发放、建筑市场管理、建筑企业养老保障金管理、造价定额管理、施工现场管理人员及技术工人培训、农民工工资清欠。

【建筑业运营】 建筑施工。2016 年以后为提高工程项目优良率，确保工程质量合格，在新规范、新标准的要求下，建筑主管部门和建设单位严把设计关，施工企业严格按规范、工艺规程施工，质监和监理单位严格按质量验收标准指导和验收工程。在多方的共同努力下，施工水平大幅度提高，工程质量稳步提高。2016 年，完成成工程项目 42 个，新增建筑面积 112 万平方米。

获评 2016 年度聊城市优质结构工程名单一览表

工程名称	申报单位	建筑面积（m²）	结构形式
临清鑫城・翰林院小区 A 地块 1# 楼	聊城市政工程管理处建筑安装工程公司	19200	剪力墙
临清鑫城・翰林院小区 A 地块 2# 楼	聊城市政工程管理处建筑安装工程公司	19348	剪力墙
临清鑫城・翰林院小区 A 地块 3# 楼	聊城市政工程管理处建筑安装工程公司	19200	剪力墙
临清鑫城・翰林院小区 A 地块 4# 楼	聊城市政工程管理处建筑安装工程公司	19348	剪力墙

典型建筑选介。临清市鑫城・翰林苑小区该项目位于临清市红星路以北，曙光路以西，小区总占地 100200 平方米，建筑面积 310280 平方米，容积率 2.61，绿化率在 30% 以上。小区分 A、B 区，共有住宅楼 23 栋，其中多层 6 栋，小高层 12 栋，商住楼 12 栋。该小区设计台地式地上车库，业主车辆直接入库，人车分流，配套设备齐全，小区内地热温泉入户，24 小时热水洗浴，地热辐射采暖，公司配套物业管理。小区门口及车库入口设蓝牙，小区内设监控，封闭式管理。小区设社区医疗等设施，形成健康、环保、养老一体化小区。

（赵晓红　孟昭巍）

环境保护

【机构设置】 1973 年成立环保办公室，1985 年升格为环境保护局，为正科行政单位，列政府工作部门序列。下设环境保护监测站、环境监察大队、环境保护科研所三个事业单位。2012 年临清市环境保护局共设办公室、人事科、财务科、法宣科、污染控制科、环境影响评价科。2014 年环境监测站内设污染物总量控制办公室、科技标准科，环境监察大队内设流域科和环境安全应急管理科。2015 年环境监察大队内设 5 个环境监察中队。现有工作人员 74 人，其中高级工程师 3 人，工程师 18 人，助理工程师 22 人。截止 2016 年全市所有镇、街道均有专职环保助理员，规模以上企业有专人负责环保工作。全市形成纵到镇办，横到企事业单位的环境管理体系。

【工作概况】 环保局主要以改善辖区环境质量和实现经济发展与环境保护和谐发展为目标，努力把环境保护与转方式、调结构、惠民生有机结合起来，为全市经济的健康可持续发展提供有力的保障。主要从以下方面加强境内所有排污企业的环境监管和环境综合整治工作：严格执行新上项目准入制度，从源头控制污染，把好建设项目环评审批关，把好建设项目环境保护“三同时”管理关，开展建设项目环境管理专项检查；狠抓项目建设，着力提高污水处理能力和废水资源化利用水平，强化环境监管，全力确保水环境安全；多措并举，努力改善大气环境质量，加强堆场料场扬尘及电厂的煤堆、灰仓等集中堆放场所扬尘防护工作，加快电厂脱硫、脱硝和除尘改造工程建设及燃煤电厂超低排放工作，全面推进小锅炉淘汰工作；严格执法，打击各类环境违法行为，完善环境监察制度，全面关停取缔“土小”企业；做好辐射环境管理工作，做好环境应急管理工作，做好危废和固废规范化管理工作。

【环境污染防治】 建设项目方面。严格建设项目环保准入，严格限制高物耗、高能耗和高污染项目上马，将环评作为新建项目开工建设的前置条件，在项目开发、招商引资、发展产业过程中始终严把环评关，明确建设项目环保审批“六条”红线。2016 年共审批项目 93 个，其中环评报告表 47 个，登记表 5 个，环境影响评价承诺备案 41 个。把好建设项目环境保护“三同时”管理关，对新建成的项目，按照审批意见和国家规定的相关污染物排放标准进行验收。做好清理违规建设项目工作：全市 75 个违规建设项目已完成 69 个，剩余 6 个为省及聊城备案项目，全部完成评估任务，等待备案。

水污染治理方面。2016 年，省控企业及污水处理厂结合产业排污实际，正在进行提标升级改造中，以实现污染物全指标达标。

大气治理方面。2016 年，运河热电和德能电厂完成燃煤机组废气超低排放改造工程并投入运行。加大热力管网与燃气管网建设力度。禁燃区和工业园区内的燃煤锅炉全部取缔或改造。关停彩虹热电有限公司锅炉及机组设备。全市加油站、储油罐和油罐车安装符合要求的油气回收设施并使用。

主要污染物减排方面。临清市环境保护局完成 2016 年重点减排档案的汇总工作，包括关于大气类的减排工程及作为全口径减排核查类上半年档案和关于水类的全口径减排工程上半年减排档案的汇总；完成每季度的国控污染源（中冶银河纸业、三和纺织、运河热电和临清市碧水污水处理厂 4 家企业）直报工作；完成新（扩、改）建建设项目污染物总量指标确认工作，共计完成项目 34 个。

【环境监测】 环境监测是环境保护工作重要的技术基础、信息源泉和执法保障。临清市环境监测站 1986 年成立，不断发展壮大，于 1996 年获得山东省技术监督局颁发计量认证合格证书，是临清市唯一合法的环境监测机构。环保局狠抓环境监测管理与能力建设，在监测能力建设、监测队伍建设、基础技术工作、体制机制创新等方面取得长足进步，监测水平逐年提高，现有各类监测仪器 60 多台（套），已具备开展水、烟尘、噪声等 20 多种项目的监测能力，能有效监测地表水、地下水、废气、废水、空气、噪声等。监测站主要任务是从事本辖区内的环境质量监测、污染源监督监测、对社会服务性监测和相关科研工作，并承担辖区内环境监测单位技术指导工作。监测站所有工作人员全部通过持证上岗考试，保证监测数据的准确和权威。在全市 17 个重点污染源、人工湿地出水口、城市总排等环境要素建设视频监控，实现 24 小时实时监控。全市建成 6 个水质自动监测站和 5 个空气自动检测站。环境监测为全市环境管理工作提供有力的技术保障。

【环境执法和环境信访工作】 环境执法工作。完善环境监察制度，按照“四个办法”有关要求不断加强对全市排污企业，涉重企业和污水处理厂的现场监管。对存在违法行为或安全隐患的，依法严肃处理，并强化后督查措施，确保整改到位。全面推进关停取缔“土小”企业工作的开展。截至 2016 年，市直各部门及镇办组成的联合执法工作组积极行动，关停拆除“土小”企业 162 家（其中关停 83 家，拆除 79 家），有力打击各种环保违法行为。遏制环境信访案件多发的势头。

环境信访工作。2016 年以来临清市环保局累计接环境信访案件 439 件，其中省部级信访件 76 件，聊城市环保局信访件 24 件，市长热线 12345 承办单 228 件、12369 环保举报热线 99 件，微信举报 12 件，环境信访案件都得到及时有效处理，得到上访人的认可满意。

【环境宣传】 2016 年多次开展多层次、多种形式的宣传教育活动。利用“六·五”世界环境日，设立咨询台现场解答群众环保疑难问题，抓好电视台、电台等媒体的宣传力量，发放环保常识宣传单，大力宣传环保法律、法规和环保方面的知识。

【环境监督管理】 *辐射环境管理。*强化辐射环境安全管理，完善辐射污染事故应急预案，防止辐射污染事故的发生。严格要求辖区内所有放射源应用单位必须按照省环保厅对档案管理的要求建立和完善，实行一企一档。参与完成聊城二院新增射线装置的环评验收工作。开展辐射环境安全现场检查工作。和上级部门协调，并递交免费送贮申请。将临清市九州魁木业有限公司（已破产）1 枚废旧放射源安全收贮至山东省城市放射性废物库贮存。及时消除辐射隐患，确保临清市辐射环境安全。

*环境应急管理。*成立应急工作领导小组，制定《临清市 2016 年环境应急工作实施方案》，明确各部门的工作职责，建立各部门联席会议制度，保障环境应急管理工作落到实处。开展预案演练，加强应急预案实战能力，提高环保工作人员对应急程序的掌握程度和对突发事件的应急能力、协调配合能力。2016 年，临清市环境保护局执法人员对全市涉危行业、化学品等进行现场检查，出动执法人员近 60 人次。尤其针对重点时期、重点行业开展环境安全检查工作，实行定期与不定期检查方式，对各行业企业进行监察，发现问题，及时要求整改，对整改不力的依法依规进行处罚，确保临清市环境安全。应对环境污染应急突发事件，积极探索新形势下应对突发环境污染事件能力的长效机制，制定有效的应急措施，消除环境安全隐患。

*危废和固废规范化管理。*准确掌握企业固体废物特别是危险废物的产生源情况是固体废物环境管理工作的难点，为加强固体废物源头控制力度，建立健全危险废物产生源档案和台账，实现固体废物产生、贮存、运输、置的全过程管理，落实专门工作人员，稳步推进专项申报登记工作。积极开展危险废物申报登记工作。为确保临清市所有危险废物产生单位都纳入规范化管理的范围，综合利用污染源普查更新结果，结合近年的环境统计、危险废物申报登记、建设项目环境管理掌握的情况和涉重金属企业名单等开展全面排查，对临清市危险废物及医疗废物进行申报登记。临清市共查出 87 家危废企业，并全部建立档案上报聊城市局，纳入日常监管。

（毕红霞　滕　飞）

临清年鉴 2017

LINQINGYERABOOK

临清年鉴

财税　金融　保险

财　政

【机构设置】 2016年临清市财政局下设办公室、财务科、综合科（挂市清理规范津贴补贴办公室牌子）、人事科、法规税政科、预算科（2015年10月加挂预算绩效管理科）、国库科、行政政法科、教科文科、经济建设科、农业科、社会保障科、企业科、会计科（2015年10月加挂政府购买服务办公室）、农村综合改革办公室、金融与国际合作科。

局属行政单位1个：国有资产管理局，正科级行政机构。

局属正科级事业单位6个：非税收入管理中心、基层财政管理局、财政监督检查局、政府采购中心、农业综合开发办公室、棚户区改造资金管理中心（加挂市政府和社会资本管理中心）。2015年9月：预算外资金管理处更名为非税收入管理中心、开发性金融合作办公室更名为棚户区改造资金管理中心（同时加挂政府和社会资本合作管理中心牌子）。

局属股级事业单位4个：集中支付中心、财税信息中心、投资评审科、住房资金管理科。

【概况】 2016年，在市委、市政府的正确领导下，市财政局认真贯彻落实十八大和十八届历次全会精神，深入学习贯彻习近平总书记系列重要讲话精神，扎实开展“两学一做”学习教育，集中财力保重点、办大事、惠民生，较好地完成各项财政目标任务，促进全市经济社会持续健康发展。先后被评为省财政系统先进集体、省财政国库工作先进单位、省财政“六五”法治宣传教育工作先进集体、省基层财政信息工作先进单位、幸福进家活动先进单位，保持省级文明单位称号，在临清市2016年度市直部门科学发展综合考核中荣获第一名。

一年来，市财政局认真实施积极的财政政策，进一步优化财政支出结构，重点保障基本民生支出，压缩其他支出，大力推动供给侧结构性改革，加强财政科学管理，提高财政资金使用效益，促进经济持续健康发展和社会和谐稳定，为实现“十三五”良好开局提供坚实保障。2016年，临清市一般公共预算收入完成19.1亿元，同比增长8.61%，同口径增长10.8%；一般公共预算支出33.5亿元，比上年增长5.54%。

【财政管理体制改革】 2016年，经国务院批准，自5月1日起，在全国范围内全面推开营业税改征增值税试点，将试点范围扩大到建筑业、房地产业、金融业、生活性服务业，并将所有企业新增不动产所含增值税纳入抵扣范围，确保所有行业税负只减不增。根据上级文件精神，临清市印发《临清市全面推开营业税改征增值税试点工作实施方案》（临财税〔2016〕74号），明确工作要求，理清职责分工，确保改革顺利推进。7月份，根据上级要求，临清市印发《临清市国地税联合办税工作实施方案》（临财税〔2016〕99号），要求国税、地税互设办税窗口，整合服务资源，优化服务流程，避免税收流失，进一步推进税收征管体制和征管能力现代化。

【财政法规】 *税收管理*。2007年，临清市财政局起草，临清市政府办公室下发《临清市人民政府办公室关于明确市区和建制镇土地使用税征税具体区域范围的通知》（临政办发〔2007〕88号），结合有关法律法规和临清市实际，将市区和建制镇人民政府所在地土地使用税征税具体区域范围予以明确界定。2012年，临清市财政局起草，临清市政府下发《临清市人民政府关于开展地方税收保障工作的实施意见》（临政发〔2012〕46号），通过成立地方税收保障工作领导小组、开设地方税收保障工作信息采集平台、严格发票管理等一系列措施，进一步强化税收征管，保障地方税收应收尽收。

非税管理。2003 年，临清市财政局起草，临清市政府办公室下发《临清市人民政府办公室关于防治非典期间对我市部分行业减免行政事业性收费的通知》（临政办发〔2003〕57 号），结合上级要求和全市实际，对受非典影响比较严重的行业实行减免部分行政事业性收费的政策。

【会计管理】 2016 年对全市机关事业单位财会人员入职资质进行检查，共 124 个机关事业单位参与检查。全市机关事业单位在岗会计人员共计 363 人，具备中级会计专业技术资格人员 30 人，初级会计专业技术资格人员 35 人。开展内部控制基础性评价工作，向聊城市财政局会计科报送内部控制基础性评价指标评分表，并附相关材料装订成册。开展临清市会计人员继续教育，共计 3096 名持证人员参加网络学习，参加《会计法》问卷调查活动视同完成当年继续教育人员 1150 人。

【政府采购】 临清市政府采购中心紧紧围绕市委、市政府的中心部署和全市的重点工作，严把审批关、信息发布关、文件规范关等“七关”，进一步规范操作规程、提高采购效率。在做好监管工作的同时，一方面，采取多种方式宣传政府采购政策，使各单位更加明确政府采购的范围和标准、法律意识进一步增强。另一方面，注重加强与有关部门的配合，建立共同配合的监督机制，自觉接受部门监督和社会监督，努力做到公开、公平、公正的“阳光采购”。2016 年，全市共完成采购金额 6.52 亿元，节约资金 1.35 亿元，节支率为 17.15%。

【国有资产管理】 国有资产总量分布。截至 2016 年年底，临清市国有资产总量为 52.85 亿元，其中行政事业单位 25.07 亿元，占总量的 47.44%；国有企业 27.78 亿元，占总量的 52.56%。

国资管理主要事件。根据临清市人民政府《关于实行国有资本经营预算的意见》，自 2016 年开始对临清市国有出资企业试行国有资本经营预算制度。由临清市财政局管理纳入国有资本预算的企业 4 户，应上缴国有资本收益预算数为 294.53 万元。其中，股息收入 292.5 万元，利润收入 2.03 万元。2016 年度实际上缴国有资本收益 284.49 万元。

2016 年 1 月，临清德能生物科技有限公司国有产权转让在山东产权交易中心挂牌公告期满，取得鲁产权鉴字第 1130 号产权交易凭证，交易价格 8069.97 万元，受让方为山东寿光巨能热电发展有限公司。产权转让收入全部缴入国库。

2016 年 5 月，根据聊城市财政局《关于认真组织开展全市行政事业单位国有资产清查工作的通知》，临清市由 158 户行政事业单位及社会团体参与资产清查。其中行政 38 户、事业 120 户。汇总全市行政事业单位在职人数 14946 人，其中：行政编制 2570 人，事业编制 12376 人。清查后 158 户行政事业单位资产总额清查数为 33.49 亿元，负债清查数 8.93 亿元，净资产 25.05 亿元，待处理资产 4923 万元。

根据《临清市公务用车改革实施方案》（临办发〔2016〕11 号文件），公开选用社会中介机构，于 2016 年 9 月和 11 月分两批对收缴的公务用车进行鉴定和拍卖。共拍卖 144 辆，拍卖收入 436.74 万元全部缴入国库。

【农业财政】 2016 年积极做好临清市精准扶贫工作，确保扶真贫、真扶贫，切实为贫困户解决实际困难。共争取上级扶贫专项资金 2693 万元，其中产业发展资金 1783 万元、金融扶贫资金 414 万元、特色种养殖资金 275 万元、雨露计划资金 22.2 万元、少数民族扶贫资金 138 万元，其他扶贫资金 60.8 万元。同时，临清市投入扶贫资金 881 万元，用于 85 个省定贫困村产业发展和金融扶贫资金配套，帮助贫困村扶贫产业项目建设。

按照上级要求，整合涉农资金 3.5 亿元用于支持脱贫攻坚，并建立财政支持扶贫攻坚资金月报制度，于每月8日前将资金使用情况上报聊财市财政局。

2016年涉水涉地资金整合项目包括市水务局小农水重点县项目、市农业综合开发办公室高标准农田建设项目、市国土资源局高标准基本农田建设项目，总投资约8000万元，共涉及先锋路街道、魏湾镇、戴湾镇、刘垓子镇、松林镇等镇办，建设高效节水灌溉工程涉及农田面积约9万亩。建设内容主要包括新打维修机井、新建泵站、铺设地下管道、疏浚沟渠、新建配电站、埋设电缆、开挖排水沟等。

【企业管理】 制定《临清市2016年散煤清洁化治理市级补贴资金管理办法》，补贴范围为本市城乡地区（镇、街道）居民生活用无烟型煤。补贴标准为每吨200元，2016年10月25日起补贴标准提高为每吨240元。2016年底已预拨洁净煤补贴278.86万元。2016年8月7日，对山东迅力特种汽车有限公司“退城进园”中土地使用情况以及所产生的搬迁、新建等费用情况进行核审调查，该企业“退城进园”发生费用合计13839.169万元，扣除已拨付资金11200万元，欠拨2639.169万元，经领导批示按照此数予以清算。临清市大宇纺织股份有限公司、临清继东华明股份有限公司两户企业2016年4月1日成功在“新三板”市场挂牌，落实补助资金280万元，支持企业借助资本市场，实现跨越发展。2016年12月底纳入快报系统的企业62户，其中：国有企业7户、非国有企业51户、外商投资企业4户。

【金融与国际合作】 2016年由两个保险公司承保农业保险业务，其中：中国人民财产保险股份有限公司聊城市分公司承保小麦、玉米、棉花、能繁母猪、育肥猪5个品种；中国太平洋财产保险股份有限公司聊城中心支公司承保小麦、玉米2个品种。2016年各级财政投入保险费1568万元。2016年南水北调东线一期工程临清市续建配套工程列入山东省第二批示范项目和国家第三批示范项目。

【基层财政管理】 2016年临清市继续完善基层数字财政系统平台建设，相继开设账务处理操作、自动化操作、信息发布、资金监管、财政涉农补贴一本通系统等模块，基本实现基层财政全方位、科学化、规范化管理。

【财政监督检查】 2016年，配合聊城检查组做好职业教育专项资金检查、非税收入收缴检查、扶贫资金专项检查和预决算公开专项检查，组织开展会计信息质量检查，成立内控制度领导小组，建设出台临清市财政局内部控制制度体系，即一个基本制度和八个专项控制办法，内控制度约束力进一步强化。

【财政投资评审】 2016年主要评审临高路、临莘路的绿化工程项目招标控制价、交通局承建的道路养护、公交站亭补助资金审核和公路局承建的道路排水工程等项目。配合审计局等有关部门对高速公路两侧树木绿化林带面积进行测量、对大唐电力高压走廊建设的土地迁占补偿工作。为规范中介机构选取，按照领导安排，由投资评审科牵头，会同政府购买服务办公室、政府采购中心等部门科室，组织中介机构选取工作。通过竞争性磋商方式入围入库一批工程造价咨询、会计、评估中介机构。

【非税收入管理】 2016年3月，财政部下发《关于印发〈政府非税收入管理办法〉的通知》（财税〔2016〕33号）。2016年，临清市非税收入总额达71336万元。

【社会保障管理】 2016年，按照上级文件要求和部署，临清市的社会保障制度和体系不断完善。不断完善机关事业单位养老保险制度，基本养老保险、基本医疗保险、工伤保险、生育保险、失业保险等各项社会保险制度，2016年财政对各项社会养老保险的补贴资金达到60247万元，对各项医疗保险的补贴资金达到25001万元；再次提高城乡低保、五保人员救助标准，2016年设立“救急难”资金用于困难家庭救助，完善城乡医疗救助制度、临时救助制度等，不断推动社会救助体系的完善和发展；落实好孤儿及事实无人抚养儿童、困境儿童基本生活保障制度；对符合条件的农村幸福院和城市日间照料中心进行补助，不断支持养老服务体系建设；落实老年乡村医生生活补助，保障老年乡村医生老有所养；积极推进医疗卫生体制改革，继续支持基层医疗卫生机构实施基本药物制度，促进基本和重大公共卫生服务均等化，支持县级公立医院改革试点工作；全面落实困难残疾人生活补贴和重度残疾人护理补贴制度；积极做好“三支一扶”、高校毕业生就业见习补贴、职业培训补贴等，做好就业创业工作。

【经济建设管理】 2016年发放2015年棉花目标价格改革补贴资金149.49万元，发放2015年度成品油价格补贴768.12万元。

按照聊城市批复的贫困村道路改造计划，临清市2016年建设贫困村道路112.4千米，总投资3065万元，建设项目涵盖全市16个镇（街道）的85个贫困村。

临清市文化体育公园项目于2016年10月25日进行公开招标并已开工建设，该项目位于临清市文化路以北，曙光路以西，永青路以东，纬十一路以南。规划总占地148.5亩（99021.4平方米），项目总投资5733.49万元。该项目于2016年获得省区域战略推进专项补助资金1000万元。

【教科文管理】 自2016年春季学期起，统一城乡义务教育学校生均公用经费基准定额：普通小学每生每年710元、普通初中每生每年910元。自2017年春季学期起，统一城乡义务教育学生“两免一补”政策，对农村学生和城市学生全部免除学杂费和免费提供教科书，同时对城市家庭经济困难寄宿生给予生活费补助。

2016年争取省科技重大专项资金200万元，用于中色奥博特铜铝业有限公司高性能铜材及复合材料深加工技术研究开发及产业化，支持相关产业发展，带动地方经济。

【集中支付】 2016年，乡镇国库集中支付改革在全市全面推行，临清市乡镇（街道）全部建立零余额账户，资金实行财政集中支付。

【国库管理】 2016年，临清市财政局通过创新宣传、积极引导、强化管理，推动公务卡改革持续深入，临清市预算单位公务卡开卡量、刷卡消费金额都达到历史最高。截至12月底，市级预算单位共计开设公务卡5105张，刷卡消费金额共计612万元，本级财政年度公务卡结算占比达到80.5%。同时，在全部镇（街道）启动预算执行动态监控改革，并选择4个街道作为乡镇公务卡改革试点，截至12月底，已发卡230张，刷卡消费金额5万元。

【行政政法管理】 2016年5月在财政部外网完成定点饭店注册工作。牵头制定《关于调整临清市市直机关差旅住宿费标准等有关问题的通知》《临清市市直机关差旅费管理办法实施细则》，结合《关于〈山东省省直机关差旅费管理办法〉有关问题的补充通知》文件精神，对《临清市市直机关差旅费管理办法》中未涉及的细节问题进行界定和说明，统一审批流程，细化报销标准，再一次严肃公务出差的纪律要求。

【棚户区改造资金管理中心】 临清市棚户区改造资金管理中心成立于2016年6月，为正科级全额拨款事业单位。主要负责拟定临清市棚户区改造项目融资计划，统筹安排棚户区改造项目融资工作；承担市委、市政府确定的重大投资项目评审的技术性、事务性等工作。

2016年，随着《关于进一步做好棚户区改造相关工作的通知》（财综〔2016〕11号）的颁布实施，临清市的棚户区改造工作深入开展，棚改范围逐步扩大、棚改质量逐渐提高。2016年文东、青年、葡北、新华四个棚改项目总投资3.4亿元，项目资本金0.7亿元，融资需求2.7亿元，项目涉及拆迁户共894户。临清市共六个片区列入2017年省棚改规划项目，包括温泉路片区、青年片区、三和路片区、临东片区、银河片区、新华片区，项目涉及拆迁户共2541户，总投资14.32亿元，项目资本金2.864亿元，融资需求11.456亿元。

【政府和社会资本合作管理中心】 2016年6月成立临清市政府和社会资本合作（PPP）管理中心，计划编制人员7人，主要负责开展PPP模式综合协调、政策制定、项目储备、业务指导、项目联审、信息管理和宣传培训等专项工作。为扎实推进是政府和社会资本合作工作，临清市政府成立临清市政府和社会资本合作（PPP）工作领导小组，领导小组下设办公室，办公地点设在市财政局。

南水北调东线一期临清市续建配套工程项目是临清市第一个重大的PPP项目，获得各级政府的高度关注和大力支持。该项目于2016年4月被列入山东省第二批政府和社会资本合作示范名单，获得奖补资金141万元；2016年10月被列入国家级第三批社会和资本合作示范项目，获得奖补资金500万元。

2017年积极申报的PPP储备项目是：临清市城市基础设施项目，总投资10.16亿元；临清市城市公益设施项目，总投资11.28亿元；临清市城区水系及绿化项目，总投资10.96亿元；临清市城北供水管道工程项目，总投资0.8亿元；临清农业产业集群项目，总投资1亿元。

【政府购买服务办公室】 2016年制定政府购买服务工作基本流程；制定《临清市政府购买服务管理实施办法》，报市政府等批准；积极推进政府购买服务工作，全年采取政府购买服务方式实施的共计9个项目4.8亿元。

【农村综合改革办公室】 2016年，临清市连续两年成为省定乡村连篇治理项目的试点。临清市新华路街道“乡村连片治理”财政奖补项目试点村居包括东陶屯居、西陶屯居、东闫庄居、西闫庄居、刁庄居、北廖庄居、李庄居共7个村居，投入900万元财政资金，按照“规划先行、深化实施、严控质量”的原则进行改造建设，充分尊重人与自然的和谐，强化生态特色和地方风貌，受益人口7679人。

【人事教育】 2016年深入开展“两学一做”学习教育活动，并组织开展各项主题活动。组织新老党员开展宣读、重温入党誓词活动；开展手抄《中国共产党章程》100天活动；组织参加全市财政系统“争做财政系统优秀党员”演讲比赛；参加“两学一做绘蓝图　跨越奋进谱新篇”主题书画、摄影作品展。扎实开展精神文明创建工作，顺利通过省级文明单位的复查验收。

【综合科】 2016年，配合人社部门制定并下发《关于调整机关事业单位基本工资标准、津贴补贴和增加离休人员离休费的通知》（临人社发〔2016〕43号），人均增资487元，标志着基本工资标准调整机制正式建立。

【队伍建设】 2016年年底，临清市财政局人员共计155人，其中在职人员110人、离退休人员45人。男性107人，占总人数的69%；女性48人，占总人数的31%。年龄在35岁以下的青年干部职工32人，占总人数的20%；35—45岁的25人，占总人数的16%；45岁以上98人，占总人数的64%。研究生学历6人、本科学历72人、专科及以下学历77人。

（朱春朋）

国　税

【概况】 2016 年，临清市国家税务局在职干部职工 152 人，设有 11 个科室、1 个事业单位、1 个直属机构和 6 个税务分局，现管辖纳税人 15721 户，主要税源是造纸、金属加工、纺织、发电、轴承等行业。临清市国家税务局被授予“省级文明单位”；老赵庄分局被授予“省级文明单位”；稽查局被授予“省级文明单位”“国家级青年文明号”“省级巾帼文明岗”；办税服务厅被授予“全国巾帼文明岗”“全省国税系统优秀办税服务厅”等荣誉称号。

【税种管理】 临清市国家税务局负责征收管理的税种有增值税、消费税、企业所得税、车辆购置税、储蓄存款利息所得个人所得税等。

增值税管理。从 2016 年 5 月 1 日起，全面营改增试点，将营改增试点范围扩大到建筑业、房地产业、金融业和生活服务业，将新增不动产纳入抵扣范围，临清市国家税务局共确认接受试点纳税人 3549 户，其中单位纳税人 634 户，个体工商户 2915 户。先后举办 8 场营改增政策业务培训班，累计培训试点纳税人财务人员 1500 余人次，现场解答纳税人涉税提问 60 余个，发放宣传资料 5000 余份。为保障全面推开营业税改征增值税改革试点工作顺利实施，6 月 1 日起，启用新《增值税纳税申报表》及其附表。

大企业管理。严格适用政策，加强大企业管理。深入开展大企业税收风险管理，由税政科牵头，抽调大企业税收管理的骨干力量，组建专业化的大企业税收风险管理工作团队，有组织、有计划、有纪律、有制度地开展大企业税收风险管理工作，以《大企业税收风险管理指引（试行）》为指导，辅导企业进行大企业税务风险内控体系建设。2016 年加强对千户企业的辅导监控，同时采用企业自查和税务评估的方式，对 5 户市级定点联系企业加强税收风险管理，初获成效，临清市大企业正朝着规范化的方向进行风险内控体系建设。

【税务宣传】 2016 年，在第 25 个税收宣传月期间临清市国家税务局紧紧围绕税收中心工作开展“共话营改增、助力供给侧”专题座谈会，联合地税邀请营改增纳税人代表和部分财税专家解读政策，从不同角度探讨“营改增”对企业和经济发展的促进作用，征集对税务部门的意见建议；联合地税召开新闻发布会，发布 2015 年度全省纳税百强排行榜等有关内容。分主题、分批发布纳税信用级别评定情况、A 级纳税人名单等，充分利用政府新闻办新闻发布会平台，在全社会营造依法诚信的良好舆论氛围；以百花园开幕为载体，联合地税设立“聚焦营改增，助力供给侧改革”宣传站，发放税宣资料 500 余份、现场解答涉税咨询 60 余条；在人流较为密集的广场设立宣传站，组织开展“依法诚信纳税我先行”大型签名活动，以多种多样的方式宣传税法和税收优惠政策。

【国税征管改革】 税务登记。2016 年单位纳税人全面实施“三证合一”，办理工商营业执照后在办税服务厅补录信息即可，无需再办理税务登记证；2016 年个体纳税人正式实施工商营业执照和税务登记证“两证整合”；2016 年 5 月份正式实施营改增后，房地产、建筑、金融保险和生活服务业四大行业转归国税管辖，临清市国家税务局所管辖纳税人增长 30%。

征管系统。2016 年 10 月份金税三期操作系统优化版上线，解决原来集中版操作的系统问题，提高工作效率，优化工作习惯，进一步保障税款的顺利征收。

征管改革。为进一步合理配置征管力量，全面提升征管效能，根据总局《深化国税、地税征管体制改革方案》、省局《山东省国家税务局关于转变税收征管方式　推进税收征管改革的若干意见（征求意见稿）》及聊城市局《聊城市国家税务局关于转变税收征管方式推进税收征管改革的实施意见（征求意见稿）》精神，结合临清市征管工作实际，持续推进深化税收征管体制改革。

办税服务一体化，在原唐元税务分局和纳税服务科行政编制的基础上，组建纳税服务局，将全部依纳税人申请业务及部分原需科室审核的业务迁移至纳税服务局受理、核实、审批、办结，实现办税服务事项“一体化”；内设：办税服务厅、调查核实科、综合业务科，设立综合服务、调查核实、业务审核、票证管理等岗位。

税源管理专业化，以“有利管理、分类明确”为出发点，实行基础税源不突破区域，积极推行“规模＋行业＋区域”专业化管理，结合临清实际，归纳出年纳税额300万元（含）以上的纳税人为重点税源和11类主要行业，在全市范围内进行统一专业化管理。具体为：营改增三大行业（金融保险、房地产、建筑），营改增行业（除3行业），纺织业，轴承业（含轴承商业），商业（除轴承商业），木材加工、家具制造业，农林牧渔服务业，通用设备制造业，专用设备制造业，金属制品业。除重点税源、11类行业外，其他基础税源，仍由各分局进行管理。

风险应对集中化，成立风险防控中心，建立风险防控体系。风险防控中心由征收管理科、政策法规科、税政科、收入核算科、监察室、信息中心、纳税服务局和稽查局组成，负责全局的本级风险分析发布和承接发布上级风险事项。风控中心下设办公室，办公室设在征收管理科。征收管理科增设综合管理岗、风险提醒岗、风险分析岗，其他成员单位增设风险管理岗。

纳税信用等级。每年进行一次纳税信用等级评定，2016年对全市1324户纳税企业进行纳税信用评定，其中A级信用企业66户，B级信用企业　1002户，C级信用企业232户，D级信用企业24户，在纳税人中间引起强烈反响，为提高纳税人诚信纳税意识营造良好社会氛围。

【规范化管理与队伍建设】 信息化建设。2016年3月份，临清市国家税务局制定《临清市国家税务局营改增技术保障方案》，梳理3大类，25项的工作任务。针对突发情况制定应急预案，梳理2大类，16项可能出现的突发状况及解决方案。每天按照计划任务表开展工作，制定周工作进度表，每周对照进度表检查工作完成情况，及时查缺补漏。

临清市国家税务局成立数据质量异地互审工作领导小组，开展数据质量异地互审工作。以聊城市局下发数据为基础，查找数据异常，提出修改意见，形成高质量数据质量异地互审报告。

硬件建设方面。按照省局互联网＋税务工作要求，开展大厅监控中心建设工作。根据办税大厅实际情况，制定《临清市国家税务局办税大厅监控中心建设实施方案》，按照省局建设标准，认真排查现有设备情况，及时进行设备更新，第一时间进行监控安装，按时限要求完成监控中心建设工作。

办税大厅安装自助设备，涵盖发票领购、发票认证、纳税申报等业务，极大方便纳税人，落实“便民办税春风行动”相关举措。

软件建设方面。2015年年底，国家税务总局在潍坊和江苏徐州两个单位开展“数字人事”模拟试点，2016年全面推开运行。“数字人事”是一项创新干部管理方式、提升干部管理水平的重大举措，通过全面、及时、准确的记录和科学运用税务干部“德、能、勤、绩、廉、评、基”等各方面数据信息，进行全员、全程、全面管理。实现干部管理日常化、日常管理指标化、指标管理数字化、数字管理累积化、累积管理可比化、可比管理挂钩化、挂钩管理导向化的要求。

为保证金税三期优化版和税收预警评估系统的正常运行，进行嵌入式辅助平台（原免填单系统）升级，增加“纳税人自行补报通知书”录入功能。

队伍建设方面。截至2016年年底，全局共有19人取得全国计算机二级证书，2人取得三级证书；有 8 人取得注册税务师、注册会计师证书，大专以上学历人员占在职人员的 96.05%。截至 2016 年，有 1 人被授予省级“征管能手”称号，另有 7 人获市级征管、稽查能手称号。有 1 人纳入省局所得税管理人才库，1 人被纳入省局税收法制人才库，1 人纳入市局国际税收管理人才库，有 5 人纳入市局文秘人才库，7 人获市级业务能手称号。

加强和谐国税建设。积极开展“慈心一日捐”“大爱临清”众筹等活动。据统计，2016 年，全局共组织各类捐款 16300 元，捐赠衣物等共计 426 件。

激发干事创业活力。2016 年，加大用人机制和分配机制改革力度：11 月份，各分局局长进行交流轮岗，12 月份，对全局空缺的正股级和副股级岗位实行竞争上岗，共选拔出 3 名正股级干部和 10 名副股级干部，进一步盘活人力资源。

【基层分局建设】 临清市国家税务局于 1997 年设立 6 农村分局，经过多次机构改革，2005 年撤销金郝庄税务分局和肖寨税务分局，截至 2016 年基层分局包括城区分局、大辛庄分局、烟店分局、赵庄分局、唐元分局、康庄分局 6 个农村分局。2016 年全年税收收入 97543 万元，实现税收收入连年增长。

【其他主要工作】 创新勤廉制度建设。2016 年制定《临清市国家税务局“从严执法执纪问责、提升效能作风形象”专题活动实施方案》《临清市国家税务局推进落实“两个责任”项目化管理工作实施方案》，确保党风廉政建设“两个责任”落地生根。

加强廉政文化建设。2016 年 10 月，为切实落实中央“八项”规定，治理个别单位个别人员的慵懒散问题，与各镇（街道）党委书记、镇长（主任）、纪检书记、经委主任进行沟通，有力促进领导班子和国税干部职工的思想政治建设和工作作风建设。

2016 年 12 月临清市检察院市南检察室开展西南辖区税务系统预防职务犯罪廉政教育活动，使廉政观念真正入脑、入心。

临清市国家税务局连续 10 年在临清市百家单位行风评议中名列前茅。

（张　辉　周长青）

地　税

【机构设置】 临清市地税局目前在职干部职工 126 人，下设办公室、法规税政科、征管和科技发展科、税源管理科、收入核算和财务科、人事科、机关党总支、监察室 8 个科室，1 个纳税服务中心，1 个直属征收局，1 个稽查局，新华中心税务所、先锋中心税务所、康庄中心税务所、大辛庄中心税务所、金郝庄中心税务所、烟店中心税务所、八岔路中心税务所、工业园区中心税务所 8 个中心税务所。

【税收收入】 2016 年，临清市地税局共实现各项收入 10.52 亿元，同口径增长 25.67%，增收 2.15 亿元。其中县级收入完成 9.74 亿元，同口径增长 26.38%，增收 2.03 亿元。

【征收管理】 开展个人所得税自行申报工作，全员全额明细申报率达到 99.9%，在聊城市地税系统位居第一名。圆满完成企业所得税汇算清缴工作、土地增值税清算工作、欠税管理及注销审核等工作。加强纳税信用审核，做好党代表、人大代表、政协委员资格审查工作，并提出意见和建议，充分发挥纳税信用作用。

【税收执法】 抓组织，重视依法治税工作，按照全省地税系统法治基地建设工作要求，全面推进依法行政。抓宣传，优化依法治税环境，加大税法宣传力度、丰富税法宣传载体，达到全方位、多层次的宣传成效。抓重点，提升依法治税能力，坚持把依法治税作为税收工作的生命线，贯穿到组织收入、税收管理和执法、服务的全过程。2016 年，荣获“全省法治税务示范基地”荣誉称号。

【地税宣传】 与国税局联合设立纳税服务宣传志愿服务岗，开展“聚焦营改增试点、助力供给侧改革”宣传活动。到车展现场、房地产开发项目推介会现场及运河文化广场、百花园等区域开展税收宣传，发放便民办税宣传单，为群众解答涉税疑问。开展“地税杯”乒乓球比赛及“欢快胡同游•地税伴你行”大型户外互动活动。开展“双联共建”活动，与 35 户贫困家庭结成帮扶对子；派驻“第一书记”工作组到李庄村全面开展工作，落实精准扶贫，修缮文化广场、进村公路等惠民项目，建设鱼塘等致富项目；开展“慈心一日捐”“暖冬行动”等，传递党的恩情。

【队伍建设】 发扬“笃学尚行、众力成城”党建品牌活力，以党建工作引领队伍建设，依托临清地税党建文化教育基地，全年开展 11 次全员党建文化教育，提升干部队伍整体素质。完成所有基层党支部的换届选举，并严格按照聊城市地税局和临清市委机关工委要求，完成党员基本信息普查和党费清查工作。认真落实党风廉政建设“两个责任”和纪律行动“基础建设年”工作，山东省地税局到临清市地税局开展督导检查，并对有关工作给予充分肯定。2016 年，被山东省妇女联合会授予“幸福进家活动先进单位”荣誉称号。

【基层分局建设】 注重加强基层党支部建设和党员队伍建设。通过基层推荐、综合评审、考察公示等程序，评选临清市地税局“最美税务人”并开展“学先进、找差距、定目标、做最美”学习讨论活动。开展“规范化党支部”和“十佳党支部工作法”评选活动，基层党支部在市局党建品牌的统领之下，结合自身实际，打造“轴力烟店”“创新先锋”“活力新华”等各具特色的党建品牌。

【特色工作】 突出重点，确保“营改增”“金税三期”优化版上线运行、国地税联合办税、“三证合一”等重大税收改革举措落实到位。对照“两学一做”要求，按照山东省地税局“纪律行动”工作部署，立足临清地税实际，开展独具特色的“临清 365”主题活动，使纪律规矩真正入脑入心。2016 年，在聊城市地税局组织的“规范化党支部评选”活动中，临清市地税局各党支部均取得优秀成绩。

（范海波　周　侗　王红阳）

中国人民银行

【机构设置】 中国人民银行临清市支行（简称“人行临清市支行”）作为中国人民银行的派出机构，履行着《中国人民银行法》赋予的执行货币政策、维护金融稳定、提供金融服务三大职能，承担着临清市金融管理重任。支行内设综合业务部、调查信息部、办公室和监察审计室，即“两部、两室”。2016 年 9 月，根据上级行统一部署和相关文件精神，人行临清市支行在“两部、两室”组织框架基础上，强化履职重点和新增职能，整合内设机构职责和增加对外履职部门，将内设机构调整为办公室（纪检监察室）、货币信贷调统科、金融稳定科和金融服务管理科，不断提升临清市支行对外履职能力。

【工作概况】 突出稳健货币政策，推进供给侧结构性改革。灵活适度，扩大对实体经济资金供给。2016 年制定下发政策性文件 2 份，召开金融工作调度会、形势分析会 10 次，组织开展“金融服务企业百日行”，引导金融机构加大对实体经济特别是“三农”和中小企业的支持。截至2016年末，辖内本外币各项贷款余额197.87亿元，较年初增加28.77亿元，增长17.01%；各项存款余额306.39亿元，较年初增加36.41亿元，增长13.47%。

搭建平台，加快银企对接效率。联合金融办率先建立临清市政金企合作服务平台，并独立运行微信公众号，在“聊城市金融创新工作推进现场会”上正式上线。截至2016年年末，平台对接企业14家，对接金额4.75亿元，实现银企对接常态化、制度化、信息化。

优化信贷结构，力促精准扶贫和精准脱贫。2016年年初，以1号文形式成立扶贫开发金融服务工作领导小组，与银监办、扶贫办联合印发《临清市关于全面做好扶贫开发金融服务工作助力全市脱贫攻坚的实施意见》（临银发〔2016〕13号），组织辖区2家地方法人金融机构制定《“十三五”时期金融扶贫工作规划和2016年扶贫工作计划》。召开促进会、推进会5次，召开冀鲁五县市金融扶贫座谈会，联合扶贫办扎实开展“金融扶贫对接百日攻坚”，对93家扶贫企业就融资需求情况进行走访。截至12月末，共发放扶贫贷款3.76亿元，帮扶贫困户630户，帮扶贫困人口1929人。

推进金融创新，拓宽企业融资渠道。指导临清农商行依托应收账款融资服务平台为山东宇邦生物科技有限公司成功办理临清市首笔应收账款质押融资2000万元；推动临清沪农商村镇银行以临清农业新型经营主体融资增信试点县为契机，累计发放融资增信贷款17笔，贷款金额达4700万元；促成临清齐鲁银行为三和有限公司成功办理首笔出口退税融资1亿元。

强化研判应对，扎实金融稳定安全网。2016年按月对2家地方法人金融机构进行监测、按季开展风险评估，定期对非法集资、民间借贷等非正规金融风险开展全面排查。督促金融机构落实重大事项报告制度。持续开展存款保险相关知识的学习和宣传；督导投保机构及时准确完成投保手续办理、保费交纳和数据报送等工作，推动存款保险差别费率有效实施。

注重提质增效，不断提高金融服务与管理水平。创新现金服务方式。作为人民银行济南分行确定的县域现金中心试点城市之一，多措并举、积极推进，于2016年11月27日完成临清现金中心试运行，为金融机构提供全额清分、冠字号码采集、横向调剂等多项现金服务。

夯实金融统计基础。严格落实两权抵押贷款、金融精准扶贫贷款、互联网金融数据等统计制度，多措并举提升数据录入与审核质量；挖掘数据背后意义，提高分析的广度和深度努力打造统计分析报告品牌；定期对民间融资动向、基点企业的景气状况实施常规动态监测。

努力改善支付环境。2016年指导农行和农商行在全辖设立70家“农村金融便利店”，打通“金融服务最后一千米”；推动农商行金融IC卡在公交领域成功应用，为聊城县域首家；对辖内5家金融机构开展银行同业结算账户现场检查，有效防范金融风险。临清全市助农取款服务点、手机支付业务行政村覆盖率均达100%。

进一步夯实国库基础。协助财政部门在聊城辖区率先完成乡镇集中支付改革。严格落实内控制度，确保国库资金安全。严格依照国库规章制度，规范业务操作行为，促进国库核算质量明显提升。截至2016年12月末，共办理各级预算收入18.04万笔，金额23.18亿元，其中区县级收入19.96亿元；预算支出5839笔，金额39.18亿元；退库退付2639笔，金额2.90亿元。

信用体系建设更加深入。多种形式开展征信知识“四进”宣传活动，进机关、进企业、进校园、进家庭，拓展征信知识受众面。截至2016年12月末，共办理各级预算收入18.04万笔，金额23.18亿元，其中区县级收入19.96亿元；预算支出5839笔，金额39.18亿元；退库退付2639笔，金额2.90亿元。

严格履行反洗钱职责。组织金融机构开展反洗钱宣传工作；向农商行及沪农商村镇银行派驻反洗钱监管专员，对其人员进行反洗钱知识测试，采取座谈、询问、登录系统查看、查阅制度等方式开展工作，帮助被派驻机构提高反洗钱工作水平。

金融消费者权益保护工作持续推进。2016年召开会员单位金融消费权益工作座谈会1次，受理投诉案件8起、咨询上百次，受理金融消费者投诉满意率100%。与临清市人民法院签订合作协议与会议纪要，构建纠纷诉调衔接工作机制。“临清金消协服务平台”微信公众号成功运行，关注人数已达到600余人。

积极改进外汇管理与服务。坚持促进贸易投资便利化与防范跨境资金流动风险并重，推动临清三和纺织集团有限公司成功办理首笔中资企业跨境融资业务，促进贸易投资便利化。截至2016年12月末，全市进口总额11026万美元、出口总额40971万美元。同时，有效防范跨境资金流动风险，加大外汇检查处罚力度，促进辖内涉外经济持续健康发展。

【金融监管】 2003年人民银行与银监会分设后，人民银行从微观金融监管领域逐步退出，转向宏观管理和提供金融服务。2016年面对新形势、新挑战，人行临清市支行重新定位、积极适应角色和职能的转变，在货币政策传导、金融稳定、金融服务、信息调研等领域继续卓有成效地开展工作，有力地支持辖内经济社会发展。

【内部建设】 2016年人行临清市支行坚持党建统领，深入开展“两学一做”学习教育，通过领导干部领学、党支部书记讲党课、全体党员写笔记心得、知识测试、重温入党誓词等形式，确保精神学深学透，确保领导班子能力强、风气正。持续优化文明单位创建、工会品牌建设、青春YOUNG行建设等三大品牌工程，创建“支部+”党建工作新模式，探索行之有效的党建工作新途径。先后选派22名业务骨干及青年员工前往北京培训学院、西南财经大学、山东财经大学学习，打造队伍强履职，显著提高干部整体的凝聚力和战斗力。

（牛方超）

中国工商银行临清支行

【机构设置】 截至2016年年末，中国工商银行股份有限公司临清支行设有4个内部部室，分别是办公室、风险管理部、公司客户营销部（含小企业贷款中心）、个人客户营销部（含个人贷款中心），下辖5个营业网点，其中营业室1个、分理处1个、储蓄所3个。

中国工商银行临清支行各营业网点一览表

机构	评定类别	营业网点类型	营业面积	从业人数
解放路储蓄所	四级	金融便利店	315	7
九龙商场储蓄所	四级	金融便利店	307.21	8
先锋路储蓄所	五级	理财中心	400.36	7
东城分理处	五级	理财中心	457.5	8
支行营业室	四级	财富管理中心	664.6	29

【工作概况】 截止2016年年末，中国工商银行股份有限公司临清支行本外币全部存款余额26.84亿元，较年初增加0.15亿元。其中储蓄存款全年增加1.16亿元，对公存款较年初下降1.33亿元，同业存款较年初下降0.21亿元。对公存款的下降原因，主要是企业保证金存款减少所致。本外币各项贷款余额32.66亿元，较年初增加5.62亿元。其中公司贷款较年初增加3.41亿元，个人类贷款较年初增加0.69亿元，票据贴现较年初增加1.52亿元。年内项目贷款实现突破，新增4.15亿元，小企业贷款、一般流动资金贷款，房地产项目贷款略有下降。实现中间业务收入1736.5万元，实现拨备前利润6722万元，实现净利润5120.55万元。

2016年一季度在聊城分行旺季营销活动中取得第三名，三季度在聊城分行支行行长经营管理目标绩效考核中列第四名，在聊城分行内控评价中评为二级，在年度社会治安综合治理评价中评为良好。

【储蓄存款】 始终牢牢把握加快发展这一首要任务，抢占市场先机，建立多层次的业务公关网络，合作联动，集体公关。抓住存款这个根本，加大吸存揽储工作力度，通过电子银行、理财产品等的推广营销扩大储蓄增量，通过强化柜台服务稳定储蓄存量。相继组织开展“旺季服务活动”“金融知识进校园”“信用卡消费营销活动”“代发工资专项营销”“敢担当、勇拼搏，努力实现储蓄存款确保目标活动”“全员营销”“黄金积存体验活动”等活动，助推各项业务快速平稳发展，取得良好成效。抓住客户拓展这个关键，大力拓展代发工资客户、私人银行客户和个人中高端客户，拉动储蓄存款增长；搞好银企对接，对企业客户、机构客户、同业客户不间断做好协调联系和维护工作，对客户存款变动情况进行监测分析，主动出击，搞好服务，稳定对公存款的增长。通过上述措施，进一步拓展存款业务发展空间，促进负债业务、个人金融产品、中间业务收入等的快速发展。

【信贷资金管理】 面对优质客户市场竞争日趋激烈的现状，把发展优质客户群体和拓展新的贷款领域作为营销工作的重点来抓。强化优质市场营销，扩大优质信贷规模。成立法人客户金融服务中心，按照“优中选优”的原则，将贷款投向市属重点龙头工业、医疗、房产等优质行业的骨干企业，对目标客户实施综合营销。全力打造小企业信贷“精品工程”。按照“区分层次，有所选择，突出重点”的发展方针，因地制宜，优先发展重点目标市场，努力克服中、小企业贷款业务发展的制约因素，进一步提高工作效率，推动中、小企业贷款业务的快速发展。加快推动个人贷款业务的发展，全面提供个人信贷各项业务，对选定的高端客户进行集中授信，尽快占领个人高端客户市场。加大处置力度，保全资产。对个人信贷不良和信用卡不良，调整催收人员、制定压降措施，加强司法合作，确定奖惩标准，采取多项手段，强力清收。较好的完成劣质贷款的正向移位和债务落实，对诚通集团下属中冶银河纸业逃废银行债务事件，继续大力维权力度，与上级行、临清市政府、银监局、银行业债权委员会保持良好协调沟通，确保中国工商银行股份有限公司临清支行权益的全部落实。

【信用卡业务】 在大力发展信用卡的同时，2016年重点抓好信用卡不良及违约的清收、催收工作。实行每周和不定期调度制度结合的方式，要求清收及催收人员每天除日常事务工作外，至少拿出半天时间进行清收和催收；引入公安部门介入催收，同时不间断催收；采取防范措施，对存量信用卡客户，经过慎重筛选，对风险较大的客户适当进行透支额度下调控制。

【内部管理】 抓好内部基础管理工作。扎实开展作风纪律、服务提升、内控防案为主题的内部管理提升工作，相继开展“一加强、两提高学习培训”“防范和处置非法集资排查”“全员签订合规承诺书”“廉政教育专场报告会”“服务星级网点达标建设”等活动，将内部管理和业务营销有机结合起来，确保各项工作落实到位。加大安防设施投入，提高网点安全防卫能力。对辖属机构监控、消防、报警设备定期检查维修或者更换，确保设备正常工作。

落实服务提升措施，提高服务水平。认真实施《营业网点管理规范》，加强对员工业务素质的培养，提高员工的业务水平和熟练程度，优化服务技能；做好优质客户服务工作，注重对重点公司、机构、同业和个人优质客户的走访工作，通过提供全方位、高层次的优质服务，与客户建立长期稳定的合作关系。做好柜面服务工作，每月对全辖网点进行现场服务督导，帮助指导网点提升服务能力，开展网点服务星级达标创建和营业网点亮化美化工作，在服务软硬件建设上取得改善。

坚持从严治党，全面加强党的基层组织建设，坚持廉洁从业和作风建设的落实。实行班子成员和行级党员干部联系点制度，每名领导干部分包一个网点，每月深入基层，检查指导工作，督促任务完成，形成齐抓共管的工作格局。年内设立党建办公室，推动党建工作经常化、制度化、规范化。对支行各党支部进行换届改选，开展党费收缴工作专项检查和党费补交工作。

【特色工作】 2016 年顺利完成营业网点远程监控报警平台建设工作，进一步提高全行内保治安的技防水平。

通过人力资源优化，压缩柜员 7 人、运营服务主任 2 人、其他 2 人，充实到客户经理队伍中，其中对公客户经理增加 3 人、个人客户经理增加 8 人，为一线业务发展和客户服务提供人力保障。

努力践行党的群众路线，组织开展“难忘红色印记，回眸临清历史—临清古运河学习探访”、夏季送清凉，困难员工救助、员工书法比赛等活动，2016 年共慰问困难党员、老党员 3 人次，慰问困难群众 6 户，探望患病员工 25 人次，开展为一线员工送清凉活动一次。

（牛方超）

中国农业银行临清支行

【机构设置】 2016 年年末，中国农业银行临清支行内设公司业务部、个人金融部、风险管理部、财会运营部、综合管理部 5 个部门，成立个人贷款分中心。下辖支行营业部、站前支行、烟店支行、新颖分理处、新华分理处、东环分理处、老赵庄分理处 7 个综合营业网点和潘庄、康庄 2 个金融便利店。按照山东省分行经营转型的要求，设立运营维护加钞团队、三农和互联网 + 团队和自网点管理团队。

【工作概况】 2016 年度，中国农业银行临清支行认真践行“两学一做”学习教育，按照“同业争先，系统进位”的要求，狠抓内部管理，强化“三农”服务，积极拓展各类客户，严格风险管控，积极开展党建和精神文明建设。取得丰硕成果。2016 年年末，本外币各项存款 373643 万元，比年初增加 54742 万元，增幅 17.17%，四行存量份额达到 32.11%，提高 1.68 个百分点，继续保持同业首位，增量份额 47.32%，居四行和系统内首位；其中个人存款余额达到 320722 万元，比年初增加 48323 万元，增幅 17.74%，四行增量份额 46.92%，存量、增量均居四行和系统内首位；对公存款余额 52921 万元，比年初增加 6419 万元，增幅 13.8%，四行增量份额 50.6%，对公存款增量居四行第 2 位。各项贷款余额 149332 万元，比年初减少 3297 万元，四行存量份额 14.28%，居末位（剔除中色因素下降 3.5 亿元、三和表内转表外因素下降 1 亿元，仅比年初下降 3000 万元，实际净增4.2亿元）；法人贷款99214万元，个人贷款50118万元，分别较年初减少23249万元和增长20012万元，个贷增量份额达到43.79%，居四行首位，计划完成率81.59%。不良贷款余额147万元，较年初下降10576万元，不良占比0.1%，较年初下降6.93个百分点。实现中间业务收入2414万元，同比多收767万元，完成计划的101.17%，增幅为46.6%，市场份额达到33.02%，较年初提高10.85%，居第2位。同比提高1个位次。实现对公和个人中收1710万元和704万元，分别完成计划的89.3%和109.79%。实现拨备后利润9678万元，

2016年9月，中国农业银行临清支行获得山东省分行单点支行业务经营综合考评、聊城分行综合经营考评第一名，年末山东省分行、聊城分行均居第二名，取得历史性突破。各项存款存量增量跃升同业四大行首位，中间业务收入跃升同业四大行第二位；中冶银河不良贷款全部化解，委托资产全部处置完毕，不良贷款实现省行“两控制一增长”目标。

【储蓄存款】 2016年度，中国农业银行临清支行积极分析研究经济金融新常态，按照省行要求，进一步加快营业网点经营转型步伐，进一步提升服务“三农”个人客户能力，积极开展各类客户活动，个人存款取得突破性进展。年末，个人存款余额达到320722万元，比年初增加48323万元，增幅17.74%，四行增量份额46.92%，存量、增量均居四行和系统内首位。

【信贷资金管理】 2016年度，中国农业银行临清支行坚持“五大发展理念”和“两个宣战”要求，围绕“供给侧改革”抓源头，大唐热电10亿元贷款授信，实际用信达12413万元；向中色奥博特营销首笔银承电票贴现业务9539万元。年末，贴现余额达32684万元，实现贴息收入352万元；新营销小微企业4户，新增贷款1260万元；发放“鲁青基准贷”项目贷款360万元；加强与开发商的合作，与28家楼盘建立合作关系，新增加住房类贷款12017万元，据四行首位；发放住房公积金贷款1633万元，从无到有实现历史性突破。加强信贷资金管理的同时，严格风险防控。始终把信用风险防控作为第一责任和头等大事，严把投放关，强化贷后管理，主动压降潜在风险客户1户，压缩贷款300万元，不良贷款清收处置成效显著。在市委市政府的大力支持下，成功完成中冶剩余不良贷款10647万元的重组工作。2016年末，中国农业银行临清支行不良贷款较年初下降10576元，不良率较年初下降6.93个百分点，不良占比仅为0.1%。2016年新增农户贷款993万元，农户不良实现零增长目标。实现信贷“三化三铁”创建和“三化三无一退出”支行达标单位目标。

【信用卡业务】 2016年度，中国农业银行临清支行积极营销信用卡业务，严格执行“三亲见”制度。开展贷记卡“赢在大堂”营销推广活动、电子银行“六走进”营销活动、电子银行进校园、小小银行家等多项活动，做强信用卡分期。年末，新增信用卡4863张，总数达到27593张。信用卡贷款余额达到7927万元，较年初增长3460万元，增幅78%，存量增量均居农区行首位。贷记卡分期达到1913万元，较年初增长1392万元，增幅达到267%。同时，组建信用卡不良清收小组开展集中清收活动，年末，贷记卡不良率仅为0.79%，较年初减少0.2%，全市最低；贷记卡分期不良率仅为0.69%，较年初减少0.43%，信用卡不良控制额和清收均完成分行计划。

【内部管理】 2016年度，中国农业银行临清支行以党建为抓手，深入开展“两学一做”学习教育，不断强化员工管理，严格干部和绩效管理，坚持每月员工大会制度，举办包括客户经理、柜员、网点负责人在内的各类培训38期，参训人员达588人次。在干部任用上坚持能上能下的用人机制，全年调整股级干部28人，退出2人，对各岗位员工进行48人次的岗位轮换。按照“两个

宣战”的要求，细化部门、网点和员工的绩效管理，继续推行开门费用集中配置、营销费用考核配置和费用预算管理，资源配置对发展的杠杆作用得到发挥。加强员工行为管理，定期进行员工行为排查，严格员工电子化考勤管理，全年考勤扣发岗位工资 14 人次，员工行为管理不断强化。全行员工凝聚力、执行力加快提升。

【工作成绩】 2016 年度，中国农业银行临清支行荣获中国农业银行“五一劳动奖状”、省级“文明单位”、山东省分行、聊城分行“先进集体”、山东省分行信贷“三化三无一退出”创建达标单位、山东省分行“网店经营转型试点行”和聊城分行“综合绩效考核先进支行”等荣誉称号。

（牛方超）

中国农业发展银行临清支行

【机构设置】 中国农业发展银行临清市支行成立于 1996 年 11 月，是国有农业政策性银行，下设会计结算部、客户部、办公室，有正式职工 18 人。2016 年 5 月根据聊农发银发〔2016〕30 号《关于调整内设机构及职能的通知》文件要求，客户部更名为信贷业务部。

【工作概况】 2016 年中国农业发展银行临清市支行贯彻落实省、市分行党委工作部署，认真贯彻十八届六中全会精神和国有企业党建工作会议精神，深入践行总行“一二三四五六”总体发展战略和省行“党建为重，创新争先，强基控险，人才兴行”工作思路，全面从严管党治行，深入开展“两学一做”学习教育活动和“双提升”活动，加强干部队伍建设，努力实现各项业务持续稳健发展。截止 2016 年年末，贷款客户 16 家，贷款余额 50427 万元，存款余额 24954 万元，办理国际业务 212 笔，3680 万美元，累计实现中间业务收入 33 万元，实现经营利润 1253 万元。

【存款】 中国农业发展银行临清市支行存款全部为对公存款，无储蓄存款。截止 2016 年末各项存款余额 24954 万元，企业单位存款 22190 万元，包括单位活期存款 7279 万元、粮棉油收购资金存款 3 万元、保证金存款 14491 万元、应解汇款及临时存款 18 万元、单位定期存款 400 万元；财政性存款 2763 万元。

【信贷资金管理】 中国农业发展银行临清市支行截止 2016 年年末，各项贷款总余额 50427 万元，包括政策指令性贷款 6527 万元；政策指导性贷款 13200 万元；自营性贷款 30700 万元。2016 年累计发放贷款 52200 万元，累计收回贷款 75220 万元，累计办理承兑汇票 30560 万元。

【内部管理】 严格测评企业信用等级，2016 年评定 31 家企业信用等级。全力支持粮棉收储。2016 年累计发放购销贸易企业小麦收购贷款 4400 万元，发放购销贸易企业玉米收购贷款 1800 万元，较好地解决了地方性、区域性卖粮难的问题。稳妥开展自营性业务，累计支持粮棉龙头和农业科技客户 6 家。扎实抓好基础管理工作，积极落实“贷后管理年”活动要求，努力防控信贷风险。抓好财会基础工作，有效防范操作风险。开展“严肃财经纪律、严格财务管理”专项活动，切实规范财务行为，夯实财会管理基础。案件防范工作进一步加强，实现无案件、无事故目标。强化党风廉政建设，从严管党治行，持续深化作风。做好后勤管理工作，提升信息科技、安全保卫、印章、保密及档案管理工作水平。培训力度显著加大，职工政治业务素质得到进一步提高，全行的凝聚力和战斗力不断增强。

【其他主要工作】 中国农业发展银行临清市支行积极对接市扶贫开发办，了解临清市扶贫工作现状，掌握贫困人口数量和分布情况，发挥政策性银行的引导作用，全力支持脱贫攻坚工作，认定批复6家企业扶贫贷款，分别为临清三和纺织集团有限公司、临清恒利粮食贸易有限公司、临清市邦达优农贸有限公司、临清市润丰粮食购销有限公司、临清市临康养殖有限公司、临清市东盛食品有限公司，2016年对上述企业发放扶贫贷款29000万元，帮扶贫困人口107人，通过吸纳就业、签订帮扶协议、出具收购码单等方式对贫困人口进行帮扶，增加农民就业、改善农民生活水平，对扶贫攻坚工作必将起到助推作用。

中国农业发展银行临清市支行2016年第一批、第二批中国农发重点建设基金12800万元顺利投放到位，该批基金项目以股权投资方式分别向临清市自来水有限公司、临清市恒宇地产有限公司、山东铁临物流有限公司、山东临清国家粮食储备库进行投放，主要用于临清市城区供水设施新建与改造、临清东关街北区棚户区改造、山东铁临物流园区项目、储备库二期仓储物流建设项目的建设，积极的支持地方经济发展。

（牛方超）

中国建设银行临清支行

【工作概况】 2016年，临清支行以党建为统领，创新思维，争先进位；提升产能，打造亮点；强化管理，提质增效，通过抓存款，增客户，提产能，强管理，促转型，凝心聚力加快发展，不仅存款、中收等核心业务指标均实现既定目标任务，各项业务均取得良好的发展成果。

【储蓄存款】 2016年个人存款余额21.19亿元，较年初新增2.54亿元，余额和新增均居系统第一位，实现稳定快速增长。以鲁通借记卡、POS、快贷为产品组合切入点，深入社区、商圈客户为客户服务，吸引客户；强化客户资产配置，加强代理保险、理财产品、理财POS组合营销，吸引优质客户和行外资金，促使个人存款市场份额不断提升。利用大数据，加强精准营销。做好存量客户的资金稳定和他行存款大户资金的转入。优化产品组合，将个人住房贷款、五贷一透等资产业务嵌入网点营销，多种角度满足客户金融需求，促进各项存款的稳定快速增长。

【信贷资金管理】 2016年各项贷款余额23.78亿元，为企业综合融资达到25亿元，其中表外融资5.32亿元。支持地方重点项目，促进地方经济发展。密切与发改委、经信局、财政局的联系，跟踪全市重点建设项目、政府采购项目的进展情况，积极主动搜集资料，重点支持的PPP项目贷款已经完成。按照上级行“零售化、批量化、小额化、标准化、集约化”的要求，以“五贷一透”业务为抓手，大力支持小微企业发展，不断提升小企业业务的市场竞争力和价值创造力。大力发展个人贷款业务，个人类贷款余额达5.79亿元，较年初新增7988万元，个人住房贷款业务保持高速增长模式，消费贷款也有所增长，改变以往只还不贷的局面。

【信用卡业务】 大力开展“开路先锋　通天下”鲁通龙卡生态圈打造竞赛活动，2016年发卡1115张，总量居系统第一位，鲁通信用卡广为推广，深受客户的欢迎。

【内部管理】 坚持不懈夯实管理基础。在分行前三季度基础管理考核中，一、二季度位居县支行序列考核第一，三季度位居县支行序列考核第二名。定期召开柜员主管例会、案防联席会，强化过程控制、强化案例教育，抓早抓小，使问题消灭在萌芽状态。加强贷后管理，有效控制贷款风险。重点关注经营现金流较紧的企业，密切关注个别担保圈风险集中、出现企业流动性风险的区域，防止逾期贷款反弹。形成定期走访客户制度，规定动作到位，不良贷款的处置、化解取得明显效果。不仅完成融驰液压的期限调整，鲁泰、凯润两户不良贷款的核销，而且成功对银河纸业1.55亿元不良贷款进行重组。高度重视个人不良贷款的管控力度，取得良好拖欠及不良额均为零的好成绩。贯彻落实“依规从严治行”精神，组织开展“每日一规定、每周一案例”“晨会一条、夕会一例”活动，持续开展警示教育。组织由行领导为组长的六个检查小组开展的突击检查，现场发现问题，同时不定时回查跟踪，将规矩和纪律挺在前面，在全行营造遵规守纪的良好氛围。

【特色工作】 加强业务创新，在分行的大力支持下，成功办理全市首笔货币组合盈业务、首笔跨境融资性风险参与、首笔即期信用、首笔国内信用证项下应收款买断业务、首笔福费廷（自营）业务，丰富支行的国际业务产品，为客户提供多种融资渠道，降低融资成本，进一步推动全行业务的转型创新。党总支在分行开展的“喜迎建党95周年、两学一做促发展”竞赛活动中荣获红旗支部荣誉称号。

（牛方超）

中国银行临清支行

【机构设置】 中国银行临清支行成立于1990年，设营业部、业务发展部、综合管理部3个部室和新华路支行、青年路支行、红星路支行3个网点，共有人员59人。

【工作概况】 2016年中国银行临清支行深入贯彻上级行党委“深化五大管理、夯实两大基础”的总体要求，以“提速发展”为工作重点，以“四化”为工作方法，强化落实，扎实推进，各项工作良性运转。

2016年在上级行党委的正确领导下，临清支行党总支为绕“两学一做”做好基础工作，制订活动方案，强化考核，并按照路线图逐步推进，通过扎实的“三会一课”，增强党员的意识，通过学习增强全体党员的党的基本理论知识；全年开展“参观鲁西地委旧址”“参观抗日英雄张自忠纪念馆”等活动，建立临清支行“党员之家”，改组机关第一支部，经分行同意增加各支部支委，强化基层支部的领导。

中国银行临清支行将“提速发展”“规模扩张”作为全行重点工作加以推进，取得一定成效。在存款工作上，注重客户信息源获取，强化分层营销力度，注重产品的研究和创新；在贷款工作上，全力把握临清市发展黄金期机遇，认真分析全市经济结构、产业结构特点，联动政府相关部门，做好重点项目和重点企业的对接。

2016年，临清支行强化不良清收力度，有效防范潜在风险，风险管理工作取得进步。在不良化解上，将中冶银河17188万元大户不良清收

8月10日，省行张守川副行长到临清支行调研、走访

化解作为重要工作加以推动，一季度末中冶银河债务重组获得总行批复，二季度末分类由损失上调至次级，三季度末分类由次级上调至关注，累计实现拨备回拨共计15610万元。

2016年，通过不断推进教育宣导、强化日常监控，临清支行守住案防底线。做好事前警示，根据分行要求规范全行经费开支审批和报销流程、严肃财经纪律，每月参加风控委例会和纪检监察工作例会，结合实际加以消化，避免屡查屡犯；强化对低风险业务的分析与考核，引导柜员形成认真做事的习惯；开展形式多样的警示教育活动，做到警钟长鸣。其次注重员工异常行为的监督，对风险苗头做到早发现、早处置。

临清支行党团不断发挥经营管理推动作用，提升全行凝聚力。带领青年员工开展“最美中行人”“环运河健康跑”系列活动，丰富业余文化生活。参加“双优一先”评选表彰活动和“奉献在基层，最美中行人”评选活动，营造比学赶超的氛围。参加市金融机构“羽毛球比赛”，并获得个人第一名和团体第一名的好成绩，扩大知名度。

【储蓄存款】 2016年中国银行临清支行人民币储蓄存款余额22.09亿元，较年初增加3.6亿元，其中公司存款新增1.6亿元；个人储蓄存款新增2亿元；青年路支行抢抓机遇，精准营销，实现棚户区改造资金代发6040万元，新增7428万元，列7家二级支行第1位。在山东省行“保成果，稳增长”攻坚竞赛活动中标杆排名全省40名，排名全省第6名，为中国银行临清支行储蓄存款的增长做出突出贡献。

【信贷资金管理】 2016年，中国银行临清支行发挥国际结算业务优势，联合政府相关部门通过宣讲会或上门推荐等方式，宣传重点国际结算业务产品，降低涉外客户外汇业务风险，实现客户资产保值、增值意愿。并继续增加涉外中小企业信贷支持力度。

中国银行临清支行现有存量对公授信客户49户，其中拓展大中型客户1户，中小企业新拓展客户5户，授信余额28.2亿，不良率0.23%。对私业务授信余额4.99亿元，个人贷款不良余额116万元、信用卡不良余额49万元；不良率0.33%；在不良化解方面，2016年中国银行临清支行主动作为，不等不靠，寻求上级行帮助，往返总行、省行二十余次，在市政府的大力支持下，历时三年零四个月，实现中冶银河不良贷款化解1.72亿元，在化解大额不良资产上做出应有的贡献。

【信用卡业务】 2016年中国银行临清支行发卡机构累计发行的、已经激活的、未注销且未过有效期的、持卡人可正常办理支付结算业务的信用卡数量12757张。本指标信用卡指具有消费信贷、存取现及转账功能的银行卡，包括贷记卡和准贷记卡。

【内部管理】 内控案防抓严。2016年来，通过不断推进教育宣导、强化日常监控，临清支行守住案防底线。首先做好事前警示，根据分行要求规范全行经费开支审批和报销流程、严肃财经纪律，每月参加风控委例会和纪检监察工作例会，结合实际加以消化，避免屡查屡犯；强化对低风险业务的分析与考核，引导柜员形成认真做事的习惯；开展形式多样的警示教育活动，做到警钟长鸣。其次注重员工异常行为的监督，对风险苗头做到早发现、早处置。每月对员工信用卡使用情况进行核查，从源头上防范员工银行卡套现、利用个人信用参与社会非法活动等风险。2016年，共处理各类违规问题责任人3人次，其中给予3人警告处分，扣发绩效收入2.2万元；在与监管部门的密切配合下，全年无因业务违规引发的监管处罚，实现全年“无案件、无事故”的工作目标。

企业文化深入人心。2016年，临清支行党团不断发挥经营管理推动作用，提升全行凝聚力。带领青年员工开展 “最美中行人”“环运河健康跑”系列活动，丰富业余文化生活。参加“双优一先”评选表彰活动和“奉献在基层，最美中行人”评选活动，营造比学赶超的氛围。参加市金融机构 “羽毛球比赛”，并获得个人第一名和团体第一名的好成绩，扩大中国银行临清支行知名度；在全行同事的共同努力下，获全国养老宝明星网点第二名；以侯玉梅为代表的诸多临清支行优秀员工分别获得市行级“最美一线青年员工”、市行级“优秀共产党员”、市行级“优秀共青团干部”等称号，为临清支行赢得荣誉。进一步树立“人力资源是第一生产力”的理念，带领的队伍综合素质不断提高。

注重对中层干部的管理，加强与中层干部的日常沟通，了解中层干部的思想状态，不断提升干部思维水平。进一步完善《临清支行中层管理人员动态管理办法》，设置履职效果挂钩指标绩效考核得分率、日存款计划完成率、不良额控制比率等。制定《临清支行管理人员绩效奖惩措施》，激发管理人员“争先进位”的热情。

注重技能培训，结合支行管理人员情况，开展临清支行管理人员执行力提升培训，通过学习培训，提高管理人员的思考分析能力和执行能力。积极争取“一点一策”网点精细化经营管理能力辅导培训，通过专业辅导老师进驻各网点，对四个网点经营管理、营销服务等进行一对一的现场辅导，提高管理人员、客户经理、柜员的能力。

【其他主要工作】 2016年年初，临清支行在充分结合分行战略导向、全面分析临清市发展前景、认真剖析临清支行自身情况的前提下，经支行班子成员集体研究，明确“以提速发展为核心，以稳固质量和提升效益为目标，机制引领、强化作风建设、狠抓合规经营、内抓管理、外树形象，担当社会责任，做临清最好银行”的工作思路。

在整体战略推进上，牢固树立“逢一必争、逢冠必夺”的决心，强调市场份额是体现竞争力的关键。每周主持召开业务规模提升会，对支行重点项目的进展和储备情况进行动态跟踪，明确责任单位、责任人和办结时间，确保重点项目跟进到位。多次主持召开绩效考核分析会，通过数据测算和对比分析，把握优势，找准差距，细化措施，不断提高中国银行临清支行经营业绩。

在会战氛围营造上，要求全行以“四化”为标准，改进工作方式方法，提升业务发展水平。编发《临清支行“劳动竞赛”简报》和临清支行内控、文优服务、标兵、党建专栏，强化全年攻坚力度，提振全行发展士气。

在深入调查研究上，每周听取各单位的工作汇报，帮助分析问题，引导机构不断进步，每次布置劳动竞赛，并不失时机地到基层网点与员工交谈，获取第一手资料，确保劳动竞赛在轨运行；两次参加临清市提速发展项目观摩活动，增强对各镇、街道项目的感性认识，增进与镇办领导的沟通，为中国银行临清支行加快项目进度奠定基础。同时，通过到相关企业的座谈、营销，增强整体发展的轮廓，有力的支持支行健康经营。

做实业务对接，分别与国开行和住宅安居中心签订全面战略合作协议；主导参与大唐一期项目，北控水务项目，三和织业、中色奥伯特、润林牧业、秋华纺织等已批未放项目的跟进营销、叙做，以上工作均得到市政府、市人行、市银监办、聊城分行的高度肯定，为临清支行的业务发展争取更多机遇。

在“提速发展”战略的引导和带动下，截至2016年10月末，中国银行临清支行各项贷款新增13.3亿元，市场份额较年初增加3.52个百分点，新增额位列五大行首位。为临清支行竞争地位奠定基础，为员工争取更多的利益。

在经营发展过程中，中国银行临清支行在机制建设上落实管理责任、开拓思路、改进工作方法，进一步提升干部员工的精细化水平和执行能力。

业务推进上，推行管理人员“工作周志”模式，推行重点业务“日交流”的方式，不断提升管理人员执行能力。制定《临清支行重点业务落实表》为抓手，推进重点业务和事项的限时办结。制定《临清支行ETC、贵金属、分期、E贷、富贵竹等考核办法》，明确责任人和责任单位，推进中国银行临清支行业及不断进步。

在风控工作上，加大宣导和考核力度，邀请检察院领导到支行做职务犯罪警示，做到防患于未然；强化“十个严禁”的检查，对违规行为始终处于高压态势，在舆情防控上注重宣导，签订承诺书，有力的维护中国银行临清支行声誉。

（牛方超）

农村商业银行

【机构设置】 2016 年临清农商银行设综合部、财务会计部、业务管理部、资产管理部、电子银行部、个人类贷款审查审批中心、不良资产经营中心、金融市场部、合规部、审计部、监察保卫部、公司业务一部、公司业务二部、小微信贷中心 14 个内部职能部门和 1 个营业部。

2016 年年末，临清农商银行有 1 个营业部、30 家支行，本期无机构扩张计划。临清农商银行 30 家支行由总行予以授权，受临清农商银行直接管理。

【工作概况】 2016 年年末，临清农商银行资产总额为 125.14 亿元，较年初增加 13.2 亿元，其中各项贷款余额 64.85 亿元，较年初增加 3.58 亿元，不良贷款余额为 1.95 亿元，较年初增加 0.38 亿元，不良贷款占比 3.00%，较年初下降 0.44 个百分点。负债总额 116.50 亿元，较年初增加 12.97 亿元，其中各项存款 110.43 亿元，较年初增加 12.64 亿元；所有者权益 8.64 亿元，其中股本金余额 5.41 亿元；实现账面盈余 1.20 亿元，较 2015 年同期减少 0.21 亿元，经营利润实现 2.78 亿元。

在市场经济条件下，为满足企业流动资金融资需求，解决企业融资难、担保难问题，临清农商银行结合实际开办应收账款质押业务，较好地满足企业融资需求，丰富贸易融资类业务。

为构建全新的客户营销管理体系，拓展和巩固零售类客户市场，针对城乡客户特点，推出以“家文化”为支撑的“家庭银行”服务模式，针对机关事业单位、大型企业高管、公职人员、农户、个体工商户、城区居民推出“白领家庭贷”“蓝领家庭贷”“商户家庭贷”“农户家庭贷”等贷款产品，着力打造“银行—家庭”全面合作关系的客户服务模式。

针对个人类贷款户数、金额下降，根据办事处指导意见，针对农区客户特点，结合政府部门出台的支持“三农”发展政策，近期创新研发 “种植贷”“养殖贷”“经营贷”“爱车贷”“馨房贷”“家居贷”“学业贷”“喜缘贷”八大特色信贷产品，助力农民增收致富，改善自身居住、交通等生活条件，寻求贷款增长点。

2016 年临清农商银行系统性新业务逐渐完善，内部评估机制正逐步建立并完善，下一步临清农商银行将重点对新产品的进行评估，并建立长效机制，各项内部评估机制亟待进一步完善。

临清农商银行实行点面结合的方式初步建立客户投诉受理机制，总行掌握大方向，各支行因地制宜，各支行设立客户投诉箱、投诉公示牌，大厅内设意见簿，保证可以的意见能落到实处，并且临清农商银行不断加大监督监察力度，畅通投诉渠道，维护客户权益。

【储蓄存款】 截至 2016 年年末，临清农商银行各项存款余额 1104345 万元，较年初增加 126520 万元，增幅 12.94%，其中储蓄存款余额 1052904 万元，较年初增加 115785 万元，增幅 12.36%，储蓄存款占各项存款的 95.34%。

【信贷资金管理】 截至 2016 年年末，临清农商银行各项贷款余额 648530 万元，较年初增加 35849 万元，增幅 5.85%，当年累计发放贷款 699497 万元，其中个人类贷款余额 171047 万元，当年累计发放贷款210977万元，单位类贷款462483万元，较年初增加38084万元，当年累计发放贷款473520万元。涉农贷款余额610909万元，较年初增加20579万元，增幅3.49%，涉农贷款占全部贷款的94.2%。

【内部管理】 业务管理部具体负责全辖资产、负债、中间及表外业务的全面风险控制与监督检查，重点做好各类资产业务的风险预警跟踪和实时监控。通过风险控制与监督，对经营活动中已经出现的资产风险和风险隐患，提出相应的防范化解措施，推动各项业务的健康发展。

临清农商银行严格按照上级部门规定，制定严格的内控风险防范制度，确保落实到每个单位、每位员工。严格落实岗位责任制，切实提高每位员工的责任意识。同时，由财务、人事、业务、安全、内审等各部门联合每季度对分支机构进行综合检查考核，绩效挂钩。同时临清农商银行不断充实内审队伍，加大对全辖营业网点的检查次数和力度，不断提高员工风险防范意识，确保全年零案件。

2016年先后制定《山东临清农村商业银行股份有限公司内勤柜员考核办法》《山东临清农村商业银行股份有限公司会计主管考核办法》《山东临清农村商业银行股份有限公司大堂主管考核办法》《山东临清农村商业银行股份有限公司电子银行业务突发事件应急预案》《山东临清农村商业银行股份有限公司财务管理暂行办法》《关于进一步加强授权授信管理的通知》《山东临清农村商业银行股份有限公司银行间市场业务操作规程》《山东临清农村商业银行股份有限公司信贷独立审批人制度实施细则（试行）》《山东临清农村商业银行股份有限公司请销假及考勤制度》等制度、办法，进一步完善内控制度。同时组织各部门对各基层网点的各方面工作进行检查辅导，对违规行为严格按照规定给予处理，进一步规范员工的操作行为，有效规避风险。

机构内控制度的制定机制。内控制度是结合工作实际，依据全省农村信用社规章制度、文件精神以及法律法规进行分析研究后制定的，适应银行化改革和新业务的发展需要，确保实际操作的规范性，保障依法合规经营。

临清农商银行荣获聊城市2016年度纳税50强企业（聊城市国税局、聊城市地税局）、临清市2016年度纳税50强企业（临清市国税局、临清市地税局）。

（牛方超）

中国人寿保险股份有限公司临清市支公司

【机构设置】 按照上级公司机构设置规定，设置业务科室三个：个险销售部、中介业务部、团体业务部，后台运营科室一个：客户服务部，后勤保障科室一个：综合部，教育培训科室一个：教育培训部（2016年9月设立）。

按照市场细分营销策略，三个业务科室分别下设三个业务拓展部，简称三渠九部：个险销售部下设城区业务拓展部、区域市场业务拓展部、农村业务拓展部；中介业务部下设理财经理拓展部、客户经理拓展部、机构业务拓展部；团体业务部下设渠道业务拓展部、小额业务拓展部、法人业务拓展部。

其中个险销售部农村业务拓展部下设六个农村营销服务部：金郝庄营销服务部、老赵庄营销服务部、康庄营销服务部、戴湾营销服务部、唐元营销服务部、烟店营销服务部。

【概况】 2016年国寿临清市支公司实现保费收入8527.74万元，其中长险首年保费3853.08万元，续期保费3726.66万元，一年期定期寿险132.34万元，短险915.35万元，均为股份公司业务。

销售渠道保费收入完成情况。个险销售部

实现保费收入 4659.56 万元，同比增长 22.31%，占总保费比重 54.85%。其中长险首年期交保费 1445.14 万元，同比增长 62.41%，完成年度预算的 101.11%，短险 224.37 万元，同比增长 45.92%，完成年度预算的 86.3%；中介业务部实现保费收入 2747.38 万元，同比增长 0.48%，占总保费收比重 32.34%，其中长险首年期交保费 601.48 万元，同比增长 33.8%，完成年度预算的 105.94%，短险 93.33 万元，同比增长 230.25%，完成年度预算的 233.34%；团险销售部实现保费收入 874.99 万元，同比增长 45.3%，占总保费比重 10.3%，其中长险首年期交保费 277.02 万元，同比增长 509.19%，完成年度预算的 100.73%，短险 597.98 万元，同比增长 19.98%，完成年度预算的 104.91%。

保险理赔。2016 年保险理赔金 666.57 万元，1906 件。

【内部管理】 坚持“三重一大”集体研究、决策制度，坚持一岗双责制度，坚持从严治党、从严治司制度，2016 年召开经理办公会 12 次，支委会 14 次。

建立健全各项规章制度如内部经营风险防控管理制度、考勤制度、会议制度、邮件管理规定、员工着装行为规范，下发《关于费用报销事项的通知》等。

成立反洗钱领导小组、内部风险防范检查领导小组、集中采购领导小组、投诉案件处理领导小组、满期纠纷处理领导小组等相关管理组织，并明确各功能小组的工作职责，定期、不定期开展各项内部管理工作。

【其他工作】 截至 2016 年 3 月 31 日，实现长险首年期交保费收入 1680.79 万元，在国寿临清市支公司历史上第一次开门红长险首年期交保费收入突破千万元大关。

2016 年 9 月 2 日，联合临清市金融工作办公室召开临清市惠民工程保险工作推进会，金融办、市人社局、市教委、市扶贫办、市民政局、市妇联、市卫计局、市公安局、市经信局、市农业局、市老龄委、市残联、16 个镇、街道的领导及中国人寿保险股份有限公司聊城分公司领导 40 余人参加会议，临清市委常委、副市长韩德振同志、中国人寿保险股份有限公司聊城分公司党委委员、副总经理常向东同志参加会议并作重要讲话，通过这次会议，中国人寿彰显公司品牌、实力，临清市各部委办局、16 个镇（街道）的分管领导对中国人寿开办的小额保险业务有新的认识，公司加强与各部委办局、镇（街道）的沟通协调，把惠民工程保险这一德政工程进一步推向深入。

（张保增　宗　浩）

中国财产保险公司临清市支公司

【机构设置】 2016 年，人保财险临清支公司下设：综合部、出单分中心、理赔分部、农村保险事业部、商非团队、车商续保团队、销售团队、三个农村营销服务部。

2016 年临清支公司在分公司党委、总经理室的正确领导下，认真贯彻落实上级公司精神，坚持“双超市场、增量第一”的指导思想，认真学习贯彻落实党的十八大精神，努力进行市场运作，面对市场政策多变的一年，公司各位同仁，群策群力，团结一致，开拓进取，基本完成预期的各项指标任务。

【财险业务经营】 2016 年公司业务发展面临强大的压力，区域保险业竞争压力增大，在客观因素的制约下，公司员工集思广益，采取灵活多样的应对措施，努力发展业务，截至 2016 年年底，公司保费共计收入 5784 万元，理赔赔付金额为 2311 万元，总利润为 861 万元，其中车险保费

4076万元，利润为234万元；财产险保费645万元。整体市场份额增长，截止到年底，2015年车险市场份额为22.65%，2016年车险市场份额为28.95%，增长6.9个百分点；截至2016年年底，2015年非车险市场份额为57.09%，2016年非车险市场份额为58.49%，增长1.4个百分点，治安保险为公司在全国首家开展。新农合报销累计赔付案件个数1900余件，赔付金额：1600万元，2016年公司开展的见义勇为保险，实收保费26万余元。上交地方财政税收近600万元，赔付支出1900（还不包括新农合报销金额）余万元，取得社会效益、经营效益双丰收。

中国财产保险公司各项指标完成情况统计表

险种	签单保费	增幅	保费收入	增幅	实收保费	增幅
总保费	5784	25%	5259	-4%	4869	22%
车险	4076	41%	3502	34%	3504	34%
财产险	390	-3%	481	-5%	481	-5%
船货险	35	10%	34	2%	34	2%
责任险	116	32%	111	22%	94	32%
意外险	21	-23%	20	-26%	20	-26%
农业保险	1112	-0.50%	1112	-50%	737	-2%

【团队建设】 团队建设是影响企业业务正常、有序开展的前提，也是重中之重。能战斗的团队才能打胜仗，根据市公司安排，经理室调整分工，培养年轻干部，重新组合科室部门，提拔培养一批团队经理。贯彻落实“三重一大”决策机制，完善决策制度，规范决策进程，提高决策的规范性，科学性和民主性。

开展“两学一做”学习教育，深入落实《基层党支部工作条例》及会议制度，坚持正确的用人导向，健全干部选拔任用、业务考核、晋升问责等制度，强化管理队伍的年轻化、专业化队伍建设，2016年公司新晋预备党员一名，在工作中，对新晋党员，严格考核、把关，以保证党员队伍的先进性，更好地为党增添新的血液。

（张保增　宗　浩）

临清年鉴 2017

LINQINGYERABOOK

商业　贸易

商 务

【概况】 临清市商务局成立于2010年4月，由原对外贸易经济合作局和商业贸易办公室合并而成，机构编制为行政编制和事业编制（商务综合行政执法大队），行政编制人员数额为12人，事业编制人员数额为20人。商务局下设办公室（挂规划财务科牌子）、外国投资管理科（挂园区管理科牌子）、对外贸易管理科（挂机电办牌子）、对外经济合作科、市场体系建设科、商贸服务管理科、市场秩序科（挂12312商务举报投诉服务中心牌子）、电子商务科等八个职能科室。市商务局是受市政府委托，负责全市内贸、外贸、外资、对外经济技术合作、开发区等工作。包括全市商贸流通管理、市场体系建设和运行调节、市场秩序管理、再生资源回收监管；进出口管理、机电产品进出口管理；外商投资企业的审批和管理；企业境外投资管理；经济开发区指导管理等工作。2016年以来，临清市商务局以加快转变发展方式为主线，以富民强市为目标，深入推进商务领域供给侧结构性改革，突出把握好“稳中求进”的工作总基调，增强工作的针对性、灵活性和前瞻性，着力推动内贸扩消费、稳市场、提效率，着力推动外贸稳增长、调结构、促平衡，着力推动“引进来”与“走出去”协调发展，着力推动国际经贸合作深化和外部环境改善，全力保持全市商务事业平稳较快发展，2016年进出口总额实现303543万元，同比增长25.2%；社会消费品零售总额实现162.8亿元，同比增长9.3%。

【商务举报投诉服务】 12312商务举报投诉服务体系是商务行政执法的有力支撑，其对于提高商务执法队伍快速反应和应急处置能力具有重要作用。临清市于2009年成立12312举报投诉服务中心，通过结合商务综合执法工作，已形成以县级举报投诉服务中心为主体，以中央支撑服务系统为依托的全国统一的商务举报投诉服务体系，为商务行政执法和管理工作提供服务。2016年临清市商务举报投诉服务热线接受举报投诉3起，接听咨询电话6起。

【市场体系建设】 2016年来，临清市紧紧围绕“以城区专业市场为主，农村集贸市场为辅，城乡农贸市场为补充”的建设主线，进一步加强城乡一体化市场体系建设，健全完善市场网络，全面提高专业市场带动能力。临清市专业市场门类齐全，拥有轴承、电机、建材、钢材、木材、家具、蔬菜、汽车、二手车等11家专业市场和2家综合市场，2016年站前综合消费品市场和八岔路旭诚蔬菜市场已改造完成。

【商贸服务管理】 临清市坚决贯彻“互联网+”战略，大力推动电子商务工作。京东临清服务中心是聊城市首家县级服务中心，2016年有村级合伙人271人，村级服务站13个。2016年8月22日，临清市阿里巴巴农村淘宝项目签约仪式暨启动大会顺利召开，为促进农村电商的发展，临清市投资175万元扶持农村淘宝项目建设，阿里巴巴农村淘宝临清服务中心于 2016年12月27日正式运营，物流仓储中心目前运转良好，已建成村级服务站53个，正式合伙人达到53人，40余名淘帮手加入农村淘宝，2016年共有化肥、实木沙发、轴承、打包机、食品、土特产共六大类产品实现网上销售，2016年村级服务站共实现销售额379.9万元。

【外国或香港投资管理】 自1997年临清市成立第一家外商投资企业以来，截至2016年年底，全市实际利用外资12705.5万美元。2016年全市新批外商投资企业1家（印度客商达加阿洛克投资的聊城市朋友进出口有限公司），合同利用外资15万美元。

2016年临清市有外资及香港企业11家，投资商分别来自6个国家和香港，其中外商或香港独资企业6家，分别为山东临清华润纺织有限公司（香港），山东玉源乳胶手套有限公司（新西兰、香港），临清市李好轴承进出口有限公司（巴基斯坦），易高天然气有限公司（香港），泰和融资租赁公司（香港）、聊城市朋友进出口有限公司（印度）；中外或与香港合资企业5家，分别为临清建鲁机床铸造有限公司（香港）、临清兴和宏鑫机床有限公司（香港）、临清馨雅纺织制品有限公司（美国）、临清迅力专用车有限公司（德国）、山东丁马生物科技有限公司（香港）。

【对外贸易】 截至2016年年底，临清市拥有自营进出口权的企业达169家，产品销往亚、美、欧、非等100多个国家和地区。全市出口连续多年在聊城八县（市区）中位居前列。

2016年临清市进出口实现303543万元，同比增长25.2%，其中出口实现266050万元，同比增长25.7%；进口实现37493万元，同比增长21.8%。临清市大力推动外贸综合服务中心同阿里巴巴集团合作开展“一达通”业务，提高出口服务效率，阿里巴巴一达通业务服务客户已发展到55家，其中有30家客户已实现出口，产品涵盖轴承、联合收割机等，出口到美国、俄罗斯等30多个国家和地区，通过临清一达通平台实现出口1728.1万美元。临清市大力发展外贸新业态，经商务局积极申报，临清烟店镇轴承专业批发市场被山东省商务厅等9部门联合发文正式认定为“省级内外贸结合市场”。

【对外经济合作】 2016年9月25日至10月3日，临清市政府和聊城市政府组成联合经贸代表团访问白俄罗斯、哈萨克斯坦和阿联酋三国，以推动临清市“一带一路”项目为重点，以推动基层友城关系，促进与“一带一路”沿线国家的交流与合作为目标，开展系列经贸活动，访问取得圆满成功。在与哈萨克斯坦北哈州政府座谈交流中，临清市与彼得罗巴甫洛夫斯克市签订建立友城关系意向书，临清市铁临物流集团与北哈州签订建立保税物流园区合作备忘录，将为全市企业在哈发展提供更高层次的合作平台和政策保障，营造更加安全、和谐的投资环境。

【商贸流通发展概况】 1999年以来，临清市进一步深化流通体制改革，加强商贸基础设施建设，不断培育新的经济增长点，建设一批辐射带动能力强的大型商业网点和专业市场，初步建成与全市经济社会发展相匹配、较为完善的现代商贸流通体系。社会消费品零售总额逐年增加，从1998年的5.6亿元增长到2016年的162.8亿元，18年间增长近30倍。

【商业网点建设】 临清市加大招商引资力度，众多知名品牌商贸企业相继落户临清，连锁超市、专卖店、电子商务等新型商业业态发展迅速。集购物、餐饮、娱乐、休闲于一体的现代化购物中心银座购物广场和金鼎百货万嘉购物广场相继落户临清；全国知名家电企业苏宁电器、三联家电的入驻，提升家电行业的整体水平；顾家·欧亚达国际商贸城项目运营良好，商博瑞购物中心正式入驻；豪翰商贸城项目一期主体完成，商铺销售率超过60%，商户入驻率达40%。

【双联共建】 临清市商务局双联共建单位为戴湾镇景庄村，为做好双联共建工作，2015年7月成立胡欣同志任组长，张岩同志任“第一书记”，赵红丽同志任成员的双联共建工作组开展驻村帮扶工作。驻村以来，商务局帮助景庄村抓党建、促脱贫、惠民生，加大双联共建力度，推动景庄村经济社会和谐发展。临清市戴湾镇景庄村党支部2016年被中共聊城市委授予“聊城市先进基层党组织”荣誉称号，张岩同志被聊城市委、市政府授予“2016年度优秀第一书记”荣誉称号。商务局结合部门职能2015年为景庄村引进扶贫手套厂项目，山东省副省长赵润田，聊城市委书记、市人大常委会主任徐景颜，聊城市长宋军继等上级领导2016年相继莅临项目现场指导工作并给予该项目及商务局双联共建工作充分肯定；2016年引进扶贫纸箱加工厂项目，项目建设面积660平方米，覆盖带动未脱贫贫困户实现家门口就业，截至2016年年底，景庄村建档立卡118户贫困户已有114户实现脱贫。商务局积极协调相关部门为景庄村后街修8米宽水泥路800余米和乡间水泥路700余米并争取生态文明扶持资金对道路两侧铺设地砖进行美化提升，同时争取新农村建设等上级扶持资金对村内3条胡同路面进行硬化，开展覆盖全村的旱厕改造和自来水入户工程，争取上级资金对文化大院运动场地进行硬化，全面提升景庄村生态文明水平，提高村民生活满意度。

（朱荣光　张　岩）

商业集团

【机构设置及概况】 临清市商业集团总公司前身为临清市商业局。1994年市级机构改革时，根据临任〔1994〕3号文件，改名为“商业集团总公司”,具有行政职能的全额事业单位。下设政工科、办公室、财务科、保卫科共4个科室。截至2016年年底，共有在职工作人员17名。商业系统下属企业共15家，包括：6家非公有制企业，大家庭糖酒茶副食品有限公司、大正金行有限公司、山东泰祥医药有限公司、聊城漱玉平民大药房有限公司、运河餐饮服务有限公司、家家乐商贸服务有限公司；5家国有企业，交电大厦、五金交电化工公司、百货大楼、新华百货大楼、食品公司；4家集体企业，杂货土产公司、第二副食品公司、第二饮食服务公司、清真肉类加工厂。系统总人口2602人，其中在职职工1287人，离退休1315人。

【经营概况】 以经济发展为第一要务，围绕商业的中心工作，全面深化改革，打好跨越赶超三年攻坚战。突出抓好党风廉政建设、招商引资、企业安全生产、信访稳定等情况，确保商业稳定发展的局面。

2016年商业系统主要经济指标完成情况统计表

单位：千元

指标年度	经营收入	实现利润	实现利税	职工人数	备注
2016	300000	1294	4532	1287	

【国有、集体企业经营】 国有、集体企业采用联合经营、对外租赁等形式，使资产利益最大化，增加企业收入，用来缴纳职工社会保险费和发放下岗职工生活费，树立风险意识，减少失误，提高职工的满意度，积极协调市总工会、民政部门做好困难职工的慰问救助工作，确保企业的稳定。

【队伍建设】 加强思想政治建设。深入学习贯彻习近平总书记系列重要讲话精神，切实增强“四个意识”，坚定理想信念，内化于心、外化于行，带头践行社会主义核心价值观，恪守政治纪律、政治规矩，在思想上、政治上、行动上始终同以习近平同志为核心的党中央保持高度一致，坚决贯彻落实中央、省委、市委各项决策部署。商业集团党委严格落实党风廉政建设主体责任，加强党员干部队伍建设，高标准落实好中央八项规定精神，践行党的群众路线，积极开展“两学一做”专题教育，持续推进作风建设。

【大家庭糖酒茶副食品有限公司】 临清市大家庭

糖酒茶副食品有限公司2016年销售收入3315万元，实现利润1万元；公司下设酒类事业部、食品事业部、品牌部、茅台酱香事业部等业务批发科，1个大型购物广场，1个大型物流仓储中心，在聊城设立国酒茅台专卖店和大家庭名酒坊等销售终端，在济南设有名酒云商平台。大家庭购物广场位于临清市中心商业区，经营面积1.2万平方米，成为鲁西北地区城乡居民购物的首选之地。

经营实施品牌战略，主攻全国知名品牌代理，与茅台、五粮液、泸州老窖、剑南春等国内几十家大型酒业集团和娃哈哈、三元、蒙牛、伊利等食品公司建立稳固的合作关系，开设“大家庭”系列白酒、“天聚”牌系列食用油。系中国酒业协会常务理事、中国酒类收藏家协会常务理事、山东省糖酒副食品协会常务理事单位。

【临清市大正金行有限公司】 大正金行有限责任公司地处红星路中段繁华闹市区，营业面积1600平方米，员工24人，总资产2216万元，其中：固定资产812万元；流动资产1404万元。主营金银珠宝玉器，兼营宾馆。年销售收入1500万元左右，年实现利税180万元左右。由于业绩突出，先后被评为“聊城市消费者满意单位”“聊城市青年文明号”“山东省商业诚信企业”“山东省社会信誉知名金店”“山东省珠宝行业放心消费示范店”等称号。

（秦俊英）

粮　食

【机构设置及工作概述】 临清市粮食局在省、市粮食局的关心支持和市委、市政府的领导下，坚持以党的十八大和十八届历次全会精神为指导，认真贯彻落实习近平总书记关于粮食工作的系列重要指示，以确保粮食安全为中心，粮食局主要承担着辖区内的粮食政策执行，机关内设办公室、政工科、财务科、调控科、粮食稽查队，下辖山东临清国家粮食储备库、11个粮食购销公司，2016年新建“放心粮油示范店”6家，粮食局大力推进“粮安工程”建设、加强“危仓老库”改造，2016年“危仓老库”改造仓容3000万公斤，启动托市收购，抓好粮食购销，保障粮油供应，加强粮食监管，确保粮食安全，粮食事业呈现出蓬勃发展、科学发展的良好局面，全市粮食行业积极适应经济发展新常态，大力实施创新驱动发展战略，以科技创新为动力，着力培养粮食流通经济增长点，建立以企业为主体、以市场为导向、产学研相结合、技术优势互补的粮食科技创新体系，增强粮食经济发展实力，实现又好又快发展，为促进粮食流通事业全面协调健康发展做出突出贡献，2016年粮食系统实现销售收入23.5亿元，利税0.78亿元。

【粮油购销】 临清市市农作物主要以小麦、玉米为主，2016年临清市粮食局在夏、秋粮食收购工作中严格执行国家粮食收购政策，2016年夏粮收购国家规定一等小麦每斤1.22元、二等小麦1.20元、三等小麦1.18元，严格落实国家粮食收购政策、敞开收购农民余粮，2016年国家在全市启动托市收购农民余粮政策，由聊城中心库和粮食局、农发行三方人员共同监督、服务收储企业，认真执行有关政策和规定，严格按照国家收购要求，公开张贴以质论价政策明细以及收购小麦水分、杂质、不完善粒等指标要求标准，设立样品台，让卖粮农民和粮食经纪人充分了解收购政策，切实保护全市种粮农民的利益和种粮积极性、确保国家惠农政策落到实处，有力的提高全市粮食经济发展的质量和效益，收购前粮食局召开粮食收购工作会议，成立收购监管领导小组，负责全市收购工作中的各项工作，以山东临清粮食储备库、11个粮食收储有限公司为主体，敞开收购农民余粮、保护种粮农民的利益，2016年收购粮食1.9

亿公斤，销售粮食 1.15 亿公斤。

【粮食市场管理】 临清市粮食局积极顺应市场变化，按照《粮食流通管理条例》，紧紧围绕粮食工作中心任务，认真履行粮食流通监督检查职能，有力的维护辖区内粮食流通秩序，促进粮食事业的健康发展。

坚持从制度建设上狠下功夫，把加强制度建设作为执法工作的长效机制，紧密结合相关法律法规，不断完善各项行政执法制度，使行政执法工作有章可循、执法行为更加规范、执法水平不断提升。

按照《粮食流通管理条例》《粮食流通监督检查实施细则》，进一步细化执法流程和裁量标准，杜绝执法的随意性和盲目性，增强具体操作过程中的针对性和实践性，使执法工作更精细、更准确、更到位。

以完善制度为突破，使监管内容更加全面，结合区域特点，通过研究分析执法环境、执法对象、服务社会等因素，制定“举办投诉受理制度”“行政执法责任制”“行政执法责任追究制度”等各项制度。

与毗邻县（市）粮食行政管理部门签订“粮食行政执法联动协议”，明确毗邻地区的联合执法方式，建立执法信息平台，实现区域联动，形成毗邻县（市）全覆盖、无缝隙的粮食行政执法监管网络格局，办理粮食收购许可证的入市收购，确保区域粮食流通秩序。

【粮油储运】 粮油收储企业 12 个，山东临清国家粮食储备库、11 个粮食购销有限公司，做好粮油储运工作关系军需民食，国家安全、社会稳定，为人们的生存和社会发展提供基础保障，2016 年严格落实“粮安工程”危仓老库改造仓容 3000 万公斤，随着粮食产量年年递增，为确保仓储基础设施能够满足现代粮食收储的需要，仓储设施管理规范，维护保养良好，性能完好，能密闭，具有通风、防潮、防鼠、防虫、防雀四防功能，确保储粮安全，对库区环境建设，库区要布局合理、标识规范、整洁美观、地面硬化、库区绿化，提升科学储粮、绿色储粮的要求，配置先进适用的粮食装卸、输送、清理、计量、烘干、检验、粮情检测、环流熏蒸、机械通风等设备，积极推进规范化管理，按照规范化要求，不断提高科学储粮管理水平，储粮科学化、信息网络化、作业自动化。

【粮食储备】 山东临清国家粮食储备库肩负着中央储备粮、地方储备粮的收储、轮换业务，严格落实《粮食流通管理条例》《中央储备粮管理办法》和省市规范化储粮单位标准及地方储备粮管理办法，以加强储备粮规范管理为基础，狠抓落实，以“推动规范化管理，提高管理水平”为目标，以应用科学储粮、绿色储粮新技术为先导，坚持科学发展、扎扎实实创造性的做好储备粮管理工作，严格执行国家储备粮管理办法和粮改的一系列方针政策，以高度的政治责任感，努力抓好国家储备粮、地方储备粮的管理，保证国家储备粮、地方储备粮“账实相符，质量良好，储存安全”和国家急需时调动方便，为确保储备粮储存安全，山东临清国家粮食储备库从大处着眼、小处着手，结合工作实际，针对储备粮管理过程各个环节，建立健全各项仓储管理制度，并不断加大制度的落实力度，保证各项仓储管理工作在开展过程中，标准明确、规范有序，切实保证储备粮在日常管理中的安全存储。

【重点企业简介】 临清市东盛食品有限公司。临清市东盛食品有限公司，成立于 2002 年 12 月，是我国最大的老鸡（淘汰蛋鸡）加工基地之一，主营业务为禽类宰杀、种禽繁育；主要产品为“裕邦”牌老鸡系列产品。公司有宰杀生产线两条，速冻能力 150 吨，冷藏能力 1000 吨，日加工能力为 8 万只，年产 2000 万只以上。

临清市东盛食品有限公司非常重视食品安全和产品质量的管理，2006 年 7 月和 9 月分别通过

IS09001：2000国际质量管理体系认证和HACCP国际食品安全管理体系认证；东盛食品公司产品畅销于京、沪、广东、广西、福建、海南、浙江等省市，取得“进京”“入沪”许可证，品牌知名度较高，根据山东省质理评价协会2008年6月所做“顾客满意度测评”显示，顾客满意度和忠诚度均达到82.05%以上；被聊城市消费者协会评为“信得过单位”。2012年被评为“省级守合同重信用企业”。2005年企业被山东省农业厅评为山东省农业产业化龙头企业。2006年11月，临清市东盛食品公司的“裕邦”牌老鸡系列产品获得山东省名牌产品称号；2007通过无公害产品产地和产品认证。2007年10月取得QS生产许可证。2008年6月，通过标准化良好行为企业AAA级认证，被评为食品加工企业标准化良好行为示范企业，为临清经济发展做贡献。

临清市本乡粮油有限公司。临清市本乡粮油有限公司位于三和路南首鲁西，原城镇粮油供应公司面粉厂、城镇粮油供应公司面粉厂改制后更名为临清市本乡粮油有限公司，该公司主要生产“本乡”牌系列面粉，企业设备精良，工艺技术先进，检测手段完备，完善的生产工艺和配粉系统，能够按照顾客的要求生产各种面粉，面粉有两大系列，通用粉系列和专用粉系列，10余个品种，有日班产加工能力200吨的瑞士布勒制粉生产线，满足用户的不同需求。

该公司视产品质量为企业生命，坚持“树立市场意识，创造“本乡”牌产品，提供完美服务，超越顾客期望”质量方针，树立“诚实守信、以德经商”经营理念，抓管理，以让消费者吃上放心的面粉为自己的责任，努力将本乡面粉建设成为“工艺设备一流、产品质量一流、企业管理一流、诚信经营一流”企业。稳定的质量，优质的服务，赢得市场，赢得顾客，生产的“本乡”牌面粉粉质细腻、麦香纯正、营养丰富、绿色健康的主要特点，产品畅销山西、山陕、甘肃、福建、东北三省等地。

（王桂成　张绍庆）

供销合作

【概况】 临清市供销社始建于1950年，2016年辖10处中心社，9个市直公司，1个油棉加工厂和1个供销学校，全系统干部职工1800余人，市供销社机关下设办公室、信访办公室、财务科、政工科、合作指导科、综合业务科、离退休人员管理办公室7个职能科室。

临清市供销社是参照国家公务员制度进行管理的事业单位。其主要职能是宣传贯彻各级党政机关关于农村经济工作和社会发展的方针和政策，成为党和政府密切联系农民群众的桥梁纽带；研究制定全市供销社的发展战略和发展规划；对成员社进行指导、协调、监督和服务；建立健全供销合作社组织体系和农村社会化服务体系，引导农民组建新型合作经济组织；指导全市供销社深化综合改革，面向社会开放办社；协调供销社与政府有关部门及其他组织的关系；履行社有资产所有权代表职责，加强社有资产运营的管理和监督；承办市委、市政府和上级社交办或委托的各项工作。

【深化供销合作社综合改革】 为深入贯彻落实中共山东省委、山东省人民政府及聊城市委、聊城市人民政府《关于深化供销合作社综合改革的实施意见》文件精神，2016年9月6日，中共临清市委、临清市人民政府正式出台《中共临清市委、临清市人民政府关于深化供销合作社综合改革的实施意见》；《意见》结合临清市实际，进一步明确深化供销社改革的总体要求、基本原则和目标任务，《意见》要求供销社要健全完善组织体系，筑牢为农服务组织基础；建立健全农业全程社会化服务体系，提升为农服务能力；加快建设农村现代流通体系，发挥主渠道作用；构建社有企业经营服务体系，增强为农服务实力。为加强对供销合作社综合改革领导，中共临清市委、临清市人民政府成立临清市供销合作社综合改革领导小组，市委副书记祁学兰任组长，市政府党组副书记王庆瑞任副组长，市委办公室、市委组织部、市发改局、市商务局、市财政局、市供销社等部门负责人为成员。

【为农服务中心建设】 2016年以来，临清市依托基层供销社共建设巨龙、瑞丰、石槽三处为农服务中心，承担土地托管、农机服务、农资直供、智能配肥、统防统治烘干仓储、信用合作、科技服务、农民培训等功能，每个为农服务中心辐射半径3—5千米，打造“三千米土地托管服务圈”，初步形成“一站式”综合性服务平台。2016年12月27日，聊城市供销社理事会主任伦炜、监事会主任许玉芳带领聊城市各县、市、区供销社领导人到临清巨龙、瑞丰、石槽等三处为农服务中心观摩考察，给以较高评价。

【党建带社建、社村共建】 2016年，临清市供销社按照“组织共建、资源共享、发展共谋、事业共兴”的总体要求，全市实现“社村共建”的行政村73个，通过规范运行，完善制度，逐步扩大和丰富共建的领域和内容，初步达到强村固基、富民兴社的目的。临清市青年路街道十里坞社村共建点，是市供销社朱庄中心社与十里坞村“两委”本着“联合服务、共建共享”的原则共同创建的，双方共建农业服务队伍2支，为农民提供耕、种、管、收系列化服务；每年为农民提供各类农资200余吨，让利近3万元。

【电子商务稳步发展】 2016年，临清供销社抓住省供销社建设全省性电子商务平台的机遇，积极建设“互联网+供销社”农村电子商务平台，改造提升日用消费品、农资、农副产品、再生资源等经营服务网络；临清市供销社米宝电子商务有限公司的网上平台建设和临清辖区内的物流配送路线地图已基本建设完成，并投入运行，2016年年底实现交易额420万元。

（王 友 滕永林）

经济合作

【机构设置】 2001年6月，在临清市计划委员会建立临清市招商办公室。2001年8月，成立临清市外来投资者服务中心。同期成立临清市招商引资工作委员会，下设办公室，办公地点设在临清市招商局。2001年9月，临清市招商办公室增挂招商局牌子。同期成立临清市投资服务中心办公室、临清市投资者投诉中心办公室。2010年4月，临清市招商局改名为临清市经济合作局，为隶属于临清市政府办公室管理的事业单位。2012年临清市经济合作局下设办公室、招商联络科、投资促进科、政策法规科、考核奖惩科5个股级内设机构。

临清市经济合作局是临清市政府招商引资的专职机构，集招商、推介、咨询、服务于一体，具有招商联络、项目推介，综合协调等职能，单位秉承“诚信是金”的理念，坚持“公开、公平、公正”的原则，“以人为本”的思想，“高效、便捷”的作风，发扬团队精神，竭诚为投资者提供全方位温馨服务。

【工作概况】 2016年签约招商引资合同项目63个，实际到位资金117亿元。积极开展重大招商活动。先后在北京、深圳、杭州等地开展综合性招商活动，签约北控水务城北水库建设、国电投五凌电力光伏发电等一批投资额度大、发展前景优的好项目。多渠道多方式深化交流。与洛轴所合作成立山东洛轴所轴承研究院，招才引智实现重大突破；与深圳市企业联合会对接，在“深圳（2016）首届中日科技创新交流会”上做主题推介；与新昌轴承协会互联，在新昌组织召开“2016聊城（新昌）高端装备产业对接座谈会”活动。完善项目推进机制，推进大唐热电等一批在建项目、普天新能源充电桩等在谈项目进程，促进在建项目尽快投产达效，在谈项目尽快落地建设。夯实做好招商基础工作。对招商网站、招商宣传片、画册、项目册子等资料进行改版，加强与新闻媒体联络，强化招商宣传推介；扎实做好客商库、在外知名人士库等信息资料库更新和利用工作，搭建更加宽广的联络平台。

【招商联络】 抢抓京津冀协同发展机遇，始终把京津冀招商作为当前招商工作的重点，坚持市级领导带头抓招商、跑项目，对接央企和京津区域产业转移。同时积极依托在京临清籍老乡及驻京行业协会开展招商，延伸触角，起到良好效果。

临清市市级领导带队先后赴北京、广东、湖北、贵州、浙江、云南等地开展招商和重大项目促进30余次，推进一批项目洽谈进程。与轴承行业国内顶尖科研机构洛轴所合作成立山东洛轴所轴承研究院，招才引智实现重大突破。6月份，先后多次与深圳市企业联合会进行接洽，对接临清纺织服装产业及运河古城开发项目，并于6月21日协办由该会与日本企业联合会主办的“深圳（2016）首届中日科技创新交流会”，在会上进行招商推介，取得良好效果。7月15日，作为主办方组织召开“2016聊城（新昌）高端装备产业对接座谈会”活动，邀请新昌轴承协会会员企业及知名企业30余人参会，推介临清投资环境及轴承产业。

利用信息传播快、受众面广、管理成本低的网络宣传优势，实行网络招商。对临清招商网进行改版，加强网站管理和维护工作，临清招商网是专业性的招商网站，为外商提供临清市的优惠政策、闲置土地、人力资源等信息，为客商提供所需信息。通过互联网定期联络世界500强和中国500强企业，向其推介临清的资源优势、区位优势、环境优势，实现促进当地经济发展，扩大招商规模的目的。

【项目推进】 围绕临清市形成的装备制造、有色金属加工、纺织及服装、造纸及纸制品、食品及医药、能源电力六大优势产业和生物医药等4大新兴产业，策划包装一批市场前景广阔、投资回报率高的招商项目，招商项目库进行认真筛选整理，围绕产业链条及适合当前临清发展的服务业编制招商项目32个并及时将有关项目通过网站、商会平台等途径进行推介；设计、翻译《运河临清》宣传画册，根据临清市招商情况建立招商线索库、外资企业库、临清籍在外成功人士库及世界500强企业和国内500强企业库等信息库。

积极参加聊城市集中组织的京津冀、深圳及杭州举办的招商引资座谈会，并作为主办方组织召开“2016聊城（新昌）高端装备产业对接座谈会”活动等专题招商活动。全年累计召开全市招商引资工作调度会9次，专项部署安排会议5次，进一步传导压力，激发各级各部门，特别是镇（街道）招商主动性。坚持每月考核调研，每季度通报进展情况，准确掌握项目进展，了解项目建设中存在的困难和不足。

对大唐热电2×350MW热电联产、新兴重工新能源工业园、齐鲁三农装备城、北控水务临清城北水库、德运环保生活垃圾焚烧发电等重点在建项目做好帮扶，及时有效解决企业建设困难，稳步推进项目建设步伐；对山东泰华轴承（贵阳永力轴承搬迁）、普天新能源汽车充电桩、杭州骏马轴承搬迁、阿尔刚雷智能产业基地等项目积极外出洽谈，开展项目对接。

2016年累计召开全市招商引资工作调度会6次，专项部署安排会议5次，进一步传导压力，激发各级各部门，特别是镇办招商主动性。坚持每月考核调研，每月对全市招商项目进行现场考核调研，每季度通报进展情况，准确掌握项目进展，了解项目建设中存在的困难和不足，及时有效开展帮扶。完善重大活动督导调度机制，实施重大活动期间周调度，推动活动有效实施。

（辛东明　刘明宪）

卷烟经营

【概况】 临清市烟草专卖局（营销部）主要负责新华路街道、青年路街道、先锋路街道、大辛庄街道、八岔路镇、烟店镇、潘庄镇、唐元镇、刘垓子镇、康庄镇、尚店镇、戴湾镇、魏湾镇、老赵庄镇、松林镇、金郝庄镇共16个镇、街道的专卖管理、卷烟销售工作，下设综合办公室、专卖监督管理科、卷烟营销科、法制科、财务科、内管派驻组6个部门和1个专卖稽查大队、4个专卖稽查中队、1家1532分公司。共有从业人员85人，其中，聘用员工41人。辖区共有3055户卷烟零售客户。

【卷烟销售】 2016年，累计销售卷烟20984箱，全市占比14%；年人均销量7.29条，列聊城市第2位；实现单箱销售额23570元，列第4位；实现利税1.06亿元，聊城市占比16.2%，列聊城市第3位，销量、利税两项指标在全市占比与往年持平。

【烟草专卖】 2016年，累计查获各类案件278起；查获涉案卷烟324.62万支，占全市比重15.06%，其中，非法渠道卷烟321.72万支，占全市比重15.75%；案值62.48万元，占全市比重13.85%；拘留5人，占全市比重12.82%；刑拘5人，占全市比重16.67%；逮捕1人；实现预选互联网网络案件1起；侦办省标案件2起、市标案件9起、县标案件11起，较好地完成各项稽查指标。

【烟草市场监管】 2016年临清市烟草专卖局（营销部）深入开展“齐鲁之盾”（2016）专项行动。做好动员部署、任务分配、督导调度等工作，加大联合执法力度，抓好节日市场、互联网和物流快递等重点节点、重点领域的监管，维护良好卷烟市场秩序。行动期间，累计查获案件230起，查获卷烟282.99万支，总案值55.21万元。

持续深化打假破网，着力打击本地涉烟网络和追刑追责，成功侦办“6·03”和“7·26”两起省标非法经营案件；正在经营的4·29网络案件，已查证涉案金额达80余万元，涉案人员10人，其中刑事拘留2人，逮捕1人，判刑1人。

抓好内部规范，严格落实“六条禁令”，巩固整治卷烟非法流通成果，突出抓好源头管控和过程监管，坚决防止不规范经营行为反弹回潮。2016年处理市局（公司）下发的异常信息103条，填写内管调查表800余份。

坚持依法行政，贯彻行业“七五”普法规划，大力宣传烟草专卖法律法规，开展集中普法宣传2次，发布普法微博、普法信息31条/次，发放宣传材料1500余份；严格行政处罚案卷审核，2016年未出现行政诉讼、复议案件；案卷制作水平不断提高，在全市案卷评查中，未发现一项错误，连续三次位列八县市第一名；全力做好行政

全市“网建基础工作提升季”活动现场会在临清市烟草专卖局（营销部）召开

审批工作，严把审查审批环节，注重许可证后续监管，全面清理“一证多店、证址不符”等行为，核对并依法注销一年以上未开展经营业务零售户297户，辖区许可证管理更规范、更便民、更高效。

【名牌市场建设】 以鲁产烟为重点，查找制约“稳量提档”的重点规格，锁定品牌培育提升目标，开展高端品牌培育行动，提升高端品牌引领、带动作用；联合山东中烟开展新品推广会，为新品牌在辖区市场健康成长奠定基础，2016年累计销售泰山系列卷烟6901.89箱，同比增加1520.81箱，增幅28.26%；加强细支烟培育，编制各类市场用烟名录，建立消费领袖队伍，引领消费风尚，以点带面，重点突破，提升卷烟消费结构和档次，2016年累计销售细支卷烟660.90箱，同比增加256.66箱，增长63.49%;在抓好“孝、喜、升、礼、祭、优”6个主题市场的同时，重点抓好婚庆市场优势巩固，开展婚庆市场专项调研14次，走访客户162户次；与红白理事会对接20次，积极引导婚庆回礼风尚；开展“喜”文化宣传活动7次，婚庆用烟主销价位段由110—160元提升至160—220元，把握市场、引导消费能力进一步提升。

【企业管理】 围绕落实“抓基层、打基础、强管理、重创新”工作要求，全力抓好基层基础工作。2016年12月1日，山东省烟草专卖局（公司）党组书记、局长、总经理吴洪田到临清调研时，对临清市烟草专卖局（营销部）的工作，特别是基础工作给予高度评价，认为网建基础扎实，客我关系融洽。

临清市烟草专卖局（营销部）坚持把思想引领摆在首位，研究确立年度定位，明确发展方向，全员思想行动与支部高度统一，干事创业氛围更加浓厚；关注员工信心提振与情绪疏导，部署开展全年工作“回头看”座谈会、“为担当者担当”主题论坛、“反对‘自以为是’倡扬担当实干”大讨论活动，引导激励干部员工担当实干，稳健前行，推动临清烟草实现持续健康发展成为全体员工的共同诉求。

扎实推进“终端建设提升年”和“网建基础工作提升季”活动，打造“真情·莲心”店96户、优化店287户、提升店233户，聊城市系统“网建基础工作提升季”活动现场会在临清召开，会上临清市烟草专卖局（营销部）作典型经验发言，介绍推进终端建设、发挥终端功能的经验；通过打基础、抓网建，客我关系更加融洽、密切，客户对烟草的配合度稳步回升，电结成功率达99.54%，同比提高14个百分点。

营销方面，针对基础工作现状，从加强服务手册的使用管理、优化终端陈列等工作入手，制定8项整改内容，明确“眼到”“身到”“心到”的“三到式”拜访服务标准，提升市场服务效能；按照“相对均衡、适度微调”的原则，优化线路配置，确保任务进度制约因素最小化；强化过程管理，对市场服务情况开展“交叉式”实地考核，持续提高基础工作水平。2016年共开展交叉检查84次，实地走访零售客户1384户，卷烟展示货柜、货架陈列达标率达96.5%，服务手册填写达标率达92%以上，客户满意度大幅提高。专卖方面，梳理完善案件监管程序，严格执行《稽查案件质量监管制度》等相关规定，强化工作过程规范化、痕迹化管理，提升工作质量；组织开展打假打私经费专项审计自查、专卖案卷档案管理自查自纠等活动，对2013年以来打假打私经费管理、2009年以来专卖案卷档案管理进行严谨细致的自查整改，各项专卖管理工作逐步规范。

加强管理创新和精益课题攻关，组织全员填报“精益管理专项问卷”，查找工作中存在的流程浪费、重复劳动等问题并立项课题进行攻关，上报聊城市烟草专卖局（公司）3项课题，1项被推报省局（公司）；落实创新驱动战略，扎实开展科技项目创新、QC小组等活动，发布QC小组成果3项，分获全市二等奖、优秀奖；发布精益课题2项，分获全市二等奖、三等奖；1项专利获得国家专利授权；4篇论文获山东省烟草学会2016年度学术年会优秀奖，占全市获奖论文的50%。深化全面预算管理，从严从紧控制各项费用支出，三项费用同比减少345.88万元；招待费、会议费、办公费、车辆运行费同比分别下降65.56%、39.02%、13.74%、3.37%。

（石明磊 陈尉伟）

石 油

【机构设置】 中国石化销售有限公司山东聊城临清石油分公司（简称：中石化临清石油分公司）其职责为成品油销售和易捷便利销售。下辖18座加油站，所属加油站均为经山东省经信委批准的成品油零售企业。

【经营管理】 2016年临清石油分公司全年销售成品油达32000余吨，根据企业管理理念，中石化临清石油分公司重点在规范管理，加强服务上开展工作，积极落实上级公司管理理念，进一步开展“油非互动”活动，利用公司网络平台开展关注、注册、绑卡活动，层层分解任务，建立客户档案，稳定客户群体，实时开展促销活动，开展易捷便利店红酒品鉴会两次，星猴轮胎订货会一次，扩大易捷便利店的影响。2016年便利店销售额1100万元。

【网络建设】 2016年10月第14加油加气站改造完毕投入经营。为改善大气环境治理，落实中央、省、市环保治理措施，2015年夏季开始对所属加油站进行油气回收改造，这项改造任务用时三个多月，在加油、卸油环节增设相关设施，更换加油设备，经第三方验收合格投入使用。

【其他工作】 受国际经济下滑、国际油价不稳等因素影响，成品油市场竞争程度更加激烈，经营环境十分严峻。中石化临清石油公司围绕“两保三不降两提高”的目标，坚持“高、实、新”的工作要求，突出“扩大经营规模，加强网络建设，提高管理水平”三项重点工作，全面实施成品油市场战略，全力打造加油站生命工程，做大经营规模，提高市场占有；优化网络布局，增强竞争实力；深化体制改革，夯实发展基础；强化企业管理，努力降本增效；加强文化建设，增添企业活力。

【队伍建设】 围绕为民服务创先争优活动，开展“四强四优”工作，在公司管理人员和加油站全体员工中开展争创“四强”党组织、争做“四优”共产党员活动。这次活动紧紧围绕“政治引领力强、推动发展力强、改革创新力强、凝聚保障力强”“政治素质优、岗位技能优、工作业绩优、群众评价优”的要求和目标组织开展。按照中石化总部人性化管理要求，关爱员工生活，为每个加油站每月配备粮油，解决员工工作时间的吃饭问题，2016年年底开展走访员工家庭活动，利用两年时间将全部员工家庭走访完毕，切实解决员工的家庭困难，提高员工生活水平，形成“企业关心员工、员工爱护企业”的良好氛围。

盐 业

【概况】 临清盐业公司（盐务局）属自主经营，独立核算，自负盈亏的企业法人专营经济实体性组织，也是临清市唯一合法的盐业经营单位，属聊城盐业公司（盐务局）的下属企业。承担着全市盐业行业领导，计划管理，盐业行政管理的职能。以销售入口食盐和各类生产用盐为主。年销售各类盐6000余吨。2016年临清盐业公司共有在册职工68人，供应全市人民的生产生活用盐，年销量6000余吨。临清市盐务局大力宣传《山东省盐业管理条例》，在当地政府的支持下，与公安、交通、工商、质检等部门通力合作，严厉打击涉盐违法犯罪行为，净化全市食盐市场，保护全市人民的食盐安全。2016年有专职盐政稽查人员10余人，专用稽查车辆3部，并配备摄像机和执法记录仪等专用设备。

【工作概况】 2016年全年临清盐业公司提前一个月完成上级下达的各项任务指标，总计销售各类盐4300吨较去年多销售249吨；其中食盐3000余吨较2015年多销售157吨；销售收入778万元，实现利润23万元。2016年上缴国家税费53万元。

2016年，临清市盐务局盐政工作取得很好的成绩，共查获涉盐违法案件507起，收缴罚款384150元，没收私盐5.25吨，查获无证运输盐产品车辆一部、查获串村销售私盐三轮车11辆，端掉销售私盐窝点6处。未出现行政复议和行政诉讼案件，未发生食盐安全事故，促进全市盐业市场的稳定健康发展。通过全体盐政执法人员的辛勤工作，进一步净化临清的食盐市场，有力的打击涉盐违法行为，确保临清市食盐市场正常的销售秩序，保障全市食盐安全。2016年共销售食盐3000余吨，圆满地完成市局下达的各项指标，销售成绩位居聊城市前茅。

认真组织开展日常宣传及入户宣传活动，制作宣传展板并与临清全市各大型商超接洽设立食盐专柜，向广大消费者宣传食用海藻盐、弱碱盐的好处并提高对多品种食盐的认知度。与医疗机构结合，大力宣传推广健康食用盐知识，使“科学用盐、健康用盐、少吃盐、吃好盐”深入人心，科学引导广大消费者进行健康、正确的消费。利用广播、电视、报纸等多种媒体对多品种食盐进行宣传和推广，通过宣传活动积极引导消费者进行正确、健康、科学的消费，增强广大人民群众自我保护意识，提高居民生活质量和品位，取得良好效果，为多品种盐销售以及弱碱盐的普及推广工作提供有力保证。

加大市场宣传及入户宣传，让食盐安全家喻户晓。为进一步普及盐业法律、法规和健康用盐知识，扩大盐政执法的社会影响，营造社会广泛关注食盐安全，教育群众，震慑犯罪，按照制订的《临清市盐务局食盐安全知识集中宣传活动方案》，充分利用春、夏、秋、冬四季群众活动锻炼时间的变化合理安排宣传时间，重点宣传误食工业盐的中毒事件，合格食盐与工业盐的区别等内容。

按照省市局联合下发《关于严厉打击涉盐违法犯罪行为确保食盐安全的通告》通知要求，我单位组织盐政执法人员对辖区内的学校、企业、集贸市场、饭店、食盐零售等单位粘贴省公安厅与省盐务局联合下发的《关于严厉打击涉盐违法犯罪行为确保食盐安全的通告》同时向社会公布举报有奖电话，共粘贴通告和通知4000余份。

【队伍建设】 为激发员工的工作积极性，临清盐业公司制定全员绩效考核实施办法，按全员绩效考核实施办法考核兑现奖惩，使全员绩效考核成为一项制度化的工作，促使广大职工树立责任和竞争意识，在公司形成比工作、比奉献、比业绩的良好工作氛围，充分激发广大职工的工作热情和积极性，全员绩效考核工作在企业经营管理活动中切实发挥了积极的作用。

临清盐业公司在面对盐业体制改革的严峻形势和行业自身发展的要求下，积极寻找应对措施，加快转变思想观念和经营机制。实现从专营走向市场，从单一化经营走向多元化经营格局，积极探索开展非盐商品经营路子，为行业的转型发展寻求新的增长点。

（刘　宽　郭　伟）

临清年鉴 2017

LINQINGYEARBOOK

科技 教育

科　技

【机构设置】 2002年10月，临清市政府下发《临清市人民政府办公室关于印发〈市科学技术局职能配置内设机构和人员编制方案〉的通知》（临政办发〔2002〕74号），设置临清市科学技术局，为市政府组成部门。内设4个科室：办公室、工交科、农社科、综合科。

2011年，根据《中共临清市委临清市人民政府关于临清市人民政府机构改革的实施意见》（临发〔2010〕12号），设立临清市科学技术局，为市政府工作部门。设4个职能科室：办公室、高新技术发展及产业化科、农村与社会发展科、科技成果与合作科。

2016年12月，临清市科技局共有4个行政科室，2个事业科室，在职工作人员16人，其中党组书记、局长1名，党组副书记、副局长1名，副局长2名，工会主任1名。

【科技工作概况】 2016年，临清市全面落实创新驱动发展战略，深化科技体制改革，构建以企业为主体的技术创新体系和市场化的科技服务体系，促进大众创业、万众创新，激发各类创新主体新活力，打造良好创新生态。临清市争取省级以上科技计划1项，获得无偿资金12万；培育3家科技型中小企业通过高新技术企业认定；全市共计5项成果获聊城市级以上科技进步奖励，其中省科技进步奖三等奖1项；全市申请专利746项，其中发明专利87项，授权发明专利44项。2016年，临清市高新技术产业产值达到460.99亿元，同比增长6.51%，占规模以上工业总产值比重32.72%，增加1.06个百分点。

加快高新技术产业发展，促进产业升级增效。充分发挥企业的技术创新主体作用，进一步增强企业创新能力，重点关注对科技型企业的培育扶持，鼓励引导创新基础较好的企业申报高新技术企业，培育高新技术企业和创新型企业。2016年润源实业、腾工轴承、弘发兴凯3家企业成功申报国家高新技术企业。

2016年，临清市高新技术产业产值累计达到460.99亿元，同比增长6.51%，占规模以上工业总产值的比重为32.72%，比重较年初增长1.06个百分点，占比居聊城市第一位。

建设科技创新平台，提升自主创新能力水平。临清市将科技创新平台建设作为科技工作的重要抓手，有效发挥科技创新平台整合创新资源、培育创新主体、提升服务能力等方面的功能，力促经济转型升级、产业集聚。通过完善科技创新服务体系，在提高自主创新能力的同时，为引进人才、培养人才、使用人才提供坚实的载体。科技创新平台建设情况。2016年全市新增2家聊城市市级重点实验室，1家聊城市市级工程技术研究中心。拥有4家省级工程技术研究中心，1家省级重点实验室，14家聊城市级工程技术研究中心，7家聊城市级重点实验室。科技信息服务平台建设情况。临清市科技信息网根据社会发展需要，及时调整版面，设置图片新闻、科技论坛、科室动态、信息发布、优质产业集群等版块，成为展示临清市科技工作的重要窗口，也方便企业与科技部门互动交流。同时设立临清市虚拟研发中心，及时发布大专院校成果汇编，以此为依托建立科技人才信息库，为企业寻求与高校院所、行业专家的合作提供服务平台。

提升专利申请量，推进知识产权贯标工作。加快推进知识产权的创造、应用和保护，切实增强企业自主创新和抗风险能力，推动知识产权工作前进的步伐，真正把知识产权创造转化为提升企业创新能力的原动力。2016年全市申请专利746项，其中，发明专利87项；授权发明专利44项。组织企业进行知识产权贯标。2016年组织丁马生物、合众正源2家企业申报山东省知识产权优势企业，目前已经通过省知识产权局审核，进入省知识产权优势企业培育程序。

推进产学研合作交流，加强科技成果转化。充分发挥政府部门在产学研合作过程中的引领和主导作用，支持和推动产业技术创新战略联盟的构建；积极组织企业“走出去”，关注科技成果前沿，寻求合作机会，营造开展产学研合作的良好氛围。同时，积极鼓励企业在产学研合作中突出创新主体地位，加快科技成果转化效率，提升自主创新能力。2016 年，全市共计 5 项成果获聊城市级以上科技进步奖励，其中省科技进步奖 1 项。参与建设轴承产业创新联盟。临清市科技局按照市委、市政府工作安排积极与牵头单位配合，组织多家企业、单位共同组建临清市轴承产业技术创新联盟，整合产、学、研各方资源，探索“优势互补、资源共享、全面推进”创新发展模式，临清轴承产业向中高端发展迈出坚实一步。两次组织企业“走出去”开展科技交流活动。临清市副市长郑忠才带队组织中色奥博特、弘发兴凯、合众正源等企业负责人到济宁市高新区参观考察学习；临清市科技局积极组织部分企业参加第十九届中国北京国际科技产业博览会，接触高水平科技成果。全市 1 项成果获省科技进步奖，4 项成果获聊城市科技奖励。中色奥博特申报的“高精度紫铜薄软带研究开发与产业化”成果项目获省科技进步三等奖；凯美瑞轴承申报的“高速、高精密数控机床用圆柱滚子轴承的研发”项目获聊城市科学技术进步奖二等奖；兴和宏鑫申报的“面向智慧工厂的高效高精自动化磨削加工与检测生产线研发及产业化”项目、中冶纸业银河申报的“造纸混合污泥生产有机肥技术”项目、博特轴承申报的“挖掘机行走齿轮箱密封总成的研制”项目获聊城市科学技术进步奖三等奖。

强化科技计划项目支撑力，抓好项目验收工作。为帮助企业依靠科技创新从根本上做大做强，对原始创新、集成创新和引进吸收消化再创新的项目进行全程跟踪服务。在科技项目管理上，给予优先推荐国家、省、聊城市级各类科技计划的申报；对于重大科技项目，根据产品研发生产的不同阶段，积极争取相应科技计划扶持，增强企业抓科技进步、技术改造和自主创新的动力。2016 年争取省级科技计划项目 1 项；17 家企业入库山东省科技型中小微企业信息库。经临清市科技局多次深入企业讲解政策，鼓励引导，上半年，临清市宇捷、合众正源等 9 家企业作为山东省首批入库企业已成功进入山东省科技型中小微企业信息库；下半年，哈临轴承等 7 家企业经省科技厅批准作为第三批省科技型中小微企业成功入库，红星轴承经省科技厅批准也已经作为第四批省科技型中小微企业成功入库。

针对入库企业进行重点支持，同时与齐鲁股权交易中心确定在齐鲁股权交易中心增设“科技版”，对入库企业在征调、挂牌等费用上予以优惠，在培育升级为高新技术企业、税收优惠政策落实、省直投基金投资等方面进行重点支持。弘发兴凯“PLC 控制自动打结式卧式秸秆压捆机”成功申报山东省西部经济隆起带基层科技人才支持计划。1 项国家级项目、2 项省级项目和 2 项聊城市级项目顺利通过验收。合众正源牵头承担的国家星火计划重大项目“山东丹参产业优化升级关键技术集成”项目、中色奥博特承担的山东省自主创新专项“高性能铜材级复合材料深加工技术研究开发及产业化——5000 吨高精度压延铜箔技术研究开发及产业化”、山东凯美瑞轴承科技有限公司承担的山东省科技发展计划项目“矿山振动机械用调心球面滚子轴承”以及两项聊城市科技发展计划项目：临清兴和宏鑫机床有限公司“高效、高精自动化磨削加工与检测生产线项目”、山东腾工轴承有限公司“20ÑË 系列重载荷关节轴承研发及产业化项目”均顺利通过专家委员会验收。

气 象

【机构设置】 1964年6月筹建临清县气候服务站，站址位于临清市东郊，1965年1月1日开始观测工作，1966年1月更名为临清县气象服务站，1974年更名为临清县革命委员会气象站，1981年更名为临清县气象局，1984年更名为临清市气象站，1989年更名为临清市气象局。2000年1月1日因探测环境保护需要迁址到城南郊三里铺村北面济津渠北侧，2010年迁至城东郊大辛庄街道高庄村北。2016年临清市气象局现内设2个管理机构：综合管理办公室和防灾减灾科；2个直属业务单位：临清市气象台（国家一般气象站）、临清市气象服务中心（市雷电防护技术中心）。临清市气象局机构规格为正科级。

2016年全市年平均气温较历年平均气温偏高，降水偏多，光照不足。年平均气温为14.0℃，比历年平均气温偏高0.5℃，年极端最高气温36.6℃，出现在6月22日，比历年极值低4.9℃，年极端最低气温-18.0℃，出现在1月23日，比历年极值高2.6℃。年降水量为671.6毫米，较常年偏多151.2毫米，较常年极端最多降水量偏少164.1毫米，较常年极端最少降水量偏多484.4毫米。年日照时数为2147.8小时，较常年偏少268.2小时。全年无霜期220天。

【气象服务】 气象预报及服务坚持一年四季不放松，每一次过程不放过，坚持服务无微不至，无所不在，当班人员每天按时浏览上级预报指导产品，密切监视本地天气变化，主动将决策服务材料及时报送决策部门，及时发布预警信号，通过移动平台发送手机短信。2016年汛期以来，临清市气象局向当地决策部门共报送纸质决策服务材料33期：重要天气预报9期、气象服务专报24期；向公众共计发布预警信号39次：暴雨预警信号7次、冰雹预警1次、雷电预警信号25次、高温预警信号1次、大雾预警信号3次、大风预警信号2次；通过移动平台，共发送手机短信15万多人次。

【自然灾害】 临清市境内天气复杂多变，气象灾害种类繁多，危害严重，春季十年九旱，夏季多高温暴雨，秋季连阴雨，冬季有寒潮低温，一年四季都有大风。

2016年6月13—15日，受高空冷锅系统影响，临清市出现冰雹大风降雨天气过程。由于正处麦收期间，大风、冰雹和降水造成部分乡镇的小麦、瓜果等农作物倒伏和减产。受灾乡镇主要为青年路街道、大辛庄街道、金郝庄镇、戴湾镇。据临清民政部门统计，临清市受灾人口7799人，农作物受灾面积748.2公顷，成灾面积28.6万公顷，绝收面积10公顷，一般损坏房屋22间，直接经济损失341.4万元。

2016年7月19日12时至20日08时临清市出现暴雨天气过程，全市平均降雨量73.6毫米。本次降雨过程造成临清市部分乡镇农田积水严重，受灾乡镇主要有八岔路镇、潘庄镇、烟店镇、唐园镇、魏湾镇、先锋路街道、康庄镇、松林镇。据民政局统计，农作物受灾面积910.53公顷，农作物成灾面积304.33公顷，受灾人口8905人，转移安置人口14人，损坏桥梁18座，直接经济损失343.34万元。

2016年8月25日04时至11时，临清市出现暴雨天气过程，本次降雨过程造成临清市老赵庄镇和大辛庄街道部分农田出现积水，导致农作物受灾。据民政局统计，农作物受灾面积378.9公顷，农作物成灾面积131.3公顷，受灾人口4060人，直接经济损失153.08万元。

【为农气象服务】 立足本地农业实际，切实加强气象服务工作的组织领导和管理，全体业务人员按照“以人为本，无微不至”的服务理念，坚持以农业生产、防灾减灾的和领导决策气象服务为重点，认真做好天气气候、趋势预测和灾害天气的连续跟踪检测预报、服务，积极做好农用天气预报的服务，并着力对全市特色农业、设施农业提供专业气象服务，及时主动地为农业生产和经济建设提供准确、优质的气象保障服务，取得显著的社会经、济效益。健全农业气象服务体系和农村气象灾害防御体系，突发气象灾害预警信息公众覆盖率达到70%以上。按照“政府主导、部门联动、社会参与”的工作机制，市气象局把气象综合电子显示屏、气象信息预警大喇叭和“气象信息绿色通道”建设作为“两个体系”建设的重点，强力推进。

【公共气象服务】 气象公共信息服务的覆盖率进一步提升，很大程度上解决农村使用信息进村入户“最后一千米”的问题。建立全市600人的气象信息员队伍，及时接收临清市气象局的预警预报信息，及时进行为农服务。每天通过临清飞信平台发送未来三天天气预报，通过中国移动短信平台发送重要天气预报，雨晴信息等。至2016年底13个区域自动气象观测站已全部升级完毕。

【气象预测预报】 气象局根据全市气象灾害发生和分布特点，从核心业务入手，以气象科技创新为基点，加大科研力度，努力在现有基础上进一步提高灾害性天气预报准确率。应用气象局精细化预报业务系统平台，提高全市灾害性天气预报的准确率和精细化预报水平，加快能见度要素预报业务系统建设步伐，同时计划开展镇（街道）区域站精细化气象要素预报业务并进行质量检验；加大对暴雨、沙尘暴、大雾、雷电、霾等灾害性天气的研究力度，将科研与业务结合起来，做到科研业务两不误、两促进、两提高，建立统一、转自动化的流程清晰的天气预报服务平台，完善预报流程，逐步实现由手工纸质分析、集体会商的传统作业方式将具有较高自动化水平的预报作业方式的转变。编制气象服务大纲，突出服务的敏锐性、及时性，贴近决策生产和生活；整合各种气象服务产品，进一步提升气象服务产品的质量，提高气象服务的针对性、敏感性和实用性。加强与相关部门合作研究，在地质灾害、城市环境气象、交通气象、病虫害等预报技术方面开展合作研究，不断提高气象服务各行各业的能力。

【人工影响天气】 临清现有运行人影作业站点四个（八岔路站点、松林站点、老赵庄站点、头闸口站点），2016年已全部建成标准化站点，全部符合标准化站点要求，共计投入经费80万元。2016年对标准化炮点三七高炮进行改装，实现远程控制操作。每个标准化炮点配备火箭架装置，头闸口炮点配备防爆箱1个。四个站点宽带、监控连接均已完成，能实现聊城人影办对各作业站点的全程监控。因标准化站点等级及区域站安全管理需要，四个站点所在镇区域站均已迁入标准化站点。

【人才体系建设】 临清市气象局始终坚持“服务发展、人才优先、以用为本、创新机制、高端引领、整体开发”的人才工作指导方针，确立在气象事业发展中人才优先发展的战略布局。落实国家防灾减灾、环境保护等气象相关专项规划的各项任务，大力实施气象人才工程，以高层次和骨干人才队伍建设为重点，推荐人才队伍整体发展。近年来市气象局不断加强人才培养，现局内共有职工10名，本科学历7人，大专学历2人，中专学历1人。

【气象文化】 自2012年被山东省精神文明委员会评为“省级文明单位”以来，至2016年连续5年临清市气象局一直保持此荣誉；另外临清市气象局2016年先后被评为“山东省气象部门局务公开先进单位”“山东省气象部门廉政文化先进单位”“聊城市气象系统综合考核优秀单位”“聊城市县级气象文化评比优秀单位”“聊城市气象服务先进集体”。

地　震

【概况】 1975年6月，临清市成立“临清市人民政府地震办公室”，隶属于市人民政府，为副科级全额事业单位。2001年11月9日，“临清市人民政府地震办公室”更名为“临清市地震局”，隶属市政府领导，为正科级全额事业单位，定编4人。2012年，地震局设立办公室、业务科，为局股级内设机构。

临清市地震局荣获2016年度市政务服务工作先进单位称号。

【地震监测预报】 临清市周边发育有沧东断裂、临清断裂、商河—永安断裂、馆陶西断裂、陵县—冠县断裂和高唐—堂邑断裂等6条主要的断裂，其中沧东断裂和临清断裂通过市区。周围地区历史上发生的严重破坏性地震也曾给临清市造成重大破坏。聊城及周边地区有感地震频发，中国地震局已连续三年将其确定为地震重点注意地区，判定为黄色预警级别，因此临清市地震形势依然严峻。全市地震部门按照市委、市政府的指示和省地震局、聊城市地震局的统一部署，始终把震情跟踪工作当作头等大事，广大地震工作者牢固树立震情意识、大局意识、责任意识，认真强化地震监测预报工作。

地震基础设施建设和地震应急能力建设得到明显改善，地震监测能力显著加强。市地震局积极争取上级支持，筹措资金，在山东省地震局的大力支持下，建设一个测震台，使全市地震监控能力由ML2.5级提高到ML1.5级；建设一个强震台，可在临清市及周片地区发生破坏性地震时，能迅速确定地震参数，指导抗震救灾工作；新上一个深井水位检测台，提高对地震前兆异常的捕捉能力。

加强对地震观测工作的管理和震情跟踪工作，根据全国、全省年度震情汇商意见，市地震局制定相应的短临跟踪措施。尽最大努力保障仪器设备正常运转和观测数据连续可靠，并对临清市出现的前兆异常及时调查落实。在辖区及邻近区域发生有感地震后，立即启动有感地震应急预案，在最短时间内派出地震现场应急工作队，进行地震现场调查，帮助当地政府做好震后社会稳定工作，并将调查情况上报市委、市政府和省局、聊城市有关部门。临清市建成由市委、市政府、有关部门、各镇、街道主要领导及各群测网点组成的临清市地震灾情速报通信网络，并将各单位联络人员名单报聊城市地震局备案。推广“三网一员”工作制度，在镇（街道）配备防震减灾助理员，全市所有行政村、社区配备的震情灾情速报员。2016年临清市有防震减灾助理员16名，震情灾情速报员682人。

坚持正常的震情会商制度，在认真做好周会商、月会商和半年会商工作的同时，在全省地震应急期间，坚持每天震情会商。

积极参加震情联防和资料交流工作。全市地震系统坚持24小时震情值班，8小时工作以外的时间都安排专人值班，节假日局领导带班制度。

群测群防工作进一步加强，从防震减灾工作发展的历史看，群测群防是防震减灾工作的一大特色，在防震减灾工作中尤其是地震短临预报中发挥着十分重要的作用。临清市高度重视群测群防骨干网（点）建设，保证骨干点观测仪器的专业性和观测人员的稳定性，建设农村群测群防宏观观测点32个，每个镇、街道设有两个群测群防宏观观测点。完成青年观测站的数字化改造，改造后的青年观测站可以24小时观测水温、水位的变化并将检测数据传输至省局。2016年9月22日建成临清市地震监测中心，可以实时监测周边地震台、测震台的监测数据，提高全市的地震监测应急能力，也使全市拥有地震监测数据分析、判断、预测的基础。

【地震应急工作】 临清市加强地震应急工作，市镇两级都成立防震减灾工作领导小组，制定或修订破坏性地震应急预案，市直有关部门和部分大型企业也根据自己的职能分别制定《破坏性地震应急预案》。根据领导同志的工作变动，适时调整市防震减灾工作领导小组。购置必要的地震应急装备，与临清市消防大队合作建成临清市地震应急装备库。建成地震应急指挥中心，可以与其他地震应急指挥中心进行视频通话。

【震害防御】 根据地震灾害的特点，市地震主管部门按照预防为主的方针，依据防震减灾法律法规，在通过强化建筑物的抗震设防达到预防和减轻地震灾害方面，认真依法行政，积极为全市经济建设服务，取得一定成绩。市地震部门充分发挥在市行政服务中心设立窗口的作用，和计划、规划部门密切合作，加大对全市重点工程抗震设防标准和地震安全性评价的管理力度。建成烟店镇堤口村农村民居地震安全示范工程。

【防震减灾宣传教育】 针对广大群众宣传普及防震知识，提高群众应对突发地震事件的能力。临清市地震、宣传和教育等部门按照“积极、慎重‘科学’有效”的原则，因时制宜、因地制宜，深入持久地开展多种形式的防震减灾法律、法规和避震减灾知识的宣传普及教育活动。在电视上播放地震科普片，报刊上刊登地震科普文章等。宣传中注意利用有关法律法规颁布实施日和唐山大地震纪念日及国内外具有较大影响的典型地震事件等时机，加大宣传教育力度。同时注意区分不同对象、不同层次，有重点地开展宣传，特别是注重对中小学生的防震减灾常识的宣传教育。建立京华中学、民族实验中学（原先锋中学）、临清市实验小学（原十小学）、临清市逸夫实验小学、第三高级中学、武训实验小学、松林镇中学7所省级地震科普示范学校和实验高中、实验中学、丕介中学3所市级地震科普示范学校。将先锋街道银河社区、青年街道温泉社区建成省级地震安全示范社区和国家级地震安全示范社区。

针对设计、建设单位宣传防震减灾法律、法规和规范，建筑物的抗震设计、施工是防震减灾工作的一个重要环节，地震专业人员多次去建设单位宣传防震减灾法律、法规和《地震动参数区划图》及其使用规定，交流抗震设计施工经验体会，推动全市抗震设防水平的提高。

【网站建设】 2016年3—4月，开展国家地震烈度速报与预警工程项目站点堪选和建设工作。9月22日，建成临清市地震台网中心。

（董保生　郭瑞哲）

教　育

【概况】 临清市教育局，设局长1人、副局长3人，科级以上干部14人。下设机关办公室、政策研究室、人事科、工资职改科、财务科、督导室、普教科、工会、安全科、行政监察室、信访办公室、勤工俭学办公室、师训站、团委、招生办公室、职教成教办公室、体卫科、仪器站、电教站、教科所、中学教研室、小学教研室、学前教育室、艺体教研室24个科室，全局共有机关工作人员112名。

2016年临清市有各级各类学校195处，在校生13.6万人。其中公办学校181处，包括中小学校107处、幼儿园74处，在校生共计12.54万人。民办学校14处，其中小学10处、初中2处、小学初中一贯制2处，在校生共计10402人。普通高中4处，职教中心1处，在校生共计12735人。初中21处，科技创新实践学校1处，在校生21437人。小学79处，特殊教育学校1处，在校生78679人。幼儿园74处，在校生12698人。全市已成功创建山东省规范化学校9处包括一中、二中、三中、实验高中、京华中学、民族实验中学、逸夫实验小学、丕介中学、艾寨丕介小学；聊城市规范化学校47处；省级实验幼儿园1处、省级示范幼儿园4处，16处镇（街道）中心幼儿园全部通过省级认定。

在市委、市政府的坚强领导下，临清市教育系统以办人民满意教育为宗旨，紧紧围绕提高教育质量这一战略主题，以立德树人为根本任务，以师德建设为工作抓手，以高位均衡为主攻方向，以安全稳定为可靠保障，改革创新，拼搏进取，取得较为显著的成绩。先后被评为全国义务教育发展基本均衡县、山东省规范教育收费示范县、山东省艺术教育示范县和山东省推进义务教育均衡发展工作先进县；连续在聊城市教育综合督导评估中荣获第一名；聊城市先后在临清召开多个教育工作现场会。以公办幼儿园为主的办园模式，先后在全省、全国学前教育研讨会上得以推广。市教育局荣获全国义务教育发展基本均衡县（市）、"国培计划"国家优秀项目单位、全国青少年爱国主义读书教育活动组织优秀奖、山东省文明单位、山东省级卫生先进单位、山东省幸福进家活动先进单位、山东省学生资助工作先进单位、山东省中小学生校园艺术节合唱戏剧比赛优秀组织奖、聊城市安全生产工作先进单位、聊城市消防安全"责任强化年"活动先进单位。聊城市青少年"奋发向上 崇德向善"爱国主义读书教育活动先进单位、聊城市"传承中华文化 共筑精神家园"爱国主义读书教育活动组织特等奖、聊城市国防教育工作先进集体、聊城市学校德育工作先进集体、聊城市首届中小学生语言表演大赛优秀组织奖、聊城市三八红旗集体、聊城市"我与安全"主题征文竞赛活动优秀组织奖等荣誉称号。在全市2015年度科学发展综合考核中，教育局被市委、市政府授予民生工作"特殊贡献奖"，记集体三等功，科学发展综合考核二等奖，政风行风建设先进单位，党风廉政建设工作先进单位。

【管理体制改革】 积极推进校长职级制改革。临清市成立推进中小学校长职级制改革工作领导小组，2016年11月3日出台《中共临清市委办公室、临清市人民政府办公室关于推进中小学职级制改革的实施意见（试行）》（临办发〔2016〕21号），对全市现有各级各类学校领导班子中符合职级制改革条件的人员情况进行调查摸底，在借鉴乳山市先进做法和前往邹平县实地调研的基础上，于11月5日完成校长首聘工作，共聘用10名校长、11名党支部书记。下一步将逐步取消学校行政级别，制定中小学校长选聘管理办法、职级评审认定办法、考核评价办法以及职级薪酬发放办法，实行校长"职级能上能下，待遇能高能低，位置能进能出"的动态管理机制，进一步理顺政校关系、建立现代学校管理制度，破除校长官本位思想、提升校长专业职业素养，进一步加强学校党组织的政治核心作用，全面贯彻党的教育方针，改进思想政治工作，加强对学校教育教学改革的监督保障，为办好人民满意教育做出积极贡献。

积极推进中小学教师"县管校聘"和校长教师交流轮岗改革。及时出台《临清市教育局、临清市机构编制委员会办公室、临清市人力资源和社会保障局关于推进中小学教师县管校聘管理改革的实施意见》（临教字〔2016〕75号）和《临清市教育局、临清市机构编制委员会办公室、临清市财政局 临清市人力资源和社会保障局关于推进临清市义务教育学校校长教师交流轮岗的意见》（临教字〔2015〕71号），配合机构编制部门完成全市核编工作，共核增1232个中小学编制；配合人社局公开招聘教师195人；集中做好校长教师交流轮岗试点工作，按照"统筹兼顾、因地制宜、以人为本、科学规范、均衡发展"的原则，已逐步建立城镇学校到农村学校、优质学校和薄弱学校之间双向流动的长效机制，优化教师资源配置，提升教师队伍整体素质，增强教师队伍内在活力，缩小城乡、区域、校际之间师资差距，促进教育公平，提升教育质量。

【义务教育】 2016年，小学教研室深入实施素质教育，切实转变育人模式，注重结构优化，强化质量提升，积极推进教育现代化建设。10月，先锋中心小学、新华胡里庄小学顺利通过聊城市教学示范校的验收，专家评委对这两所学校的各项工作给予高度评价。

临清市教育局出台“关于推进初中各学校语文‘五个一’和英语‘六个一’工程实施意见”，为深化语文阅读提供抓手，同时启动英语积累工程。初中教研室将全市21所初中划分为七个组，组织各组开展“校际间交流”，相互学习、借鉴，资源共享，共同提高，均衡发展。初中教研室选择松林中学、尚店中学、丕介中学三所学校为试验点，开展“小组合作学习”课堂教学改革实验，引导初中课堂教学突出学生主体地位，关注学生个性发展，提高课堂教学效率。

【职业教育】 加大对临清工业学校扶持力度，在招生政策、款项拨付等方面做大量工作，扶持工业学校迎接省规范化学校验收。2016年3月，临清市政府为工业学校征地10余亩，新建汽修教学实训楼9788平方米，2016年12月27日验收合格并投入使用。餐厅接建楼810平方米，2016年10月完工并交付使用。与此同时，工业学校励精图治，内抓管理、外树形象，多渠道做好宣传工作。2016年四大类专业共计招生826人，在校生规模保持2000人左右。该校注重提高学生的动手能力，狠抓实训教学管理，提高学生适应社会的能力，实现学校实训和企业生产零距离对接。2016年该校首次参加山东省技能大赛，并取得省级三等奖的优异成绩。

临清工业学校积极拓展多元化办学模式，建立行业、企业、学校共同参与的职教办学机制，进一步完善顶岗实习制度，形成以学校为主体，企业和学校共同教育、管理和训练的教学模式。继续与资金雄厚、规模宏大的“上海优活利人才服务有限公司”“无锡鹰贝精密轴承有限公司”开展校企合作关系，稳步推进学生的顶岗实习，提升就业质量。

【社会力量办学】 临清市共有民办学校14处。其中初中2处，分别是临清市宏立中学，临清市潘庄镇文启中学；民办小学10处，分别是烟店镇文训小学、烟店镇志远小学、潘庄镇文启小学、潘庄镇文轩小学、潘庄镇树人实验小学、潘庄镇感恩小学、康庄镇明星小学、新华路街道阳光小学和金郝庄镇阳光小学和唐园镇东方世纪小学。另有九年一贯制学校两所，分别是临清市清华园学校和临清市八岔路文启学校。学校位置涵盖城区和七个镇、街道，极大地缓解近几年来的入学高峰给政府和社会带来的压力。

【勤工俭学】 勤工俭学办公室根据国家有关政策和教育方针，坚持为教育发展服务的宗旨，制定勤工俭学工作计划，规范管理，组织和指导学校的勤工俭学工作，切实维护学校和学生的利益。

学校绿色工程和实践基地建设方面，科学规划，健全管理；因地制宜，突出个性，注重绿化、美化、校园文化和经济效益的结合；积极开展劳动劳技教育，培养学生的劳动观念和动手能力。2016年度是临清市创建国家义务教育均衡县的攻坚年，临清市教育局抓住这一有利契机，全方位提高学校的绿化美化和劳动技术教育水平，积极培养聊城市绿色工程学校典型。2016年度重点加强对刘垓子镇中学、松林镇第三完小等学校的指导，科学规划，加强建设，提升水平，以期尽早达到聊城市绿色工程学校的要求。

【教育信息化】 实现教育局域网建设全覆盖、专任教师人手一机和多媒体“班班通”；2016年投入资金326.7万元，通过政府招标，更新班班通设备130套，计算机560台。

【学校安全】 严抓学校安全工作，加强学校安全工作基础建设，重点抓好安全教育和隐患排查整改，健全学校安全责任体系建设。严格落实“党政同责、一岗双责、失职追责”的要求，牢固树立“红线意识”，全面加强学校安全工作基础建设，健全学校安全责任体系。重点抓好师生安全教育和学校安全应急预案制定与演练。以“全覆盖、零容忍”的态度做好安全隐患大排查和整改工作。建立学校周边环境治理长效机制，全力保障师生安全和教育系统和谐稳定。2016年新评临清市平安和谐校园3处，复评临清市平安和谐校园9处，在聊城市安全工作年度评比中位居前列。教育局被聊城市委、市政府评为聊城市安全生产工作先进单位、聊城市消防安全“责任强化年”活动先进单位。

【素质教育】 坚持德育为先，把社会主义核心价值体系融入教育全过程，把立德树人作为教育工作的根本任务，在促进学生全面和谐发展的同时，依据学生的条件、兴趣及潜力，实现个性特长充分发展。开展以“传承中华文化　共筑精神家园”为主题的爱国主义读书教育活动，2016年临清市教育局再次获全国青少年爱国主义读书教育活动组织委员会颁发的组织优秀奖，临清市教育局被授予聊城市组织特等奖，其中小学组1名优秀学生代表聊城参加山东省小学生讲故事比赛，获省三等奖；在“崇德向善　奋发向上”爱国主义读书教育活动征文比赛活动中，1名学生获全国二等奖，1名学生获得省一等奖，2名学生获聊城市一等奖，5名学生获聊城市二等奖，7名学生获聊城市三等奖；积极参加聊城市“国学小名士”电视大赛，本市选手张腾远同学在众多选手中脱颖而出，代表聊城市赴省里参加比赛，取得优异成绩；积极参加2016年山东省德育先进工作者评选，2名教师德育工作突出获山东省德育先进工作者荣誉称号；在2016年聊城市学校德育工作先进集体和先进个人评选活动中，临清市教育局等3个单位获聊城市学校德育工作先进集体荣誉称号，4名教师获聊城市德育工作先进个人荣誉称号。

广泛开展文化艺术周、阳光体育一小时等活动，不断鼓励、关注、培养学生个性成长，促进学生全面而又富有个性的发展。2016年，在山东省中小学生艺术节合唱、戏剧比赛活动中，临清市教育局荣获山东省优秀组织奖称号；2016年，在聊城市首届中小学生语言表演艺术大赛活动中，临清市教育局荣获聊城市优秀组织奖称号。

【教研工作与教学改革】 以实施素质教育为主线，强化管理，深化改革，各级各类教育协调健康发展，义务教育成果得到进一步巩固。中考成绩大幅提高，小学段毕业测试优秀率、及格率处于聊城市领先水平，学前段通过大力实施第二期学前教育三年行动计划，规范幼儿园办园行为，提高保育教育质量，继续走在全省前列；职业教育加大投入，强化建设，提升内涵，快速健康发展；2016年，全市高考本科上线率、录取率均稳居聊城市第一位。

高中。高中结成“运河教育联盟”，与聊城外国语学校，高唐、茌平联盟学校，青岛二中等学校进行“同课异构”，摩课研课，共同提高。将教学常规检查常规化、制度化，并纳入考核。各高中因材施教，分层次办学，落实导师制。2016年高考录取1773人，在聊城市名列前茅。

初中。积极开展区域教研活动，在东片区、西片区、城区开展“同课异构”摩课研课活动。实施学科突破，语文实施“五个一”，英语实施“六个一”课程改革，加强语言学科积累，加强听说读写训练，让学生课堂充分展示，提高能力。聊城市现场会在临清民族实验中学和京华中学召开，受到与会领导和专家好评。同时，初中加大对平均分的考核力度，增加考核人数和分值，并在各初中推开“小组合作自主学习”活动。

小学。加强课堂教学研究，努力创建高效、活力课堂。抓实常态课，搞好优质课，创建特色课，丰富特色学校建设内涵。激发兴趣、挖掘潜能、因材施教、凸显特色。推动振兴阅读工程，让学校满园书香。并坚持以创建活动为重点的教学模式，通过开展“英语模仿秀”“课堂模仿小明星”“英语手抄报比赛”等活动培养学生良好的语感和语音语调基础。一年来通过听课、评课、观看名师课堂等活动取得优异成绩。2016 年 9 月，在聊城市优质课评选过程中，47 人被评为一等奖；23 人荣获二等奖，同年 10 月，先锋中心小学、新华胡里庄小学顺利通过聊城市教学示范校的验收，12 月，在大辛庄中心小学召开聊城市第七届农村小学教育教学工作现场会。

【教师队伍建设】 截止 2016 年 12 月，全市各类学校（幼儿园）在编教职工总数 5659 人，其中专任教师 5388 人。出台《临清市乡村教师支持计划（2015—2020 年）实施办法》（临政办发〔2016〕6 号），把发展乡村教育和乡村教师队伍建设摆在优先发展的战略地位，努力造就一支下得去、留得住、教得好，数量适当、结构合理、素质优良、甘于奉献的乡村教师队伍，为办好人民满意的教育提供坚强有力的师资保障。配合市招聘委员会共招聘在编教师 195 名，做到在招聘中报名、笔试、面试、体检、政审、录用等各项工作顺利进行。临清市按照《山东省教育厅关于加强师范生教育实践做好实习支教工作的意见》，共接收山东师范大学、聊城大学实习支教大学生 254 名；接收 16 名“三支一扶”大学生，安排到教师资源缺乏的农村学校任教；选派“三区”人才支持计划教师 16 名到高唐县支教；根据全面深化改革要求出台《关于推进县（市、区）域义务教育学校校长教师交流轮岗的意见》（临教字〔2015〕71 号），安排城乡校长教师交流轮岗 22 名。多渠道解决城乡教师短缺问题，保证开足开齐国家规定课程。

深入开展“师德建设年”活动。以学习为抓手，提升教师的思想境界。通过举办各类专题学习会、主题研讨会、专场报告会等形式，组织教师集中开展师德专题学习，不断提升广大教师的职业素养，规范从教行为。以活动为载体，将师德建设落到实处。2016 年开展 6 场“学习身边榜样，争做育人楷模”师德演讲比赛、7 场师德先进事迹报告会。以考核为手段，深化师德建设活动。逐步完善细化师德考核办法，签订师德承诺书，评选师德标兵、师德先进单位，选树师德典型，严格实行师德考核“一票否决制”。

认真落实《教育部关于大力加强中小学教师培训工作的意见》和《山东省中小学教师继续教育学分管理办法》文件要求，大力开展以师德教育和业务能力提升为重点的各类培训，先后举办新任教师岗前培训、师德全员培训，小学班主任专题研修、薄弱学科教师提升培训等活动；组织 5000 余名教师参加山东省“互联网 + 教师专业发展”工程，100 余人分别参加教育部、山东省和聊城市组织的培训项目。

深入实施名师、名校长引领工程。开展名师课堂展示活动，鼓励名师参加省市送教下乡志愿团、录送展播“优课”，充分发挥名师的带动作用。开展名校长论坛，交流管理经验；组织部分优秀校长赴江苏学习参观，为临清市创建特色学校活动提供借鉴。与山东师范大学，中国教师教育网、研修网、继续教育网等专业培训机构紧密合作，共同制定实施培训方案，提升培训效益。一年来，全市新增齐鲁名校长 1 人，聊城市教坛新秀 4 人，4 名教师录制的“优课”入选教育部“优课库”，全市干部教师的业务能力得到显著提升。

【工资职称改革】 2016 年在编教师中具有正高级教师职务的 1 人，高级教师职务的 605 人，中级教师职务的 2715 人，初级教师职务的 2046 人。根据鲁人社发〔2016〕34 号文件和聊人社发〔2016〕14 号文件，自 2016 年 1 月 1 日起，为退休人员调整基本养老金。根据国办发〔2016〕62 号文件，自 2016 年 7 月 1 日起，调整公务员、事业单位工作人员基本工资标准，同时为离休人员增加离休费。

【办学条件】 2016 年，为进一步完善城乡中小学办学条件，实施全面改善农村义务教育薄弱学校基本办学条件及解决城镇普通中小学大班额问题工程。临清市新建 42 幢共计 90085 平方米校舍，总投资 9297 万元。

【学生资助工作】 采取有力措施开展教育精准扶贫，实现从学前教育到高等教育资助全覆盖，确保每个农村贫困学生不因家庭经济困难而失学。教育局每个分管局长及责任科室都分别对接到16个镇（街道）85个省级贫困村，积极宣传教育资助政策。让每个贫困村、贫困户、贫困生了解帮扶政策，精准、全面地向学生、家长和社会广泛宣传各学段学生对应享受的国家助学金、生源地信用贷款、慈善救助等方面的资助政策，做到家喻户晓，人人皆知。以惠民助学为目标，圆满完成各级各类学校的学生资助工作。发放学前教育助学金138.9万元，资助学前教育儿童2315人次；有45人免收保育费，免费金额为3.7995万元。发放农村中小学家庭经济困难寄宿生生活费补助91.125万元，资助学生1480人次。普通高中家庭经济困难学生发放国家助学金196.3万元，资助学生1963人次；免收287人学杂费35.91万元。中等职业学生发放贫困家庭学生助学金22.5万元，资助学生225人次。

另外为1247名临清籍家庭贫困生大学生办理助学贷款业务，发放贷款898.86万元；积极开展“泛海助学”行动，资助贫困家庭大学生56人，资助金额28万元；对2016年升入大学的47名家庭贫困学生开展“慈善救助”活动，发放救助金11.6万元。为在农村基层工作的45名山东省高等学校毕业生办理学费和国家助学贷款补偿79.27万元。

【义务教育经费保障机制改革】 2016年义务教育学校公用经费标准为小学每生每年710元，初中每生每年910元。

【教育督导】 强化教育督导考核。筹备召开2014—2015学年度教育教学工作会议兑现奖惩；并按学段、城乡等九个系列制定《2015—2016学年度教育教学管理目标暨奖惩意见》及评估办法，对全市各级各类学校及幼儿园进行全方位综合考核，促进全市中小学比学赶帮超生动局面的形成。

扎实做好专项督导工作。根据国家、省市文件精神做好春季、秋季开学初的督导工作；做好职业教育专项督导，完成自评，通过聊城市政府督导室复评；开展校园欺凌专项治理活动，确保临清市各级各类学校的安全稳定；开展中小学教师待遇保障政策自查工作，通过调查摸底、教龄认定、补贴发放等工作，妥善解决原民办代课教师问题；进一步完善教师补充机制，做到有编即补、“退补相当”；深入开展义务教育学校校长教师交流轮岗，促进师资科学、均衡配置，提高薄弱学校校长教师队伍素质；按照上级文件规定，中小学教师工资待遇政策落实到位；确保教师素质的提高、队伍的稳定。

认真做好督政工作。根据市委、市政府文件精神，研究制定对镇街道教育工作考核标准，主要内容为均衡发展、教育投入、学校安全及周边环境治理，并按照标准对镇街道教育工作进行考核。

2016年，全力做好全国中小学责任督学挂牌督导创新县的申报工作。同时持之以恒推进义务教育优质均衡发展，促进学校资源配置再均衡，通过加快全面改薄、解决大班额工程进度，教师核编增员等多项扎实有效的工作，不断巩固国家义务教育发展均衡县成果。根据临清市2016年年度事业统计报表计算的综合差异系数，初中、小学分别为0.3794、0.4529，均低于规定数值，确保差异系数达标，义务教育基本均衡工作得到有效巩固。

【体育卫生】 切实把学校体育工作摆在重要位置，不断加强领导，努力增加投入，下大力气改造学校运动场；着力推进音体美卫器材、综合实践活动室器材等标准化建设配套工程，学校体育设施日臻完善。坚持“健康第一”的指导思想，保证学生每天体育锻炼一小时，实施《国家学生体质健康标准》，开展“学生阳光体育运动”，不断鼓励、关注、培养学生个性成长，促进学生全面而又富有个性的发展。这些工作有声有色，取得显著的效果。2016年3月，教育局被评为省级卫生先进单位；2016年7月，逸夫实验小学被命名为第二批“全国青少年校园足球特色学校”；2016年11月，参加聊城市第七届中小学生运动会获田径比赛团体冠军，第二高级中学获高中组踢毽子比赛第一名。

【其他主要工作成绩】 深入开展“两学一做”学习教育，深入基层群众，广泛听取意见建议，打好精准扶贫攻坚战，认真落实惠民政策，保障上学机会均等，畅通民意沟通渠道。通过局长信箱、热线电话，及时掌握和解决群众反映的问题，在聊城市对临清市民生工作满意度测评中，教育工作满意度位列第一名。

在全国义务教育发展基本均衡县创建过程中，教育局专题研究下发《关于开展特色学校创建提升内涵发展工作的意见》《临清市中小学建设“京剧校园”实施方案》等多个文件，以挖掘和培植学校特色项目为抓手，充分挖掘临清传统文化，开展丰富多彩的“非物质文化遗产进校园”活动，深化课程改革，打造多样化的特色课程体系，全面构建“一校一特色”的发展格局，力求以学生的发展为本，使每一个学生成为全面而有个性的人。京华中学成立“红烛京剧艺术团”，培养一批小京剧迷；实验小学实施“七彩”课程重构，满足学生个性化、多样化需求；逸夫实验小学开展学生“海量阅读”工程，让学生凭自己的兴趣开卷阅读；民族实验中学开展综合实践活动走班制学习，张扬学生个性。广泛开展书香校园活动，积极推进国学教育进课堂，使教育回归本真，从而提高学校的教育教学质量。聊城市振兴阅读工程成果展示现场会在临清召开，推广临清市经验做法。

【重点中小学简介】 临清市第一中学。临清一中创建于1942年，原名抗日卫东中学。校园占地面积6.8万平方米、建筑面积4.2万平方米。学校现有教职工292人，其中高级教师90人，中级教师92人，初级教师104人。现有三个年级，58个教学班，在校生近3100人。学校完善三级督导管理制度。多措并举建设高效课堂。开设丰富的课程资源，课程建设硕果累累，先后荣获中国楹联教育基地、教育科学重点研究课题《尝试教学理论研究与实践》全国示范实验学校、全国中学生物理奥林匹克竞赛金牌学校、信息技术奥赛金牌学校、山东省规范化学校、山东省教学示范学校、山东省艺术教育示范学校、中国人民解放军空军飞行员优秀生源学校、山东省民航飞行员优秀生源基地、山东省心理健康教育先进单位、山东省国防教育先进单位、聊城市高中教育教学改革先进学校、聊城市教育系统先进集体等称号。

临清市第二中学。临清二中始建于1950年，曾名清平中学、临清县第一中学、临清市第三中学、临清市康庄中学。坐落在康庄镇（原清平县旧址），占地160亩，建筑面积8万平方米。现有47个教学班，在校生2600多人，教职工260余人，其中高级教师35人，中级教师86人，有国家、省、地市级优秀教师、学科带头人、教学能手、师德标兵30余人。因成绩卓著，学校先后被评为 “全国十一五教育科研先进集体”“全国和谐校园建设典型学校”“山东省规范化学校”“山东省教书育人先进单位”“山东省教师教育先进单位”“山东省传统体育项目学校”“聊城市文明单位”“聊城市德育工作先进单位”“聊城市教学工作先进单位”，临清市委、临清市政府连续17年给予集体记功奖励、临清市教育局连续17年给予教书育人重大贡献奖励。

临清市第三高级中学。该学校创建于2000年8月，原名临清一中分校，2005年7月更名为临清市第三高级中学。学校坐落在临清市委对过，大众公园东侧，是山东省规范化学校。学校占地58亩，现有49个教学班，在校生2500余人；教职工204人，其中，研究生3人，中学高级教师43人，中学一级教师70人，省、地、市各级优秀教师、教学能手140余人。学校先后获得“全国教育科学重点课题（尝试教学）试验基地”“教育部重点课题（诱思探究教学）试验基地”“中国校园媒体建设百佳示范校”“山东省规范化学校”“山东省语言文字规范化示范校”“山东省招飞工作先进单位”“山东省卫生先进单位”“山东省平安和谐校园建设先进单位”“山东省依法治校先进单位”“聊城市艺术教育示范校”等几十项国家、省、市级荣誉。

临清市实验高级中学。临清市实验高级中学（新五中），位于临清南部新区，是一所山东省省级规范化学校、聊城市素质教育领军学校。学校占地230亩，规模为70个教学班，教职工297人，在校学生4000余人。学校大力推行素质教育，高度重视全面育人。曾获全国青少年心理健康教育示范校、全国校园足球特色学校、山东省“六五”普法先进集体、聊城市学校德育工作先进集体等荣誉。教育质量、教学成绩在聊城市名列前茅。2012年高考录取率仅次于聊城一中，位列聊城市所有高中第二名。2016年高考，学校丁璐同学勇夺临清市文科第一。2010—2016年连续7年有学生考入北京体育大学。2013年，在市委市政府、市教育局的支持下，创建实验高中附属初中即现在的临清市明德中学。在实高人团结努力下，实验高中正在成为临清南部新区的“教育中心、文化中心、艺术中心和运动中心”。

临清市京华中学。京华中学是2000年4月经市人民政府批准成立的一所初级中学。现有54个教学班，学生2400余人，教职工208人。学校地处市中心，环境优雅，交通便利，规划布局合理，功能设施齐全。2003年3月顺利通过山东省规范化学校验收，2008年10月和2013年11月两次通过省级规范化学校复评验收。学校占地143.6亩，建筑面积3.6万平方米，绿化面积3.5万平方米。多年来，学校以扎实的工作作风，有力地推动学校的教育、教学、管理、服务等各项工作的长足进步，并取得丰硕成果，先后获得全国特色教育先进学校、全国足球特色学校，山东省教学示范校、山东省花园式学校、聊城市精神文明单位等荣誉称号，连续多年在临清市教育教学评估中获一等奖第一名“重大贡献奖”称号。

临清市民族实验中学。学校建于1755年，著名诗人臧克家，学者吴秋辉、赵望云曾在此执教；民族英雄张自忠、知名人士黑伯理、国画大师黑伯龙、张彦青等曾在此求学。现有两个校区，50个教学班，在校学生2998人，教职工201人。有全国十佳教师、全国优质课教师、全国教育教学优秀教师4人；山东省教学能手及优质课教师18人；“水城名师”4人；聊城“十佳”课堂教师6人；聊城“十佳”创新班主任、教师各3人；123人次荣获聊城教学能手、聊城优质课教师称号。学校被评为“全国民族教育先进集体”“全国民族中学示范校”“全国艺术教育先进单位”“全国民族中学常务理事校”“全国尝试教学先进单位”“山东省省级规范化学校”“山东省首批教学示范校”“山东省绿色学校”。

临清市实验中学。该校前身是临清市杨桥中学，2006年9月改名为临清市实验中学。学校占地面积29970平方米，现有30个教学班，在校生1637人，教职工108人，其中高级教师18人，中级教师65人，省级以上优质课获得者6人，市级教学能手20余人，市级优质课40余人次，60余人次获得县级优质课、教学能手称号。建校以来，学校先后被评为“临清市教书育人优胜集体”“聊城市校本培训示范校”“聊城市教学示范校”“聊城市语言文字示范校”，“山东省远程研修先进单位”等。

临清市明德中学。临清市明德中学是经临清市政府、临清市教育局批准，依托临清实验高中优秀教育资源创办的一所初中学校。学校由临清市政府投资兴建，性质为公建民营普通中学。明德中学占地面积40余亩，设计办学规模36个教学班，在校生1800人，学校主要教育设施——教学楼、餐饮楼等，总投入约1000万元，由市政府调剂资金建设。明德中学秉承临清实验高中先进的教育理念，五育并举，德育为先，坚持以人为本，将完美人格的教育、尊重的教育作为德育的基础核心，并以丰富多彩的德育形式和文体活动为载体，实施大德育教育，让每位学生都能够享受高尚、享受学习、享受运动、享受艺术、享受劳动、享受成长，实现德智体美劳全面发展。

临清市武训实验小学。武训实验小学成立于1995年8月，它的前身是千古奇丐武训先生1896年亲手创建的三处义学之一“武训义塾”。现学校有南北两个教学区，70多个教学班，4500余名在校生，教职工人数达到198人。其中省教学能手1人，省优质课4人，聊城市教学能手35人，聊城市优质课39人，临清市教学能手63人，临清市优质课70人。学校占地面积达到20000多平方米，有三座现代化教学楼，一座多功能厅。图书室藏书近10万册。学校先后被评为“全国尝试教学示范基地”“山东省教学示范校” “山东省语言文字示范学校”“山东省教育系统行风建设先进单位”“聊城市依法治校示范校”“聊城市德育工作先进单位”“临清市德育教育示范校”。

临清市逸夫实验小学。逸夫实验小学由邵逸夫先生捐资助建，1995年秋季正式招生，2006年合并了原临清八小学，2015年又整合新建的南部新区小学。学校现有曹岗本部校区、北校区和南校区三个校区，100多个教学班，7000多名学生，300余名教职工。学校以“做最好的自己”为办学理念，坚持“养成规范、夯实基础、主动学习、健康成长”的办学思路；以“培养优秀的现代化公民”为办学目标，秉承扎实的课堂教学、有效的海量阅读、丰富的德育教育三大特色。近年来，学校先后获得山东省规范化学校、山东省教学示范学校、山东省艺术教育示范学校、山东省科普教育示范学校、山东省体育传统项目学校、全国少先队工作优秀集体等荣誉。

临清市实验小学。临清市实验小学是一所规模较大的市直学校，2006年7月由城区原第十小学和第五小学整合而成。其中原第十小学为南校区，坐落在永青路南首东侧；原第五小学为北校区，地处先锋路中段。南北校区共有78个教学班，在校生5678人，其中南校区53个教学班，3845个学生，北校区25个教学班，1833个学生；在职在编教师共189人，南校区134人，北校区55人。学校先后获得“山东省教学示范学校”“山东省规范汉字书写教育特色学校”“聊城市规范化学校”等荣誉称号。

临清市京华附属小学。京华附属小学始建于2012年，是一所全日制义务教育学校，现有南北两个校区。原校址位于临清市曙光路与青年路交汇处，现为学校北校区。2016年8月，根据上级部署，学校又整体接收新华路街道原桑树园小学，在其原址上建设南校区。现学校共有教职工100余人，40余个教学班，在校生近3000人。学校坚持“践行美的教育，奠基美好人生”的办学理念，一点一滴抓教育，一心一意抓教学，凝心聚力谋发展，短短几年先后获得“聊城市规范化学校”“聊城市国学经典诵读大赛特等奖”“青年文明号”“师德建设先进单位”等荣誉称号。

2016年临清市小学、初、高中招生情况表

学段	性质	班数（个）	人数（人）
小学	公办	302	14789
	民办	40	1512
初中	公办	113	5670
	民办	54	2793
高中	公办	69	3868

2016年临清市大、中专录取人数一览表

年度	本科（人）	专科（人）
2016年	1777	1067

2016年临清市高考录取人数一览表

年度	本科（人）	专科（人）
2016年	1777	1067

（钱忠艳）

聊城幼儿师范学校

【概况】 聊城幼儿师范学校为正县级事业单位，设校长1人、副校长4人，支部书记1人、副书记1人，下设办公室、新闻宣传中心、教务处、政教处、总务处、科研处、督导室、招生就业处、网络信息中心、工会、团委、级部等处室。

学校占地面积235.5亩，建筑面积7.1万平方米。学校教学设施现代化，建有设施先进的教学楼、标准化田径场、艺体楼、图书馆、公寓楼等教学辅助设施；拥有设施齐备的现代化的录播教室、舞蹈房、钢琴房、微机室、天光教室、演播大厅、学术报告厅等专业教学实训室；建有省级规范化附属幼儿园1所；为师生创造良好的学习工作条件。

2016年学校有教学班67个，在校生3058人。现主要开设3+4高等师范本科学前教育专业、五年一贯制高等师范教育专科小学教育、学前教育专业及普通中专学前教育专业。

2016年，先后被授予“聊城市师德建设先进集体”“聊城市德育工作先进集体”“聊城市文明单位”“山东省规范化中等职业学校”“聊城市重大攻关科研课题研究星级学校”等荣誉称号。

【教育工作】 深化教育教学改革，抓实教研和课堂，不断巩固全新的课堂生态，教育教学质量取得新突破。以提高课堂效率作为突破教学的主要手段。强化青年教师听评课力度，鼓励青年教师积极尝试新课堂教学模式，提高课堂效率。先后举办数学、美术、语文等公开课展示活动，提高广大教师驾驭新课堂教学模式的能力。开阔眼界，提高认识。2016年有4位教师参加省级骨干教师培训。

以强化教学常规管理作为提高教学质量的主要保障。按照学校教育教学改革责任分解的要求，教务处、级部、教研室协同提高管理实效，完善教学常规管理和质量监控，实行“教务处、级部主任、授课教师”三位一体的检查制度。严格教学常规检查督导，加强对教师上课、备课、作业批改等教学环节定期检查。2016年度在针对35个学科的教师教案，36个学科的学生作业进行抽查中，总体情况符合教学要求。严格“听评课课”制度。创新听评课形式，在原来听评课制度的基础上，设置评课人，使听评课更加科学有效。

以学生专业能力提升作为检验教学质量的主要手段。注重学生的技能训练，彰显师范特色，2016年共开设72门专业技能选修课，在活动中培养学生专业技能；注重比赛中展示学生专业能力，以赛促学，以赛促教，2016年共组织学生60余人次参加各级各类技能竞赛，共斩获31个大奖。学生扎实的专业能力在各级比赛中崭露头角，这些成绩的取得无不彰显着学校崇高的理想和追求，更是学校办学质量和水平不断提升的强有力的证明。

坚持以立德树人为中心，强化思想引领，实现全方位全程育人。常规管理常抓不懈，教育教学秩序稳定、良好。学生管理始终坚持"严、细、实、恒"的总体要求，实现对课堂和自习秩序、校园和教室卫生、两操一课、学生仪表、学生宿舍等日常管理的全面覆盖。工作中不断完善检查、考核、评比机制，各项工作每日有通报，每周有考核，每月有评比。经过一年来的强化提高，校园井然有序、环境整洁美观，各项常规管理日趋规范。

校园文化活动丰富多彩，校园文化建设高潮迭起。开展丰富多彩的文体活动。春秋季运动会、冬季越野赛、迎新联欢会、元旦联欢会、歌咏比赛等活动精彩不断，成为同学们展示自我、释放青春活力的舞台。强化理想信念教育、践行社会主义核心价值观、营造积极向上的校园文化氛围。充分利用学雷锋纪念日、清明节、青年节、国庆节、庆祝建党95周年、第32个教师节、庆祝中国工农红军胜利80周年等重要节日和节点，通过国旗下讲话、歌咏比赛、演讲比赛、黑板报等形式，强化对学生的理想信念教育、爱国主义教育、感恩教育。这些活动的开展对学校文化建设起到积极的推动作用，丰富师生的校园生活。

德育队伍进一步充实，学生自我教育、自我管理能力逐步增强。2016年共选聘51位班主任老师。通过外出培训和召开班主任经验交流会等形式，强化班主任团队建设，尤其加大对19位新生班主任的培训工作，德育队伍进一步壮大建立一支年轻有为、充满活力和实践经验的班主任队伍。大力支持学生会、团委会自主开展工作。学生干部在学校重大文体活动、日常卫生、纪律管理过程中发挥重要作用，学生自我教育、自我管理能力逐步增强。

强化细节管理，加快校园建设步伐，着力提升后勤服务水平。学校基础建设扎实有序推进。2016年初，德艺楼全面投入使用，113架钢琴、100架电子钢琴、舞台灯光音响设备、舞蹈房和天光教室内配套设施，学校专业课教学环境发生根本性变化，体育馆成师生锻炼、健身，学校开展大型活动的场所。9月份，简约、大气的新校门完工，彰显出学校新形象；图书馆竣工并交付使用，内部配套正在完善。11月份，2号学生宿舍楼开工建设。学校教育教学条件不断完善，校园环境更加温馨、舒适、整洁、优美。

强化细节管理、认真落实工作规范。2016年，先后完成信息化、空调、电缆、锅炉、消防设备、图书馆管理系统、笔记本电脑、录播教室、电子阅览室等项目的采购，对餐厅改造、道路扩建、暖气维修、幼儿园内装、监控等工程进行审计。每一项工作都坚持做到程序规范、手续齐全，学校资金使用更加公开透明，安全高效。

服务设施进一步完善，服务水平进一步提升。2016年，学校对饮水设备、供暖系统、校园照明等服务设施进行完善和升级，加强对学校餐厅和生活网点的管理，各项维修及时到位，后勤服务质量和水平不断提升，为全校师生员工提供一个更加舒适、美丽的校园环境。

落实安全主体责任，细化安全措施，校园安全有保障。落实主体责任，完善安全管理体系。制定并实施"学校安全主体责任落实年"活动方案，建立健全各种安全应急预案；严格落实"一岗双责"，层层签订安全责任书；落实安全主体责任，坚持领导干部带班、教职工值班制度，做到每个时间段、每个场所、每个部位都有人值班，形成"横到边、纵到底"的网格化安全监管和责任体系。

强化应急安全演练，定期开展安全教育活动。继续坚持每月一次安全主题班会、每月一次应急演练制度，定期开展安全教育活动，内容涉及防火、防震、防盗、防自然灾害、逃生自救等知识，增强学生安全防范意识及自我救护能力。

加大资金投入，扎实做好“三防”工作。人防方面，加强安全保卫队伍建设，聘用专业物业安保人员，强化校园安全管理。物防方面，在重点部位安装门禁系统和红外线电子围栏，及时检查更新消防安全器材。技防方面，对现有校园安全监控系统及时进行维修和维护，并投入大量资金，继续建设安全监控网络，争取实现全面覆盖，无死角。

抓实招生、培训工作，扩大学校发展潜力。圆满完成2016年招生工作。2016年录取初中后3+4本科96人，五年制专科570人，三年制中专266人，共计932人，取得新的突破，在校生人数达到3100余人，学校规模不断壮大，办学后劲明显增强，为学校顺利实现升专目标打下坚实基础。

社会培训工作有序进行。2016年，超额完成定点机构300人培训计划，培训保育员初级学员228人、保育员中级学员24人、育婴员初级学员71人。其中302人参加职业技能鉴定考试，287人取得相应等级国家职业资格证书。利用学校现有资源对外承办社会培训项目，其中农业局扶贫培训300人次、新型职业农民培训210人次，水产局渔业养殖技术培训150人次。

【师资队伍】 现有教职工181人，其中专任教师158人，具有硕士及以上学历者37人，高级讲师34人。

积极引进人才，优化教师队伍结构。2016年学校积极实施人才兴校战略，引进各类人才，通过聊城市教育局市属学校招聘工作人员考试公开招聘教师24人，紧缺专业教师得到有效补充，教师队伍结构不断得到优化。

加大骨干教师培养力度，提升教师队伍整体素质。通过公开课，示范课、开展课题研究等形式，强化骨干教师培养力度，让骨干教师真正担当起教学的标杆和教改的排头兵，促进青年教师尽快成长。2016年有4位老师参加聊城市优质课比赛，获得3个一等奖1个二等奖的好成绩。5位老师参加省职业教育专家库遴选，7位老师参加市级职业教育专家库遴选。

强化科研队伍建设，不断提升学校办学软实力。学校高度重视科研队伍建设，极大投入力度，积极搭建学术交流平台，促进全校教师积极开展教科研课题研究。2016年，学校新立项2项市教科所科学规划课题、1项文化厅传统文化专项课题、1项中国学前教育研究会十三五课题、5项青年教师校级课题、4项山东省青少年科学规划课题，并且在首次聊城市重大攻关科研课题的竞标中，获“星级学校”的称号。共有2项国家级课题、10项省级课题顺利结题；其中2项成果获市社科成果奖二、三等奖，1项获省教科院颁发的优秀成果奖，5项获省青少年研究所优秀成果奖。以上科研成果的取得，使得学校软实力得到迅速提升。

（张建国）

临清年鉴 2017

LINQINGYERABOOK

卫生 计划生育 体育

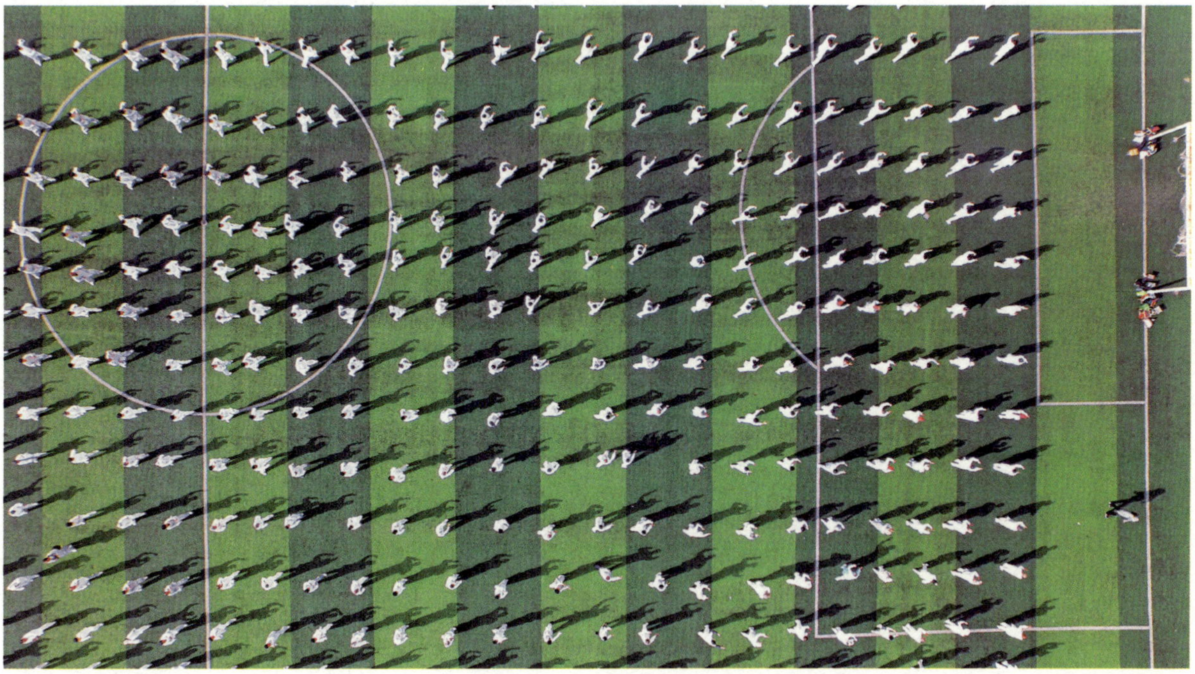

卫生与计划生育

【机构设置】 2016年临清市卫生和计划生育局（挂市中医药管理局牌子）设9个职能科室，分别是：办公室（挂安全生产监督管理科牌子）、人事科、规划财务科、政策法规与行政许可科（挂宣传科牌子）、医政医管科、基层卫生与妇幼健康管理科（挂疾病预防控制科牌子）、药物管理科、中医药管理科、计划生育指导科。市卫生和计划生育局（挂市中医药管理局牌子）机关行政编制27名，配备局长1名、副局长3名，市中医药管理局专职副局长1名；股级领导职数13名。

截止到2016年底全市共有医疗卫生机构32个，公立县级医疗机构2个（市人民医院、市中医医院），疾病防控机构1个，妇幼保健机构1个，镇（街道）综合卫生院12个（金郝庄中心卫生院、松林中心卫生院、魏湾中心卫生院、刘垓子中心卫生院、戴湾镇卫生院、康庄镇卫生院、老赵庄镇卫生院、尚店乡卫生院、唐元中心卫生院、八岔路镇卫生院、潘庄镇中心卫生院、烟店镇卫生院），社区卫生服务机构4个（临清市大辛庄街道社区卫生服务中心、临清市先锋路街道社区卫生服务中心、临清市新华路街道社区卫生服务中心、临清市青年路街道社区卫生服务中心），市直基层医疗机构3个（临清市第二人民医院、临清市第三人民医院、临清市第四人民医院），16家计生服务站，社会办医疗机构9个（临清博爱医院、临清友好医院、临清三医院、临清临东医院、临清三恒医院、临清华康医院、临清安民医院、临清口腔医院、临清新开骨科医院），个体诊所87家，村卫生室487所。医疗卫生机构共有核定床位1958张，卫生技术人员1989人，其中执业医师（含助理医师）798人，注册护士747人。

【主要职责】 贯彻执行上级关于卫生和计划生育、中医药事业发展的法律、法规、规章、技术规范、标准；拟订全市卫生和计划生育、中医药事业发展的相关规划、政策措施并监督实施；参与医药卫生体制改革；负责协调推进全市医疗保障，统筹规划全市卫生和计划生育服务资源配置。负责全市卫生和计划生育统计与信息工作。负责疾病预防控制工作，制定全市疾病预防控制规划、免疫规划、严重危害人民健康的公共卫生问题的干预措施并组织实施。负责监督实施职责范围内的职业卫生、放射卫生、环境卫生、学校卫生、公共场所卫生、饮用水卫生管理规范和标准，制定相关政策措施。负责组织拟订并实施全市基层卫生和计划生育服务、妇幼卫生发展规划和政策措施，指导基层卫生和计划生育、妇幼卫生服务体系建设，推进基本公共卫生和计划生育服务均等化，完善基层运行新机制和乡村医生管理制度。负责组织推进全市公立医院改革，建立公益性为导向的绩效考核和评价运行机制，建设和谐医患关系，提出基本医疗服务价格政策的建议。组织实施国家药物政策、国家基本药物制度、国家基本药物目录及山东省药品增补目录，执行国家和省基本药物采购、配送、使用的管理制度，拟订全市有关政策措施。贯彻落实上级生育政策，组织实施促进出生人口性别平衡的政策措施，组织监测计划生育发展动态，提出发布计划生育安全预警预报信息建议。建立计划生育技术服务管理制度并监督实施。依法规范计划生育药具管理工作。制定优生优育和提高人口素质的政策措施并组织实施，推动实施计划生育生殖健康促进计划，降低出生缺陷人口数量。组织推进计划生育利益导向和促进计划生育家庭发展机制，组织实施上级计划生育奖励扶助、计划生育特殊困难家庭扶助等制度，负责协调推进有关部门、群众团体履行计划生育工作相关职责，建立与经济社会发展政策的衔接机制，提出稳定低生育水平的政策措施。制定流动人口计划生育服务管理制度并组织落实，推动建立流动人口卫生和计划生育信息共享和公共服务工作机制。组织拟订全市卫生和计划生育人才发展规划，指导卫生和计划生育人才队伍建设，加强全科医生等急需紧缺专业人才培养。指导全市卫生和计划生育工作，完善综合监督执法体系，规范执法行为，监督检查法律法规和政策措施的落实，组织查处重大违法行为。监督落实计划生育目标管理责任制和计划生育一票否决制。负责卫生和计划生育宣传、健康教育、健康促进和信息化建设等工作，依法组织实施统计调查，参与全市人口基础信息库建设。组织开展对外援助和交流合作。负责全市中医药工作，拟订全市中医药中长期发展规划和政策并组织实施；继承和发展中医药文化，促进中药资源的保护、研究开发和合理利用。承办市委、市政府交办的其他事项。

【概况】 2016年是“十三五”开局之年，也是全面贯彻落实十八届五中全会精神，加快推进健康中国建设，促进人口均衡发展的重要一年。全市卫生和计划生育主要工作是全面贯彻落实党的十八届四中、五中全会精神和市委十二届八次、九次全会精神，紧紧围绕“四个全面”战略布局，按照“抓党建、强作风，惠民生、促发展”工作思路，加快医药卫生体制改革，稳妥有序实施全面两孩政策，进一步完善医疗卫生服务体系，进一步加强公共卫生和重大疾病预防控制，大力促进中医药事业发展，大力发展健康服务业，进一步提高全民健康水平，打造“健康临清”。

2016年全市深入推进重点医改任务，人民群众普遍受益。推进公立医院综合改革。市人民医院和市中医医院自2014年10月份取消药品加成以来，市人民医院共有935个品种、1160种品规的药品实行零利率销售。截至2016年年底累计取消药品加成3850.41万元，门诊次均费用和住院次均费用较改革前均下降12.91%、2.73%。61个病种实行单病种限价收费，18个专业、25个科室、共82个病种开展临床路径管理工作。2016年底医院进入临床路径管理的7517例，入径率达99.24%，完成5670例，完成率为82.47%。2016年底药占比例为30.8%，与去年同期相比下降8%，抗菌药物应用率下降52.6%，平均住院日缩短7.7天；市中医医院共有420个品种的药品实行零利率销售。2016年底累计取消药品加成236万元，门诊次均费用和住院次均费用较改革前均下降3.1%、9.3%，26个病种实行单病种限价收费，5个科室开展临床路径管理工作。2016年底药占比例为23%，与去年同期相比下降9%，抗菌药物应用率下降3%。门诊患者较去年同期增长9%；住院患者较去年同期增长1%；累计取消药品加成219万元，一定程度上缓解群众看病难看病贵的问题；落实分级诊疗制度，开展医疗协作。市人民医院与各基层卫生院签订《医院合作协议书》，围绕双向转诊、设备通用、技术通行、业务培训、建设储血点、供氧点和消毒供应中心、设备支援和联合义诊7项协作内容，扎实开展工作。

全面两孩政策稳妥实施，计生转型发展成效明显。通过下村入户、查体、孕检等方式，精准确定“全面两孩”政策人群，引导家庭负责任、有计划地安排生育，2016年全市共出生11956人，出生率14.9‰，自然增长率10.2‰，出生人口性别比113.8∶100。利用3个月的时间，完成2016年计划生育家庭奖励扶助、特别扶助人员的审核、录入工作。新增奖励扶助人264、退出89人、2016年应发奖励扶助人3742人。2016新增特别扶助18人，退出4人，2016年应发特扶134人；提升妇幼健康服务水平。落实国家免费孕前优生健康检查，农村妇女两癌筛查，积极开展婚检工作，继续实施农村孕产妇孕早期补服叶酸预防神经管缺陷项目；综合治理出生人口性别比。加强孕情监管服务，规范医疗机构依法执业，严厉打击“两非”行为。

持续强化行业管理监督，提升医疗服务质量。加强医疗卫生服务体系建设，培养执业医师、护士，通过基层在岗医师转岗培训、全科医生定向培养、提升基层在岗医师学历层次等方式，多渠道培养全科医生，逐步向全科医生规范化培养过渡。

不断提升公共卫生服务能力，筑牢健康第一道防线。强化基本公共卫生工作。2016 年年底全市累计规范建立居民个人电子健康档案 63.27 万份，电子健康档案建档率为 85.41%，推进“建设群众满意的乡镇卫生院”活动；加强慢病、死因监测、精神卫生等疾病防控工作，实现 2016 年全市“686”精神病人免费发药全覆盖，1164 名重性精神病人领到免费药品，做好传染病防控工作，实施国家扩大免疫规划。

开展精准健康扶贫，全力帮助贫困群众。开展健康扶贫工作，深入开展摸底排查，全市共摸排因病致贫、返贫人口 9590 人。组建医疗帮扶团队，完善惠民便民机制，将临清市人民医院定为健康扶贫分类救治疾病定点医院，执行“两免两减半”政策。实施分类救治，2016—2018 年，临清市将对患 93 种疾病的 9590 名贫困人口实行分类救治，截至 2016 年年底，已分类救治患 37 种疾病的人员共计 3796 人进行大力救治。

【深化医药卫生体制改革】 全面推开公立医院综合改革。在巩固改革成果的基础上，以法人治理结构改革为突破口，进一步加大管理体制和内部运行机制改革，合理把控公立医院规模。深化公立医院编制人事制度改革，创新公立医院编制、人员管理方式，全面实行编制和新增人员备案制，建立动态调整机制。推进公立医院养老保险制度改革。加快推进分级诊疗制度建设。最大限度地发挥县、乡、村三级医疗保健网在疾病防治中的作用，引导优质医疗资源下沉，形成科学合理就医秩序，实现资源共用、优势互补、利益共享，以满足群众医疗服务需求，实现小病不出镇，大病不出县和 90% 的患者在县内治疗的目标。巩固完善基层运行新机制。加快基层医疗卫生机构和计划生育服务机构的整合步伐，充分发挥基本医疗、基本公共卫生服务和计划生育服务三位一体的综合职能作用。落实乡村医生补偿、养老相关政策，稳定乡村医生队伍，基本公共卫生服务经费新增 5 元全部用于全科医生签约服务。稳步推进实施基本药物制度。严格药品网上集中采购和药品零差率销售制度，进一步规范流通秩序，降低药品价格，严禁网下采购配送药品。规范公立医院药品集中采购工作，科学编制公立医院药品采购目录，落实低价药品供应保障措施，规范医疗机构网上采购行为，逐步建立低频次、大数量、定时段的基本药物订单发送制度。

【计划生育管理】 深化计划生育服务管理改革。实行好生育登记服务制度，对生育两个及以内的孩子，不再实行审批，由家庭自主安排生育。畅通登记渠道，方便群众办事，并与妇幼健康咨询、指导和服务结合起来，切实使这一制度成为新的“民心工程”。稳妥实施全面两孩政策。认真总结单独两孩政策实施的成功经验，精心谋划全面两孩政策的实施方案，深入搞好摸底调查，准确掌握目标人群底数及生育意愿、生育计划，科学预测出生人口变动趋势。提升妇幼健康服务保障能力。加强妇幼健康服务体系建设，优化整合妇幼健康和计划生育服务资源，扩充产科儿科床位，加大产科、儿科和助产士专业人才培养力度。引导孕产妇合理选择助产服务机构，重点强化危重孕产妇救治与新生儿救治能力建设，确保母婴安全。推进优生优育全程服务，整合孕产期保健、儿童保健、预防接种、计划生育等服务内容，落实免费孕前优生健康检查，加强出生缺陷综合防治。促进计划生育家庭发展。做好全面两孩政策实施后的政策衔接，全面落实各项法定奖励优待政策。搞好普惠性政策与计划生育家庭优惠政策的衔接，通过完善养老服务体系、社会保障、志愿者服务等措施，努力提高计生家庭的保障水平。进一步做好计划生育特殊困难家庭扶助工作，动员社会力量和资源，在生产帮扶、生活照料、大病治疗等方面给予更多倾斜。加大出生人口性别比综合治理力度。坚持标本兼治，在转变群众观念上下功夫，强化舆论引导，消除性别歧视。加大性别比督导检查力度，在加强管理、优化服务上下功夫，夯实基础工作，以经常监管为基础、集中整治为突破，持续推进出生人口性别比综合治理“六大工程”，确保完成全年工作任务。

【服务能力建设】 持续推进医疗卫生服务体系建设。截至2016年年底，临清市医护型养老保健服务中心养老公寓楼，4栋，共计192户，可容纳老年人384人，已竣工，正在安置家具等配套设施。半护养老楼2栋，共有房间232间，床位464个，进展顺利。建筑面积近10万平方米的养老公寓楼、半护养老楼装修工程已经接近尾声，正在进行最后的验收工作；服务综合楼建筑主体已完成，正在进行内部装修及外墙干挂；医疗综合楼主体完成，正在进行外墙装饰预计2017年下半年投入使用；潘庄镇卫生院病房楼已于2016年10月1日投入使用；大辛庄街道卫生院综合楼已于2016年10月1日投入使用。

【健康服务业发展】 进一步优化社会办医的发展环境，落实同等待遇，优先支持社会力量举办非营利性医疗机构，加快形成多元化办医格局。简化医师多点执业程序，促进优质医疗资源平稳有序流动。

【公共卫生服务水平】 加大重大疾病预防控制力度。加强传染病疫情动态检测，坚持防治并举，确保传染病不暴发流行。继续提高基本公共卫生服务经费补助标准，扩大项目精细化管理范围，提高服务水平和服务效率。强化全民健康教育和健康促进，扎实做好“区域内国家免疫规划疫苗全程接种”“中小学生视力低下、肥胖、龋齿”和“65岁及以上老年人规范健康管理”等工作。（全市24个接种单位免疫规划疫苗全程接种率90%以上，含麻疹成分疫苗接种率95%以上。2016年完成中小学生健康体检人数92000余人，已全部录入山东省中小学生健康查体管理系统并完成信息上传。中小学生视力低下率13.96%、肥胖率5.63%、龋齿率8.46%。65岁及以上老年人规范健康管理率65.51%。）推进疾控机构能力建设，提高实验室检验检测能力，提升疾控队伍素质；不断完善市、县、乡三级精神疾病防治网络，加大基层队伍培训力度，提高精神疾病防治能力。积极做好2016年5月1日实施的新的脊髓灰质炎疫苗策略，停用三价脊灰减毒活疫苗，用二价脊灰减毒活疫苗代替三价脊灰减毒活疫苗，并将脊灰灭活疫苗纳入国家免疫计划。开展卫生计生惠民便民活动。扎实开展农民健康服务行动，为60岁以上参保农民健康体检、建立健康档案。以国家免费孕前优生健康检查、农村妇女“两癌”免费检查等活动为契机推进生殖健康服务工作。

【中医药服务能力】 深化中医药改革。充分发挥中医药优势，积极推进公立中医医院改革，按照《中医药优势病种收费改革试点工作方案》要求，稳步推进中医优势病种改革。强化中医药服务体系能力建设。继续开展基层服务能力提升工程，强化国医堂内涵建设。通过名老中医工程、师承教育、对口帮扶等多种形式，培养中医药人才。

【健康扶贫和精准扶贫工作】 完成年度扶贫工作任务。在对扶贫工作重点镇（街道）、“双联共建”村卫生计生服务体系，以及因病致贫返贫人口全面调查摸底的基础上，统筹实施扶贫政策措施。进一步提高扶贫工作重点地区医疗卫生服务网络标准化建设水平和服务能力，加快村级卫生室建设步伐，确保贫困地区医疗资源、居民健康、公共卫生、妇幼保健、计划生育等主要指标接近或达到全市平均水平。对患病贫困人口实行分类救治，全面落实相关政策，坚决完成健康扶贫任务。

【卫生计生综合监督和依法行政工作】 全面做好卫生计生综合监督工作。认真落实国家卫生计生委等6部门《关于进一步加强卫生计生综合监督行政执法工作的意见》，加强监督执法体系建设，提高监督执法能力。以加强监督执法体系建设、提高监督执法水平、规范医疗服务市场、保障公共卫生安全为主题，开展卫生计生综合监督提升年活动。深入推进依法行政。加强卫生计生重大政策调研，加大法规、规章及规范性文件制定规范化建设。制订卫生计生系统“七五”普法规划，组织开展形式多样的法制宣传教育活动。继续清理行政审批事项，规范行政审批程序，简化优化服务流程。

【卫生计生信息化建设和编制实施“十三五”规划工作】 加快推进人口健康信息化建设。推进全市人口健康信息平台建设，建立公共卫生、计划生育、医疗服务、医疗保障、药品管理、综合管理等业务应用信息系统，加快建设全市人口信息库。积极推进电子健康档案和电子病历在全市各级各类医疗机构之间授权使用。编制实施卫生计生事业相关规划。在全面梳理“十二五”规划完成情况的基础上，高标准编制“十三五”卫生计生事业发展规划及中医药事业发展、医疗卫生服务体系等专项规划，合理设定规划指标，明确任务目标、重点项目和保障措施等。严要求推进规划落实，细化任务，明确责任，强化督导检查力度。

【党的建设和党风廉政建设】 牢固树立“抓好党建就是最大政绩”的理念，把党建作为一切工作的统领和基础，纳入到全市卫生计生事业改革发展总体规划，以党的建设推动事业改革发展。强化主体责任意识。加大对系统党建和党风廉政建设的指导、监管力度，通过讲授党课、开展警示教育等形式，不断强化各单位党组织主体责任意识，形成一级抓一级、层层抓落实的责任体系。切实改进工作作风。加强理想信念和宗旨教育，巩固“三严三实”专题教育成果，扎实开展“学党章党规、学系列讲话，做合格党员”学习教育；在全系统继续抓好《中国共产党廉洁自律准则》和《中国共产党纪律处分条例》的学习和落实，抓好机关各项规章制度的执行。加强卫生计生行业监管。继续开展落实医疗卫生行风建设“九不准”、纠正损害群众利益行为等专项治理活动，加强医务人员医德医风教育，规范诊疗行为，降低医疗费用，提升群众满意度；利用好市纪委巡查市直医疗卫生单位这一契机，加强与纪检部门的协作配合，在药品、耗材、设备采购和基础建设等腐败高发领域采取过硬措施，共同构筑系统反腐“防火墙”。

【统筹做好其他各项卫生计生工作】 进一步做好信访维稳、安全生产、综合治理、招商引资等各项工作，不辜负市委、市政府和全市广大人民群众的期望和重托。

2016 年各镇（街道）卫生院一览表

名称	规模		地址	在职人数	病床数
	占地面积 / m²	建筑面积 / m²			
临清市第二人民医院	17820	9072.3	临清市康庄镇康五街	34	30
临清市第三人民医院	733	733	临清市考棚街 81 号	31	50
临清市第四人民医院	2584	3113	临清市南门里街 366 号	39	50
金郝庄中心卫生院	6100	2873	临清市金郝庄金东村	44	30
松林中心卫生院	7946	5831	临清市松林镇松北村	41	30
魏湾中心卫生院	11830	4341.33	临清市魏湾三里村	21	25

续表

名称	规模		地址	在职人数	病床数
	占地面积／m²	建筑面积／m²			
刘垓子中心卫生院	6600	3111	临清市刘垓子镇刘垓子村	19	25
戴湾镇卫生院	4600	2244	临清市戴湾镇戴南村	20	20
康庄镇卫生院	9901	8323	临清市康庄镇康盛庄村	19	20
老赵庄镇卫生院	6660	4730	临清市老赵庄镇老赵庄村	42	20
尚店乡卫生院	5493	1200	临清市尚店镇尚店村	14	18
唐元中心卫生院	6553	2097	临清市唐元镇前卜头村	30	20
八岔路镇卫生院	6962	5378	临清市八岔路镇路庄村	23	30
潘庄镇中心卫生院	6099.7	2157	临清市潘庄镇潘西村	35	30
烟店镇卫生院	20685	4051	临清市烟店镇牛张寨村	52	99
大辛庄办事处卫生院	7580	2796	临清市大辛庄办事处大辛庄村	25	30
新华办事处卫生院	6375	3287	临清市新华办事处西胡村	26	10
先锋办事处卫生院	7467	2759	临清市先锋办事处石槽村	20	10
临清市人民医院分院	17300	4501	临清市青年办事处	31	30

【基础设施建设】 根据业务需要，经市政府集体研究决策，下发临政字〔2015〕78号文件同意临清市妇幼保健院建设综合业务楼，项目占地3692平方米（合5.54亩），总建筑面积5600平方米（共6层），总投资2080万元。2016年10月19日正式开工建设，预计于2017年11月竣工验收。

临清市医护型养老保健服务中心是经聊城市民政部门批准的养老项目，是临清市政府的惠民工程，临清市人民医院作为投资主体并承办。该项目位于临清市温泉路以南、258省道以东，地理位置优越，环境优美，交通十分便利。占地面积260亩，总建筑面积15万平方米。规划建设医疗、养老两大板块，设置医疗护理、养老养生、康复保健、健身娱乐等八大功能区域。项目建成后，可提供床位2000张，是临清市老年人健康生活的最佳场所，将为老年人提供优质健康服务。同时，该项目是全市“转方式、调结构”的经济增长点，是落实五大发展理念的重要举措，可建设成集养老、医疗、休闲、娱乐、旅游为一体的综合性养生养老基地。

养老板块。养老板块一期共建有养老楼8栋、服务综合楼1栋，设养老床位1700张，有单人间、双人间、三人间、多人间等多种户型。配有护士站、医护用房、服务用房、辅助用房等，户内有紧急呼叫器，与医护值班室相连。养老楼通过连廊与病房楼相通，有效地保证老年人患病时能够得到及时有效地检查、治疗。服务综合楼具有涵盖老年大学、健身保健中心、养生餐厅、大型超市、银行等功能。内设教学教室、培训教室、活动时、阅览室、会议室、办公室等教学培训功能用房；物理康复室、保健室、健身室等建设保健用房；乒乓球馆、羽毛球场、门球场、休息室、器材室、棋牌娱乐教室等休闲娱乐用房；还设有垂钓区、室外娱乐场、饲养场、种植园、采摘区等户外活动场地，是全市老年人老有所养、老有所医、老有所为、老有所乐的理想家园。

医疗板块。医疗板块（临清市老年病医院）是聊城市卫生计生委批准、建设的一所老年病医院，编制床位300张。拟设呼吸内科、神经内科、消化内科、心血管内科、老年病科、临终关怀科、肿瘤科、急症医学科、康复医学科、中医内科、耳鼻咽喉科、科、皮肤科、普外科、神经外科、骨外科、妇科等临床专业口腔学科，按照专业护理和生活护理相结合的理念，建设护理院，为老年人提供专业救护、慢病管理、健康体检、康复治疗和临终关怀等全方位的专业服务，为社会提供常见病、多发病的急诊急救、预防、保健等服务。

【中医管理】 2016年印发《2016年全市基层中医药人员培训工作实施方案》的通知，11月份在基层中医适宜技术培训基地临清市中医院、八岔路镇卫生院，老赵庄镇卫生院开展培训班，全市共有666名医务人员参加培训。中医药适宜技术推广覆盖率达95%，每个镇（街道）卫生院、社区卫生服务中心至少1人掌握不少于10项中医药适宜技术，每个村卫生室和社区卫生服务站至少1人掌握5项中医药适宜技术。45名基层人员参加聊城市基层中医药技术能力提升班培训。25人参加山东省在茌平举办的2016年中医中药齐鲁行—进乡村、进社区、进家庭活动。金郝庄中心卫生院、烟店中心卫生院被列为省国医堂建设项目，戴湾镇卫生院、大辛庄街道社区服务中心、新华社区服务中心（四院）被列为2016年基层医疗卫生机构综合服务区（中医馆）服务能力建设项目。70人参加中医类别执业医师考试。194人参加传统医学确有专长考试。全市65岁以上老年人中医体质辨识数41215人，完成率46.37%。全市0—36个月儿童中医调养服务人数12191人，完成率51.55%。

【妇幼保健工作】 临清市妇幼保健院始建于1953年，是一所集医疗、教学、预防保健为一体的二级专科医院、爱婴医院。该院现占地面积1400平方米，建筑面积2600平方米。现有干部职工95人，其中副高级职称5人，中级职称33人，现开放床位46张。保健院内部结构完整，发展妇产科、内科、儿科等基础学科。形成儿童保健科、妇女保健科、婚前检查中心、孕前优生检查中心、两癌筛查中心、婴儿洗浴中心等品牌科室。医院设备配置先进，拥有可视流产仪、电子阴道镜、骨密度仪、母乳分析仪、视力筛查仪、全自动酶免仪、微量元素分析仪、全自动血细胞分析仪等先进设备。自2013年3月实行国家免费孕检以来至2016年底共计49330人次享受到惠民政策。具体为参检服务对象提供体格检查、临床检验及B超检查等服务，并做好备案；筛查危险因素，提供优生咨询指导，出具评估报告，评估为高风险人数2215，占目标人群的4.49%，信息录入率100%，并对高风险人群，提出诊疗和合理建议，并做好早孕随访、妊娠结局随访等。2016年3月印发聊卫妇幼（2016）4号文关于《聊城市免费婚检工作方案》的通知，实施免费婚前检查。截至2016年年底共计328人接受婚前检查。具体检查内容包括健康教育、询问病史、体格检查、血常规、尿常规、转氨酶检查、梅毒、艾滋病筛查及B超检查，乙肝表抗自愿检查。2016年4月保健院开展产前筛查项目。即对怀孕15—21周的孕妇测定母血清中AFP、βfals-HCG、uE3，结合多个因素运用专用数据分析软件进行综合风险评估，得出胎儿患21-三体、18-三体和开放性神经管缺陷的风险度。如在孕早期和孕中期均作检查，唐氏综合征检出率可达90%，神经管缺陷检出率达90%，截至2016年年底共筛查431人次。

推进妇幼健康服务机构建设，完善妇幼健康服务网络。加强妇幼健康服务机构建设。市妇幼保健计生服务中心进行扩建，投资2080万，总面积5600平方米的综合业务楼正在建设中，预计 2017 年完工使用。在市医院建立 1 个危重孕产妇救治中心和 1 个危重新生儿救治中心，已投入使用；推进出生缺陷三级预防工作。一级干预：开展优生健康教育、免费婚前医学检查、免费孕前优生健康检查、补服叶酸预防神经管缺陷等项目，减少出生缺陷的发生；2016 年以来接受优生咨询 9247 人次；为 8525 人实施免费孕前优生健康检查，672 名具有高风险因素的人群接受专家一对一指导服务和转诊治疗；为 2515 名农村孕妇免费发放叶酸 15072 瓶。二级干预：通过孕期保健服务和产前诊断识别胎儿的先天性缺陷，减少新生缺陷儿的出生；2016 年以来对 2803 名孕妇进行唐氏筛查（免费 358），筛查出高危孕妇 73 人，均已转诊；对 2486 名孕妇进行 B 超筛查，查出 39 名孕妇的胎儿发育异常并进行终止妊娠；对 1617 名孕妇进行国家免费孕期母婴阻断三项病筛查（艾滋病、梅毒、乙肝），筛查出异常的 60 人，并进行指导。三级干预：通过对新生儿疾病的早期筛查、诊断，并及时治疗，避免或减轻致残；2016 年以来已对 8408 人进行新生儿疾病筛查，电话召回复查 140 人次，督促 6 名确诊患儿及早进行治疗。新生儿听筛转诊 130 例，确诊 7 患儿及早进行治疗。通过出生缺陷综合防治，减少出生缺陷的发生，提高人口素质；加强妇幼健康服务人员培训。组织妇幼健康相关人员到省、市参加母婴阻断和妇产科主任培训班、免费孕前优生健康检查项目培训班、产前筛查和诊断培训班、预防艾滋病、梅毒和乙肝母婴传播信息管理培训班、再生育咨询师资培训班、妇幼卫生信息和出生缺陷监测培训班。市妇幼保健院定期对基层妇幼保健人员进行业务培训，2016 年 11 月份联合聊城市第二人民医院对各镇处卫生院的母婴保健人员进行一次业务培训。通过培训学习，提高妇幼保健人员的业务水平和服务能力。

【疾病预防控制工作】 开展数字化预防接种门诊建设。2016 年老赵庄镇、康庄镇两个卫生院接种门诊通过聊城市数字化建设验收。数字化预防接种门诊建设是保障预防接种工作规范开展的重要举措，也是一项民生工程。数字化预防接种门诊在稳定运行儿童预防接种信息管理系统基础上，实现功能扩展和软件升级，构建预防接种全流程信息化管理平台，提升科学化、规范化管理能力；实现预检登记、取号排队，有序接种，解决排队拥挤现象，打造和谐门诊环境；实现儿童预防接种全流程数据采集和服务质量控制，规范预防接种行为，做到儿童接种疫苗全程有记录，全程可追溯。

“686”项目，重症精神病患者免费发药。为落实卫生委“686”项目、《重性精神疾病管理治疗工作规范》及《国家基本公共卫生服务规范》，提高精神卫生专业技术人员技术水平和服务能力，做好基层重性精神疾病排查、录入、管理工作，聊城市精神卫生中心 2016 年 5—7 月份对临清开展此次活动。启动仪式之后，由局疾病预防控制科制定出具体工作方案，并开展具体工作，活动历时历经两个月，覆盖临清全部镇（街道）、社区，对大部分乡村医生开展“重性精神疾病社区管理”、对监护人患者开展“心理健康基本知识讲座”，同时对重性精神疾病患者义诊，发放 686 项目免费药品，取得阶段性工作成果。对 313 名乡村医生进行培训；1164 名重性精神疾病患者领到免费药品；347 患者监护人参加“心理健康基本知识讲座”，协助镇（街道）卫生院为重性精神疾病患者健康查体、规范填写重性精神疾病患者随访服务记录表。通过对 313 名乡村医生培训，考试成绩 90 分以上 207，80—90 分 58 人。培训满意度达 96%。对千名患者监护人开展“心理健康基本知识讲座”，结合心理医院人员对监护人开展细致的监护人调查问卷。向患者和家属宣讲药物治疗的种类、作用、服药时间与注意事项，治疗方法等，巩固和提高药物治疗的效果，增加服药的依从性，学会自我控制和避免各种诱因，和提高疗效、降低发病率和复发率。

脑卒中筛查与防治项目。启动临清市脑卒中筛查与防治项目，是深化医药卫生体制改革，建设健康临清，切实加强慢性非传染性疾病预防控制工作的一项重大举措，对提高全市慢病综合防治水平、探索建立政府领导、卫生部门组织实施、疾控、医疗机构和基层医疗卫生机构分工负责、防治结合的慢病防控工作机制具有重要意义。基地医院负责体格检查、抽血化验和颈部血管超声；基层医院负责低、中危人群的数据录入，基地医院负责新发高危人群+原有高危人群的数据录入。2016年由康庄镇和大辛庄街道共同承办共筛查4018人。

【疾病预防控制】 2007年3月，根据鲁编办〔2002〕66号文件精神，结合全市卫生监督和疾病预防控制体制改革工作，同意市卫生防疫站更名为“临清市疾病预防控制中心”，其单位性质、规格不变。其前身临清市卫生防疫站，始建于1956年，占地面积1143平方米，建筑面积2980平方米。承担全市传染病防治、免疫规划落实、健康教育、慢性病防治、精神疾病防治、地方病防治、职业危害体检检测及食品、水质检测等职责。经过50余年的艰苦奋斗，日益发展壮大，为保障全市人民的身体健康做出积极的贡献。

中心在职员工70人，其中副高级职称专业技术人员6人，中级职称38人，初级职称15人。设有疾病预防控制科、免疫规划科、健康教育所、结核病防治科、艾滋病防治科、慢性病防治及精神疾病防治科、地方病防治科、体检科、实验室、公共卫生科、职业卫生科、消杀科和预防接种门诊等18个科（室）。装备业务用车6辆，配备500毫安X光机、全自动生化分析仪、血细胞分析仪、尿液分析仪、B超、心电工作站、肺功能仪、电测听、隔音室、十万分之一电子天平、防尘防爆个体尘毒采样器、进口洗板机、气象色谱仪、进口生物安全柜、进口酶标仪、WBGT指数仪等仪器设备。2016年被聊城市疾控中心评为全市慢性病防治工作先进集体；2016年被聊城市疾控中心评为全市地方病、寄生虫病防制工作先进集体。

计划免疫规划工作。根据《2016年全省免疫预防管理工作意见》《山东省免疫规划疫苗查漏补种工作实施方案（试行）的通知》及聊城市卫计委下发的《关于进一步推进免疫规划精细化管理的通知》要求，把国家免疫规划疫苗月查漏补种列入常规工作，每季度进行季度查漏补种，并不断总结经验，促进工作落实。通过月查补和季度查补切实提高疫苗接种率。截至2016年年底国家乙肝监测项目，经汇总全市共报告乙肝病例201例，保存病例报告卡201份；未明确诊断为慢性乙肝62例，其中需做乙肝个案调查的本辖区病例46例，调查率为100%，保存急性乙肝个案调查表46份；检测ALT病例201例，ALT检测率为100%；采集血标本病例201例，血标本采集率为100%。充分利用4.25预防接种宣传日、7.28肝炎宣传日及麻疹补充免疫的机会进行宣传。2016年4月23日和24日分别在临清市人民广场及刘垓子镇农贸市场开展以“依法预防接种，享受健康生活”为主题的临清市扩大国家免疫规划大型咨询宣传活动，现场开展预防接种知识问答、展板及电子显示屏宣传、发放自行印制的预防接种日宣传材料等活动。此次宣传活动全市共印制宣传画1.2万张，市级现场宣传发放4000余张，下发镇（街道）8000余张。市级宣传现场共发放宣传单5万余张、宣传手册2500本；下发镇（街道）宣传单15万余张，宣传手册1万本。全市宣传现场悬挂条幅共计120幅，展示宣传板200余块，共设立35处现场咨询站。

传染病防治工作。2016年临清市通过中国疾病预防控制信息系统共报告法定传染病16种计1746例（无甲类传染病报告，乙类传染病报告716例，丙类传染病报告1030例）、其他传染病178例，HIV8例。2016年发病率235.99/十万。2016年传染病发病率比2015年上升了2.20%，2016年报告死亡数1例。肠道传染病（甲乙类）发病15例，占全年传染病报告病例总数的2.10%，呼吸道传染病（甲乙类）281例，占全年传染病报告病例总数的39.25%，自然疫源及虫媒传染病（甲乙类）25例，占全年传染病报告病例总数的3.49%，血源及性传播传染病（甲乙类）395例，占全年传染病报告病例总数的55.17%。丙类传染病1030例，占全年传染病报告病例总数的58.99%。本年度无新生儿破伤风病例报告。

健康教育与健康促进工作。利用重大宣传日为契机，采取健康讲座、咨询、设置宣传栏等多种形式，针对重点人群、重点疾病和全市主要卫生问题和危险因素开展“健康快乐水城年”“3.5全国雷锋日”“3.24世界防治结核病日”“4.25全国儿童预防接种日”“4.26全国疟疾日”“手足口病防治”“5.31世界无烟日”“健康教育宣传周”“爱牙日”“全国高血压日”等宣传活动共计11次，共发放宣传材料52000余份，横幅22条，图板28块。充分利用新媒体官方微博、微信进行健康宣传教育，借助传播优势及时报道疾控工作、发布最新疾控工作信息。2016年中心工作信息在报纸上报道20余次，电视上报道 5次，政务网站上报道31篇、微博600余篇，微信200余篇。

拒吸第一支烟，做不吸烟的新一代签名活动。2016年5月24—31日，临清市疾控中心组织在全市中小学校开展 “拒吸第一支烟，做不吸烟的新一代”签名活动。活动覆盖全市10所中小学校，6000余学生参加，共发放控烟宣传材料10000余份。

慢病防治监测工作。死因监测工作截至12月31日，全市共报告死亡病例5737例，报告粗死亡率为7.52‰。完成聊城市疾控中心要求的7.5‰的粗死亡率报告要求。报告及时性、身份证号完整率、多死因链填写完整率、审核率均达标，重卡率、迟审率、死亡原因不明比例均控制在规定标准以下。按照肿瘤（200/10万）、脑卒中（200/10万）、冠心病（80/10万）新发病例的报告要求，完成年内报告指标，截至2016年年底，肿瘤报告率为278.62/10万、脑卒中报告率为341.36/10万、冠心病报告率为148.77/10万。除肿瘤病例诊断率外慢病监测各项质量指标基本控制在正常范围内。2016年肿瘤、脑卒中、冠心病的随访工作完成。重性精神病管理工作截至12月31日全市共登记患者2988例，管理2766例。管理率达到92.71%，规范管理率达到82.40%（公共卫生系统）。因国家精神障碍信息系统自身原因，国家系统规范管理率较低，且目前无法统计具体数值。

结核病防治工作。重点开展3月24日“世界防治结核病日”宣传及“百千万志愿者结核病知识传播知识”活动，疾控中心结防科、健教科全体人员深入到乡镇集贸市场，共接受近3000人次咨询，共发放各种宣传单、报纸等宣传材料6000余份。在临清市戴湾镇中心小学举行“百千万志愿者结核病知识传播签字仪式”的宣传活动，并在学校进行现场咨询、发放结核病知识手册1000余份，有600余名学生报名参加。

艾滋病防治工作。为贯彻落实《艾滋病防治条例》，按照聊城市2016年《中央补助聊城市艾滋病防治项目管理实施方案》及2016年《聊城市艾滋病防治工作意见》的要求，全市新增病例11例，累计报告46例病例。按照要求对辖区的全部病例进行随访，随访信息及时通过国家艾滋病防治综合信息系统进行上报。积极开展国家免费抗病毒治疗工作，按照要求建立临清市免费抗病毒治疗管理制度，按要求保管储存药品，及时发放；对病人及时进行CD4细胞检测，全年共计完成CD4细胞检测69次，对治疗病人病毒载量及耐药检测达到100%，对新发病例的配偶及子女检测达到100%。

为更好地控制重点人群艾滋病的传播，在2016年世界艾滋病宣传日到来之际，临清市疾控中心对市看守所的羁押人员进行艾滋病防治宣传教育和HIV抗体检测。活动中，对70余名羁押人员进行面对面的宣传教育，共发放150余册防艾手册，对28名新入所的羁押人员进行HIV抗体检测。

地方病防治及病媒生物监测工作。根据省卫生计生委《关于印发2016年度山东省碘缺乏病防治与高碘地区监测项目实施方案》要求，12月2日，疾控中心协同山东省地方病研究所以及聊城市疾控中心地慢所专家进行水源性高碘地区高碘甲状腺肿病情监测工作。专家组来到临清市唐园镇中心小学现场抽取100名8—10岁学生，分别采集学生家中食盐，饮用水，学生尿样各100份，圆满完成本次水源性高碘地区高碘甲状腺肿病情监测及采样任务，此次开展水源性高碘地区高碘甲状腺肿病情监测，进一步的掌握水源性高碘地区居民内外环境碘含量及病情变化趋势，为完善高碘地区高碘甲状腺肿干预策略提供依据。

全市2016年继续开展居民户食盐监测工作，按照东、西、南、北、中划分5个抽样片区，在每个片区各随机抽取1个镇（街道）。2016年抽取烟店、唐园、康庄、新华、松林5个镇（街道）。每个监测镇（街道）随机抽取4个行政村（居委会），每个行政村（居委会）随机抽检15户居民食用盐。共计300份样品，合格297份，合格率99%。

2016年4月26日在市文化广场举行以“消除疟疾：谨防境外输入”为主题的“全国疟疾日”宣传活动。悬挂“消除疟疾，谨防境外输入”条幅，接受群众咨询。此次宣传活动发放宣传单1000份，宣传册200份，布展宣传版面2处，宣传条幅1联，为群众解答疟疾防治问题200余人次。

实验室建设及卫生监测工作。根据山东省30个项目县的农村饮用水水质卫生监测工作要求，临清市作为30个县的代表之一，对全市20个生活饮用水水厂和46个监测点枯水期、丰水期的出厂水、末梢水进行采样检测、结果上报，同时按照实验室质量体系运行的要求，对仪器设备进行维护、检定；按计划进行实验室的内审、内部质量控制、管理评审，取得满意结果。

为提高生活饮用水的检测能力，配合国家安全饮水工程建设的检测需要以及山东省农村饮用水检测网点水质检测工作。中心增加检验设备7台，所有检验设备已经安装、调试完毕，投入使用。完成省尿碘盲样考核高、低浓度各1份，考核结果满意，并已经按上级要求建好尿碘实验室，等待验收。

【临清市人民医院】 医院共开放神经内一科、神经内二科、神经内三科、呼吸内科、消化内分泌内科、产科一科、产科二科、妇科、手足外一科、手足外二科、骨一科、骨二科、普外一科、普外二科、神经外科、心内一科、心内二科、肛肠科、肿瘤科、儿一科、儿二科、特病科、急症科、重症医学科、感染性疾病科、中医科、口腔科、皮肤科、眼科、耳鼻喉科、血液透析室、康复医学科等38个临床科室，CT、放射、B超、脑电图、心电图、胃镜室、检验科、病理科、药剂科、手术室、麻醉科、高压氧、介入治疗中心、导管室、聚焦超声刀等18个医技专业，基建科、设备科、社区中心、宣传科、药械科、财务科、审计科、信息科、岗办、保卫科、医务科、科教科、护理部、病案室、计生办、网络中心、医保办、住院处、门诊部、公共卫生科、达标办等33个行政职能科室，并设有医保特殊疾病医疗中心、卫校、联合中心制剂室、急救中心等附设机构。

医院管理。深化编制制度改革，按照《关于印发山东省公立医院编制标准的通知》，根据医院业务水平、类型特点等情况，市编办核准院人员控制总量为1575人，均实行备案制管理；高度重视党风行风建设，认真贯彻落实中央“八项规定”和卫计委行风建设“九不准”制度规定，积极践行社会主义核心价值观，多次在聊城市卫计委组织的行风政风民主评议中取得第一名的成绩，顺利通过省级文明单位验收；狠抓医院文化建设，对医院现有管理制度进行修订、完善，组织了形式多样的文体活动，全院职工的执行力、团队凝聚力也得到进一步提升；引进上海国际医院感染控制论坛平台SIFIC手机微信考试系统，开启无纸化办公新时代，极大地提高工作效率；建设医院资源计划平台（HRP），提升医院科学管理和科学决策的水平，降低运行成本和减少浪费。

医疗设备和医疗水平。引进物联网和云计算技术，逐步开展远程医疗工作，建设好临清市医疗数据库，全面提升临清区域医疗平台建设水平；建设好双休转诊通道，实现“一卡通”；建设智慧养老信息化管理平台，为临清市医护型养老保健服务中心的启用提供信息化保障。斥资1004万元引进数字化X线影像系统以及组建各治疗中心所需的整套设备共计129件（套），更好地满足临床诊断、治疗的需要。

护理。加强护理文书及各类评估单的质量管理，加强对重点环节的专项督导检查，全面做好落实责任制整体护理、“零容忍管理规定”，积极开展床旁综合能力考核、品管圈、医护合作确认制等活动；医院感染管理加强对重点环节、重点部门的监控、管理和检查，严格执行消毒隔离制度，执行无菌操作规程，医疗质量得到持续提升。

人才队伍建设。加强人才梯队建设。通过“走出去，借脑提升”，“引进来，借才引智”，“攀高亲，借势强身”等多种方式，形成老、中、轻合理的人才梯队结构，全年共派出25名人员到北京、上海、济南等医院进修学习，80余人次参加学术会议，择优录用本科以上学生72名；山大二院、北京301医院、省立医院、齐鲁医院、省医学影像研究所的专家来院帮扶工作150余人次，发表省级以上学术论文125篇，获得国家专利20余项，全年新增省市级专业委员会委员43人。

【临清市中医院】 临清市中医院始建于1987年，是集医疗、预防、康复为一体、具有鲜明中医特色优势的国家二级甲等中医医院。医院占地面积1.3万平方米，建筑面积7000余平方米。医院现有医护人员136人，其中高级职称4人，中级职称48人。医院设有眼科、内科、外科、妇产科、儿科、骨伤科、针灸理疗科、中医糖尿病科、肛肠科、肿瘤康复科等临床科室。其中眼科为聊城市级重点专科，诊疗水平一直处于全市领先地位。中医内科在全市具有极高知名度，由多位知名中医专家长期坐诊，并配有现代化煎药室。拥有德国西门子CT、数字胃肠机、准分子激光治疗机、美国产眼底造影仪、全自动进口呼吸机、大型生化分析仪等国内外先进医疗设备。临清市中医院为全市“城镇职工基本医疗保险”定点医院、“新型农村合作医疗”定点医院，山东省“白内障复明项目”定点医院。先后获得市级“文明单位、先进集体、放心药房、医德医风示范单位及文明创建活动文明单位”等荣誉称号。2016年荣获临清市妇联、市总工会颁发“三八红旗集体”“职工职业道德建设先进集体”荣誉称号。

临清市中医院全面实行医疗质量管理。一方面加强业务培训，不断提升医疗技术水平，夯实医疗质量的基础。另一方面建立从患者就医到离院，包括门诊治疗、病房治疗及其他部分医疗的就医流程，明确各科室的日常工作内容，实行动态督导，切实保证医疗服务质量。医务科、护理部、院感办等职能科室，各司其职，共同做好医疗质量控制工作。二甲中医医院持续改进检查评估工作中，中医院的医疗质量管理控制工作得到省中医药管理局专家组一致认可。医疗质量的明显提高，带动医院业务量的较快增长，业务收入逐年递增10%以上。

狠抓医德医风，树立医院良好形象。医院进一步健全完善“精神文明和医德医风建设考核标准”，形成加强医德医风考核、投诉举报、激励和惩戒等长效机制。院办公室定期组织由护理部、医务科等参加的邀请各科病人及其家属召开院级行风建设座谈会，征求意见建议并及时解决。针对患者提出的各项问题逐以进行解决，大大提高患者的满意度。

加强业务学习，重视人才培养。医院先后派出5名医师赴北京、上海高级别医院的进修，取长补短，综合发展。其中内科选派学科带头人、内科主任赴上海交大仁济医院进修6个月，进修完毕建立中西医结合糖尿病专科，并通过招标公司购进国际先进水平的血糖动态监测系统及胰岛素泵设备。人才的高标准培养，为打造技术一流的科室奠定基础，也带动中医院一批年轻骨干的快速成长。

加大基础设施投入，加强医院宣传。市中医院原有病房和办公室基础设施差，住院和办公条件简陋，已不能满足患者和职工的需求。基于这种情况，2016年医院投资为每一个病房都安装闭路电视，没有空调的办公室和病房也全部配齐。在通过招标公司购置血糖动态监测系统及胰岛素泵的同时，还招标购进医院污水处理系统。改善医院的就诊医疗环境，提高医院的医疗技术水平和环保标准。2016年，医院在门诊楼大厅设置中药标本、中药饮片精品展示柜。《聊城日报》《健康周刊》2016年两次报道医院中医特色及科室建设情况。中医院拍摄医院形象宣传片一部，并与通达公司合作，在开往镇（街道）的60部公交车上循环播放，宣传展示中医院的医疗技术实力和中医药文化，在百姓心中树立良好的医院形象，大大提高医院文化品位和口碑。

积极开展对口支援和义诊活动。2016年，医院对金郝庄、先锋路街道、新华路街道卫生院进行对口支援工作，组织各科室专家每月至少2次到对口支援医院坐诊、查房、指导手术、分析疑难病例，并逐步实行分级诊疗制度，方便老百姓就医。开展“赶大集、送健康”6次义诊活动，参加义诊活动的医务人员都以高度责任感和爱心、耐心来对待每一位前来就诊的群众。医院在公园、广场开展中老年心血管疾病、糖尿病等常见疾病的咨询和健康宣传，在导诊台免费发放中医药宣传资料5000余份，受到广大群众的一致好评，收到良好的社会效益。

打造优质服务，提高中医护理水平。开展“优质护理服务示范活动”，对各科室开展优质护理示范病房，让患者明明白白看病，明明白白消费，使护患沟通保持通畅、和谐。加强中医护理工作，开展辨证施护，将拔罐、针灸、刮痧等10余种具有中医特色的护理项目融汇于临床护理工作中，护理人员能运用中医护理方法及中医专病常规知识，为患者提供中医药特色的健康指导。

【药物管理工作】 2016年2月，根据聊卫药管〔2016〕1号文件精神，成立由分管领导任组长，有关人员为成员的基本药物制度考核领导小组，于2月16—20日对19处基层医疗卫生机构的基本药物制度工作进行了全面考核。2016年11月，省启动新一轮药品省级集中采购工作。常用低价药品、妇儿专科非专利、急（抢）救、基础输液以及用量小的药品集中挂网和公开招标采购工作已基本完成。积极开展以市为单位公立医院药品联合采购，发挥集中批量采购规模优势，有效降低药品价格。公开招标采购药品的，基层医疗卫生机构根据临床需要选择中标产品，并按中标价格采购。常用低价药品、妇儿专科非专利、急（抢）救、基础输液等集中挂网药品，由基层医疗卫生机构参考平台显示的企业报价、原中标（挂网）价、一定时期内全省医疗卫生机构实际交易的平均价、最低价等信息，通过平台与生产经营企业直接议定成交，并如实填报实际交易价格及数量。

【基层卫生工作】 基本公共卫生工作开展情况。提升全市妇保室、儿保室硬件建设，做到妇保、儿保工作与预防接种工作的结合。理顺城市社区卫生服务站管理体系，联合财政部门按属地划归城区预防接种区域与基本公共卫生服务区域相吻合的问题。2016年4月上旬，委托专家组对全市各基层医疗卫生机构2016年第一季度基本公共卫生服务项目工作进行督导，发现问题现场反馈、当面进行指导，当场下达整改意见书。为落实扶贫要求，开展“万名医生进家庭·签约服务送健康”活动。2016年底全市累计规范建立居民个人电子健康档案63.27万份，电子健康档案建档率为85.41%。

乡村医生再注册工作。根据上级文件精神，全市开展乡村医生执业证书有效期满再注册工作。全市共有909名乡村医生符合条件，并向聊城市卫生计生委备案注册。截至2016年9月1日，对于符合条件的乡村医生全部换发《乡村医生执业证书》，并规范乡村医生档案管理。老年乡村医生生活补助发放。按照上级有关文件要求，市卫生计生局积极协调相关部门，做好老年乡村医生生活补助发放工作。2016年全市共有1263名

60岁以上乡村医生符合条件，共计发放补助金835.37万元。

“无烟单位”创建活动。卫计局联合市精神文明建设委员会、市爱国卫生运动委员会决定在全市广泛开展“无烟单位”创建活动。全市共有73家单位积极参加创建工作。2016年6月16—27日全市组织验收专家组对创建单位进行验收。经过评选，市邮政公司、市中医院、市国土局等30家单位获得“全市无烟单位”的荣誉称号。

创建“健康促进医院”。“健康促进医院”是世界卫生组织在全球倡导的医院健康管理新理念。卫计局在全市医疗卫生机构中开展“健康促进医院”创建活动，并制定印发《临清市“健康促进医院”创建活动实施方案》。2016年4月16日，聊城市卫生计生委在市人民医院召开聊城市健康促进医院创建工作现场推进会，聊城市卫计委干部保健处主任赵素婷同志到会。全市遴选市人民医院参加山东省级健康促进医院创建工作。7月，市人民医院迎接山东省卫生计生委对于健康促进医院创建工作的考核验收，11月3日，市人民医院被命名为“2015年度山东省健康促进医院”。

“建设群众满意的乡镇卫生院”活动。为提高服务能力，根据上级安排部署在总结老赵庄镇卫生院2015年创建国家级“群众满意的乡镇卫生院”的经验，在全市范围内开展“建设群众满意的镇街卫生院”创建活动。2016年底魏湾中心卫生院被国家卫生计生委评为“2015—2016年度群众满意的乡镇卫生院”。

【卫生计生监督执法】 实施乡镇卫生院依法执业规范工程。开展乡镇卫生院监督检查，依法查处使用非卫生技术人员、超范围执业、出租承包科室等违法行为。结合校验工作，促进乡镇卫生院按照《山东省乡镇卫生院基本标准》要求加强建设，着力规范乡镇卫生院建设、管理和执业行为，提升乡镇卫生院规范化管理水平。每年监督覆盖率达100%，力争用三年左右的时间达到乡镇卫生院依法执业规范化。

开展预防接种卫生监督专项检查。贯彻落实《传染病防治法》《疫苗流通和预防接种管理条例》（国务院令668号）、《传染病防治卫生监督工作规范》的要求，按照属地管理原则，组织开展对疾控机构和预防接种单位的专项监督检查。理清监管职责，加大监督检查力度，建立健全卫生监督档案，依法查处违法违规行为。及时发现问题，及时指导纠正，督促整改落实，进一步规范预防接种工作。

开展二次供水专项监督检查。在全市范围内开展二次供水专项检查，督促供水单位落实二次供水设施清洗消毒制度，依法查处违法违规行为，保障二次供水卫生安全，监督检查覆盖率达到100%。

继续推进放射卫生监督示范工程。通过“人员培训、执法协助、检测促进”等措施，全面推进放射卫生综合监督示范工作，提高医疗机构放射防护能力和水平，提升放射诊疗机构规范持证率。放射卫生监督覆盖率达到100%，放射诊疗机构持证率达到98%以上，规范持证率达到90%以上。

落实重点卫生计生法律法规监督检查。贯彻落实《山东省卫生计生重要法律法规监督检查工作规划（2014—2017）》，认真开展《职业病防治法》《人口与计划生育法》《放射性同位素与射线装置安全和防护条例》等法律法规落实情况的监督检查，保障法律法规落实，提高监督检查实效。

打击“两非”工作。立案查处两非案件5件并全部录入“两非”信息管理系统，罚没款5.05万元，其中，区域协作案件移交接收各1件；查处大要案件2件均为公职人员非法鉴定胎儿性别案，吊销医师执业证书1人，给予开除处分1人；兑现有奖举报奖金6万元。

【规划统计】 落实全面两孩政策。2016年1月22日山东省第十二届人民代表大会常务委员会第十八次会议通过《山东省人民代表大会常务委员会关于修改〈山东省人口与计划生育条例〉的决定》，并于当日公布施行，在全省全面实施两孩政策。

落实计划生育特殊家庭信息档案制度。《国家卫生计生委办公厅关于印发〈计划生育特殊家庭信息档案标准和规范〉的通知》（国卫办家庭发〔2016〕22号），认真建立完善计划生育特殊家庭信息档案。

提高特别扶助标准。根据聊卫妇幼〔2016〕26号文件，自2016年1日起，将独生子女死亡家庭扶助标准提高到每人每月600元，独生子女伤残家庭特别扶助标准提高到每人每月500元。

【城市计生工作】 2016年1月22日山东省人民代表大会常务委员会修改《山东省人口与计划生育条例》：第二十六条规定“在国家提倡一对夫妻生育一个子女的期间，自愿终身只生育一个子女的夫妻，发给《独生子女父母光荣证》”。从申请当月起至子女年满十八周岁止每月领取不少于十元的奖励；独生子女父母为城镇其他居民的，由县（市、区）人民政府参照农村部分计划生育家庭奖励扶助给予奖励扶助。2016年5月20日，临清市卫生和计划生育局为确保城镇居民独生子女父母奖励政策落实到位，维护独生子女父母的合法权益，根据《山东省人口与计划生育条例》和聊城市卫计委《关于印发2016年聊城市妇幼健康管理工作要点的通知》，结合全市实际制定《关于申报独生子女父母资格审查事宜的实施方案》临卫发〔2016〕23号文件，该文件对临清市城镇居民独生子女父母申报奖励扶助申报条件、申报证件、申报办法和程序及申报时间都做出明确规定。2016年，临清市财政对破产企业单位职工独生子女父母发放一次性养老补助统计2016年发放360人，资金394.19万元。

【计生协会】 进一步规范协会基层基础工作，深化计划生育群众自治。根据《山东省计划生育群众自治工作规范》，进一步深化计划生育群众自治，着力推动基层计划生育工作走上民主化、法制化、规范化轨道。狠抓《计划生育村规民约》的修订和落实工作，特别是全面二孩政策实施之后，局长高度重视《计划生育村规民约》的再修订工作，及时召开局办公会议，研究并制定《临清市计划生育村规民约再修订实施意见》，根据新形势下的计划生育工作，明确《计划生育村规民约》再修订工作的目标任务，明确将禁止“两非”行为、计生特困家庭帮扶等内容纳入《村规民约》重要条款，组织全市599村居完成《计划生育村规民约》的再修订工作，确保基层《计划生育村规民约》能“行得通、管得住、用得好”，把基本国策落实到千家万户。

广泛开展计生助福行动，深化生育关怀。坚持以提高计划生育家庭幸福指数为目标，以计划生育困难家庭为重点目标人群，通过募集资金、整合资源、项目带动、扶贫帮困、紧急救助、亲情牵手、志愿者服务等多种方式，拓展服务领域，丰富服务内容，增强服务能力，打造服务品牌，着力促进家庭幸福与社会和谐。

积极开展“青春健康”项目。2016年2月，规范创建临清市新华路“青春健康教育俱乐部”。俱乐部主体突出，结合青少年心理特点，为每周青春期孩子开办阳光心理课程及家长课堂；功能齐全，设置青春健康办公室、视听网络区、阅览区、多功能活动厅，大讲堂五大区域功能，开设青少年心理咨询、健康阅读、科学上网、心理疏导、科普教育、生殖教育、价值观培养等板块，促进青少年健康知识、心理素质，生活技能全面提升；俱乐部有2名心理咨询师（其中一位为聘用）随时答疑心理问题，同时作为“青春健康主持人”“青春健康大使”“青春健康同伴教育者”，建立青春健康微信群；现有两名工作人员报名参加青春健康讲师培训；设立阳光心理驿站；现有一支开展亲情服务活动的志愿者队伍。自2016年元月开始开设阳光心理课堂，每月一次父母课、一次青少年课，期间进行4次婚姻家庭大讲堂；社区增设留守儿童心理课堂及辅导，受到广大群众的欢迎。制定市级“亲情你我她——失独家庭救助项目”，确定救助对象118人，结合基层卫生院对

56 户失独家庭开展健康查体，春节期间开展失独家庭走访慰问活动。督促各镇（街道）计生助福项目的创建与落实，同时做好对品牌项目的上报和推广工作，2016 年创建镇级计生助福项目 16 个。

加强和完善企业、流动人口协会建设。现全市百人以上企业建会 26 个，50 人以上流动人口聚集地建会 2 个，工作机制健全，活动开展经常。

【宣传工作】 在临清广播电台做好大型公益性卫生健康专栏《健康在线》栏目，栏目播出期间专家讲解热情高、收听率高，群众参与热情高，解答问题效率高，全面展示卫生计生系统行风建设成果，为全市广大群众普及健康教育知识，为医患沟通建立更为方便的交流平台，医患关系得较大改善。2016 年以来，共播出 105 期，惠及全市 20 余万人；春节元宵节期间，市卫计局按照省、聊城市卫计委要求和工作安排，扎实、有效地开展元旦、春节期间的宣传服务活动，收到良好社会的效果。市卫生计生局印发多种宣传资料，组织各镇（街道）开展进村入户宣传，针对不同人群把握宣传重点；制作宣传图版、张贴宣传标语，放置于车站、广场、集市、医院等人员密集区域；出动宣传彩车、设立咨询台深入社区、商业区、农村开展现场咨询活动，传播相关医疗保健、优生优育知识，扎实开展形式多样的宣传活动。活动以来，全市制作宣传图版 300 余个，张贴宣传标语 500 余条，接受咨询 6000 余人次，发放宣传材料 50 万份，营造浓厚的舆论氛围；邀请山东大学附属生殖医院石玉华教授和山东省立医院李春艳教授就“再生育的思考与行动”及“宫颈的病变”等课题进行授课，发放《家庭健康》杂志进行科普宣传，并现场与基层人员进行互动解疑。

全市卫生计生系统业务骨干参加培训班，惠及全市 2 万余人；在全市范围内开展“健康临清 惠民生 健康促进靠行动”——2016 年健康中国行主题宣传活动。市卫计局组织疾控中心、市人民医院、中医院、妇幼保健院、第二人民院、第三人民医院、第四人民医院、口腔医院等医疗单位在运河文化广场设立健康咨询台，发放各类健康宣传资料数万册，深入普及健康知识，并为现场咨询群众解疑释惑；并组织医疗专家开展义诊活动，开展结核病防治、内科、中医保健、妇幼健康、妇科、冬病夏治、牙种植等多科联合义诊。

在全市城乡举行为期一周的健康中国行系列宣传活动，旨在把健康普理念普及到千家万户，提高群众的健康生活水平；在全市范围内开展以“防治出生缺陷，生命健康启航”为主题的出生缺陷预防宣传周（2016 年 9 月 12—18 日活动），首先广泛开展以生育一个聪明健康的小宝宝为主题的宣传教育活动；其次结合婚育新风进万家活动，制作宣传单、册、画，使优生科普知识宣传普及到户、到人；利用人口婚育学校开展婚前、新婚、孕前的健康教育，普及优生优育知识，利用婚前健康检查和孕前检查，一对一进行优生知识的宣传，使育龄群众有针对性地排除可能致畸因素，此次活动惠及全市 10 余万人；组织举办多场知识竞赛，全市预防接种技能擂台赛、计划生育基层服务管理技能竞赛等，竞赛活动着眼于基层基础，着力于观念意识，着重于实际效果，各参赛单位认真组织，因势利导，营造良好的学习和竞赛氛围，广大干部职工积极参与，比、学、赶、帮、超，展现出良好的精神风貌和个人风采，在全市卫计系统掀起高潮、形成强势、取得实效；加强对先进典型的挖掘和推广。把典型宣传作为推进卫生计生工作的有力抓手，作为全系统树立社会主义核心价值观、弘扬卫生计生职业精神的重要载体，深入挖掘、宣传一线的医生、护士，广泛收集感人事迹，在全市掀起尊医、敬医、爱医的热潮。在全市卫生计生系统全面开展“寻找最美医生”活动，评选出一批具有代表性的先进典型人物，切实把一批品德高尚、爱岗敬业、甘于奉献、事迹感人、群众公认的好医生推行出来，树立学习的榜样和工作的标杆，形成正能量。

【行政许可工作】 2016年，随着行政审批制度改革的深入开展，按照行政审批制度改革的具体要求，简化行政审批手续，提高审批效率，共受理办结1456件，所有办件均在承诺时限内完成。按时办结率100%，得到群众一致好评，实现零投诉的工作目标；参加“全省医疗机构及医务人员准入管理培训班”。8月，山东省卫生和计划生育委员会举办“全省医疗机构及医务人员准入管理培训班”，市卫计局组织行政许可科管理业务骨干参加培训学习。培训班上主要学习医疗机构设置审批以及依法行政的要求。通过培训，规范行政许可审批行为，提高依法行政管理能力和业务水平。

落实推进“互联网+政务服务”工作。临清市卫计局积极落实推进“互联网+政务服务”工作，坚持简政放权，实现审批时限不断压缩，审批流程不断简化，严格按照“规范高效、便民利民”的工作原则，统筹考虑、精心谋划，提升卫生计生行政审批服务效能。13项行政许可事项和1项行政确认事项已全部进驻市政务服务中心。根据聊城市要求，实现与各县（区）同一行政许可事项的流程环节和审批时限统一。10月底，开始山东政务服务网审批平台试运行，所有行政许可事项全部进入该平台，严格按照规定流程办理，无外部流转环节。做到行政审批管理更加规范有序。落实首问负责制、限时办结制，不断提高办事效率，确保按时办结。

2016年度卫计局牢牢把握“便民、高效、规范、廉洁”的服务宗旨，较好地完成各项工作任务，树立良好的服务形象。全年承诺时限内办结率100%，服务评价率100%，圆满完成各项工作任务。卫计局被市政府授予“2016年度市政务服务工作‘先进单位’称号”，马慧被评为“先进工作者”。2016年马慧获得聊城市政务服务系统“微笑之星”文明服务标兵称号。

【计生网络建设】 根据卫生和计生工作的需要，临清市建立一个相对健全的县级、镇级、村级计划生育管理服务网络。县级设市卫生和计划生育局，负责全市的计划生育管理工作，下属市计划生育协会、市计划生育宣传技术服务站、市流动人口计划生育办公室、市人口文化促进会、市计划生育行政执法监察大队5个事业单位，负责全市计划生育的服务、执法、文化交流等工作。镇级设卫生计生办、妇幼保健计划生育服务站、计生协会、人口文化促进会，负责本辖区计划生育工作的管理和服务。村级设计划生育办公室、计划生育协会、人口文化促进会、计生服务室，负责本村（居）计划生育管理和服务工作。城市社区和市直部门设计生办并配备专职或兼职计划生育工作人员，负责本单位计划生育的管理和服务工作。

【卫生计生队伍建设】 受理2016年度执业医师考试报名材料246人，办理2016年医师执业注册76人，其中聊城市卫计委注册17人，聊城市卫计委审核59人，已全部制作执业医师证书并发放到位。办理2016年度护士注册84人，护士延续注册37人，护士执业证书已全部发放完毕。2016年3月30日，印发的《临清市卫生计生系统2016年行政执法人员培训计划》（临卫发〔2016〕3号），对提升卫生计生行政执法人员运用法治思维和法治方式解决问题的能力，规范行政执法行为，起到很好的促进作用。

【党建工作】 2016年，在临清市委的正确领导下，市卫计局党委坚持以邓小平理论、“三个代表”重要思想和科学发展观为指导，充分发挥领导核心作用，团结带领全体党员干部职工，不断解放思想、与时俱进，坚持立党为公、执政为民，各项工作取得可喜的成绩，为卫生计生工作的新发展提供坚强的政治组织保障。卫计局党委班子成员共有15名，一名党委书记，两名副书记和12名党委委员。党委共下设7个党支部，其中机关1个支部，下属事业单位6个支部，共有党员232人，其中机关93人，占党员总数的40%以上。

夯实基础，机关基层党组织建设扎实推进。

加强支部班子建设。根据工作需要，局机关支书记、支委及各支部书记、支委定期学习政治理论和业务知识，增强工作能力。规范机关党组织工作制度。坚持落实“一岗双责”制，健全党员目标管理、“三会一课”、民主生活会、民主评议党员工作、党费收缴等多项制度。抓好党员队伍建设。理顺相关同志的组织关系，对组织关系与单位不一致的 5 名同志，进行组织关系转接；将调到外单位组织关系仍在部内的 3 名同志，进行组织关系转出，为党员队伍注入新的活力。

健全制度，机关党建工作机制逐步完善。建设“学习型”机关的要求，健全和规范局机关周五学习日、支部集中学习等项学习制度，同时采取自学、集中研讨交流和聘请专家辅导等形式，增强全体党员学习的针对性。同时指导各支部也制定相应的学习制度。坚持月例会制度，每月组织各支部书记召开工作例会，研究、讨论、安排部署机关党建工作，明确任务，责任到人，形成党委管党建，书记抓党建，一级抓一级，层层抓落实的领导机制。

积极参与“两学一做”学习教育活动。2016 年 4 月 29 日，召开全系统党建设工作推进暨“两学一做”学习教育动员会，统一全体党员思想，强调从严从实抓好学习教育，让每一名党员都能深刻认识到“两学一做”学习教育的重大意义。出台《关于在全市卫计系统开展“学党章党规、学系列讲话，做合格党员”学习教育的实施方案》，有组织、有队伍、有计划、有载体地推进“两学一做”学习教育，为工作有序开展奠定良好基础。局机关开展集中学习 26 次，集中学习研讨 3 次，“两学一做”业务考试一次，“两学一做”学习笔记评比一次。15 位局班子成员分别到各联系单位上一次党课。三是开展知识竞赛。开展“学党章、知党史、守党纪”知识竞赛并积极组队参加复赛，以测试检验学习成果，局机关 53 余名党员参加，系统 210 余名党员参加。市卫生计生局认真组织，将学习教育与卫生计生工作结合起来，找准最佳契合点，精心设计载体，充分发挥行业特色，先后推出“群众满意医院创建”、组建卫计系统党员志愿者服务队伍等系列活动，充分调动系统上下党员干部积极性，组织局机关、市二院、市三院、市中医院等直属单位党组织党员开展多种形式的送医送药下乡义诊，各医疗卫生单位开展“走村不漏户、户户见医护”活动，为群众解决实际困难，实现卫计行业发展与行业党建发展双提升。

抓党建促脱贫攻坚情况。局党委高度重视脱贫攻坚工作，成立精准扶贫工作领导小组，制定帮扶工作计划，领导干部多次带队深入帮包村开展调研工作，选派年轻干部进行驻村帮扶，走村入户，深入了解村情民情，精准识别，建档立卡，为每户贫困户制定个性化帮扶方案，实施党员干部一对一二对一帮扶，切实帮助贫困户找出路，想办法，供信息，找资金，抓管理，履职履能。2016 年以来为姚里庄村、孙伍营村 190 户贫困家庭建立健康档案，为孙伍营村整修生产路 4 千米，打 80 米深水机井 27 眼，预计姚里庄村 2016 年脱贫 110 户，2017 年实现全部脱贫。

【健康扶贫工作】 卫计局认真落实上级“精准扶贫、健康扶贫”工作要求，立足工作实际、创新体制机制，着力解决好广大贫困群众的“因病致贫、因病返贫”问题，取得较好效果。

领导高度重视，组织保障有力。成立领导小组。成立健康扶贫领导小组，加强对健康扶贫工作的组织领导，并设立五个专项工作组，明确各自的职责和任务目标；制定实施方案。研究制定《临清市健康扶贫实施方案》《临清市健康扶贫“八个一”工程实施方案》《临清市开展“万名医生进家庭・签约服务送健康”活动实施方案》《临清市健康扶贫接受援助工作方案》《临清市便民惠民医疗服务工作方案》《临清市妇幼健康扶贫方案》《临清市传染病、地方病、慢性病防控扶贫工作方案》等多个相关配套文件，明确具体任务目标、工作计划及相关负责人，为健康扶贫工作提供保障；严格责任制。实行科级干部帮包联系制度，严格明确职责任务，确保各项工作扎实有效开展。加强部门联合。成立由市扶贫办、卫计局、人社局、民政局、人寿保险公司等单位组成的专项工作小组，加大对健康扶贫工作的推进力度。

加强队伍建设，建立健全机制。深入开展摸底排查。全市抽调精干力量组成摸底调查团队，进行全面入户调查、并建档立卡，全市共摸排因病致贫、返贫人口9590人；组建医疗帮扶团队。从临清市人民医院、市中医院抽调70名业务骨干，与各镇（街道）卫生院抽调的业务人员及村医组建“1+1+1”县、乡、村三级医疗帮扶团队，对因病致贫、返贫人口进行分包，签订服务协议，有针对性地开展个体化健康扶贫。截至2016年年底，全市明确定点医疗机构17个、家庭医生团队531个（家庭医生819名），与9092名因病致贫群众签订了服务协议书，制作健康档案9092份，健康查体9092人，健康会诊145次，制定健康卡9092份，发放明白纸9092份；完善便民惠民机制。全市建立贫困人口定点救治制度，在县级医疗机构、镇办卫生院、社区服务中心实行首诊负责制，设立便民惠民门诊，为建档立卡贫困人口提供便民惠民服务项目。临清市人民医院、市中医院与镇卫生院开展对口支援，推动优质医疗资源下沉。充分发挥中医优势，提供“简便验廉”医疗服务，切实增强健康扶贫工作的实效性。同时，按照可治愈性疾病、需住院治疗疾病、需长期治疗疾病等三类，分别进行统计汇总，建档立卡，实施一对一帮扶，定期给予健康体检，随时了解疾病变化情况，并将临清市人民医院定为健康扶贫分类救治疾病定点医院，执行“两免两减半”政策。

突出工作重点，实施分类救治。2016—2018年，临清市将对患93种疾病的9590名贫困人口实行分类救治。2016年以来，临清市对患37种疾病的4090名患者进行大力救治。按聊城市卫计委的相关文件要求制订《临清市健康扶贫分类救治实施方案》及实施细则。组织各镇（街道）相关人员对辖区内患37种疾病的贫困人口进行详细的摸底调查，掌握具体的患病情况。根据调查结果制订分类救治明细表，并组织专门人员发放到贫困患者手中，告知这些群众分类救治的各项优惠政策及救治的相关单位、联系人员等，并组织相关医务人员定期进行走访，并进行健康指导。截至2016年年底，已分类救治患37种疾病的人员共计3837人。

提升传染病、地方病和慢性病防治能力和服务水平。全市适龄儿童国家免疫规划疫苗接种率以镇办事处为单位达到90%以上。市疾控中心实验室仪器设备配备基本达到省卫生计生委、省发展改革委《关于加强疾病预防控制中心实验室建设的意见》（鲁卫疾控发〔2016〕2号）要求。全市建档立卡贫困人口中的符合治疗条件的艾滋病病人都能够及时得到抗病毒治疗；肺结核患者都能够得到免费一线抗结核药物治疗；新、复发麻风病病人能够得到免费联合化疗，减少畸残发生。全部建立严重精神障碍患者管理治疗网络，登记的严重精神障碍患者每年免费得到4次以上随访服务，为建档立卡贫困严重疾病患者提供门诊和住院费用救助。

强化宣传教育，广泛普及健康知识。加大媒体宣传力度。2016年以来，广播电视台共播出107期，惠及全市22余万人。广泛开展形式多样的宣传教育活动。抓住节假日、纪念日等有利时机，扎实、有效地开展健康扶贫宣传服务活动、健康扶贫公益活动（“健康临清惠民生　健康促进靠行动”——2016年健康中国行主题宣传活动、“健康扶贫”主题宣传活动、“百名健康教育专家千场健康教育讲座”活动等）。通过发放明白纸、解答群众咨询、举办健康讲座等形式，及时向因病致贫、因病返贫群众宣传健康扶贫的有关政策措施。截至2016年年底，临清市共开展卫生计生健康扶贫公益活动269次，惠及群众469082人。

（贾书建　金　晨）

聊城市第二人民医院

【概况】 聊城市第二人民医院坐落于京杭运河与京九铁路相交会的临清市，由华美医院、冀南行署医院、河北省第二人民医院、聊城地区第二人民医院等衍变而来，自1886年建院至今已有130年的历史，现已成为集医疗、科研、教学为一体且门类齐全、设备先进、人员梯队合理的三级综合医院。系泰山医学院附属医院、滨州医学院教学医院。卫生部首批脑卒中筛查与防治基地、妇科宫颈癌防治基地。美国德克萨斯大学儿童腹泻病因研究和风湿病病因研究的合作伙伴。

2013年二院人勇于探索，积极跟随社会医疗需求，建设华美医院。新建的华美医院位于临清市南部新区新华路与南环路交汇处，占地400余亩，建筑面积16万平方米。于2016年4月26日正式开业。华美医院是聊城二院的新设院区，设有妇产、儿童、脑科三个分院，内科、外科、医学美容、健康管理、生殖医学、医学康复、急危重症救治、肺癌早期筛查、病理、影像十大中心。引进3.0TGE核磁共振、宝石能谱CT等先进设备。

2016年二院、华美两个院区开放床位2800张，年门诊人次逾百万，博士、硕士235名，高级技术人员225名。常年邀请301医院、北京协和医院、北京儿童医院、山东省立医院、浙医附院的知名专家前来坐诊，并通过远程会诊中心及时进行疑难病会诊，充实和提升华美院区的医疗水平。

医院秉承百年的博爱、仁爱、关爱文化精神，依靠坚实的技术支撑、强大区位优势、现代化的管理模式，坚定不移地坚持公益性质和“以患者为中心”的服务理念，按照“医疗服务人性化、质量管理标准化、技术创新尖端化、特色专业品牌化、人才培养梯队化”的内涵建设要求，以“医疗服务集团化、医疗健康产业化”为目标，逐步建设成为集医疗、教学、养老、科研、康复为一体的现代化的医疗产业集团，打造冀鲁豫边区医疗新高地，为一方百姓健康保驾护航。

【社区卫生管理】 2016年，继续根据公共卫生服务规范要求，利用业余时间，深入居民家中建立健康档案、核实健康信息，进行家庭访视，测血压，健康知识宣传等，截至年底共计完成档案9798人次；对辖区内的糖尿病、高血压、重性精神病等慢性病，进行有效的管理和健康干预，通过门诊，家庭，电话等形式对慢性病人进行随访，并做好翔实的记录，规范管理高血压病患者755人，比去年增加165人；规范管理糖尿病患者320人，比去年增加68人；规范管理重性精神病患者27人。截至年底共免费为老年人健康查体700人次，同时进行中医体质辨识，比去年增加145人。对于查体结果异常者给予健康及用药指导，危险因素控制等，个别的住院或转上级医院治疗；其中发现恶性肿瘤2例，及时转诊，初步诊断与最终诊断一致，其中1例手术，术后效果满意。积极主动开展各类健康教育工作。开展户外健康咨询活动4次，开展健康教育讲座7次，发放各类健康教育宣传资料3000余份，定期更换宣传专栏7次，并按照疾控中心健康教育所要求开展控烟活动、艾滋病宣传活动等；全年管理辖区内孕产妇48人，产后及新生儿随访33人次，并做好记录，全年规范管理儿童364人；对辖区内上报的传染病居民进行传染病的健康教育及传染病防护知识；协助开展传染病疫情调查6人，并对员工进行传染病知识培训4次，举办1次传染病突发应急演练。

推行“在职党员进社区”活动，组建14支党员志愿者服务队，进社区开展志愿者服务活动，立足医疗实际，服务群众健康，分期分批组织300余名党员志愿者深入社区开展义诊活动14次，共义诊800余人次，免费为社区群众进行B超检查、胸片检查、心电图检测和血压测量600

余人次，累计发放宣传资料3000余份。以实际行动树立聊城二院良好的医疗服务形象，赢得良好的社会口碑。同时，开展“健康课堂进社区”活动，2016年举办45场健康专题讲座，213位医务人员参加专题讲座活动，包括煤气中毒的预防与抢救、孕期健康保健、早期肺部肿瘤的筛查及防治等，1850余名群众参加健康讲座。

【设备引进情况】 2016年引进第二代智能结石红外光谱分析仪、电子膀胱软镜摄像系统、EPIQ5彩超、EPIQ7彩超、Innova3100-IQ平板大C(DSA)、Precise直线加速器等。

【下乡义诊】 2016年，医院按照聊城市卫生局开展“赶大集 送健康”活动及“2016服务百姓健康活动”要求，与“百名专家援基层、千名主治进乡村”活动相结合，利用人群密集时间，组织专家医疗队去临清、高唐、冠县、阳谷、临西以及夏津等周边各镇开展义诊、健康教育等活动，让广大基层群众享受到我院的惠民政策，在家门口就能享受到专家的服务。共组织103次义诊活动，914名医务人员参与活动，为8323名人民群众进行健康体检和咨询，发放宣传材料38000余份。通过深入开展义诊活动，及时发现广大城镇居民的潜在病情，并向民众普及健康知识，在一定程度上提高居民对健康的重视。同时进一步完善院义诊工作方案，树立卫生系统为民务实的良好形象。

【重点传染病防治工作】 2016年医院传染病防治工作更加趋于规范。根据上级卫生行政部门的统一要求和规划，成立以院长为组长的各种重点传染病的防治领导小组和以分管业务副院长为组长的诊断、救治专家组。全院累计报告法定传染病（按审核日期统计的数据）计11种957例，甲类传染病无，乙类传染病260例，丙类传染病612例，其他法定管理以及重点监测传染病85例。所有报告卡均为及时报告卡片、及时审核卡片。上报肺结核21例，艾滋病6例，未发现不明原因肺炎病例。所有病例都已按相关规程进行上报与处理。同时积极配合疾控中心进行流行病学检查、标本采集和麻疹、AFP监测等工作。

【队伍建设】 2016年，医院继续加强领导班子及干部队伍建设。以创建三级甲等医院为契机，狠刹四风、廉洁从政，着力加强领导班子及干部队伍建设。不断加强政治理论学习，制定领导班子学习计划和学习及制度，并与行政月考核相挂钩，与个人绩效相兑现。此外，还注重总结，把一些好的办法经验固定下来，制定切实有效的规章制度，并使之不断健全完善，在抓细抓常抓长上下功夫，逐步形成行之有效的长效机制。特别是在“三重一大”方面，进一步完善民主集中制，制定《“三重一大”制度实施办法》，明确其主要内容，确定集体决策的程序、集体决策的会议形式、集体决策议事原则、决策事项的实施、考核监督及责任追究原则等。及时通过医院网站、相关会议、报纸、院务公开栏等方式公开、公示“三重一大”事项，共公布7项（包括重大设备购置两项、重大项目投资一项、重要干部任免四项）。

【特色工作】 华美院区投入使用，两院面貌焕然一新。按照医院总体部署，在经过充分的前期准备工作后，2016年4月6日华美院区门诊开诊。4月26日，筹备三年之久的华美院区正式投入运营。新院区设有妇产、儿童、脑科三个分院，内科、外科、医学美容、健康管理、生殖医学、医学康复、急危重症救治、肺癌早期筛查、病理、影像十大中心。引进3.0TGE核磁共振、宝石能谱CT等先进设备。常年邀请301医院、北京协和医院、北京儿童医院、山东省立医院、浙医附院的知名专家前来坐诊，并通过远程会诊中心及时进行疑难病会诊，充实和提升整体医疗水平。新的院区、新的环境，给广大职工和患者带来新的气象。门诊、病房、环境、硬化、绿化、亮化焕然一新，秩序井然。为提高和改善住院病人的康复环境，在新院区顺利搬迁之后，自4月28日起，医院积极开展对本部院区东、西病房楼、门诊四楼内镜中心的改造工程及污水处理工程。院领导班子多次组织相关科室和施工人员赶赴工程一线进行现场办公，共召开现场办公及协调会36次。在通过实地检查和听取员工、患者意见的基础上，科学规划，保质量、保进度、保安全，经过各职能部门的全力配合和积极推进，所有改造工程已全部竣工。

卫生强基工程稳步进行。严格按照聊城市卫生计生委统一部署，积极做好城市医师到基层医疗机构服务帮扶工作，加强对口支援工作监管，强调对口帮扶的重要性，严格对口支援管理，将医师下基层帮扶纳入医院管理和医务人员年度考核的重要内容，健全管理机构和管理组织，制定考核方案，建立完善考核制度，定期对下派人员进行考核，严格落实城市医生到基层服务职称晋升挂钩政策，保证下派帮扶人员的待遇，确保派驻人员下得去、留得住、用得上，及时、准确做好帮扶信息的网络直报。

扎实推进医疗联合体建设试点。进一步加强医联体建设，遵循“医院搭台科室唱戏”的原则积极配合学科建设组织医联体成员单位参加院学术活动和专家讲座，取得良好的社会效益。与冀鲁豫三省边区的14家二级医院签署医疗联合体协议，并相继组织成立消化内科专业组、ICU专业组、高压氧专业组、新生儿专业组等，并分别组织专业组专家座谈会。2016年1月23日，在聊城市第二人民医院华美院区主持召开的第二届医疗联合体院长联席会，以“医院搭台，科室唱戏”为会议议题，就“临床医技科室学科建设如何配合开展工作”展开研讨，来自周边的14家成员单位负责人参加。为积极推进医联体革新步伐，继续助力于基层医疗卫生机构服务的能力提升，努力实现医联体各成员机构的协作共赢搭建起友谊和交流的“桥梁”。

大力开展惠民医疗项目。为方便患者两院区转诊，院出台并实施《聊城市二院与华美院区患者转运方案及住院流程》，通过与临清通达公司合作，开通免费病员车供患者在两院区往返时乘坐，开通病员通勤车5部、员工通勤车4部。对两个院区的门诊排班实行一体化管理，统一协调；在华美院区顺利搬迁后，调整优化本部院区的门诊布局和导诊分诊；落实便民措施，成立医疗服务中心，加强预约诊疗服务和门诊专科建设，改善病人就医流程，实施门诊分层科室直接挂号，急危重患者优先处置绿色通道，增加收费窗口，开通绿色通道护送病人入院等，实现急诊病人从接诊到住院整个过程达的“无缝隙”交接，极大程度上优化流程，方便患者；2016年本部门诊医技系统共抢救、护送急危重病人300余例。深入开展“先心病免费救治”“赶大集　送健康”“服务百姓健康行动”“脑卒中筛查”“消化道肿瘤筛查干预”等大型活动，全面推行“先诊疗、后结算”服务；2016年救助先心病患者40余例，垫付资金近百万；白内障免费手术治疗218例。华美院区通过预约平台的建立实现分时段预约，安装23台自助机；发放开业期间参保患者优惠卡近4000张。探索推行医保“差价补偿”工作，采用出院患者自负金额打折优惠的方式，从4.26日至7.26日三个月的时间内，惠及4500余人次，补偿金额为170余万元；自7月20日起全力推行预付一万元的“先诊疗后付费”机制，简化优化相关流程节点，提升窗口的服务质量。在华美院区尝试推行产科单病种限价、医嘱跟费模式、床旁结算试点工作等，取得一定的成效；组建早期肺癌筛查·诊疗中心和“肺结节门诊”，为肺结节、肺肿瘤、肺癌患者提供筛查、诊断、治疗一站式医疗服务；同时与国内多家一流肺癌诊疗机构合作，开通肺结节远程会诊、组织肺肿瘤知名专家门诊，邀请国内著名胸外科专家协助胸腔镜微创手术等，极大的方便患者，2016年两院区完成肺筛查总人数4990例，收到良好的社会效益。

学科建设和科研教学取得新进展。医院在华美院区筹建妇产医院、脑科医院和儿童医院，并在原有专业分化的基础上，对儿科，神经内、外科，妇科，产科实行亚专业分化；在妇产中心推行主诊医师负责制、住院总医师值班制、医护联合查房、新生儿医师到产房查房制度，并推行无痛分娩等工作；脑科中心以脑卒中筛查为基础，建立脑卒中的急诊绿色通道，积极开展神经介入，建立神经介入诊疗规范与操作常规；儿科中心畅通儿科急诊，改变儿科夜间急诊长期在病房就诊的现状。同时，在二院本部院区对保留的骨科、普外科、胸心外科等科室增设病区，实行亚专业再分化。使亚专业分化工作逐步走向正规。继续推行新技术、新项目临床试用期间鼓励政策，加快优秀科研成果的临床应用，鼓励发表国家级优质论文。切实提高医院诊疗水平。2016 年，经过医务部审核，医疗技术管理委员会、医学伦理委员会论证，确定新技术新项目 61 项，如消化内科杨茂梧开展的人工肝技术，耳鼻喉科王玉芝开展的显微镜下二氧化碳激光手术治疗咽喉部良恶性病变、胃肠外科刘西山开展的腹腔镜胃癌根治术等，均取得较好的社会效益。组织科研立项和项目申报知识院内专题培训会及研讨会，坚持季度巡查督导在研项目，确保项目申报后保质保量完成。加强论文的入口管理，确保科研论文设计的学术型、创新性和科学性。获得山东省科技发展计划项目 1 项；山东省医药卫生科技发展计划项目 3 项；聊城市卫计委医学科研课题 25 项。山东省医药卫生科技发展计划项目结题 2 项，聊城市科技局鉴定 32 项。获得山东省中医药科学技术奖 1 项；山东省药学会科学技术奖 1 项；获得 2015 年度聊城市科技进步奖 12 项；泰山医学院优秀科研成果奖 13 项。目前在研的国家级、省、市级项目共 72 项。共发表 SCI、中华医学会核心期刊、中文核心、科技核心、国家期刊论文 114 篇。5 月 24 日，滨州医学院在聊城市二院举办 2016 年硕士研究生毕业论文答辩会，为建校以来首次在校外举行；首次成功举办国家级继续医学教育项目——山东省基层医院消化道早癌诊治培训班暨第三届消化内镜诊疗规范化培训班；执业医师技能培训通过率 92%，达历史新高；医院成为国家级科研项目“中国胸痛临床研究及科技惠民计划项目”合作研究单位，康复科荣获“山东省中医药重点专科建设单位”，消化内科也正式跻身省重点专科。

医院文化建设不断增强。积极推进 6s 管理。医院与台湾彰滨秀传医院就三级医院创建和 JCI 标准改进工作开展合作。在总结台湾专家整改意见和外出考察学习的基础上，华美院区着力推行“6S”管理，成立 6S 管理办公室，在各科室成立 6S 管理小组，优化工作及服务流程；开展规范化培训并进行考核；规范医疗行为等一系列措施，使我院在内涵建设和标准化建设方面都有大幅度提升。创新院长直通车的管理，24 小时关注动向；通过正确舆论导向，问题限时办结催办督办，院内新闻的及时播放，250 多期晨报的编辑播放，加大院长直通车管理力度，有效地发挥院长直通车作用，提高工作效率，真正体现“患者第一，员工至上”的办院理念，特别是结合三甲创建工作，创新管理模式，营造良好氛围，促进医院全方位管理内涵品质的提升。此外还积极通过《华美周报》《齐鲁晚报》、两院区官方网站、微信公众号平台、门诊大厅电子显示屏、周边电视广告等多种形式加大宣传力度，提高两个院区的社会效益和影响力。

（常　勇　张　杰）

爱国卫生运动

【机构设置】 1990 年 7 月 31 日，根据临编字〔1990〕12 号文件，明确临清市爱国卫生运动委员会办公室为副科级单位，归口市卫生局。2002 年 7 月 20 日，根据临编字〔2002〕16 号文件，临清市爱国卫生运动委员会办公室升格为正科级事业单位。2003 年 12 月份，中共临清市委市直机关工委下发文件，同意成立临清市爱国卫生运动委员会办公室党支部（临直发〔2003〕59 号）。

【工作概况】 临清市爱卫办紧紧围绕提高城乡环境卫生质量、改善人居环境的目标，积极贯彻国家爱国卫生工作方针、政策和法规；开展健康教育和卫生防病知识宣传；带动环境卫生综合整治；组织开展机关事业单位卫生检查、爱国卫生月、巩固省级卫生城市成果、卫生创建及“无烟单位”创建等工作。

组织开展机关事业单位卫生检查。2016 年，临清市爱卫办组织对城区各机关、企事业单位卫生进行检查，每季度进行一次检查，全年共开展检查 4 次，对存在问题的单位，将问题现场反馈，并督促其整改。

组织开展爱国卫生月活动。2016 年 4 月是第 28 个全国爱国卫生月，活动主题为“灭蚊防病、健康你我”。按照《全国城乡环境卫生整洁行动方案（2015—2020 年）》统一部署，结合《全国爱卫办关于开展“清洁家园、灭蚊防病”春季爱国卫生运动的通知》要求，临清市爱卫办组织开展爱国卫生月集中活动。活动以春季环境卫生集中整治为重点，组织协调临清市爱卫会成员单位，机关企事业单位和广大人民群众，清除卫生死角，集中治理人口聚集场所和农贸市场、建筑工地、“五小行业”等重点区域、重点部位卫生。爱国卫生月期间，临清市爱卫办对各单位活动情况进行集中检查 2 次。

开展巩固省级卫生城市成果工作。为迎接 2017 年省级卫生城市复审，临清市爱卫办组织开展多项准备工作。组织开展城区“除四害”工作。包括春冬两季集中灭鼠和夏秋季节蚊蝇消杀。春冬两季，共投放毒饵 600 余公斤；夏秋季节，共发放灭蚊蝇药品 100 余公斤。对在 2014 年迎接省级卫生城市复审工作中，各街道、住宅小区、汽车站、火车站、中小学校、农贸市场、广场、公园、体育场等地制作的健康教育宣传栏现状进行集中检查，初步掌握各地健康教育宣传栏使用及留存情况。开展城市管理综合整治活动。根据《中共临清市委办公室、临清市人民政府办公室关于印发〈临清市加强城市管理综合整治活动实施方案〉的通知》要求，9 月份，对全市各机关企事业单位环境治理工作开展情况进行集中督导检查。城市管理综合整治活动期间，组织开展 2 次爱国卫生义务奉献活动。

组织开展卫生创建工作。2016 年，临清市八岔路镇、临清市新华路街道被命名为“山东省卫生乡镇”；临清市教育局、临清市卫计局、临清市民政局、临清市地税局、临清市魏湾镇人民政府、临清市地税局烟店中心税务所被命名为“省级卫生先进单位”；临清市先锋路街道孟店居委会等 8 个村庄被命名为“山东省卫生村”。临清市刘垓子镇、潘庄镇被命名为“聊城市卫生乡镇”；临清市食品药品监督管理局等 8 个单位被命名为“聊城市卫生先进单位”，临清市潘庄镇刘梭庄等 9 个村庄被命名为“聊城市卫生村”。

开展无烟单位创建工作。2016 年，临清市文明办、临清市爱卫办、临清市卫计局联合印发《关于印发〈临清市“无烟单位”创建活动实施方案〉的通知》，在临清市首次开展“无烟单位”创建工作。2016 年 6 月份，临清市文明办、临清市爱卫办、临清市卫计局组成联合检查组，对临清市首批 70 余个申报创建的无烟单位进行集中检查验收，临清市国税局、临清市公路局、临清市京华附属小学等 30 个单位成功通过验收，被命名为“临清市无烟单位”。

（王锐强）

体 育

【概况】 2002 年，临清市体育局运动委员会改名为临清市体育运动管理中心，2005 年，改名为临清市体育局，列政府序列，正局级单位，下设办公室，政工科，竞训科、群体科、竞技体校、计划生育、安全科、财务科、后勤科等科室。现有工作人员24人，其中具有中级专业技术职务任职资格7人，初级专业技术职务任职资格7人。

一年来，在临清市委市政府的正确领导下，在上级体育部门的指导和社会各界的关心支持下，临清市体育局按照新时期体育工作的指导思想，工作方针和总体要求，积极发展体育事业，推动临清市体育工作全面健康开展。

【体育场地建设】 体育场地设施建设是发展体育事业的基础保障。市体育局坚持把体育场地设施建设作为构建多元化体育服务体系的首要任务来抓，不断加大投入，努力满足人民群众的健身需求。临清市汇川钓鱼基地被批准成为省级钓鱼基地并在威海进行揭牌仪式。2016年全市16个镇（街道）全部成立全民健身指导中心，为600个行政村村配备全民健身体育设施器材，健身器材覆盖率为80%。全市参加体育锻炼人口为51%。2016年，临清市体育局向上级争取到农村健身器材130套并投入使用，为31个贫困村建成健身广场，完成5个镇（街道）健身工程、9个社区健身工程建设及10个贫困村场地建设。通过“庆祝国际六一儿童节体彩爱心助学捐赠活动”为康庄镇梅井、吕庙两所贫困小学捐赠健身器材和学习用品。

【群众体育】 举办2016年临清市“全民健身月”启动仪式暨第六届全民健身运动会开幕式，“8月8日”全民健身日健身项目展演，2016年老年体协、老年大学“庆国庆、迎重阳”老年文体表演，组织开展临清市第六届全民健身运动会乒乓球比赛、羽毛球比赛、足球比赛、篮球比赛、象棋比赛、围棋比赛及临清市“新华杯”全民健身运动会长跑、传统武术、瑜伽、太极拳、散打等30余项比赛，代表聊城市参加山东省健身气功、篮球、象棋比赛。承办山东省老年人台球比赛，代表聊城市参加山东省社会体育指导员展演三个项目，获1个团体第一名、2个单项第一名。在聊城市第六届全民健身运动会中，临清代表队分获广场舞、健身气功、篮球、象棋比赛团体第一名，获钓鱼、体育舞蹈、台球三个项目的个人第一名，乒乓球比赛获男子团体第二名、女子团体第三名。

2016年5月10日，邀请聊城市体育大学武术系教授及国家社体中心的教授对我市社会体育指导员进行培训，2016年共培训120名三级社会体育指导员，晋升二级社会体育指导员20名，两人参加国家级社会体育指导员培训班。按照“调整、巩固、发展、提高”的方针，对单项体育协会进行改组，新增加5个单项协会，截至2016年年底全市共有38个单项协会，各协会每年组织2至3次比赛，极大地推动群众体育向基层的发展，使全市群众体育月月有比赛，周周有活动，天天在锻炼，促进全市群众体育工作上档次上水平。

【竞技体育】 临清市现有省级以上高水平后备人才基地1所、省级体育传统项目学校8所，市级业余体校1所、市级体育传统项目学校8所，国家级青少年体育俱乐部两所。在巩固田径、篮球、武术、乒乓球、举重等优势项目的基础上，下大力气重点抓跆拳道、摔跤、散打等其他基础项目。另一方面，充分利用学校这一基地，着眼于青少年训练网络的建立，加强对全市中小学校体育工作和业余训练工作的领导和指导，重点扶持市级传统项目学校，在财力、人力、物力上给予支持，对承担训练项目的学校，坚持定人跟队，帮助解决一些训练中的实际困难和问题一方面，制定切实有效的竞技体育发展目标，即加强传统项目，突出重点项目，扩大训练面，注意培养尖子，形成特色，创出品牌，多出人才。临清籍运动员石中乐参加在保加利亚·布尔加斯举办的2016年世界青少年武术散打锦标赛获跆拳道项目65公斤级第一名，参加2016年全国青少年武术散打锦标赛获跆拳道65公斤级第二名，参加2016年山东省武术散打锦标赛获跆拳道65公斤级第一名，参加2016年山东省武术散打冠军赛获跆拳道65公斤级第一名。临清市运动员马国威参加2016年山东省青少年武术锦标赛获剑术项目金牌、参加2016年山东省青少年武术冠军赛获剑术项目金牌。2016年11月，临清市代表队参加聊城市第七届中小学生运动会获田径比赛团体冠军，第二高级中学获高中组踢毽子比赛第一名。

（尚　磊　李　冰）

临清年鉴 2017

LINQINGYEARBOOK

文化　旅游

文化事业

【概况】 2010年4月，临清市文化广电新闻出版局正式成立，为正科级行政单位。现有编制9名，其中行政编制8名，工勤编制1名。内设5个职能科室，分别为：办公室、人事财务科、文化艺术科（挂非物质文化遗产保护牌子）、广播影视科、文化市场管理科。

市文广新局共有6个下属单位，分别为：文化市场综合执法大队、文物保护处、文化馆、博物馆、图书馆、京剧团。其中文化市场综合执法大队、文物保护处为副科级全额事业单位。截止2015年12月，各单位现有在职人数分别为：文化市场综合执法大队4人；文物保护处2人；文化馆12人；博物馆7人；图书馆9人；京剧团24人。

为深入推进全市文物保护工作，根据临清市机构编制委员会《关于成立临清市文物保护处的通知》（临编〔2013〕5号），成立临清市文物保护处，为市文广新局所属副科级全额事业单位，定编6名。

2016年是“十三五”规划的开局之年，在市委、市政府的坚强领导下，文广新系统全体干部职工团结一心、奋力拼搏，牢牢把握文化设施建设、惠民活动开展、遗产资源保护、艺术精品创作、文化市场监管等工作切入点，不断开拓进取、稳中求进，全市文化工作扎实有序、亮点频现，取得明显成效。省政协、省文物局、聊城市人大先后到临专题视察文化工作；作为全省唯一的基层文化工作代表参加全省基层代表座谈会并在会上发言；首届鲁台京剧文化艺术节被评为“山东省优秀对台交流项目”，并被国台办列入“对台重点交流项目”；扫黄打非、可移动文物普查、农村公益电影工作均荣获全省先进单位，魏家湾贡砖文化传播展示基地被评为省级文化产业示范基地，市文广新局党总支被聊城市委授予“聊城市先进基层党组织”称号。

【文化场馆建设】 文化馆投资65万元在多功能厅、培训室加装LED大屏和专业灯光、吸音板等设备，免费培训和惠民演出效果明显提升；先后举办广场舞、少儿合唱、山东快书等5期免费培训班，培训学员500余名，并特邀海政文工团著名山东快书表演艺术家高洪胜先生来培训班授课。博物馆完成展览提升工程，增添影音、模型、实景等现代化声光电设施，并新加红色革命历史展，大幅提高陈列水平和文化内涵。图书馆规范管理制度，全年新办借阅证866个，报刊阅览册次16.1万册，读者借阅人次达22.5万人次；深化尼山书院建设，设立孔子铜像，完成国学阅览室、电子阅览室的整体改造，直播“空中大讲堂”讲座16场、国学公开课讲座16场；在各镇（街道）设立乡村儒学讲堂12所，开展送图书下乡10次。进一步规范文物景区管理，健全接待、票务、安全、卫生等规章制度，对运河钞关、鳌头矶、舍利宝塔等重点文物景区统一管理，对外开放后，推出本地群众免费参观等系列优惠政策，降低参观门槛，吸引更多群众走进文物景区，感受历史文化内涵，让全社会共享文化遗产保护成果。在16个镇（街道）建成375个村级综合文化服务中心，为7个服务中心争取专项资金62万元，进一步完善中心设施、提升基层服务能力。

【深入推进，文化惠民活动繁荣开展】 惠民活动丰富开展。先后举办新年音乐会、农民艺术节、少儿艺术节、纪念建党95周年系列演出、消夏文化艺术节、青年歌手演唱会等活动，深入到广场、社区、农村，构建了覆盖城乡的文化活动平台。深入开展百场送戏下乡、“5元看大戏”等惠民活动，下乡演出138场；开展农村公益电影放映、庆祝建党95周年优秀电影展映，共放映5857场，观众累计达130万人次。文化交流活跃进行。联合中华山东快书研究会、海政文工团等单位举办高元钧先生100周年诞辰纪念活动，促进山东快书的弘扬；组织全市艺术队伍参加聊城市“纪念建党95周年和红军长征胜利80周年”“民舞民乐展演”等活动，临清市文广新局获“优秀组织奖”。积极组织市演员参加山东省第六届戏曲红梅大赛，2名演员获“一等奖”，多名票友在聊城市业余票友折子戏大赛上也摘金夺银，彰显全国京剧艺术之乡的京剧底蕴。艺术创作成绩显著。小品《配套服务》参加第七届全国小戏小品曲艺大展并荣获金奖，《三妮的笑》等作品登上央视舞台；组织全市音乐创作采风团，赴夏津县、阳谷县进行实地采风，激发创作灵感；多次召开文艺创作研讨会，举办新作品文艺演出，出版《运河欢歌　美丽临清——临清市新创文艺作品集》，推出更多的原创作品。

【以点带面，文化遗产保护成效明显】 完成运河钞关布展工程，通过丰富的实物资料和沙盘、场景模拟，全面展现临清运河钞关的设立、税收、人事等内容，继续打造大运河沿线唯一的钞关旅游文化景区；高标准、严要求完成月径桥、鳌头矶等重点文保单位的保护修缮工程。全面完成全国第一次可移动文物普查，掌握318家国有单位的文物收藏情况，共普查文物1594件，1名同志获“全省可移动文物普查先进个人”；在魏湾镇、青年路街道、大辛庄街道等地建立6处历史文化展厅。临清什香面制作技艺被评为第四批省级非物质文化遗产项目，截至2016年年底，省级以上非遗项目已达8项；临清驾鼓代表性传承人获“山东省非物质文化遗产保护十大模范传承人”称号，是聊城市唯一一位获此荣誉的传承人。完成临清贡砖烧制技艺、临清肘锤等7项国家级、省级非遗项目的“六个一”。组织参加第四届全国非遗博览会，举办第十一个“文化遗产日”系列宣传活动，筹建山东快书博物馆和非遗展厅。

【创新方式，文化市场监督管理规范有序】 新形势下，市文广新局简政放权、创新方式，不断规范文化市场监管，净化社会文化环境，推动文化市场健康繁荣发展。做好行政审批制度改革。根据最新的审批事项，编制规范的《办理流程表》和《公开信息表》；完成“聊城市市县一体化审批系统”的流程测试、审核和修改，共受理办结审批业务121件。规范文化市场档案整理。全面整理2011—2016年文化市场行政审批档案及年度核验档案，按照经营类别进行分类，按照审批年限、审批档案、年度核验档案等信息进行归档，并建立查询目录。创新市场监管方式。在聊城市率先实施“双随机”抽查，规范事中事后监管；作为典型，聊城市11个县市区兄弟单位来市文广新局观摩学习。不断完善广电中心监管机制，健全管理审查制度，开展广告播出专项检查；规范文化市场监管程序，为执法人员配备执法记录仪，先后对互联网上网服务市场、印刷市场、电影市场、艺术品经营单位、农村演出等市场进行专项整治，深入开展清源、净网、固边、护苗等“扫黄打非”系列行动；全年出动执法人员1083人次，检查文化市场经营单位358家次，收缴非法出版物1300余册，全年无重大违规经营、安全事故发生。

【文学艺术】 市文广新局高度重视文艺创作工作，在局机关组织成立文艺创作室，建立临清文艺创作采风群、临清原创同盟、音乐采风群等网络艺术创作交流平台；定期召开创作室工作会议和文艺作品创作研讨会，对创作作品进行研究讨论；并率先在聊城8个县市区成立文艺采风团，赴夏津、阳谷进行创作采风，积累创作题材，全市文艺创作呈现出繁荣发展的良好局面。

召开国家艺术基金项目申报培训会议。为做好全市国家艺术基金2016年度资助项目申报组织工作，指导相关单位和个人更好地参与基金申报，1月29日下午，2016年度国家艺术基金项目申报培训会议在市文广新局会议室召开，市文广新局党组书记、局长王兴刚，副局长赵雪丽，文化馆全体干部职工及市部分文艺创作骨干参加会议。会上，赵雪丽对舞台艺术创作、美术创作以及艺术人才培养等几个国家艺术基金资助项目申报进行解读和指导；王兴刚与各位创作人员就近期新创作品进行研讨，他指出，各文艺单位和人才要抓住机遇，以申报国家艺术基金为动力，加快推进以中国梦为主题的艺术创作，不断了解社会各界新创精品剧目情况，及时予以跟进，不断创作优秀的文艺精品。

成立文艺创作室。市文广新局在局办公楼二楼成立文艺创作室，建立临清文艺创作采风群、临清原创同盟、音乐采风群等网络艺术创作交流平台，全市文艺作者在创作室交流学习，并定期召开文艺作品研讨会。

聊城市文艺采风创作活动在临清启动。4月21日上午，聊城市文艺采风创作活动启动仪式在临清宾馆会议室举行，聊城市群众艺术馆馆长雷建峰，临清市文广新局局长王兴刚、副局长赵雪丽、工会主席刘晓峰及聊城各县市文艺创编人员参加活动仪式。此次活动由聊城市群众艺术馆主办，旨在为全市广大文艺工作者丰富生活经验、积累创作题材，进一步增强为人民为中心的创作导向，不断推出更多的有筋骨、有道德、有温度的优秀文艺作品。启动仪式上，雷建峰为临清市文化馆颁发“聊城市文艺采风创作基地”牌匾。王兴刚对聊城市文艺工作者的到来表示欢迎，对临清市文艺创作情况进行简要介绍。他指出，临清市以打造文艺精品为着眼点，高度重视文艺创作工作，文艺创作队伍不断发展壮大，从文学、书法、美术，到音乐、戏曲、摄影，文艺创作的形式更加宽泛；希望通过在临清的采风活动能为各位文艺创作者提供别具风味的创作源泉，创作出一批契合民族传统与现实生后、群众喜闻乐见、经得起历史和群众检验的高质量的文艺作品。

在临采风活动为期2天，主题为音乐。全国群文之星、著名剧作家王子华老师为采风文艺工作者授课，讲授临清民歌的起源与发展；与会文艺工作者还深入贡砖生产基地、运河钞关、元明运河及清真寺等地实地采风。

王子华受文化部邀请担任“群星奖”评委。6月份，市“全国群文之星”、著名剧作家王子华老师受文化部邀请，担任全国第十七届“群星奖”评委，也是聊城市唯一的“群星奖”评委，将从全国70余个上报作品评选出30个进入复选阶段。

组织开展文艺采风活动。6月15—17日，由市文广新局局长王兴刚带队，副局长赵雪丽、工会主席刘晓峰、全市部分文艺创作骨干和文化馆全体人员，赴夏津县和阳谷县进行音乐创作采风活动。此次采风活动，是为认真贯彻落实习近平总书记文艺工作座谈会讲话精神和省、市关于在文艺界广泛开展“深入生活、扎根人民”主题实践活动的要求，为全市文艺创作骨干积累创作素材，激发创作灵感，进一步繁荣全市文艺精品创作。文艺创作采风团在夏津县政协副主席刘红晓、文体广新局局长杨春正、文联主席吴凤波，阳谷县文广新局局长訾士勇等的陪同下，先后赴夏津特教学校、夏津黄河故道森林公园、夏津市民中心，阳谷景阳冈历史文化区、蚩尤陵等地进行现场采风，并与两地文艺工作者进行座谈，就民俗音乐的传承弘扬、现代音乐的创作等进行交流，分享经验做法和心得体会。通过此次采风活动，全市文艺创作工作者深受启发，进一步激发大家的创作热情和灵感，丰富创作经验和素材，达到此次采风的预期目标。王兴刚要求，大家要尽快消化、吸收采风的成果，深入生活，贴近实际，面向广大群众，挖掘亮点，打造出反映临清特色的文艺精品，为全市文化事业的新发展呐喊助威，鼓劲喝彩。

召开2016年文艺作品研讨会。9月29日下午，市文广新局召开2016年文艺作品研讨会，会议对全市近期新创作品进行研讨。全市音乐、曲艺、舞蹈等十余名创作人员及局文化艺术科、文化馆业务骨干参加研讨会，会议由市文广新局副局长赵雪丽主持。研讨会上，各位作者展示自采风活动之后新创作的文艺作品，其中有大型音乐组曲《大运河组歌》、歌曲《爱如大海恩如天》《跟着你的脚步走》《梦开始的地方》等，山东快书《老支书搬家》《长征故事》等，木板大鼓《临清文化不一般》等，大家畅所欲言，各抒己见，对各个作品进行了讨论；会上还聆听在央视中秋晚会和央视端午节晚会中演出的《天涯月》和《二丫的笑》。

出版《临清市原创文艺作品集》。《临清市原创文艺作品集》收录全市新创作的20首歌曲、3部曲艺作品和3部小品。《临清市原创文艺作品集》的编辑出版有利于促进优秀原创作品的交流传播，提升文化影响力，进一步推进文艺创作的持续、健康、繁荣发展。

【获奖情况】 王子华创作的小品《配套服务》在“中华颂”第七届全国小戏小品曲艺大展中，荣获小品类最高奖项——金奖，市文广新局获得优秀组织奖。

京剧团演员马士利、陈红娟在第九届山东国际大众艺术节暨山东戏曲红梅大赛中“一等奖”。

孙有山新创作的歌曲《自忠颂歌》在2016年“长征颂歌——全国大型原创词曲展评活动”中，获得“音乐创作贡献奖”。

路庆国创作的歌曲《三妮的笑》在6月份央视三台端午三天乐栏目中演出，并获得一致的好评。

张艳梅创作的歌曲《运河号子》获得聊城市“中国梦、劳动美”合唱展演特等奖。

【群众文化生活】 市文广新局以满足广大群众不断增长的文化需求为出发点，深入开展群众喜闻乐见的群众文化活动和惠民文化活动，不断打造文化品牌，做到“天天有演出、周周有活动、月月有主题、常年不断档”，群众文化生活风生水起

举办元宵节京剧专场演出。为弘扬国粹艺术，丰富广大群众元宵节期间的文化生活，营造浓厚的节日氛围，市文广新局安排部署市京剧团于2月21日（正月十四）至2月23日（正月十六），连续3天为市民进行文化惠民京剧专场演出。此次惠民演出在剧院广场举行，每天于上午10：00—12：00和下午14：00—16：00分别进行2场演出。为做好此次专场演出，市京剧团精心筹备，精选《玉堂春》《四郎探母》《望江亭》等传统京剧经典折子戏和经典唱段，演员经过多次排练展示出最好的节目效果。演出现场精彩纷呈，高潮迭起，为群众献上精彩的节日文化大餐，不时赢得阵阵掌声。

元宵节社火展演红红火火。龙腾狮跃闹元宵，文化大餐年味浓。为丰富群众文化生活，营造欢快、祥和的节日氛围，于2月22日（正月十五）举办元宵节社火展演。本次展演打破以往只在剧院广场及周边演出的常规，在剧院广场、火车站广场、桑树园广场分别演出，让更多的群众能观看节目表演。在剧院广场，大桥驾鼓、戴湾高跷等节目相得益彰，让群众大饱眼福；在火车站广场，仓上高跷、洼里秧歌让观众流连忘返；在桑树园广场，烟店竹马、龙灯表演让市民拍手叫绝。社火展演在让群众感受喜庆祥和的节日氛围的同时，还展示市优秀的非物质文化遗产项目，促进传统文化的发展和传承。

民间表演队伍在聊城获佳绩。2月23日，由中共聊城市委宣传部、聊城市文化广电新闻出版局主办的“聊城市民舞民乐展演”在聊城人民广场举行的，市文广新局组织临清驾鼓、洼里秧歌参加展演。聊城各县市、区的300余名文艺爱好者组成近20支队伍，演绎一场别开生面的民间传统艺术表演，整场展演活动热闹非凡，民舞跳出节日的喜庆，民乐唢呐吹出欢天喜地的热闹场景。临清驾鼓、洼里秧歌的现场表演极具临清地方特色，让广大观众朋友大饱眼福。市文广新局在此次活动中被聊城市委宣传部、聊城市文广新局授予“优秀组织奖”，两支表演队伍均获得“最佳节目奖”荣誉称号。

纪念高元钧100周年诞辰活动举行。为更好地弘扬传统文化，传承发展山东快书艺术，4月4日，在市大众公园高元钧塑像前，来自全国各地的高老弟子和山东快书爱好者齐聚一起，共同

缅怀纪念山东快书一代宗师、高派山东快书创始人高元钧先生100周年诞辰。此次活动由市文广新局联合中华山东快书研究会、海政文工团、河南省歌舞剧院等单位共同举办，高元钧大师的众多弟子给现场的观众奉献一场精彩的曲艺专场表演，几百名观众不时给予阵阵掌声。

农民艺术节首场演出走进潘庄镇。4月8日，烟店镇、潘庄镇、八岔路镇和唐元镇的文艺骨干和爱好者齐聚潘庄镇，为广大农民朋友献上一场精彩的文艺演出，2016临清市农民艺术节正式拉开帷幕。本场演出共20个节目，表演者都来自基层，节目形式多样，包括歌曲、器乐、舞蹈、戏曲、小品等，所有作品都具有浓郁的乡土气息，展示地方文化特色和健康向上的乡风民俗，让广大农民朋友在家门口欣赏一出原汁原味的文化大餐，受到热烈欢迎。此次农民艺术节旨在推进农村文化事业发展和新农村建设，展现新形势下农村精神文明建设的新成果，为基层文艺爱好者提供展示自我、切磋交流的平台，不断丰富广大农民群众的精神文化生活。

举办少儿艺术节，载歌载舞庆“六一”。为庆祝“六一”儿童节，丰富全市广大少年儿童的文化娱乐生活，5月29日，由市关心下一代委员会、市文广新局、市教育局主办的“快乐童年放飞梦想”2016临清市第九届少儿艺术节在市文化馆多功能厅举办。市人大常委会副主任、市关工委副主任孙玉璞，市关工委常务副主任王鹤琴，团市委书记、市关工委副主任于红丽，市文广新局局长王兴刚、副局长赵雪丽出席活动并观看演出。艺术节在舞蹈《喜鹊喳喳喳》中拉开帷幕，笛子齐奏《扬鞭催马运粮忙》、山东快书《打针》、二胡齐奏《我和我的祖国》等节目精彩纷呈，尤其是山东快书、京剧选段等特色节目不断把演出推向高潮，艺术节在舞蹈《让梦想飞》中落下帷幕。300多名小演员们用优美的舞蹈、动听的歌声、投入的表演，展现出少年儿童的良好精神面貌和无限活力，抒发对美好明天的真诚向往和真挚祝福，为“六一”儿童节奉献一道精彩的文化大餐。

组织参加聊城市“纪念建党95周年”合唱汇演。6月29日下午，聊城市“纪念建党95周年和红军长征胜利80周年”合唱汇演在聊城影剧院举办，由市文广新局副局长赵雪丽带队指挥，市电业公司合唱团参加汇演。本次合唱汇演以合唱汇演的形式倾诉家国情怀，彰显民族正气，颂扬爱国英雄，讴歌中华民族实现伟大复兴中国梦的奋斗历程，追寻革命先辈的光辉足迹，培育和践行社会主义核心价值观，激发民族自尊心、自信心和自豪感。大力弘扬民族精神和爱国主义精神，以满足人民群众精神文化需求为出发点和落脚点，坚持以人民为中心的创作导向。赵雪丽指挥的合唱《旗帜颂》和《世纪春雨》气势恢宏，唱出对祖国、对党的一片深情，赢得现场观众的阵阵掌声。

广场舞免费培训班开班。7月18日，基层文艺骨干广场舞免费培训班开班，开班仪式在文化馆多媒体教室举行，市文广新局副局长赵雪丽、文化馆馆长李书玉出席开班仪式，全市100余名基层文艺骨干及广场舞爱好者参加培训。培训班为期5天，将采取现场教学、集中授课的方式，通过基本教学，对舞蹈的动作要领等进行重点讲解。参训基层文艺骨干及群众爱好者学习和掌握广场舞蹈的基本要领和动作技巧，将把所学知识和实际工作紧密结合起来，深入社区、镇村，引导全市广场舞活动更加健康、文明、有序进行，带动城乡群众文化的发展繁荣，更好地满足广大人民群众日益增长的精神文化需求。

举办消夏文化艺术节。7月22日晚，由市文广新局主办的2016临清市消夏文化艺术节在剧院广场拉开帷幕，在炎炎夏日为给广大群众营造一个健康、欢乐、和谐的消暑氛围。艺术节开幕式在少儿舞蹈《喜鹊喳喳喳》中拉开序幕，皮筋舞《中国范儿》展示全市中老年人积极向上的精神风貌，诗朗诵《我的祖国》讲述着对祖国的深厚挚爱，山东快书《武松赶会》、京剧《杨门女将》将全市的艺术底蕴展现得淋漓尽致。歌声嘹亮、舞姿优美、武术精湛，十几个节目精彩纷呈，数千名群众齐聚广场，共享这一场视听大餐，不时给予表演者阵阵掌声和喝彩声。

少儿合唱免费培训班开班。7月25日，少儿合唱免费培训班开班，开班仪式在文化馆多媒体教室举行，市文广新局副局长赵雪丽、文化馆馆长李书玉出席开班仪式。参加此次培训的90余名学员年龄都在5—14岁之间，市文广新局邀请专业音乐教师对他们进行严格规范的训练，在为期5天的时间里让小学员们系统地学习科学发声方法，掌握有关合唱的基础知识，全面提高音乐素质，同时让孩子们从唱歌中得到愉快，提升艺术修养和情感素质。

首届青年歌手演唱会圆满落幕。“绽放青春成就梦想”，8月30日晚，市首届青年歌手演唱会圆满落下帷幕，市文广新局局长王兴刚，副局长丁尚奎、赵雪丽，工会主席刘晓峰出席并观看闭幕演出。演唱会得到全市城乡广大青年歌手的积极响应，100余名选手踊跃参加，经过两场的角逐选拔，20余名歌手在闭幕式上登台演出。优秀青年歌手们激情演绎，美声、民族、通俗等各类歌曲精彩纷呈，展现青年歌手积极向上的精神风采，为现场观众献上临清好声音。

2016消夏文化艺术节。从7月22日开始至9月21日结束，共计演出40余场，为全市普通文艺爱好者提供一个施展才华、张弛个性的舞台，大型歌舞、京剧、器乐演奏、现代歌曲、广场舞等节目精彩纷呈，为广大群众带来欢声笑语和夏日的清凉。艺术节作为全市群众文化活动的精品品牌，充分展现全市朝气活力、健康向上的精神风貌，对丰富群众文化生活，促进社会、文化和谐发展起到积极的推动作用。

组织参加聊城市老年文化艺术节。为丰富和活跃老年人文化生活，营造欢乐和谐、健康文明的文化氛围，展示老年朋友积极向上的精神风貌，推动中老年文化蓬勃开展，聊城市群众艺术馆举办第二届中老年文化艺术节。市文化馆业务骨干带领全市50余名老年朋友参加艺术节，现场表演形式多样的精彩节目，京剧唱段字珠句玉，旗袍走秀端庄典雅，乐器演奏更是气势宏大。演出充分展现出全市老年朋友们良好的精神风貌，得到评委老师及现场观众的一致好评。

京剧免费培训班开班。11月14日，由市文广新局主办、市文化馆承办的全市京剧免费培训班开班，开班仪式在文化馆多媒体教室举行。市文广新局副局长赵雪丽、文化馆馆长李书玉出席参加仪式。此次培训班的举办为全市众多爱好京剧、想学京剧的戏迷提供平台，100余名学员将在一周的时间内进行系统学习。市京剧团国家二级演员马士利、陈红娟等老师来培训班授课，采用理论、实践相结合的授课方式，保证学员在有限的时间里能有较大地收获和提高。

摄影免费培训班开班。12月5日，由市文广新局主办、市文化馆承办的全市摄影免费培训班开班，开班仪式在文化馆多媒体教室举行。市文广新局副局长赵雪丽、文化馆馆长李书玉参加仪式。特别邀请市摄影家协会主席袁陶光，副主席张子水、王玉伟等老师先后来培训班授课，保证授课水平和培训效果。100余名学员将在一周的时间内进行系统学习，待学有所成后，通过镜头，更多地聚焦临清本土，更多地聚焦百姓生活，用更多的摄影精品印证丰富多彩的生活，反映临清快速发展的新成就。

2017新年音乐会奏响。12月29日晚，临清市2017新年音乐会暨新作品文艺演出激情奏响，市领导王磊、张学庚、周志雯、贾艳华，市文广新局局长王兴刚与广大群众一起欣赏音乐会。此次晚会在以往的基础上有所创新，参演节目均为全市文艺作者的原创作品，是优秀文艺创作成果的集中展示。市文广新局把这些优秀作品排练成型，为全市人民送上一道丰盛的文化大餐。小品《上行下效》，歌曲《启航梦想》《好一个临清城》《天涯月》，木板大鼓《临清文化不一般》、大运河组歌《运河号子》等节目形式多样、精彩纷呈，给现场观众带来高水准的艺术享受和新年祝福。

【文化惠民】 市文广新局以农村公益电影放映和送戏下乡为主体，深入开展文化惠民活动，把5857场电影和120场演出送到老百姓家门口，让惠民更加贴近百姓生活，不断丰富群众的精神文化生活。

2016年度农村电影标准化放映会议召开。4月8日上午，2016年度农村电影标准化放映会议在市文广新局会议室召开。山东新农村数字电影院线有限公司经理助理岳远记、市文广新局局长王兴刚、副局长赵雪丽、相关科室及全市农村电影放映员参加会议。会上，传达全省农村电影工作会议精神，肯定2015年市农村公益电影取得的成绩，并指出标准化放映工作面临的问题，部署2016年农村电影工作任务。

2016年2—9月市文广新局组织开展庆祝建党95周年优秀电影展映活动。12月底，临清电影管理服务站被评为“山东省农村电影工作先进单位”。全年共放映电影5857场，观众累计达130万人次。

送戏下乡活动。市文广新局开展百场送戏下乡巡演，把文艺演出送到百姓家门口，在各镇办共演出120场。

【文化设施建设】 文化设施是为民服务主阵地，市文广新局多措并举，不断完善市、镇、村三级公共文化设施网络，提升文化设施为民服务能力。

城区场馆新提升。文化馆投资65万元在多功能厅、培训室加装LED大屏和专业灯光、吸音板等设备，免费培训和惠民演出效果明显提升。博物馆完成展览提升工程，跟上时代步伐，增添影音、模型、实景等现代化声光电设施，并新加红色革命历史展，大幅提高陈列水平和文化内涵。深化尼山书院建设，设立孔子铜像，完成国学阅览室、电子阅览室的整体改造，直播“空中大讲堂”讲座16场、国学公开课讲座16场；在各镇（街道）设立乡村儒学讲堂12所，开展送图书下乡10次。范管理制度，全年新办借阅证866个，报刊阅览册次16.1万册，读者借阅人次达22.5万人次。

基层设施新突破。市文广新局积极协调，争取专项资金178万元在16个镇、街道建成375个村级综合文化服务中心，争取价值80万元的音响、图书设备加强贫困村的文化设施建设，进一步完善中心设施、提升基层服务能力。

【文化市场管理】 2016年市文广新局认真贯彻执行上级文化市场管理工作方面的法律法规，切实履行文化市场的监管职能，按照“一手抓繁荣、一手抓管理”的方针，努力培育经营单位，进一步规范经营秩序，积极完善管理机制，严厉查处违法违规行为，促进文化市场的健康发展。按照行政审批制度改革的具体要求，简化行政审批手续，提高审批效率，共受理办结业务80件，接待群众咨询300余件。在审批过程中，严格按照审批流程依法审批，实现行政许可零复议、零投诉，群众满意率100%。截至2016年年底，全市已登记在册的文化经营单位共147家，其中印刷企业23家，打字复印店16家，出版物零售单位31家，上网服务场所62家，娱乐场所18家。

文化市场经营业户换发新版文化市场经营许可证。根据文化部、省文化厅要求，为贯彻落实国家简政放权、先照后证改革要求，推进文化市场行政审批制度改革，简化文化市场经营许可证载明事项，全面开展新版许可证启用工作。4月底开始通知辖区62家互联网上网服务营业场所、18家娱乐场所，结合许可证延续工作，在规定时间内换发新办许可证。

全面启用山东省省、市、县一体化审批平台。按照上级有关要求全面启动省、市、县一体化审批平台，逐步完善山东省政务服务平台、聊城市政务服务通用审批平台信息要素，完善局20大项、53小项行政许可事项，全面梳理53项行政许可事项的申办流程、法律依据、申报材料、平台流程等要素，率先在全市完成行政许可标准化工作。同时，按照“双公示”工作要求，对所有行政许可信息按照相关要求在局网站和其他综合性政务门户网站进行公示。10月底开始该平台试运行，所有行政许可事项全部进入山东政务服务网审批平台，严格按照规定流程办理，无外部流转环节。

聊城市文化市场管理培训班来临清观摩。11月16日上午，由聊城市文广新局副局长翟健带队，聊城市文化市场管理和行政审批培训班全体30余人来临清现场观摩，市政府副市长秦荣菊，市文广新局局长王兴刚及领导班子全体陪同活动。观摩组一行首先来到我市政务服务中心，在文广新局办事窗口详细了解人员配备、办事流程和运行机制；在市文广新局，观摩组查看文化市场综合执法大队的办公环境和执法设施，查阅执法记录和执法卷宗，执法人员现场演示"双随机一公开"抽查流程，随后在会议室观看"双随机一公开"工作资料片；最后，观摩组到青橙影院、好声音量贩式KTV现场了解市文化市场业户的经营管理现状。翟健对全市的文化工作成绩给予高度评价。

全市文化市场转型升级暨安全培训会议召开。为提高全市文化经营单位从业人员的安全意识，推动全市文化娱乐行业转型升级，12月15日，市文广新局召开全市文化市场转型升级暨安全培训会议。市文广新局副局长黄永军、文化市场管理科负责人及市部分文化市场经营单位业主参加会议。会上就《关于推动文化娱乐行业转型升级工作的意见》进行解读，传达文化部、省文化厅关于文化娱乐行业转型升级工作的文件精神；同时就全市文化市场经营单位安全工作做安排和部署。通过此次培训，对全市文化市场各行业转型升级，提升歌舞娱乐和游戏游艺场所经营管理水平起到积极的推动作用，促进各经营单位成为内容健康、服务规范、形象正面，适合不同消费群体，在公众文化生活中起积极作用的现代文化消费场所。

【文化执法】 市文广新局创新执法方式，在聊城市率先实施"双随机"抽查，规范事中事后监管；作为典型，聊城市11个县市区兄弟单位来观摩学习。不断完善广电中心监管机制，健全管理审查制度，开展广告播出专项检查；规范文化市场监管程序，为执法人员配备执法记录仪，先后对互联网上网服务市场、印刷市场、电影市场、艺术品经营单位、农村演出等市场进行专项整治，深入开展清源、净网、固边、护苗等"扫黄打非"系列行动；全年出动执法人员1083人次，检查文化市场经营单位358家次，收缴非法出版物1300余册，全年无重大违规经营、安全事故发生。

【文物保护与管理】 市文物保护以打牢基础工作为抓手，以修缮保护为重点，以申请各级文物保护单位为动力，以世界文化遗产点段的保护利用为重点，扎实推进文物保护各项工作的开展。

圆满完成第一次全国可移动文物普查工作。市"一普"工作自2013年12月正式开始，历时3年，于2016年圆满完成。在此次普查过程中，市文广新局担任全市可移动文物的具体普查工作，除按规定时间完成博物馆馆藏文物的信息采集、录入、上传和审核工作外，还负责全市普查的业务培训和技术支持，指导或帮助完成系统内、外的季羡林先生纪念馆、林业局、戴湾镇政府等4家文物收藏单位的普查工作。共完成全市318家国有单位文物收藏情况的调查工作，调查覆盖率达100%。共普查可移动文物1594件(套)，其中临清市博物馆1412件（套）、临清市季羡林先生纪念馆153件（套），林业局1件（套），戴湾镇人民政府2件（套），档案局26件（套），全面掌握全市国有可移动文物的数量、分布情况及保存现状，为日后国有可移动文物的管理和利用夯实基础。由于工作成绩突出，市文广新局被评为"山东省第一次全国可移动文物普查先进集体"，博物馆馆长被评为"山东省第一次全国可移动文物普查先进个人"。

开展文化遗产日系列宣传活动。为做好文化遗产日宣传活动，市文广新局组织市博物馆、市文化馆周密部署、精心安排，积极开展文化遗产宣传活动，让全市群众感受身边文化遗产的魅力。在活动现场，市博物馆摆放展牌、发放传单，向群众宣传《文物保护法》《大运河遗产保护管理办法》，展示市文物保护维修、大运河申遗、第三次不可移动文物普查、第一次可移动文物普查等工作成绩，全面宣传临清特色文化遗产，受到广大市民的欢迎。

完成钞关布展工程并对外开放。钞关布展工程历时1年，旨在充分调动钞关现存环境空间，深入挖掘历史文化资源，更加准确、形象地传递历史文化信息，在潜移默化中进行文物宣传和爱国主义教育。整个工程分为室外和室内两大板块，在室外展示工程中，对公堂、中轩、后堂、巡栏房、皂隶房组成的遗址进行进一步的保护，修建防护围栏，制，作展示说明牌，设计制作铜像2组；并在钞关院内西南角建设置钞关碑廊，共收集展示与钞关相关的碑刻10通。在室内展示工程中，对南北穿厅、卷房进行场景复原，设计制作硅胶人像12个；将船料房开辟为展厅，通过丰富的实物资料和形象的沙盘、场景模拟，生动详细的介绍临清钞关的设立、税收、历代主事及相关重要人物事件等内容。在此期间，文广新局严抓工程的每一细节，对铜像、沙盘、硅胶人、展板等都进行多次修改，以保证历史信息的准确性、完整性。

开展月径桥保护修缮工程。月径桥建于清顺治九年（1642），是大运河遗产临清段上的重要桥涵，是大运河发展变迁的重要佐证。因年久失修，残损比较严重。为更好地落实申遗要求，开展月径桥保护修缮工程。工程由曲阜市园林古建筑工程有限公司，自2016年3月开始施工，于2016年7月完工，历时4个月。工程采用“原型制、原结构、原工艺、原材料”，在整修时尽可能减少干预，坚持最大限度保留原有构件，尊重传统工艺和原有做法，尽可能多地保存历史信息，保持文物建筑的原真性，使月径桥既保持历史风貌，又消除安全险情和隐患。

开展博物馆“三下乡”活动。为贯彻落实文化科技卫生“三下乡”活动精神，弘扬和传承历史文化，增强民众文物保护意识，市文广新局组织市博物馆积极开展2016年“三下乡”活动。活动深入到镇村，以展板、传单等形式宣传《文物保护法》《大运河遗产保护管理办法》等文物保护相关法律法规，展示全市重点文物保护单位及文物保护工作业绩。活动号召全市人民履行对文物违法行为的举报义务和权利，向广大群众发出“保护文物，人人有责”的倡议。

积极开展文物征集研究工作。为做好田野碑刻的保护研究工作，2016年，市文广新局组织市博物馆积极开展田野碑刻调查研究。将发现的碑刻、墓志等田野文物，及时运回博物馆内保存。对于暂时不能征回的碑刻，马鲁奎老师认真将碑文抄录下来，并进行研究释义、价值分析，形成书面资料。

开展运河临清闸段安全护栏修建工程。临清闸位于西环路与运河交界处，过往车辆较多，加之运河周边没有修建安全护栏，存在重大安全隐患。为保证市民出行安全，于11月开展运河临清闸段安全护栏修建工程，长约30米。

市博物馆提升布展工程被纳入全省陈列展览优质项目库。2016年，市文广新局积极开展博物馆提升布展工程，按照国家财政部有关规定，省文物局将择优向省财政部门推荐，积极协调申报中央免费开放专项资金。为此，市文广新局积极准备材料，将提升布展陈列大纲、设计方案上报市文物局。经省文物局组织专家论证评审通过的，市博物馆提升布展工程成功纳入全省陈列展览优质项目库。

进一步规范文物景区管理，健全接待、票务、安全、卫生等规章制度，对运河钞关、鳌头矶、舍利宝塔等重点文物景区统一管理，对外开放后，又推出本地群众免费参观等系列优惠政策，降低参观门槛，吸引更多群众走进文物景区，感受历史文化内涵，让全社会共享文化遗产保护成果，仅“十一”黄金周就接待游客2万人次，老百姓一致点赞。

【非遗保护】 市文广新局不断深入开展对非物质文化遗产项目的普查工作，逐步完善非遗档案，建立起高标准的非遗展厅。同时，加大争取申报力度，新增山东省级非物质文化遗产 1 项，临清市级非物质文化遗产 10 项。

临清什香面制作技艺入选省级非遗项目。4 月 4 日，山东省政府正式公布山东省第四批省级非物质文化遗产代表性项目名录，临清什香面制作技艺成功入选。截至 2016 年年底全市省级以上非物质文化遗产项目已达到 8 项。

顺利完成市省级重点非遗项目“六个一”工作计划。4 月 20 日，通过市非遗保护中心工作人员的认真整理，市省级以上重点非遗项目（临清贡砖烧制技艺、临清肘锤、临清驾鼓、健脑补肾丸制作技艺、临清谭腿、临清时调、金氏古筝）完成“六个一”工作目标。做到每个项目有一个保护规划、一个专家指导组、一个工作班子、一套完备档案、一个传习场所、一本普及性读本。

公布临清市第八批非物质文化遗产项目名录。5 月 27 日，市文广新局公示市第八批非物质文化遗产项目名录，共 10 项，其中民间文学 1 项（王岩叟的故事）；传统技艺 3 项（木器雕刻制作技艺、临清馓子制作技艺、传统字画装裱及古字画修复技艺）；传统音乐 2 项（临清踩街鼓点、临清龙灯锣鼓）；传统体育与竞技 2 项（临清老井拳、临清六步大架）；民俗 2 项（临清龙灯、临清传统殡葬习俗）。截至 2016 年年底，全市非物质文化遗产项目共达 152 项。

“让文化遗产融入现代生活”——第十一个中国文化遗产日活动丰富多彩。为向广大市民展示全市文化遗产保护成果，提高全社会对文化遗产的保护意识，市文广新局周密部署、精心组织，6 月 11 日在市文化中心广场举办以“让文化遗产融入现代生活”为主题的文化遗产日宣传活动。市人大常委会副主任张学庚，市政府党组副书记王庆瑞，市政协副主席贾艳华，市文广新局局长王兴刚，副局长黄永军、赵雪丽等出席活动。在活动现场，临清肘捶、传统社火、山东快书、临清驾鼓等非遗项目展演吸引众多群众驻足观看，现场气氛热烈。还通过展板展示、发放资料等形式，让广大市民了解全市文化遗产资源，让文化遗产保护的理念深入人心。

全面开展非物质文化遗产实物展厅的布展工作。6 月份市文广新局把在 16 个镇、街道收集的近百件极具临清运河文化特色的非遗实物放入非遗展厅。全面开展展厅布展规划及展位设计工作，采用静态展示和动态表演，综合展示和专题展示，传统图文、实物展示与现代声光电展示相结合的手法，全方位为参观者提供丰富多彩的文化享受，加深历史认同感，从而对全市的非物质文化遗产项目的传承和保护起到积极的宣传和促进作用。

临清驾鼓代表性传承人洪玉卿被评为山东省十大模范传承人。6 月 25 日，通过市文广新局的积极申报，省级非遗项目临清驾鼓的省级代表性传承人洪玉卿被省文化厅授予“山东省非物质文化遗产保护十大模范传承人”的荣誉称号，他是聊城诸多省级非遗传承人中唯一入选省十大的一位。

开展金氏古筝进校园活动。9 月份，市文广新局积极组织，在金郝庄小学以及聊城光明小学进行金氏古筝的免费培训活动，让孩子们感受到非遗的文化内涵。

组织参加第四届中国非物质文化遗产博览会。9 月 21 日上午，第四届中国非物质文化遗产博览会在济南国际会展中心开幕。市文广新局组织临清优秀非遗项目参加博览会。本届非遗博览会以“非遗走进现代生活”为主题，于 9 月 25 日闭幕。市文广新局精心组织，挑选临清贡砖烧制技艺、礼服呢布鞋制作工艺、金氏古筝、济美酱菜 4 个非遗项目参加博览会。通过实物展示、图片展览、多媒体、传承人现场演示等形式，充分展示全市非物质文化遗产的独特魅力，彰显深厚的历史文化底蕴，吸引众多观众驻足欣赏、拍照留念。通过参加非遗博览会，为全市非遗保护提供切磋、交流、学习的平台，为进一步开展好保护传承工作、促进非遗保护事业取得新发展起到积极的推动作用。

积极申报聊城市第五批非物质文化遗产项

目。11月10日，市文广新局组织工作人员深入挖掘整理有价值的市级非遗项目，其中对临清龙灯、临清竹器制作技艺、临清魏门武学、陈式太极拳、面塑制作技艺、刻瓷技艺、传统古字画修复装裱、王岩叟的故事这八个项目进行视频录制和图片采集，申报聊城市第五批非物质文化遗产项目。

【省级以上文保单位简介】 临清运河钞关。临清运河钞关位于会通河临清段西岸，是公元15—19世纪（明清时期）在大运河航线上设立的一个专门针对运河上来往的商用载货船只征收船税的机构，隶属于户部（即财政部），户部在此设立户部分司管理收税事宜。始设于明宣德四年(1429)，宣德十年(1435)升为“户部榷税分司”，下设德州、魏家湾、尖冢等五处分关，机构完备、税则严密，榷税丰盈。万历六年（1578）税收居运河八大钞关（崇文门、河西务、临清、淮安、扬州、浒墅关、北新关（杭州）、九江）之首。临清运河钞关延至1930年才撤，是明清两代运河之上八大钞关中设关最早、闭关最晚、延续历史最长、贡献最大的课税署衙。临清运河钞关是大运河沿线现存唯一的钞关旧址，现钞关公署遗址占地3500平方米，尚存仪门、南北穿厅、船料房、券房。署衙遗址中公堂、衙皂房、巡栏房、二堂、后堂及书办房等建筑遗址整体清理保护，其遗址文化内涵积淀丰厚，是运河文化的重要载体。是研究我国运河经济、文化、漕运、课税、吏治等不可或缺地重要文化遗产。

舍利宝塔。临清舍利宝塔与杭州六和塔、扬州文峰塔、通州燃灯塔并称为“运河四大名塔”。舍利宝塔，位于城北卫运河东岸，为仿木构楼阁式砖塔，始建于明万历三十九年（1611）。通高61米，八面九级，逐层略有收分，通体近乎垂直。每层八面辟门（窗），四明四假，明暗相错。外檐砖木结构，莲花形转角承托，陶质斗拱，出檐深远。塔心室八角形、四方形交替叠筑。塔顶呈将军盔形，上覆铸铁覆钵，属省内仅见，远眺雄浑高峻，巍峨壮观。各塔檐挑角系有风铃，风摇铃鸣，声震四野。塔内设有转角蹬道，可迂回攀缘，登临塔顶，但见运河如带，波光无际，帆樯远影，饶有情趣。舍利宝塔紧傍卫运河，为古运河边一处著名标志性建筑。

鳌头矶。鳌头矶是元、明会通河分流交汇之地。明永乐十五年（1417），平江伯陈瑄因为临清会通河北支河床淤垫浅阻、漕运渐滞，开凿南支新河。三河交汇，水湍流急，常致堤坍岸崩，为绝水患筑石为堰，从此矶固河靖，舟楫安流。矶坝用大型条石砌筑，铁锔相牵，横亘数丈（矶坝掩埋地下，保存完好）。是时，矶坝雄峙，高埠宛若鳌头，北支旧河临清、会通二闸与南支新河板闸、砖闸四布左右如鳌足，广济桥尾其后势壮中洲，明朝正德初年（1505）知州马纶题曰“鳌头矶”。几百年间矶稳地兴、舳舻鱼贯、人文荟萃、泽惠绵长。鳌头矶上的古建筑群，原名“弘润庵”，是一处道观，建于明代嘉靖年间（1522—1566）。建筑群布局四向制，北殿李公祠、西殿吕祖堂、南为望河楼、东为观音阁。整个建筑结构严谨，布局得体，玲珑纤巧，古色古香，是明代北方地区典型的木结构建筑群。明清两代，运河漕运鼎盛之时，文人骚客常登临楼阁眺望运河，见船来舟往、帆樯如林，即寄情抒怀、赋诗唱和。明代大学士李东阳曾赋七绝：“折岸惊流此地回，涛声日夜响春雷。城中烟火千家集，江上帆樯万斛来。”“十里人家两岸分，层楼高栋入青云。官船贾舶纷纷过，击鼓鸣锣处处闻。”绘声绘色地勾勒出当年繁盛的运河风光。

清真寺。清真寺位于临清市先锋路街道桃园街西侧，会通河北支入卫处。明代弘治十七年（1504）建，明代嘉靖四十三年（1564）重修。清真寺为临清运河岸边回族群众进行宗教活动的场所，坐西朝东，所有建筑为砖木结构。中轴线上自东而西依次建有牌坊山门、望月楼、正殿、后殿、后门；两侧辅以南北角亭、讲经堂、沐浴房，共建有殿、楼、厅、堂90余间。主体建筑礼拜殿面阔宽敞，进深深远。前殿廊厦彩绘斗拱，挂落、雀替雕刻剔透，彩绘精细。后殿背向麦加设壁龛，以示朝拜西方。殿内壁画、藻井、天花彩绘古朴庄重、工整雅致。殿顶前、后殿呈勾连搭式，覆绿琉璃瓦，攒尖塔楼顶饰三方鎏金葫芦，金彩烨烨，巍峨壮观。寺院内丹墀开阔，栏杆环抱，古柏参天，肃穆幽静，圣洁清灵。临清清真寺整体建筑规模宏大，形式各异，既有中国宫殿建筑特点，又包含阿拉伯建筑艺术特点，是中国古建筑的代表，更是研究运河城市回族迁徙、繁衍并与汉族团结共处的地域实物资料，具有较高的文物价值。

清真东寺。清真东寺位于临清市先锋路街道桃园街东侧，元代运河入卫（御河）处。明代成化元年（1465）建。为临清回族群众进行宗教活动的场所。占地5500平方米，建筑面积1625平方米。该寺坐北朝南，四进院落，建筑布局平面呈十字形，南北中轴线上自南而北依次为山门、垂花二门、穿厅、讲经堂，东西中轴线上自东而西为对厅、正殿、后殿、后门，殿顶四檐相结呈勾连搭式，后殿塔楼突起，攒尖顶部饰鎏金葫芦。

会通闸。会通闸始建于元代大德二年(1298)，是“运环闸”的船闸上闸。闸由南北闸墩、雁翅、裹头、万年枋、铺底石及木桩组成。闸口宽6.2米，高6米，四向雁翅长14.5—21米不等。明代弘治三年（1490），户部侍郎白昂治理会通河，行巡临清，曾督理闸墩、雁翅加高扩崇，大学士徐溥有《会通东闸记碑》记之。万历年间（1573—1620）船闸改闸为单孔拱桥。清代维修中增砌桥栏、雁翅挡墙，“会通闸”易名“会通桥”。此建筑闸桥叠砌，元明清三代相继砌筑，至今保存完好，曾出土记有元代至顺四年（1333）的船闸绞关石。

临清闸。临清闸始建于元代，是会通河入卫河端始船闸，与会通闸、隘船闸三位一体，《元史》称“运环闸”。闸口宽6米，高8.2米，四向雁翅10.5—12米不等。明代弘治三年(1490)闸墩、四向雁翅加高叠砌2.2米城砖墙，使其牢固。万历年间（1573—1620）闸河废弃，在两闸墩间砌筑双孔拱桥，“临清闸”易名“问津桥”。此建筑闸桥叠砌，元明清三代相继砌筑，至今保存完好，曾出土元代船闸绞关石及镇水兽等文物。

月径桥。月径桥位于临清城区会通河北支河之上，建于清顺治九年（1642），由商人邵以枢捐资承建。砖石结构，单孔，半圆形，直径4.6米，孔高2.3米，通高6米，桥身长5.8米，桥身宽3.1米，砖砌桥栏高1.3米，东雁翅长19.6米，最宽处5.8米，栏墙高1—1.8米，西雁翅长12.3米，最宽处11.4米。此桥位于临清繁华区，是商贸、官接之要冲，是研究临清运河文化的宝贵资料。此桥又为观赏月景之处，更为禽鸟早市，三教九流四方汇聚，是研究临清市井文化、运河城市民俗文化的重要遗存。此桥由徽商邵以枢独资捐建，对研究徽商在临清经商、善举、交往等活动，以及临清与徽商之间的社交活动、商贸促动，商贸发展等都有着可资之用。

临清砖闸。临清砖闸于明永乐十五年(1417)由平江伯陈瑄创建。正德八年（1513）河漕御史刘恺重建，砖闸改砌石堰。此砖闸与入卫南板闸（头闸）上下互联、前后启闭，形成漕河前后两座船闸，是运河入御河（卫河）漕船转漕的管控枢纽，是明清两季运河转输卫河的咽喉闸涵，“千樯万艘、辐辏云集”“八百斛之舟迅流无滞”。明嘉靖五年（1526）工部督水分司裁撤后，以砖闸漕闸为务管收短裁、纸价二税，世称“工部关”，直至清乾隆元年（1736）归并户部钞关，征税210年，具有运河水工和税关双重文化内涵，弥足珍贵。

戴湾闸。戴湾闸于元代皇庆二年（1313），继会通河开凿通航23年后始建，位于临清市戴湾镇戴闸村南会通河之上，由墩台、雁翅、石防墙（已毁）组成。南北相距50米，东西相距100米（现残存雁翅相距20米），占地5000平方米。闸体由1.3×0.4米青石砌筑，条石间凿以燕尾槽铁汁浇注相牵，浑然一体。戴湾闸在250里会通河上属保存最为完整的闸建，有着深厚的文化内涵，是研究古代经济、文化、漕运、治水、运河变迁等珍贵的实物资料，是古代劳动人民开凿运河、治理运河的成功范例，具有较高的历史价值、科学价值、文物价值。

河隈张庄明清砖窑遗址。河隈张庄明清砖窑遗址位于临清市戴湾镇河隈张庄村东侧，运河（会通河）北岸，京九铁路穿越遗址西侧。窑址集中沿河分布，西起河隈张庄村西，东至陈官营村西北，东西绵延约1500米。距河道最近者仅五、六十米，远者约700多米。绝大多数窑址已被夷为平地，个别尚存高出周围约2—3米的土堆。临清贡砖烧制兴于明初，自明永乐间（1403—1424）起，每年向京城输送皇家建筑用砖百万块左右，成为明、清两代京城建筑主要供砖基地。明清中央政府在临清曾专设工部营缮分司督理贡砖烧制，明初为官办，明中后期是官督民办，清代始终是官督民办。清末，官窑停烧。此窑址是研究古代宫官建筑、运河漕运、临清手工业和城市发展史等的重要运河文化遗存。

冀家大院。冀家大院位于临清市青年路街道前关街，始建于明代洪武年间，系山东省文物保护单位。明代洪武十五年（1382）冀天仪迁调山东兖州护卫，洪武二十一年（1388）改调平山卫临清千户所，举家由山西平阳府岳阳县迁居临清在此购建宅第。明代景泰二年（1451）、嘉靖、万历年间多次增建。清嘉庆年间冀氏后人武德骑尉冀辉在原有宅院的基础上大兴土木，扩建增修，至道光初年居地已达2万多平方米，房舍400余间。冀氏家族自明代迁居临清后，历经600多年，三十余代人，科第联翩，进士、举人、贡生、庠生、太学生共中出68人，财产盈居，人丁兴旺，富庶一方。解放后由于历史原因遭数次破坏、拆毁，现存建筑占地一万多平方米，主院仍存两进，南跨院存四进，穿厅、廊坊、绣楼、耳房、橱室、影壁60余间，木雕、砖雕、石雕随处可见，工艺精湛，高雅美观，极具艺术价值。此院落虽然遭到数度破坏，房屋只残存60余间，但是整体院落的格局依稀可见。是鲁西北地区保存较为完整的古民居之一。它是研究明清建筑史、民俗文化、家族史不可多得的实物资料，具有较高的文物价值。

汪家大院。汪家大院位于临清市青年路街道后关街，始建于清代乾隆五十七年（1792）。宅主汪永椿系安徽歙县洪琴村人，清乾隆年间在临清经商，创办“济美酱园”，酱园系前店、后厂其后宅院制式，酱园亦称“远香斋”，铺面10间，店后为作坊、酱腌场地，再后为宅院，横跨一街两胡同，占地2万多平方米。该酱园与北京“六必居”，济宁“玉堂”，保定“槐茂”齐名，并称为“江北四大酱园”。汪氏家族业茂人繁房产居多，此院落现存最为完整。坐北朝南，占地1600多平方米，三进院落，第一进由门楼、影壁组成。第二进由南房三间，西廊房三间组成，中间为天井。第三进由正屋三间，耳房两间（明间为客厅，耳房为卧室），南北廊房各三间（南廊房已毁），中间为狭长天井。属徽派方士载宅式民居建筑，建筑结构为砖墙、木质梁架，方砖铺地。门罩、影壁砖雕，朴质华丽，廊房隔扇、窗棂雕花细腻多彩。整座宅院布局疏朗，舒适紧凑。是鲁西北地区保存较好的一处徽派建筑。

孙家大院。孙家大院位于临清市先锋路街道竹竿巷105号，始建于清代，是山东省文物保护单位。此院落清代为临清地方税课局，民国年间税课局迁移，由天津商人孙氏购得，新中国成立前夕（临清1945年解放）孙氏潜逃，房屋现由国家经租。该院落占地1200多平方米，坐北朝南，共四进院落，房屋现存29间。第一进已被拆毁，第二进由穿厅三间，东西廊房各三间组成，中为天井。第三进由主房三间，东耳房两间和东西廊房各三间、南耳房各两间（西廊房已改建）组成，中为天井。第四进由北房三间，西耳室一间和东西配房各两间（东配房已改建）组成，中为天井。整座宅院主次有序、布局紧凑、规整，廊房的门、窗、挂络、隔扇多雕有梅、兰、竹、菊、八宝、冰凌等纹饰，疏朗大方，朴质古香。

赵家大院。赵家大院始建于明代洪武五年（1372），位于临清市先锋路街道竹竿巷街。据考证初为“清源驿”。《临清洲志·公署》记载：“清源水马驿，在会通河南岸，北向。明洪武五年（1372）创，永乐十三年（1415）知县刘靖增葺，有重馆，有序、有门、有楔（门旁大柱）”。相传后来此院落沦为“书院”（艺妓馆），其后官购为“道台大院”（文献无记载），民国年间被名医赵悦仁购得变为民宅。原院落共六进，现第一进、第四进已被拆毁。西跨院共三进，穿厅是硬山卷棚顶，后鼓棚与穿厅呈勾连搭相连，柱础、枋额、雀替多有菊兰、八宝雕饰，窗棂、隔扇多有花卉、回纹雕饰。整座院落主次有序，布局疏朗，合为一院，分行各门，方便聚合。此院落是临清城市变迁的见证，作为京杭运河沿岸接待过往使节、达官、显贵、公差的驿馆旧址，存世稀少，它是研究运河明清两代临清对外交流及明清建筑史的实物资料，具有较高的文物价值。

朱家大院。朱家大院始建于明代，位于临清市福德街，北临运河，明清时期为官船度驿之所，至清代末期改为私人宅第。宅主朱景运开设银号，专为华美医院融汇存纳款项，民国年间传于朱子熙，1945年朱家避退天津，后房舍由国家经租。该宅院坐北朝南，占地3400多平方米，现存房屋60余间，由三处院落组合而成。前院共两进，第一进由门楼、照壁和三间北房组成；二进有廊房十五间。后院两进，第一进由南屋三间，东屋七间，穿堂一间组成（现西屋已毁）；第二进由东屋五间，北屋六间组成（现西屋已毁）。后跨院两进，第一进由北屋、南房各三间，西屋八间组成；第二进南、北屋各三间。整座宅院布局规合理、主次有序。院内建筑均为砖木结构，坚固耐劳，梁驼、雀替、门窗、挂络等木质构件雕刻有鱼莲、花卉、冰凌、八宝等吉祥纹饰，质朴精美，别具一格，为典型的临清民居之一。朱家大院历经400余年的沧桑变化，虽然破坏严重，但是对研究运河文化、古建筑史是不可或缺的实物资料。

陈公堤遗址。陈公堤遗址位于临清市先锋路街道郭堤村东100米处，占地50万平方米，高8米，东西长1000米，南北宽150米，为宋代时期的黄河故堤，俗称“陈公堤”。现古堤及周围种植万余株桑树，其中百年古桑树1000余株，被山东省定为黄河地质公园。

汪广洋家族墓。汪广洋家族墓位于山东省临清市八岔路镇杨二庄村西300米。占地7000平方米，明清墓葬20座，碑刻10通，是汪广洋及后世子孙的墓地。汪广洋（？—1379），字朝宗，高邮人。元末进士。至正十五年（1355），朱元璋渡江，攻下采石矶，召汪进见。元帅府令史、江南行省提控。后又任都谏官，并相继调升为行省都事、中书省右司郎中。不久任骁骑卫事，参与常遇春的军务。至正二十六年，常遇春攻下赣州，汪为留守，任江西行省参政。洪武元年（1368），大将军徐达平定山东，因汪廉明持重，朱元璋任命他料理行省。后入京任中书省参政。二年，出任陕西参政。三年，朱元璋召广洋为左丞相。洪武十二年十二月汪广洋被贬杀。被杀后其子孙避难于山东福山，明代洪武二十五年（1392）其夫人携长子迁到此地，并把汪广洋遗骨迁葬于此。

大宁寺大雄宝殿。临清市大宁寺为佛教寺院，同净宁寺、天宁寺、满宁寺并称“临清四大寺”。该寺始建年代无考，明万历、清乾隆年间两次重修，全寺占地面积一万多平方米，平面呈纵长方形。原寺院坐北朝南，三进院落，中轴线上自南向北依次为山门、祭殿、戏楼、大雄宝殿、伽蓝殿，东西两侧铺以对称禅堂、斋堂，是“壮丽甲于诸刹”的建筑群。现寺中其他建筑荡然无存，只保存大雄宝殿（俗称前大殿），面阔五间，进深三间，抬梁式木构架，单檐硬山布瓦顶。明、次间前后建有四柱三楹廊，檐廊硬山卷棚顶与主殿相连，成勾连搭式。殿中原塑有释迦牟尼佛像，还供奉观音、文殊、普贤三尊佛像。该殿为临清现存的唯一完整的寺观古建筑。现存有明代万历四十七年（1619）《大宁寺稳重长老重修大雄宝殿碑记》等三通碑刻及经幢。碑文中记有当时“环四周为市廛，金银钱布、贝玉珠玑堆积如山”民间商业繁荣景象。《临清州志》中载有谢榛、朱彝尊、方元焕等人吟咏游览该寺的诗篇。

临清县衙南门阁楼。临清县衙南门阁楼建于明代洪武二年（1369），位于临清青年路街道考棚街，北临元代运河。明代洪武二年（1369），临清县治由当今城南旧县村迁移至此，占地3万平方米，房舍400余间，由于明正统十四年（1449）在临清闸东北三里处建砖城，县治便移至城内，此地废弃。因历年来的城市改造县治治所的其他房屋荡然无存，现只保存县治治所的南门阁楼。此楼又俗称“文昌阁”，坐北朝南，砖砌基座，高3米，长10米，宽7米，下部辟门洞，阁楼面阔3间，进深2间，歇山卷棚顶，抬梁式木构架，筒瓦覆顶，飞檐挑角，整体结构巧妙，和谐得体。此阁楼是临清境内现存最早的明代建筑，是研究临清县衙治所变迁的重要的实物资料，具有较高的文物研究价值。

箍桶巷张氏民居。箍桶巷张氏民居位于临清市先锋街道箍桶巷街156号。建于清代，现保存两进院落，房屋3栋，共14间，是抗日将领张自忠家族居住及生意场所，俗称“张家当铺”。20世纪60年代初期改为英烈祠，用于存放祭奠革命先烈骨灰的场所。

古楼街天主教堂。古楼街天主教堂位于临清市新华路街道第一中学院内，此楼于1934年4月由胡修身主教筹资，王赐玺神父经手所建。1935年秋，成立于1930年的若瑟修道院（为天主教教会学校）由小芦村（现属河北省临西县）迁入十字楼内。1941年李荩臣主教迁入楼内居住，修道院修生搬出，住于楼外平房之内。1945年9月冀南中学（临清一中前身）迁入，使用至今。该楼平面呈十字形，坐北朝南，砖木结构，高两层，占地1000多平方米，现保存比较完整。

华美医院诊疗楼。华美医院诊疗楼位于临清先锋路街道健康街聊城市第二人民医院内，建于清光绪二十六年（1900）。临清华美医院，原为施医院建于光绪十二年（1886）设在基督教会内，由美籍传教士金发兰、卫各纳创建，后被“义和团”拳民所焚。光绪二十六年（1900）在南北街扩地百亩又重建，更名“华美医院”，由华方捐款，美国人所建，医疗费由教会拨款，基本免费就诊，1927年美籍医生孔美德、瑞杏林等捐款3645.5美元，购置X光机，发电机，由美国直运我港口，财政部特予免税，以示嘉奖。宋哲元部冯治安师长，马鸿逵军长等名流多于此治病疗理，新中国成立后改名“白求恩国际和平医院”，1953年定名为“山东省聊城行署第二人民医院”。现存的该华美医院诊疗楼为砖木结构，平面呈T字形，坐西朝东，建筑面积1200多平方米，歇山四坡顶，面阔60米，进深20米，前后设内廊，地上两层，地下一层，内设各科室百余间。墙体砖砌，门窗拱卷，檐下饰木质斗拱，彩绘质朴，应视为中外建筑风格相合之楼。现保存完好。并且距华美医院诊疗楼东约800米处的更道街198号还有一处同时期建筑，高两层的T字形牧师楼，应属其附属文物。

三元阁码头。三元阁码头位于临清市青年路街道西夹道街西侧卫运河大堤之上，始建于明代嘉靖二十一年（1542），坐东朝西，长、宽各15米，台高4米，占地230平方米，基础为条石砌筑。此码头当时被称为运河之上第一商业码头。

临清先锋大桥。临清先锋大桥始建于1958年5月，1959年7月竣工通车，由国务院交通部工程师会同苏联专家及山东省交通厅第四工程中队工程技术人员共同设计，由第四工程中队施工兴建。因这座大桥在当时还是国内首建，所以命名为“先锋大桥”。桥的样式新颖美观，车道宽敞，两旁设有人行道和混凝土栏杆。桥长166米，分为6孔，主航道孔道为55米，2000吨的机动舶船队和1000吨的双尾客货轮均能通航无阻。1974年河床加宽，在西岸续建引桥与主桥相接。引桥长411米，21孔，行车道7米，两边人行道宽0.75米，全桥27孔，长577米。是连接冀鲁两省公路交通的重要枢纽，又是运河上一大景观，是临清近现代标志性建筑物。

（黄永军　栾凤彬　刘　飞）

广播电视

【概况】 临清市广播电视中心为正科级差额事业单位，隶属临清市文化广电新闻出版局管理，2016年设有办公室、电台编辑部、新闻部、录制播音部、无线发射部等科室。

2016年，临清市广播电视中心在市委、市政府的正确领导下，贯彻落实党的十八大和十八届三中、四中、五中、六中全会精神，认真学习习近平总书记系列重要讲话精神及治国理政的新理念新思路新战略，解放思想，开拓进取，圆满完成各项工作任务，临清广播电视事业又迈上一个新台阶，中心获得省级文明单位等称号。

【内宣工作】 电台、电视台实现每周编播3期新闻和1期一周要闻，重要新闻当天播出的工作目标。电台2016年重点抓好“临清新闻”节目的编排播出，共播出“临清新闻”176期，播出稿件1300余条，在“临清新闻”中开办10余个栏目，对全市经济社会发展进行多角度、深层次、大力度的报道，取得较好宣传效果。

电视台在“临清新闻”节目中共播出新闻1600余条，在“临清新闻”中开办“城乡环卫一体化推进工程”“路域环境提升工程”“聚焦惠民实事”“新常态、新机遇、新精彩”“打赢扶贫攻坚战”“两学一做”“城区违法建筑治理”“海河治理”“践行社会主义核心价值观”“弘扬志愿精神共建美丽临清”等专栏，对全市各项工作进行全面深入的报道，为临清市实现各项工作目标营造浓厚的舆论氛围。

【外宣工作】 2016年外宣工作保持良好的发展势头，电台截至2016年在聊城台“聊城新闻”用300余篇稿件，连续蝉联聊城八县市第一名，省台用稿100余篇，获山东广播宣传先进集体一等奖及优秀通讯员奖等荣誉称号。

电视台宣传全市的特点和亮点工作，报道典型经验和好的做法，提高全市在外的知名度和美誉度。电视台2016年在聊城电视台用稿200余篇，在省台用稿30余篇，另外还在其他媒体上播出大量的新闻稿件，综合成绩列聊城八县市区前列。

【完善广播电视公共服务】 坚持高品位、传播正能量，以积极健康向上的影视作品满足人民群众日益增长的精神文化需求，使那些弘扬社会主义核心价值观、引领社会和谐文明进步的节目占领思想文化阵地，播出的电视剧涵盖传统历史题材、爱国和革命题材和生活题材等，极大地丰富人民群众的精神文化生活。

电台开办多档自办节目，这些节目贴近听众，生动活泼，服务生活，编排合理，风格各异，受到听众欢迎。特别是“法律与生活”“文明交通伴你行”“供求热线”等栏目，为群众生活服务，给百姓排忧解难，具有较强的知名度和影响力，受到广大听众的欢迎。

【其他工作】 认真做好安全播出工作，确保全年安全播出无事故。规范工作程序和制度，坚决按流程和规章操作，确保万无一失。加强广播电视技术工作人员专业技术知识的学习培训，每位专业技术人员都能熟练掌握所使用设备的工作性能和技术指标。修订完善维护、维修和定期测试制度，做到每部机器责任人明确，定期对设备进行除尘、检修、维护测试，确保设备技术性能良好，检测维修记录完整。对值机人员提出零差错指标，杜绝人为责任事故，确保播出的准确、及时、无差错。

加强对机器设备的维护保养，最大限度地发挥其效能。技术和播出部门在新设备较多、专业性较强，涉及的新知识、新技能的面比较广的情况下，通过加强学习，严格执行维护规定，积极联系维修等措施，进一步掌握设备的性能，使非线编、电脑硬盘播出系统、音频工作站等新技术设备的功能得到更加充分的发挥。

（罗建国）

图书销售

【概况】 临清市新华书店诞生于抗日战争烽火中的中共鲁西北地委的鲁西北书店、中共冀南区党委的冀南书店和冀南北星书店，三店披着解放战争的硝烟，于1949年3月1日进行合并，建立冀南新华书店临清支店。1949年3月1日成为临清市新华书店的建店日。

2016年度山东新华书店集团有限公司临清分公司被聊城市委宣传部评为全市文化科技卫生“三下乡”先进单位

临清市新华书店不断发展壮大，1981年被临清市编委划为小型（二）类（副科级）企业。1989年被晋升为小型（一）类（正科级）企业。1995年7月，经山东省出版总社批准，晋升中型（二）类（副县级）企业。

2011年12月28日，起用新的单位名称：山东新华书店集团有限公司临清分公司。

山东新华书店集团有限公司临清分公司，现有职工34人，其中领导班子2人，经理兼书记1人，副经理1人。下设办公室、财务科、人力资源科、综合业务部、教材科、综合拓展部6个职能机构，1个综合仓库，1个中心门市部。

2016年11月7日山东出版集团传媒股份有限公司总经理胡鹏同志（右）莅临临清分公司验收山东省最美书店

2016年2月29日山东新华书店集团有限公司临清分公司被评为全省新华书店先进集体。2月山东新华书店集团有限公司临清分公司被评为聊城市新华书店系统2016年度工作先进单位。3月参加全省馆配会共征订图书32.19万元。6月装修改造新华路门店，打造全省最美书店。以山东出版集团张志华董事长提出的“一个目标、四个提升、五个关键点”为指导思想，从读者的“满意度”出发，对新华路门店进行装修升级改造，打造综合性文化服务商和多功能文化体验阅读空间。

2016 年 10 月，为贯彻宣传落实十八届六中全会精神，山东新华书店集团有限公司临清分公司积极征订发行十八届六中全会文件 8738 册，码洋 10.64 万元。《习近平总书记系列重要讲话读本》发行 21142 册，码洋 33.83 万元；《胡锦涛文选》完成 1364 套，码洋 18.96 万元。

2016 年度山东新华书店集团有限公司临清分公司被聊城市委宣传部评为全市文化科技卫生“三下乡”先进单位。

2016 年图书经营情况统计表

年度	全年销售额（万元）	册数（万）	实现利润（万元）
2016	4469.05	374.59	694.00

（张家琪　周保军　周　红）

档案管理

【概述】 市档案馆始建于 1960 年，市档案局成立于 1980 年，一直与档案馆合署办公，下设 1 个档案科。1992 年 2 月成立 3 个内部科室：办公室、业务指导科、管理科。1994 年 2 月，撤销档案局，行政职能交市委办公室，具体工作归档案馆，市档案馆为正科级事业单位。1995 年 3 月 2 日，根据工作需要，恢复档案局，与档案馆局馆合一，规格不变，行使档案的行政管理和保管利用职能，为市委、市政府直属机构。2010 年 1 月增设法规科和政府信息公开查阅服务中心。至 2016 年 12 月，共有人员 10 人，其中局、馆长各 1 人，副局、馆长 4 人，具有高级技术职务任职资格的 1 人、中级 4 人、初级 3 人。

档案馆楼 1989 年 5 月始建，1990 年 8 月竣工，2 月 22 日启用。全楼建筑面积 1240 平方米。其中办公区 600 平方米，库房 620 平方米。内存档案 166128 卷，声像档案 32 盘，照片 4403 张，实物档案 424 件，资料 14265 卷册。

【机关事业单位档案工作】 创新档案业务培训方法，让档案业务培训真正发挥实效。举办网上课堂，网上培训，通过临清档案信息网发布培训课件，让各单位档案人员网上学习；档案业务指导与档案培训相结合，在档案业务指导过程中根据各单位的实际情况授课、现场示范、指导安排实践操作，使培训质量得到明显提高。

【档案宣传】 多措并举，加大档案法制宣传力度。在“6.9”国际档案日当天，临清市档案局在新华路口开展以“档案与民生”为主题的宣传活动。在市委、市政府、公园、广场悬挂 20 多条横幅；利用馆藏内容制作 20 余块宣传展板，展示《档案—与人类文明同行》《档案违纪违法行为》《档案与民生》《家庭档案知识》等宣传挂图；开展档案法律法规，档案知识的宣传、普及；接受市民咨询，解答困扰他们的档案难题；讲解家庭建档基本知识、内容；发放“开放的档案馆欢迎您”系列宣传画册以及档案知识等宣传单 500 余份，让广大市民了解“档案是什么”“档案馆保管什么”及“怎样查阅档案”等相关知识。通过多彩的活动内容和市民的广泛参与，使档案宣传更贴近实际、贴近群众，有力地提高档案影响力，营造浓厚的宣传氛围。让社会公众更多的了解档案、了解档案馆，进一步增强社会的档案意识，扩大档案工作的社会影响力，更好地发挥档案在服务社会、服务民生的重要作用。

【设施建设】 馆库设备：配置铁制档案橱108套，密集架72列，服务器1台，卡片橱4套，去湿机2台，除尘器2台，灭菌机2台，消磁柜1台，配有彩电、放像机、微机、复印机、摄像机、照相机、自动监控、灭火器等设备。

【档案征集与信息开发利用】 档案征集取得显著成效。加大征集工作力度，精心制订工作计划，落实工作措施，明确工作责任，确保应进馆档案的整理和移交工作有序进行。加强对地方特色档案的收集。注重对地方特色档案资料的收集，重点征集原公安局退休老干部赵五桂个人收藏的100余件档案资料，还征集《贾氏族谱》《薛店村史》等资料，优化馆藏。

注重全市重大活动的档案收集。利用多种方式，与市委办公室和市政府办公室联合，对全市重大活动形成的档案进行收集整理。截至2016年共收集重大活动50余次，照片200余张，档案资料150余页。

积极创建效能服务品牌，大力开展“存档为史、用档为民”效能服务品牌创建活动。档案馆运用网络和数据库，为市民提供查阅服务。组织精干力量，紧盯重大工程、重大项目以及重要民生建设领域，预判档案服务需求，跟进指导，上门对接。档案利用紧扣服务民生主题。充分发挥馆藏档案资源优势，坚持立足档案，面向社会，大力开发档案信息资源，认真履行服务承诺，满腔热情地为社会各界和广大人民群众服务。2016年共接待社会各界档案利用者268人次，查阅档案650卷（件），为全市经济建设、编史修志、落实政策、调解纠纷、核实工龄、婚姻等方面提供大量翔实的第一手资料，解决大量的问题，为维护社会的稳定，发挥重要作用。增强社会档案意识，创造巨大的社会效益和经济效益。尤其是通过利用1962年下放教师档案，为很大一批1962年下放的教师落实政策，解决待遇问题。

结合工作实际，深挖馆藏资源，搜集各种资料，力求细致全面，向社会提供优质档案编研材料。每年都编制档案利用实例效果汇编，及时向上级部门报送。《关于做好机关档案工作的思考》被刊登在山东省档案学会主编的《齐鲁档案论丛》中。

【特色工作】 农村土地承包经营权确权登记颁证档案整理进馆。为确保确权登记全过程档案资料的完整、准确、规范和有效利用，临清市档案局开展农村土地承包经营权确权登记档案工作培训，并要求各镇、村委会按细则要求整理档案，切实把工作落到实处。全市16个镇、街道18000余户，13000盒的土地确权档案整理完毕，已进馆保存。这是聊城市首家完成此项工作的档案部门。

（皮汝新 赵菲菲）

旅 游

【概况】 临清市旅游局成立于2005年，设置办公室、规划发展科、质量规范与管理科、旅游促进与对外联络科、旅游信息咨询服务中心为股级内设科室。

旅游重点项目建设与管理稳步推进。海棠家园项目总投资3.66亿，2016年完成园内水园建设完成，包括挖湖、堆石、附属屋舍等，旅游厕所等服务设施正在建设中。

丁马休闲养生项目。丁马养生馆、观光电梯等正在建设中，投资约980万元。

刘垓子镇姜庄村生态科技观光园项目。区内长1100米、6米宽的水泥路主干道已修建完毕，地下排水管道已铺设。正在建设一个占地15亩、总投资140万元的薄膜联栋智能温室项目，用于种植精品果树、蔬菜。

近古村建设。800 平方米水泥面停车场和游客服务中心，征收60亩地准备做采摘式周末农场。布置完成红色旅游文化馆，展示毛泽东成长经历，丰功伟绩。

汇川垂钓基地建设。完成停车场和游客服务中心，正在建设养殖池、垂钓池、儿童体验水区以及农业体验园，占地约 150 亩。

三和文化景区项目。项目总投资 3.5 亿元，占地 100 亩，建筑面积 18000 平方米，水域面积 15000 平方米。主要建设内容有：临清历史文化展馆、民生民俗展馆、名人书画展馆、名人书碑廊、临清名胜砖雕展馆、名人雕塑展馆 6 个主题展馆，名贵苗木购置、景观小品、休闲娱乐设施等。在 2016 年国庆节和 2017 年春节期间免费向游客开放，每天游客人次达到 2 万人左右。

【宣传促销工作多姿多彩】 *“古城胡同游”活动。* 在春节、劳动节、国庆节等重大节日期间，举办“临清胡同游”活动，先后游览鳌头矶、县治遗址、纸马巷、大宁寺等。对于了解古城，保护古城，宣传古城起到积极作用，临清胡同游成为全市的一项重要活动，在旅游界有一定的影响。特别是临清的运河段被评为世界文化遗产后，来临清看运河考察运河的游客络绎不绝。

海棠家园景区成功举办第七届赏花节。开幕后，吸引周边县市游客纷纷前来赏花踏青，游客人数达到 4.5 万人。黄河故道地质森林公园举办椹果采摘节，游客人数达到 3 万人。

接待由杭州旅游委员会牵头组织的京杭大运河线路策划活动。京杭大运河线路策划旅行商团一行 28 人在聊城市旅游局和临清市旅游局工作人员陪同下参观舍利塔、清真寺、钞关、鳌头矶、元运河等景点。通过考察，旅行商团详细记录临清运河景点文字、图片、视频等资料，并指导策划运河线路进行上架销售。

接待由山东省旅游局主办的十大文化旅游目的地品牌新媒体营销系列活动“儒风运河”新媒体采风活动。行程贯穿聊城、德州、泰安、济宁、枣庄 5 个城市，利用 5 天的行程使各媒体记者代表深度体验运河的文化、业态，挖掘弘扬“诚信、仁义、包容”的齐鲁运河文化内涵。来自中央、省级、市级等 20 多家主流媒体记者参加采风。考察组在旅游局工作人员的陪同下参观临清济美酱园、鳌头矶、钞关等景点。

“风从运河来”全国媒体聊城行由聊城市委宣传部、聊城市文广新局、聊城旅游局、聊城市文联联合主办，媒体团由中央重点新闻网站和主要商业网站等媒体组成。在局工作人员陪同下，参观舍利塔、鳌头矶、会通桥、钞关、临清老街巷等运河景点。媒体团详细记录临清运河景点文字、图片、视频等资料。

【信息工作和旅游统计工作循序渐进】 通过临清旅游微信公众平台、旅游政务信息网将全市的旅游信息积极宣传出去，搞好市旅游推介活动。和统计局联合做好全年旅游统计工作。通过召开会议对旅游统计工作进行安排部署，由星级饭店、A 级景区和城乡居民出游调查的工作人员参加会议，并对统计人员进行业务培训，对旅游统计工作做出明确要求，确保市 2016 年旅游统计工作顺利完成。

【乡村旅游工作稳步发展】 向聊城市旅游局报送临清市旅游局脱贫工作方案及刘垓子镇姜庄村、魏湾镇东魏村、金郝庄镇东张村、尚店镇洼里村等 4 个贫困村的脱贫工作方案。其中，刘垓子镇姜庄村成功申报旅游精准扶贫项目——一般旅游扶贫村。乡村旅游发展资金 10 万元拨付到位。

根据省旅发委的通知精神及工作安排，派出乡村旅游带头人 2 名赴台精准交流，学习台湾的乡村旅游经验做法。

根据省旅发委要求，结合全市实际，指导乡村旅游创建工作，2016 年，金郝庄品尚肥羊、金郝庄笨鸡王被评选为“山东省好客人家星级农家乐”，金郝庄海泰农业生态园被评选为“山东省精品采摘园”。

【质量规范与管理工作积极开展】 为保障全市旅游市场安全稳定，在春节、劳动节、国庆节等旅游旺季前进行安全检查，主要对旅游饭店、旅游景区进行安全检查，对旅行社进行业务检查和安全检查，发现问题及时进行督促整改，确保无安全事故发生。对全市的各旅行社、分社及网点开始进行监督检查，重点检查“零负团费”、旅行社与旅游者签订旅游合同情况、与导游人员订立劳动合同情况。2016 年，全市的旅游市场秩序良好，无零负团费现象，旅行社与旅游者均签订旅游合同，并与导游人员订立劳动合同。

【重点旅游项目简介】 海棠家园项目。位于临清市东南部的魏湾镇，现占地面积 1600 余亩，园区内主要种植北美海棠 116 个品种，碧桃 48 个品种，这些品种都是从国外新引进的花果兼备、观赏价值高的珍稀品种，另外还有金丝楸、红叶椿、欧洲雪球、黄花丁香、文冠果、牛奶子等名贵苗木共计 180 余个品种。海棠园里春季繁花似锦、万紫千红，夏季各种彩叶令人赏心悦目，秋冬季硕果累累，尤其是海棠果经冬不落，给人们带来新的惊喜和愉悦。

运河丁马休闲养生项目。丁马庄是运河岸边一个古老的村庄，距今已有 2300 多年的历史。据 1985 年国家历史考古专家与临清市博物馆原馆长、研究员马鲁奎共同考证，村辖区内现存两处汉代遗址。据《清平县志》记：战国时期赵简子就开始在丁马庄马家湖人工养殖甲鱼。乾化元年（911）五代后唐明宗李嗣源屯兵丁马庄村西皇殿岗 17 年，节度使石敬瑭屯兵现丁马甲鱼养殖场原驸马府 17 年。据临清市博物馆研究员马鲁奎和有关历史专家共同考证，传说中的薛平贵与王宝钏就是后晋时期的石敬瑭和永宁公主的原型，石敬瑭居住原丁马庄驸马府，王宝钏居住丁马甲鱼养殖场以西原寒窑内，寒窑遗址至今尚存。据《清平县志》记载：乾隆皇帝六下江南，都要在原清平县青阳驿站（现魏湾）停留，赏魏湾烟雨、观皇岗蜃楼、品丁马甲鱼。乾隆皇帝并提笔御赐丁马甲鱼为“黄运甲鱼”，自此，丁马甲鱼被列为皇室贡品，闻名天下。明清时期北京至南京的陆路官道在丁马庄村中间通过，水路运河途径村南。原丁马庄境内建有烽火台、关帝庙、岳王庙、石王殿、土地庙、明代皇窑及围栏狩猎的皇殿岗狩猎园。为寻古丁马运河历史文化；展现汉唐至今的文化内涵；开发特色生态旅游休闲项目；坐镇丁马甲鱼府品宫廷贡品—丁马甲鱼养生宴；返璞归真、回归自然为一体的“运河丁马 休闲养生建设项目”很有必要。项目总投资 18240.9 万元，其中固定资产建设性投资 16240.9 万元，建设期贷款利息 800 万元，铺底流动资金 1000 万元。建设内容分三部分：第一部分丁马村投资 633.2 万元，主要建设丁马庄牌坊、丁马庄原始原貌农家院、原清平县委旧址、新村庭院经济、汉代遗址、丁马村史纪念馆、运河丁马甲鱼养生宴、丁马新村建设规划 8 项建设内容。第二部丁马公司投资 1355.2 万元，主要建设世界龟鳖展览馆、丁马公司观光台、丁马甲鱼生态养殖观光走廊、丁马公司标志展示、丁马甲鱼石雕展示、丁马旗帜展示、丁马之歌展示、丁马产品展示、运河丁马甲鱼养生体验馆、丁马甲鱼温室养殖观赏区、丁马甲鱼孵化观赏区、丁马甲鱼深加工工艺观赏区等 12 项建设内容。第三部分晋帝庄园投资 10452.5 万元，主要建设马家湖历史上人工养殖观光区、皇殿岗观光区、驸马府观光区、王宝钏寒窑观光区、石王殿观光区、烽火台观光区、明代皇窑观光区、关帝庙观光区、岳王庙观光区、土地庙观光区、运河丁马民俗博物馆、会议接待综合服务区、温泉养生休闲中心、丁马甲鱼四季垂钓园、晋帝狩猎场、四季采摘园、野生百草保护园等 17 项建设内容。预计项目建成实施后，每年接待游客可达 50 万人次，年可创收入 1 亿元，实现利润 4000 万元。

临清年鉴 2017

LINQINGYERABOOK

社会生活

人力资源和社会保障

【公务员管理】 根据《公务员录用规定（试行）》和2016年聊城市考试录用公务员公告的有关要求，通过网上报名初审、资格审查、政审、录用等环节，顺利完成2016年公务员招录工作。全市录用公务员40人。其中市直机关22人，镇机关18人。按照《聊城市实施〈中华人民共和国公务员法〉工作方案》规定和《关于集中进行公务员日常登记工作的通知》要求，积极开展公务员日常登记工作。2016年共进行2次公务员登记工作。其中2016年2月登记36人，2016年11月登记24人。圆满完成省人社厅、省公务员局对我市开展的公务员法及配套法规实施情况的专项检查工作。

【年度考核】 按照聊城市委组织部、聊城市人社局《进一步加强公务员考核工作的通知》（聊人社字〔2014〕280号）文件要求，认真开展2016年度行政机关、参照公务员法管理事业单位及部分事业单位工作人员年度考核工作。2016年年度考核共审批1221人次。

【干部任免】 按照临清市人民政府《临清市政府机关事业单位股级及其以下行政职务任免暂行办法》（临政发〔2003〕38号）和临清市委组织部《关于加强镇（街道）、市直部门中层干部选拔任用管理工作的意见》（临组发〔2011〕10号）文件精神，根据干部管理权限，积极开展中层干部选拔任用管理工作。2016年完成对市人社局等16个单位155名股级及以下人员任免职务审批工作。

【工资福利】 随着国家工资政策的不断调整，临清市机关事业单位人员工资呈现稳步增长态势。人社局依靠国家政策结合临清市实际情况和经济水平，本着立足大局、保障稳定的精神，对全市机关人员工资进行逐步调整。根据国办发〔2016〕62号文件和鲁人社发〔2016〕45号文件精神，对全市机关事业单位在职人员进行调资，其中组织部管理人员2178人，普通管理干部8905人，聘干790人，工人1313人，共计13186人；根据临人社发〔2016〕43号文件精神，对机关事业单位人员津贴补贴标准进行调整，将部分规范津贴补贴纳入基本工资，纳入额度按照国家和省有关规定执行。

【离退休管理】 根据鲁人社发〔2016〕33号和聊人社发〔2016〕14、15号文件精神，对全市2015年12月31日以前退休和退职的人员调整基本养老金，其中退休人员5816人，退职人员10人；根据国办发〔2016〕62号文件和鲁人社发〔2016〕45号文件精神，对125名离休人员进行调资。

【人才交流服务】 2001年11月下发临编字〔2001〕19号文件，将市人才交流服务中心升格为正科级事业单位。2012年临清市人才交流服务中心下设综合科、人才流动科和开发培训科三个科室，共有在编人员4人。临清市人才交流服务中心职责包括提供法律、法规和政策咨询；开发人才资源，提供人才需求信息；办理人才求职登记、人才推荐、人才委培；组织人才招聘；开展人才素质测评；从事流动人员人事档案管理、人事代理、聘用合同鉴证等业务；协助企业做好外国专家及智力引进工作。临清市人才交流服务中心自成立以来，立足实际，依托人才市场，开展多项业务：继续加强与国内外大学交流与合作，培养当地留得住、用得上的各类急需人才；组织企、事业单位赴济南、德州、聊城等地参加大型人才招聘会，为全市引进急需人才。2016年9月27日，临清市人才交流服务中心组织23家企、事业单位参加由国家外专局、山东省人力资源社会保障厅（省外国专家局）和聊城市委市政府共同举办的第二届“中国·聊城外国专家交流洽谈会”。其中，临清市实验高级中学与芬兰语言教育专家海迪•周娜•谭湖娃对接成功，海迪•周娜•谭湖娃已于2016年10月下旬正式到临清市实验中学担任外教；2016年10月11—13日，临清市人才中心组织实验高级中学、市人民医院、临清口腔医院3家用人单位参加在德州市举办的第九届“海洽会”和“精英齐鲁会”中高端人才招聘洽谈会。洽谈会上，接洽人数98人，达成初步合作意向人数为32人；临清人才网2008年注册并投入使用，对用人单位的招聘和个人求职一律实行免费服务，2016年临清人才网发展企业会员100家，个人用户5770位，网络点击量达172万人次；严肃认真做好流动人员档案管理工作，实行专人负责、微机管理，目前库存档案一万余份。

【退管办工作】 2016年继续按照《临清市领取养老保险待遇人员生存认证实施办法》的要求做好企业退休人员领取养老金资格认证工作，共认证企业退休人员27951人。通过人社部异地退管系统上传全市退休在外地居住的退休人员信息336人，已全部认证完毕。协助认证外地退休在临清居住的退休人员179人。春节期间，慰问100名孤寡、高龄、困难的企业退休人员。为丰富退休人员的业余文化生活，2016年5月，与体育局共同举办临清市千人太极拳（剑）汇演。此次汇演是响应全省开展太极拳培训推广活动的号召，大力实施全民健身的重要内容，也是离退休人员社会化管理服务工作的一次全新尝试。积极组织做好聊城市第四届离退休人员摄影展作品的选拔和推荐工作。

【劳动就业创业】 临清市劳动就业办公室主要工作职责是负责全市的劳动就业服务、劳动力市场管理，劳动就业培训、失业保险管理、劳动服务企业管理。认真贯彻“劳动者自主就业，市场调节就业，政府促进就业和鼓励创业”的就业方针，加大对困难群体就业的扶持力度，为农民工的转移就业积极搭建平台，实施更加积极的就业政策，积极拓宽就业渠道，强化就业指导服务，鼓励自主创业和灵活就业，探索建立市场经济条件下促进就业的长效机制。鼓励大学生到城乡基层就业，统筹实施“三支一扶”“就业见习”等各类基层就业服务项目。在开发就业岗位的同时，大力提升劳动者的职业技能和创业能力，改善农村劳动者的进城就业环境，积极推进城乡统筹就业。烟店镇、新华路街道元仓社区、青年路街道温泉社区成为山东省首批省级创业型乡镇、社区，实现创业带动就业倍增效应。

【职业技术培训】 市劳动就业办公室依据《聊城市加强就业培训提高就业与创业能力五年规划（2014—2018）实施方案》的通知要求，在加强督促本市定点培训机构的基础上，引进聊城市创业大学、聊城市交通技工学校、聊城市新馨园职业技能培训学校三家市级培训机构，积极开展面向新生劳动力的职业培训，面向企业在职职工的技能提升培训，面向下岗失业人员的再就业培训，面向农村劳动力的职业技能转化培训，面向城乡困难家庭子女的技能扶贫培训，面向各类群体的创业培训，提升劳动者的职业技能和创业水平。

【劳动保险】 机关事业单位社会保险。临清市机关事业单位社会保险事业处为正科级全额拨款事业单位，现有在职人员7人，内设综合科、业务科、基金管理科、统计科3个科室，科室设置与聊城市机关事业保险处科室设置基本一致，主要负责临清市机关事业单位养老保险费的征缴、离退休人员养老金的发放工作。2001年4月由临清市劳动和社会保障局机关事业单位社会保险事业处正式开始办理养老保险业务，从2003年开始，加大对机关事业单位养老保险的征缴，不断加强征缴力度，实现参保率100%。根据《国务院关于机关事业单位工作人员养老保险制度改革的决定》，《山东省人民政府关于机关事业单位人员养老保险制度改革的实施意见》《聊城市人民政府关于印发聊城市机关事业单位工作人员养老保险制度改革实施方案的通知》，从2015年开始逐步开展机关事业单位工作人员养老保险制度改革，对养老保险制度改革期间，参保单位缴费和养老金发放的资金进行清算，建立单位按本单位工资总额的8%缴费，个人按本人缴费工资的4%缴费的职业年金制度，建立个人账户。截至2016年12月份，全市机关事业单位参保人数达到14218人，离退休人数5950人，征缴保险费17875万元。

企业养老保险。临清市社会劳动保险事业处成立于1987年5月，为正科级全额拨款事业单位，现有在职职工20人。内设综合科、财务科、基金征缴科、个人权益科、信息科、统计科、社保登记科、保险福利科8个科室。负责全市企业职工养老保险基金的征缴、支付、养老保险关系转移、在职职工（含破产企业）养老保险费欠费核算、退休（退职）职工养老保险金核算。具体业务自1987年9月开始。1987年9月全民所有制企业开始缴纳企业养老保险费，1988年10月集体企业开始缴纳社会保险费。1992年10月，企业职工个人开始缴纳社会保险费。1987年10月起，企业离退休人员养老保险待遇由企业代发。1998年起，企业离退休人员实行社会化发放。企业养老保险费征缴工作。2015年企业实际缴费人数36885人，企业养老保险费共征缴41481万元。2015年底企业离退休人员26870人，2015年完成企业养老金发放73132万元，2015年养老转移收入1110万元，转出152万元。2016年企业实际缴费人数35138人，企业养老保险费共征缴43233万元。2016年年底企业离退休人员27486人，2016年完成企业养老金发放78040万元，2016年养老转移收入1403万元，转出174万元。

医疗保险。2016年，城镇职工基本医疗保险参保人数77106人，基金征缴21862万元，支出19893万元，19560人次享受到医保待遇。城乡居民医保参保人数595098人，基金征缴8930万元，政府补贴25000万元，支出27976万元，1041829人次享受到医保待遇。自2015年城乡居民医保实现制度统一后，2016年1月全市各医保定点单位将原新农合使用的浪潮软件统一更换为地纬软件，从真正意义上实现医保制度统一，系统统一后城乡居民医保实现省内160家联网医院的即时结算。2016年4月，承接城乡居民大病保险的中国人民财产保险股份有限公司在临清市定点医疗机构实现联网即时结算。

工伤保险。临清市工伤保险事业处成立于2004年8月，属全额事业单位，现有工作人员6名，主要职责是负责落实工伤保险政策；负责工伤保险费的征缴和管理工作；负责工伤保险待遇的审核和支付工作；对定点医疗机构、辅助器具配置机构工伤保险服务履行情况进行监督、检查；为工伤职工或者直系亲属免费提供咨询服务。临清市的工伤保险制度启动于2004年1月。根据国家有关政策，事业单位工伤保险自2007年陆续启动，老工伤人员于2009年纳入统筹，统筹层次于2010年工伤保险纳入聊城市级统筹。截至2016年12月，参保人数71556人，其中：农民工参保24666人，事业单位参保12316人。收缴工伤保险费2038万元，支付工伤保险待遇866人次，支付金额2264万元，累计结余4944万元。几年来，工伤保险覆盖范围不断扩大，管理服务逐步规范，切实保障企业和职工、特别是工伤职工的合法权益。

职工生育保险。2016年，为符合生育保险报销条件的114个单位225名职工发放生育保险金2503566元，其中生育保险津贴2067516元，生育医疗费436050元。认真贯彻落实《关于贯彻落实人社部发〔2015〕70号文件适当降低生育保险费率的通知》（聊人社发〔2015〕25号）文件要求，适当降低生育保险费率。按照“以支定收，收支平衡”的原则，自2016年4月将生育保险费率调整到用人单位职工工资总额的0.5%，职工个人不再缴费。

失业保险。2016年失业保险参保单位256家；参保人数54450人。其中，企业参保45050人、机关事业参保9400人。共征缴失业基金1841万元，待遇支出3231万元，享受待遇人数3141人。

【劳动保障监察】 临清市劳动保障监察监督科成立于2001年，隶属市人力资源和社会保障局，2012年12月更名为临清市劳动保障监察监督处，隶属关系不变。临清市劳动保障监察大队成立于2001年6月12日，为副科级全额事业单位，隶属市劳动和社会保障局。2010年4月17日，市劳动保障监察大队更名为市劳动监察局，为参照公务员管理事业单位，成为全国第一个县市级劳动监察局。截至2016年，专职监察员16人，兼职监察员48人。劳动监察由市劳动保障监察监督处和市劳动监察局组成，市劳动保障监察监督处隶属市人力资源和社会保障局，现有工作人员3名，市劳动监察局为参照公务员管理事业单位，隶属市人力资源和社会保障局，专职监察员16人，兼职监察员48人。负责全市劳动保障监察工作的宏观调控、组织协调、管理考核；负责全市劳动保障监察员的培训工作；负责制定劳动保障监督审查及专项检查工作计划，并督促实施；负责社会保险基金行政监督工作；负责受理投诉举报案件；负责上级安排的其他工作。采取日常检查、专项检查、年度审查、投诉举报检查等方式对管辖范围内用人单位遵守劳动保障法律法规的情况进行监督检查。根据上级要求，积极开展劳动保障监督审查工作、农民工工资专项检查、整治非法用工，打击违法犯罪、清理整顿人力资源市场秩序等专项执法检查，有效地规范用人单位用工行为。2016年，处理各类案件共计55件，补发劳动者工资39.52万元，补签劳动合同1143份。时效内结案率100%，无行政复议案件，切实维护广大劳动者的合法权益。2016年，对各项社会保险基金采取现场监督与非现场监督，专项审计检查等方式进行有效行政监督，确保临清市社会保险基金安全运营。始终把宣传寓于劳动监察工作之中，有效地促进劳动保障法律法规的贯彻实施，切实维护劳动者的合法权益。

【特色工作】 开展“人社法规政策宣讲进企业”活动效果显著。为切实提升全民社会保障意识，充分发挥劳动者在参保缴费方面的主体性作用，自2015年以来，临清市人社局在全市范围内开展“人社法规政策宣讲进企业”活动，收到良好的效果。活动中，市人社局组织局机关通晓人社法规政策的专业人员，直接深入企业车间、班组召开座谈会，同企业一线职工面对面沟通交流，了解职工在参保缴费方面存在的问题，利用通俗易懂的语言解疑释惑，通过算账对比讲清参保的好处，借助职工身边的例子现身说法，切实做到把法律讲明白、把政策说透彻、把问题说清楚、把好处说到位，有效提高群众对参保缴费的认知度，快速实现职工由“要我参保”到“我要参保”的转变。活动中，重点宣讲《劳动合同法》《社会保险法》《禁止使用童工规定》《女职工劳动保护规定》等相关法律法规。深入152家企业开展宣讲活动，涉及劳动者2.6万多人，现场解答问题6000多个，发放明白纸3万余份，回复咨询620人次。

（汪培勤　方化春）

民　政

【概况】 根据临清市人民政府出台《关于印发临清市民政局主要职责内设机构和人员编制规定的通知》文件要求，民政局局属科室包括办公室、财务科、优抚安置科、救灾和社会救助科、基层政权和社会组织科、社会事务和区划地名科，局下属事业单位包括双拥办公室、慈善总会、大辛庄中心敬老院、八岔路中心敬老院、老赵庄中心敬老院、魏湾中心敬老院、婚姻登记处、军休所、殡仪馆、烈士陵园。2016年，民政局共有干部职工58人，其中局机关工作人员16人，双拥办公室2人，慈善总会9人，大辛庄中心敬老院3人，八岔路中心敬老院2人，魏湾中心敬老院3人，老赵庄中心敬老院2人，婚姻登记处4人，军休所4人，殡仪馆6人，烈士陵园7人。

2016年临清市民政局根据上级民政部门工作要求，结合临清实际，进一步完善社会救助机制；以养老转型为重点，大力发展社会福利事业；以落实政策为重点，继续深化军民融合发展；以承接服务为重点，持续激发社会组织活力；以基层自治为重点，加快城乡社区建设。

【基层政权建设和民主管理】 规范村务公开程序、监督制度，建立健全村务公开管理制度及配套设施。加强村务公开民主管理工作，将村务公开工作纳入规范化轨道。认真落实《山东省村务公开条例》，有效促进工作的深入开展。重新调整村务公开领导小组。修订《村务公开目录》，规范村务公开的程序、监督村民会议或村民代表会议使其正常发挥作用，规范村务档案管理，确保真实、准确、完整，村务公开实现常态化，确保公开内容全面、及时、准确，公开率达到80%以上。深入调查摸底，搞好宣传发动，做好临清市第一届城市社区换届选举工作的信访维稳工作。

【城乡居民最低生活保障】 为进一步做好城乡居民最低生活保障工作，2016年临清市继续提高城乡居民最低生活保障标准，城市最低生活保障标准由每人每月380提高到每人每月400元，平均月补差标准为240元；农村最低生活保障标准由每人每年2600提高到每人每年3402元，平均月补差标准为170.1元。2016年共发放低保金4360.8万余元。在做到“应保尽保”的前提下，持续推进农村低保线和省定贫困线“两线合一”。按照《临清市开展“阳光低保”回头看专项行动实施方案》（临民发〔2016〕17号）文件精神，深入开展“阳光低保”回头看专项行动，进一步提升基层社会救助能力和服务水平，全面强化城乡低保对象的动态管理。研究制定《临清市“救急难”试点工作实施方案》，出台《临清市“救急难”基金管理使用暂行办法》，按照“多方筹集、循环使用”的原则，筹集50万元“救急难”资金，积极探索“救急难”资源统筹、资金管理、资金使用、救助标准、救助程序、监督机制和保障措施等7个方面的内容，积累“救急难”基本经验。2016年11月16日，聊城市推进社会救助改革创新现场会议在临清市召开，临清市向聊城市和其他10个县（区）介绍社会救助改革创新经验做法。组织对城乡低保家庭的个人申请、村（居）委会证明、身份和户口信息、伤病残情况、法定赡养人（抚养人、扶养人）情况和申请暨审批表等11类19项档案材料进行规范，高标准抓好专题培训、信息采集、材料整理、数据录入等工作，实现城乡低保和农村五保供养对象纸质档案和电子档案的“双套制”保管，形成全覆盖、大数据的社会救助信息库。

【城乡医疗救助】 2016年研究制定《关于进一步完善城乡医疗救助制度全面开展重特大疾病救助工作的实施方案》，并对897名最低生活保障对象进行医疗救助，累计发放医疗救助金257.64余万元。按每人80元的居民基本医疗保险标准为18538名最低生活保障对象发放居民基本医疗保险补助金148.304万元。按每人150元的标准为1695名农村“五保”对象、城市“三无”人员、孤儿发放居民基本医疗保险补助金25.425万元。医疗救助制度的实施，有效解决困难群众看病难、就医难的问题。

【优抚】 认真落实各项抚恤补助政策。严格按照省民政厅下发的《关于提高部分优抚对象抚恤补助标准的通知》文件精神，提高残疾军人、“三属”定期抚恤金、在乡复员军人、带病回乡退伍军人、参战参试退役人员的生活补助以及老年烈士子女和60岁以上退役士兵老年生活补助标准。协调市财政局通过银行为197名在职残疾军人发放抚恤金 360 万元；分别为 4296 名 60 岁以上退役士兵和 168 名老年烈士子女发放上半年老年生活补助金 627 万元、65.3 万元。

完善优抚医疗保障制度。为 962 名符合条件的优抚对象参加居民医疗保险，缴纳参保费 14.43 万元；为 101 名六级以上残疾军人缴纳医疗统筹 202 万元；为 28 名四级以上残疾军人发放护理费 44.4 万元。为 162 名优抚对象解决住院医疗补助 12.2 万元。为农村优抚对象发放门诊补助 14.5 万元。2016 年自 6 月中旬开始，按照巡诊方式，由聊城市复退军人医院组织医疗服务队分别到各镇（街道）为优抚对象做好健康查体，建立健康档案，指导优抚对象做好日常健康保健及疾病预防。

做好义务兵家庭优待金发放，严格按照标准发放义务兵家庭优待金（2016 年兑现标准为 11093 元 / 人 / 年）；同时，做到“四个增发”，即按现行优待标准，进藏服役义务兵年优待金增发 1 倍，到新疆、青海等艰苦地区服役义务兵增发 50%，大专以上毕业生义务兵增发 20%，获得荣誉称号义务兵按不同比例增发，2016 年度共发放优待金 882.6 万元。

做好烈士褒扬工作。加强对市烈士陵园和八岔路烈士陵园的管理保护工作，在春节、清明节等节日期间，做好烈士祭扫安全保护，杜绝各种意外事故的发生。做好零散烈士纪念设施的维修改造以及散葬烈士墓的迁移保护工作。在清明节前夕，八岔路烈士陵园新建夏碧波烈士纪念碑，同时将散葬在先锋路街道杨存庄村辖区内的六座无名烈士墓、先锋路街道柴庄村郭子刚烈士墓、魏湾镇前张官营村谢林生烈士墓迁移到八岔路烈士陵园进行集中安葬。2016 年 7—9 月，投资 39 万元对市烈士陵园大门、纪念广场、纪念堂门厅、纪念堂西大厅、烈士墓进行升级改造。

做好优抚对象轮养。全年安排四批 120 多名优抚对象到光荣院进行轮养，在吃、住、病、查体、娱乐等方面做好保障，组织他们到爱国教育基地参观，让他们真正享受到国家对广大优抚对象关心照顾。

加强涉军稳定工作。把优抚对象应该享受的各项待遇全部及时足额兑现到位，维护好优抚对象的合法权益，满足他们的合理要求，最大限度地减少不和谐因素。向市财政争取资金 158.7 多万元为 292 名破产困难企业军队退役人员缴纳养老、医疗等社会保险。

【安置】 按照中华人民共和国国务院、中华人民共和国中央军事委员会令（第 608 号）《退役士兵安置条例》的要求，全面落实安置待遇，对临清籍退役士兵、转业士官做出妥善安置，维护退役士兵的合法权益。2016 年共安置退役士兵 299 人，其中义务兵 182 人，一至四级城乡复员士官 88 人，转业士官 29 人，重点安置对象全部安置到事业单位。发放一次性经济补助金 389 余万元，发放转业士官待安置期间生活费 69600 元。开展退役士兵职业教育和技能培训工作。按照上级部门的要求，本着自愿参加、免费培训的原则，配合聊城市民政局为退役士兵选择师资力量强、培训设施好、教学质量高的培训机构，依托各类就业服务机构，积极推荐退役士兵就业。进一步落实国家和省市鼓励就业创业、扶持退役士兵自谋职业的优惠政策，积极引导退役士兵自谋职业、自主创业。

【婚姻登记】 临清市婚姻登记处位于三和路北段，新华路街道东兴街。房屋总面积为 350 平方米，其中候登区和结婚登记区面积 180 平方米，离婚登记室面积 25 平方米，婚姻家庭辅导室面积 25 平方米，颁证大厅 60 平方米，档案室 35 平方米，卫生间 25 平方米。工作职责为办理结婚登记；办理离婚登记；补发婚姻登记证；撤销受胁迫的婚姻；宣传婚姻法律法规、倡导文明婚俗。婚姻登记处认真落实《婚姻法》和《婚姻登记条例》，严格执行《婚姻工作暂行规范》，依法办理婚姻登记，认真宣传婚姻法律法规，积极倡导晚婚晚育、做好婚姻登记咨询。认真做好对当事人有关婚姻状况声明的监督和审查好当事人是否具备结婚、离婚、补发婚姻证件的条件，认真签发婚姻证。婚姻档案及时整理、立卷，正确保管和使用。婚姻登记处工作人员严格遵守各项规章制度，服务热情周到，婚姻登记合格率达100%。2016年共办理结婚登记6898对，离婚登记1313对，补办结婚证794对。

【殡葬】 临清市殡仪馆始建于1966年，原名为临清市火葬场，占地面积13余亩，在先锋路东首北侧，担负着全市十几个乡镇街道及周边地区的尸体任务及殡仪服务。1993年更名为临清市殡仪馆，1999年在原地进行扩建增征土地3.2亩，改建火化车间，新建职工宿舍4间，伙房3间，扩建寄存大厅，可容纳骨灰盒3000余个。临清市殡仪馆于2012年12月搬迁至先锋路街道东小庄，殡仪馆占地105亩（其中规划墓地70亩），新建的殡仪馆总投资1460万元。建有高标准的吊唁大厅、火化车间、寄存楼和办公大楼等，新建4台高档火化炉，在搞好硬件建设的同时，不断增加服务内容，提高服务质量，形成运尸、冷藏、告别、火化、骨灰寄存一条龙服务，满足当前人民群众对丧事办理的需要，提高殡葬管理服务水平。

【福彩发行】 2016年临清福彩贯彻“安全运行、健康发展”的方针，通过规范管理、强化服务、积极拓宽销售渠道，实现福利彩票销量稳步增长，福彩文化建设深入推进，福利彩票社会公信力不断提升。自2000年“齐鲁风采”电脑彩票发行以来，销量连年攀升，到2016年年销售量达5000万元，累计销售6.5亿元，积累县级福彩公益金6500万元，列聊城县市首位，为福利事业发展提供充足的资金保障。

【区划地名】 第二次全国地名普查成员单位信息提报工作基本完成。2016年5月5日，临清市第二次全国地名普查工作推进暨培训会议召开，拉开临清市第二次全国地名普查工作序幕。此次地名普查成员单位共涉及51个市直部门和16个镇（街道），共收集地名普查员（联络员）信息表67份，保密责任书134份，成员单位工作简册67份、成员单位工作手册67份，各类信息采集表8623份，收集各类照片13392张，均按照上级要求填写完成，已加盖单位印章上报聊城，所有成员单位及镇办信息提报工作圆满完成。

圆满完成《山东古街古巷》（临清市部分）基本情况上报工作。根据山东省地名普查推进暨地名图书编纂工作会议有关要求，紧密结合临清市实际情况，市民政局按照“尊重历史、客观真实、严谨细致、及时上报”的总体要求，认真考证，科学论证，规范整理，圆满完成《山东古街古巷》（临清市部分）基本情况上报工作。根据历史沿革和史料记载，经认真考证、科学论证、规范整理后，此次重点上报4街2巷：柴市街、箍桶巷、锅市街、竹竿巷、公馆街、会通街。

积极做好勘界工作和平安边界建设工作，开展行政区域边界检查，解决边界纠纷，维护边界地区的稳定。根据聊城市民政局《关于开展第四轮县级行政区域界线联合检查的通知》（聊民发〔2014〕37号）文件的要求，会同茌平县民政局、东昌府区民政局分别完成对临清—茌平、临清—东昌府区县级行政区域界线的实地联合检查，突出重点对界桩和界桩方位物进行逐个检查，对有异常情况的线段及两侧地貌、地物进行重点核查，在规定时间内完成联合检查的各项任务。

完成城市街道标牌和道路交通指示牌的设立和维修工作。结合全市实际研究制定方案，按照程序组织工程招标，市政府投资筹建的54块道路交通指示牌和73块道路标牌，广告公司制作安装的34块道路交通指示牌、26块新建道路标牌全部完成，并对86块道路标牌进行维修，较好地实现“规范统一、布局合理、保障通行、群众满意”的目的，填补临清城区没有道路交通指示牌的空白。

根据上级要求，编纂《中华人民共和国标准

地名词典》临清部门的县级词条目录。全市共编录县级词条目录147条。

【敬老院建设】 以中心敬老院建设和管理为突破口，敬老院管理服务水平进一步提升。以加强敬老院基础设施建设和完善服务功能为重点，八岔路中心敬老院综合服务楼项目、老赵庄中心敬老院餐厅改造项目均已完工，五保集中供养条件有较大改善。狠抓4家中心敬老院消防安全工作，通过添置消防设施，增加喷淋、火警自动报警装置，消防安全水平得到进一步提高，为敬老院的五保老人消除安全隐患。加强资金保障，2016年为470名集中供养五保对象拨付供养资金335万元，保证敬老院老人衣食无忧，病有所医。

【救灾救济】 扎实开展查灾核灾报灾救灾工作，努力减轻灾害损失。上下互动，及时掌握上报灾情。2016年共上报灾情3次，为上级准确摸清受灾情况，为救灾工作提供依据。积极加强灾害信息员建设，持续推进灾害防范。5月，为各镇（街道）配备报灾手机，并就镇级北斗报灾终端操作使用进行培训。6月，组织灾害信息员参加2016年聊城市灾害信息员师资培训，并组织模拟报灾一次，提高做好灾情统计和组织灾害救助的能力素质，为持续推进灾害防范工作打下坚实基础。及时足额发放自然灾害救助资金130万余元，确保受灾群众的基本生活。积极开展5·12防灾减灾宣传活动，让群众了解防灾减灾方面的知识，增强其防灾减灾观念。

【慈善事业】 2016年“慈心一日捐”共接收捐赠资金161万余元，资金主要用于全市农村精准扶贫、情暖万家、朝阳助学、康复助医等救助项目，并对全市因患重大疾病或因灾害造成的困难家庭及个人实施临时救助。聚焦精准扶贫，结合聊城开展的“百村千户送温暖”工程，开展“慈善爱心送彩电活动”；聚焦教育扶贫，实施“朝阳助学”工程，年投入27万余元，对贫困大学新生、困难小学生、特困教师进行资助；聚焦因病致贫群体，实施“康复助医”工程，年投入23万余元，开展救助“两癌母亲”活动和因因病致贫困难家庭的应急性援助；聚焦重要节点，实施“情暖万家”工程，年投入17万余元，对因大病、重残、突发性天灾人祸致贫的低保城乡贫困家庭、困难老人、事实无人抚养儿童、残疾人进行救助。

【社区建设】 2016年继续推进农村社区建设。按照《山东省民政厅关于认真实施农村社区服务中心建设三年行动计划的通知》的要求，市民政局认真调研、摸底、登记，做好规划制定工作。继续加强对城市社区的管理。2016年在每个城市社区开展群众满意度问卷调查，保证社区基础设施、功能齐全，继续推进城市社区信息化建设，努力实现城市社区建设规范化和管理服务信息化，使城市社区建设、管理和服务水平得到切实提升。古楼社区、福德社区、胡家湾社区、辛鑫社区被评为聊城市“最美志愿服务社区”。

12月28日，临清市农村留守儿童关爱保护工作联席会议召开

根据山东省民政厅和山东省财政厅联合下发的《关于推进“村改居”工作的通知》（鲁民〔2016〕11号）要求，继续推进“村改居”工作，对符合条件的依法实行“村改居”，并纳入城市社区治理体系，按照城市社区模式开展服务，保证社区工作人员和社区居民享受和城市社区同等的待遇。

【民间社团管理】 认真落实《山东省民政厅关于创新社会组织登记和管理工作的通知》（鲁民〔2015〕29号）文件精神，对行业协会商会类、科技类、公益慈善类、城乡社区服务类等四类社会组织实施直接登记。为进一步提高社会组织登记审批效率，对社会团体成立审批流程进行优化改革，对于资料完备、条件成熟的社会团体申请审批时限由原来的60个工作日缩短为20个工作日。按照省厅统一部署全市已经完成社会组织统一社会信用代码制度建设和存量代码转换工作，社会组织登记类业务已全部实现网上办理。按照年检要求下发《关于做好2015年度社会组织年度检查暨社会组织统一社会信用代码登记证书换发工作的通知》，社会组织年检全部通过网上年检，杜绝社会组织逃避年检的侥幸心理，社会组织年检率大幅提升。2016年应参检社会组织126家，实检120家，年检率达到99%。按照国家精准扶贫统一部署，积极响应《聊城市积极参与扶贫开发助推脱贫攻坚倡议书》号召，全市的社会组织根据各自业务参与到精准扶贫项目中来。为进一步加强行业协会行业自律与诚信建设，提升行业协会的社会形象，增强行业协会的社会公信力，扩大行业协会的社会影响，在全市范围内开展行业协会行业自律与诚信创建活动。

【干部队伍建设】 临清市民政局强化措施，不断加强干部队伍建设，提升管理水平。增强自律意识。定期组织全体干部职工认真执行民政项工作制度及规定，要求干部职工在工作中坚持按政策办事、按规定办事、按原则办事，决不吃、拿、卡、要。提高服务意识。坚持“以人为本，为民服务”的民政工作宗旨，严格执行首问责任制、服务承诺制、限时办结制等制度，带领并引导服务对象到相关业务科室办理业务，耐心解答群众咨询，为群众提供更优质服务。树立民政人的良好形象。提升荣誉意识。以局为家，珍惜集体荣誉，全局民政干部职工以局为家，珍惜集体荣誉，团结协作、开拓进行、爱岗敬业、努力工作、优质服务，维护集体荣誉。强化廉洁意识。通过收看有关视频资料及学习有关文件，党员干部时刻提醒自己面对诱惑脑子绷紧一根弦，牢记民政资金为高压线，任何人都不能动下心思，做到不破底线、不越红线、不触高压线，警钟长鸣，自觉加强廉洁意识。

（岳　红　崔雪君）

老龄工作

【概况】 1988年3月，成立临清市老龄委员会，下设办公室具体负责老龄工作。2001年9月，更名为临清市老龄工作委员会，下设办公室更名为临清市老龄工作委员会办公室，归口临清市政府。2016年，临清市老龄委办公室被聊城市委市政府评为聊城市老龄工作先进单位。

截至2016年年底，全市60岁以上老年人口13.93万。其中，80周岁以上老年人1.2万人，百岁及以上老年人14人。

【老龄组织建设】 高度重视老龄事业发展，为使老龄工作有组织、有队伍、有场所、有经费，保证各项老龄政策和老龄工作在基层得到全面、及时、有效地落实，配齐配强市镇两级老龄组织班子成员。制定《关于下发〈临清市基层组织建设实施方案〉的通知》（临老发〔2016〕4号），对各镇、街道开展老年活动场所建设情况调研。全市600个村（居）都设立老年活动场所，在每个镇（街道）推荐2个村（居），进行示范点建设工作。

【维护老年人权益】 落实老年法律法规，维护老年人合法权益，是老龄工作的主要任务之一。临清市老龄委认真贯彻落实新修订的《老年法》和《山东省老年人权益保护条例》，建立健全老年人来访、登记、办理制度，办理老年人来信来访共31件，做到件件有答复、事事有结果。积极开展优待老年人工作。落实好老年优待政策。对于到达办证年龄的老年人及时办理老年人优待证，2016年以来共办理8320人次。积极协调人社、财政部门，及早落实2015年80周岁以上老人高龄补贴的发放工作，共发放补贴304万元，发放人数9340人。大力实施“银龄安康工程”，建立健全老年人意外风险保障机制。2016年，全市完成保费72万，2.4万人参保，累计为100名出现人身意外伤害事故的老年人进行理赔，赔付金额达26万余元。

【敬老爱老活动】 每年“两节”（老年节、春节）期间，发动全市各级各单位都广泛开展形式多样的敬老爱老活动，广泛组织和动员有关部门、社会组织、企事业单位、家庭和个人，为老年人办实事、做好事。“老年节”前，市党政主要负责同志分头慰问大辛庄敬老院、老赵庄敬老院和4位百岁老人，为敬老院和百岁老人送上慰问品、慰问金和节日的祝福。“敬老月”期间，成功举办山东邮政第二届“银龄杯”临清站中老年广场舞大赛。全市共15个代表队、300多名中老年群众参加比赛，选拔出的1支优秀队伍参加聊城比赛，并荣获二等奖。

【工作队伍建设】 市老龄委办公室核定编制4人，主任一名，副主任一名。2012年起，由市委组织部副部长兼任老龄办党组书记。2016年，积极开展“两学一做”学习教育，组织集中学习12次，领导干部撰写学习心得8篇；组织学习推荐廉政学习文章和自选文章2篇，观看廉政警示教育片4部，大大提高工作队伍素质。

【落实“五个老有”】 老龄工作重点是为广大老年人做好事、办实事，真正把“五个老有”落到实处。在老有所养方面，坚持以家庭养老为主，重点抓农村家庭赡养协议书的签订，签订率达到90%以上。全市四所中心敬老院，总床位达到1380张，2016年收住五保老人1178人，每人每年生活补助达到5100元，全部达到省级养老服务机构标准。在老有所为、老有所医、老有所乐、老有所学方面，注重发挥运河名城、京剧之乡、轴承之乡和全国老年体育先进单位的优势和作用，建立健全老年活动中心、老年活动室，加强老年大学的建设。逐步改善老年医疗条件，已初步形成以市级医院为龙头、镇（街道）卫生院为保障、村卫生室为基础、社区医疗服务站（点）为补充的市、镇（街道）、村（社区）医疗机构网络，适应老年人多样化医疗卫生需求。在充分考虑老年群体的特殊情况和需求的基础上，使“五个老有”得到全面落实，切实保障老年人分享经济社会发展成果的权利。

（田　华　初志伟）

民族宗教工作

【概况】 临清市民族宗教事务局成立于1979年，原名为“临清市人民政府民族宗教办公室”（正科级行政单位）。1993年机构改革中职能划归市委统战部。1995年9月，恢复设立临清市人民政府民族宗教事务办公室（副科级行政单位）。1998年8月，按照省市要求，恢复为临清市民族宗教事务局（正科级行政单位），列政府27个组成部门之一。2010年4月，机构改革中将行政管理职责划入市政府办公室。

2016年，临清市民宗局深入学习贯彻党的十八大及十八届历次全会精神和习近平总书记系列重要讲话精神，按照中央和省委、聊城、临清市委关于民族宗教工作的部署要求，紧紧围绕“四个全面”战略布局和“作风引领、团结实干、争先进位、科学发展”的要求，牢牢把握“十三五”规划发展机遇和全市经济社会发展大局，积极宣传贯彻党的民族宗教政策法规，大力推进民族团结进步事业及少数民族各项经济社会事业发展，依法加强宗教事务管理，引导宗教坚持中国化方向，妥善处理民族宗教领域的矛盾纠纷，确保民族宗教界的和谐稳定。2016年临清市民宗局荣获“聊城市民族宗教工作先进单位”“聊城市民族宗教信息工作先进集体”荣誉称号；并被表彰为“2011—2015年全聊城市普法依法治理先进集体”。

【大力发展少数民族经济，努力改善少数民族群众生产生活条件】 2016年为民品企业争取民品贴息2624万元，给企业的发展注入活力，极大促进全市民族经济的健康发展。2016年争取到位省、聊城市少数民族扶贫资金164万元，用于尚店镇焦西村、张庄村农村饮水安全工程项目、焦东村排水管道建设项目、新华路街道牛八里村、甄八里村道路建设项目、青年路街道前坑回族村道路建设项目，改善民族村的基础设施建设状况。到位低收入宗教教职人员生活补助金6.12万元，到位2016年春节穆斯林农户和城市穆斯林低保户牛羊肉价格一次性补贴资金35.07万元，做好资金的发放管理。

【民族团结进步宣传月活动】 9月份民族团结进步宣传月活动中，运用多种形式及载体，大力宣传报道全市民族团结进步事业取得的成绩，《党和国家民族政策宣传教育提纲》，宣传党的民族理论、民族政策、民族法律法规及民族基本知识，大力提倡各民族之间的相互尊重、相互学习、相互帮助。营造各民族团结进步、和谐发展的良好氛围，同时有力地激发全市各族同胞努力提高自身素质，为全市民族团结进步事业多做贡献的自觉性和积极性，推动全市民族团结进步事业的发展。

【清真食品依法管理】 认真贯彻执行《山东省清真食品管理规定》，引入双随机机制对清真食品进行管理。5月和9月对全市清真食品市场进行专项检查，保障少数民族群众吃上放心的清真食品，维护少数民族群众的合法权益。

【少数民族教育、文化、卫生、体育事业】 2016年争取到位省民族教育经费30万元，用于尚店镇后焦庄回民学校17万元、新华民族小学13万元改善教学条件；继续做好2016年少数民族中考考生加分审核认定工作，对全市155名少数民族中考学生办理民族成分审核，使民族中学学生的入学率、巩固率、升学率都有较大提高。在民族文化、体育事业发展上，为民族村（居）配套健身器材，投入较大的人财物力举办各种形式的少数民族文化体育活动，活跃丰富少数民族群众

6月2日在宗教团体办公室举行宗教政策法规学习月启动仪式并向宗教界传达学习全国宗教工作会议精神

的业余文化生活。

【宗教政策法规宣传教育活动】 开展以“学习贯彻全国宗教工作会议精神”为主题的宗教政策法规学习月活动，组织全市宗教界代表人士学习全国宗教工作会议精神。学习月期间充分利用宣传横幅、标语、宣传栏、宣传单等方式，把党的宗教政策、国家法律法规、宗教知识宣传材料发放到群众手中，同时结合不同对象的实际，运用宣传单、宣传标语、板报、图片展览等形式，以生动活泼的形式和赋予时代特点的教育内容，广泛开展爱党、爱祖国、爱社会主义宣传教育，引导群众牢固树立马克思主义的国家观、民族观、宗教观、历史观、文化观，进一步增强全市宗教界对祖国的认同、对中国特色社会主义道路的认同，不断提高辨别是非的能力，不断提高法律意识和法律素质。

【爱国宗教团体建设】 为加强对宗教活动、信教群众的规范管理，临清市民宗局积极指导临清市基督教三自爱国运动委员会（1982 年成立）、临清市天主教爱国会（1985 年成立）、临清市伊斯兰教协会（1989 年成立）、临清市佛教协会（1992 年成立）、临清市道教协会（2013 年成立）5 个爱国宗教团体建立健全各项规章制度，协助指导各宗教团体正常开展工作，积极推荐宗教界人士参加教育培训，提高宗教学识和文化素养。为聊城市佛教协会第一次代表会议考察推荐理事、代表，并协助做好聊城佛教协会成立工作。协助做好成立聊城市道教协会筹委会准备工作。

【宗教事务规范化管理】 2016 年根据山东省、聊城市《规范化管理建设年活动实施方案》《关于开展创建“和谐宗教活动场所”活动的实施意见》，通过强化三项措施、做好四个结合，继续推动“和谐宗教活动场所”创建活动的深入开展，促进宗教活动场所的规范化管理，促进教职人员综合素质的提升。同时向宗教教职人员印发《教职人员行为规范》，不断规范宗教教职人员的行为，促进教职人员综合素质的提升。

【落实党的宗教房产政策】 全市宗教房产已全部落实到位。

【组织管理体系建设】 为加大镇街道宗教执法力度，2016 年进行行政执法证件审验和专项清理工作。进一步深化民族宗教事务管理体系改革。大力推行行政审批标准化，实行公开透明审批，推进行政审批流程再造。按照统一部署做好网上审批平台建设的各项工作任务，确保高质量高标准完成平台建设工作，实现与省、聊城市审批服务网上平台的互联互通，严防“信息孤岛”的情况发生。推行双随机、一公开，加强对行政审批事项的事中事后监管。

【维护民族宗教界的和谐稳定】 在年初召开的民族宗教工作会议上，与各宗教团体、各镇（街道）签订安全目标责任书，层层分解工作指标，形成三维消防安全工作目标责任网络。春节、中秋、国庆、圣诞等重大节日期间，会同公安、消防等部门开展安全检查巡查，确保节庆活动依法、安全、有序进行。

【重要会议】 3 月 11 日，临清市召开全市民族宗教工作会议。临清市委常委、市委组织部部长、统战部部长秦生春，副市长周志雯出席会议并作重要讲话。

【其他主要工作】 切实做好扶贫攻坚工作。年初对全市的少数民族贫困会进行摸底，制定民宗局脱贫攻坚工作实施方案；对少数民族贫困户和“双联共建”帮包村贫困户给予帮助和支持，对升入大学的贫困户子女马文程捐助 5000 元；利用 8 月份全市宗教慈善周宗教界人士和信教群众捐献的善款，为全市 36 户患有特病、大病等危重病人和残疾病人的贫困户每户捐助 300—500 元；

在就业方面，协调动员全市民品企业和民族企业拿出一定数量的工作岗位，招收贫困户18—50岁适龄人员到企业就业。

5月份争取北京神墨教育机构书包、文具等300套，价值6万多元，于六一期间发放给民族小学和社会各界贫困儿童。

8月15—21日在全市宗教界开展“宗教慈善周”活动。指导各宗教活动场所以自身为单位，悬挂宣传条幅，开展形式多样的扶贫济困、助残救灾、养老助学、义工服务、义诊等公益慈善活动。

按照上级要求，做好宗教团体基础信息数据核改工作；做好全省宗教工作调研，并配合做好省宗教工作调研组到临清市调研相关工作；配合市委统战部做好伊斯兰教调研工作，配合聊城市民宗局做好省政协调研工作；做好民间信仰情况调研工作；配合聊城市民宗局对宗教工作机构设置情况进行核对；上报少数民族特需商品生产企业发展情况；对全市清真食品管理工作进行调研；对全市当前民族关系状况进行分析研判；对全市宗教文化遗产有关情况进行调研。配合做好省人大民侨外一行来临考察的准备工作；做好东营市政协副主席生钦勇一行来临考察的准备工作；协助宁夏电视台“清真的味道”拍摄组对临清清真特色饮食的拍摄工作。

（白益军　刘　东）

临清年鉴 2017

LINQINGYERABOOK

镇（街道） 园区概况

山东省临清市经济开发区

山东临清经济开发区党工委

书　　记：李衍博（12月止）
　　　　　淳悦中（12月起）

山东临清经济开发区管委会

主　　任：刘明峰（12月止）
　　　　　高晓光（12月起）

【基本情况】 山东临清经济开发区前身为2002年聊城市政府批准成立的临清市运河经济技术开发区。2006年3月，临清市运河经济技术开发区被省政府批准为山东临清工业园区，2012年5月经省政府批准更名为山东临清经济开发区，分为主园区（含中色奥博特有色金属产业园）和烟店轴承产业园两部分，总占地面积110.86平方公里。其中，主园区范围北至邢临高速，南至南环路及沿转盘向东以南500米，西至大众路延长线及沿古运河向东接永青路，东至新华路街道东界，占地面积85.16平方公里；烟店轴承产业园范围北至水波村北东西线，南至张寨村东西线，西至漳卫河大堤，东至前汪堤村东垂直线，规划面积25.7平方公里。临清经济开发区先后被评为“山东省新型工业化（有色金属·铜加工）产业示范基地”和“山东省高端装备制造产业园区（机械基础零部件）”。为进一步理顺临清经济开发区管理体制和运行机制，推动开发区快速健康发展，根据鲁办发〔2011〕1号和聊发〔2009〕2号文件精神，2012年10月，临清市委、市政府制定出台《关于临清经济开发区与新华路街道办事处实行“区镇合一”的意见》临发〔2012〕35号。2012年11月，临清经济开发区与新华路街道实行“两个牌子、一套班子”。开发区党工委、管委会作为市委、市政府派出机构，对开发区实行统一领导和管理，与新华路街道共同行使党的建设和经济、行政、社会事务等管理职能。2010年6月，临清经济开发区被省经济和信息化委员会（鲁经信改字〔2010〕296号）命名为“山东省新型工业化（有色金属·铜加工产业示范基地”。2012年7月被省经济和信息化委员会（鲁经信装字〔2012〕354号）命名为“山东省高端装备制造产业园区（机械基础零部件）”。临清经济开发区在全省综合评价排名中从2008年第119名上升至2015年第58名。

2016年，开发区实现主营业务收入911.2亿元；固定资产投资完成117.2亿元；公共财政预算收入4.6亿元；税收收入13.1亿元，进出口总额24.2亿元。

【园区规划建设】 按照“把开发区建设成为全市招商引资的大平台和跨越发展新高地”的目标要求，坚持高标准规划、高水平建设的原则，切实加大园区开发建设力度，不断提高园区的设施水平和综合承载能力。

园区规划　按照园区“一心、一核、两带、三轴、七组团”的规划布局，加快推进园区的建设进度。并制订“十三五”规划，建设好“一区六园”，在临清经济开发区建设有色金属、机械及钢铁加工、纺织服装、能源电力、物流、旅游休闲六个产业园。

基础设施建设　在资金、土地等要素的安排上向园区倾斜，积极完善道路、供排水、污水处理等基础设施。2012年完成温泉路、经八路、纬六路、解放路、工业街、经四路等6条干道的建设；天然气、供热、供排水等管网建设同步快速实施，确保与道路建设同期完成；伴随着大唐临清热电有限公司2×350MW级热电联产项目的批复，加快对日处理10万吨大型污水处理厂项目的筹备实施。

2015年“五纵、四横”道路网已经形成，管网建设同步实施。完成对经八路、纬六路、解放路、温泉路的拓宽及改造工程，同步建设供排水、供热、天然气、电力通讯等管网。

服务企业　大力构建以财政资金为指导，贷款融资为主体的系统性融资模式，积极开展银企联谊会，创新贷款融资方式，鼓励企业进行挂牌融资。同时，在烟店镇率先开展“三户联保”“五户联保”模式，为产业园企业发展提供最大化的资金和政策支持。在开发区建立拆迁安置机构，抽调专门人员与市拆迁办人员共同组成拆迁小组，为园区的土地供应提供切实保障。

【招商引资】　临清经济开发区以构建“大招商”格局为着力点，积极完善招商引资优惠政策，广泛搜集投资信息，坚持“走出去，请进来”的工作方法，形成全员抓招商的良好局面。2012 年，先后签约投资 11 亿元的西蓝集团 4 万吨 LNG 储备站项目、投资 10 亿元的铁路物流项目、投资 5 亿元的电动耦合控制系统项目、投资 5 亿元与 SKF 配套的轴承滚动体等 10 个项目，合同引资达 75 亿元。2015 年确定的 11 个投资过千万的重点项目，计划总投资 34.5 亿元，年度计划投资 16.6 亿元。其中：中色奥博特铜铝业有限公司铜箔及铜合金材料、山东新兴重工科技发展有限公司新能源工业园、临清三利纺织有限公司 1 亿米白胚布、江阴铜管厂铜接插件等 10 个项目全面开工建设。2016 年，山东新兴重工科技发展有限公司新能源工业园项目两厂房主体完工 85%。马上启动办公楼，二期两个厂房和一个检测中心，一个维修车间。临清三利纺织有限公司 1 亿米白胚布项目，设备陆续购置，部分设备正在安装调试。临清市赛特机械设备有限公司年产 500 台数控机床项目，厂房已完工 80%。山东海誉电机有限公司年产 3 万吨消失模铸件生产线项目，一期基础建设基本完成，设备陆续购进，正在调试设备。山东国辉游乐有限公司葡香园欢乐世界项目，游泳池已完工。山东中轴轴承有限公司全自动轴承装配生产线项目，设备陆续购进中，正在调试。铁临物流项目中，建设货场 7.6 万平方米，物流服务区 1.3 万平方米，保税仓库已建成 2 万平方米，铁路地基平整，修筑挡土墙，北边临街楼竣工。

招商力度　依托纺织及服装、有色金属加工、食品及医药、装备制造、物流、板材加工等特色优势产业，狠抓以商招商、蹲点招商、组团招商等工作方式。同时对与浙江客商洽谈的投资 10 亿元的五星级酒店、与上海大润发超市洽谈的投资 2 亿元的大型超市、与青岛即发集团洽谈的投资 5 亿元的印染、与中集集团洽谈总投资 5 亿元的集装箱配件和与广东客商洽谈的投资 5 个亿轴承滚动体等 11 个项目，派专人一抓到底，搞好服务，加快建设步伐。

联席会议　市委、市政府每月召开一次招商引资联席会议，重点调度重大招商引资项目的实施情况，及时协调招商引资项目申报、审批过程中存在的问题。同时，成立项目专家咨询委员会，积极为开发区筛选、论证、储备一批大项目、好项目，进一步充实完善大项目储备库，为更好地开展招商引资活动打下良好基础。

考核奖惩　开发区在招商工作中严格落实奖励机制，每年拿出 50 万元，重奖招商引资先进个人。市委出台任职代理制度，要求各镇街道每年至少向经济开发区输送 1 个过亿元大项目，并将此项工作列入千分制目标考核。对镇（街道）当年没有实际到位资金 5000 万元以上项目，或虽有招商实绩但未完成目标任务，且考核排名分列后 2 名的，由任实职变为代理任职，增强各级招商工作的积极性和责任感。

【项目建设】　成立由市委书记任组长的“大项目入园工作领导小组”，切实加强对开发区项目建设的组织协调和督导调度。2012 年末，秋华纺织公司气流纺、鹏飞机械数控机床生产线、中轴轴承、海誉电机、鑫通钢构、齐亚机械等 7 个项目已经竣工，部分已经投产运行。

加快项目实施步伐　开发区充分发挥“大项目入园工作领导小组”作用，对项目申报、审查论证、落地实施等各环节，都明确责任单位和工作时限，确保入园项目早落地、早开工、早达效。

对投资强度大、财税贡献多的新项目，严格实行联审联办会议制度，确保其尽快开工建设。

搞好轴承园区分类指导　充分发挥临清轴承产业发展优势，着力抓好轴承产业园建设。对已落户轴承产业园区的30家企业，实行分类指导，切实加快中瑞轴承配件股份有限公司扩建项目、浙江胜坚集团临清分公司500万套外球面轴承项目、华纳科技350万套轴承等项目的建设速度，积极培植壮大一批骨干龙头企业。

2015年，以博特轴承、哈鲁轴承、宇捷轴承等企业为龙头，逐步建立完善从轴承钢、轴承钢管、锻造生产到车、磨、热处理、套圈、保持器、滚动体、成品安装、销售一条龙的生产加工销售体系和专业化明确、配套能力较强的产业链条，打造中国规模最大、功能最全、世界知名的中国优质轴承生产基地和中国轴承行业创新型产业集群。烟店轴承市场已成为全国规模最大、品种最全、从业人员最多的轴承专业市场，年交易额150亿元，占全国交易总额的10%以上。

实施项目帮办制度　对投资过亿元项目，从开始引进建设到投产运营，指定帮办服务人员为投资者提供全程服务。切实做到“一个项目、一名领导成员、一名驻企帮办人员”，帮助投资者解决项目建设中的各种困难和问题。对投资过10亿元的项目，设置联络员和警务室，全力为重点项目保驾护航。

2015年，实行相关市级干部严格落实帮包责任制，推行“一线工作法”，将更多时间和精力投入到开发区，实现决策在一线落实、问题在一线解决，确保开发区工作快速推进。

山东省烟店轴承产业园

【概况】　烟店轴承产业园成立于2012年5月21日，位于临清市西南部，规划建设总面积25.75平方公里，核准面积10平方公里，建成区面积6平方公里。涵盖烟店镇、潘庄镇两个乡镇（南至烟店镇前张寨村东西线，北至水波村北东西线，西至漳卫河大堤，东至潘庄镇前汪堤村东垂直线），21个行政村（水波、邢坊、魏厂、东常庄、西常庄、庞烟店、杨烟店、刘烟店、拳厂、前张寨、牛张寨、许张寨、曹张寨、前汪堤、白铺、西大章堡、东大章堡、宋齐寨、阎梭庄、吴梭庄、刘梭庄），常住人口7万人左右。2016年度实现营业收入181亿元；利税24.5亿元；固定资产投资达29.2亿元；招商引资完成9亿元，地方财政收入1.01亿元，民营经济税收1.41亿元。园区轴承产业先后被命名为“山东省十大（工业）产业集群”“山东省第一批中小企业产业集群”、山东省“十二五”期间重点扶持的特色产业。烟店镇被评为“山东省特色产业镇”“山东省优质轴承生产基地”“山东省首批机电产品（轴承）出口基地”“2014年度山东省新型工业化产业示范基地”。

【项目建设不断加快】　加大招商力度，和国内外知名企业、产品附加值高的企业和有利于延伸产业链条的企业对接，以项目建设推动园区产业发展。2016年，围绕着企业转型升级、提质增效的目标，加快推进技改项目建设：山东哈鲁轴承股份有限公司技改项目总投资1.2亿元，建设轴承生产连线8条。聊城鲁寰轴承有限公司技改项目总投资5500万元，建设全自动轴承生产连线4条。聊城市瑞斯德轴承有限公司技改项目总投资5000万元，建设6000平方米标准化生产车间，购置先进设备50台。人乐汽车轴承有限公司临清分公司年产500万套中高端精密静音轴承项目，总投资1.2亿元。

在推动轴承产业提质增效、快速发展的同时，加快推动轴承产业链延伸发展。重点推进“三大服务平台”项目建设，服务产业发展。

烟店镇轴承物流交易平台项目。由上海凡越资金链供应公司与本地企业哈鲁轴承有限公司共同投资建设，项目总投资1.5亿元，占地50亩，建设集仓储、物流、检测、融资于一体的物流交易平台。该项目深度整合交易和仓储物流两个系统，对于优化物流与供应链管理流程，提升现货市场的运行效率，实现整个轴承市场的现代化升级改造具有重大意义。

临清联邦轴承科技服务平台项目。由联邦公司和洛阳轴承研究所共同建设，总投资1.2亿元，建筑面积1.6万平方米，集检测检验、轴承展览、电子商务、对外贸易、第三方代检包装仓储为一体，服务于临清轴承，成为临清轴承连接国内外客户的重要纽带，对于轴承企业的外贸交易的扩展具有重要意义。

临清金舟电炉热处理项目。由杭州金舟电炉公司投资1.3亿元建设，占地78亩。项目一期投资5000万元，建设6条电炉生产线，包括4台套网带炉、2台套硝盐淬火炉投入运营。项目二期将建设9条热处理生产线，引进9台套网带炉、2台套硝盐淬火炉、2条球化退火炉，该项目的建设，将进一步加快临清市轴承热处理加工行业发展的步伐。

品牌质量意识不断提升。园区内企业不断提高品牌意识和质量意识，通过加大科技研发力度，提高产品质量，提升烟店轴承的区域品牌。烟店镇设有山东省轴承质量检测中心临清检测站，是山东省第一家、全国第四家设在镇级的省级检测中心。宇捷轴承、瑞新轴承等企业建立高水平的质量检测室，宇捷轴承被洛阳轴承研究所确定为“国家级轴承热处理新技术试验研究中心”。园区内轴承企业拥有中国驰名商标1个（中瑞）、山东名牌产品1个（博特“BOT”薄壁轴承）、山东省著名商标2个（博特BOT、哈鲁HSZC），专利28项，聊城市级企业技术中心1处、聊城市工程技术研究中心2处，2家企业参与国家标准制定，10多家轴承企业的产品质量达到P5级。

【烟店轴承市场规模不断扩大】 经过多年的发展壮大和改造升级，烟店轴承市场已成为国内规模最大、品种最多、规格最全的轴承专业批发市场。市场占地1200余亩，建筑面积40余万平方米，固定门店3100余户，业户5200多家，经销0—9类及非标等11类、1万余种型号的轴承，年交易额达140亿元，占全国销售总额的10%左右。烟店轴承市场先后被评为中国轴承贸易之都、全国21个重点专业市场、山东省十大工业品交易市场、山东省规范化诚信文明市场。

2012年，与香港广弘集团洽谈成功，签订计划投资30亿元、建设占地1003亩，建筑面积112万平方米，集轴承商场、会展中心、高档写字楼、星级酒店和电子商务为一体的市场升级改造协议。全部项目建成后，将实现原材料市场、配件市场、轴承成品市场等专业化功能分区，市场规模将实现翻番，市场年交易额可翻两番，突破500亿元。现占地40亩，建筑面积1.9万平方米的一期工程已投入使用，二期工程的规划设计、土地勘察测量和征收工作正在进行。

【创业园区建设不断加强】 烟店轴承创业园区坐落于烟店轴承市场东南部，总投资1.2亿元，建筑面积5.5万平方米，其中包括服务中心（建筑面积2600平方米）和商户经营店铺（可容纳经营户数330户）。2013年6月，园区被认定为临清市烟店轴承创业示范基地。2014年12月园区被认定为聊城市市级创业示范园区、聊城市市级大学生创业孵化基地。园区累计引进轴承类创业实体109家，吸纳就业人数1074人。创业园区以鼓励创业带动就业为主线，以培育轴承经营销售企业为目标，充分发挥政府组织协调和政策引导作用，为创业者提供低租金、低费率、一站式服务的创业环境，提高创业成功率，促进创业带动就业，促进烟店镇稳定和高质量的就业。

【基础设施建设不断完善】 2014年以来烟店镇投资3200万元用于总长度40公里的网格化道路工程建设，打造北环路、S315、哈鲁路、南环路、府前路、西环路、辛冯路、东环路、孟樊路“四纵五横”的道路交通骨架，将烟店镇按功能划分为市场交易区、北部工业区、西部高新区、行政办公区、中心商贸区和市场南部新区，形成“六区并立、一体建设”的整体框架。投资1822万元的完成绿化、亮化、道路、配套四项“提升工程”，以上工程的建设完工，大幅提升园区服务环境。

（王兆峰　宋彦国）

唐园镇

中共临清市唐园镇委员会

书　　记：陈功瑞（12月止）
　　　　　田英辉（12月起）
副 书 记：张　宁（12月止）
　　　　　赵华虎（12月起）
　　　　　赵　伟（12月止）
　　　　　王建江（12月起）
委　　员：李自然（12月止）
　　　　　张金昌（12月止）
　　　　　盛子敏（12月起）
　　　　　张华文
　　　　　罗秉坤
　　　　　许保峰
　　　　　刘振文（12月起）
　　　　　丰百超（12月起）

中共临清市唐园镇纪律检查委员会

书　　记：张金昌（12月止）
　　　　　盛子敏（12月起）

临清市唐园镇人大主席团

主　　席：魏　昆（07月起）
副 主 席：赵　丽（12月起）
　　　　　王永伟（12月起）

临清市唐园镇人民政府

镇　　长：张　宁（12月止）
　　　　　赵华虎（12月起）
副 镇 长：张华文
　　　　　薛继强（12月止）
　　　　　迟学群（12月起）
　　　　　杜　培（12月起）
　　　　　周　超（12月起）
主任科员：李自然（12月起）

临清市唐园镇人民武装部

部　　长：许保峰

政协临清市唐园镇工作委员会

主　　任：李自然（12月止）

【基本概况】 唐园镇因镇政府驻地位于唐园村得名。地处临清市西南部，东与青年路街道相接，南与八岔路镇、潘庄镇相邻，西与烟店镇相连，北隔卫运河，与河北省临西县与河北省临西县黎博寨乡相望。唐园镇是著名抗日将领张自忠将军的故乡、“山东省林业工作先进单位”、聊城市教育工作示范镇、民营经济发展先进乡镇、市级文明乡镇，是闻名国内外的林果之乡、轴承加工基地。辖区总面积53.7平方公里，耕地面积3293公顷，下辖4个农村管理区，32个行政村，全镇户籍总人口45237人，总人口中男性23899人，占52.8%，女性21338人，占47.2%。境内为平原地形，地势平坦，属平原洼地，耕地以河潮土为主，水资源丰富。土壤属褐色化潮土和潮土类，土质较好。气候属暖温带季风区中的大陆气候，四季分明，雨热同季，光照充足，无霜期长，特别适合北方农作物生长。春季干旱多风，夏季雨量集中，秋季温和凉爽，冬季干冷少雪。多年平均气温12℃，平均日照2700小时，农耕期积温4650℃，年总辐射量126.9千卡/平方厘米，年平均降雨500毫米以上。2016年获得“2015年度城镇化工作先进单位”“2015年度发展民营经济工作明星镇办事处”“2015年度招商引资工作先进单位”“2015年度科学发展综合考核三等奖”“基层宣传思想文化工作示范点”等荣誉称号。

【经济概况】 2016年全镇民营经济税收完成2673万元，财政收入完成1842万元，固定资产投入完成8.2亿元，招商引资到位资金完成3.5亿元。

【农业】 2016年粮食作物播种面积47678.12亩，总产量40137.72吨；瓜菜总产量1031.441吨；棉花359亩，总产量29.154吨；全年造林2000亩；年末大牲畜存栏24头，猪存栏2634头，羊存栏3162只，家禽存栏285000只。

【工业】 2016年民营经济税收完成2673万元。以重点项目建设推动产业转型升级。2016年全镇共有3个项目列入市级重点项目，临清德运环保能源有限公司年处理30万吨城市生活垃圾焚烧发电项目2016年12月主厂房已建设完工，办公楼、职工宿舍楼及餐厅等建成完毕，设备正在安装调试。临清市同兴轴承锻造有限公司轴承锻造生产线技改和扩建项目，2016年12月，4000平方米厂房已建设完工，所需检测仪器已引进，圆锯机生产线正在调试生产，南部主厂房正在改造。临清市鑫瑞轴承有限公司年产300万套铜保持器技改项目，2016年12月，车间及科研楼主体已经完工，部分设备已安装到位。

【社会事业】 全镇人均可支配收入11570元，增长10.89%。新型农村合作医疗保险参保27756人，缴纳保险费4163400元；新型农村养老保险参保10129人，缴纳保险费3378800元。小麦补贴发放5937403.75元，农机补贴1306250元。

【科技教育文化卫生】 有唐园镇自忠中学1处，在校生923人，教职工66人；有唐园镇中心小学、李官寨村中心小学等6处，在校生6136人，教职工141人，适龄儿童入学率100%。公办幼儿园6所，私立幼儿园25所，在园幼儿2661人，专职教师107人。初中适龄人口入园率、小升初升学率、九年义务教育覆盖率全部达到100%。文化站1处，村文化活动大院16处，农家书屋10处，藏书17000多册。有唐园镇卫生院1处，总床位20张，卫生技术人员35人，卫生室23处。

【水利建设】 2016年是全面实行脱贫攻坚的一年，唐园镇着力改善农业基础条件，尤其在枣林、畈疃、营子、瑶坡、千集五个省定贫困村新打并配套机井18眼，新上变压器一台，改建生活桥涵1座，改建田间生产道路1260米，农业生产条件大为改观；改造营子村村内自来水管网3000米，结束营子村单村供水的局面，群众饮用水水质明显改善。

【多种经营】 瑶坡杏林景区在全国平原地区规模最大、杏树最多，其中百年以上古杏树17400棵，通过举办杏花节、采摘节等活动，万亩农业生态园已成为该镇特色旅游景点。

【道路交通】 2016年，唐园镇5个省定贫困村新修道路8.3公里，切实改善贫困村的村内交通状况，改建乡级道路公路桥梁1座，改建林潘寨、西科等村内道路5000米。

【基础建设】 实施农村饮水安全工程，对各村自来水管道进行改造提升，共改造完成21个村庄，群众饮水安全进一步提高。

大力开展城乡环卫一体化工作，成立专门的保洁公司，委托保洁公司进行专业化管理；加大资金投入力度，在前期配备1000余个垃圾桶的基础上又拨付20余万元，购置2辆垃圾清运车，22个大型垃圾箱和200个小垃圾桶，硬件装备水平进一步提高；成立卫生督导微信群，在各村指定一名环卫监督员，要求监督员每天对保洁员保洁情况进行监督检查，对存在死角和整治不彻底的地方进行拍照，督促保洁公司尽快落实整改；同时，加大宣传力度，先后印制《致广大群众的一封信》、城乡环卫一体化明白纸等共计2万余份，在各村每天早中晚三次播放城乡环卫一体化录音，营造良好的舆论氛围；经过全镇上下的共同努力，镇村卫生明显改善，群众满意度不断提高。

全力做好路域环境综合整治，对省道315线两侧违章建筑、落地广告牌匾进行集中治理整顿，沿线沙石料场全部落实围挡整改，安排12名保洁人员全天候对省道沿线卫生进行保洁管理，全镇路域环境明显改善；严格危房改造补助金领取条件，重点向5个省级贫困村倾斜，共筛选符合改造条件户18户，2016年12月已完成改造17户；全力做好农村改厕工作，根据各村实际情况，及时高效推进工作顺利开展，已完成2016年度改厕任务，使村居环境进一步得到净化。

大力开展植树造林，抓好沟渠绿化，在省道315、友谊渠、李圈干渠两侧栽植杨树550余亩；做好鲁冀防护林建设，在大堤南侧栽种杨树1600余亩；2016年以来总共栽种树木86000余棵，极大地提高全镇的植被覆盖率和绿化率。

【社会管理】 2016年，全镇最低保障人数为421户，624人，发放最低保障金约130万元；五保人员89人（其中八岔路敬老院供养人员22人，分散供养67人）；优抚对象69人，发放优抚金约64万元，医疗门诊救助8520元；孤儿10人，发放孤儿生活保障8.64万元；大病救助42人，医疗救助金额约99870元。根据上级安排，对全镇留守儿童、妇女、老人进行摸排调查、信息采集，为下一步工作开展奠定基础；扎实做好“双拥”工作，对农村优抚对象进行免费健康查体，惠及200余名退伍老兵；积极开展领取养老金待遇人员身份认证工作，共完成身份认证6000余人；同时相继开展人力资源调查、全民参保登记以及全省人才资源调查摸底等重点工作，为全市社保工作顺利开展打下坚实基础。

认真做好育龄妇女查体零尾清理、避孕节育措施落实、政策外怀孕流引产、“两非”案件落实以及免费孕前健康检查等工作，强化计生服务水平，陆续开展十余次计划生育集中活动，抓好计生宣传工作，加强计生专职干部的培训，提高业务能力和服务水平，加大出生人口性别比综合治理，沉重打击“两非”的嚣张势头，2016年以来，全镇早婚早育现象得到基本遏制，出生人口素质进一步提升，低生育率得到进一步稳定，人口性别比治理初见成效，人口计生环境得到净化。

2016年以来，强化科技创安，在驻地各交通路口、重要路段安装22个高清摄像头，并实现与监控平台的联网，并在全镇辖区实施24小时电子监控，共通过监控平台调取录像15次；大力开展全镇治安保险征缴工作，共缴纳治安保险费28万余元，完成比例达98%；全力做好“双打”工作，今年以来共破获1起盗窃案件，刑事拘留2名盗窃嫌疑人，治安拘留4名殴打他人嫌疑人，逮捕2名盗窃嫌疑人；全面实施法律服务“一镇一团队，一村一顾问”的工程，完成辖区内32个村的法律顾问选配工作，实现基层法律服务全覆盖，并建立每周法律工作者学习制度、每月村级法律问题反馈与解决机制，共解决100多起村级法律案件；全力做好见义勇为工作，共募集资金3万元；严格落实责任，实行“五包一”责任制，全镇无一起进京上访事件发生；及时处理信访案件，着力构筑全方位信访维稳机制，把矛盾解决在萌芽阶段，截至2016年12月，镇级共处理53起，村级共处理309起；组织综治办、联校、供电站、派出所、工商所、卫生院、安监办、管理区等相关部门负责人组成联合检查组，对全镇25家无证幼儿园进行逐一检查，并进行彻底整改。

【“两学一做”专题学习】 深入扎实开展“两学一做”学习教育，根据上级“两学一做”学习教育的工作要求，结合唐园镇实际情况，分别制定全镇“两学一做”学习教育实施方案和详尽的学习计划，镇党委书记带头讲专题党课，党委班子成员严格按照要求，填写问题清单，抓好问题整改落实，并到所帮包的村庄讲授党课，共开展党课20余次；为全镇党员干部发放《准则》和《条例》，制作专门的“两学一做”学习笔记本，要求机关党员干部和农村党员结合自身工作实际，开展自学活动；2016 年以来，科级干部牵头开展跟踪督查，定期与不定期督导村级学习情况，全镇 43 个基层党支部的“两学一做”学习教育已完成集中学习 300 余次。

【村庄名录】 唐园镇辖四个管理区，分别是西南管区、东南管区、西北管区、东北管区。西南管区辖有霍元、马虎寨、西科、东科、于科、张科、燕元、闫元、孙寨、毛寨 10 个村；东南管区辖有前卜头、营子、瑶坡、林潘寨、石佛 5 个村；西北管区辖有李官寨、东尚、西尚、郭圈、丰圈、东桥、西桥、千集 8 个村；东北管区辖有唐园村、孙井村、杨楼、东丁、西丁、后卜头、辛庄、枣林、畈疃 9 个村。

【人民生活】 唐园镇始终以“幸福村庄、文化村庄”为出发点，以村居环境与村居文化为工作基点，通过着力打造李官寨村黄金梨、瑶坡村麦黄杏、瑶坡村肘捶等村庄亮点，努力提升村民生活水平，增强村民生活幸福感。

【特色村】 李官寨村 唐园镇李官寨村位于唐园镇西部，距镇政府 2 公里。该村现有人口 2070 人、共 490 户，耕地 2870 亩，种植黄金梨 1000 亩，是全市绿色食品黄金梨生产基地。自 2004 年以来，李官寨村先后被授予“山东省绿化示范村”“聊城市文明村”“民主法制示范村”“先进党支部”“农产品流通中介组织先进单位”等荣誉称号。李官寨村于 2008 年 9 月成立黄金梨专业合作社，是唐园镇第一家黄金梨专业经济合作社。同年，黄金梨被中国绿色产品发展中心认定为绿色食品。该合作社统一组织优质黄金梨的种植，免费为农户提供技术服务和产品信息。目前，该合作社种植林果 1000 亩，2016 年黄金梨平均每亩收入 4000 元，总收入达 400 余万元。仅果园一项，李官寨村人均收入 2200 余元。社员由成立之初的 50 户增加到 300 余户。果品远销广东、上海、北京、天津等大中城市，大大促进农民增收，带动地方经济发展，走出农民致富的新路子。

瑶坡村 唐园镇瑶坡村位于唐园镇东南位置 3 千米，黄河故道，革命老区根据地，东与唐园镇营子村为邻，西与唐园镇林潘寨村接壤，南与八岔路镇辛集村相连，北与唐园镇辛庄村交界，村庄聚落呈长方形状，整体规矩，地处黄河古道，沙质土壤，全村辖区总面积 395 公顷，其中耕地面积 260 公顷，果园面积 101.2 公顷，村庄建成区面积 33.8 公顷，主要以小麦、玉米，果园以麦黄杏（聊城市唯一产地）、红富士苹果为主要经济来源;2016 年，全村共 680 户， 3185 人（党员 70 人），均系汉族，有张、黄、宋、林、王、李、孔等。

【特色产业】 李官寨黄金梨合作社 李官寨黄金梨专业合作社成立于 2008 年 9 月，共有社员 300 余户。该合作社采取“统一组织、统一管理、统一销售”的产销一条龙模式，从事优质黄金梨的种植。2016 年合作社种植黄金梨 1000 亩，黄金梨生产示范基地每亩收入 4000 元，总收入达 400 余万元，合作社逐步走上市场化、规模化、产业化和科技化的发展轨道。

李官寨黄金梨果梗细长，果皮薄，有光泽，果肉浅黄色。果肉致密，细脆，十分适口，品质上乘，较耐贮藏。食用“康苑”牌绿色果品，营养丰富，老少皆宜，它的营养价值和医疗价值都很高，中医认为黄金梨有生津、润肺、除烦解暑、开胃醒酒、止泻的功效，现代医学认为对高血压的防治有一定的作用。

【非物质文化遗产】 瑶坡肘捶 肘捶为国家级非物质文化遗产，由道光二十四年（1844）年十一月二十七日亥时出生于瑶坡村张东槐所创：夫公东槐，字阴轩、行五、肘捶之祖师也，其父张汝滨研医道，擅岐黄、习翰墨、爱书香、尔其公也。祖师幼年读诗文，少演攻防，嗜武功于入迷，肘捶遵太极之妙理，循两仪之阴阳，五行生克之，八卦易理，文装汇拳种而为，采多家而独创，脱陈出新，演为十趟，乃开山者。公曰：练功必先怀德，习文必先涵养，心正方可入门，身直方可登堂，大修本为报国，少功维护地方。在当地乐善好施任侠济难救疾患施药不声张，乡里尊称好人张五爷，常美誉流传于远近之乡，盛名远扬，至乃获其真传，盖夫有弟子：张凡亮、张凡广、张昌明、张昌信、张昌信、刘怀廷、燕瑞、冯廷福、宋西、赵衍庆、黄士荣、黄岭台、宋德明等诸多弟子。

90% 的肘捶门人仍然居住在山东临清瑶坡村内，每天 20 多人在一起切磋练习，他们都期盼着瑶坡肘捶能够像少林拳、太极拳那样传遍大江南北，再创当年肘捶门的辉煌，现在第五代子孙张由河、张由刚在本村居住，有祖师的手写拳谱和一些遗物，在村内已建一处肘捶文化展览馆，面积约 800 平方米，让国家级非物质文化遗产肘捶永久保留。

（王建江　籍兆林）

烟店镇

中共临清市烟店镇委员会

书　　记：杨庆山（12 月止）
　　　　　高保平（12 月起，副县）
副 书 记：刘天军（女，12 月起，副县）
　　　　　魏　昆（07 月止）
　　　　　卢武义（07 月—12 月）
　　　　　叶立涛（12 月起）
成　　员：黄立臣（12 月止）
　　　　　林宏华
　　　　　赵昌山（12 月起）
　　　　　王献林（12 月止）
　　　　　王建江（12 月止）
　　　　　汪　振（12 月起）
　　　　　蒋艳慧（女，12 月起）
　　　　　李　超
　　　　　王　宁（女）

中共临清市烟店镇纪律检查委员会

书　　记：林宏华（12 月止）
　　　　　赵昌山（12 月起）

临清市烟店镇人大主席团

主　　席：田英辉（12 月止）
　　　　　赵维平（12 月起）
副 主 席：王　鑫（12 月起）
　　　　　刘国军（12 月起）

临清市烟店镇人民政府

镇　　长：刘天军（女，12 月起，副县）
副 镇 长：王献林（12 月止）
　　　　　林宏华（12 月起）
　　　　　康维国
　　　　　王良奎（12 月起）
　　　　　贾颜生（12 月起）
　　　　　曹自云（08 月止）

临清市烟店镇人民武装部

部　　长：李　超

政协临清市烟店镇工作委员会

主　　任：黄立臣（12 月止）

【基本概况】 烟店镇位于临清市西南部，地处临清、临西、冠县、馆陶四县交界处，省道 S315 穿境而过，是全国重点镇、中国轴承贸易之都、山东省特色产业镇、山东省“百镇建设示范行动”示范镇、山东省经济发达镇行政管理体制改革试点镇，山东省优质轴承生产基地和出口基地。辖区东西最大距离 3 千米，南北最大距离 15 千米，总面积 52 平方公里，耕地面积 2800 公顷，下辖 6 个农村社区，34 个行政村，总人口 8.4 万人，其中城镇常住人口 4.75 万人，城镇化率 56.5%，总人口中男性 4.33 万人，占 51.6%，女性 4.07 万人，占 48.4%。人口出生率 10.98‰，人口死亡率 1.87‰。烟店镇处于黄河冲积平原，地势平坦，微呈南北高、中间低特征。南、北海拔 36—36.5 米之间，中部海拔 35—35.5 米之间。属于暖温带季风气候区，为半干旱大陆性气候。年平均气温在 12.5℃—14.1℃之间。春夏多南风，秋冬多北风，呈现春旱多风、夏热多雨、秋旱凉爽、冬干寒冷、四季分明、温度适宜的气候特征。2016 年获得“山东特色产业镇创新发展二十强”荣誉称号。

烟店镇围绕打造独具特色的“工业强镇、特色小镇、创业福地”，以轴承市场和产业园为主导，重点培育壮大轴承特色产业，轴承加工企业达到 650 余家，其中规模以上企业 46 家，山东省轴协企业 34 家，中轴协企业 8 家，轴承个体工商户 1500 余家，从业人员达 6 万余人。全镇轴承产业已形成以轴承钢、滚动体、保持器、轴承锻造、热处理、轴承组装等专业化分工明确、配套能力强的产业链条，形成以烟店为中心辐射周边几个县市、几十个乡镇的集生产、加工、销售为一体的轴承产业集群，形成以中端市场为主，涵盖高中低端的阶梯状发展模式。烟店轴承市场是全国规模最大的轴承专业批发市场，年销售额达 140 亿元，占全国交易额 10% 以上，全国各地的知名轴承生产厂家均在烟店轴承市场设有直销处或分公司。在积极推动工业转方式、调结构的同时，全面加快特色小城镇建设步伐，聘请省规划设计院编制完成《临清市烟店镇总体规划（2012—2030）》、控制性规划及综合管网、给排水等 10 个专项规划，将烟店镇按功能划分为市场交易区、北部工业区、西部高新区、行政办公区、中心商贸区和市场南部新区，形成“六区并立、一体建设”的整体框架。总建筑面积达 110 万平方米，总投资达 24 亿元的名苑佳居、堤口新居、贵和嘉苑、张寨社区联村项目等九大社区，已建设完工 40 万平方米，在建面积 35 万平方米。项目全部建成后，可新增镇区人口 3 万人。镇区道路绿化、硬化、亮化、美化工程快速实施，人居环境不断优化。

【经济概况】 全年实现国内生产总值 274.64 亿元，比上年增长 15.3%，其中，第一、二、三产业增加值分别为 230 万元、15.7 亿元、20.8 亿元，分别增长 2%、16%、15%；工业总产值 114 亿元。财政收入 8200 亿元。城乡居民可支配收入 18531 元，比上年增加 11.68%。农民人均纯收入达到 1.5 万元。

【农业】 农林牧渔业总产值 11726.15 万元。全年粮食作物播种面积 4933 公顷，总产量 35834.75 吨；瓜菜总产量 385.87 吨；棉花 499 亩，总产量 40.524 吨；全年造林 1800 亩；林果总产量 200 吨，林业产值 1500 万元。年末大牲畜存栏 40 头，猪存栏 593 头，羊存栏 2090 只，家禽存栏 269409 只，畜牧业总产值 2851.62 万元。有高科技农业示范园 2 处，育苗基地 5 处，各种大棚 100 亩，专业合作社 5 家。

中国轴承贸易之都

加快土地流转，引导现代化农业生产。按照规模化、专业化、标准化发展要求，引导农户采用先进适用技术和现代生产要素，加快转变农业生产经营方式。扶持专业大户、家庭农场、农民专业合作社。创建农业产业化示范基地，促进龙头企业集群发展。加大力度推动土地流转，实行规模经营，提高土地的产出效益。从而达到减少农民、富裕农民的目标。

加大农业基础设施投入力度，服务现代农业。2016年，累计新打机井30眼，建设4座生产桥，清理沟渠4000米。开展农机补贴工作，促进农业生产机械化建设。推广测土施肥，降低生产投入，提高产值。开展农、林、畜牧培训，打造现代农业知识型农民。

【工业】 全年实现工业增加值15.7亿元，比上年增长16%。工业总产值114亿元，利税12亿元。民营经济销售收入164.15亿元，利税16.5亿元。

重点项目推动产业升级。以经济建设为主，以项目建设为抓手。围绕着“转型升级、提质增效”的产业发展目标，该镇大力实施重点项目带动战略，加快推进重点项目建设。2016年全镇共有4个项目列入市重点项目，金州热处理项目占地128亩，总投资1.9亿元，项目一期5条热处理生产线已经投产。人乐汽车轴承项目占地12亩，总投资5500万，项目厂房和办公楼已经完工，设备已投入生产。联邦科技公司轴承服务商务中心项目占地15亩，总投资1.45亿元，项目商务服务中心大楼和附属车间主体已经完工。哈鲁轴承仓储物流中心项目占地42亩，总投资1亿元，仓储中心主体已经完工。

招商引资实效显著。2016年以来，烟店镇以经济发达镇行政管理体制改革为抓手，通过主动承接上级权限，简化审批环节，优化投资环境，全面提升服务水平，吸引众多客商。截至2016年年底，全镇共引入招商引资项目5个，完成到位资金10.1亿元，与2015年相比增加12%。

财贸金融稳中求进。2016年，烟店镇财政收入8200万元、市场交易额164亿元。同比增长21%、15%；全镇内贸企业365家，拥有自营出口权企业5家，2016年实现出口额1500万元。

【社会事业】 全镇人均可支配收入18531元，增长11.68%。新型农村合作医疗保险参保30057人，缴纳保险费5024990元；新型农村养老保险参保9356人，缴纳保险费3131700元。全镇最低生活保障救助867人，累计发放各类优抚、救助款2545522元，受助群众1001人。小麦补贴发放4012657.5元，农机补贴413100元。

【科技教育文化卫生】 有烟店镇中学1处，在校生830人，教职工62人；有烟店镇中心小学、第二小学、王集小学、张寨社区小学、文训小学等10处，在校生10600人，教职工410人，适龄儿童入学率100%。公办幼儿园7所，私立幼儿园2所，在园幼儿2000人，专职教师100人。初中适龄人口入园率、小升初升学率、九年义务教育覆盖率全部达到100%。文化站1处，村文化活动大院34处，农家书屋17处，藏书2万多册。有烟店镇卫生院1处，总床位99张，卫生技术人员90人，卫生室29处。

【基础建设】 2016年，烟店镇把加快统筹城乡发展作为改善民生、推进城镇化的重要抓手，大力完善新型城镇化体系规划，拉大城镇建设框架，提升城镇化发展质量，增强综合承载力和竞争力。

稳步推进新型农村社区建设。按照“镇园融合、产城一体”的发展思路，加快推动人口向镇区集聚，在镇区环路周围大力推进新型农村社区建设。轴都新城·金昊苑项目总投资3.6亿元，建筑面积18万平方米，项目一期工程全部竣工，已开盘销售。核心区改造项目总投资5亿元，占地160亩，建筑面积18万平方米，项目一期拆迁工程已经完工，下一步进行地基基础建设。全镇所有的新型农村社区均安装了小型污水处理设施。

完善基础设施建设。加快推进农村旱厕改造工程。农村改厕工作是改善农村居民生活条件，加快新农村建设的民生工程，该镇农村改厕工程一期4个村420户已全部完成，二期10个村已开始动工。消防站开工建设。投资220万元的消防站项目主体建设已经竣工，项目建成后极大的提高烟店镇消防配套设施水平，打破“消防车到、火已熄灭”的尴尬局面。

城乡环卫一体化工作成效显著。自开展城乡环卫一体化工作以来，先后投入1400余万元配置各类清洁车辆190余辆，建立200余人的专职环卫队伍，聘请聊城三友物业进行市场化运作。特别是2016年，全镇加强监督检查力度，责任明确到人，督导组每月对各村工作开展情况进行评比排名，纳入村支部书记年终绩效考核，实行奖优罚差。在全市城乡环卫一体化电话测评中，均名列前茅。

【“两学一做”专题活动】 2016年，烟店镇党委从实谋划部署、从严推进落实，于4月9日正式启动“两学一做”学习教育活动，制定下发《关于在全体党员中开展“学党章党规、学系列讲话，做合格党员”学习教育实施方案》，明确总体目标和要求。为全镇1269名党员发放党章、纪律处分条例、系列讲话读本和笔记本，为全镇59个支部配备指导员。自活动开展以来，科级干部累计到帮包党支部上党课180余次，组织开展集中学习300余次。

【社会管理】 2016年，建立烟店镇妇幼保健计划生育服务站，服务站现有工作人员18人，科室设有妇保科、儿保科、孕保科、免疫科、彩超科、宣教科、信息科和计划生育服务科等8个科室，共为育龄群众开展生殖健康体检2500余例，两癌筛查400余例，查出妇科疾病150余例，乳腺疾病130余例，并都及时地提供治疗建议，治愈率90%以上，取得良好的效果；加大信息核查力度，摸清婚育底数，清理出非婚生育人1641例，违法生育瞒漏报2025人，全部纳入管理；印制计生宣传明白纸、计生宣传折页3万余份，由驻村干部分发到户，更新政府驻地计生舆论环境及各村的计生宣传一条街内容，共计266条，起到很好的宣传效果；加大对计生家庭教育奖励力度，对考入大学本科的学生，每人奖励500元，考上研究生、博士生的每人奖励1000元，2016年共奖励104人，奖金6万余元。

2016年，全镇最低保障人数为579户，867人，发放最低保障金约185万元；五保人员46人（其中八岔路敬老院供养人员14人，分散供养32人）；优抚对象56人，发放优抚金约42万元，医疗门诊救助5700元；孤儿14人，发放孤儿生活保障12万元；大病救助32人，医疗救助金额约8万元；临时救助30户，发放救助金3万元。

在“一门受理、协同办理”救助工作中，共受理群众诉求80件；建新型社区一处（张寨社区），争取国家资金25万元；建幸福院二处（牛张寨村、西王集村），争取国家资金16万元；在“慈心一日捐”活动中，共捐款21800元，捐助棉衣275件；冬春救灾物资发放面粉350袋；在“慈善爱心送彩电”帮扶活动中，为贫困户发放彩电27台；低保户重新审核并填写档案，并录入电子档案。

2016年继续增加综治工作专项经费，确保“有钱办事”。2016年，镇财政专项列支14万元作为综治工作专项经费，比2015年增加16%。全年累计排查各项矛盾纠纷106起，镇级29起，村级77起，调处化解106起，调处率达100%，调解成功104起，成功率达98%。共查处刑事案件14起，抓获犯罪嫌疑人5人，刑事拘留6人。开展学校周边环境综合整治，综治、派出所、食药监管局、市场监管局、安监办、联校等部门联合，开展集中整治。排查镇区321户，其中餐饮116户，包括学校幼儿园15家，工地食堂1家，食品流通户205户，办理健康证300余个，办理食品经营许可证160余个，发放临时证200余个（镇区全覆盖），发放制度、宣传材料600余份。2016年7月，34个村所有视频信息实现与派出所平台联网，共安装高清视频探头220个，确保24小时全天候为村民提供治安保障，为平安烟店奠定良好基础。

【人民生活】 烟店镇高扬“为民着想、为民服务、为民造福”主旋律，把工作的基点确立在提高广大人民群众的生活水平上，凝聚人心，鼓舞士气，加快实现全面建设小康社会的奋斗目标。2016 年全镇职工工资总额 1038 万元，职工平均年工资 55806 元，全镇农民人均纯收入 1.5 万元。

【村庄名录】 烟店镇辖冯圈社区、王集社区、烟店社区、娄子坡社区、辛庄社区、张寨社区 6 个社区，共 34 个行政村。冯圈社区：冯圈村、北崔庄村、张常庄村、孟口村、杨圈村、李圈村；

王集社区：堤口村、邢坊村、郑厂村、水波村、西王集村、魏厂村；

烟店社区：刘烟店村、杨烟店村、庞烟店村、东常庄村、西常庄村、拳厂村；

娄子坡社区：王庄村、樊庄村、娄子坡村、汪庄村、青石碌村；

辛庄社区：陈辛庄村、南崔庄村、康庄村、西路庄村、大罗卜村、王沿村；

张寨社区：牛张寨村、前张寨村、曹张寨村、许张寨村。

【重点村、企业推荐】 **许张寨村** 许张寨村位于临清市烟店镇轴承市场东邻，2016 年，人口 1143 人，236 户，耕地 1323 亩，人均年收入 19005 元。全村共有党员 30 人，划分为 3 个党小组，村党支部设书记 1 人、委员 2 人。许张寨村是“全国民主法制示范村”“全省民主法制示范村”“聊城市精神文明建设先进单位”。主导产业为轴承加工销售、农业种植、养殖业。村级办公场所 240 平方米，设党员活动室、村监会办公室、计生服务室、综合治理办公室、活动室和健身器材室等。村里建有篮球厂、乒乓球室，有文艺队、秧歌队，经常开展丰富多彩的文体活动，文明风尚悄然兴起。

村党支部全面落实“三会一课”制度，定期组织集中学习，每月学习时间在 8 学时以上，对于文化程度不高的 5 名党员，建立帮学对子，一对一帮助学习。深入推行“无职党员设岗定责”工作，包括维稳调解岗 4 人，村容管理岗 20 人，文明新风岗 8 人，政策宣传岗 8 人，民主监督岗 5 人，充分发挥党员先锋模范作用。

该村全面推行村级“目标管理六步工作法”，认真执行“四议两公开”，凡村内的重大事项决策，先由支部提议，再交村“两委”商议，然后交党员大会审议，最后由村民代表会议或村民大会作

许张寨新农村建设

决议，决议形成后，还要公示决议，公示实施结果。进行旧村拆迁 270 户，招商引资 1000 余万元建设老年养护中心项目，投资 80 余万元翻修村内道路 4000 余米并维修更换路灯，投资 1 万余元疏通堵塞严重的下水道 640 米，投资 3 万余元建设扬水站、进行沟渠清淤拓宽，投资 5 万余元整治村内环境卫生并形成长效机制，这些工作都获得全村党员群众的支持和认可，无一例上访情况发生，村容村貌进一步改善，群众生活水平进一步提升，许张寨村的发展也走在全镇的前列。

山东宇捷轴承有限公司—山东省宇捷轴承制造有限公司成立于 2008 年 7 月，占地面积 4 万平方米，现有员工 200 余人，拥有包括设备开发、产品创新等国家专利 14 项，产品广泛应用于矿山、油田、钢厂等领域，被中国轴承协会列为“中国冶金目录推荐产品”。该公司荣获“山东省机械工业重点行业关键零部件和机械基础件五十强企业”荣誉。

公司引入先进的管理理念。采用全自动数控生产线，建立完善的检查手段，全程跟踪，系统检查，于 2009 年通过质量管理体系认证和环境管理体系认证。

公司引进先进的生产工艺。1.2 万平方无尘恒温车间投入使用，2 条与国际名牌相媲美的热处理加工线被中国轴承工业协会技术委员会授予“轴承热处理新技术试验研究中心”称号，公司参与起草两项轴承国家标准和两项行业标准，被评为省级企业技术中心。

公司生产的三类轴承达到国际先进水平，出口德国、意大利、美国等欧美国家。

山东博特轴承有限公司—山东博特轴承有限公司成立于 2004 年，现有员工 150 余人，其中工程技术人员 30 余名，高级工程师 2 名，硕士生 2 名。公司主要生产深沟球轴承及薄壁系列、角接触球轴承，圆锥滚子轴承，挖掘机专用轴承，英制圆锥滚子轴承等 600 多个品种产品，主要应用于冶金、矿山、石油、工程机械等方面。公司推出的轻系列薄壁轴承是从专业化生产轻系列轴承产量和品种跨度上均属全国之首的拳头产品，2011 年被评为山东省名牌产品，2013 年荣获山东省著名商标。多项产品通过省科技厅产品鉴定，15 项产品填补国内空白，达到世界先进水平；拥有实用新型专利 6 项，国家发明专利 2 项。公司成功配套徐工集团、三一集团等国内知名企业；BOT 产品系列远销美国、德国、俄罗斯、东南亚以及北欧等 20 多个国家和地区，并在德国和乌克兰设立两个海外分销机构。

【地方名产】 **汪庄草编**　汪庄村位于山东省临清市烟店镇西南部，距镇政府 3 公里，东与李拐村为邻，北与王庄村交界，该村地处鲁西北黄河冲积平原，地势平坦，土壤以沙壤土为主。东西最大距离 0.5 公里，南北最大距离 0.1 公里，境内有 1 条沥青路与村内街道相连接，交通十分便利，卫河流经该村，长度 2 公里，该村占地总面积 143 公顷，村庄建成区面积 16 公顷。

相传汪庄草编已有二、三百年的历史，产品以生活用品类为主，因其传承时间长，传承人众多，传承脉络已无从考证。过去每逢过年有多蒸馒头以祈求来年富裕的习俗，往往一次就蒸几十斤面，甚至上百斤面的，当时存放需要大馒头囤，馒头放进去不干裂、不霉变，到来年的二月二拿出来还暄腾腾的。有的还用白布与棉花作馒头囤内衬，用以盛放茶壶、热饭菜等，农忙时送到田间地头，馒头囤又变成保温筒。用草编的粮食囤盛粮食保鲜好，特别是用来盛种子，发芽率高。近年来刮起的“复古风”，以及人们环保意识的提高，大家对应用自然原料的手工制品兴趣盎然。经汪庄手艺人刘凤山那灵巧的双手，便编织出来各种各样美观实用的生活用品。刘凤山介绍说，由于麦草编制品的绿色无污染、手工制作、透气吸潮等特点，非常利于食品长期储存。这也是草编工艺在塑料制品横行的年代重新被人们认同的原因。

堤口粉皮　堤口行政村位于山东省临清市烟店镇北部，距镇政府 3 公里，东与水波村为邻，北与西王集村交界，西面隔卫运河与河北省相望，南与郑厂村相连。该村地处鲁西北黄河冲积平原，地势平坦，土壤以沙壤土为主，东西最大距离 1.5 公里，南北最大距离 1 公里，境内有 1 条沥青路与村内街道相连接，交通十分便利。堤口绿豆粉皮始创于清道光二十九年（1849）烟店堤口村汪金明家，距今已有 160 多年的历史，其生产工艺历经 100 多年钻研探索，四代人的相继真传，始得上乘手艺。随着改革开放的不断深入，堤口绿豆粉皮手工技艺第四代传人汪致成转行从事轴承加工销售生意，堤口绿豆粉皮在烟店镇仅存四家规模较小的家庭作坊，均学习汪家制作工艺，但制作工艺有所简化，产品质量已不如前。掌握制作堤口绿豆粉皮手工技艺的近 20 人，其中技术上乘者仅有 5 人。第四代传人汪致成计划筹建粉皮加工公司，重操旧业，严格按照传统工艺进行操作生产，恢复原有风味，创建自己的品牌，将这一饮食文化发扬光大。

【古迹简介】 牛张寨牛氏祠堂　牛张寨地处鲁西北冀、鲁两省四县交界之处，1965 年 1 月以前归属山东省馆陶县，今属临清市烟店镇。牛张寨牛氏家族总人口有 5000 人左右。牛张寨的牛氏祠堂有着悠久而不平凡的历史。

过去牛氏子孙聚族而居，凡是子孙兴旺，村落较大的，都要建祠堂，但是历经战乱、洪水、“文革”等因素，能够保存下来的却不多。牛张寨的牛氏祠堂始建于康熙四十四年（1705），由第十一世星朗爷主持修建。该祠堂的堂号为“燕翼堂”，光绪二十六年新置一牌匾悬挂于祠堂正殿门口上方，书有“牛氏祠堂”四个大字，保存至今，是为该地区十分珍贵的牛氏祠堂实物牌匾，有很高的文物保护价值。祠堂为一进院落，前有山门、牌坊，后有正殿三间，配房若干。正殿门额悬挂“牛氏祠堂”牌匾，十分醒目。殿内供奉有列祖列宗之神主牌位，以牛大老为始祖依序排列，庄严肃穆。依照族规，每年三十、大年初一、初二牛氏后人都要到祠堂祭拜。

新中国成立后，牛氏祠堂曾经当作学校，很多牛氏子孙有学习文化的机会，为社会各界输送大批人才。1963 年特大洪水之时祠堂被毁。第三年，又以盖牛张寨大队部的名义，在祠堂旧址北面一百多米处重新修建，用的大部分是老祠堂的原材料，以备将来条件允许之时，继续当作牛氏祠堂，供奉祖先。

1980 年在党的改革开放政策之下，逐步恢复尊敬祖先的优秀传统。经过牛树祥、牛月仪、牛月远、牛月兴等前辈共同努力，重新把“牛氏祠堂”牌匾悬挂于现在的牛氏祠堂正殿门口上方沿袭至今。并重新修造列祖列宗的神主牌位，以方便后人祭奠。

（王兆峰　宋彦国）

潘庄镇

中共临清市潘庄镇委员会

书　　记：刘天军（女，12 月止）
　　　　　袁　博（12 月起）
副 书 记：袁　博（12 月止）
　　　　　郑文清（12 月止）
　　　　　卢武义（12 月起）
　　　　　胡　楠（12 月起）
成　　员：高善明（12 月止）
　　　　　赵昌山（12 月止）
　　　　　聂玉亭（12 月止）
　　　　　康洪锋（12 月止）
　　　　　王献林（12 月起）
　　　　　刘殿峰
　　　　　姚　强
　　　　　冯庭国（12 月起）
　　　　　龚文华（女，12 月起）
　　　　　王玉飞（12 月起）

中共临清市潘庄镇纪律检查委员会

书　　记：赵昌山（12 月止）
　　　　　王献林（12 月起）

临清市潘庄镇人大主席团

主　　席：于福明（12 月止）
　　　　　高善明（12 月起）
副 主 席：刘学东（12 月起）
　　　　　章友生（12 月起）

临清市潘庄镇人民政府

镇　　长：袁　博（12 月止）
　　　　　卢武义（12 月起）
副 镇 长：聂玉亭（12 月止）
　　　　　刘学东（12 月止）
　　　　　贾金伟（12 月止）
　　　　　刘殿峰（12 月起）
　　　　　李伸厚（12 月起）
　　　　　薛继强（12 月起）
　　　　　王振林（12 月起）

政协临清市潘庄镇工作委员会

主　　任：高善明（12 月止）

临清市潘庄镇人民武装部

部　　长：刘殿峰（12 月止）
　　　　　姚　强（12 月起）
主任科员：康洪锋（12 月起）

【基本概况】 潘庄镇位于临清市区西南 25 公里处，南与冠县接壤，东、西、北分别与八岔路镇、烟店镇、唐园镇相邻，315 省道穿境而过，尚潘渠横贯东西，长顺渠纵跨南北。全镇总面积 44.67 万平方公里，耕地面积 3005.04 公顷。辖 30 个行政村，总人口 39829 万人。

【经济概况】 个体工商业户 2190 家，民营企业 256 家，轴承从业人员 2.3 万人，以轴承加工、特钢生产为主导产业。规模以上工业企业 45 家，总产值 72.8 亿元，实现利税 3.65 亿元。截至 2016 年年底，开工投资 3000 万元以上项目 12 个，其中过亿元项目 5 个，完成固定资产投资 21.4 亿元，民营经济税收 5418 万元，地方财政收入 3524 万元。

【农业】 农林渔牧业总产值 1.8 亿元；全年粮食作物播种面积 2794 公顷，总产 7.54 万吨；瓜菜总产 301 吨；棉花 57 亩，总产 20 吨；全年造林 1800 余亩，林果总产 580 吨，林业产值 2162 万元，畜牧业总产值 2868 万元，蔬菜大棚 800 亩。

【社会事业】 农民人均纯收入 13100 元，比上年增加 1300 元，人均住房建筑面积 44.3 平方米；新型农民养老保险参保 9502 人，参加新型农村合作医疗 27200 人。全镇最低生活保障救助 532 人。小麦补贴发放 449.9 万元。全镇有小学 8 所，在校学生 8579 人，教职工 141 人，适龄儿童入学率 100%。卫生院 1 所，床位 30 张，卫生技术人员 28 人；卫生室 27 处，卫生技术人员 30 人。

【基础建设】 公路通车总里程 109 公里，2016 年新增公路通车里程 4 公里。新建各种水利设施 12 个，灌溉受益土地 3004.94 公顷。自来水用户率 100%。新建住宅楼 20 栋、253 户，建筑面积 53200 平方米。小城镇提升总投资 4017 万元，修建道路 22 公里，铺设路边石 8.3 公里、花砖 3.2 万平方米，修建下水道 4.6 公里，完成 4.9 公里弱点入地，安装维修路灯 312 盏，栽种绿化苗木 4300 株。

【“两学一做”专题活动】 潘庄镇党委坚持统筹谋划、分类指导，以学促做、以做践学，为巩固拓展党的群众路线教育实践活动和“三严三实”专题教育成果，保持党员的先进性和纯洁性，制定下发《关于在全体党员中开展“学党章党规、学系列讲话，做合格党员”学习教育实施方案》，明确总体目标和要求，为全镇 938 名党员发放党章、纪律处分条例、系列讲话读本和笔记本，为全镇 43 个支部配备指导员，组织全镇各党支部开展集中学习 14 次，集中研讨 3 次。党政领导班子成员每人确定一个“两学一做”学习教育联系点，到村开展集中授课，确保党员参与的全覆盖。

【特色条目】 潘庄镇依托轴承产业品牌和资源优势，以打造“轴承生产基地”为目标，大力发展轴承产业，形成从原钢生产、轴承锻造件到轴承生产加工、配件配套产品等完善的生产链条，可生产“0”类—“9”类以及各种非标轴承等上万种型号，满足国内、国际市场的各类需求。

【村庄名录】 潘东村、潘西村、潘北村、潘南村、油坊村、庄科村、陈沿村、孙沿村、赵庄村、东路东、东路西、西路寨、英东村、英西村、魏沿村、都齐寨、梁齐寨、宋齐寨、张齐寨、东堡村、西堡村、迟彭店、于小庄、白铺村、吴沿村、闫梭庄、刘梭庄、吴梭庄、前汪堤、后汪堤。

【历史文化村庄】 *英烈屯* 英烈屯距镇政府驻地2公里，英东村和其相邻的英西村为一个自然村，合称为英烈屯村。东西距离2.5公里，南北距离3公里，英雄路纵跨南北，是冠县轴承锻造件进入临清轴承产业区的交通要道。全村总面积222.05公顷，村庄建成区面积26公顷。以轴承为主导产业，人均纯收入达到1180多元。全村姓氏有霍、李等共8个姓氏，其中霍姓氏人口最多。“英烈屯”原名吴寨，抗日后期属于卫东县二区辖内，在东进支队开辟卫东的战斗中，吴寨战斗是其中一次。

1944年1月24日，一股百余人的伪军流窜至卫东，并驻扎在吴寨村内，东进支队正在影庄休整，夏碧波支队长决定攻打吴寨歼灭日本侵略军。作战任务由七连和通讯班承担，在张参谋长和杨连长的率领下向敌人发起猛攻，共牺牲指挥员、战士36名，伤员32人。东进支队支队长夏碧波率部安葬烈士，卫东县县长解方在吴寨村召开追悼会，悼念英勇牺牲的英烈，郑重宣布：为永远记住36名烈士，吴寨村改为英烈屯。1962年英烈屯划分为英东、英西两个行政村。

英烈屯革命烈士墓于1993年迁至村东霍家大坟东侧，后36名英烈中，24名由烈士后人迁回老家安葬。烈士墓占地十余亩，周围青松林立，绿草如茵，两排青松挺拔，像英勇的战士默默守护在烈士墓前，显得庄严肃穆。墓前设有墓碑，碑高2.5米，宽约0.6米，正面刻着“革命烈士之墓”。现存的12位烈士墓已于2012年统一迁至八岔路烈士陵园。

（王　鑫）

八岔路镇

中共临清市八岔路镇委员会

书　　记：张保东
副 书 记：勾建党
　　　　　卢武义（07月止）
　　　　　靳　丽（女，12月起）
成　　员：张振国（12月止）
　　　　　刘玉生
　　　　　张华新
　　　　　张庆印
　　　　　靳　丽（女，12月止）
　　　　　汪文凯（12月止）
　　　　　吴　赛（12月起）
　　　　　杨彦春（12月起）
　　　　　庞诗刚（12月起）

中共临清市八岔路镇纪律检查委员会

书　　记：张振国（12月止）
　　　　　刘玉生（12月起）

临清市八岔路镇人大主席团

主　　席：王金国（12月止）
　　　　　汪文凯（12月起）
副 主 席：李之旭（12月起）
　　　　　李国动（12月起）

临清市八岔路镇人民政府

镇　　长：勾建党

副 镇 长：刘玉生（12 月止）
张华新（12 月起）
李一青
燕海善（12 月止）
由昭坤（12 月起）
杨本超（12 月起）

临清市八岔路镇人民武装部

部　　长：张庆印

政协临清市八岔路镇工作委员会

主　　任：汪文凯（12 月止）

主任科员：彭传华（12 月起）

【基本概况】 位于临清市西南部，辖区东西最大距离 20 千米，南北最大距离 16 千米，总面积 48.6 平方公里，耕地面积 4.78 万亩。2016 年辖四个管理区，辖 25 个行政村。派出所户籍统计人口数 38118 人，其中常住户数 9954 户，常住人口 31584 人，城镇常住人口 5123 人，城镇化率 13.4%。总人口中男性 19779 人，占 52%，女性 18339 人，占 48%。人口出生率 3.9%，人口死亡率 0.6%。平原地形，属温带季风气候。2016 年获得省级卫生乡镇，临清市总工会“十佳工作单位”等荣誉称号。

【民营经济】 八岔路镇借助紧邻西部烟店轴承市场的区位优势，狠抓项目建设，组织和带领全镇人民迎难而上，真抓实干，沉着应对，开拓创新，促进民营经济持续快速增长。2016 年，民营经济固定资产投资完成 7.2 亿元，民营经济税收完成 2445.84 万元。2016 年八岔路镇共有新建扩建项目 26 个，投资过 3000 万元的项目 10 个。有个体工商户 1466 户，从业人员 10557 人。私营企业 295 户，雇工 2650 余人。其中有，临清市鸿祥纺织有限公司 5 万纱锭纺纱项目，山东万瑞达轴承有限公司年产 200 万套精密轴承项目，临清市八岔路镇文启学校建设项目等项目。2016 年，全镇有规模以上企业 19 家，新增规模以上企业 1 家，办理一般纳税企业 23 家，增加个体工商业户 100 户。

【招商引资】 八岔路镇始终将招商引资工作作为重中之重来抓，着力打造“全民招商”的浓厚氛围，积极拓展商会招商、以商招商等强化招商方式，强化招商服务跟踪推进，以促进招商工作更好地开展。2016 年全镇招商引资实现 4.3 亿元，其中包括临清市鸿祥纺织有限公司 5 万纱锭纺纱项目，山东万瑞达轴承有限公司年产 200 万套精密轴承项目等项目。2016 年引进投资过千万元的项目企业共计 12 个，另外还有再谈项目 5 个。

【财贸金融】 2016 年，全镇地方财政收入完成 1689.82 万元，民营经济税收完成 2445.84 万元，同比增长 5.7%；固定资产投资 7.2 亿元，同比增长 16.7%；招商引资到位资金 4.3 亿元，同比增长 19.4%。境内有农村信用社和邮储银行 2 家，存款总额达 2.51 亿元，贷款总额达 2.1 亿元。

【农业】 农业是该镇的传统优势产业，镇党委政府把抓农业经济、增加农民收入始终列入工作的重要议事日程，本着因地制宜，扬长避短，发挥资源优势，合理调整种养结构，逐步促进全镇农业发展。2016 年农林牧渔业总产值 4.89 亿元；全年粮食作物播种面积 5847 公顷，总产值 49952 吨；瓜菜总产 11212 吨；棉花 326 亩，总产 23 吨；全年造林 1200 亩；林果总产 2631.3 吨。年末大牲畜存栏 146 头，猪存栏 3680 头，羊存栏 3421 只，家禽存栏 45.5 万余羽；畜牧业总产值 1227.7 万余元。有育苗基地 3 处。各种大棚 230 亩。专业合作社 63 家。

【工业】 2016 年八岔路镇形成轴承加工制造、棉花加工和纺织以及木材加工三大支出产业，拥有工业企业 67 余家，职工 1900 余人。其中规模较大的企业包括：临清市万瑞达轴承有限公司、临清亿展农副产品加工厂、临清市兴喜纺织有限公司等。2016 年全年实现工业增加值 4.87 亿元。

工业总产值19.5亿元。民营经济销售收入18.5亿元，利税1.755亿元。

【社会事业】 全镇人均可支配收入15499元，增长6.4%；人均住房建筑面积25平方米；参加新型农村合作医疗农民29956人，缴纳保费449.34万元；新型农村养老保险参保农民9745人；全镇最低生活保障救助835人。累计发放各类优抚、救助款60余万元，受助群众75人。小麦补贴发放551.3万元。

【科技教育文化卫生】 2016年有中学临清市丕介中学1处，在校生897人，教职工60人；有艾寨丕介学校、万庄小学、路庄小学、潘彭店小学、塔头小学、杨二庄小学、前杨坟小学等7处小学，在校学生5056人，教职工126人，适龄儿童入学率100%；公办幼儿园5所，私立幼儿园30所（均未注册），在园幼儿1052人（加私立共2108人），专职在编教师14人。初中适龄人口入园率、小升初升学率、九年义务教育覆盖率分别达到100%、100%、100%。文化站1处，村文化活动大院20处，农家书屋25处，藏书12000余册。有医疗卫生机构（含卫生室）29个，医疗卫生机构床位数30张，执业（助理）医师数24人。

【水利建设】 2016年，先后增打机眼30眼，争取国家饮水安全项目60余万元，对辛南、辛北、西二庄三个村进行村内管网改造，田庙、万庄两个村自筹资金进行村内管网改造，截至2016年年底，辖区20个村已完成村内管网改造。

【多种经营】 八岔路镇现有路庄、艾寨、潘彭店三个集贸市场和镇驻地商贸城一处，四个市场辐射带动周边4万余人。全镇除轴承制造、棉纺加工外，木材加工业业较为发达，主要集中在东部塔头等村。同时在肉鸡、蛋鸡、肉食鸭的养殖、蔬菜大棚种植和林果种植等重点领域突破，2016年全镇拥有各类的养殖户237户，各类种禽的存栏量达到107.8万余只。发展蔬菜大棚种植，2016年临清市旭诚种植专业合作社发展蔬菜大棚150余亩，并积极申请茄子、青椒、尖椒三个无公害蔬菜品种。林果产业膨胀壮大。依托全镇林果生产优势，大力发展绿色产业，新增各类绿色果品种植面积420亩，改良果品品种1070亩，已形成绿色果品种植专业区4个，共计8000亩。

临清市旭诚种植专业合作社—临清市旭诚种植专业合作社成立于2015年11月，注册资金200万元，现有合作社职员12人，该合作社现有耕地面积，230亩，现有春秋棚25个，冬暖棚8个，主要种植茄子、尖椒、青椒、西红柿、黄瓜。2016年申报无公害蔬菜品牌三个。在扩大合作社规模的同时，注重提升蔬菜品质，积极申请无公害蔬菜品牌，2016年申报茄子、尖椒、青椒三个无公害蔬菜品牌。合作社采用统一管理、统一采摘、统一销售的运营模式，合作社与莘县怀勇苗厂、寿光鑫都种苗厂签订合同，统一购苗，从寿光聘用专业技术员进行管理，从前期（栽苗、灌根、松土、铺膜）到中期（打岔、吊藤、浇水、施肥）再到后期（打岔、疏果、防治病虫害、采摘）全过程跟踪监管。蔬菜成熟后，统一采摘、统一销售，蔬菜主要销往保定、北京等大市场。该合作社2016年投资25万元新建蔬菜批发市场一处，占地1.5亩。每逢蔬菜采摘淡季，合作社组织车辆统一将采摘的蔬菜拉到市场上进行销售，逢蔬菜采摘旺季，莘县、河北、冠县等地的蔬菜经销商来蔬菜批发市场统一采购。2016年合作社盈利69万，利润46万元。该合作社成立以来采取雇工、帮扶带动等多种形式带动刘塔头、赵塔头、娄塔头、马塔头等村的农户增加收入。

【交通运输邮电】 2016年，八岔路镇积极申请农村公路建设项目，交通发展突飞猛进，新建或改造东潘庄、柴庄、田庙、前常二庄等8个村的农村公路共计17.663公里，交通条件大大改善，为镇经济社会发展创造更加便利的条件。

2016年镇驻地有邮电支局1处，移动公司营业厅1处，联通公司营业厅1处，电信公司营业厅1处。固定电话用户1000余户，移动电话用户2.2万余户，互联网用户3500余户。辖区25个行政村通宽带和有线电视。

【基础建设】 新农村建设。杨二庄村位于八岔路镇西部，属于黄河故道片区，全村耕地2833亩，人口2340人，贫困户共53户，107人，2016年脱贫16户，32人。还剩37户，75人未脱贫。该村主要产业是轴承的生产销售，八岔路镇把杨二庄村作为镇美丽乡村建设示范村，高起点规划。2016年来，加强基础设施建设。实现新修村内水泥路3公里，路肩硬化7000多平方米，新安装路灯120盏，监控30路，粉刷墙壁1万多平方米，墙绘1000多平方米，PVC墙画4000多平方米，栽植国槐、海棠等绿化苗木1000余株，有效改变原来的脏乱差，实现美化、硬化、亮化、绿化、净化，打造宜居的美丽环境。同时，为切实改善农民村民的居住环境，推进美丽乡村建设，2016年全面铺开“农村改厕”工作，改厕127套。

镇村环境逐步改善。对于城乡环卫一体化工作，继续做好两个坚持，即坚持高起点投入，2016年，投入30多万元购置大型保洁车辆2台、垃圾清运三轮20辆，垃圾车406个，新增保洁员8人。坚持高标准运作，严格落实“三级管理”网络，镇村环境大大改善。

【“两学一做”专题活动】 八岔路镇党委把“两学一做”学习教育作为首要政治任务扎实抓紧抓好，坚持深入学习党章党规，深入学习习近平总书记系列重要讲话，坚持学习常态化、制度化，做到以上率下，推动学习教育向基层党组织和全体党员拓展。八岔路镇党委将《准则》和《条例》发给每个党员干部，制作专门的学习记录本，要求机关党员干部和各村党员干部结合自身工作实际，开展自学活动。镇领导带头领学，并结合实际展开讲解和讨论，带头撰写交流学习心得。八岔路镇党委将“两学一做”活动开展作为2016年党员干部教育的重要内容，下发活动通知，制定详细学习计划，认真学习贯彻《准则》和《条例》。分管领导和包村领导牵头开展跟踪督查、随机检查学习笔记、心得等，及时了解掌握各村党支部、农村党员的学习贯彻情况。

【社会管理】 社会事业同步推进。狠抓计生工作不放松，深入开展计划生育大会战活动，切实稳定低生育水平。切实抓好社会稳定工作，加大社会治安综合治理力度，高度重视安全生产，有力地促进全镇和谐稳定。

计生工作 2016年计划生育特殊家庭共3户，已全部建立档案。2016年全镇共落实18周岁以下独生子女父母奖励390人，共计奖励金44315元。农村部分计划生育家庭奖励扶助金102720元，共计107人；特别扶助金20000元，共计4人。向群众详细讲解全面两孩政策，接受群众咨询600人次，向群众发放宣传单、宣传折页等宣传品1000多份。

社会保障 2016年镇最低生活保障数 536户，人数835人，支出160万元，月人均120元，比上一年增长10%；医疗救助42人次，民政部门资助参加合作医疗835人，共支出8.35万元。国家抚恤、补助各类优抚对象75人，抚恤事业费支出60万元。八岔路镇中心敬老院1家，床位390张，收养农村五保人员230人。

综合治理 2016年，八岔路镇投资17万余元对5个村的综治办场所进行规范化整治，修缮房屋，配备办公桌椅和高标准图版，统一悬挂规章制度。规范化建设村达到23个。同时投资52万元对镇、村两级系统进行升级改造，25个村全覆盖，全联网。每村安装4—6个高清摄像头。全年镇村两级共排查矛盾纠纷12起，调处12起，调处率100%。镇村法律顾问参与重要合同协议、规范性文件审查，重要信访案件处理，矛盾纠纷调处化解等12件，代理各类诉讼事务7件。全镇6923户农户全部参加2016年治安保险。

【脱贫攻坚】 2016年全镇共有省级贫困人口2800人（其中国家级719人），2016年省办下达的减贫计划为1984人（其中国家级为493人）；通过努力，2016年实现减贫人口1781人（其中国家级贫困人口脱贫593人），死亡30人；另外，按规定新识别贫困人口1人，2016年净减少贫困人口1780人。根据市扶贫办的各项要求，围绕年初制定的工作目标，不断加大产业扶贫整村推进、部分脱贫，社会助贫等各项工作方式，取得较好的成效。2016年李兴寨、马塔头、娄塔头、赵塔头分别投资30万建设光伏发电项目，项目顺利完成并已经投入使用。2016年度产业化扶贫和“一村一品”工作进一步加强。加大资金投入，强化示范引导，进一步扶持种植业发展壮大，以培育新型农民为突破口，开展种植大棚蔬菜、木板加工等技术培训，致使重点村贫困户素质普遍提高，致富本领进一步增强。因地制宜大力发展特色种植业。充分发挥临清市旭诚蔬菜种植合作社（塔头蔬菜大棚种植基地）规模化经营及离贫困村较近的优势，大力推动蔬菜大棚种植扩大化、产业化，带动贫困群众积极进行蔬菜大棚种植或以合作社的方式加入，带动脱贫。

【村庄名录】 路庄、前杨坟、后杨坟、前常二庄、后常二庄、官庄、东潘庄、李兴寨、影庄、柴庄、西二庄、赵塔头、刘塔头、娄塔头、马塔头、国塔头、辛集北、辛集南、艾寨、西艾寨、潘彭店、杨彭店、万庄、杨二庄、田庙

历史文化村庄 万庄村位于八岔路镇西北，耕地面积4273亩，818户，3171人，党员48人。抗日战争时期，万庄村附近有日军据点，万庄村、杨二庄村、田庙村等村民进行长期的艰苦卓绝的抗日斗争，涌现一批可歌可泣的抗日英雄和故事。现万庄村有烈士陵园一个，占地8亩，共有百余位烈士在此长眠。万庄村地处于黄河故道，有着悠久的林果种植历史，有果林400余亩，已经形成集乡村林果旅游观光、林果种植生产为一体的大型林果基地，辐射带动周边6000余人发家致富。

【名胜古迹】 彭祖墓 位于现在的八岔路镇潘彭店村南，八岔路镇潘彭店村原来不仅有彭祖墓，还有香火鼎盛庙宇巍峨的彭祖庙，当年潘氏家族由今天烟台福山区迁到这里之时，就是因为这里香火繁盛而住居于此。1947年被拆除。改革开放以前，彭祖墓的高度是9米以上，面积很大。由于家庭承包实施后，大家都在这里取土，平整土地，古墓的高度慢慢一个土丘。

五花槐 五花槐位于八岔路镇辛集村。树高10.92米，围径1.2米，外露的树根上有3个似马蹄状斑纹。五花槐原有三棵，植自汉文帝时，至今2100多年。三树成鼎足之势，后因土匪砍伐只剩其二。不仅与宋太祖赵匡胤有渊源，而且与东汉光武帝刘秀及其大将冯异、唐尉迟恭有着千丝万缕的联系。据《馆陶县乡土志》载：“五花槐，在城东北三十五里新兴集村，地滨大河，路临要津，有古槐三株，花放五色。”

（李一青　肖　鲜）

尚店镇

中共临清市尚店镇委员会

书　　记：张瑞峰（12月止）
　　　　　白振国（回，12月起）
副 书 记：白振国（回，12月止）
　　　　　付凌云（女，12月起）
　　　　　秦荣正（12月起）
　　　　　相小磊（12月止）
成　　员：于洪涛（12月止）
　　　　　于振峰（12月止）
　　　　　于德泉（12月起）
　　　　　王建国
　　　　　汪文霞（女）

宋　洋（12 月止）
张　毅
黑乃旭（12 月起）
齐观达（12 月起）

中共临清市尚店镇纪律检查委员会

书　　记：于振峰（12 月止）
于德泉（12 月起）

临清市尚店镇人大主席团

主　　席：杨家煌（12 月止）
于洪涛（12 月起）
副 主 席：刘寿峰（12 月起）
刘倩倩（女，12 月起）

临清市尚店镇人民政府

镇　　长：白振国（回，12 月止）
付凌云（女，12 月起）
副 镇 长：李申厚（12 月止）
朱　良
王建国
王焕东（12 月起）
王　星（12 月起）

临清市尚店镇人民武装部

部　　长：宋　洋（12 月止）
黑乃旭（12 月起）

政协临清市尚店镇工作委员会

主　　任：于洪涛（12 月止）
主任科员：张金昌

【基本概况】 尚店镇位于临清市南端，京杭运河两岸，南与冠县柳林镇毗邻，北与大辛庄街道连接，东临刘垓子镇，西与八岔路镇、青年路街道接壤。镇驻地距市区 15 公里，全镇南北长 7.3 公里，东西宽 6.2 公里，版图面积 48.78 平方公里，耕地面积 3066 公顷。

2016 年辖 4 个管理区，辖 34 个行政村。全镇总人口 33718 人，其中城镇常住人口 2157 人，城镇化率 6.4%。总人口中男性 17537 人，占 52%，女性 16181 人，占 48%。人口出生率 3.1%，人口死亡率 0.6%。平原地形，暖温带季风气候。2016 年尚店镇先后获得聊城市文明村镇等荣誉称号。

【自然环境】 尚店镇受季风影响，四季温差明显，属暖温带半湿润季风气候区。春季干燥多风，夏季炎热多雨，秋季晴朗气爽，冬季严寒少雪，年平均气温 13℃左右，正常年份年降雨量 400—600 毫米，多集中于 6、7、8 三个月份，无霜期 200 天左右。

【区划沿革】 尚店早在明永乐年间就存在，镇政府驻尚店村北首，并因此得名。1971 年前，属朱庄区所辖，1971 年成立“尚店人民公社”，1983 年建尚店乡，2010 年撤乡改镇。全镇辖 34 个行政村，分别是尚店、苇元、西荆林、方荆林、段刘庄、祝楼、东荆林、曹庙、胡宅、隋庄、南田庄、司洼　、闫屯、曲庄、南辛庄、黄杨庄、洼里、东白堌、西白堌、东段屯、西段屯、龚刘庄、前宅科、后宅科、南仓上、焦庄南村、东王庄、西王庄、贾牌、焦庄东村、焦庄西村、前焦庄、林庄、张庄。

【农业】 尚店镇党委、政府以建立现代农业为目标，坚持稳定粮棉面积，实施科教兴农战略，不断加大农业投入，提高农业基础设施建设水平，稳定粮食面积，推广集约化高效温室蔬菜大棚种植，使全乡主要农作物产量，农民收益和农业经济效益同步提高。2016 年，农林牧副渔总产值 1.86 亿元；全年粮食作物播种面积 5927 公顷，总产值 45556 吨；高效温室蔬菜、食用菌大棚 400 亩，瓜菜总产 382.9 吨，食用菌总产 2830 吨；棉花 173 亩，总产 30.4 吨。年末大牲畜存栏 2900 头，猪存栏 4800 头，羊存栏 2.2 万只，家禽存栏 38 万羽。

【林果业】 尚店镇党委、政府以改善环境、增加村集体收入为目的，利用闲散地块，发动村民开展植树活动。同时有效利用水利优势和独特气候条件，加大资金、技术投入，引导群众大力发展苗木繁育和林果生产。2016年全年种植法桐215亩、白蜡233.92亩，苹果332.1亩，油桃30亩，樱桃25亩；速生杨繁育4220亩。

【水利建设】 尚店镇党委、政府提出“兴修水利，富民强镇”的工作思路，不断改善农业生产条件，实现沟、渠、桥、井、涵配套建设。2016年先后增打修复机井186眼，井电配套机井289眼，共开挖清淤沟渠23000余米，新建修缮桥涵27座。

尚店镇以“严”字当头，狠抓各项防汛抗灾措施的落实，制定防汛责任制，做到早动手、早准备、早预防。同时，加强防汛抢险队伍建设和防汛物资储备，专门成立防汛指挥部办公室，严格执行24小时值班制度，并完善防汛应急预案，落实相关责任人，切实保证在遭受洪涝时应急预案的及时和有效。

【多种经营】 在畜牧业发展上，尚店镇围绕“稳定鸡产业、提升猪产业、大力发展牛羊产业”的工作格局，强力推动畜牧产业发展。按照“公司加基地加农户”的发展模式，扶持培育出畜旺牛羊养殖和源盛肉牛两大养殖合作社。临清市畜旺养殖合作社，现有社员36户，存栏3000头牛、5000只羊。合作社所属养殖小区规划建设180亩，主要养殖鲁西黄牛、小尾寒羊等优良品种。临清市源盛肉牛养殖专业合作社，现有养殖户18家。合作社引进“雪龙黑牛”项目，开辟更广阔的肉牛养殖市场。带动全镇牛羊养殖产业的健康发展，为今后发展畜牧业走规模化、集约化、园区化探索一条成功的路子。临清市宏昌禽业有限公司坐落于尚店镇驻地东侧，总投资1000多万元，占地面积19800平方米，是农业部定点监测企业，2008年通过山东省标准化规模养殖场验收，公司拥有国内同行业先进的生产设备和核心技术，在优质高效化、生态化、标准化养殖技术上已经形成比较成熟的技术配套，并开创自主品牌“3A”型种蛋，实现受精率95%。公司于2012年扩建高标准养殖棚7个，父母代蛋种鸡存养量达10万套，每年可生产优质种蛋1900多万枚，实现经济效益160万元。

在苗木繁育发展上，前宅科、后宅科两村在镇党委、政府领导下，依靠苗木繁育的传统优势，发展苗木繁育产业，在原有毛白杨的基础上，引进速生杨品种中林46、107以及垂槐、黄金柳、法桐、白蜡等绿化苗木近20个品种，并迅速大面积推广，使林业育苗形成以前、后宅科两村为中心、种植面积达4000余亩的育苗基地。2003年，镇党委、政府筹集资金50余万元，建成占地60亩的苗木批发市场，成立3家合作社，设立对外联系处，完成小生产和大市场的对接，为苗木走出家门、走向市场提供有力保障，形成产、供、销一条龙的服务体系，每年可对外提供新、特、优苗木1200万株，销往天津、河北、甘肃等十几个省市，年销售额近3000万元。

【工业】 工业发展凸现新特点。尚店镇紧紧围绕“工业强镇、商贸兴镇”的发展目标，破解项目用地紧缺、路径不广、方向不准等难题，着眼于做大做强，注重结构调整，增投入、重培育、抓创新，加速新型工业化进程；致力于做活做兴，注重资源整合，推进纺织业新发展、轴承业新提升。毅龙轴承、鑫旺铸造等支柱企业生产规模进一步扩大，效益提高。2016年全年实现工业增加值7.35亿元，比上年增长15.6%。工业总产值21亿元，利税1.5亿元。

【民营经济】 增长方式转变明显。2016年，尚店镇实施技改项目12项，投入资金达1.6亿元，提高产品科技含量和附加值。积极引导现有企业强化管理，加大投入，从效益上求发展，在质量上求突破，充分发挥政府协调服务的职能，重点培育毅龙轴承、临清市好倍可工贸有限公司、弘圣铸造、鑫旺铸造、乳泰牧业等一批骨干企业，充分挖掘企业规模潜力、技术潜力和人才潜力，走品牌战略，扩大企业影响力，提高企业知名度，使企业经济效益和市场竞争力明显增强。工业增加值达到8亿元，企业经济运行态势持续平稳。

【交通运输邮电】 尚店镇交通发展突飞猛进，已形成以省道临莘路为主脉，以魏烟路、沿三干渠等镇间公路为支脉，村间公路为叶脉的“两纵两横”公路交通新格局。其中，2015年修筑府前街路西段，延伸至临莘路，至2016年，全镇公路总长155公里。交通条件的大大改善，为镇经济社会发展创造极其便利的条件。

邮电通讯事业发展迅速。2016年，镇驻地除设有邮电支局1处，移动公司营业厅1处，联通公司营业厅1处外，新增电信公司营业厅1处、广电通讯营业厅1处，各类通信营业网点共66处，从业人员200余名。镇通讯设施得到很大改善，技术层次和服务水平发生质的飞跃，已建成包括光纤、程控交换、移动通信等覆盖全镇的公用电信网。全镇34个村和镇直部门已全部安装程控电话，接通互联网，实现无线网络全覆盖。镇直部门完全实现办公电子化、信息化、自动化，有力促进经济社会的发展和人民生活水平的提高。

【村镇建设】 尚店镇按照科学发展观的要求，坚持“高起点规划、高标准建设、高水平管理”的原则，科学定位，准确布局，对镇村建设进行长远规划。聘请聊城市规划建筑设计院专业人员，编制《山东省临清市尚店镇总体规划（2007—2020）》、镇驻地建设方案等，科学规划镇驻地、农村社区、商贸、住宅等功能区。同时，立足镇村实际，加强领导，强化措施，不断改善村镇基础设施、环境等，加快村镇建设步伐。

基础设施建设水平不断提高。通过宣传、引导和扶持等措施，充分调动镇村干部积极性，新修、改造农村公路26公里，实现100%的村通公路。2016年，全镇有监控平台64个，安装探头308个，涉及34个村庄；配备微机、彩电等远程教育34台套，100%的村通上现代远程教育网络。

镇村环境逐步改善。积极推进“城乡环卫一体化”工程，清除农村“三大堆”（草堆、粪堆、垃圾堆），加大拆除清理违法建筑、广告牌和占道经营摊点力度，不断实现镇村环境美化、净化、规范化。镇机关及镇直部门加大投入，对镇驻地进行绿化、美化、亮化，大幅度改善环境条件。开展大规模的环境整治活动40余次，清理、拆除违章建筑、广告牌和占道经营摊点145处。

新农村建设扎实推进。按照“规划先行、试点探索、典型带动”的工作思路，制定拆迁建设政策和督导考核制度，加大拆迁建设力度。2016年，拆迁0.3万平方米，建设0.8万平方米，已完成镇驻地和岩庄小区拆迁工作，正在建设完善。

【社会事业】 惠农政策全面落实。尚店镇党委、政府，积极落实各项惠农政策，逐渐完善社会保障体系。2016年，医疗保险全年参保27900人，缴纳保费4185000元；新型农村养老保险参保农民10716人；参加新型农村合作医疗农民27900人。全镇最低生活保障救助856人，农村特困救济72人。累计发放各类优抚、救助款1062239元，受助群众565人。小麦补贴发放5555583.75元。

【科教文卫】 全镇包括尚店镇中学1处，在校生534人，焦庄、洼里、司洼、东白、中心小学5处，在校学生2456人，教职工168人，适龄儿童入学率100%。公办幼儿园4所，在园幼儿722人，专职教师35人。初中适龄人口入园率、小升初升学率、九年义务教育覆盖率分别达到100%。文化站1处，村文化活动大院26处，农家书屋12处，藏书4000册。有尚店镇卫生院1处医院，总床位18张，卫生技术人员36人，村级卫生室24处。

【“两学一做”专题活动】 为深入贯彻落实习近平总书记关于“两学一做”学习教育重要指示精神，根据上级文件要求，结合全镇实际，制定《在全体党员中开展“学党章党规、学系列讲话，做合格党员”学习教育实施方案》和《尚店镇支部委员会“两学一做”学习计划》。从5月6日开始到12月底，镇村全体党员干部每月4次集中学习活动，采取集中学习、分组讨论等方式学习《中国共产党章程》《习近平总书记系列重要讲话读本(2016年版)》、中国共产党纪律处分条例、《损害群众利益典型案例剖析》等内容。镇领导干部带头参加学习讨论，带头谈体会、讲党课、做报告，带头参加组织生活会、民主评议，带头整改，为普通党员做表率。

【社会管理】 和谐社会建设稳步推进。2016年，尚店镇加大人力、物力和财力的投入，加强治安、稳定建设，先后投资110余万元，完善综治维稳中心的建设，设立维稳中心综合办公场所，分别建起镇、派出所一级监控平台，各村建起监控平台，安装摄像头308个，镇村监控通过网络连通，实现视频监控全覆盖。加强巡逻队伍建设，坚持每天进行全镇范围内的夜间巡逻，确保群众的生产和生活安全。完善维稳工作机制，有效维护尚店镇的社会稳定，为辖区群众生产生活和经济发展创造良好的社会治安环境。

社会保障工作取得新突破。切实加大扶贫帮困力度，公开、公正做好助学、助困、助医等困难群体救助工作，发放各类救助款157万元。落实最低生活保障1021人，切实解决困难群体的基本生活。

计划生育工作由管理到服务成功转型。2009年以来对全镇3300多名育龄妇女予以免费普查，累计查出患者3353人次，接受治疗1200人次；流出人口的办证率85%，流入人口办证率90%。2016年，政策性生育率为91.4%，稳定低生育水平。

【特色村】 前宅科村　前宅科村位于尚店镇西北部，距镇政府1公里处。2016年底，全村人口948人，耕地面积1016亩，村民人均纯收入11206元。前宅科村是鲁西北最大的苗木生产基地，主要经营经济林、观赏花卉、绿化林木等20多个品种，产品销往河北、天津、河南、山西等省市。在产业发展上，前宅科村推行“党支部+合作社”的发展模式，大力进行产业结构调整，提高技术水平，延伸产业链条，先后获得临清市“优秀村（居）党支部”“全国普法依法治理工作先进单位”等称号。

前宅科村于2011年建立鲁源苗木合作社，现有成员80户，党员26人。合作社实行入退社自由原则，不收取任何费用，免费提供信息、技术方面的服务，销售利润归个人所有。合作社实行党支部和合作社交叉任职，每季度召开党企联席会议，研究合作社重大发展事项。村党支部每年召开村民大会，研究制定合作社发展规划，邀请农业部门专家进行技术指导，定期组织党员群众观看远程课件。2016年，种植苗木1000多亩，每亩效益8000多元，增加集体收入5万元。

（汪文霞　董　蔚）

刘垓子镇

中共临清市刘垓子镇委员会

书　　记：宋绍山
副 书 记：张　娟（女，12月止）
　　　　　于福明（12月起）
　　　　　靳　萌（12月起）
成　　员：盛子敏（12月止）
　　　　　庞永生（12月止）
　　　　　彭耀新（12月起）
　　　　　王仲林
　　　　　于德全（12月止）
　　　　　李国栋（12月止）
　　　　　李振华
　　　　　马雪峰（12月起）
　　　　　聂玉环（女，12月起）
　　　　　刘玉哲（12月起）

中共临清市刘垓子镇纪律检查委员会

书　　记：盛子敏（12 月止）
彭耀新（12 月起）

临清市刘垓子镇人大主席团

主　　席：侯德昆（07 月起）
副 主 席：李国栋（12 月起）
庞万强（12 月起）

临清市刘垓子镇人民政府

镇　　长：于福明（12 月起）
副 镇 长：王仲林
李雪芳（女，12 月止）
靳　萌（12 月止）
李祖栋（12 月起）
孔庆祥（12 月起）
解　星（12 月起）

临清市刘垓子镇人民武装部

部　　长：于德泉（12 月止）
马雪峰（12 月起）

政协临清市刘垓子镇工作委员会

主　　任：庞永生（12 月止）
主任科员：滕兴旺（12 月起）

【基本概况】 刘垓子镇位于临清市东南部，辖区东西最大距离 5.8 千米，南北最大距离 6.2 千米，总面积 41.3 平方公里，耕地面积 3666.67 公顷。2015（2016）年辖 4 个管理区，辖 35 个行政村。总人口 3.2 万人，其中城镇常住人口 0.9 万人，城镇化率 15%。总人口中男性 1.62 万人，占 50.6%，女性 1.58 人，占 49.4%。人口出生率 13.01%，人口死亡率 5.33%。地形平坦，地貌平原、气候为温带季风气候。

【经济概况】 全年实现国内生产总值 14.6 亿元，比上年增长 7.9%，其中，第一、二、三产业增加值分别为 6.8 亿元、3.94 亿元、2.3 亿元，分别增长 12.6%、8.4%、10.7%；工业总产值 14.6 亿元。财政收入 1324.75 元。农民人均纯收入 18933 元，比上年增加 1103 元。工业企业 46 家，以纺织童装、曲轴、短绒滤纸、面粉、纸制品、橡胶轮胎等为主。2016 年实现工业总产值 14.6 亿元，职工 1630 人；实现工业增加值 3.94 亿元，比上年增长 8.1%，实现利税 1.23 亿元。民营经济销售收入 11.68 亿元，实现利税 1.02 亿元。完成固定资产投资 3.5 亿元。招商引资完成 2.6 亿元。规模以上工业企业 6 家，实现总产值 9.65 亿元，实现利税 5538 万元。

2016 年，面对国家实施供给侧结构性改革、经济逐渐回暖的有利形势，刘垓子镇积极适应经济新常态，帮助企业在促转型、调结构、稳增长上下功夫，积极协调解决资金、技术、用工等实际困难，把企业做大做强。在重点项目建设上，重点实施杰兴公司 3500 平方米铸造车间及铸造生产线扩建项目，总投资 3500 万元。在招商引资上，重点实施博敖贸易有限公司项目。规划占地面积 30 亩，建筑面积 1.3 万平方米，主要从事贸易和物流业务，建设物流仓储区、综合服务中心，并设停车区、门岗等配套设施，将形成年物流总量 1.2 亿吨的融合运输、仓储、装卸、搬运、包装、流通加工、配送、货物代理和信息于一体的现代化物流仓储中心。年底实现溶解木浆、粘胶等货物销售额 2 亿元，物流运费等收入 1000 万元，实现利税 400 万元，上缴税金达 200 万元。刘垓子镇日升纺织公司赴上海市招商，并正式成为英国大不列颠泰迪熊品牌童装中国合作方，双方签订 1200 万元的生产订单，已完成冬季服装订单生产，共 180 款，已完成向全国 60 家专卖店铺货。汇川渔光一体化项目。引进福建客商投资的美国斑点叉尾鮰养殖项目，项目总投资 500 余万元，达到 400 亩的养殖面积，目前，斑点叉尾鮰饲养量已达到 100 万尾，预计亩均年收入过 4 万元。同时，引进深圳通惠新能源公司投资 1.6 亿元的渔光一体化项目，总发电量 20 兆瓦，该项目主要是利用斑点叉尾鮰养殖区域进行建设和发电，不单独占用建设用地，属于国家推行的环保节能项目。实施产业扶贫项目。将 12 个省定贫困村分为 4 个产业项目区，将扶贫资金打捆使用，带动贫困户脱贫致富。重点实施三个项目区建设。脱毒苹果项目区。在刘垓子村南流转 120 亩用地，5 月份引进种植 52 亩陕西千阳矮化自根砧 M9T337 系列、5 个品种的脱毒富士苹果，2017 年计划再扩种 48 亩，目前已完成土地流转。吕堂蔬菜大棚示范项目区。在村西流转土地 210 亩，建设 10 个冬暖式蔬菜大棚和 35 个冬暖式大拱棚，在建一个投资 70 余万元的薄膜联栋拱棚温室，用于蔬菜育苗。10 个冬暖式大棚已种植青椒、彩椒、番茄等蔬菜，春节前后可上市。姜庄果蔬采摘示范项目区。在姜庄村西流转土地 460 亩，建设果蔬采摘体验园和精品果树采摘园，发展乡村旅游。占地 15 亩、总投资 140 万元的薄膜连栋智能温室项目已经完工，种植圆葱、菠菜和香菜等蔬菜。建设 10 个冬暖式大棚和 6 个蔬菜大拱棚；同时，种植 360 亩葡萄、欧李、钙果、刺梨、黑枸杞、台湾长果桑、意大利黑梨 10 余个品种的第三代水果和黑色水果。

【农业】 农林牧渔业总产值 3.94 元；全年粮食作物播种面积 4065 公顷，总产值 48780 吨；瓜菜总产 8000 吨；棉花 100 亩，总产 30 吨；全年造林 3968 亩；林果总产 100 吨，林业产值 300 万元。年末大牲畜存栏 13264 头，猪存栏 8041 头，羊存栏 4990 只，家禽存栏 6 万羽；畜牧业总产值 2.3 亿元。有高科技农业示范园 2 处。各种大棚 350 亩。专业合作社 3 家。

【工业】 全年实现工业增加值 3.94 亿元，比上年增长 8.1%。工业总产值 14.6 亿元，利税 1.23 亿元。民营经济销售收入 11.68 亿元，利税 1.02 亿元。

【社会事业】 全镇人均可支配收入 5.7 元，增长 6%；人均住房建筑面积 65.2 平方米；农民人均纯收入 18933 元，比上年增加 1103 元；人均生活消费支出 3234 元；城镇居民医疗保险全年参保 27940 人，缴纳保费 4750250 元；城镇居民养老保险参保农民 10755 人；缴纳保费 3743400 元。全镇最低生活保障救助 1266 人，农村特困救济 56 人。累计发放各类优抚、救助款 48 万元，受助群众 51 人。农业支持保护补贴发放 6883830 元，畜牧补贴发放 15 万元。

【科技教育文化卫生】 有中学刘垓子镇中学一处，在校生 620 人，小学孔集小学、吕堂小学、中心小学、姜油坊小学等 7 处，在校学生 1760 人，教职工 145 人，适龄儿童入学率 100%。公办幼儿园 7 所，私立幼儿园 4 所，在园幼儿 860 人，专职教师 40 人。初中适龄人口入园率、小升初升学率、九年义务教育覆盖率分别达到 100%。文化站 1 处，村文化活动大院 35 处，农家书屋 46 处，藏书 20 万余册。有镇卫生院一处医院，总床位 60 张，卫生技术人员 96 人，卫生室 35 处。

【水利建设】 2016 年刘垓子镇水利站紧紧围绕党委、政府确定的各项中心任务，积极开展工作，为该镇的农田水利基本建设做出应有的努力。全面加强农田水利建设，累计投资 50 余万元，对八支渠、十三支等主干渠的分支沟渠、剩余的 8 个行政村的 9 条沟渠进行了疏通治理，疏浚沟渠 1.1 万米，动用土方 6 万方，维修 6 座水利桥，新打机井 87 眼，切实保障农田用水和排涝需要，农田水利建设走在聊城市前列。在市局的大力支持下，刘垓子镇开展涉及杨辛庄、井庄、于庄、左桥、郝庄、马庄、尹阁、南薛、九圣庙、梁庄等 10 个村的自来水改造工程，全部完工，居民用水质量显著提升。

强化措施，深入开展防汛工作。按照上级要求和部署对各项水利工程设施和河道进行检查和除险，备齐各类防汛物资，组建防汛抢险队，严格落实值班制度，及时上报雨情、水情和汛情，从而确保防汛工作的万无一失。

【“两学一做”专题活动】 对照市委、市政府的目标任务，对照跨越发展目标，刘垓子镇结合实际，以“两学一做”专题教育为主线，以作风建设为总抓手，提振干部作风，转变服务职能。组织广大党员每周开展“两学一做”集中学习，科级干部定期为党员上党课，党员采取轮流领读的方式学习好党章党规和习总书记的系列重要讲话精神，把广大党员的思想统一到刘垓子镇党委的工作部署上来，并引导广大党员发挥模范带头作用，当好环境卫生的模范、为群众服务的模范和致富奔小康的模范。为确保工作实效，刘垓子镇调整由党委书记任组长的大督查组，通过召开调度会和实地检查的方式定期督查工作进展，实行干部绩效考核，把招商引资和税收完成的多少、经济发展的快慢、工作完成的好坏作为考核干部政绩的重要标准，坚决避免干好干坏一个样、你干我不干一个样的弊端，让人人身上有担子、个人肩上有压力，具体完成情况到年终擂台上一见分晓。围绕跨越发展的具体目标，加压奋进、努力拼搏，倒排工作周期，确保各项工作目标的顺利完成。以一流的服务环境为全面完成年度跨越目标打下坚实基础。

【社会管理】 2016年刘垓子镇深入贯彻落实上级双拥政策，扎实推进双拥工作。过组织人员下到村，开展为期一个星期的双拥底数排查统计工作，认真走访了解每一户双拥户的实际情况，干部与他们促膝谈心，认真记录他们在生活中存在的实际困难，作为下一步做好优抚工作的依据。

2016年，刘垓子镇党委政府与35个村居支部书记、计生专职、村委成员逐一签订《2016年度计划生育目标管理责任书》，层层落实责任，实现镇、村计生工作的无缝衔接；党委政府负总责，成立专门工作小组，确保市、镇各级计生业务、专项活动开展有力、推进有序、落实有效果；严格落实奖惩，刘垓子镇党委政府全面加大计生工作奖惩力度，对开展工作、服务群众不力的现象进行严厉惩处，营造权责明晰、落实明确的工作局面；抓牢抓实计生培训，全镇共开展大型计生培训4次，围绕十八届五中全会、计生新规、优生项目对镇、村计生干部全面培训，全面提升计生干部理论水平、服务能力。

【综治】 2016年以来，认真贯彻落实上级政法工作会议精神，积极开展法律服务全覆盖工程，完善立体化治安防控体系建设，以综治大巡防、治安保险、矛盾纠纷化解、“四无”主题创建等为抓手，完善治安防控措施，扎实推进综治工作向纵深开展。1—12月份，全镇共发生各类刑事案件12起，治安案件14起，均比去年呈下降趋势。

深化阵地建设，加强财政投入。始终把综治工作纳入镇党委中心工作，明确党委书记一把手职责，每月定期召开专题会议研究综治工作。年初与各村、部门签订平安建设、防控邪教、平安京九、消防等责任书，把责任落到人。把综治经费纳入镇财政专项预算，确保专款专用，同时，加强村级综治场所建设，对8个村综治场所实行软硬件改造，基层综治工作得到健康开展。已累计投入10余万元，用于表彰奖励、村级高清电子监控维护及场所建设。

社会管理服务中心作用得到有效发挥。重新规划服务中心职能窗口、充实专职人员，完善工作人员值班、交接班、考勤制度，坚持“快捷、优质、高效”的原则，健全一站式办结、限时办结等工作制度，为群众咨询、办事提供最大便利，使服务中心的作用得到最大限度发挥。2016年以来，共办结发生在群众身边的难题180余件，群众满意率达100%。

治安立体化防控体系建设不断完善。按照立体化治安防控体系建设要求，刘垓子镇在财政紧张的情况下，投入资金70余万元，开展高清电子监控系统安装工程。按照1000人以下村4个、1000—1500人的村5个，1500人以上的村6个摄像头的标准，在全镇35个行政村和镇驻地、主要路口共安装1080P高清摄像头180个，达到镇、村电子监控全覆盖，并实现与镇电子监控指挥中心联网。同时，完善运行管理、保密、交接班等规章制度，确保专人专管、运行有序、及时维护，为震慑和打击违法犯罪发挥积极作用。

持续加强综治巡防，维护社会稳定。加强第一、第二巡防中队建设，强化软硬件设施投入，配齐配强16名巡防队员和30名平安志愿者，严格落实值班和交接班制度，确保规章制度规范上墙，巡防车、警用巡逻器材配备齐全。利用电子巡更仪、GPS卫星定位和视频监控，加强对巡逻情况的督查、管理。通过实行昼夜不间断巡逻，有效预防和打击各类违法犯罪，预防刑事案件的高发和反弹。

推进法律服务全覆盖工程，构建大调解格局。重点开展法律服务全覆盖工程，镇、村设立法律服务工作站，7名法律顾问与35个行政村签订法律顾问合同，完善各类上墙制度，规范档案管理、工作台账、日常考核管理机制。法律顾问共为村级开展法律服务50余次，提供法律援助1起，受到群众欢迎。同时，积极构建“大排查、大调解”工作网络，对刑满释放和12名社区矫正对象进行定期回访，落实帮扶措施，解决他们的实际困难。规范完善司法调解中心平台建设、社会稳定风险评估制度，共调解各类纠纷11起，处结率、群众满意率均达到100%。

消除薄弱环节，提升群众满意度。围绕“平安刘垓子”建设，刘垓子镇百余机关干部深入到35个行政村积极开展大走访活动，共征求群众对平安建设方面的意见和建议60余条，并认真疏理汇总，及时进行整改。对群众反映缺少电子监控问题，刘垓子镇及时增加高清电子监控摄像头28个；针对群众需要加强学校及幼儿园周边安保问题，不断加强昼夜综治巡防、开展食品卫生专项治理，使学校周边区域得到有效治理，群众的满意度不断提升。

【村庄名录】 辖刘垓子、后李、瓦房、左桥、杨辛庄、井庄、于庄、郝庄、马庄、许庄、北刘、吕堂、梁庄、北薛、卅里铺、白佛寺、张庄、姜油坊、宋庄、王庙、九圣庙、朱楼、尹庄、尹阁、赵圈、廖庄、孔集、孔庄、施庄、南薛、南刘、小薛楼、逯庄、姜庄、聂元等35个村民委员会。

【地方名产】 刘垓子白仁 刘垓子白仁用上好的山东大花生去掉花生的红衣，用油炸制而成，花生香脆、质松可口，是下酒送礼的美食。白仁之所以叫白仁还有它的一个传说，当年乾隆皇帝下江南时，路过临清，当地名厨将花生精致加工，去皮、浸盐、晾晒、油炸，最后做成一道小吃献给皇帝，乾隆吃后大悦，以其色泽白亮，香酥可口而大加称赞，从此这道小吃又有一个好听的名字——白仁。

尹阁下水 尹阁下凡肉，是李耀周创制的一种别具风味的小吃，传承至今，已历四代，有一百多年的历史。前几年曾被评为山东省名小吃，2012年5月获得“中华名小吃”的殊荣。制作下凡肉，用料很讲究，要用散养一年的活猪宰杀后的猪肉、猪头、猪蹄、猪耳、猪舌以及猪的心、肝、肺、下水等。猪头、猪蹄要精细加工，除净毛渣，剔去骨头。尿泡、大小肠、猪肚要反复冲洗，确保洁净。灌制尿泡、大小肠，用肉要肥瘦适中，红白相间。这一过程耗时费力，很吃工夫。准备妥当后，将其放入带有老汤的大铁锅内，加水，加佐料，用木柴火慢慢炖煮，再把煮好的肉捞出晾干，放在点燃的杉木锯末上面熏烤。制作好的下凡肉呈棕红色，油光发亮，香味扑鼻，肥而不腻，越吃越爱吃。这种肉还有一个特点，耐存放。冬天放两个礼拜不会变味，夏天放三五天而不坏。

（王仲林 赵顺刚）

戴湾镇

中共临清市戴湾镇委员会

书　　记：李子健（12月止）
　　　　　陈功瑞（12月起）

副 书 记：张　勇
　　　　　周福峰（12月止）
　　　　　于振峰（12月起）

成　　员：常玉平（12 月止）
秦荣正（12 月止）
周保磊（12 月止）
陈立国（12 月起）
李雪芳（女，12 月起）
张　琳
宋木森
马雪峰（12 月止）
郭　波（12 月起）
郭大伟（12 月起）

中共临清市戴湾镇纪律检查委员会

书　　记：秦荣正（12 月止）
李雪芳（女，12 月起）

临清市戴湾镇人大主席团

主　　任：周福峰（07 月起）
副 主 任：温立松（12 月起）
崔广波（12 月起）

临清市戴湾镇人民政府

镇　　长：张　勇
副 镇 长：周保磊（12 月止）
陈立国
贾金伟（12 月起）
陈朝霞
王绍军（12 月起）

临清市戴湾镇人民武装部

部　　长：马雪峰（12 月止）
郭大伟（12 月起）

政协临清市戴湾镇工作委员会

主　　任：常玉平
主任科员：相小磊（12 月起）

【概况】 戴湾镇位于临清市东南 20 公里处，东临康庄镇，南与魏湾镇接壤，西与刘垓子镇、大辛庄办事处为邻，总面积 68.5 平方公里，耕地面积 4149.2 公顷，人均耕地 0.13 公顷。全镇辖 40 个行政村，30 个自然村，有汉、朝鲜、布依、彝、白、苗、壮、满 8 个民族。总人口 33997 人，其中农业人口 31388 人，占 92.3%；非农业人口 2609 人，占 7.7%。男性 17367 人，占 51%，女性 16630 人，占 49%。人口出生率 20‰，自然增长率 16‰。

戴湾镇地处鲁西北大平原，地势平坦，土地肥沃，气候四季分明。京九铁路、德商高速、临博路、斗松路穿境而过，交通便利。南水北调工程流经境内西半部，裕民渠横贯东西，陈廖河、戴水河贯通南北。戴湾镇是全市闻名的农业大镇、畜牧强镇，水利配套设施齐全，排灌方便，抵御自然灾害能力较强，盛产小麦、玉米、棉花、大蒜、药材等作物。

【区划沿革】 戴湾镇因镇政府机关驻戴湾村而得名（戴湾村因元朝戴姓人家在小运河由南向西折湾处立村而得名）。清代属清平县，民国时期属清平县第四区，解放初期仍属第四区，1956 年划归临清县戴湾区，1958 年成立戴湾人民公社，1984 年建戴湾乡。2010 年 7 月，经聊城市人民政府批准，撤乡设镇。全镇划分为戴湾管区、五水管区、吉庄管区、赵建庄管区四个管区，辖 40 个行政村，30 个自然村。

【民营经济和招商引资】 戴湾镇党委、政府立足本地实际，因地制宜调整三次产业比重，不断推进农业产业结构调整，大力发展多种经营、民营企业和个体私营企业，全镇国民经济和各项社会事业都得到持续、快速、健康的发展。2016 年，戴湾镇实现地方财政收入完成 1255 万元；民营经济税收完成 1652 万元；固定资产投入完成 8.26 亿元，其中市级重点项目建设完成投入 1.86 亿元；招商引资到位资金 4.95 亿元。

【农业】 戴湾镇是一个农业大镇，农业是该镇的优势产业，历届党委、政府都把强化农业的基础放在农村经济工作的重要位置，加大产业结构调整力度，加快由粮食种植型向多种经营转变。2016 年，戴湾镇农林牧渔业总产值达到 741 万元，其中种植业总产值 105 万元；林果业总产值 1 万元；畜牧业总产值300万元；渔业总产值35万元。粮食平均亩产980公斤，总产量6.5万吨；棉花总产量1200吨；蔬菜总产量1600吨，完成造林面积180公顷。

农业产业结构深入调整。依托润林牧业、天逸养殖、合众正源等农业龙头企业，不断扩发产业规模，提升产业档次。润林牧业引进湖羊7万只，天逸养殖引进良种奶牛2000头，两个农业龙头企业通过"公司+合作社+农户"的发展模式，带动群众发展畜牧养殖，扩大养殖规模，农业龙头项目带动作用明显增强。

农业基础设施建设不断完善。按照"五通十有"的要求，加大贫困村基础设施建设力度，行路难、饮水难等一批问题得到解决，农村生产生活条件得到进一步改善，群众满意度得到明显提升。积极利用上级政策，扎实开展涉水涉地和小农水项目，共涉及25个村，修建生产路52余公里，新打机井352个，清淤沟渠136公里，修桥44座，埋设涵管978处，修建水闸2处，新增变压器57台，建设扬水站9个，铺设输水管道646公里，全面改善农业生产条件。

【林业】 在春季的植树造林中，戴湾镇在临博路、德商高速、三温大渠、戴大路、涉水涉地项目区大力开展造林活动，共植树81500余株，在秋季的造林活动中，戴湾镇在德商高速及省道临博路绿化330亩，共计植树21000余株。

【镇村规划与建设】 集中力量对农村胡同、坑塘路边、街里街外等区域内的垃圾进行全面清理，消除卫生死角，镇村面貌得到明显改观。全镇张贴标语200余幅，悬挂条幅50余条，发放明白纸17000余份、卫生监督卡9000张。新买垃圾运输车1辆，实现每10户一个垃圾桶，农村生活垃圾做到日产日清，镇村生活环境明显改观。在村级广泛宣传环卫一体化和移风易俗，提高群众知晓率和满意度。在8个省定贫困村全部开展道路建设，9月份，戴湾镇对镇驻地中心街进行维修改造，改善群众出行条件。

【人民生活】 2016年，全镇广大人民的生活水平逐年提高。2016年，全镇农民人均纯收入达到12600元。全镇共有各类电话23000部，宽带3000户，汽车1960辆，人均住房面积达到60平方米。新型农村养老保险参保农民11000人，参加新型农村合作医疗29500人，全镇最低生活保障救助1009人，五保救助73人，优抚对87人。2016年，戴湾镇共发放低保补助110万元，发放五保补助23万元，发放退伍军人优待金53万元，社会保障水平逐年提高。

【社会管理】 2016年以来，戴湾镇以继续深化"三三五五"工程为抓手，以增强人民群众安全感和满意度为目标，以解决突出治安问题和群众平安需求为导向，立足构建立体化治安防控体系，依据创建"四无"镇办的目标要求，着力健全"打、防、控、管"一体化的平安建设长效机制，断提升社会管理综合治理和平安建设工作水平，全镇保持和谐稳定的良好局面。政法队伍常抓不懈，硬件投入不断加大，制度建设逐年完善。戴湾镇在原有人数配备基础上，挑选一些年富力强的精干人员充实到综治队伍中来，增加2名专职工作人员。在村级，把有威信、懂政策、懂法律、会调解的村民选入村治保会、调委会。先后拿出近10万元，加强宣传阵地建设，改善村级综治场所办公条件，其中投入1.5万元制作5块大型宣传标语，形成立体造势的良好效果。在巡防中队建设上，继续加大投入，确保两个巡防中队的良好运转。同时，继续完善巡逻队员的服装和警用器械，并按标准为其发放生活补贴，提高他们的工作积极性。另外，结合各村的实际情况，通过靠前工作、召开座谈会等形式，引导有条件的村优先拿出资金投入到综合治理工作上来。通过积极引导、树立典型的方式打造硬件设施亮点村，为其他村在"科技创安"及综合治理工作上树立标杆，起到以点促面的效果。

【计划生育】 2016年加强对计生的宣传教育，每季度对“五期”育龄人群进行培训，广泛宣传优生、优孕、优育知识，切实提升出生人口素质。三次共计培训育龄妇女8500余人次。利用春节、元宵节、5.29协会活动日、7.11世界人口日、九九老人节等重大节日在集市和各村设置宣传台，发放明白纸9200余份。在免费孕前优生检查工作上，针对目标人群，摸清应参检底数，督促应参检人员及时参检，全年完成参检381人，两癌筛查956人，较好的完成上级的目标任务。全镇流出人员182人，进行宣传教育，签订流动人口合同，办理流动人口证。对流入人员（2人）及时进行验证并纳入全镇流动人口管理，向流出地及时发放通报单。遏制“两非”行为，落实“三级两类两全”孕情包保服务责任制。与全镇持生育计划人员及时签订计划生育合同和镇村两级包保责任书，每月对一女户和双女户进行随访，发现情况及时处理。

【科教文卫】 2016年，戴湾镇科技、教育、文化、卫生事业发展迅速，成绩显著。

科技投入力度不断加大。戴湾镇不断加大科技知识的普及推广和科技成果转换，深入实施“科技特派员工程”，开展“科技宣传周”等活动。2016年底，全镇有农业、养殖、林果等各类技术人才800人，以镇农技站为龙头的镇、管区、村三级科技推广服务网络已形成，全镇科技覆盖率达到98.5%，科技投入占全年总支出的4%以上。

教育教学条件和水平不断提高。戴湾镇现有中学1所，小学6所，共有教职工140人，在校生2200人，适龄儿童入学率100%，初中升高中比例达到92%。2016年，我镇中小学累计完成投入59.4万元。为所属8所学校配备10名专职保安，为学校安全保驾护航，未发生一起安全事故。2016年对学校安全工作进行全面检查，不定期对学校安全制度落实情况进行督导，责任落实良好，无安全事故发生。积极化解职工及家长的矛盾，优化育人环境，本学期未出现上访现象。此外，镇综治办结合学校对安全隐患、学校周边环境，网吧、电子游戏厅等不定期巡查，发现问题及时处理；对学校周围的小商小贩摊点及时劝阻或劝离，镇政府司法所结合学校进行法制教育报告会，及时调解、制止、纠正、处理各种教育违法行为，较好的保证良好的教育教学环境，控辍率达到100%。

文化事业快速发展。戴湾镇党委、政府始终高度重视文化事业发展。2016年来，戴湾镇新建陈北村、小王庄村、庞庄村、水南村、牛庄村、孔庄村、大柳村7个贫困村的文化小广场，硬化广场地面，增添健身器材，并且翻新文化大院，为传播优秀文化搭建重要舞台。

卫生事业惠及民生。2016年，戴湾镇参加新型农村合作医疗29500人。全镇有卫生院1处，床位34张，医护人员19人，设有内科、外科、骨科、中医科等8个科室，配有B超机、心电图、脑电图、X光机等医疗设备。全镇40个村全部建立村级卫生室，同时戴湾镇不断加强镇卫生院人才和医疗设备引进力度，提高疾病治疗水平，基本实现常见病、多发病不出村、不出镇。

【历史遗迹】 戴湾镇位于临清市东郊古运河畔，是明清时期运河漕运重要的商埠码头之一。该镇文化旅游资源丰富。拥有国家级文物保护单位两处：以元运河文化为载体的元戴闸桥，是元运河上保持最完整的桥闸遗址；张庄贡砖窑遗址是现存临清贡砖窑遗址之一；历史遗址皇殿岗遗址，距今已有1300多年；陈官营战役旧址，肖永志和袁鸿化等300余名八路军战士牺牲于此。

戴闸桥遗址 戴闸桥横跨于戴闸村村南的元代运河上，系临清市级保护单位。而戴闸桥是临清市保存至今最为完整的运河闸桥之一，运河闸桥原在桥头两侧有四只石兽，但“文化大革命”中惨遭破坏，目前仅保留一尊，现陈列于戴湾镇文化站历史遗产展览馆内。戴闸桥桥身全部由整齐切割的大石筑成，建筑结构严密，虽历经600多年风雨，基本无损坏，至今仍然能够正常使用，体现我国古代工匠高超的建桥技术，具有极高的历史价值。

皇殿岗遗址 皇殿岗位于水城屯东南角，系县级保护单位，原名珠帘寨，即沙陀国遗址。京剧名段“珠帘寨”讲的就是发生在这里的故事。唐朝末年，唐势日衰，因调用驻军珠帘寨的李存勖勤王，便留下火焚珠帘寨一说，城池破灭后变沿称为皇殿岗。由于李存勖及其后代一心爱兵恤民，勤耕助农，挖井采水，给后人留下优厚的农利条件，使得皇殿岗附近村民衣食无忧，皆认为是上苍所赐，顶礼膜拜之余，村民自发凑资，修建庙宇一座，每逢农历初一、十五两日，朝拜者络绎不绝，至今香火不减当年，为临清市历史增添光辉的一页，留给后人的则是一个神秘的传说。

【民间艺术与地方特产】 戴湾镇是著名的文化之乡，民间艺术不胜枚举，吉庄面塑、四根弦唱腔、水西腰鼓、戴北高跷、大屯吹奏乐、戴南小洪拳、戴北黑拳、大屯千层底、木板年画、扎簸箕、景庄剪纸、戴北造锭杆、杭庄扎扫帚、赵建庄豆芽、贾庄粉皮、粉条加工工艺历史悠久，独具特色。

（崔广波 孙彤石）

魏湾镇

中共临清市魏湾镇镇委员会

书　　记：汪　震（12 月止）
　　　　　王　宏（12 月起）

副 书 记：黄　强（12 月止）
　　　　　高长芳（12 月起）
　　　　　彭华喜

成　　员：张子友（12 月止）
　　　　　张世全（12 月止）
　　　　　曹永庄（12 月止）
　　　　　董怀友（12 月起）
　　　　　韩庆顺（12 月起）
　　　　　王延国（12 月起）
　　　　　张启武（12 月起）
　　　　　吕富国
　　　　　邢　燕（女）

中共临清市魏湾镇纪律检查委员会

书　　记：吕富国（12 月止）
　　　　　董怀友（12 月起）

临清市魏湾镇人大主席团

主　　席：刘西波（12 月止）
　　　　　刘晓静（女，12 月起）

副 主 席：曹永庄（12 月起）
　　　　　彭书贞（女，12 月起）

临清市魏湾镇人民政府

镇　　长：黄　强（12 月止）
　　　　　高长芳（12 月起）

副 镇 长：张世全（12 月止）
　　　　　韩庆顺（12 月止）
　　　　　吕富国（12 月起）
　　　　　张树军（12 月起）
　　　　　田英新（女，12 月起）
　　　　　王永峰

临清市魏湾镇人民武装部

部　　长：贾　彬（12 月止）
　　　　　韩庆顺（12 月起）

政协临清市魏湾镇工作委员会

主　　任：张子友（12 月止）

主任科员：张子友（12 月起）

【全镇概况】 魏湾镇位于临清市东南部，辖区东西最大距离 11.45 千米，南北最大距离 7.8 千米，总面积 59.44 平方公里，耕地面积 6331.4 公顷。2016 年辖 3 个管理区，辖 27 个行政村。总人口 28988 人，其中城镇常住人口 2410 人，城镇化率 8.3%，总人口中男性 14873 人，占 51.3%，女性 14115 人，占 48.6%。人口死亡率 0.97%。魏湾镇是“山东省旅游强镇”，“中华海棠园”旅游区集观光、休闲、餐饮、住宿于一体，被评为 AA 级旅游区，现在正申请 AAA 景区。

【经济概况】 2016 年实现财政总收入 1542 万元，农林牧渔业总产值 3.38 亿元，其中种植业总产值 3 亿元，林果业总产值 350 万元，畜牧业总产值 2044 万元。粮食总产 104468 吨，棉花总产 22.5 吨，大蒜蔬菜总产 16500 吨，大蒜 5000 亩，小拱棚 1200 亩，大棚 89 亩，参与土地流转 88 户，437 亩。工业是振兴的基础，2016 年魏湾镇共有一般纳税企业 19 家，规模以上企业 13 家，全年民营经济销售收入 39.54 亿元，实现利税 2135 万元。全年引进项目 4 个，完成招商引资 3.6 亿元，固定资产投入 8.9 亿元。特色产品主要有丁马生物科技有限公司的丁马甲鱼养生系列产品；大于纺织有限公司的彩纱系列制品；欣鑫塑业的 3D 打印高端塑板。

【基础设施】 2016 魏湾镇新修柏油路面 12 公里，全镇公路通车总里程达到 122 公里。对镇驻地街道拓宽硬化绿化。投资 3000 万元，建筑面积 2 万平方米的运河花园居民小区建设完成。完成兴魏路以北农田水利设施建设，灌溉收益土地 866 公顷。有线电视入户率达 97%，自来水入户率达 98%。镇驻地有金融机构网点 2 个，金融村级业务点 28 个。

【社会事业】 2016 年城镇居民可支配收入 16780 元，农民人均纯收入 12560 元，人均居住面积 36 平方米。有中学魏湾中学一处，在校生 727 人，公办小学丁马、后营、薛楼、赵回、薛王、西魏等 6 处，在校学生 2585 人，教职工 147 人，适龄儿童入学率 100%。公办幼儿园 4 所，私立幼儿园 7 所，在园幼儿 1343 人，专职教师 51 人。适龄人口入园率、小升初升学率、九年义务教育覆盖率分别达到 100%。文化站 1 处，村文化活动大院 27 处，农家书屋 28 处，藏书 3 万余册。新型农村养老保险参保农民 16805 人，参加新型农村合作医疗 23325 人。有魏湾中心卫生院 1 处，总床位 25 张，卫生技术人员 41 人，卫生室 27 处。最低生活保障人员 663 人，农村特困救济 2264 人。有中心敬老院一处，村级幸福院 2 处，共有农村五保 154 人，其中集中供养 53 人，分散供养 101 人。

【城乡环卫一体化】 魏湾镇投资 320 万元建设垃圾压缩中转站并配套垃圾清运车等设施，在全镇 27 个行政村每户配备一个塑料垃圾桶，全镇共设立 1004 个铁质垃圾桶，43 个大型垃圾箱，配备 107 个保洁员。做到居民生活垃圾日产日清，具体督导工作由镇城乡建设办公室负责。镇主要领导每周带领党政班子成员对 27 个行政村逐一督导评分，每次成绩记录在案，每月评比一次，罚后 3 名村的保洁员奖励前 3 名村的保洁员，年终总成绩作为支部书记部分绩效工资的发放依据，罚后 6 名支部书记的绩效工资奖励前 6 名的支部书记。

【“两学一做”专题活动】 魏湾镇党委制定《关于在全体党员中开展“学党章党规、学系列讲话，做合格党员”学习教育实施方案》，提出明确的学习目标和要求，并根据目前存在的突出问题制定制定了具体的整改措施。2016 年以来坚持每月组织一次党员集中学习，认真学习《中国共产党章程》《中国共产党党内法规》和习近平总书记系列讲话，并组织观看《力量》《基石是这样铸就的》等专题片，增强党员服务宗旨，强化为民意识。每季度召开一次全体党员会议，专题组织交流讨论，通过学习讨论，真正提高认识，找到差距，明确努力方向。

【特色产业】 魏湾镇领导班子立足根本，结合全镇实际情况制定魏湾镇绿色旅游的基调，并初具规模。指导建立魏湾镇吃、住、游、玩为一体的绿色休闲乡村游。依托中华海棠园、原中共清平县第一支部旧址、运河丁马．甲鱼休闲养生旅游区、临清钞关魏湾分部、临清市魏家湾贡砖文化传播展示基地、运河古碑林、小任庄古柘树王、魏湾镇李圈村生态养殖垂钓中心等八处景点的魏湾旅游体系初具规模。2016年已建成的有以下景区，中华海棠园占地1020亩，建有奇石博物馆，得水园，见山园，盆景区，海棠苑星级农家乐，各类苗木观赏区及景区其他服务设施，及农村展示、林产科普、弄上贸易、生态保护、观光旅游于一体的独特生态园旅游景观。原中共清平县第一支部旧址，总占地面积1100平方，现有陈赓办公处，赵振清办公处，688团作战部、李华光故居，还有通往村外的地道遗址两条。运河丁马甲鱼休闲养生旅游区，是集休闲旅游、生态观光、娱乐、温泉养生、陈列、垂钓、饮食、追溯甲鱼文化于一体的旅游景区。临清钞关魏湾分部，始建于明宣德四年（1429），初建时叫运河钞关魏家湾分关，存在502年，钞关遗址占地100平方米，2015年在原址上进行新建和改建了钞关办公署。临清市魏家湾贡砖文化传播展示基地，是国家级非物质文化遗产的传承地之一，2016年被命名为山东省文化产业基地，该砖窑建立在明朝遗址之上，已形成为贡砖烧制、砖雕、砖艺制作、陶艺体验于一体的文化产业园。运河古碑林，坐落于东魏存，集魏湾出土和现存所有古石碑于此处统一管理储存展示。小任庄古柘树王，小任庄建村与隋朝，此柘树相传栽于唐代，旁生多株，长势旺盛，枝干虬曲如龙，具有很高的观赏和研究价值。魏湾镇李圈村生态养殖垂钓中的建设初具规模。

（张子友　张子荣）

康庄镇

中共临清市康庄镇委员会

书　　记：孙　阳（12月止）
　　　　　黄　强（12月起）
副 书 记：张金明（12月止）
　　　　　林玉恒
　　　　　王　磊（12月起）
党委委员：冷荣学（12月止）
　　　　　张继香
　　　　　周保磊（12月起）
　　　　　王　磊（12月止）
　　　　　彭耀新（12月止）
　　　　　王玉真
　　　　　刘　秀（12月起）
　　　　　沈培慧（12月起）
　　　　　张玉军（12月起）

中共临清市康庄镇纪律检查委员会

书　　记：张继香

临清市康庄镇人大主席团

主　　席：林玉恒（07月-12月）
　　　　　冷荣学（12月起）
副 主 席：马东斌（12月起）
　　　　　夏　婷（12月起）

临清市康庄镇人民政府

镇　　长：张金明（12月止）
　　　　　林玉恒（12月起）
副 镇 长：王　磊（12月止）
　　　　　周保磊（12月起）
　　　　　马玉虎
　　　　　商广强
　　　　　丁尚旭（12月起）

临清市康庄镇人民武装部

部　　长：王玉真

政协临清市康庄镇工作委员会

主　　任：冷荣学（12月止）
主任科员：张春阳（12月起）

【基本概况】 位于临清市东南部，辖区东西最大距离11.5千米，南北最大距离17.2千米，总面积99.7平方公里，耕地面积5955公顷。2016年辖7个管理区，辖66个行政村。户籍总人口65969人，其中城镇常住人口13283人，城镇化率19.7%。总人口中男性33959人，占51.5%，女性 32010 人，占 48.5%。康庄镇地处黄河冲积平原，地势南高北低，地面海拔 29—38 米。属于暖温带季风区中的大陆性气候，其特点是四季分明，雨季集中在 7、8 月份，光照充足，无霜期长。春季干旱多风，夏季雨量集中，秋季温和凉爽，冬季干冷。年平均气温 12.8℃，年平均降雨量 590.4 毫米，全年无霜期为 194 天左右。境内属黄河水系，有马颊河、德王河、裕民渠、代颜渠等河流。主要自然灾害有冰雹、旱涝、风灾、低温、霜冻、雷击等。2016 年荣获"聊城市安全生产工作先进单位""生态文明乡村建设先进乡镇""招商引资工作先进乡镇""城镇化工作先进示范镇"等荣誉称号。

【经济概况】 2016 年全年实现国内生产总值 61.645 亿元，比上年增长 11.5%，其中，第一、第二、第三产业增加值分别为 1500 万元、61989 万元、5800 万元，分别增长 2.9%、12%、22%。财政收入 2433 万元。农民人均纯收入 10158 元，比上年增加 168 元。

2016 年康庄镇把民营经济、招商引资作为富民强镇的有效措施来抓，创新方式，整合力量，优化发展环境，不断加大对民营企业的扶持力度，企业群体不断壮大，经济社会发展取得新突破。2016 年全镇工业经济固定资产投入完成 16.3 亿元，同比增长 15%；服务业固定资产投入完成 2.4 亿元，同比增长 16%。

围绕"大上项目、上大项目"的目标，积极开展定点招商、以商招商。以"二次创业"为契机，在土地、资金、手续等方面加大对本地企业的扶持，鼓励企业加大技改投入，做大做强产业。2016 年，招商引资到位资金 3.6 亿元，同比增长 12%；山东捷生数控机床项目、康壮壮万头驴养殖及复混肥加工项目、鲁超精锻、易其林山药加工、超力轴承、齐鲁三农产业城等项目纷纷上马，为全镇工业的发展提供新的动力。

2016 年财政收入 2433 万元，比上年增长 7.6%；税收收 3600 万元，比上年增长 13%；农民年人均纯收入 10158 元，比上年增长 1.7%。截至 2016 年年末，该镇建有康庄农村商业银行、康盛庄农村商业银行、康庄邮政储蓄所、康盛庄邮政储蓄所等金融机构 4 个，并开设农行自助营业厅。

【农业】 农林牧渔业总产值 5.1651 亿元；全年粮食作物播种面积 5955 公顷，总产 93665 吨；瓜菜总产 84000 吨；棉花 60 亩，总产 12 吨；全年造林 3300 亩；林果总产 660 吨，林业产值 4600 万元。年末大牲畜存栏 3349 头，猪存栏 13291 条，羊存栏 4334 只，家禽存栏 74439 羽；畜牧业总产值 14000 万元。有西六、西崔、白辛、官庄育苗基地 4 处。各种大棚 1500 亩。专业合作社 145 家。

康庄镇农业基础较好，地势平坦，物产丰富。全镇年种植小麦 5429 公顷，总产量 40715 吨，玉米 5819 公顷，总产量 52374 吨。该镇是"鲁西北大蒜第一镇"、著名的香菜基地。大蒜年种植面积 860 多公顷，年产大蒜超过 2.5 万吨，蒜薹 2600 多吨。康庄大蒜已成功获批中国地理标志产品，康庄芫荽、辣椒是通过农业部门审核的绿色食品。建有 7 处贮存恒温库，6 家大蒜深加工企业，已形成产、贮、加工、销售一条龙的发展格局。在前善、后善、梅王等村建有香菜种植基地，每年种植香菜 80 公顷，年产香菜 4000 吨，建有前善村香菜批发市场。康庄镇是临清市第一养殖大镇，截至 2016 年，有 37 个养殖基地，45 家养殖合作社。有鲁西黄牛、奶牛、猪、驴、獭兔、蛋鸡等规模养殖小区。拥有康大肉联厂、明越养殖有限公司、临康养殖、康丰有机复混肥有限公司等一大批重点大型企业。康大肉联厂以生产肉鸡为主要产品；明越养殖有限公司为伊利集团、光明乳业集团长期提供优质鲜牛奶；康壮壮食品有限公司出产的"康壮壮"牌驴肉以肉质鲜美、风味独特而畅销省内外市场。

【工业】 全年实现增加值 61989 万元，比上年增长 12%，工业总产值 538826 万元，利税 69326 万元。

民营经济销售收入716513万元，利税90283万元。

康庄镇是临清东部重要的工业基地。全镇工商业户已达1700家，规模以上企业37家，涵盖纺织、机械制造、皮革加工、农机件加工、农副产品加工、木板加工以及交通运输等十多个行业。有康庄工业园、康盛庄工业园2个工业园。新建吕庙中小企业创业基地、兴华粉末冶金、兴源机械、康壮壮肉业、骤进数控机床轴承分公司等多家企业，扩建康泉化工、邢氏纺织、鲁泰纺织、海华纺织、顺星机械5家企业。

【社会事业】 全镇人均可支配收入23082元，增长15%，人均住房建筑面积42平方米，农民人均纯收入10158元，比上年增加168元；人均生活消费支出10100元；新型农村养老保险参保农民21414人，缴纳保费6804000元；参加城乡居民基本医疗保险52777人，缴纳保费8812690元。全镇最低生活保障救助1722人，累计发放各类优抚、救助款120万元，受助群众1845人。小麦补贴发放10258355元。

【科技教育文化卫生】 有临清市第二中学、康庄镇第一中学、康庄镇第二中学、宏丽中学4处，在校生4241人，有康庄希望小学、肖庄小学、侯寨子小学等小学7处，在校学生5780人，教职工608人，适龄儿童入学率100%。公办幼儿园3所，私立幼儿园31所，在园幼儿2220人，专职教师15人。初中适龄人口入园率、小升初升学率、九年义务教育覆盖率均达到100%。文化站1处，村文化活动大院66处，农家书屋26处，藏书30万册。现有临清市第二人民院、康庄镇卫生院、华康医院3处医院，总床位290张，卫生技术人员247人，卫生室51处。

【水利建设】 耕地面积5955公顷，有效灌溉面积5820公顷，河灌占3800公顷，井灌2020公顷。有排灌沟渠42条，总长度114公里，机井1300眼，配备设施、管理运行较好。能正常运转的扬水站5处。镇区、侯寨子村、郭盛村各有一大型水厂，水源均取自地下水，水质良好。镇区水厂位于顺兴街西侧、新老临博省道之间，出水量为170立方米 / 小时，日开采量约为4000立方米。

【多种经营】 康庄镇商业繁荣，有康庄、康盛庄、侯寨子、吕庙、肖庄、马厂6个大的集贸市场。屠宰业发达，康三村、康六村都许多农户常年从事畜禽屠宰和肉类加工。康庄美食丰富多样，熏鸽、羊排、狗肉、包肉、香肠、侯寨子豆腐皮、空心挂面远近闻名。端丁、后善、马厂等的村的家庭挂面作坊已逐步形成产业，成为该镇的一大特色。

2016年，康庄镇以农民增收为核心，以结构调整为主线，以农业产业化为总抓手，加大工作力度，强化示范引导，大力培植特色产业，形成以大蒜生产和板材加工两大特色产业。逐步形成板材加工基地，现已有板材加工点80个。

【交通运输邮电】 康庄镇交通发达，德商高速康庄西侧通过，并在康庄镇设有临清市唯一的出入口，省道临博路、聊夏路、临高路均从镇域经过。临博省道道路红线宽度20米、双向四车道、沥青路面，路面质量较好。镇区主要道路为康庄大道、顺兴街及府前街，其中顺兴街、康庄大道红线宽度为30米，府前街为20米。镇区现有加油站3座。南部有一处汽车站，每天有发往济南、聊城、泰安、临清等城市的客运车辆。有邮电局两处、电信局两处，全镇交换机容量为6000部，已实现村村通电话，镇区宽带网络入户率已达50%，有线电视实现村村通。

【社会管理】 积极开展人口和计划生育村民自治、创建诚信计生、婚育新风进万家等活动，加强和完善人口全员管理、流动人口、优质服务、社会抚养费征收、整治“两非”、免费健康查体等关键工作，严格依法实施综合治理，着力强化服务建设，着力提升该镇人口和计划生育工作健康有序发展的水平。社会管理服务中心投资30多万元，设置大型监控影视墙，安装48个摄像头，主要分布在临博路、康庄大道、鸿运金街、府前街等主干路等。临清二中、镇一中、幼儿园等其他各驻地部门，安装32个摄像头。80个摄像头全部联网到社会管理服务中心电子监控中心。开通服务窗口9个、规范7个村级综合治理办公室、组建由30人组成的综治维稳应急分队，监控覆盖全镇66个村。民政、残联、劳动保障等社会管理部门各司其职，促进利农、惠农、富农措施落实。

【村庄名录】 全镇下辖66行政村，包括：康一、康二、康三、康四、康五、康六、王贯、肖庄、庞维、徐窑、东六、西六、前六、王屯、刘皮、路桥、白辛、位庄、官庄、梅井、梅王、双井、前善、后善、吕庙、端丁、后李、高堆、东崔、西崔、前李、万屯、周楼、高庄、丁庄、薛庄、柴吕油、冯付、南刘、高桥、兴安集、张洼、邢庄、栾庄、康盛庄、张万、郭池、东马、西马、颜庄、宁店、丰庄、郭盛、大万、北刘、吕桥、张庄、菜赵、王铁、侯寨子、刘寨子、彭寨子、大陈、小陈、王坊子、于林。

【特色村庄】 大蒜种植专业村肖庄村。位于镇政府驻地南5公里处，全村452户，1630人，耕地面积2739亩。群众依靠科技种植大蒜，走上富裕路。全村大蒜种植面积2200亩，建有大蒜专业批发市场，市场辐射周边两个乡镇的大蒜种植区。2016年村结合镇高标准农田建设，对大部分地块进行高标准改造，铺设地下管道，实行自动化浇灌。

【地方名产】 熏鸽 康庄熏鸽在选料上，以家庭杂粮喂养，不含任何激素的乳鸽为原料，在传统加工的基础上，不断改进加工工艺，用三十年的老汤配以花椒、大茴、肉桂等二十多种香辛料加工而成，其口味独特，色泽金黄，肉鲜味美，让食客赞不绝口，是餐桌佐酒馈赠亲朋的美味佳品。

空心手工挂面 康庄加工挂面有几百年的历史，在端丁、马厂、前善等村，都有长年从事挂面加工的家庭作坊。康庄的挂面用小麦精粉、食盐等配料按传统手工工艺加工而成，外观细致均匀，细如发丝，而且制做好的挂面无论多细，中间均为空心，故又称空心面。康庄挂面煮出时不粘不连、口感滑爽、回味无穷。尤其适合老年人和身体虚弱者滋补食用。

【地方名胜】 季羡林故居、憩园 著名学者季羡林先生前留下遗愿："去世后，将骨灰葬在家乡官庄父母身边"。2010年，投资230万元，修葺季羡林先生故居、憩园。季羡林故居大门上方的"季羡林故居"五个字是由当代著名书法家欧阳中石先生亲笔题写，故居内陈设、生活用具呈现当年季羡林家人的生活状况。憩园移植有季羡林先生在北大未名湖种植的"季荷"，塑有季羡林先生的汉白玉像，设有碑林。季羡林先生憩园和故居目前已成为家乡的一个重要教育基地，每逢节假日，都有众多各界人士来此瞻仰凭吊。

（曲曾跃　吴善亭）

金郝庄镇

中共临清市金郝庄镇委员会

书　　记：李树群（12月止）
　　　　　杜东平（女，12月起）
副 书 记：杜东平（女，12月止）
　　　　　王文堃（回，12月止）
　　　　　杨家煌（12月起）
　　　　　马金辉（12月起）
成　　员：张富刚（12月止）
　　　　　赵华虎（12月止）
　　　　　韩增岗（12月起）

董怀友（12 月止）
王东生
贾淑梅（女）
张春林（12 月止）
庞庆凤（12 月起）
徐　锐（12 月起）
谷志国（12 月起）

中共临清市金郝庄镇纪律检查委员会

书　　记：赵华虎（12 月止）
韩增岗（12 月起）

临清市金郝庄镇人大主席团

主　　席：张俊峰
副 主 席：张春林（12 月起）
魏　薇（女，12 月起）

临清市金郝庄镇人民政府

镇　　长：杜东平（女，12 月止）
杨家煌（12 月起）
副 镇 长：董怀友（12 月止）
王启东（12 月止）
谷志国（12 月止）
贾淑梅（女，12 月起）
倪文磊（12 月起）
齐　磊（12 月起）
李　鑫（12 月起）

临清市金郝庄镇人民武装部

部　　长：张春林（12 月止）
谷志国（12 月起）

政协临清市金郝庄镇工作委员会

主　　席：张富刚（12 月止）
主任科员：张富刚（12 月起）

【基本概况】 金郝庄镇位于临清市东北部，地处聊城、德州二市，临清、高唐、夏津三县交界处，素有临清“东大门”之称。临高路（S322）和聊夏路（S254）两条省级公路和邢临高速公路纵横穿境而过，距周边县城可 10 分钟到达，距济南 50 分钟可达，距德州高铁站 40 分钟车程，区位优势突出，交通便利。全镇版图面积 85.5 平方千米，其中东西最大长度 11.8 千米，南北最大长度 13.1 千米。总耕地面积 5500 公顷，辖 7 个管理区，划分为 55 个行政村。2016 年，总人口 5.9 万，其中城镇常住人口 0.66 万人，城镇化率 11.2%，男性 3 万人，占 50.8%，女性 2.9 万人，占 49.2%。金郝庄镇 2016 年先后获得“山东省省级安全社区”和“山东省省级文明镇”称号。

金郝庄镇民风淳朴，名人辈出。历史上“连中三元”的宋朝名臣王岩叟以及当代著名古筝艺术家、书法家金灼南就出生在这块热土上。

【自然环境】 金郝庄镇地处黄河下游冲积平原，地形平坦开阔，土壤肥沃，微呈西南高东北低，较市区而言地势稍低，海拔高度 29—35 米之间，属暖温带半湿润气候，年平均气温在 12.5℃—13.5℃之间，全年日照时数约 2440 小时，年均降雨量 587.6 毫米，无霜期 330 天左右。

【区划沿革】 金郝庄原名郝庄，明末刘家湾金氏为避战乱迁入郝庄定居，其后人财两旺，至民国初期方圆百里人所共知，其余几姓日衰，故名金郝庄。清代属清平县。民国属清平县二区。1956 年划归临清县，属金郝庄区辖。1958 年为金郝庄人民公社。1962 年改为金郝庄区。1971 年撤区并社后为金郝庄人民公社。1984 年改建为金郝庄乡。2001 年由原肖寨乡和原金郝庄乡合并为金郝庄乡。2010 年 7 月，金郝庄乡撤乡设镇为金郝庄镇。该镇划分为 7 个管理区分别是：金郝庄管理区、新集管理区、石集管理区、张庄管理区、肖寨管理区、任官屯管理区、陈官屯管理区。划分 55 个行政村：金东、金西、金炉店、马庄、高庄、赵庄、宋洼、海坡、周庄、东张、西张、刘公庄、代庄、夏庄、濮庄、程马、新北、新东、新南、张伴屯、野村寨、田庄、东石、西石、东孙、西孙、昌庄、冯杨、谷庄、任东、任中、任西、冷东、冷西、李洼、杜洼、刘洼、监生庄、陈官屯、栗官屯、孟东、孟西、吴庄、史庄、张官屯、贾庄、肖北、肖南、肖西、孔官屯、孙庄、张炉、李寨、李营子、刘芳庄。

【经济概况】 2016年，面对严峻复杂的经济形势和强劲的经济发展态势，金郝庄镇党委政府坚持把项目建设尤其是市级重点项目建设作为跨越发展的生命线和着力点，坚持量质并举，强化产业招商，加快推进项目建设，民营经济取得跨越发展。全年实现国内生产总值45亿元，比上年增长8%。工业总产值9.5亿元，财政收入4013万元；注册企业502家，个体工商户1387户

【民营经济和招商引资】 2016年完成固定资产投资24.2亿元，民营经济税收7036万元，实现民营经济跨越发展。

发挥企业龙头作用，做大做强产业集群。金郝庄镇坚持把华兴纺织、昱泰纺织、鑫利纺织、德为纺织等骨干企业作为培育重点，鼓励引导他们通过租赁、兼并、联合等形式扩大规模，提升产能，打造产业龙头。现在华兴纺织规模达到65万锭，其中紧密纺达到35万锭，紧密纺规模居全国首位。同时，围绕延伸产业链条，大力开展产业招商，积极培育发展中小企业，做大产业群体，提高抗风险能力。2016年共有棉花加工及纺织企业98家，其中1万纱锭以上的15家、5万纱锭以上的3家，总纱锭数达到120万锭。

强化技术改造和管理提升，提高产业竞争力。针对当时大部分纺织企业设备老化、生产效率不高的问题，镇领导积极引导企业改造提升现有设备，淘汰老式梳棉机、络筒机、细纱机超过1000台（套），从日本、意大利、德国等地引进世界一流的纺纱设备1500台（套），全镇先进纺织设备占比达到85%以上。

加强引导和服务，优化产业发展环境。通过组织外出参观学习、教育培训等方式，引导企业进一步解放思想、更新观念、提升能力。2016年初，镇组织20余家企业参加上海国际纱线展，开拓企业家眼界，增强发展动力，华兴纺织、德为纺织、华航纺织在展会上与多家企业签订销售合同，开辟新的市场。同时，为更好地服务企业发展，成立由科级干部带队的帮联小组，每月至少到所联系企业走访一次，了解掌握企业经营现状，及时解决遇到的困难，为企业发展保驾护航。针对部分纺织企业资金短缺的问题，多次协调金融部门，组织银企对接会、座谈会，使企业得到有力的资金支持，避免因资金不足而停产的问题。同时对个体工商户制定支持、发展、保护的相关政策。

2016年，招商引资实际到位资金11.1亿元。全镇有市级重点项目4个，计划投资3.4亿元，已全部开工建设，已完成投资4.8亿元。立足产业和区位优势，创新招商引资方式方法，多方面扩大招商成果，签约项目26个，落地在建项目18个，正在跟紧有望签约落地的线索12个。对于在建项目，实行项目倒计时制，详细制定每个项目的工期安排，及时调度项目进度情况，确保项目早投产、早达效。对于相关招商线索及在谈项目，安排专人盯紧靠上，加强沟通联系，争取早签约、早落地、早开工。

【重点企业】 临清市华兴纺织有限公司 始建于2002年，位于山东省临清市金郝庄镇工业园区，占地面积280余亩，建筑面积11.5万平方米，拥有40万锭精梳纺纱生产线。主导产品为JC40S-JC120S高支高档纱线。企业性质为独立民营企业，总资产7.7亿元。建厂以来，该公司先后引进国内一流、国际先进的高档自动化设备，其中精梳紧密纺30万纱锭，已成为全省最大的紧密纺生产基地。2012年起华兴纺织公司将利用两年的时间，投资15亿元新上50万纱锭的纺纱项目和年产4万吨产能的气流纺项目，全部投产后该公司年销售收入超过40亿元，可形成税收1.2亿元。2010年被评为全国纺织工业50强和山东省先进民营企业100强。法人代表唐学坡为山东省第十一届人大代表，并获得全国纺织工业劳动模范称号。

临清市恒发卫生用品有限公司 该限公司成立于2003年7月，位于金郝庄镇冯杨村，占地

面积 12000 平方米。公司主要从事一次性卫生用品的生产和销售，拥有现代化洁净卫生的生产环境，现代化的专业生产线 20 余条，员工 200 余名。公司现有婴儿纸尿裤、成人纸尿裤、卫生巾等产品 300 多种，1200 多个单品，产品销往全国各地，在各省的大中城市设有代理商或办事处。其中，网络销售部现有本科以上学历人员 15 名，在天猫、淘宝、京东等 8 家电子商务平台设有旗舰店，年网销收入达到 2000 多万。

2016 年，该公司实行“二次创业”，从经营内容、经营范围、激励机制、组织机构管理、差异化服务和发展渠道等六个层面转型，达到“降耗增效”的目的。同年该公司确定新上高档卫生用品项目，在金郝庄镇野村寨村新建综合楼、生产间、仓库等建筑物，总建筑面积 48990 平方米，购置高档婴儿纸尿裤生产线 2 条、高档成人纸尿裤生产线 2 条、拉拉裤生产线 3 条、卫生巾生产线 2 条及其他辅助设备，生产婴儿纸尿裤、成人纸尿裤、拉拉裤及卫生巾四种产品等，建设厂房和购置生产线投资 1.73 亿元；另运转流动资金 0.08 亿元，共计投资 1.81 亿元，建筑工程在施工中。

【农业】 金郝庄镇党委政府紧紧围绕“农民增收，农业增效”两大目标，不断改善农田基本建设，着力培植高效农业，大力推进农业产业化经营，农业农村经济实现大发展。2016 年，农林牧渔业总产值 3.11 亿元，粮食作物播种面积 6238 公顷，人均 0.10 公顷，总产粮食 13.5. 万吨，其中小麦总产达到 8.24 万吨，种植措施：推广宽幅播种，提高粮食产量，同时，大力推行“一喷三防”，积极开展病虫害防治与自然灾害的综合防控工作。玉米总产达到 5.26 万吨。高产措施：推广种植“登海 605”和“隆平 206”玉米高产品种，配方施肥，及时防治病虫害。棉花种植面积 580 公顷，产量 527 吨，新建海泰农业生态园等无公害绿色蔬菜种植基地 816.1 公顷，年产 2.8 万吨。辣椒、西瓜、大葱、山药、紫甘薯、芫荽等 8 个蔬菜品种被认证为绿色食品，建设刘公庄特色西瓜生产示范基地 64 公顷。

林果业生产发展迅速。突出道路绿化、生态水系建设和绿化苗木示范基地建设为主线，在金松路、西环乡路、康赵路、金炉店路以及临高、高速路（金郝庄段）两侧种植竹柳、法桐、杨树、金叶女贞、石楠、金叶榆、紫叶枫、杨树等树种共计 116025 株；在三支渠、高杜沟、周夏沟、青年渠、李营子后沟、孟西至李寨沟、夏庄沟、西张支沟、西张至水厂沟等沟渠两侧栽植杨树 53000 株；在原金炉店窑厂、野村寨物流园、马庄等地分别建设 150 亩、123 亩和 50 亩的绿化苗木基地，共种植红花国槐、皂角、青檀、红枫、药菊花、竹柳等苗木 104000 株。共完成植树任务 273025 株。二期工程，在聊夏路两侧投入 300 万元栽植雪松 4215 棵，直柳 1155 棵；投资 20 万元在三支渠路、金松路、田石路、西环乡路等道路两侧栽植速生杨、直柳等树木 2 万棵，在镇驻地道路两侧补植黄金榆 159 棵，极大改善生态环境。新建海泰农业生态园，种植玉兰、合欢等观赏树木 800 余亩。建设丹参药材种植基地 500 亩，推广种植中间矮化砧烟富 3、烟富 6 等苹果品种 1160 亩。

养殖业发展提升。镇党委政府重视养殖业的发展，2016 年，聘请临清市畜牧局专家来金郝庄授课，举办养殖培训班两期，参加培训的人数 480 人。积极推广畜牧养殖技术。全镇养殖小区 22 个，年末大牲畜肉牛存栏量 159 头，奶牛存栏量 120 头，生猪存栏量 11311 头，羊存栏量 2952 只，家禽存栏量 554000 羽，畜牧业总产值 4152 万元。

基础设施建设。2016 年，铺设新北村水泥路 1200 米，新南村铺设水泥路 900 米；投资 50 万元在李营子村南修建钢架结构桥 30 米；对肖北村、冯杨村、西石村、李寨村、赵庄村内的 15 条沟渠进行挖掘清淤共计 5068 米，土方 30263 方；新打机井 60 余眼，机电配套齐全；在刘洼村、杜洼村新铺设自来水管道 5.47 万米，安装水表 973 套，极大地改善农业基础设施，进一步提高群众的生产生活质量。

【财贸金融】 2016年共有商业网点890家，镇村集贸市场12个。地方财政收入4013万元。人均财政收入680元。辖区内共有山东农村信用合作社、邮政储蓄银行等4家，金融机构开设代办点46处，自动存取款机4个，各类存款余额6.7亿元。

【镇村建设】 2016年，金郝庄镇按照高起点规划、高标准建设的总体要求，搞好镇驻地的小城镇建设，逐步完善城镇功能，增强小城镇的辐射带动作用，服务新农村建设。

小城镇建设工作。按照“功能完善、方便群众、简约大方、牢固实用”的思路，实施小城镇建设提升工程，投资5026.2万元，对镇驻地两侧旧房进行拆迁改建，建设2万平方米门面楼，统一店外立面装饰，实施地下管网、硬化、绿化、亮化提升工程，城镇面貌焕然一新。

路域绿化治理工作。2016年，按照路域绿化提升工作要求，该镇在临高路、聊夏路两侧栽植法桐4300棵，直柳73865棵，白蜡3000棵。苗木成活率在85%以上。投资20万元在三支渠路、康赵路、金松路、田石路、西环乡路等道路两侧栽植速生杨、直柳等树木2万余棵，在镇驻地道路两侧补植黄金榆159棵，极大改善生态环境。

镇村环境一体化工作。在2015年投资300余万元，强化镇村两级的各项卫生设施建设的基础上，2016年，又投资40万元，按上级要求配齐垃圾桶1300个，垃圾箱70个，垃圾车6辆，保洁员200人，保洁三轮148辆。并集中进行2个月的镇村环境综合整治，顺利通过市诚洁保洁公司的验收。

【社会事业】 2016年，金郝庄镇不断创新思路，全力促进文教卫生和各项社会事业健康发展。全镇人均可支配收入16921元，增长7.84%，人均住房建筑面积35平方米，医疗保险全年参保47198人，新型农村养老保险参保农民34630人，全镇最低生活保障救助1831人，农村特困救济30人，累积发放各类优抚、救助款430.3万元，受助群众1916人，小麦补贴发放955万元。

【卫生事业】 镇党委、政府争取上级支持，不断加大投入，镇卫生基础设施建设不断提高。全镇有卫生院一处，卫生院现有医护人员39人，病床52张，卫生室48处，年门诊量达3万人次，担负着该镇及周边地区近8万人口的医疗预防及保健工作，辖区内所有居民实行合作医疗，参保率达100%。

【教育事业】 金郝庄镇基础教育进一步加强，现有中学2所，在校学生1208人；小学9所，在校学生4520人，教职工249人，适龄儿童入学率100%，公办幼儿园10所，私立幼儿园12所，在园幼儿3460人，专职教师8人，初中适龄人口入学率、小升初升学率、九年义务教育覆盖率均达100%。农村文化活动大院50处，农家书屋20处，藏书1万册。

【服务大厅和电子监控】 金郝庄镇按照“便民、务实、高效”的宗旨，投资70多万元建成社会管理服务大厅。大厅占地300平方米，高标准配备电脑、打印机、办公桌、档案柜等办公设备，设置三资管理、劳动保障、司法调解、民政残联、治安保险、计划生育8个业务窗口，对群众反映的问题统一接待、归口服务，从而加快和谐乡镇建设的步伐。平安建设工作不断加强，在投资100万元建成镇视频监控平台的基础上，2016年投入200万元在全镇55个行政村安装高清监控探头271个，实现视频监控的全覆盖，有效保障人民群众的生命财产安全。

【扶贫工作】 2016年镇党委政府把扶贫工作作为一项重要工作来抓。通过镇村干部摸底排查，共有贫困户2166户，贫困人口4152人。2016年5月底6月初，镇扶贫办领导又逐村与村支部书记座谈，逐户进行走访调查核实，最终确定贫困户建档立卡名单。该镇符合贫困户标准的户1310户，人口2023人，其中五保户188户，195人；低保户1122户，1828人。对贫困人口分类施策，精准发力，积极推动各类扶贫项目建设，年底已完成70%人口脱贫。圆满完成上级下达的目标任务。

【党建工作】 2016年，党委政府深入开展“两学一做”教育活动，全面深化党建工作。

扎实开展“两学一做”学习教育。按照中央、省、聊城市、临清市关于开展“两学一做”学习教育的指示，该镇坚持从严从实要求，扎实抓好“两学一做”，制定印发《金郝庄镇“两学一做”学习教育实施方案》和学习计划、各支部实施方案和学习计划及学习资料。4月30日开始，全镇所有支部陆续开展集中学习教育，推进党内学习教育从“关键少数”向广大党员拓展、从集中性教育向经常性教育延伸。机关支部、经委支部及水利支部每周四下午，村支部及两新支部利用周末时间进行党员集中学习，通过读原著、学原文、悟原理的方式学习党章、党规及系列讲话，加深对其精神的理解。同时，镇各支部围绕专题开展集中研讨四次，通过学习讨论，真正提高认识，找到差距，明确努力方向。镇党委班子成员带头讲党课，各支部书记分别在所在支部讲党课，促进与普通党员的双向交流，激发支部活力。

认真开展党费清理核查工作。2016年上半年，按照上级要求，镇党委专门召开会议布置，明确分管领导，承办人员，责任科室，并细化要求和完成时间节点，构建党费收缴清理工作责任体系，增强党费收缴清理工作的宣传和动员。镇党建办按照中央组织部《关于党费收缴、管理和使用的规定》重新计算个人应上缴的党费标准，由各支部逐人核对党员从2008年4月至今的党费缴纳情况，严格执行缴纳标准，清缴党费123866.5元。

深入开展“两新组织”排查工作。深入搞排查，全面摸清实情。为全面了解掌握全镇“两新”组织党建情况，自3月21日起，镇党委抽调专门人员深入全镇426家非公有制企业进行调查摸底，摸清企业的有关情况，主要包括企业生产经营状况、党组织运转情况及党员情况等方面，从而掌握第一手资料。扎实建组织，扩大覆盖面。2016年4月11日排查工作结束，在全镇426家非公有制企业中，有105家企业正在运转，321家企业停止运转。根据这一情况，为保障“两新”组织党建工作的正常运转，成立18个“两新组织”党支部。同时“两新”组织按管区分成7个网络，组建工作队伍，建立管理机制，整合资源，形成“条块结合、相互支撑、同步进行、形成合力”的工作局面。

【地方名产】 金氏正宗熏鸡　金氏正宗熏鸡又名“鬼子鸡”，由金郝庄镇金裕庆先生始创于清末光绪年间，后随京杭大运河官船贾舶享誉九州，现已有百余年历史。此鸡味道鲜美、独特，众人尝后，无不拍案叫绝。抗战时期其第二代传人金英华先生曾因有此祖传工艺而使全家免遭日军残害。后此鸡被嬉称为“鬼子鸡”。鬼子鸡选用马颊河一带农家放养的活鸡，现由金氏第三代传人金泽峰先生采用祖传秘方，并融入现代精良工艺熏制。产品老少咸宜，实为聚朋宴请、馈赠亲友之佳品。2007年，鬼子鸡被评为“山东省名小吃”。

【民间艺术】 金郝庄镇有着悠久的文化艺术传统，木雕仿古家具源远流长，金派古筝享誉中外，木板大鼓远近闻名。

木雕仿古家具　金郝庄镇木雕仿古家具源远流长，远近闻名，继承了明清古典家具的深厚文化内涵和精湛的工艺技术，纯手工制作，雕刻精美，图案新奇。每件家具都精选上乘实木原料，经精雕细刻、反复打磨、潜心精制而成，从大料到小结，从原料到成品是真正的绿色环保产品。每一根木料都进行烘干等多种处理，在任何地理、气候环境中都不会出现干裂、拔缝等现象。金郝庄镇木雕仿古家具没有一个钉子，但牢固无比，没有任何防腐剂，但百年不朽、不散。

金派古筝　临清金郝庄是“金派古筝”的发源地。明万年历年间，该地的古筝即以声纯韵正、古朴典雅而闻名，世称“金派”。清末民初为鼎盛时期，全村有掐筝者102余名，其中以金灼南成就最著、声誉最隆。该地流传的筝曲多为《单八板》《双八板》及其变曲。2008年金派古筝传承人李克超在中国古筝艺术第六次交流大会上作《浅谈古筝普及阶段影响教学成绩的几个因素》的演讲，获得学界中外专家的广泛认同。

木板大鼓　金郝庄乡素有说唱“木板大鼓”的传统，老百姓对这一土生土长的曲艺品种情有独钟。它的前身是犁铧大鼓，流传在鲁西一带。后经民间艺人在演唱实践中探索提高，形成现在的木板大鼓。木板大鼓的道具很简单，一面羊皮鼓，一副剪板，再加鼓架鼓槌，一个人就可以演唱。形式轻便灵活，适应各种演出场合。说学逗唱兼备，或激昂，或委婉，表现力非常丰富。在临清、夏津、河北临西一带最为流行。这方面的代表人有陈立江、王振远、张振武等。

【民间文化人】　刘旭东　原金郝庄镇文化站站长。扎根农村三十余年，涉足文学、音乐和新闻三个领域，在各级报刊发表大量文字。创作过散文、小说、快书、鼓词、诗歌、歌曲、相声、小品和小戏剧等各类文艺作品，并酷爱二胡艺术，在省、市演出比赛中屡次获奖。有曲艺作品在全国得奖，散文作品曾与全国“百名名家力作”一同收入《跟理想主义者喝茶》一书。个人事迹被《聊城日报》《聊城晚报》《大众日报》和《乡镇论坛》等多家媒体所报道。被评为“临清市首届运河名城文化名家”“临清市第一批乡村优秀科技人才”“临清市文学艺术之星”。为聊城市首批签约艺术家。系中国曲艺家协会会员、中国民族管弦乐学会胡琴专业委员会会员。

（张俊峰　马春华）

老赵庄镇

中共临清市老赵庄镇委员会

书　　记：李汝梅　（女，12月止）
　　　　　孙　阳（12月起）
副 书 记：王　宏（12月止）
　　　　　郑中华
　　　　　张玉森（12月起）
成　　员：彭传华（12月止）
　　　　　张玉森（12月止）
　　　　　董朝阳（12月止）
　　　　　赵　磊（12月止）
　　　　　王启东（12月起）
　　　　　燕海善（12月起）
　　　　　王瑞武
　　　　　李　源
　　　　　李　岩（12月起）
　　　　　孙振芳（12月起）

中共临清市老赵庄镇纪律检查委员会

书　　记：张玉森（12月止）
　　　　　王启东（12月起）

临清市老赵庄镇人大主席团

主　　席：赵维平（12月止）
　　　　　庞永生（12月起）
副 主 席：袁　博（12月起）
　　　　　王延云（女，12月起）

临清市老赵庄镇人民政府

镇　　长：王　宏（12月止）
　　　　　郑中华（12月起）
副 镇 长：燕海善
　　　　　董朝阳（12月止）
　　　　　王　鑫（12月止）
　　　　　田永华
　　　　　李　哲（12月起）
　　　　　徐国本（12月起）

临清市老赵庄镇人民武装部

部　　长：李　源

政协老赵庄镇工作委员会

主　　席：彭建华

主任科员：张振国（12 月起）

【基本情况】 老赵庄镇位于临清市东部，镇政府驻地距城区 15 公里。辖 32 个行政村，总面积 50.61 平方公里，4.9 万人，耕地 5.4 万亩。2016 年全镇完成工农业生产总值 80 亿元，实现地方财政收入 3091 万元，民营经济税收 5983 万元，农民人均纯收入 9521 元。资源丰富，交通便利。临（清）博（平）路、临（清）高（唐）路纵贯境内，镇驻地距高（唐）邢（台）临高速 10 公里、距德（州）商（丘）8 公里。水资源充沛，南靠裕民渠，北依胡姚河，地下水蕴藏量大。

老赵庄镇先后被授予“省级生态乡镇”“全省农机安全示范乡镇”“聊城市党建模范乡镇”“聊城市民营经济发展先进单位”“聊城市招商引资先进单位”和“聊城市安全生产工作先进单位”等荣誉称号。

【自然环境】 老赵庄镇位于北纬 36°43′、东经 115°29′。地处黄河中下游冲积平原，地势平坦，土壤属褐色化潮土类，土质较好，气候温暖，日照时间长，适宜多种农作物生长。主要农产品有小麦、玉米、棉花、大豆、花生、韭菜、青椒、西红柿等。

【区划沿革】 老赵庄镇清代属清平县合字乡，民国时期属清平县第三区。1956 年清平县撤销，老赵庄划归临清县王集区。1958 年建红旗人民公社，驻地设在老赵庄村，1959 年 1 月改称老赵庄人民公社。1962 年 12 月，设立老赵庄区，辖老赵庄等 8 处公社。1971 年撤区并社，为老赵庄人民公社。1984 年改称老赵庄乡，1996 年 12 月撤乡改镇。

2016 年末辖天宫庙、匙庄、庞庄、沈庄、五股道、李庄、姜庄、杨千户、由庄、姚里庄、红庙周、老赵庄、赵坊、李将军、找军营、伞匠庄、车子周、冯庄、南丁、老周庄、相庄、黄庄、前营、后营、谭庄、王集、蔡庄、齐楼、孙伍营、后丁、双庙、十八里村，共 32 个村民委员会。

【农业】 老赵庄镇在农业产业结构调整过程中，坚持面向市场，坚持农业产业化，突出抓好粮食、蔬菜、养殖主导产业，因村制宜，全方位抓好农业增产增效，逐步实现从传统农业向现代农业转化，走出一条具有赵庄特色的现代农业发展道路，农村经济快速健康发展。2016 年农业总产值达 3.12 亿元，粮食产量达 39545 吨，棉花总产量 11925 吨，蔬菜总产量 11856 吨。

农业及基础设施不断改善。2016 年以来，老赵庄镇党委、政府大力推进科技兴农战略，以建设现代化农业为目标，不断改善农业生产条件，实现路、沟、渠、桥、井、涵、闸配套建设。实施新增千亿斤粮食项目，新建生产桥 105 座，新打机井 351 眼，清挖沟渠 45 条、20 千米，支渠衬砌 6 千米，增设变压器 35 个，排水闸 3 个，新建扬水站 3 个，铺机耕路 34 千米，设置低压管道 180 千米。实施测土配方施肥工程，大力推广秸秆还田、机械化收割、免耕播种等农业先进技术，不断提高科学种植水平。

全镇完善农田林网面积 3152 公顷，51.5 公里，2016 年林木覆盖率达 35%。全镇有果园 520 亩，2016 年果品总产量达 121 吨。

【多种经营】 2016 年以来，老赵庄镇以农民增收为核心，以结构调整为主线，以农业产业化为总抓手，加大工作力度，强化示范引导，大力培植特色产业，形成以蔬菜瓜果种植、畜牧养殖为主的农业新格局。发展绿色蔬菜，2016 年底蔬菜种植面积达到 5000 余亩，形成后丁韭菜种植、谭庄青椒种植、姚里庄西红柿种植等 8 个蔬菜种植基地，申报青椒、大葱、白山药、西红柿等 5 个特色品牌。果树种植方面，在由庄村建成 500 亩苹果种植基地，樱桃种植面积在 2015 年 50 亩的基础上扩种 50 亩，种植效益十分可观。大力发展生态养殖业，在五一路沿线村庄建设高标准的养殖小区，2016 年建设王集 500 头养猪小区，李将夏、由庄村 200 头养猪场，杨千户 15000 只养鸭基地，伞匠庄 1000 只养鸡场。

【民营经济和招商引资】 老赵庄镇紧紧抓住民营经济发展的大好机遇，坚持以引进外资与激活内资并重、盘活闲置资产与骨干企业膨胀规模并重的原则，以招商引资为核心，以大项目建设为突破口，提出“发展民营经济，打造工业重镇、打造农机制造业基地”的战略口号。培植四大骨干企业（润源公司、恒圆公司、德邦公司、天元公司），带动一批中小民营企业快速发展、充分发挥农机制造这一产业优势，积极推进农机产业做大做强，现已形成农机制造业基地。截至 2016 年年底，全镇规模以上企业 26 家，民营经济税收 4531 万元。确立“通过招商引资形成产业集聚，通过产业集聚再促进招商引资”的招商思路，围绕润源公司、恒圆公司、德邦公司、天元公司等龙头企业扩规、产业链上下延伸、相关项目集群发展等形式开展招商引资，形成产业集聚和板块经济。2016 年年底招商引资到位资金 3.9 亿元。

【财贸金融】 2016 年财政收入 3091 万元，比上年增长 307 万元。金融事业稳定，2016 年底全镇共有金融机构 3 个，有中国农业银行老赵庄分理处、临清农商银行、中国邮政储蓄银行。

集贸市场日趋繁荣。镇党委、政府依照“统一规划、合理布局”的原则，扩大完善镇驻地、沈庄和王集三大集贸市场，上市商品品种明显增多，市场贸易成交额大幅度增长，呈现出购销两旺的态势。2016 年集市贸易成交额 2870 万元。

【交通运输邮电】 老赵庄镇交通条件一步得到改善，德（州）商（丘）高速、省道临（清）高（唐）路、临（清）博（平）路穿境而过，斗（虎屯）松（林）路贯穿南北，镇驻地距离高（唐）邢（台）高速 10 公里，距德（州）商（丘）高速 8 公里，镇政府不断加强各村之间的公路交通网络建设，实现村村通公路。邮电事业不断得到发展，镇驻地邮电支局 1 处，包含邮政储蓄和邮政业务，有工作人员 11 人。

【镇村建设】 老赵庄镇党委、政府依照“高标准规划、合理布局、健康发展”的原则，邀请山东省规划设计院有关专家对镇村建设制定远期和近期规划。自老赵庄镇被确定为新农村建设试点乡镇以来，按照“布局合理、设施配套、环境整洁、村容美化”的要求，不断加强小城镇建设，对镇驻地府佑街、工业园路、斗松路、府前街四条道路实施路基拓宽工程，新铺柏油路 5.6 万平方米，铺花砖 43800 平方米，修建排水管道 4260 米，栽植路边石 9870 米，安装路灯 280 盏。在府前街、府佑街建设商品楼 3.2 万平方米；赵庄新居总建筑面积 2 万平方米，并配套建设地暖、广场、健身器材等设施，城镇化水平得到显著提升。在工业园路北首西侧建设垃圾中转站和污水处理站，并铺设 6500 米的配套污水管网，在各村配套建设垃圾收集池 130 个，可日处理垃圾 110 吨，日处理污水 700 吨，极大地改善农村的生态环境。规范小城镇管理，成立 11 人的城管环卫队伍，镇驻地垃圾收集做到日产日清。

【社会事业】 2016 年年末，全镇新型农村合作医疗农民参合率达 100%。民政工作注重低保、五保、优抚安置、发放救济救灾等，2016 年共有低保 926 户 1487 人，低保金发放 2898904 元，月人均 162.5 元，与 2015 年相比，户数增长 1%，人数增长 1.4%，低保金发放增长 1.5 倍，月人均增长 1.3 倍；2016 年共有城镇低保 18 人，低保金发放 68688 元，月人均 318 元；2016 年共有五保户 114 人，五保金发放 444600 元，与 2015 年相比，户数增加 14%，五保金发放增长 27%；2016 年共有优抚对象 68 人，优抚金发放 502760 元。2016 年发放救灾救济面粉 950 袋，比 2015 年增长 12%。2016 年底参加新型农村养老保险 16180 人。

2016年发放小麦补贴资金420万元。2016年全镇职工工资总额720万元，2015年660万，增长8%；2015年职工平均年工资42000元，2016年48000元，2016年比2015年增长8%；2016年全镇农民人均纯收入9521元，2016年比2015年增加1121元。

【科教文卫】 老赵庄镇党委、政府把科技作为经济发展的重头戏来抓，不断引进科技人才，加大科技投入，建立健全镇、管区、村三级科技推广网络，并不断加以完善和提高。2016年年底，全镇农业先进实用技术覆盖面达到99%。

教育事业取得突破性发展。2016年全镇共有学校11处，其中中学2处，完小5处，村小3处，中心幼儿园1处；共有教职工312人。不断加大教育投入，2015年、2016年先后新建沈庄小学教学楼、五股道小学教学楼；筹集资金107万元购置新办公微机215台套，极大地改善教学办公条件。

文化活动日趋活跃。镇驻地文化站、图书室、阅览室、活动室配套齐全；有京剧协会、围棋协会、书画协会。32个村均建有“农家”书屋。广播、电视覆盖率都达到100%。双庙村唢呐班及王集村社火闻名全市。

卫生事业蓬勃发展。镇党委、政府积极争取上级支持，不断加大投入，卫生机构基础设施大幅改善，先后在卫生院新建门诊楼、病房楼2座，有病床45张，配有X光机、He-He激光机、多功能治疗仪、B超机等一流设备。先后在沈庄村、王集村建设2个社区卫生服务站，农民就医条件得到极大改善。

【社会管理】 计划生育工作常抓不懈。人口计生工作以深入贯彻落实全面两孩政策，推进计划生育服务管理为工作主线，积极推进镇卫生计生资源整合，进一步提升妇幼保健服务水平。继续加大综合治理出生人口性别比治理力度，开展打击“两非”专项整治活动，保证性别比指标控制在市里下达的指标以内。扎实做好计划生育家庭奖励扶助工作，落实计划生育特殊家庭扶助制度，建立联系人制度。积极做好流动人口卫生计生服务均等化。

2016年办理生育登记611人，再生育审批30人，妇幼保健随访服务1500人次，农村部分计划生育家庭奖励扶助人员364人，特别扶助4人，8户计划生育特殊家庭全部建立联系人制度。解决群众实际困难200多个，群众满意度不断提高。

社会治安综合治理稳步推进。深入开展严打整治斗争。紧紧围绕建设“平安赵庄”这一奋斗目标，严厉打击各类刑事犯罪。扎实推进平安家园保险和综治大巡防工作。科技创安保稳定，全镇区分为三个重点区域进行摄像头实施监控。镇政府在镇区布局远红外摄像机67台，主要安装道路、路口、重点单位和中小学校门口以及人员密集场所，保证对全镇30处重点单位、人口密集场所以及镇区所有出入口、主要干道的24小时全程监控。全镇实行契约式平安家园保险的村达32个，投保户约9600余户，覆盖面超过97%。同时全面加强综治大巡防建设。全力做好防范处理邪教工作。建立并完善经常性清理清查非法宣传品活动的长效工作机制，层层落实责任。

【人民生活】 随着全镇经济的发展，全镇人民生活水平逐年提高，2016年农民人均纯收入达9521元。人民群众的消费水平和消费结构发生巨大变化。在饮食方面，主食比重降低，副食比重明显上升；在穿衣方面，衣着逐渐由单一化、中档化向舒适、美观、时髦、款式多样化发展;汽车、空调、电脑、冰箱等已进入普通家庭，居民住房也正向着宽敞化、楼房化的方向发展。

创新载体，提升文明创建水平。积极开展道德荣辱教育，普及与农村群众生产生活相关的文明礼仪知识。深入开展孝德、诚德、爱德、仁德“四德”教育活动，引导农村群众自觉遵守社会公德、家庭美德，养成良好的个人品德和道德修养。积极开展各类创评活动，开展“致富能手”“好媳妇好婆婆”“文明信用户”十星级文明户等评比活动；积极鼓励村级成立红白理事会，移风易俗，做到婚事新办、丧事简办；在农村形成文明乡风，着力塑造干净整洁、环境优美、和谐宜居、文明向上的良好村镇形象。

【重点企业】 山东润源实业有限公司 始建于1986年，现有职工1000余人，其中高级工程师30人，大专以上学历200人，熟练技术工人850人，4个项目事业部，9个处室，技术中心，具有较强的自主研发和生产能力，公司的主导产品有大型农业装备（麦稻联合收割机、玉米联合收割机），发动机曲轴，液压举升油缸，桃胶/阿拉伯胶等，公司占地面积50万平方米，建筑面积25万平方米，拥有800多台（套）机械加工设备和十几条生产线。是聊城市“5513”重点工程企业，2009—2012年润源牌液压油缸被评为“山东省名牌”产品，“ＲＹ”商标被评为“山东著名商标”，企业被评为“山东省消费者满意单位”，山东省“守合同、重信用”企业，山东省高新技术企业，中国铸造协会会员单位、银信系统信用企业。国家产品质量监督抽查合格企业，通过IS09001—2008质量管理体系。润源牌麦稻联合收割机，多功能玉米联合收割机被国家农业部列入2010—2013年农机补贴目录。

山东恒圆精工部件股份有限公司 前身为山东恒圆活塞环有限公司，成立于1994年6月，于2012年10月改制为股份公司，主营活塞环、气缸套、活塞、气缸盖及农机配件、手扶拖拉机、五金工具、非普通通用轴承、轴承钢管的生产、销售。现有职工1100人，其中工程技术人员95人；公司占地面积9万平方米，其中建筑面积65000平方米。总资产8500万元。生产加工手段完备，拥有从德国、日本、美国、瑞士等国家引进先进的加工、控制和检测设备600多台（套），具有年产7000万片活塞环，280万只气缸套的生产能力。生产经营Φ50mm—Φ200mm区间的300多个品种规格的活塞环、气缸套，为莱动、泰柴、常柴、时风、潍柴、亚美柯等二十余家国内著名主机厂配套产品。

【特色村简介】 一村一品韭菜种植专业村后丁村。老赵庄镇后丁村是远近闻名的韭菜种植专业村，全村总人口890人，共260户，耕地面积978亩，其中种植韭菜的户有230户，韭菜面积870亩。2016年每亩韭菜收入8500余元。近年来，镇党委政府大力扶持发展后丁村韭菜种植，积极引导农民向规模化经营、区域化布局、社会化服务发展，使韭菜种植向周边王集村、十八里村、找军营等村扩展，逐步形成品牌效应，已注册“禾兴牌”韭菜品牌，扩大影响力，“韭菜”逐渐成为当地市场的“抢手货”。为扩大销售渠道，成立韭菜交易市场，并成立禾兴韭菜种植专业合作社，已有社员50人。目前，该村的韭菜远销河北、济南、德州等地，韭菜种植成为全村的支柱产业。

一村一品蔬菜种植专业村谭庄村。谭庄村位于临清市东部，新临高路北侧，距市区13公里，是老赵庄镇发展蔬菜种植的示范村。全村222户，754人，耕地面积972.56亩。共有141户从事蔬菜种植，种植面积达到615亩，亩均年收入达到7500元。为进一步做大做强蔬菜种植产业，在老赵庄镇党委、政府的大力支持下，在原有青椒、大白菜种植的基础上，积极引进新品种，推广新技术，实施青椒、春播玉米和大白菜间套连作的耕作，并进行示范推广，很大程度提高经济效益。按照“政策扶持，龙头带动，市场拉动，科技驱动，服务促动”的发展方式，注册成立“谭庄蔬菜种植协会”和“谭庄蔬菜种植专业合作社”，增强发展“一村一品”的组织化，专业化程度，提高该村青椒和大白菜种植的知名度。

（袁　博　马维斌）

松林镇

中共临清市松林镇委员会

书　　记：李怀国（12 月止）
　　　　　孙晓强（12 月起）
副 书 记：高长芳（12 月止）
　　　　　谷　雨（回，12 月起）
　　　　　潘庆军
委　　员：刘晓静（女，12 月止）
　　　　　腾兴旺（12 月止）
　　　　　张春阳（12 月止）
　　　　　赵百奎
　　　　　韩增岗（12 月止）
　　　　　王延云（女，12 月止）
　　　　　张世全（12 月起）
　　　　　贾　彬（12 月起）
　　　　　扈　晓（12 月起）
　　　　　吕加强（12 月起）
　　　　　刘志诏（12 月起）

中共临清市松林镇纪律检查委员会

书　　记：滕兴旺（12 月止）
　　　　　张世全（12 月起）

临清市松林镇人大主席团

主　　席：谷　雨（回，07—12 月）
　　　　　常玉平（12 月起）
副 主 席：叶　斌（12 月起）
　　　　　马永霞（女，12 月起）

临清市松林镇人民政府

镇　　长：高长芳（12 月止）
　　　　　谷　雨（回族，12 月起）
副 镇 长：张春阳（12 月止）
　　　　　贾　彬（12 月起）
　　　　　周广峰
　　　　　扈　晓（12 月止）
　　　　　廖丹丹（女，12 月起）
　　　　　魏际锋（12 月起）

临清市松林镇人民武装部

部　　长：韩增岗（12 月止）
　　　　　吕加强（12 月起）

松林镇政协工作委员会

主　　任：刘晓静（女，12 月止）
主任科员：董朝阳（12 月起）

【基本概况】 松林镇位于临清市东北部 15 公里处，北与德州市的夏津县接壤，西距临高高速公路路口 5 公里，东距德商高速公路路口 3 公里，镇域 2 小时经济圈覆盖德州、济南、石家庄、邢台等地，省道 315 线、临高高速公路、德商高速公路均从境内穿过，地理位置优越，交通十分便捷，具有得天独厚的区位优势。镇区版图南北长约 10 公里，东西长约 5.1 公里，总面积 51.3 平方公里，耕地 4.7 万亩，人均耕地 1.35 亩。2016 年辖 3 个管理区，共 26 个行政村，总人口 3.5 万人，男性 17724 人，占 50.64%；女性 17276 人，占 49.36%，其中农业人口 3.4 万人。人口出生率 2%，人口死亡率 1%。2016 年获得"中国楹联文化镇""山东省首届全民阅读书香之镇""山东省楹联文化镇""山东省文化镇""山东省信息化建设扶贫示范镇"等荣誉称号。

【自然环境】 松林镇位于北纬 36°39′—36°55′、东经 115°27′—116°02′，地处黄河冲积平原，地势南高北低，地面海拔 29—38 米。属于暖温带季风区中的大陆性气候，其特点是四季分明，雨季集中在 7、8 月份，光照充足，无霜期长。春季干旱多风，夏季雨量集中，秋季温和凉爽，冬季干冷。年平均气温 12.8℃，年平均降雨量 590.4 毫米，全年无霜期为 194 天左右。属黄河水系，境内有裕民渠、庞丁渠等河流。主要自然灾害有冰雹、旱涝、风灾、低温、霜冻、雷击等。

【区划沿革】 春秋属齐地。西汉初属清渊县。

1950年属清平县第三区（王集区）。1956年划归临清县后仍属王集区辖。1958年建立松林人民公社。1962年改为松林区。1971年撤区并社后仍为松林公社。1984年由松林公社改建制镇至今。2016年松林镇所辖村庄有：松北村、松南村、梁庄村、马张村、张四道村、亢庙村、刘斗村、前尚村、西尚村、东尚村、西丁村、后丁村、东丁村、海军张村、王常刘村、姚庄村、郝庄村、段郝庄村、石槽村、姚楼村、仓上村、麻佛寺村、王大人村、田庄村、由集村、张庄村。

【经济概况】 松林镇全面贯彻党中央“小城镇、大战略”方针，立足现状，以市场经济为向导，发展民营经济，从事加工、铸造的劳力达到1万多人，经济和社会各项事业保持快速健康发展的良好态势。

民营经济形成农机件加工、轴承加工、棉花加工及纺织和仿古家具几大主导产业，农业经济形成棉花、西瓜、蔬菜特色种植和蛋鸡养殖5大生产基地。松林镇产业工业园区已建成，占地9公顷并由数条市场和商业街。松林镇上有北方最大的木材交易市场、松林牲畜饲料厂、林城棉业纺织公司、腾工轴承有限公司等企业，计划建设古典家具产业园、农机件产业园等。2016年全镇完成固定资产投资13.1亿元，同比增长33.7%；招商引资完成3.1亿元；民营经济税收2748.34万元；工业总产值15.37亿元，财政收入1466万元，同比增长7.2%。农民人均纯收入15243元。

大力开展招商引资。松林镇加大对外宣传、推介力度，先后组织企业赴北京、浙江、青岛参加招商活动。松林镇镇完成招商到位资金3亿元，圆满完成任务，分别是北京客商投资的家具加工项目、江苏宿迁客商投资建设的古典家具市场、俄罗斯客商投资合作的山东腾工轴承有限公司重载荷关节轴承项目、山东腾工轴承有限公司计划引进的宁波纽尚机械贸易公司贸易出口项目等项目。

农机配件和棉纺织产业加快转型升级。松林镇鼓励引导林城纺织、龙源纤维纺织、亚美机械、通亿动力等23家企业加大技改投入和创新力度，设备、技术更新改造资金达到2亿元，实现产业和产品的提质增效。

【农业】 2016年度，松林镇党委政府以建设现代农业为目标，不断加大农业投入，提供农业基础建设水平，实现农业不断增效，农民不断增收。2016年全年粮食作物播种面积74500亩，总产值38710.23吨；瓜菜总产5306.26吨；棉花6671亩，总产454.7吨；全年造林2346亩；林果总产11.5吨，林业产值287680元。年末大牲畜存栏760头，猪存栏3461头，羊存栏3527只，家禽存栏73200羽；畜牧业总产值995.7万元。育苗基地1处，各种大棚134亩，专业合作社54家。

【工业】 2016全年实现工业增加值49803.8万元，工业总产值15.37亿元，利税6532.6万元。民营经济销售收入14.4亿元，利税5875.24万元。

临清市林城纺织有限公司 临清市林城纺织有限公司坐落松林镇驻地，北靠省道315线，东邻斗松路，占地面积63亩，建筑面积4万平方米。公司现有生产规模10万纱锭，员工410余人，拥有国内较先进的生产设备和生产工艺，主导产品为40—80支高档优质棉纱，年产值2.1亿元，利税1100万元。

山东腾工轴承有限公司 山东腾工轴承有限公司成立于2012年，成为设计、研发、生产制造、国际销售一条龙的轴承高新技术企业。公司生产的向心关节轴承是轴承行业的一个细分行业，无论生产规模还是产品档次均排名在山东省第一，全国第四。公司主要生产内径4毫米—400毫米的各类润滑型、自润滑型向心关节轴承、角接触关节轴承、推力关节轴承、杆端关节轴承，并可定做非标关节轴承。产品已广泛应用于食品化工、矿山冶金、工程机械、汽车等工业领域，畅销国内20多个省市、并出口俄罗斯、美国、德国、意大利、巴西、土耳其等多个国家和地区，获得国内外用户的广泛赞誉。2016年中国轴承协会秘书长周宇再次莅临该公司指导工作，对公司寄予厚望。公司技术中心被评为山东省企业技术中心、山东省工业设计中心、山东省一企一技术关节轴承研发中心、山东省第三批“专、精、特、新”中小企业、聊城市关节轴承重点实验室，公司“腾工牌”商标被评为山东省著名商标，公司被国家科技部评为国家级高新技术企业等荣誉称号。公司已成为中国轴承工业协会理事单位、中国工程机械名优产品产销联合商会副理事长单位等。临清市2016年成立轴承产业技术创新联盟，公司为秘书长单位。

【社会事业】 全镇人均可支配收入15243元，比上年增加576元，增长3.78%；参加新型农村合作医疗农民31294人。全镇最低生活保障救助797人，农村特困救济110人。累计发放各类优抚、救助款113.45万元，受助群众2787人。小麦补贴发放42446.94亩，共530.6万元。

【科技教育文化卫生】 有中学松林镇中学等1处，在校生950人，小学有一完小、二完小、三完小、四完小、五完小、田庄小学6处，在校学生2960人，教职工216人，适龄儿童入学率100%。公办幼儿园1所，在园幼儿486人，专职教师8人。初中适龄人口入园率、小升初升学率、九年义务教育覆盖率分别达到100%。文化站1处，村文化活动大院25处，农家书屋25处，藏书十万余册。有松林镇卫生院等1处医院，总床位30张，卫生技术人员31人，卫生室22处。

【水利建设】 2016年松林镇党委、政府大力推进科技兴农战略，不断改善农业生产条件，实现路、林、沟、渠、桥、井、涵、闸配套建设，提高农业基础设施整体水平。加强农业水利设施建设，维修扬水站3个，新打机井67眼，完成王大人、麻佛寺、亢庙、大郝庄等11.6公里沟渠清淤。

【城乡环卫一体化工作】 2016年以来，按照全市城乡环卫一体化工作推进安排部署，松林镇上下共动员、齐动手，强化宣传、舍得投入、常抓不懈，全年共投入90余万元，对辖区26个村庄和镇村道路进行集中整治，共清理垃圾坑192个，清运垃圾13400多方。为26个村新增替换配备垃圾桶260个，垃圾箱30个，达到每10户一个垃圾桶的标准；加大平时督导考核力度，“村收集、镇统运、市处理”的运行模式高效运作，松林镇人居环境大为改观，群众满意度大幅提升，在聊城市、临清市社会满意度调查中位列前茅。

【基础实施】 松林镇按照“高起点规划、高标准建设、高效能管理”的原则，科学定位，准确布局。不断完善城镇基础设施，加快镇村建设步伐。

2016年，松林镇新农村建设成效显著，镇驻地新旧街区全年完成拆迁面积1.4万平方米，完成建设面积4.2万平方米，省道315线两侧原来的低矮平房基本上全部建成两层以上楼房，面貌焕然一新，极大提升驻地城镇规划建设水平，2016年开工建设松林镇第一个小区楼房。积极争取上级资金，对镇驻地315省道两侧2.4千米进行排水、绿化、亮化设施建设和弱电管网改造。

乡村道路交通日趋完善，已实现“村村通”，并积极争取各级帮扶资金，有姚庄村、梁庄、王长刘等完成水泥路面硬化7000米，有麻石路、马张村等30千米公路硬化计划已经申请指标，批复后即动工建设。

【脱贫攻坚精准推进】 松林镇认真开展贫困户建档立卡工作，做好数据比对、排查和核实，确保“零差错”，做到扶贫对象精准。松林镇全镇建档立卡贫困户2645户、6111人，目前，已脱贫1868户、4990人，剩余残疾、年龄大无劳动能力或患有大病等777户、1121人。2016年，完成危房改造28户。全镇定期召开“第一书记”与帮扶企业座谈会，定期为贫困户进行技能培训，并提供就业岗位。

肉食鹅养殖项目和入股分红。共在王大人、麻佛寺、西尚、王长刘、石槽、段郝6个村实施肉食鹅养殖项目，投资56.4万元，带动贫困户94户299人，占总贫困人数的4.89%。在冬季养鹅成本增加，盈利减少，肉食鹅市场不景气情况下，启动第二方案，将肉食鹅项目的本金，以入股分红的形式投入山东豪飞服饰有限公司。入股山东豪飞服饰有限公司之后，山东豪飞服饰有限公司每年给贫困村固定分红5.64万(为固定分红，不受公司经营情况影响)，每季度末共分4次打到村集体对公账户上，由村集体发放给贫困户。

奶山羊养殖项目。在西尚村和麻佛寺村进行的奶山羊养殖项目，共计带动贫困户35户107人(西尚村10户33人，麻佛寺25户74人)，占总贫困人数的1.75%。

栝楼种植项目。西尚村新发展中药材栝楼种植覆盖贫困户12户49人，占贫困人数的0.8%，按每户实际需求将种苗分发到贫困户手里，农户自行进行种植。

光伏发电项目。选择光伏发电项目，通过扶贫开发资金支持，创办光伏发电项目区总共350KW，覆盖建档立卡贫困户295户907人，占贫困人数的14.84%，并吸纳贫困人员就业，该项目投资少，见效快，市场前景良好。

【社会事业】 在加快发展经济的同时，松林镇对各项社会事业也始终给予高度重视，注重协调推进，统筹发展，社会管理、科教文卫等事业健康快速发展。

社会管理综合治理扎实推进 松林镇党委政府不断强化完善各项维稳工作措施，通过健全网络、关口前移、分包责任、统筹各部门综合力量，社会治安综合治理暨平安建设、信访稳定工作得以深入开展，全镇连年保持政治、社会的和谐稳定。积极开展“平安松林”创建活动。投入综治经费8万元，进一步维护26个村监控设施，新增加监控探头40个，做到全镇全覆盖。认真抓好“平安系列”专项活动，加强治安巡逻，全面提高群众治安满意率和知晓率。2016年，全镇共发生刑事案件4起，侦破4起，协助外辖区破获5起；治安案件共立案12起，查处12起，群众满意率达98%。高度重视信访工作。松林镇加大对《信访条例》的宣传力度，健全信访信息网络，认真做好矛盾纠纷排查调处工作，努力把问题化解在基层和萌芽状态，特别是针对高速征地、土地确权和宅基纠纷等重点区域和重点工作中引发的信访，积极采取预防应对，充分运用法律法规加强调处工作，有效控制信访升级和群体性事件发生，2016年共排查矛盾纠纷11起，成功调处11起，成功率达100%。

计生工作不断加强 2016年，松林镇计划生育工作水平逐年提高，该镇从基础抓起，摸清计生家底，加大对计划生育工作的投入力度，加强基础设施建设、改善办公条件、规范计生管理，建立计划生育工作长效机制，实行绩效考核、落实责任追究及奖励措施。认真落实计生工作责任制，积极推进计生工作创新，开展计生优质服务“十到户”活动。深入开展性别比失衡、出生瞒漏报、社会抚养费拖欠等专项治理，努力提升计生工作整体水平。

民政工作稳步发展 2016年，松林镇党委政府全面落实优抚、低保、和慈善救济等各项民生政策，与扶贫工作相结合，让困难群众实实在在感受到党和政府的关怀和温暖。保证贫困户国歌暖冬，松林镇年底发放棉被3000余件，发放彩电48个。对贫困群众做到“应保尽保”，最低生活保障救助797人；加大殡葬改革力度，提倡文明的丧葬新风，大力推进移风易俗工作。新型农村养老保险参保率达到80%以上，2004年自新型农村合作医疗实施以来，参保率不断提高，2016年，新型农村合作医疗参合率达到100%。

【党建工作全面深化】 “两学一做”专题活动。根据中央、省委、聊城市委和临清市委的统一部署，松林镇“两学一做”学习教育于4月29日正式启动。截止2016年，全镇53个党支部正在按照学习教育要求，扎实有序地推进开展。为帮助党员干部正确理解认识、开展好“两学一做”学习教育，更好地坚定理想信念，增强看齐意识，在思想上政治上行动上同以习近平同志为总书记的党中央保持高度一致，严守党的政治纪律和政治规矩。2016年，松林镇党委对农村党员分三批进行为期10天的集中培训，全镇党员全部轮训一遍，镇党委书记李怀国为党员上党课。完善镇党委中心组学习制度，根据市委的统一要求，围绕当前松林镇重点实事工作，确定了作风建设、经济发展、新农村建设和民生工作等10个学习专题。2016年，党委中心组共组织集中学习和交流9次。同时，进一步将中心组学习纳入基层党支部党建工作考核内容，结合“五好”党支部评选工作，对支部“三会一课”落实情况进行督查指导。

以制度建设为基础，加强服务型基层组织建设。按照“夯实基础，创新机制，重点突破，整体推进”的总体原则，继续推广党员干部承诺制，确保参诺对象更加广泛，承诺内容更加实际，践诺监督更加规范。进一步完善《松林镇农村基层组织建设考核方案》《松林镇党支部书记工作考核办法》和《松林镇党员百分制考核办法》，对农村党建和党员干部各项工作目标进行量化细化，每季度进行一次考核奖惩兑现，对党员干部实行位次管理，同工资待遇进行挂钩，极大增强党员干部的工作积极性和为民服务意识。继续完善青年干部培养机制，抓好人才引进和培养工作，通过搭平台、压担子等方式，切实加强对青年人才的教育、培养和服务，加快“科教兴镇、人才强镇战略”的实施，2016年，共有61名硕士生、博士生纳入人才库管理，在腾工轴承新建一处产学研人才引进平台。

巩固群众路线教育实践活动成果。以作风建设为重点，进一步强化领导干部的政治素养、执政能力和严实作风，巩固群众路线教育实践活动成果。同时，深入强化党风廉政建设，认真贯彻落实从严治党方针，坚持与时俱进，标本兼治，从源头上预防和解决违法违纪问题。

【特色项目】 古典家具　松林镇的古典家具产业主要集中在尚官营村，尚官营村由东尚、西尚、前尚三个行政村组成，地处松林镇中部，交通便利，现有总人口4122人，1070户。尚官营村是松林镇及周边县市乡镇最早从事古旧家具收购经营的村庄，始于20世纪70年代，距今已有40多年的历史，尤其是对明清时期的“轿车”（马车）、宫廷家具研究颇多。近年来，随着民间留存的古旧明清家具越来越少，价格也越来越高。在这种情况下，人们开始将目光转向古典家具，尤其钟情于那些选料精良、做工精细、形神兼备的仿古家具精品，因为无论就其珍稀名贵木材的价值，还是其艺术价值都具有增值的潜力。特别是，随着市场经济和家具市场的发展，人们对古旧家具的追捧、热衷和收藏日益升温，全国各地亦竞相开展生态游、古迹游等，仿古式茶楼瓦舍建筑增多，对古典家具的需求与日俱增。2008年以后，松林镇的古家具修复和仿明清古典家具制作搭上市场的“便车”，尚官营村的古典家具产业也由从前的简单收购经营，逐步转变为收购和仿古制作相结合的路子，并引进了修复、雕花、烤漆等古旧家具的再修复技术和古典家具制作高端技术，不断拓展发展空间，延伸产业链条，实现连锁经营、品牌打造、联姻高端等新的经营模式，所产仿明清古典家具销往北京、上海、天津等大中城市，大受欢迎，并远销到日本、韩国。这一产业也逐渐成为尚官营村群众发家致富的主导产业。

家具加工产业已成为松林镇新的经济增长亮点，截至2016年年底全镇有古典家具企业40多家，个体加工户350家，一般纳税人14户，注册自有品牌30个，从业人员7000多人，年产值达2亿多元，上缴税金600万元。骨干企业有华盛轩、古韵祥、榆木阁、诚信木业、思逸轩、泰森古典家具等15家，产品有太师椅、小姐椅、官帽椅、贵妃榻、橱柜、条案、书桌、茶桌、餐桌椅等仿明清家具和韩式家具，热销全国各地和日本、韩国，主要为茶楼酒店、影视基地和部分家庭提供产品。

田庄吹腔 田庄吹腔是流传于临清松林田庄一带的古老戏剧曲种，至今已有近300百年的历史，据考是由秦腔、徽戏、明清时曲吸收当地民歌而形成。田庄吹腔始于乾隆二十六年（1761）前后由河北南宫侯姓者传入，乾隆三十年（1765）南巡回銮驻跸临清州，观看此剧，龙颜大悦，并赐名为“吹腔”流传至今。

“田庄吹腔”从俗曲小令到化妆演唱再到舞台表演，经过长期实践，吸收其他剧种的表演特长，最后形成一套独特的表演程式，展现出粗犷豪放的音乐风格。如武将亮相，必须先进行踢腿、飞脚、翻身等一系列动作，以双脚齐跳表示发怒。我国戏曲特有的“虚拟化”“写意化”的表演在“吹腔”表演中也得到体现，如《龙舟会》表演，在空无一物的舞台上屈膝虚坐，纹丝不动，以及整个演出只有小姐、丫鬟和书生三人，通过细腻的表演和身段动作的配合，却表现出三人在人山人海拥挤不堪的情景。

“吹腔”程式化表演较为固定，如旦行讲究“青衣走，大甩手，小旦走，起风摆柳”。“推圈”要边推边走：“花脸过顶，红脸与眼齐，小生与嘴齐，旦角齐胸，小丑单指”，也有“小丑似小生，小生似小旦”的说法。除此还有跷腿、劈叉、打飞脚等功夫。

20世纪五六十年代，田庄吹腔多次参加省地会演并获奖，呈现又一个繁盛期。1953年，主演赵连仲在山东青年艺术汇演中获得奖章一枚。同年，艺人赵金铸等进京演出受程砚秋夫妇接待，听唱多段吹腔曲牌后高兴地答应支持他们成立专业剧团的要求，命名山东清评剧，并给演员铸发铜质奖章，为他们演唱的传统曲目《挂龙灯》进行录音，组织讨论，不少专家学者给予很高的评价以表鼓励与支持，临别赠送六莽六靠八套官衣和头饰。

田庄吹腔曲牌古朴典雅，吸收秦腔、弋阳腔、汉调、徽调等特点，形成多种吹腔的吹腔戏，所用曲牌有山坡羊、朝阳歌、锁南枝等百余种。传统剧目数量甚多，分大中小三类，共70余个，内容涉及春秋战国、三国两晋、隋唐五代、唐宋明清多个朝代，代表作有：《王玉荣思夫》《貂蝉思夫》《王小赶脚》《补缸》《十字坡》等。1964年以后，临清剧团利用吹腔曲牌排演不少现代戏，如《夺印》《红灯记》《朝阳沟》等。

田庄吹腔是中国古老唱腔的代表，对研究中国戏曲声腔的发展有着不可估量的作用。该团体人员至今保留相当一部分手抄本剧目（有些已存入中国戏曲研究院），对研究中国传统剧目和戏剧的发展有重要价值。

（吴国栋）

新华路街道

中共临清市新华路街道委员会

书　　记：刘明峰
副 书 记：任庆远
　　　　　谷　雨（07月止）
成　　员：方纪红（10月止）
　　　　　朱　亮
　　　　　张长军（12月止）
　　　　　谢德强
　　　　　马　静
　　　　　刘　涛
　　　　　周丽娜（12月起）
　　　　　王东祥（12月起）

中共临清市新华路街道纪律检查委员会

书　　记：朱　亮

临清市新华路街道人大工作办公室

主　　任：张广生
副 主 任：卞九涛（12月起）
　　　　　李维升（12月起）

临清市新华路街道办事处

主　　任：任庆远
副 主 任：张长军（12 月止）
　　　　　李继伟
　　　　　叶立涛（12 月止）
　　　　　谢德强（12 月起）
　　　　　孙玉新（12 月起）
　　　　　王晓雨（12 月起）

临清市新华路街道人民武装部

部　　长：刘　涛

政协临清市新华路街道工作委员会

主　　任：方纪红（10 月止）

【基本概况】 临清市新华路街道位于临清市中东部，辖区东西最大距离 13.5 千米，南北最大距离 11.1 千米，总面积 77.6 平方公里，耕地面积 2620 公顷。2016 年辖 8 个社区，辖 43 个行政村 10 个街。总人口 117934 人，其中城镇常住人口 69176 人，城镇化率 59%。人口出生率 13.9%，人口死亡率 12.8%。地形地貌为平原，气候为暖温带大陆型季风气候。城区部分是临清市政治、经济、文化、人流、物流中心。新华路街道也是全市工业园规划区，区内现有企业 726 家，拥有有色金属、特种钢材、机械装备、轴承加工、纺织服装和密度板加工 6 大产业以及建材、家具、蔬菜、商贸、农贸、小商品 6 大专业批发市场。2016 年先后获得全国无邪教创建示范街道、全省无邪教创建示范乡镇（街道）、聊城市消防安全责任落实年活动先进乡镇（街道）、聊城市舆情信息工作先进直报点、聊城市财政系统先进集体、聊城市安全生产工作先进单位、聊城市农业转型升级先进乡镇（街道）、聊城市招商引资工作先进乡镇（街道）、聊城市民营经济工作明星乡镇（街道）等荣誉称号。

【经济概况】 工业总产值 548.3 亿元，增幅 6%。财政收入 4.3 亿元。农民人均纯收入 11210 元，比上年增加 8.1% 元。

【农业】 全年粮食作物播种面积 1840 公顷，总产值 20700 吨；瓜菜总产 48000 吨；林果总产 2300 吨。年末大牲畜存栏 15600 头，猪存栏 5822 头，羊存栏 9966 只，家禽存栏 56 万只。有高科技农业示范园 2 处，育苗基地 2 处。各种大棚 560 亩。专业合作社 16 家。

【工业】 工业总产值 548.3 亿元，利税 31.6 亿元，增幅 4%。民营经济销售收入 539.4 亿元，利税 45.1 亿元。现有工业企业 726 家，其中规模以上企业 60 家。2016 年固定资产总投资 54.9 亿元，规模以上工业企业主营业务收入 600716 万元、利润 16184 万元、利税 18937 万元。通过构建“全民招商”“重点项目帮包制”等格局，实施“环境提升工程”和“产业提升”工程，实现产业结构、经济总量的突破性提升，各项经济综合指标荣获临清 16 个镇（街道）第一名，同时在全聊城市乡镇街道中处于领先位置。

【社会事业】 全镇人均可支配收入 12100 元，增长 11.3%；人均住房建筑面积 32 平方米；农民人均纯收入 12100 元，比上年增加 11.3 元；人均生活消费支出 5600 元；城乡居民医疗保险全年参保 59377 人，缴纳保费 9974490 元；城乡居民养老保险参保 14893 人，参保费 5214500 元。全镇最低生活保障救助 486 人，农村特困救济 1529 人。累计发放各类优抚、救助款 1022327 元，受助群众 427 人。小麦补贴发放 3444595 元。

【招商引资和重点项目】 抢抓沿海发达地区产业加速转移的重要机遇，瞄准京津冀、胶东半岛、长三角、珠三角等地区，大力开展招商活动，打造承接产业转移目的地。共签订招商引资合同项目 5 个，其中过亿元的 1 个，实际到位资金 3.4 亿元。2016 年，重点建项目总投资 54.9 亿元。9 个市级重点项目进展顺利，其中三利纺织 1 亿米白坯布、福瑞德年产 4000 万空调铜管挤压件、青港物流等项目已经投产达效，其余项目已全部建设完成。

【现代农业】 坚持因地制宜、突出特色，打造生态高效的精致农业。通过建设万亩生态农业园，培育樱桃、葡萄和优质蔬菜三大产业，构筑一种园区带动的发展格局。推进农业组织化、产业化，推广大棚种植560亩，大棚130个，其中冬暖式大棚30个，种植樱桃及时令有机蔬菜。主要冬暖式大棚以专业种植合作社集中经营为主。新华大樱桃专业合作社，有可控智能温室5个，占地40亩，主要以种植布鲁克斯、早大果、黄蜜等品种为主，年产生效益280万元。西胡百果园，建有冬暖式大棚7个，占地35亩，种植各类品种的大樱桃，大棚投资200万元，年效益140万元。宝清果蔬种植专业合作社，建有大拱棚13个，占地面积34余亩，生产各类有机绿色蔬菜，其中有六种蔬菜取得绿色食品认证。年效益在110万余元。有蔬菜种植传统的油坊、董街村蔬菜种植专业村，辐射带动周边11个村的蔬菜产业，到2016年年末，全街道蔬菜种植面积达8000余亩。

【多种经营】 在过去传统的种植、养殖、加工项目外，辖区新引进种植金银花1000亩，樱桃种植3600亩，奶牛养殖1200头，农副产品加工15户，食品制造业4户。2016年扩大大中小棚种植。

【科技教育】 2016年有中学1处，在校生1220人；小学有胡里庄小学、丹青小学、南区小学、民族小学、陈庄小学、陶屯小学6处，在校学生2104人，教职工179（含初中57人）人，适龄儿童入学率100%。公办幼儿园6所，私立幼儿园46所，在园幼儿3856人，专职教师18（公办）人。适龄人口入园率、小升初升学率、九年义务教育覆盖率分均达到100%。

【文化卫生】 文化站1处，村文化活动大院43处，农家书屋43处，藏书43000册。有新华卫生院1处医院，总床位10张，执业医师9，护士5人，卫生管理人员24人，技术人员23人，卫生室23处。

【水利建设】 协助市农开办完成廖庄、李庄、东陶、于庄四个贫困居的扶贫项目，共计新打机井28眼。至2016年年末，辖区有水渠42条，总长度51千米，有排灌点26处，机井898眼，其中400米以下的深水井34眼，灌溉面积达到99%以上。

【“两学一做”学习教育】 强化保障、补齐短板，打牢学习教育基础。加大资金投入，建设古楼、红星两个社区服务中心。整顿软弱涣散党组织，针对刁庄、廖庄两个软弱涣散村，街道党委书记带头帮包，成立街道专项整顿工作组，与市直“双联共建”工作组一道，有针对性地抓整改和落实。是理顺组织关系。集中排查党员组织关系，并对所有党员进行党费清查，做到信息核实横向到边、纵向到底、不留死角，确保拉清党员底数。刚性学习、即知即改，提升党员干部素质。做到领导班子示范带动，学习计划严格落实，平台载体形式多样，支部党员边学边改。积极作为、履职尽责，抓好中心工作落实。强化村级管理，推动经济发展，全面服务民生，各项工作都有切实的提升。

【现代服务业】 依托区位交通优势，加快推进顾家商业中心建设，实施铁临物流大宗商品交易中心、青港国际物流内陆港等项目，现代物流企业达到40家。做大文化旅游业，全面做好葡香园欢乐世界、市医院医护型养老保健服务中心的建设，打造休闲养生基地。积极发展电商产业，依托临清电商产业园，充分利用每天惠、贝壳wifi、淘宝大学，加大对返乡务工人员、高校毕业生等重点人群的培训力度，实现大众创业。

【新农村建设】 对七个村实施美丽乡村建设。片区为临博路以南、东三环两侧的东陶屯、西陶屯、东闫庄、西闫庄、刁庄、北廖庄、李庄7个村居，该片村居位于257省道南侧，东西相连，交通便利，基础设施较好。刁金河、南水北调工程贯穿该片区，辖区水系资源丰富，有多处坑塘用于养鱼、种藕等，并有鲁西黄牛、狐狸等特色养殖，片区内有临清贡砖传承地、碧霞祠道观遗址等文化特产。同时，实施路域环境提升工程，高标准完成临高路、临博路、东三环绿化工作，加大道路交通整治力度，打造“畅、安、舒、美”的道路通行环境。加强城市管理，梳理城乡环卫运行管理体制，规范完善环卫保洁、垃圾收运、日常监管等各项规章制度，构建环境治理长效机制，提升城乡环卫一体化水平，群众满意度大幅提升。

【脱贫攻坚】 经仔细认真排查57户贫困户，完成一户一档，确保精准无误。强化精准施策，针对识别出来的贫困户，逐户分析致贫原因，“量身定做”脱贫方案，采取企业下乡扶贫、种养产业扶贫、光伏产业扶贫、乡村旅游扶贫、电商产业扶贫、金融扶贫、行业社会扶贫等多种方式，增加贫困群众收入，实现贫困群众脱贫目标。

【社会保障】 落实就业扶持政策，拓宽就业创业渠道，健全社会保障体系，加大扩面征缴力度，养老保险扩面征缴完成4900余万元，完成率100%;并扎实做好城乡居民社会养老保险工作。加强城乡低保规范化管理，组织专门队伍进行核查。2016年共有城市低保户485户，865人；农村低保户467户，833人。

【城乡建设】 自7月30日到8月23日利用24天时间，完成永青路拓宽、曙光路北段道路打通两个项目改造工程。经过摸底、宣传、丈量、协议、房屋拆除等环节，遵循公正、公开、公平、透明的原则，成功动员居民们实施搬迁，两个项目征收占地总面积共计93.39亩，建筑面积3.92万平方米，涉及被征收户204户。两个片区项目的实施，对于完善交通基础设施，彻底解决拥堵的交通状况，提升临清城市品位，都将产生重大影响。

【城乡环卫一体化】 纳入城乡环卫一体化的城郊村共有32个，7201户，28122人。组建成立新华保洁公司，负责城中村、小街巷卫生的清扫保洁，保洁公司共有工作人员13人，办事处财政负责保洁公司的运转费用。制定《村居卫生管理标准》《保洁员工作职责》《垃圾清运管理规定》《保洁员清运员奖惩规定》《小街巷卫生管理制度》《城区卫生责任分工》等规章制度。辖区共摆放垃圾桶960个，大型垃圾箱47个，大型垃圾池62个，拥有各种垃圾清运车辆17辆，实现垃圾日产日清。城郊村保洁员86人，保洁员全部配齐三轮车、扫帚、铁锨、服装、笤帚、簸箕“六件套”。保洁员工资每月600元，做到按时、足额发放。

【大众创业、万众创新】 抢抓新旧动能转换机遇，营造有利于大众创业、万众创新的社会氛围，发展基于“互联网+”的新产业。其中顾家临清电商产业园发展电商300余家，其中每天惠、韩国特卖等品牌的销售额均突破500万元；农村阿里巴巴淘宝参与报名75人，列全市第一位。各类个体工商户达到6757户。

【五尽救助】 对城乡困难群众医疗困难的医疗救助，城乡最低生活保障对象，特困供养人员，包括农村五保对象、城镇“三无”人员和城乡孤儿；城乡其他特殊困难居民。共有75名困难群众享受到医疗救助。对城乡群众临时困难的救助，对辖区内因重病、火灾、交通事故、人身伤害等原因，导致基本生活暂时出现严重困难的家庭或个人，经调查核实，及时办理临时救助。2016年共36人享受到临时救助。对城乡困难家庭高等教育本科新生入学的救助，2014—2016年共一次性资助大学新生16名。对城乡残疾人的救助，对辖区内一、二级重度残疾人发放护理补贴和生活补贴，最低生活保障家庭中的轻度残疾人发放生活补贴。对城乡最困难家庭在最低生活保障的救助，经过缜密调查复核，对辖区内符合享受最低社会保障的城乡居民全部纳入到城乡低保范围。2016年共有城市低保户485户，865人；农村低保户467户，833人。

【计划生育】 截止2016年12月底，全处总人口为117934，已婚育龄妇女22198。其中无孩妇女851，一孩妇女14289，二孩妇女6639，（其中二女孩1578户）。共出生婴儿1649人，比上年同期增加497人，人口出生率为13.9‰，人口自然增长率为11.3‰。出生人口性别比：出生婴儿共1649人，其中男861人，女788人，一孩446人，政策内生育393人，二孩1113人，政策内1102人，三孩及以上90人，其中三孩政策内生育13人，出生性别比为109∶100，二孩性别比103∶100。工作中，计划生育手术及时到位。截止2016年12月底全处共做各项手术1339例，其中结扎11例，放环637例，取环658例，人工引流产33例。女性初婚情况：女性初婚共186人，其中晚婚126，晚婚率67.7%。流动人口管理情况：共有流出已婚育龄妇女218人。已婚育龄妇女建档率100%；流入已婚育龄妇女156人，建档率100%；对流动人口信息交换平台的信息及时关注更新。农村计划生育奖扶、特扶申报，年审达100%。2016年底共有特扶41例，奖扶人员260例，共计301例。依法行政到12月底共计办理生育登记1352例，生育证31例。共计征收社会抚养费34106元。

【民政】 农村低保金发放及时。2016年共对882户农村低保户1466人发放低保金，低保金额达2154994元，比去年同期减少近25万元，低保金实行社会化发放每户一卡，公开透明动态管理，每月进行调整。农村五保对象39户40人社会救助金足额发放。城市低保金有序发放。2016年享受城市低保户651户，共发放低保金2919296.2元。优抚对象定期抚恤金都及时发放到优抚对象手里，同时为他们办理新型合作医疗。“双拥创城”工作扎实深入，双拥日常活动有序进行。社会救助“一门受理，协同办理”工作有序推进。巩固发展殡葬改革好势头，全年共火化415具，占全年总任务的84.7%以上。

【残联】 春节慰问期间，为辖区52户家庭贫困的残疾人家庭发放面粉和食用油。为辖区需要安装假肢的17名肢体残疾人，免费安装假肢。上报辖区参加聊城电商培训肢体残疾人2名，顺利结业并获得由聊城市残联发放的2000元创业基金。为5名精神残疾人免费申请由市残联和临清市人民医院共同组织的精神类残疾人免费服药活动。重新审核自2010年到2016年申请的残疾人困难生活补贴（共计450人）和残疾人重度护理补贴（共计352人）。共为生活困难残疾人申请残疾人困难生活补贴256人、为长期卧床不能自理的重度残疾人申请重度残疾人护理补贴192人、为5名生活困难没有低保的精神及智力残疾人申请每年636元的居家托养补贴。为24名需要家庭无障碍改造的残疾人申请符合自身条件的无障碍设施。为辖区13名有残疾人机动燃油轮椅车的残疾人申请每年220元的残疾人燃油补贴。进行残疾人基础信息数据更新，共计为辖区1475人入户填写残疾人基础服务调查表，为及时了解残疾人生活现状和针对他们各个方面的基本服务需求加以调整工作方向。

【综合治理】 创新开展基层法律服务全覆盖工作，初步建立一支由律师、法律服务工作者组成的法律服务团队，43个村居均有一名法律服务人员担任法律顾问。各项制度健全完善，运行机制基本建立。获得“聊城市司法行政系统先进单位”“全市法治示范乡镇（街道）”、周海清所长获得“全市普法依法治理先进工作者”等荣誉称号。巩固视频监控全覆盖工程建设。2016年投资33万元，在派出所建设一级社会治安视频监控平台，能够介入探头600路，存储15天（或介入探头300路，存储30天）满足实战需要；投资7700元，在铁路沿线布设监控探头四个，有效地满足铁路沿线安防需求。被授予“平安聊城建设模范乡镇（街道）。打击顽固“法轮功”分子，被认定为国家级无邪教创建单位。禁毒工作被聊城市禁毒委员会授予“全市社区戒毒社区康复工作示范点”。

（朱红光）

青年路街道

中共临清市青年路街道委员会

书　　记：王培峰（12月止）
　　　　　李怀国（12月起）
副 书 记：王　超（12月止）
　　　　　常朝福（12月起）
　　　　　刘瑞彦（12月止）
　　　　　江传宾（12月起）
委　　员：于安会
　　　　　江传宾（12月止）
　　　　　王　勇
　　　　　贾永峰
　　　　　商爱华
　　　　　胡　楠（12月止）
　　　　　刘　新（12月起）
　　　　　宋　洋（12月起）

临清市青年路街道纪律检查委员会

书　　记：江传宾（12月止）
　　　　　王　勇（12月起）

临清市青年路街道人大工作办公室

主　　任：李树茂
副 主 任：陈洪涛（12月起）
　　　　　徐桂芳（12月起）

临清市青年路街道办事处

主　　任：王　超（12月止）
　　　　　常朝福（12月起）
副 主 任：高　燕
　　　　　于清祥
　　　　　刘　新（12月起）
　　　　　王　勇（12月止）
　　　　　孙春霞（12月起）

临清市青年路街道人民武装部

部　　长：胡　楠（12月止）
　　　　　贾永峰（12月起）

政协临清市青年路街道工作委员会

主　　任：于安会

【基本概况】 临清市青年路街道位于临清市中部，辖区东西最大距离9千米，南北最大距离13千米，总面积80平方公里，耕地面积3340公顷。2016年辖11个管理区，辖48个行政村。总人口8.9万人，其中城处常住人口5.3万人，城镇化率63.2%。总人口中男性4.62万人，占52%，女性4.27万人，占48%。人口出生率9.8%，人口死亡率4%。地形地势平坦起伏较小，部分村庄受黄河故道影响形成河滩地貌，属温带大陆性季风气候。

【农业】 农林牧渔业总产值17142.65元；全年粮食作物播种面积6372公顷，总产值50107吨；瓜菜总产1790吨；棉花617.73亩，总产139吨；全年造林3000亩；林果总产2911.5吨，林业产值582万元。年末大牲畜存栏602头，猪存栏4639头，羊存栏4782只，家禽存栏329750羽；畜牧业总产值2805.97万元。有高科技农业示范园2处，育苗基地2处。各种大棚80亩。专业合作社95家。

【工业】 全年实现工业增加值54859万元，比上年增长9.8%。工业总产值296538万元，利税26077万元。民营经济销售收入326559万元，利税26878万元。

【社会事业】 医疗保险全年参保53698人，缴纳保费 8054700 元；新型农村养老保险参保农民 14326 人；参加新型农村合作医疗农民 53698 人。全处最低生活保障救助 2124 人，5870020 元，农村特困救济 2184 人。累计发放各类优抚、救助款 421 元，1509830 元。受助群众 4729 人。小麦补贴发放 47191.6 亩，5898950 元。农机补贴发放 54 户，1786240 元。

【科技教育文化卫生】 有临清市青年路街道中学 1 处，在校生 679 人，大三里小学、旧县小学、李堂小学、十里坞小学、里官庄小学、薛店小学、房村厂小学、民族小学 8 处，在校学生 4220 人，教职工 123 人，适龄儿童入学率 100%。公办幼儿园 6 所，在园幼儿 409 人，专职教师 12 人。初中适龄人口入园率、小升初升学率、九年义务教育覆盖率分别达到 100%。文化站 1 处，村文化活动大院 48 处，农家书屋 30 处，藏书 1 万余册。有临清市人民医院分院等 1 处医院，总床位 28 张，卫生技术人员 20 人，卫生室 31 处。

【经济概况】 工业总产值 54859 万元。2016 年，辖区投资 5000 万元以上的项目 15 个，计划总投资 12.6 亿元；其装备制造业基地项目中的哈大地轴承办公楼已经竣工；鼎裕汽车轴承项目及飞翔油箱项目已投入生产；华美医院教育培训楼及综合楼已建成启用；豪翰商贸城一期建设完毕，入住商户 200 余家；南部新城区文化体育公园项目土地进行平整。

【招商引资】 建立和完善签约项目落实责任制，成立签约项目落实督查领导小组，明确每一个项目一名科级领导负责的工作机制。临清豪翰商贸城建设项目：项目占地 240 亩，总投资 20 亿元，总建筑面积 22 万平方米，建设商铺 2000 套。一期 10.6 万平方米 1050 套商铺建设及配套设施已建设完成，商户已入住经营。下一步适时进行二期 9.4 万平方米 950 套商铺建设。聊城华美医院医疗健康产业园项目：项目占地 342 亩，建筑面积 30 万平方米，总投资 15 亿元。一期 13 万平方米门诊、医技、病房楼建设及所需医疗设备均已运行，教学宿舍楼及综合服务楼建设已完工并投入使用。正规划 5 栋医护型养老服务中心的建设。聊城澳航轴承有限公司精密轴承项目：占地 50 亩，总投资 1.5 亿元。已建设 6500 平方米车间。山东东龙精工轴承有限公司汽车轴承项目：占地 40 亩，总投资 8000 万元，已建成 7000 平方米厂房。

【交通运输邮电】 辖区有 315 省道、临冠路、临莘路等主干道，交通便利，运输发达；辖区村村通公路。2015 年末有中国邮政集团有限公司山东省临清朱庄支局 1 处，邮政业务总量 400 余万元。报纸、杂志累计发行 2 万分。电信服务网点 50 余处，电话普及率达到 98%。

【基础建设】 辖区公共交通系统发达，多路公交环绕全境，日均客流量 6000 余人。城区主要道路，雨污水管网健全，并配有朱庄乡变电站、自来水厂，电网、水利系统完善。

【村庄（社区）名录】

里官庄社区辖：里南、里北、薛店、东鸭西鸭、里东、里后。

十里坞社区辖：十里坞、姬庄、前坑、兴庄、孙庄、汪庄、贾庄、后坑。

临卫社区辖：江庄、于楼、付庄、朱庄、李堂、寺上、陈厂。

马庄社区辖：唐庄、马庄、车庄、房厂、东窑、西窑、张堂。

古城社区辖：西屯、吴刘庄、于林头、西旧县、东屯、东旧县。

胡家湾社区辖：夹道、南厂、北关、新华南街、胡家湾、临馆街、小三里。

迅力社区辖：土桥村、南关村、南关街、职工新村、南厂街、龙山南街。

济津社区辖：河洼、济津街、三里堡、大三里。

曹岗社区辖：窑口村、曹岗街、育新街、窑

口街、古楼南街。

温泉社区辖：顺河街、车营村、龙华街、九龙街。

龙山社区辖：马市街、光明街、会通街、车营街、考棚街、前关街、后关街、东夹道街、西夹道街、教场村。

【特色条目】 临清运河钞关 始设于明宣德四年（1429），宣德十年（1435），临清钞关升为户部榷税分司，由户部直控督理关税，下设五处分关，直控督理关税。万历年间征收税银 8.3 万余两，多于京师崇文门税关，居全国八大钞关之首，占全国税收的四分之一。清光绪二十七年（1901）运河漕运停止，钞关署治遂废。临清运河钞关为一组建筑群，自运河而西依次为河口正关、阅货厅、“国计民生”坊、关堞、仪门、正堂等。南北三进院落，置设穿厅、船料房、鼓铸坊等，占地四万平方米，厅堂坊舍室 400 余间。占地东西长 130 米，南北宽 96 米。现存两进院落，前院为公署办公区，后院为仓储区，南部住宅区现大部分成为民居。主要古建筑为仪门、南、北穿厅、科房、船料房等 80 余间，面积 6000 余平方米。此外尚有原钞关官员住宅若干，保存较好。建筑大都为硬山建筑，青色灰瓦屋面。

临清县治遗址 阁楼位于临清市区考棚街西侧，始建于明洪武二年（1369），为明初临清县治所，又称“文昌阁”，现为聊城市重点文物保护单位。阁楼用临清大砖垒砌基座，高 3 米，占地 42.3 平方米，基座辟有南北向门洞，直通街巷，北达会通河的临清闸（今称会通桥）。门楣上镌刻 “县治遗址”四字。阁楼面阔 3 间，进深 2 间，歇山卷棚顶，抬梁式木构梁架，筒瓦覆顶，飞檐挑角，整体结构巧妙，和谐得体。临清县治在此处存在 800 余年，代表明代北方建筑风格，是临清城复迁的重要纪念性建筑物，是研究临清历史沿革的重要实物资料。

临清胡家湾瓷窑遗址 位于临清市临东处胡家湾村西侧漳卫河河床内，现为聊城市重点文物保护单位。遗址在河道中呈带状，东北—西南向长约 2 公里，河床中心距河坡两地西北—东南向宽 60 米。该遗址距地表 6—7 米，占地 12 万平方米。西南部为生活遗址（出土有房基础、灰坑、大部分生活器物），中间部分为古墓葬遗址（出土有骨器、随葬品等），东北部为瓷窑遗址（出土大量瓷器、碗范、支钉等）。1972 年对卫运河退堤展宽、裁弯取直工程时暴露出来的。瓷窑遗址地表遍布陶瓷器物残片。经整理分析，可分为：窑具、器物、作坊器具、烧结块、铁釜、动物骨殖等。窑具有：匣钵、支钉、垫饼；作坊器具有陶范、研磨器、臼、碾、陶范等；陶瓷器物可辨认的有盆、碗、碟、杯、盏、罐、坛、缸、瓮、瓶、壶、豆等；釉色主要有白、青、白地褐花、黑、天蓝、紫等。

临清头闸口 大致呈东西走向，全长几十米。闸堤由闸体、闸柱、闸槽三部分组成。闸体由石块横竖交错叠砌而成闸槽呈“凹”字形，用于船只进出闸口时提放闸门用。目前该处已全部整修，仅沟渠大致走向保持原貌。

三元阁 是临清著名的道教观阁，其始建于明代，具有典型的道教建筑风格。三元阁倚卫运河东岸而建，顺河垒石，青砖梯砌为坝，台高丈余。阁建于台上，与现存的登瀛楼形似，前后两进。《临清州志》『阁下垒石为台，居卫津最高，扩登其上，樯帆满目，颇饶风景。大殿供奉有，武财神关帝，大士观音，妈祖海神娘娘等神灵。三元应：上元赐福、中元消灾、下元解祸而来。京杭大运河沿途除北京、杭州外，唯有临清三元阁供奉有妈祖海神娘娘之神位，显示临清宗教风俗的包容性。临清卫运河两大码头，一是三元阁码头，一是浮桥口码头（俗称水簸箕）。南来北往的漕运商贾一在码头停靠，就会到三元阁烧香祈求所愿。清末，漕运逐渐停航，三元阁香火也日稀，到民国时期，三元阁彻底失去它的宗教用途，三元阁成为民国临清水上警察所。

（刘建文　唐广楠）

先锋路街道

中共临清市先锋路街道委员会

书　　记：左朝兴（回，01 月止）
　　　　　张瑞峰（01 月起）
副 书 记：常朝福（12 月止）
　　　　　王金国（12 月起）
　　　　　付凌云（女，12 月止）
　　　　　陈作霞（12 月起）
委　　员：姜万福
　　　　　王雨珠（回，12 月止）
　　　　　张长军（12 月起）
　　　　　刘　新（12 月止）
　　　　　李永振
　　　　　姜金强
　　　　　陈沂奎（12 月起）
　　　　　徐秀美（女）
　　　　　王晓雨（12 月止）

中共临清市先锋路街道纪律检查委员会

书　　记：王雨珠（回，12 月止）
　　　　　张长军（12 月起）

临清市先锋路街道人大主席团

主　　席：彭跃广
副 主 席：刘运祖（12 月起）
　　　　　崔海维（12 月起）

临清市先锋路街道办事处

主　　任：常朝福（12 月止）
　　　　　王金国（12 月起）
副 主 任：刘　新（12 月止）
　　　　　李永振（12 月起）
　　　　　张昌明
　　　　　宛天乐（回）
　　　　　范　霞（女，12 月起）

临清市先锋路街道人民武装部

部　　长：李永振（12 月止）
　　　　　姜金强（12 月起）

政协临清市先锋路街道工作委员会

主　　任：姜万福

【基本概况】 先锋路街道位于临清市区北部，辖区东西最大距离 14.75 千米，南北最大距离 8.10 千米，总面积 65 平方公里，耕地面积 2700 公顷。2016 年辖 7 个社区，辖 35 个行政村。总人口 63810 人，其中城镇常住人口 63810 人，城镇化率 100%。总人口中男性 31996 人，占 50.14%，女性 31814 人，占 49.86%。人口出生率 1.93%，人口死亡率 0.46%。境内为鲁西北平原，地势平坦，起伏较小，略为东高西低地形，辖区东部部分村庄由于受黄河故道和决口泛滥的影响，形成了河滩高地的地貌。总的来说，地势略为东高西低。地处温带季风气候，具有明显的季节变化和季风气候特征，属半湿润大陆性气候。2016 年获得“先进基层党组织”“民政工作优秀单位”“先进武装部”“临清市工会工作先进单位”“实施银龄安康工程先进单位”“聊城和谐使者”称号。

【经济概况】 先锋路街道 2016 年工业总产值 153.91 亿元，利税 21.03 亿元，财政收入 1.25 亿元。农民人均纯收入 10700 元，比上年增加 210 元。现有工业企业 385 家，固定资产总投资 34.80 亿元，规模以上工业企业主营业务收入 154.04 亿元，利润 12.32 亿元。先锋路街道列入市属重点项目共 7 个，全部顺利开工，完成投资 30.87 亿元。

【民营经济和招商引资】 2016 年以来，先锋路街道党委在“全党抓经济，突出抓工业，重点抓项目”的主体思路下，把民营经济、招商引资作为富民强处的强效措施来抓，依托棉纺织、制药、造纸及纸制品、机械加工大主导产业，整合力量，不断创新，进一步加大招商引资力度，使民营经济得到健康快速的发展。

围绕加快民营经济发展这一中心，突出骨干

企业扩张、特色产业拉长、运行质量提升三个重点，在骨干企业数量及规模、产品科技含量及附加值、大项目引进、民营经济税收增幅等四个方面实现新突破。

招商引资方面，先锋路街道党委以现有纺织、造纸及纸制品、制药、机电产业为基础，大力开展招商引资工作，进一步完善吸引外来投资的政策措施，保持招商引资政策的连续性和稳定性，切实履行对投资者的承诺，营造稳定诚信的政策环境。街道成立专业招商队伍，对现有合同、协议项目进行跟踪式服务，争取使项目尽快落地并开工建设，对已经开工的项目安排专人负责督促建设进度，力争使在建项目尽快建成投产。同时利用黄河故道森林公园及老城区在辖区内的优势，大力开展旅游业招商引资，为先锋经济的快速增长提供新的动力。另外，在充分调研的基础上，建立有本地区、本行业特色的招商引资项目库，精心编报一批工业招商项目，做好项目储备工作。在招商引资方式上，由注重引进资金向同时引进资金、技术和智力方面进行拓展，加快引进先进适用技术、管理经验和营销方式，吸引优秀的技术人才和企业管理人才，提高企业的技术水平和市场竞争力。

【农业】 2016 年粮食作物播种面积 2317.72 公顷，总产值 38936.85 吨；棉花 656.61 亩，总产 837.22 吨；全年造林 2300 亩；林果总产 7000 吨。年末大牲畜存栏 666 头，猪存栏 3964 头，羊存栏 4217 只，家禽存栏 39000 羽。

【社会事业】 先锋路街道人均可支配收入 18512 元，比上年增长 10.91%；农民人均纯收入 10700 元，比上年增加 210 元；医疗保险全年参保 45279 人，缴纳保费 7697430 元；新型农村养老保险参保农民 16548 人；参加新型农村合作医疗农民 37253 人。街道最低生活保障救助 356 人，农村特困救济 647 人。累计发放各类优抚、救助款 161.12 万元，受助群众 247 人。小麦补贴发放 4273343.75 元。

【科技教育文化卫生】 先锋路街道现有先锋路街道办事处中心小学、徐庄小学、胡八里小学、东柴庄小学、孟店小学、范尔庄小学、郭堤小学等 7 处，在校学生 2544 人，教职工 150 人，适龄儿童入学率 100%。公办幼儿园 2 所，私立幼儿园 25 所，在园幼儿 1900 人，专职教师 79 人。初中适龄人口入园率、小升初升学率、九年义务教育覆盖率分别达到 100%。文化站 1 处，村文化活动大院 28 处，农家书屋 26 处，藏书 10 万册。有先锋卫生院 1 处，总床位 20 张，卫生技术人员 21 人，卫生室 26 处。

【多种经营】 先锋路街道围绕农业特色化、规模化、区域化、科技化，进一步深化农村产业结构调整，发展壮大现代特色农业新路子。街道以“一乡一业”“一村一品”为主线，以孟店、范尔庄、郭堤为主轴，万亩黄河古道休闲观光为一体的林果生态高效精致产业集聚区初步成型，经济和社会效益不断提升。以科技为先导，扩大郭堤现代农牧业科技示范园、杨存庄南方水果种植园、大棚蔬菜基地、张官屯蓝翔奶牛场等现代农业养殖规模，增强辐射效能。加快产业结构调整步伐。

2016 年，西石居流转土地 120 亩用于建设冬暖式大棚 5 个，种植新品种烟台红富士 3 号苹果 90 亩，另外种植草莓、西红柿等蔬菜；朱庄成立合作社种植春秋式大棚 20 个，占地共 50 亩，用于种植黄瓜、西红柿、菠菜、香菜等。先锋路街道通过身边的典型引导，让群众看得见、感受深、触动大、接受快，积极推进“龙头 + 基地 + 农户”新型经营模式，影响带动周边群众参与现代农业建设的积极性，达到规模、效益、农民增收三提升。林业生产规模不断扩大。在 315 省道两侧的西石、大屯、小屯、柴庄种植白蜡、法桐 300 亩；高速公路两侧的护国寺、西石种植无絮柳树 120 亩。

【交通运输】 境内有京九铁路、邢临高速、省道 008、省道 315，西经临清大桥直通河北省道

326，交通便利，运输发达；境内村村通公路。

【邮政电信】 邮政行业持续发展，形成宽带、高速率、大容量的信息网络平台，宽带接入覆盖全处。2016年末邮政业务总量670万元。报纸、杂志年累计订阅1.61万份。电信企业2家，服务网点36个，电话交换机总容量4.86万门，固定电话用户1.81万户，电话普及率89%；移动电话用户1.72万户，互联网用户1.12万户。

【基础建设】 *水利建设* 张官屯水库的调土任务完成；黄开项目全面开工；郭堤居委会村内饮用水管道改造任务完成；新打机井24眼。

危房改造 为进一步解决城乡居民困难住房难问题，办事处配合房改办对31户住房补贴申请户依次进行填报申请表、入户核查真实信息，配合财局入户抽查，落实信息。全年危房改造26户，其中9户是建档立卡贫困户，建档立卡贫困户任务26个，低保及一般困难户完成6户，共计完成32户。危房改造工作改善居民住房条件，大大减轻住房困难户的生活负担。

科学改厕改善人居环境 为改善农村人居生活环境，提高人民生活质量，先锋路街道领导人到农村厕所建设先进市县考察调研，学习新型农村厕所改造技术，对辖区内农村住户进行科学改厕工作。

城乡环卫一体化实现机制化运转 先锋路街道办事处按照市场化模式，建立城乡环卫一体化运行机制，投入130多万元，建立健全保洁员队伍和考核管理制度，落实一天两收集、一清运制度。每户发放手提垃圾桶，共计11000个。实现标准化、专业化、常态化、规范化管理目标。建立城乡环卫督导曝光机制，定期组织督导考核人员进行暗访巡查，开展月评季考核，达到“三分安排、七分落实”，扎实推动城乡环卫一体化向标准化、正规化，长效化发展。开展环境整治和路域提升，群众满意度不断提升。

【“两学一做”学习教育】 在党的群众路线教育实践活动和“三严三实”专题教育取得明显成效的基础上，先锋路街道按照中央、省、市要求，在全体党员中开展“学党章党规、学系列讲话，做合格党员”学习教育。“两学一做”学习教育，基础在学，关键在做。先锋路街道为确保学在深处，筑牢思想根基，明确要求每名党员切实在真学、真懂、真信、真用上下功夫；为确保做在实处，着力解决实际问题，指出各个党员干部要坚持以学促做、知行合一，照着标准做、对着问题改，努力做“四讲四有”合格党员，树立起共产党员的先锋形象。

【社会管理】 *计生服务与管理水平逐年上升* 先锋路街道坚持计划生育基本国策不动摇，稳妥扎实有序实施全面两孩政策，落实生育登记服务制度和相关政策。卫生计生机构改革稳步推进，2016年8月10日，卫生和计划生育妇幼保健站正式挂牌成立，卫生计生工作深入融合，运行正常。计生基层基础进一步夯实，计划生育利益导向政策进一步完善和落实，各项奖励扶助、生育关怀、助学成才等惠民措施进一步加强到位。流动人口基本卫生计生服务均等化稳步推进，计生服务力度、服务内涵和管理及群众满意度进一步提升。

民政事业蓬勃发展 在民政工作上，街道党委坚持“以人为本，服务居民”的工作理念，认真履行职责，积极创新，开拓进取，使民政事业良好发展。

2016年城市最低生活保障标准为每人每月400元，平均月补差标准为240元；农村最低生活保障标准为每人每年3402元，平均月补差标准为170.10元。目前农村低保线和省定贫困线“两线合一”。全年共发放低保金约380万元，其中城市低保金约166万元，农村低保金约214万元。农村五保对象70人，其中集中37人，分散供养33人，共发放分散供养资金13.80万元。

按照《临清市开展“阳光低保”回头看专项

行动实施方案》（临民发〔2016〕17号）文件，对辖区城乡低保家庭的个人申请、村（居）委会证明、身份和户口信息、伤病残情况、法定赡养人（抚养人、扶养人）情况、民主评议、公示榜、承诺书、入户调查表、相关照片材料、申请暨审批表等11类19项档案材料进行规范，高标准进行信息采集、材料整理、数据录入等工作的稳步推进，实现城乡低保和农村五保供养对象纸质档案和电子档案的“双套制”保管。临时救助资金共发放1.20万元，救助12户临时困难家庭，解决他们的燃眉之急。灾害救济资金共发放1.80万元，救助60户受灾家庭。发放救灾面粉21.25吨，发放募捐棉衣769件。优抚：抚恤、救助各类优抚对象168人，抚恤事业费支出140.30万元。农村籍、无工作单位60周岁以上退役老军人及烈士子女共计301人，发放生活补助共计37.90万元。

【扶贫攻坚扎实推进】 先锋路街道在扶贫工作上，建立片为重点、分包到村、扶贫到户的精准扶贫新机制。机关干部帮包到户，以市场为导向，组织开展“阳光培训”“雨露工程”等民生工程，因人而异，分类培训，提高贫困农民综合素质和就业能力，多渠道抓好就业岗位推介。2016年完成光伏发电项目建设，已全部并网，帮助197户、425人脱贫，平均每户受益500元；企业下乡对口帮扶，顺利安排有劳动能力的贫困户到企业务工40人，企业分红帮扶50户，增加贫困户收入；另外，各村居开展多元化产业扶贫：大屯开展绿色有机韭菜规模种植项目，张窑、西小、小屯开展企业入股分红项目，2016年产业项目帮扶能够惠及199户、477人，帮扶每个贫困户年增收800元以上。

2016年12月底，先锋路街道摘掉3个省定贫困村帽子，脱贫3372人，剩余贫户540户、933人。

【综合治理】 2016年以来，先锋路街道全面实施“一镇办一团队”“一村居一顾问”工程，帮助困难群众获得法律援助；深入开展打霸治痞专项行动，扎实开展烟草、食品、药品等专项整治活动；加快视频监控系统建设；深化治安保险，推进治安保险向企业、向沿街路面、向专业市场延伸；规范治安大巡防，全面推进网格化管理，提高网格化管理效能；强化矛盾纠纷预防化解，落实重大矛盾纠纷信息报告制度，化解和整治进京非正常上访问题；大力加强基层综治平台建设，加强基层综治规范化建设；深入开展“四无”街道、村居（社区）的创建活动；加强铁路护路联防工作，确保京九铁路临清区段安全畅通；健全完善见义勇为机构建设，规范申报确认、表彰奖励、抚恤救济等工作流程，营造良好社会风尚。

【人民生活】 先锋路街道党委坚持问题导向，回应群众关切，关注民生、民愿，积极化解社会矛盾，促进人民生活质量的提升。大桥小庄城中村改造工程顺利完工，拆迁居民全部回迁。老008线公路石槽段的路基改造和路边清理，为路面升级创造条件。农村环境整治和路域提升改造力度大大提升，改善升级乡级路。安全生产和消防安全工作得到强化，强化学校、企业等公共集聚场所的安全管理，不断提高群众的安全意识和自救能力，防止和减少安全事故的发生。在先锋路街道办事处的领导下，35个村居健全红白理事会，并完善村规民约，加大农村公共基础设施建设力度，在35个居委均建设面积不等的文体广场，使群众的休闲健身不断得到满足。群众得到宜居的生活环境，生活质量不断提升。

【企业推介】 *大唐临清2×350MW级热电联产项目* 大唐临清热电联产项目由央企中国大唐集团公司的分公司——大唐山东发电有限公司投资建设，地址位于临清市先锋办事处东三环北首，占地700亩。

项目计划总投资36亿元，其中固定资产投资32.50亿元。资金来源为企业资本金5000万元，企业自筹 67000 万元，银行贷款 28.80 亿元。计划建设两台 350MW 超临界燃煤锅炉、抽汽凝汽式热电联产机组，同步安装脱硝、脱硫装置和高效除尘器，同步建设项目配套热网工程。项目于 2015 年 6 月 18 日正式开工建设，建设工期为 18 个月，计划 2016 年竣工投产。项目投产后，具备 700 吨 / 时工业供汽和 900 万平方米供暖能力，可以满足整个临清市区居民冬季采暖和工业生产用蒸汽需求；可以有效替代城区 14 台高能耗小热电机组和 34 台燃煤供热锅炉房，每年减少二氧化硫排放约 1600 吨，减少粉尘排放约 1400 吨，减少氮氧化物排放约 400 吨，为改善临清市区环境，提升聊城市电网供电可靠性。该项目符合国家电力工业“上大压小、节能减排”有关政策，符合山东省电源发展规划和临清市城市总体规划和城市热电联产规划。本工程的建设是临清市人民政府和大唐山东发电有限公司贯彻落实科学发展观、建设资源节约型、环境友好型社会，落实“节能减排”战略目标的具体体现。不仅可替代供热区域内现有的中小型供热锅炉房和热电机组，提升临清市的供热质量和可靠性，改善投资环境，还能有效带动当地加工制造业、运输业、服务业、地方材料供应业等多种产业的发展。为把临清建设成经济、文化、旅游强市提供强有力的能源保障。

临清三和纺织集团　三和纺织集团有限公司创建于 1988 年，现已经发展成为集纺、织、染为一体，占地 2100 亩，建筑面积 76 万平方米，总资产 62 亿元，年产值 115 亿元，利税 15.90 亿元，进出口总额 4 亿美元，职工 1.30 万人的大型纺织企业，已进入全国纺织行业前十名。

现拥有环锭纺纱 65 万锭、高档气流纺纱 2 万头，各类织机 8000 台，两条色织布生产线，26 条蜡印生产线，22 条仿蜡印生产线以及与之配套的一座 10 万千瓦自备供热电厂和两座大型污水处理厂。

公司产品有各类棉纱、色织布、白坯布、蜡染布四大类 6000 多个花色品种，其中主导产品纯棉真蜡印花布为山东省名牌产品。公司年生产棉纱 8 万吨，白坯布 4 亿米，蜡印布 4 亿米，色织布 6000 万米。蜡印布生产规模居全球首位，产品全部销往非洲市场，市场占有率高达 30%。

在市委、市政府“东融西借，跨越赶超”战略思想的鼓舞下，经过认真研究，审慎考察，确定上马大型纺织项目——临清三和纺织工业园区项目。2014 年初开始筹建，项目占地 710 亩，新建厂房 40 万平方米，总投资 56 亿元。园区内汇集纺纱、织布、印花三大系列产品：包括新上 50 万锭纺纱、5000 台喷气织机、年产 3.60 亿码印花布等项目。全部引进国际一流的先进设备，按照“高端设备，高端技术，高端人才，高端产品”要求和“高标准起步，高速度上马，高质量运行，高利润回报”的目标建设。

聊城继东华明机械有限公司　始建于 1996 年，2008 年 6 月由三位股东共同出资组建临清华明机械有限责任公司。2013 年 5 月企业进行改制，成立聊城继东华明机械股份有限公司，并于 6 月成功在淄博齐鲁股权托管交易中实现“股权挂牌”。

公司主要生产各类拖拉机配套及炊事机械产品，现拥有职工 86 人，其中高级工程师 2 人，技师 25 人，熟练技术工 59 人，拥有高精数控机床 30 台、普通数控机床 16 台、专用机床 1 台、普通机床 23 台、立式加工中心 4 台、卧式加工中心 6 台，固定资产达 2820 万元，库存销售产品 960 万。公司通过十几年的专业积累及市场拓展，凭借自身雄厚技术，塑造华明技术与设备的优势，已生产拖拉机配件产品 11 大类 50 余种，销售网络覆盖国内山东、山西、江苏、河南、黑龙江、新疆、内蒙古、广东、上海、天津等省市，产品远销售到欧洲、非洲、东南亚。2010 年、2011 年连续两年被江苏省清拖农业装备有限公司授予先进供应商，2012 年晋升为优秀供应商，至 2013 年已连续两年被评为优秀供应商。2012 年被聊城市工商行政管理局、聊城市个体私营企业协会评为先进民营企业。董事长、总经理郑继东 2012 年被临清市委、市政府推荐为临清市十佳明星企业厂长、经理。

山东鲁磁工业科技有限公司 始建于2008年，坐落在临清市经济开发区银河路南、东二环路中段，占地110亩，资产上亿元。2016年，公司股票在齐鲁股交挂牌上市，代码为300211。公司现有员工80余人，其中高级工程师2人，中级职称人员5人；拥有现代化办公楼及标准化厂房，有各类机械加工设备150台套，建有产品展室、理化检测室、电气安装试验室和磁力研究中心；建有内部研发中心，主要从事新产品的研发，是集科研、开发、生产、销售为一体的高科技企业。公司在全国设有东莞、上海、大连、重庆、天津五个办事处，在各省市设有多名专员，全方位为客户及时提供服务，赢得广大客户的普遍认可。

公司秉承“以质量求生存、以信誉求发展”的经营理念，以“实业报国、反哺社会”为使命，严格按照ISO9001：2008版国际质量认证标准及欧洲CE认证标准要求，不仅能为用户提供完善的产品设计、技术方案、技术培训及技术咨询等，而且能够及时解决产品使用过程中遇到的各种难题。

公司主导产品有电永磁吸盘、除铁器、永磁起重器，并可根据用户需求定做专用磁力吸盘产品。已成功服务于江南重工、三一重工、山船重工、中国北车、中国一重、海尔模具、海信模具、美的空调、软控装备、大连机床、沈阳机床、济南二机等三十多个国内知名企业。公司是全国磁力吸盘行业规模最大、研发能力最强的企业，为国内铁路、航空、造船、钢铁、机械制造等行业提供高实用性、高先进性、高性价比的磁力吸盘产品，产品已销往全国二十多个省市自治区，还远销欧洲、美国、日本、韩国、东南亚等国家和香港、台湾等地区。公司曾被国家互联网平台授予“中国百强牛商示范基地”，被山东省经信委授予“好品CA实地认证企业”，被聊城市安监局授予“安全生产标准化三级企业”，被临清市总工会授予“劳动关系和谐企业”先进单位等荣誉称号。

山东康宁药业有限公司 山东康宁药业有限公司前身为山东临清东风制药厂，创建于1974年底，1999年成功改制为山东康宁药业有限公司，GMP认证企业，现注册资金为1231.60万元，是一家生产大容量注射剂为主的专业化制药公司。公司在组织架构、产品、销售、市场研发等方面都有成熟的管理团队。公司占地面积15万平方米，建筑面积8万平方米，区位优势明显，位于临清市北郊，毗邻京九铁路，邢（台）高（唐）高速，交通十分便利，市场潜力大。立足山东，辐射华北，华东，西北等周边省市市场。

公司能够生产各种营养型及各类输液89个品种规格，年生产能力4.50亿瓶；能够生产小容量注射剂21个品种规格，年生产能力为2亿支，市场网络覆盖全国近30个省市的近千家医疗机构和商业营销公司。公司总资产1.37亿元，现有员工400人，其中工程技术人员268人，取得国家执业药师资格人员5名。拥有国内最先进的大容量注射剂生产线10条，小容量注射剂生产线1条。

临清联创实业有限公司 临清联创实业有限公司创建于1994年，是以手工羊毛地毯、高档羊绒面料和棉纱等为主要产品的生产企业，是江北最大的高档羊绒面料生产基地。先后荣获“全国轻工行业先进集体”“山东轻工50强企业”“山东省轻工业建国六十周年功勋企业”“全国轻工系统劳动模范”“山东省轻工业优秀企业家”“山东省轻工业建国六十周年功勋企业家”等多项荣誉称号。

公司总占地面积200亩，现有总资产15000万元，职工1200人，其中工程技术人员72人。拥有先进的生产设备1000余台套，年产各种地毯20万平方米、高档羊绒面料150万米、棉纱4000吨。

2010年以来公司累计投资15800万元，先后购进国内领先的粗纱机、细纱机、并条机、日本产村田自动络筒机、剑杆织机、倍捻机、合线机、轮经机等设备300余台套，从而为提高产品产量，扩大生产规模，提升产品质量等次。

联创公司将进一步坚持“三个创新”的经营

理念，以市场和客户需求为中心，外拓市场，内强管理，质量兴企，诚信经营，优质服务，不断实现企业的新跨越。

【文化古迹】 京杭大运河和漳卫河在先锋辖区交汇，悠久的历史和灿烂的文明使其物华天宝，人杰地灵。境内有全国重点文物保护单位鳌头矶、舍利宝塔、清真寺等；有雄浑震撼的省级非物质文化遗产——临清架鼓；有稀有珍贵的临清狮猫。

鳌头矶　全国重点文物保护单位，始建于明嘉靖年间，鳌头矶之名缘于特定的地理环境。临清是会通河和通惠河的连接处，当年的会通河在靠近卫河附近分为两支，分别在南北两处流入卫河。因此，在会通河与卫河之间形成一块周围环水的狭长陆地，人称“中洲”。

明永乐十五年（1417），平江伯陈瑄开凿南支新河，为绝水患筑石为堰，横亘数丈，高埠宛若鳌头，北支旧河临清、会通二闸与南支新河板闸、砖闸分列左右如鳌足，广济桥尾其后，正德初年临清知州马纶题曰“鳌头矶”，并筑“观音阁”于其上，后又续建其他建筑于院中，久而久之，这一组明清古建筑便被习称为“鳌头矶”。现尚存古建筑一组，周围楼阁环抱。北殿称“甘棠祠”；南楼名“登瀛楼”；西殿曰“吕祖堂”；东楼谓“观音阁”。阁建于楼上，呈方形，正檐挑角，木隔落地，玲珑别致。整个建筑结构严谨，布局得体，玲珑纤巧，古色古香，是明代北方地区典型的木结构建筑群。明清两代，运河漕运鼎盛之时，文人骚客常登临楼阁眺望运河，见船来舟往、帆樯如林，即寄情抒怀、赋诗唱和。鳌矶凝秀遂成为运河繁荣时期临清的一景。

舍利宝塔　建于明万历三十九年（1611），是全国重点文物保护单位，塔高61米，九级八面，楼阁式，通体近垂直，仿木结构，刹顶呈将军盔形，属省内仅见。与通州的燃灯塔、杭州的六和塔、镇江的文峰塔并称“运河四大名塔”。舍利塔“塔岸闻钟”是临清人文景观舍利塔的美誉，是临清十景之一，在乾隆《临清州志》中就有记载。

清真寺　阿拉伯语称为“麦斯吉德”，意为“礼拜的场所”。临清清真寺建于明初，现为国家级重点文物保护单位，是临清回族群众进行宗教活动的重要场所。临清原有三座清真寺，现保存完整的是北寺和南寺，均属国家重点文物保护单位。先锋路街道辖区的北寺始建于明代弘治年间，规模最大，保存也较完整，至今已有400余年的历史，占地面积约有2万余平方米，已载入《中国名胜大辞典》，有资料称其为“江北五大寺”之一。其建筑形式为中国古典宫殿式。寺院内古柏参天，肃穆幽雅，宏伟秀丽，为一组完美的建筑佳构。

【旅游资源】 先锋路街道境内建设有多处特色旅游景点，有地域特色的黄河故道省级地质公园；有人工创造的生态环境胡姚河人工湿地项目，有徽派建筑宛园。

黄河故道地质公园　位于先锋路街道郭堤村，占地2000余亩，境内主要遗迹为黄河故道形态各异的风蚀地貌，黄河决口后主河流急流沉淀物，伴随着部分固定和半固定沙丘，地形复杂，质地便沙。古沙丘连绵起伏，宛若一条苍龙盘旋而卧，蔚为壮观；近2公里长的古堤和古驰道至今仍保留着原始风貌；1万多株古椹树蓊郁苍翠，覆盖率高达80%，树龄大多在300年左右。园内有九龙潭、探花桥、听涛亭、龙围岗、陈公堤和“树王”等景点。公园是名副其实的“秦汉古河道、明清椹果园”，被人们誉为“天然氧吧”“世外桃源”，此外有三道岭、十二座峰，至今仍流传着大禹曾在此治水、秦始皇由此东巡等古老的风俗传说。街道已成功举办六届黄河故道地质公园葚果采摘节。

宛园　项目占地100亩，总投资5亿元。园内有人工湖、假山、精品园林、仿古建筑和文化宣传设施等。宛园依照徽派建筑风格规划设计，是具有江南水乡特色的精品园林、运河文化宣传、临清历史宣传和企业文化宣传为一体的文化、旅游场所。建设完成后，将进一步丰富临清的旅游产品品种，有效改善临清的旅游休闲环境，提升临清文化旅游产业整体竞争力，为将临清旅游资源融入“江北水城”乃至“文化圣地，度假天堂”的山东省休闲度假旅游大格局打下坚实基础。

胡姚河人工湿地项目 三和集团承建的临清市胡姚河人工湿地，地面积1236亩，设计处理能力10万吨/天计划投资2.25亿元，其中湿地建设投资7500万元，湿地公园投资1.50亿元，是严格按照市政府“千亩表流、百亩潜流”的要求建设的一处标准化湿地项目，已列入国家节能减排财政政策综合示范城市重点项目之一。表流部分已经完工，潜流部分基本竣工，氧化塘部的土方开挖基本完成。该项目以社会效益为主，是按照生态环保要求，人工创造生态环境，提升环境自净能力，对海河流域水污染防治工作起到积极的作用。

为确保该项目健康持续发展，成分利用土地资源，计划借用氧化塘湿地的自然条件，投资兴建水上公园，建设成为集山水园林、景观建筑、休闲商务于一体，经得起历史考验的文化景观，为临清的文化旅游事业再做新的贡献。

【村庄（社区）名录】

桃园社区：太平街、天桥街、桃园街。

福德社区：箍桶巷、白布巷、锅市街、商场街、吉士口、福德街、竹杆巷、大寺街。

银河社区：更道街、健康街、大桥街、大桥村。

塔东社区：徐庄、李庄、胡八里、五里庄、唐窑、什方院、张窑。

北园社区：杜庄、路庄、王井、权庄、护国寺、张官屯、郭堤、石佛、孙庄。

石槽社区：大屯、小屯、朱庄、蛤蜊屯、西小、东小、西石 槽、东石槽、东柴庄、杨庄。

东兴社区：上堤、下堤、孟店、杨存、宋庄、马庄、管辛庄、范尔庄。

（徐建华 张丹丹）

大辛庄街道

中共临清市大辛庄街道委员会

书　　记：张福志

副 书 记：王东明

侯德昆（07月止）

都善超（12月起）

成　　员：李之倞

金　鑫（女）

李　勇

李西会（12月止）

张国元

刘　亚

相东晓（12月起）

中共临清市大辛庄街道纪律检查委员会

书　　记：李　勇

临清市大辛庄街道人大主席团

主　　席：张凯震

副 主 席：李西会（12月起）

王树强（12月起）

临清市大辛庄街道办事处

主　　任：王东明

副 主 任：金　鑫（女）

刘京伟（女）

马传健

田宗正（12月起）

临清市大辛庄街道人民武装部

部　　长：刘　亚

政协临清市大辛庄街道工作委员会

主　　任：李之倞

【基本概况】 大辛庄街道位于临清市东南部，辖区东西最大距离10千米，南北最大距离12千米，总面积47.7平方公里，耕地面积3196.1公顷。地形地势平坦，地貌属黄河中下游冲积平原、气候属温带大陆性季风气候。2016年街道辖5个社区，38 个行政村。总人口 40257 人，其中城镇常住人口 1311 人，城镇化率 3.25%。总人口中男性 20395 人，占 50.7%，女性 19862 人，占 49.3%。人口出生率 1.66%，人口死亡率 0.5%。

2016 年获得“山东省平安家庭示范街道”“聊城市家庭示范农场”“山东省无公害农产品基地”“国家无公害农产基地”等荣誉称号。

【经济概况】 全年实现国内生产总值 144.861 亿元，比上年增长 9.7%;工业总产值 141.211 亿元。财政收入 6213 万元。居民人均纯收入 17412 元，比上年增加 1711 元。

【农业】 农林牧渔业总产值 3.65 亿元，全年粮食作物播种面积 5500 公顷，总产 9.07 万吨；瓜菜总产 3250 吨；棉花 320 亩，总产 80 吨；全年造林 1676 亩；林果总产 22 吨，林业产值 1256 万元。年末大牲畜存栏 55 头，猪存栏 11258 头，羊存栏 6558 只，家禽存栏 35 万羽；畜牧业总产值 1442 万元。有高科技农业示范园 4 处，育苗基地 3 处。各种大棚 85 亩。专业合作社 41 家。

【工业】 全年实现工业增加值 28.242 亿元，比上年增长 11.3%。工业总产值 141.211 亿元，利税 9.75 亿元。民营经济销售收入 148 亿元，利税 1.37 亿元。

【社会事业】 大辛庄街道人均可支配收入 17412 元，增长 10.09%，比上年增加 1711 元；人均住房建筑面积 25 平方米；居民人均纯收入 17412 元，人均生活消费支出 9925 元；医疗保险全年参保 34418 人，缴纳保费 150 元；新型农村养老保险参保农民 14700 人；参加新型农村合作医疗农民 34293 人。街道最低生活保障救助 1101 人，农村特困救济 50 人。累计发放各类优抚、救济款 100.4 万元，受助群众 3210 人。小麦补贴发放 515.7 万元，畜牧补贴发放 0.5 万元。

【科技教育文化卫生】 大辛庄街道现有中学 1 处，在校学生 460 人，小学有柳坟、大辛庄、王坊、五里庙等 4 处，在校学生 2629 人，教职工 163 人，适龄儿童入学率 100%。公办幼儿园 4 所，私立幼儿园 22 所，在园幼儿 1362 人，专职教师 32 人。初中适龄人口入园率、小升初升学率、九年义务教育覆盖率分别达到 100%。文化站 1 处，村文化活动大院 35 处，农家书院 23 处，藏书 2 万册。有大辛庄卫生院 1 处医院，总床位 30 张，卫生技术人员 21 人，卫生室 35 处。

【水利建设】 2016 年新打机井 96 眼，维修机井 19 眼。维修桥涵 4 处。结合扶贫项目对省定贫困村前八里、中周店、千户营 3 个居全部实施小农水改造工程。新建高坊杨水站一处，解决高坊、孟庄只用井水灌溉的问题。对小辛庄、姜堂两处杨水站进行彻底维修、改造，保障大辛庄街道辖区灌溉需要。

【多种经营】 大辛庄街道依托区位优势积极发展多种经营，大力实施农业产业化结构调整，林果、畜牧、西瓜、食用菌等主导产业初具规模。截至 2016 年共发展永莲蜜桃种植 380 余亩，高标准养殖小区新增 4 处，总数达到 57 处，蔬菜大棚 74 个，种植韭菜 800 亩，西瓜 1000 余亩，养殖野猪 730 头，贵妃鸡 2 万只，鸡鸭鹅等禽类 110 万只，猪牛羊等畜类 8800 头；新发展农民专业合作社 16 家，总数达到 42 家，有力推动大辛庄街道农村经济的快速发展。

【交通运输邮电】 大辛庄街道东靠聊临路、西有临莘路、南有 S315 三条省道在境内穿过，交通便利。公路通车总里程 85 公里，2016 年新修硬化道路 11 公里。

【基础建设】 大辛庄街道高度重视村镇和新农村建设按照统一拆迁、统一规划、高标准建设，高水平绿化，投资 6500 万元，对聊临路北端两侧

1124平方米建筑进行全面提升改造，拆迁38户民居、企业，建设商住楼21000平方米，安装12米高太阳能路灯16盏，绿化面积20000余平方米，区域绿化率达到31.27%，强电入地3200米，弱电入地1900米，1100米下水道已铺设完工，立面改造800平方米，设置垃圾箱专用存放单元。

【“两学一做”专题教育】 2016年大辛庄街道扎实推进“两学一做”专题教育，开展学习教育550余次。理顺党员组织关系，集中排查党员组织关系1189例，健全村级目标管理“六步工作法”、推行村干部集中坐班、服务代办和党员“亮身份”制度，为151名村级干部和895名无职党员设岗定责。建立党委书记问题清单、任务清单和责任清单；实行党务、村务、财务“三务”公开刚性管理机制，制定“两委”干部“小微权力清单”，对党支部书记和党员进行轮训，推进远程教育转型发展。严格发展党员程序，在45个党支部推选出115名入党积极分子进行培养，其中21名列为发展对象，进行集中培训和政审，彻底消除个别党支部5年以上未发展党员的情况。推进基层党建服务脱贫攻坚，新建贫困居活动场所2处。

【社会管理】 2016年大辛庄街道享受农村低保家庭共605户，1101人；现有五保对象66人（其中集中供养25人），街道失能老人正常申报12人，高龄老人补贴68人，其中80岁以上63人，90岁以上5人，对低保户档案统一整理，每村每户严格存档，及时录入电子信息。牢固树立“大安全”理念，制定《大辛庄街道平安建设和综合治理年度计划》，对巡逻、治保、普法、帮教、调解、消防、“处法”等工作明确目标，统一职责。选聘13名法律顾问（由5名律师、3名法律工作者、2名司法所人员、3名街道法律本科人员）组成法律顾问团队，于4月1日签订合同，开始工作。每月6日前，由法律顾问和村居分别将需仲裁的问题上报法律工作站；每月10日召开法律顾问联席会，对梳理出的疑难案件进行合议，提出解决办法；每月20日之前，答复完毕。通过关口前移，变被动为主动，运用法治思维解决苗头性问题。

依据建设、传输、维护全部服务外包的方式招标，投资60万元，与电信公司签订5年承包期限施工合同，5年内保证视频监控的正常使用和维护。依据人口比例在辖区重点区域安装摄像头215个，视频监控平台由专人负责查看和监管，发现问题、及时反馈、迅速行动，为维护辖区社会稳定发挥重大作用。

【人民生活】 2016年大辛庄街道加强城乡环卫一体化和小城镇提升工程的监督管理，深化农村环境治理，优化道路通行环境，积极打造宜居乡村，不断提高群众幸福指数。

【村庄（社区）名录】

辛鑫社区：孟庄、杨庙、近古、王坊、高坊、千户营、王刘、颜刘、董庄、姜堂。

歇马亭社区：高庄、方辛庄、郭屯、后八里、景福庄、邱屯、歇马亭、刘顶坟、柳坟。

辛和社区：石槽、杏元、仁和、窑地头、五里庙、江庄、秦刘、曹庄、西周店。

丰源社区：大辛庄、小辛庄、黄官屯、崔庄、前八里。

辛盛社区：孙庄、中周店、东周店、冶庄、长屯。

【特色工作】 大辛庄街道以科学发展为主题，以转变经济发展方式为主线，以重点项目建设为抓手，大力推进工业化、城镇化、农业现代化，着力“扩总量、提质量、保民生、促和谐”，争当经济建设、政治建设、文化建设、社会建设、生态文明建设“五位一体”的排头兵，实现经济持续健康发展和社会和谐稳定，努力打造富裕文明和谐美丽的幸福大辛庄。围绕玉米深加工产业，突出抓好德能金玉米新上项目建设。德能金玉米作为玉米深加工龙头企业，正建设30万吨玉米糖醇及糖项目。项目总投资10亿元，占地80亩，项目建成后，年主营业务收入将达35亿元，利税3亿元。推进重点项目建设，提升招商引资质量。大辛庄街道围绕支撑产业确定投资15亿元的德能金玉米30万吨糖及糖醇项目、投资10亿元的黑马集团房地产项目、投资4.5亿元的鲁联机械入园项目、投资5亿元的通达物流产业园入园项目、投资1亿元的雷神电焊机项目、投资6000万元的华鑫汽车配件等项目作为2016年的重点项目，严格落实帮包责任制，解决企业困难，推进项目顺利实施，增强经济发展后劲。强化城乡建设管理，加快新型城镇化进程。坚持高起点规划、高标准建设、高水平管理，不断完善城市功能，统筹城乡一体化发展，持续扩大宜居宜游城市和历史文化名城的影响力。推进特色农业发展。以农业增效为核心，加快发展特色农业，实施“一居一品，一居一特色”工程，逐步形成食用菌种植、千亩果品基地以及绿色畜禽养殖基地。推进民生优先战略，开展全民创业活动。增加就业岗位，扩大收入来源；落实各项惠农政策，完善社会保障措施；加强社会管理和服务，化解矛盾，预防和打击各类违法犯罪行为，努力做到富民、惠民、安民。切实保障和改善民生，促进社会公平正义。坚持新上项目向民生聚集、新增财力向民生倾斜，加快发展社会各项事业，促进公共服务均等化，提升社会保障水平，维护社会和谐稳定。

【特色村居】 近古居　临清市大辛庄街道近古居位于临清城南5公里、城南公路南侧、聊临路西侧，交通便利，村居规划整洁，空气清新，随着通村水泥路的贯通，使得该居的区位优势更加明显。近古居人杰地灵，现有人口620人，耕地820亩。近古西南侧有临清最古老的城市--贝邱古城遗址，村内现存有古井、古官道等遗址，是中国国家图书馆奠基人徐坊、中国著名书画艺术家家张彦青故里，民风淳朴，文化底蕴深厚。

近古居为发展乡村旅游，计划多方筹资，根据近古两委制定的发展模式，成立山东近古文化旅游有限公司，突出发展乡村旅游，利用村居坑塘、空闲宅院种植樱桃、柿树等优质果树1万余株，村周边种植无公害蔬菜20亩，优质黄桃100亩，薄皮核桃60亩等吸引游客进行采摘，现已进行村内道路改造、安装太阳能LED路灯、村内重要节点景观建设、沿街道路高标准绿化、村内古井、古驿道等重点位置景观改造，　在原党支部所在地建设草砖房一处，草砖房是以稻草、秸秆压制而成草砖为主要建筑材料，具有保温节能环保等特点；在草砖房房顶安装太阳能光伏发电板，用于全村居的公共照明及部分公共设施用电，既利用空间又产生经济效益；以“古井、官道、名人，生态、循环、记忆”为主题，利用该居名人近代清朝总督徐延旭、清朝皇帝溥仪帝师徐坊、现代革命画家张彦青等发掘深厚的文化底蕴，建成近古居历史文化馆，教育和引导下一代健康成长；村内建有民俗文化馆，主要展示农耕时代所需农耕用具、生活用品；绘制《康熙御制耕织图》，介绍古代耕织具体过程，既可以让现代人在闲暇时光找寻记忆、忆苦思甜，又可以成为青少年教育范本；新上石磨面粉作坊一处，鼓励村居内居民兴办农家乐、亲子园、蔬果采摘等旅游项目，实现“景于史中现、人在画中居”，真正达到生态文明、社会和谐。

【历史名人】 徐　坊　徐坊是徐延旭的儿子，他还是爱新觉罗·溥仪的老师，徐坊是上承状元陆润庠，下启进士翰林朱益藩教溥仪汉文和书法，自1913年至1916年去世的三年多时间，竭尽臣子之全力忠诚侍奉，受到溥仪皇帝的诸多恩光福禄。虽是皇帝与臣子的身份，但亦是师傅与学生的关系，同时还是一位老者和六、七岁儿童的忘年相处的关系。在中国皇权至上的封建王朝，能成为皇帝师傅的人都是全国最优秀，最有名气的学者。他们的地位不在地方总督和朝廷大臣之下，他们可以不受限制地晋谒皇帝，并坐在皇帝面前，递交奏折或提出口头建议。清朝历代皇帝的师傅都曾被授予“头品顶戴”或加封为“太保”“少保”一类尊号。有许多人盼念得到皇帝恩赐的荣耀。

一件御赐黄马褂、一方御书匾额、一幅御笔福寿字，赏紫禁城骑马等都是皇恩浩荡，要摆设香案、顶礼膜拜、感激涕零。徐坊从骑马、坐轿到食俸、穿貂，步步荣升，这固然是溥仪赏的赐的。可谓是恩光福禄，忠诚侍奉。

张彦青　1918 年出生于近古村，1943 年毕业于北平辅仁大学美术系。1946 年又毕业于重庆中央大学艺术系国画专业，先后从师于臧克家、陈少梅、溥雪斋、汪慎生、陈缘督、启功、徐悲鸿、黄君壁、傅抱石、谢稚柳诸位大师。张老一生命运随着时局动荡起落沉浮，他的前半生大部分精力投入到我国新民主主义革命大潮中，解放后有积极投身于我国历史和革命文物的发掘、整理中。1992 年国务院位张老颁发艺术成就表彰证书，享受国务院政府特殊津贴。

（田宗正　马　红）

临清年鉴 2017

LINQINGYERABOOK

人物

中共临清市委

王建鹏 男，汉族，山东阳谷人，1963年02月出生，大学学历，1981年12月加入中国共产党，1978年09月参加工作。1978年09月阳谷县百货公司；1980年08月任阳谷县委办公室办事员；1989年03月任聊城地委办公室干事；1992年02月任聊城地委办公室副科级秘书；1994年11月任聊城地委办公室正科级秘书；1998年01月任莘县县委常委、办公室主任；2002年12月任临清市委副书记、纪委书记；2007年01月任临清市委副书记；2007年11月任临清市委副书记、副市长、代市长；2007年12月任临清市委副书记、市长；2010年12月任临清市委书记、党校校长；2011年01月至2016年12月任临清市委书记、党校校长、市人大常委会主任。

何宪卓 男，汉族，山东定陶人，1971年04月出生，1991年06月加入中国共产党，1993年07月参加工作。1989年09月至1993年07月在聊城师院政治系思想政治教育专业学习；1993年07月至1996年04月任聊城（县级）市闫寺镇党委干事；1996年04月至1997年12月任聊城（县级）市闫寺镇党委委员（其间：1996年09月至1997年12月在聊城地委组织部组织科帮助工作）；1997年12月至1998年02月任聊城地委组织部组织科干部；1998年02月至1998年12月任聊城市委组织部组织科干部；1998年12月至2000年08月任聊城市委组织部副主任科员；2000年08月至2001年09月任阳谷县政府县长助理、党组成员（其间：1998年09月至2001年07月在中央党校科学社会主义与国际共产主义运动专业学习，获法学硕士学位）；2001年09月至2002年06月任阳谷县政府县长助理（正科级）、党组成员；2002年06月至2007年02月任聊城市人事局副局长、党组成员；2007年02月至2011年11月任阳谷县委常委、副县长；2011年11月至2012年01月任阳谷县委副书记、副县长、代县长；2012年01月至2016年12月任阳谷县委副书记、县长；2016年12月任临清市委书记、市委党校校长。

李新阁 男，汉族，山东青岛人，1971年04月出生，研究生学历，公共管理硕士。1997年01月加入中国共产党，1994年07月参加工作。1990年09月至1994年07月在山东工业大学土木工程系工业与民用建筑专业学习；1994年07月至1997年05月任聊城地区房产管理处科员；1997年05月至1999年05月任聊城地区房产管理处房改科副科长；1999年05月至2002年06月任聊城市房产局房管科科长；2002年06月至2008年03月任聊城市建设委员会副主任、党委委员（其中2001年09月至2004年06月在武汉大学公共管理专业学习）；2008年03月至2010年12月任聊城市规划局局长、党组书记；2010年12月至2011年01月任临清市委副书记，市政府副市长、代市长；2011年01月至2016年12月任临清市委副书记、市长。

祁学兰 女，汉族，河南范县人，1971年08月出生，1993年12月加入中国共产党，1991年07月参加工作。1989年09月至1991年07月在南阳师范专科学校地理系地理专业学习；1991年07月至1998年01月任聊城广播电视报社

编辑（其间：1993年07月至1996年07月在聊城师范学院汉语言文学教育专业学习）；1998年01月至1999年07月任聊城广播电视报社副社长；1999年07月至2003年01月任聊城广播电视报社社长；2003年01月至2004年07月任聊城广播电视报社社长、主任编辑；2004年07月至2007年01月任聊城人民广播电台副台长；2007年01月至2008年03月任临清市委常委、宣传部长；2008年03月至2011年11月任临清市委常委、组织部长（2007年09月至2010年06月在山东省委党校在职干部研究生班经济管理专业学习；2008年09月至2010年06月在北京航空航天大学公共管理专业学习，2010年07月获得公共管理硕士学位）；2011年11月至2016年12月任临清市委副书记；2016年12月任临清市委副书记、副市长、代市长。

张学宏 男，汉族，山东阳谷人，1968年02月出生，1992年11月加入中国共产党，1990年07月参加工作。1988年09月至1990年07月在聊城师范学院汉语言文学教育专业学习；1990年07月至1995年11月任阳谷县阳谷镇政府团委书记、党委秘书；1995年11月至1998年05月任阳谷石门宋乡党委委员；1998年05月至2001年03月任阳谷县杨庄乡党委副书记、乡长；2001年03月至2001年12月任阳谷县安乐镇党委副书记、镇长；2001年12月至2003年01月任阳谷县石佛镇党委书记；2003年01月至2006年01月任阳谷县安乐镇党委书记；2006年01月至2006年03月任高唐县委常委；2006年03月至2009年07月任高唐县委常委、政法委书记（2005年09月至2008年06月在山东省委党校在职干部研究生班经济管理专业学习）；2009年07月至2011年11月任高唐县委常委、组织部长；2011年11月至2012年01月任高唐县委常委；2012年01月至2016年12月任高唐县委常委、副县长；2016年12月任临清市委副书记。

韩德振 男，汉族，山东东昌府人，1970年02月出生，1992年01月加入中国共产党，1993年07月参加工作。1989年09月至1993年07月在山东农业大学农学系作物专业学习；1993年07月至1996年02月任东昌府区侯营镇管区副书记、团委书记；1996年02月至1998年09月任东昌府区侯营镇党委委员兼管区书记；1998年09月至2000年08月任东昌府区北杨集乡党委副书记；2000年08月至2002年12月任临清市市长助理、政府党组成员；2002年12月至2003年1月任茌平县委常委；2003年01月至2006年11月任茌平县委常委、肖庄乡党委书记；2006年11月至2007年02月任茌平县委常委（其间：2004年03月至2006年12月在山东农业大学农业推广专业学习）；2007年02月至2011年03月任茌平县委常委、政法委书记；2011年03月至2011年11月任茌平县委常委、纪委书记；2011年11月至2016年12月任临清市委常委、副市长、党组成员。

李汝山 男，汉族，山东临清人，1966年12月出生，1991年11月加入中国共产党，1988年07月参加工作。1986年09月至1988年07月在山东工商行政管理学校工商行政管理专业学习；1988年07月至1994年03月任临清市工商局干事（其间：1990年08月

至 1993 年 06 月在中央党校函授学院大专班党政管理专业学习）；1994 年 03 月至 1996 年 01 月任共青团临清市委副书记；1996 年 01 月至 1998 年 03 月任共青团临清市委书记；1998 年 03 月至 2001 年 03 月任临清市临东镇党委副书记、镇长；2001 年 03 月至 2003 年 02 月任临清市戴湾乡党委书记（其间：2000 年 09 月至 2001 年 12 月在山东省委党校业余本科班法律专业学习）；2003 年 02 月至 2006 年 03 月任临清市唐园镇党委书记；2006 年 03 月至 2007 年 02 月任临清市市委副秘书长、轴承工业园党委书记；2007 年 02 月至 2010 年 11 月任临清市委常委、秘书长（其间：2005 年 09 月至 2008 年 06 月在山东省委党校在职研究生班经济管理专业学习）；2010 年 11 月至 2016 年 12 月任临清市委常委、办公室主任；2016 年 12 月为临清市人大常委会主任候选人。

张子明 男，汉族，山东阳谷人，1965 年 10 月出生，1985 年 07 月加入中国共产党，1985 年 08 月参加工作。1985 年 08 月任阳谷县政府办公室科员；1995 年 12 月任阳谷县政府办公室副科级秘书；1998 年 01 月任阳谷县范海镇党委副书记、镇长；2000 年 03 月任阳谷县范海镇党委书记；2001 年 03 月任阳谷县高庙王乡党委书记；2003 年 02 月任阳谷县石佛镇党委书记；2007 年 11 月任临清市委常委；2008 年 03 月任临清市委常委、宣传部长；2011 年 11 月至 2016 年 05 月任临清市委常委、纪委书记。

秦生春 男，汉族，山东茌平人，1963 年 01 月出生，1987 年 05 月加入中国共产党，1981 年 07 月参加工作。1979 年 09 月至 1981 年 07 月在聊城师范专科学校中文专业学习；1981 年 07 月至 1982 年 12 月任茌平县韩屯中学教师；1982 年 12 月至 1984 年 12 月任茌平县财政局科员；1984 年 12 月至 1986 年 02 月任茌平县税务局科员；1986 年 02 月至 1987 年 09 月任茌平县胡屯乡政府管区主任（挂职）；1987 年 09 月至 1991 年 09 月任茌平县税务局助理经济师；1991 年 09 月至 1993 年 02 月任茌平县信访局科员；1993 年 02 月至 1994 年 11 月任茌平县委组织部科员；1994 年 11 月至 1995 年 11 月任茌平县委组织部副科级秘书；1995 年 11 月至 1998 年 03 月任茌平县郝集乡党委副书记（1993 年 09 月至 1996 年 07 月在山东省经济管理干部学院业余本科班经济管理专业学习）；1998 年 03 月至 2002 年 01 月任茌平县孙桥乡党委副书记、乡长；2002 年 01 月至 2003 年 01 月任茌平县茌平镇党委副书记、镇长；2003 年 1 月至 2007 年 2 月任茌平县菜屯镇党委书记；2007 年 02 月至 2008 年 03 月任茌平县乐平铺镇党委书记；2008 年 03 月至 2011 年 11 月任冠县人民政府副县长；2011 年 11 月至 2015 年 08 月任临清市委常委、组织部长；2015 年 08 月至 2016 年 12 月任临清市委常委、组织部长、统战部长；2016 年 12 月任临清市委常委、组织部长。

冯子峰 男，汉族，山东冠县人，1970 年 09 月出生，1995 年 02 月加入中国共产党，1992 年 07 月参加工作。1988 年 09 月至 1992 年 07 月在聊城农校农业经济专业学习；1992 年 07 月至 1993 年 02 月任莘县农业局农经站干部；1993 年 02 月至 1997 年 03 月任莘县朝城派出所干警（其间：1993 年 08 月至 1995 年 12 月在中央党校函授学院本科班经济管理专业学习）；1997 年 03 月至 1998 年 08 月任

莘县妹冢乡副乡长；1998年08月至2001年03月任莘县妹冢乡党委副书记、乡长；2001年03月至2003年03月任莘县柿子园乡党委书记；2003年03月至2007年05月任莘县王庄集乡党委书记；2007年05月至2008年03月任莘县朝城镇党委书记；2008年03月至2008年05月任莘县古云经济技术开发区管委会主任、朝城镇党委书记；2008年05月至2011年03月任莘县古云经济技术开发区管委会主任、大张家镇党委书记（其间2006年09月至2009年07月在中央党校研究生院行政管理专业学习）；2011年03月至2011年11月任莘县古云经济技术开发区党工委书记、大张家镇党委书记；2011年11月任临清市委常委、副市长。

衣述光 男，汉族，山东聊城人，1974年10月出生，1999年07月加入中国共产党，1998年07月参加工作。1994年09月至1998年07月在青岛大学汉语言文学专业学习；1998年07月至1999年07月任莘县单庙乡乡长助理、冯东村驻村干部；1999年07月至2000年08月在莘县县委组织部工作（借调）；2000年08月至2001年10月任莘县县委组织部干事；2001年10月至2001年12月任莘县县委组织部副科级组织员；2001年12月至2002年08月任山东省纪检委宣传教育室干部；2002年08月至2002年12月任山东省纪检委宣传教育室科员；2002年12月至2006年08月任山东省纪检委宣传教育室副科级检察员；2006年08月至2008年11月任山东省纪检委宣传教育室正科级检察员；2008年11月至2011年11月任茌平县人民政府副县长（挂职）；2011年11月至2016年12月任临清市委常委、宣传部长（2009年09月至2012年07月在中央党校研究生院经济管理专业学习；2011年09月至2013年06月在山东财经大学公共管理硕士学习）。

韩　青 女，汉族，山东莱州人，1964年11月出生，1987年02月加入中国共产党，1985年07月参加工作。1983年09月至1985年07月在山东省工商行政管理学校工商行政管理专业学习；1985年07月至1986年02月任临清市工商局科员；1986年02月至1987年09月任临清市新华路街道团委书记（挂职）；1987年09月至1993年02月任临清市新华路街道团委书记（期间1988年09月至1990年07月在山东省青年干部管理学院行政管理专业学习）；1993年02月至1998年03月任临清市新华路街道党委委员；1998年03月至2002年01月任临清市新华路街道党委副书记；2002年01月至2003年02月任临清市新华路街道经委主任；2003年02月至2006年03月任临清市新华路街道党委副书记、办事处主任；2006年03月至2011年04月任临清市新华路街道党委书记；2011年04月至2011年11月任临清市副市长、新华路街道党委书记；2011年11月至2012年01月任临清市副市长；2012年01月至2016年12月任临清市委常委、政法委书记。

马培虎 男，汉族，山东鱼台人，1971年10月出生，1994年03月加入中国共产党，1990年12月参加工作。1990年12月至1994年09月为信阳陆军学院战士；1994年09月至1996年07月为济南陆军学院通信士官训练大队学员；1996年07月至1998年06月任67集团军通信团2营4连军士长；1998年06月至1999年02月为26集团军教导大队学员；1999

年02月至2001年03月任26集团军高炮旅指挥1连无线排副连职排长；2001年03月至2002年02月任26集团军高炮旅政治部保卫科副连职干事；2002年02月至2003年11月任26集团军高炮旅政治部保卫科正连职干事；2003年11月至2004年06月任26集团军防空旅政治部保卫科正连职干事；2004年06月至2005年01月任26集团军防空旅政治部保卫科副营职干事；2005年01月至2006年06月任26集团军防空旅政治部保卫科副科长；2006年06月至2008年01月任26集团军防空旅政治部保卫科科长；2008年01月至2011年03月任26集团军防空旅政治部副主任；2011年03月至2011年05月任临清市人武部政委；2011年05月至2016年04月任临清市委常委、人武部政委。

李沛森 男，汉族，山东汶上人，1974年11月出生，1995年12月加入中国共产党，1997年07月参加工作。1993年09月至1997年07月在莱阳农学院农业教育专业学习；1997年07月至1998年03月任茌平县乐平镇党政办公室干事；1998年03月至1998年07月任茌平县乐平镇党政办公室主任；1998年07月至2001年09月任茌平县乐平镇统计站站长；2001年09月至2002年01月任茌平县委办公室综合科秘书；2002年01月至2002年09月任茌平县乐平镇政府副主任科员；2002年09月至2003年10月任聊城市人大机关干部；2003年10月至2004年12月任聊城市人大人事代表工作室代表联络科副主任科员；2004年12月至2005年03月任聊城市人大人事代表工作室代表联络科副科长；2005年03月至2009年07月任聊城市人大人事代表工作室代表联络科科长；2009年7月至2013年10月任聊城市人大财政经济工作室副主任；2013年10月至2016年05月任聊城市纪委常委；2016年05月至2016年07月任聊城市纪委常委，临清市委常委、市纪委书记；2016年07月任临清市委常委、纪委书记。

刘明峰 男，汉族，山东临清人，1964年10月出生，1987年12月加入中国共产党，1985年07月参加工作。1983年09月至1985年07月在山东省人民警察学校公安专业学习；1985年07月至1999年01月任临清市公安局科员（1988年09月至1991年07月在山东省政法管理干部学院公安专业学习；1993年07月至1996年06月在山东干部函授大学本科班法律专业学习）；1999年01月至2001年10月任临清市公安局经侦大队长；2001年10月至2003年03月任临清市公安局副局长、经侦大队大队长；2003年03月至2006年03月任临清市公安局副局长（正科级）；2006年03月至2011年03月任临清市烟店镇党委书记；2011年03月至2011年11月任临清市运河经济开发区管委会主任、烟店镇党委书记；2011年11月至2016年12月任临清市运河经济开发区管委会主任、新华路街道党委书记；2016年12月任临清市委常委、政法委书记，新华路街道党委书记。

王　磊 男，汉族，山东高唐人，1977年04月出生，1997年01月加入中国共产党，1998年07月参加工作。1994年09月至1998年07月在山东工业大学管理科学与工程系工业管理工程专业学习；1998年07月至2001年12月任东昌府区原道口铺乡科员；2001年12月至2003年11月任东昌府区原道口铺乡党委委员；2003年11月至2004年09月任东昌府区道

口铺办事处党委委员；2004 年 9 月至 2005 年 08 月任聊城市委宣传部理论教育科科员；2005 年 08 月至 2005 年 09 月任聊城市委宣传部副主任科员；2005 年 09 月至 2006 年 10 月任聊城市委宣传部办公室副主任；2006 年 10 月至 2008 年 06 月任聊城市委宣传部主任科员、办公室副主任；2008 年 06 月至 2010 年 12 月任聊城市委宣传部主任科员、办公室副主任，挂职冠县县长助理；2010 年 12 月至 2011 年 11 月任聊城市委宣传部主任科员、办公室副主任，冠县政府党组成员；2011 年 11 月至 2016 年 12 月任临清市政府副市长、党组成员；2016 年 12 月任临清市委常委、宣传部长。

陈玉国 男，汉族，山东高唐人，1970 年 02 月出生，1994 年 08 月加入中国共产党，1989 年 07 月参加工作，1987 年 09 月在聊城师范学院生物系生物教育专业学习；1989 年 07 月任高唐县杨屯镇中学教师；1990 年 07 月任高唐县委党校教师；1994 年 08 月任高唐县委宣传部历任企政科科员、副科长（1993.09—1996.07 山东经济管理干部学院经济管理专业学习）；1998 年 10 月任高唐县委文明办副主任；2003 年 05 月任高唐县委宣传部副部长、精神文明办公室主任；2006 年 02 月任高唐县清平镇党委副书记、镇长（2004.09—2007.06 山东省委党校在职干部研究生班经济管理专业学习）；2009 年 02 月任高唐县赵寨子镇党委书记；2016 年 12 月任临清市委常委、统战部长。

周　超 男，汉族，山东东阿人，1980 年 07 月出生，20016 年 11 月加入中国共产党，2004 年 09 月参加工作。1999 年 09 月至 2003 年 07 月在聊城大学中文系汉语言文学专业学习；2003 年 07 月至 2004 年 09 月待业；2004 年 09 月至 2007 年 12 月任聊城市政府办公室科员；2007 年 12 月至 2009 年 12 月任聊城市政府办公室秘书一科副科长；2009 年 12 月至 2013 年 11 月任聊城市应急办副主任（其间：2010 年 09 月至 2013 年 06 月在山东省委党校在职干部研究生班经济管理专业学习）；2013 年 11 月至 2016 年 12 月任聊城市委机要局副局长；2016 年 12 月任临清市委常委、办公室主任。

临清市人大常委会

王建鹏（见“中共临清市委”目）

李汝山（见“中共临清市委”目）

王晓华 女，汉族，河北威县人，1960 年 01 月出生，1984 年 05 月加入中国共产党，1977 年 12 月参加工作。1977 年 12 任临清市轻工机械厂会计、财务科副科长；1985 年 06 月任临清市财政局科员；1989 年 01 月任临清市财政局企财科副科长；1991 年 11 月任临清市财政局企财科科长；1996 年 01 月任临清市财政局副局长、党组成员；1998 年 04 月任临清市财政局副局长、党组副书记；2002 年 07 月任临清市财政局局长、党组书记；2003 年 01 月任临清市财政局局长、党组书记，市纪委委员；2005 年 05 月任临清市市长助理，市纪委委员，财政局局长、党组书记，农税局局长；2006 年 02 月任临清市人民政府副市长、党组成员；2012 年 01 月任临清市人大第一副主任（正县级）、党组书记。

赵孝洪　男，汉族，山东临清人，1963年10月出生，1985年12月加入中国共产党，1983年07月参加工作。1981年09月至1983年07月在济南市供销学校财务会计专业学习；1983年07月至1984年12月任临清市戴湾乡供销社财务科会计；1984年12月至1989年11月任临清市戴湾乡团委书记、管区书记；1989年11月至1990年04月任临清市戴湾乡党委委员；1990年04月至1993年06月任临清市戴湾乡组织委员；1993年06月至1995年11月任临清市戴湾乡副乡长；1995年11月至1998年03月任临清市康盛庄乡党委副书记（其间：1994年03月至1996年12月在山东省委党校农村干部业余大专班农业经济管理专业学习）；1998年03月至1999年12月任临清市松林镇党委书记；1999年12月至2003年02月任临清市烟店镇党委书记；2003年02月至2006年03月任临清市轴承工业园党工委书记；2006年03月至2007年12月任临清市交通局局长、党委书记；2007年12月至2010年04月任临清市建设局局长、党委书记；2010年04月至2012年01月任临清市住建局局长、党委书记；2012年01月至2012年02月任临清市人大常委会副主任，市住建局局长、党委书记；2012年02月任临清市人大常委会副主任。

孙玉璞　男，汉族，山东临清人，1963年03月出生，1988年01月加入中国共产党，1982年07月参加工作。1980年09月至1982年07月在聊城师范专科学校中文系学习；1982年07月至1982年08月待分配；1982年08月至1989年10月任临清康庄中学教师（其间：1982年12月至1987年12月在聊城师范学院高师函授中文专业学习）；1989年10月至1990年12月任针织厂办公室干事；1990年12月至1994年11月任临清市委办公室科员；1994年11月至1996年01月任临清市委办公室副科级秘书；1996年01月至1999年01月任临清市委办公室副主任；1999年01月至2001年03月任临清市委办公室副主任、政研室主任；2001年03月至2003年02月任临清市松林镇党委书记；2003年02月至2007年12月任临清市金郝庄乡党委书记；2007年12月至2010年04月任临清市劳动和社会保障局局长、党组书记；2010年04月至2012年01月任临清市人社局局长、党组副书记；2012年01月至2012年02月任临清市人大常委会副主任，人社局局长、党组副书记；2012年02月任临清市人大常委会副主任。

宋加利　男，汉族，山东临清人，1960年02月出生，1985年06月加入中国共产党，1982年07月参加工作。1982年07月任临清农业局干事；1987年07月任临清市审计局科员；1994年03月任临清市审计局副局长；1996年01月任临清市审计局副局长、副书记；2002年07月任临清市审计局副局长、副书记，经济责任审计办主任；2003年02月任临清市审计局局长、书记；2006年03月任临清市财政局局长、党组书记；2010年04月任临清市政府副秘书长、市财政局局长、党组书记；2010年11月任临清市财政局局长、党组书记；2012年01月任临清市人大副主任。

张学庚　男，汉族，河北清河人，1964年03月出生，1985年07月参加工作。1981年09月至1985年07月在合肥工业大学化学工程系粉末冶金材料专业学习；1985年07月至1990年02月为济南市仪表厂技术员；1990年02月至1996年01月

任临清市计委信息中心干事、科员；1996 年 01 月至 1998 年 04 月任临清市科委工业研究所所长；1998 年 04 月至 2008 年 09 月任临清市机械工业办副主任；2008 年 09 月至 2012 年 01 月任临清市机械工业办公室主任；2012 年 01 月任临清市人大常委会副主任；2016 年 12 月为临清市政协副主席候选人。

贾艳华 女，汉族，山东临清人，1960 年 02 月出生，1977 年 07 月参加工作。1977 年 07 月至 1979 年 08 月为临清市松林镇知青；1979 年 08 月至 1983 年 01 月在临清市供销系统工作；1983 年 01 月至 1991 年 02 月任临清市水利局会计；1991 年 02 月至 1996 年 01 月任临清市水利局财务科副科长（其间：1994 年 09 月至 1995 年 12 月在山东省委党校干部大专专业证书班经济管理专业学习）；1996 年 01 月至 2003 年 01 月任临清市水利局副局长（副科级）；2003 年 01 月至 2008 年 09 月任临清市政协副主席、市水务局副局长；2008 年 9 月任临清市政协副主席；2016 年 12 月为临清市人大常委会副主任候选人。

李衍博 男，汉族，山东临清人，1963 年 06 月出生，1985 年 09 月加入中国共产党，1981 年 07 月参加工作。1979 年 09 月至 1981 年 07 月在聊城师范学院数学专业学习；1981 年 07 月至 1983 年 09 月任临清三中教师；1983 年 09 月至 1984 年 12 月任临清二中教导员；1984 年 12 月至 1990 年 12 月任临清二中团委书记；1990 年 12 月至 1991 年 05 月任临清市委宣传部干事、科员；1991 年 05 月至 1995 年 04 月任临清市委宣传部党教科副科长；1995 年 04 月至 1995 年 11 月任临清市委宣传部党员教育室主任；1995 年 11 月至 1998 年 03 月任临清市肖寨乡党委副书记；1998 年 03 月至 1999 年 01 月任临清市潘庄镇党委副书记、镇长；1999 年 01 月至 2001 年 3 月任临清市潘庄镇党委书记；2001 年 03 月至 2003 年 2 月任临清市康庄镇党委书记；2003 年 02 月至 2007 年 11 月任临清市青年路街道党委书记；2007 年 11 月至 2012 年 02 月任临清市工业园区党工委书记；2012 年 02 月至 2016 年 12 月任临清市政府党组副书记、运河开发区党工委书记；2016 年 12 月为临清市人大常委会副主任候选人。

赵　彦 男，汉族，山东莘县人，1966 年 01 月出生，1990 年 01 月加入中国共产党，1982 年 12 月参加工作。1982 年 12 月至 1986 年 07 月任山东省冠县税务局科员（其间：1983 年 08 月至 1986 年 07 月在山东广播电视大学财政专业学习）；1986 年 07 月至 1989 年 01 月任山东省临清市财政局科员；1989 年 01 月至 2002 年 07 月任山东省临清市财政局企财科副科长；2002 年 07 月至 2005 年 10 月任山东省临清市政府采购中心主任；2005 年 10 月至 2008 年 09 月任山东省临清市财政局党组副书记、政府采购中心主任；2008 年 09 月至 2012 年 02 月任山东省临清市财政局副局长、副书记、主任科员；2012 年 02 月任山东省临清市财政局局长、党组书记；2016 年 12 月任山东省临清市人大副主任候选人。

李凤义 男，汉族，河北馆陶人，1959 年

10月出生，1990年11月加入中国共产党，1981年07月参加工作。1981年07月任临清市烟店小学教师；1990年03月任临清市烟店政府科员；1993年04月任临清市烟店乡党委委员；1995年09月任临清市烟店镇党委副书记；1996年01月任临清市烟店镇党委副书记、镇长；1998年03月任临清市烟店镇党委书记；1999年12月免烟店镇党委书记；2000年11月任临清市委政策研究室副主任（正科）；2001年03月任临清市八岔路镇党委书记；2003年02月任临清市建设局局长、党委副书记；2005年11月任临清市建设局局长、党委书记；2007年12月任临清市运河开发区工委副书记、主任；2011年04月任临清市人大党组副书记。

袁　磊　男，汉族，河北大名人，1959年09月出生，1977年07月加入中国共产党，1976年06月参加工作。1976年06月临清市老赵庄乡知青、县团委常委、县农业学大寨工作队队员；1978年12月青岛警备区20团战士、班长；1980年01月任济南军区通信训练大队学员、班长；1981年01月任青岛警备区二十团特务连技工；1982年01月任临清公安局交警队民警、技术员、中队长；1989年07月任临清市人大法制科干事；1990年07月任临清市人大法制科副科长；1994年03月任临清市人大法制科科长；1995年09月任临清市临东镇党委副书记、镇长；1998年03月任临清市临东镇党委书记；2001年03月任临清市先锋路街道党委书记；2002年12月任临清市运河开发区工委书记；2007年11月任临清市委特邀顾问；2012年02月任临清市委特邀顾问，市总工会主席、党组书记；2014年09月任临清市人大党组副书记。

临清市人民政府

李新阁（见“中共临清市委”目）

祁学兰（见“中共临清市委”目）

韩德振（见“中共临清市委”目）

冯子峰（见“中共临清市委”目）

石宝生　男，汉族，山东东昌府人，1963年11月出生，1988年12月加入中国共产党，1985年07月参加工作。1983年09月至1985年07月在山东省人民警察学校公安专业学习；1985年07月至1990年06月任聊城地区公安处办事员（其间：1987年09月至1990年06月在聊城师范学院夜大学中文系中文专业学习）；1990年06月至1998年11月任聊城地区公安处办公室科员；1998年11月至2002年06月任聊城市公安局政治部宣传科副科（其间1996年08月至1998年12月在中央党校函授学院本科班政法专业学习）；2002年06月至2008年11月任聊城市公安局宣传处处长；2008年11月至2008年12月任冠县副县级干部；2008年12月至2009年07月任冠县副县级干部，县公安局党委书记、局长；2009年07月至2016年03月任冠县副县级干部、县政府党组成员，县公安局党委书记、局长；2016年03月至2016年05月任冠县县政府党组成员，县公安局党委书记、局长（副县级）；2016年05月任临清市人民政府副市长，市公安局长、党委书记。

王　磊（见“中共临清市委”目）

秦荣菊　女，汉族，山东临清人，1966年12月出生，1991年12月加入中国共产党，1987年07月参加工作。1985年09月至1987年07月在青岛轻工业学校工业企业电气化专业学习；1987年07月至1988年08月为临清毛纺厂职工；1988年08月至1995年11月任临清市老赵庄乡财所会计、副所长；1995年11月至1996年08月任临清市老赵庄乡党委委员；1996年08月至1998年03月任临清市老赵庄镇党委委员；1998年03月至2002年01月任临清市老赵庄镇党委副书记（其间：1998年9月至2000年12月在山东省委党校业余本科班经济管理专业学习）；2002年1月至2006年3月任临清市八岔路镇党委副书记、镇长；2006年3月至2007年12月任临清市唐园镇党委书记；2007年12月至2010年12月任临清市金郝庄乡党委书记；2010年12月至2011年12月任临清市金郝庄镇党委书记；2011年12月至2012年1月任临清市政府党组成员；2012年1月任临清市政府副市长、党组成员；2016年12月为临清市政协主席候选人。

周志雯　女，汉族，河北故城人，1964年03月出生，1982年06月参加工作。1980年09月至1982年06月在聊城供销技工学校摄影专业学习；1982年06月至1991年01月任临清市针织厂财务科会计（1983年09月至1986年11月在山东广播电视大学工业会计专业学习）；1991年01月至1998年6月任临清市纺织工业局财务科长；1998年06月至2002年07月任临清市体改办工业科科长；2002年07月至2008年09月任临清市体改办副主任；2008年09月至2010年11月任临清市人大财经委副主任；2010年11月至2012年1月任临清市人大财经委主任；2012年01月至今临清市人民政府副市长。

张福志　男，汉族，河北故城人，1970年07月出生，1991年05月加入中国共产党，1991年07月参加工作。1988年09月至1991年07月在山东公安专科学校治安系治安专业学习；1991年07月至1996年03月任临清市公安局刑侦大队侦查员（其间：1993年08月至1995年12月在中央党校函授学院本科班经济管理专业学习）；1996年03月至1998年03月任临清市委统战部办公室主任；1998年03月至2002年01月任临清市青年办事处副主任；2002年01月至2003年02月任临清市青年路街道党委副书记；2003年02月至2006年02月任临清市新华路街道党委副书记；2006年02月至2007年12月任临清市建设局党委副书记、市政管理局局长；2007年12月至2008年11月任临清市金郝庄乡党委副书记、乡长；2008年11月至2011年12月任临清市尚店乡党委书记；2011年12月任临清市大辛庄街道党委书记；2016年12月为临清市副市长候选人。

李树群　男，汉族，河北临西人，1970年08月出生，1992年06月加入中国共产党，1992年08月参加工作。1990年09月至1992年07月在邢台师范专科学校物理系物理专业学习；1992年07月至1992年08月待分配；1992年08月至1994年04月任河北临西二中教

师；1994 年 04 月至 1995 年 11 月任临清市四中教师；1995 年 11 月至 1998 年 03 月任临清市唐园乡党委委员、副乡长（1993 年 08 月至 1995 年 12 月在中央党校函授学院本科班经济管理专业学习）；1998 年 03 月至 2002 年 01 月任临清市唐园乡副乡长；2002 年 01 月至 2006 年 03 月任临清市潘庄镇党委副书记；2006 年 03 月至 2007 年 12 月任临清市康庄镇党委副书记、镇长；2007 年 12 月至 2010 年 05 月任临清市青年路街道党委副书记、主任；2010 年 05 月至 2011 年 12 月任临清市金郝庄镇党委副书记、镇长（2007 年 09 月至 2010 年 07 月在山东省委党校在职干部研究生班经济管理专业学习）；2011 年 12 月至 2016 年 12 月任临清市金郝庄镇党委书记；2016 年 12 月为临清市政府副市长候选人。

王庆瑞　男，汉族，山东阳谷人，1963 年 09 月出生，1987 年 02 月加入中国共产党，1984 年 07 月参加工作。1984 年 07 月至 1990 年 05 月任临清市统计局统计员；1990 年 05 月至 1993 年 03 月任临清市政府办公室秘书；1993 年 03 月至 1995 年 09 月任临清市烟店乡党委副书记；1995 年 09 月至 1998 年 03 月任临清市康庄镇党委副书记、镇长；1998 年 03 月至 2003 年 02 月任临清市大辛庄镇党委书记；2003 年 02 月至 2008 年 01 月任临清市经济开发区工委副书记、主任；2008 年 01 月至 2010 年 11 月任临清市市长助理；2010 年 11 月至 2011 年 04 月任临清市副市级领导干部；2011 年 04 月任临清市人民政府党组副书记。

淳悦忠　男，汉族，山东临清人，1966 年 04 月出生，1987 年 06 月加入中国共产党，1987 年 07 月参加工作。1985 年 07 月至 1987 年 07 月在山东省临沂供销学校物价专业学习；1987 年 07 月至 1989 年 07 月任山东省临清市贸易服务公司物价员；1989 年 07 月至 1991 年 01 月任山东省临清市纪律检查委员会干事；1991 年 01 月至 1996 年 01 月任山东省临清市委办公室科员（1990 年 08 月至 1993 年 06 月在中央党校函授学院党政管理大专班学习；其间 1993 年 08 月至 1995 年 12 月在中央党校函授学院经济管理本科班学习）；1996 年 01 月至 1999 年 01 月任山东省临清市委办公室副科级秘书；1999 年 01 月至 2002 年 07 月任山东省临清市委办公室副主任；2002 年 07 月至 2005 年 05 月任山东省临清市委副秘书长、政策研究室主任；2005 年 05 月至 2006 年 03 月任山东省临清市戴湾乡党委副书记、乡长；2006 年 03 月至 2007 年 12 月任山东省临清市戴湾乡党委书记；2007 年 12 月至 2011 年 12 月任山东省临清市大辛庄街道党委书记；2011 年 12 月至 2012 年 02 月待安排；2012 年 02 月任山东省临清市水务局局长、党委书记（2009 年 09 月至 2012 年 06 月在山东省委党校经济管理专业研究生班学习）；2016 年 12 月任山东省临清市运河开发区党工委书记，市水务局局长、党委书记。

高晓光　男，汉族，山东临清人，1971 年 06 月出生，1991 年 06 月加入中国共产党，1991 年 07 月参加工作。1989 年 09 月至 1991 年 07 月在聊城师范学院英语系学习；1991 年 07 月至 1995 年 11 月任山东省临清市潘庄镇政府办公室科员、主任、团委书记；1995 年 11 月至 1998 年 04 月任山东省临清市潘庄镇党委委员（其间：1994 年 09 月至 1996 年 12 月在山东省委党校经济管理专业学习）；1998 年 04 月至

2002年07月任山东省临清市潘庄镇党委委员、纪委书记；2002年07月至2005年11月任山东省临清市投资服务中心办公室主任；2005年11月至2006年03月任山东省临清市投资服务中心办公室主任兼临清市驻杭州办事处主任；2006年03月至2008年09月任山东省临清市政府副秘书长、调研室主任；2008年09月至2010年04月任山东省临清市政府副秘书长、办公室主任；2010年04月至2010年11月任山东省临清市政府秘书长；2010年11月至2016年12月任山东省临清市政府办公室主任；2016年12月任山东省临清市运河开发区管委会主任，市政府办公室主任。

高保平 男，汉族，山东临清人，1967年06月出生，1996年08月加入中国共产党，1990年07月参加工作。1986年09月至1990年07月在山东师范大学历史学专业学习；1990年07月至1997年06月任临清市政协办公室科员；1997年06月至2002年07月任临清市政协办公室副主任；2002年07月至2003年02月任临清市委副秘书长、办公室副主任；2003年02月至2005年11月任临清市委副秘书长、办公室副主任、党史研究室主任；2005年11月至2006年03月任临清市委副秘书长、政策研究室主任；2006年03月至2007年12月任临清市金郝庄乡党委副书记、乡长；2007年12月至2008年11月任临清市先锋路街道党委书记；2008年11月至2010年4月任临清市委组织部副部长、编办主任、人事局局长、党组书记；2010年04月至2012年02月任临清市委组织部副部长、编办主任、人社局党组书记；2012年02月至2012年04月任临清市委组织部副部长、编办主任、人社局局长；2012年04月至2012年12月任临清市委组织部副部长、编办主任、人社局局长、党组副书记；2012年12月至2014年11月任临清市人社局局长、党组副书记；2014年11月至2016年12月任临清市人社局局长、党组书记；2016年12月任临清市烟店镇党委书记（副县级），市人社局局长、党组书记。

刘天军 女，汉族，山东临清人，1967年06月出生，1999年12月加入中国共产党，1992年09月参加工作。1988年09月至1992年07月在山东农业大学植保系植物保护专业学习；1992年07月至1992年09月待分配；1992年09月至1996年11月任临清市种子公司干事；1996年11月至1998年03月任临清市大辛庄镇政府副镇长；1998年03月至2002年01月任临清市老赵庄镇政府副镇长；2002年01月至2006年03月任临清市松林镇党委副书记；2006年03月至2007年12月任临清市戴湾乡党委副书记、乡长；2007年12月至2010年05月任临清市先锋路街道党委副书记、主任；2010年05月至2016年12月任临清市潘庄镇党委书记；2016年12月任临清市烟店镇党委副书记、镇长（副县级）。

王志刚 男，汉族，山东冠县人，1963.10出生，中共党员。1982年09月至1984年07月在山东警察学院学习；1984年07月至1998年08月历任刑警支队科员、办公室主任（副科级）；1998年08月至2005年05月任国保支队支队长（正科级）；2005年05月至2008年05月任国保支队支队长（副县级）；2008年05月至2016年06月任临清市政府党组成员、公安局党委书记、局长。

魏禄建 男，汉族，山东阳谷人，1962年10月出生，1985年04月加入中国共产党，1981年07月参加工作。1981年07月任冠县公安刑警大队科员；1989年09月任冠县公安刑警大队副大队长；1993年05月任冠县公安局城关派出所所长；1995年05月任冠县公安局副局长（副科级）；1999年04月任冠县公安局副局长（正科级）；2005年08月任冠县公安局党委副书记、政委；2008年11月任临清市公安局政委、副书记；2011年04月至2016年12月任聊城市公安局副调研员，临清市公安局政委、副书记。

政协临清市委员会

汪保远 男，汉族，山东临清人，1958年09月出生，1976年11月加入中国共产党，1975年11月参加工作。1975年11月在临清市唐园公社、潘庄公社工作；1983年10月任济南师专学员；1985年08月任临清市纪委干事；1987年08月任临清市委组织部干事；1990年02月任临清市石槽乡党委副书记；1993年03月任临清市刘垓子镇党委副书记、镇长；1995年09月任临清市戴湾乡党委书记；1998年04月任临清市人事局局长、党组书记；2002年07月任临清市人事局局长、党组书记，市委组织部副部长；2003年01月任临清市委常委、宣传部长;2007年01月任临清市委常委、政法委书记;2012年01月任临清市政协主席。

秦荣菊（见“临清市人民政府”目）

王俊山 男，汉族，山东临清人，1961年11月出生，1982年07月参加工作。1980年09月至1982年07月在聊城师专英语专业学习；1982年07月至1987年10月任国营临清棉纺织厂教师；1987年10月至1991年06月任临清华临纺织有限公司技术员、资料员、译员、报关员、助理工程师；1991年06月至1994年03月任临清市人民政府外经委科长；1994年03月至2005年05月任临清市人民政府外经委副主任（外经贸局副局长）；1998年03月至2002年06月任临清市政协副主席（期间1999年09月至2001年12月在中央党校函授学院法律专业学习）；2002年06月任临清市政协副主席。

许朝生 男，汉族，山东莘县人，1960年01月出生，1984年12月加入中国共产党，1981年07月参加工作。1981年07月任临清市林业局技术员；1983年09月任临清市政府办公室干事；1990年09月任临清市农委副主任；1994年02月任临清市多办主任；1995年09月任临清市肖寨乡党委书记；2001年03月任临清市青年路街道党委书记；2003年01月任临清市政协副主席、市委统战部部长；2012年02月任临清市政协副主席、党组副书记，市委统战部部长。2015年08月任临清市政协副主席、党组副书记。

贾艳华（见“临清市人大常委会”目）

宛秋生 男，回族，山东临清人，1962年01月出生，1979年08月参加工作。1979年08月至1988年10月为临清色织厂工人；1988年

10月至1991年04月任临清市天桥织布厂厂长；1991年04月至2005年12月任临清市第二色织厂厂长（1994年07月聘为先锋路街道办事处副主任）；2005年12月至2007年12月任临清三和纺织集团董事长；2007年12月至2008年09月任临清市政协副主席；2008年09月任临清市政协副主席、市工商业联合会会长。

徐宝福　男，汉族，山东临清人，1964年01月出生，1990年01月加入中国共产党，1982年07月参加工作。1980年09月至1982年07月在山东商业学校商业统计专业学习；1982年07月至1982年08月待分配；1982年08月至1990年12月为临清市五交化公司职员；1990年12月至1995年04月任临清市委宣传部干事；1995年04月至1996年01月任临清市委宣传部新闻报道室主任；1996年01月至1998年03月任临清市委宣传部副部长；1998年03月至2001年03月任临清市唐园镇党委副书记、镇长；2001年03月至2003年02月任临清市唐园镇党委书记；2003年02月至2005年05月任临清市烟店镇党委书记；2005年05月至2006年03月任临清市烟店镇党委书记、人大主任；2006年03月至2007年11月任临清市先锋路街道党委书记；2007年11月至2007年12月待安排；2007年12月至2012年01月任临清市交通运输局局长、党委书记；2012年01月任临清市政协副主席。

王保粮　男，汉族，山东高唐人，1960年08月出生，1984年07月加入中国共产党，1977年07月参加工作。1977年07月临清石槽乡杨存庄知青；1979年10月任临清师范学员；1981年07月任临清八小学教师、工会主席、城关联校少先队总辅导员；1984年09月任临清市团市委干事；1985年09月任聊城市委党校电大班学员；1988年03月任临清市委组织员办公室科员；1991年02月任临清市委组织部办公室副主任、主任；1994年11月任临清市委组织部副科级秘书；1996年01月任临清市委组织部副部长；1999年01月任临清市委组织部副部长、组员办主任；2007年12月任临清市委组织部常务副部长、组员办主任；2008年09月任临清市委组织部常务副部长；2012年01月任临清市政协副主席，市委组织部常务副部长；2012年02月任临清市政协副主席；2015年03月任市政协副主席，总工会主席、党组书记。

张学庚（见“临清市人大常委会”目）

杨庆山　男，汉族，山东临清人，1964年10月出生，1992年05月加入中国共产党，1988年07月参加工作。1984年09月至1988年06月在兰州大学哲学系哲学专业学习；1988年06月至1988年07月待分配；1988年07月至1995年11月任临清市档案局、市委办公室科员；1995年11月至1998年03月任临清市烟店镇副镇长；1998年03月至1998年12月任临清市大辛庄镇副镇长；1998年12月至2002年01月任临清市大辛庄镇党委副书记；2002年01月至2006年03月任临清市潘庄镇党委副书记、镇长；2006年03月至2007年12月任临清市松林镇党委书记；2007年12月至2011年12月任临清市康庄镇党委书记；2011年12月至2016年12月任临清市烟店镇党委书记；2016年12月为

临清市政协副主席候选人。

姚　晨　女，汉族，山东临清人，1969年03月出生，1991年10月参加工作。1989年09月至1991年07月在聊城师范学院政治思想教育专业学习；1991年07月至1991年10月待分配；1991年10月至2003年08月为临清市临东联校教师（其间：1998年09月至2000年12月在山东省委党校本科班经济管理专业学习）；2003年08月至2005年10月任临清市科协副主席；2005年10月至2012年12月任临清市妇联副主席；2012年12月至2016年12月任临清市监察局副局长、主任科员；2016年12月任临清市政协副主席候选人、市监察局副局长。

临清市人民武装部

马培虎　（见“中共临清市委”目）

付培俊　男，1973年04月出生，1990年03月入伍，1990年11月入党，山东东阿人。历任战士、排长、连长、营长、团参谋长、副团长等职。2015年02月任临清市人民武装部部长。

临清市人民法院

马国栋　男，汉族，山东莘县人，1970年02月出生，1990年11月加入中国共产党，1987年10月参加工作。1987年11月在聊城武警支队服役；1991年08月任聊城市中级人民法院司法警察；1998年08月任聊城市中级人民法院助理审判员；1998年12月任聊城市中级人民法院司法警察支队副支队长（副科级）；2003年04月任聊城市法院司法警察支队支队长（正科级）；2006年06月任聊城市法院司法警察支队支队长（副县）；2007年02月至2016年12月任临清市人民法院院长、党组书记。

张晓勇　男，汉族，山东高唐人，1967年06月出生，1992年11月加入中国共产党，1985年12月参加工作。1982年07月至1985年06月在高唐县第一中学学习；1985年06月至1985年12月待业；1985年12月至1989年05月任莘县法院书记员；1989年05月至1991年01月任高唐县法院书记员；1991年01月至1992年12月任高唐法院经济庭助审员（1988年09月至1991年07月在全国法院干部业余法律大学法律专业学习）；1992年12月至1997年12月任高唐法院经济庭审判员；1997年12月至1999年06月任高唐法院经二庭副庭长（其间：1995年09月至1998年07月在山东政法管理干部学院法律专业学习）；1999年06月至1999年12月任高唐法院经二庭庭长；1999年12月至2001年05月任高唐法院副科级审判员；2001年05月至2001年06月任高唐法院党组成员、经二庭庭长；2001年06月至2006年06月任高唐法院副院长、审判委员会委员；2006年06月至2009年08月任高唐县人民法院党组成员、副院长、正科级审判员；2009年08月至2011年11月任高唐县人民法院党组副书记、副院长；2011年11月至2012年01月任莘县人民法院代院长、党组书记；2012年01月至2016年12月

任莘县人民法院院长、党组书记；2016年12月为临清市人民法院院长候选人。

临清市人民检察院

杨　青　女，汉族，山东聊城人，1969年02月出生，1991年12月加入中国共产党，1989年07月参加工作。1987年09月至1989年07月在山东省司法学校法律专业学习；1989年07月至1990年10月在聊城检察分院工作；1990年10月至1992年12月任聊城检察分院书记员；1992年12月至1998年03月任聊城检察分院科员级助理检察员（1991年09月至1994年07月在山东省政法管理干部学院法律专业学习）；1998年03月至1999年10月任聊城市检察员科员级助理检察员；1999年10月至2000年04月任聊城市检察院副科级助理检察员；2000年04月至2002年10月任聊城市检察院副科级检察员；2002年10月至2003年06月任聊城市检察院控告申诉检察处副处；2003年06月至2006年08月任聊城市人民检察院控告申诉检察处副处长（正科）；2006年08月至2008年11月任聊城市人民检察院控告申诉检察处处长；2008年11月至2011年11月任聊城市人民检察院控告申诉检察处处长（副县）；2011年11月至2012年02月任临清市人民检察院党组书记、代理检察长；2012年02月任临清市人民检察院党组书记、检察长。

临清市委党校

王建鹏　（见“中共临清市委”目）

何宪卓　（见“中共临清市委”目）

张守群　男，汉族，1963年7月出生，1983年7月加入中国共产党，1984年7月参加工作，大学学历，中共临清市委党校常务副校长、党委书记。1984年07月任临清一中教师、副校长；1997年07月任临清市第五中学支部书记、校长；2002年07月兼任市教育局副局长、党委副书记；2003年02月任市教育局局长、党委副书记；2005年02月任市教育局局长、党委书记；2011年11月任中共临清市委党校常务副校长、党委书记。

（组织部　卢兴国　各单位）

索 引

说明：

本索引为综合性主题索引，标示正文部分的内容。索引标目按汉语拼音字母顺序，标目后数字为页码。

A

B

C

D

E

F

G

H

J

K

L

M

N

P

Q

R

S

T

W

X

Y

Z